镇江公路交通科技论文选萃 2014

Selected Essays on Science and Technology of Highway Traffic of Zhenjiang

镇江市公路学会 编

江苏大学出版社
JIANGSU UNIVERSITY PRESS
·镇江·

朱晓明市长视察镇荣公路一期拓宽改造工程

朱晓明市长视察312国道镇江城区改线段工程

市委副书记李茂川视察官塘路网项目

2014年5月23日，召开第八届会员代表大会暨八届一次理事会，选举产生了新一届学会理事会

参加市科协学会工作会议，并做交流发言

召开专业委员会主任会议，交流专业委员会工作

学会科技咨询公司对交通工程委员会的咨询项目“S340镇江段安保工程技术方案”开展专家咨询

学会影像

◀ 市交通运输局开展“镇江市交通工程科技大讲堂系列讲座”活动，丁锋局长开讲第一课

▶ 2014 年 7 月，学会与市规划协会联合举办了“新型城市交通理念——新加坡一体化城市交通的先进经验”学术讲座

◀ 2014 年 8 月中旬，市交通运输局、市公路学会开展”科技援疆”活动，组织5位高级职称专业技术人员赴新疆农四师进行交流讲学

▶ 2014 年 9 月，学会和市交通运输局纪委联合举办“新加坡的廉政建设”专题讲座

江苏省交通工程集团有限公司

2014 年 9 月，镇江分公司承建的国家级新区——贵州贵安新区市政重点项目，清杨路一标、五标道路工程顺利通过竣工验收。该项目为城市主干道，道路宽度 70 米，双向八车道。其中一标为路基工程，全长 5 公里，五标为路面工程，全长 9.44 公里。

南京分公司承建的盐城市范公路 LQ3 标新洋港特大桥主桥跨径为（120+216+120）米，双塔四索面部分斜拉桥，全长 456 米。目前，主体工程已基本结束。

镇江五凤口高架路工程施工项目 B 合同段包含五凤口枢纽立交互通桥及丁卯路互通立交桥，主线桥长540米，匝道桥共长 1805 米。

2014年10月，苏州分公司承建的龙浦高速公路 LP02 合同段官山儿隧道左洞顺利贯通，标志着本隧道的开挖、支护施工已全部顺利结束，目前正在进行隧道仰拱及二衬混凝土施工。

会员简介

镇江江大工程建设监理有限责任公司

2011年度
优秀监理企业
江苏省住房和城乡建设厅
二〇一一年十二月

镇江江大工程建设监理有限责任公司(原江苏大学工程建设监理公司)是江苏大学控股企业、江苏大学土木工程专业教学实践基地。公司创建于1994年,具有房屋建筑工程监理甲级资质、市政公用工程监理甲级资质、人防工程监理乙级资质。2005年11月起,公司连续多年获"全国质量、信誉、安全AAA级优秀监理企业"荣誉称号,2005年底通过ISO9001质量管理体系认证,2007年当选为镇江市土木建筑协会理事单位。2009年、2011年被江苏省建设厅评为优秀监理企业,多个项目被评为省示范监理项目。

公司成立十多年来,先后承接了多项建设监理业务,监理的工程造价累计超过681亿元人民币。除房屋建筑工程以外,道路工程、绿化工程、自来水工程、泵站工程、管道工程、人防工程、桥梁工程及多媒体水幕奇幻工程等均有涉及。公司在珠海、滁州、南京、江阴、镇江及周边地区承担了多项建设工程的监理任务,优良率高达90%,多项任务被评为江苏省"扬子杯"和镇江市"金山杯"优质工程及文明工地。

公司拥有各类专业检测仪器和设备80多台(套),各项目监理部全部实行计算机管理。公司特别注重对人才队伍的建设,多次组织职工培训,鼓励职工参加各种考核,到2007年持证上岗率达到100%。现有职工142人,其中高级工程师14人、工程师45人、会计师1人、经济师2人,国家注册监理工程师30人、江苏省注册监理工程师31人、国家注册造价工程师9人、注册监理员70余人。工程技术人员的专业包括建筑、结构、给排水、通风、电气(强、弱电)、焊接、照明、仪控、钢结构、机械制造、市政工程及概预算等。

公司承接监理任务后,根据项目规模、工程性质和复杂程度迅速组建职能式或矩阵式项目监理部,由公司"专业技术工作小组"负责图纸会审和解答施工过程中的重大技术问题。项目部由公司委派国家注册监理工程师担任总监理工程师,实行总监理工程师负责制,由实践经验丰富的专业工程师承担各专业现场监理工作,并配以相应的旁站监理员。项目部依据国家建设监理规范、国家建设技术标准和与业主签订的监理合同及其他工程建设合同,提供专业化优质监理服务。监理部按监理规划和监理细则,采取旁站、巡检、平行检查等查验方式进行日常监理工作;用监理日志、旁站记录及公司工作制度规范监理工作行为;每月以监理月报形式,主动向业主和上级建设主管部门报告工程的质量、进度、投资动态状况。监理工作做到"事前监理,现场为主,动态管理,跟踪监控",以主动控制为前提,以施工自控为基础,以工序控制为重点。公司还专设了"监理巡查小组",由总经理担任监理巡查小组组长,总工程师担任副组长。监理巡查小组不仅检查监理工程的质量、进度、投资控制及监理资料等,还检查监理人员遵纪守法和规范开展工作行为。

公司始终以"守法、诚信、公正、科学"为监理工作的行为准则,认真履行监理合同,高质量地完成业主委托的监理任务,在社会上赢得了良好的信誉。公司将为努力打造"江大监理"品牌而奋斗!

重合同守信用企业
CONTRACT-ABIDING & TRUSTWORTHY ENTERPRISE
镇江市人民政府
THE PEOPLE'S GOVERNMENT OF ZHENJIANG

江苏现代园林建设工程有限公司

江苏现代园林建设工程有限公司（原镇江市绿园园林有限责任公司）座落在国家森林公园、省级风景名胜区南山风景名胜区核心景区内，紧邻沪蓉高速、扬溧高速、312 国道，交通十分便利。公司成立于 2000 年，注册资本 6308 万元，拥有建筑、市政、园林等各类专业技术人员 276 人，其中高级工程师 15 人，工程师 162 人。公司自有苗圃面积 250 多亩，种植苗木品种 100 多种，拥有各类工程专业机械设备 90 多台（套）。

公司施工实力雄厚，目前拥有城市园林绿化壹级、市政公用工程施工总承包贰级、园林古建筑专业承包贰级、房屋建筑工程施工总承包叁级、城市及道路照明工程专业承包叁级、土石方工程专业承包叁级等各类专业施工资质。

自成立至今，公司获得了省内外多项荣誉：江苏省第一届、第四届、第五届园艺博览会景点制作省级一等奖，江苏省第二届、第三届、第六届园艺博览会省级二等奖，2007 年度江苏省土木建筑学会园林绿化“双优工程”评选三等奖，镇江市人民政府重合同守信用企业，镇江市先进单位，镇江市“光彩之星”“镇大杯”建功立业先进单位，镇江市综合交通客运枢纽工程建功立业先进集体，檀山路、润州路拓宽改造工程建功立业先进单位，工商免检企业，2014 年江苏省园林建设工程百佳优秀企业，GB/T 19001-2008 和 ISO 9001:2008 质量管理体系认证等。

公司已承建的工程有：镇江市“城市客厅”广场绿化工程，镇江市东吴广场建设工程，泰州凤凰河景观绿化工程，江阴市绿色江阴八路工程石顺路 A 标绿化工程，常州市森林公园建设工程，312 国道镇江段绿化工程 L7 合同段，连云港东盐河景观带绿化工程，海门市民生河景观带 D 标段绿化工程，淮安市城南汽车客运站广场绿化工程，丹徒污水处理厂一期完善及提标工程，丹徒污水处理厂一期完善及提标工程，金山公园百花洲改造工程，丁卯团结河水循环处理系统工程，九华山庄二期 2 号地道路及排水工程，谷源物流园道路工程，镇江市龙脉团山遗址公园工程，镇江市官塘新城四平山及大莱山公园工程等，其中许多工程被评为优良工程。

公司秉承服务至上、注重信誉、质量第一、诚信经营的服务宗旨，始终追求一流业绩和一流工程质量。

镇江润祥市政建设工程有限公司

镇江润祥市政建设工程有限公司组建于2007年10月，为江苏润祥建设集团成员单位，在镇江索普建筑安装工程有限责任公司市政分公司基础上成立，主要承建市政道路、桥梁、房屋建筑、城市园林绿化等项目施工，现具有市政公用工程施工总承包壹级、房屋建筑施工总承包贰级、城市园林绿化叁级资质，公司技术实力雄厚，拥有各类专业技术管理人员300余人，一、二级注册建造师40余人，安全管理三类人员60余人，施工机械设备300余台（件）。

公司以规范的管理、精湛的技术、雄厚的实力、过硬的作风，参与建设了许多市重点市政道路工程，赢得了较高的社会信誉。公司被授予镇江市建筑业优秀企业。近年来，公司承建的九华山南路及长香路工程、西环路南延工程、对口支援四川省绵竹市新区经二路工程、哈电厂区景观绿化等20余项项目荣获镇江市“金山杯”优质工程；承建的九华山南路、工业园区三路、京砚山南路、海燕北路、海燕西路、老山路、京口路、白龙湖景观工程等10余项项目荣获省、市建筑施工文明工地。

公司始终秉承“以诚信求信誉、以品牌求市场、以创新求发展、以管理求效益、以客户为上帝”的经营理念和“环保安康，建时代精品；诚信守法，筑润祥丰碑”的管理方针，弘扬“诚信敬业、务实高效、团结奋进、科学发展”的企业精神，与您携手共创美好明天。

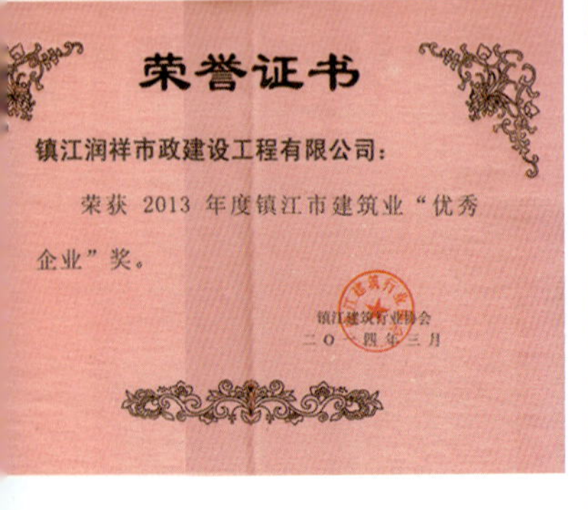
荣誉证书

镇江润祥市政建设工程有限公司：

荣获2013年度镇江市建筑业“优秀企业”奖。

镇江建筑行业协会
二〇一四年三月

《镇江公路交通科技论文选萃2014》编委会

编辑说明

2014年,公路交通行业涌现出一批优秀科研成果,形成了多篇科技与管理论文。镇江市公路学会在广泛听取行业管理部门意见和专家学者认真评审、严格筛选的基础上,选取其中的79篇论文编辑成论文集,它们集中反映了镇江公路交通科技工作者在科技研究、成果应用、管理创新等方面的最新成果及经验总结。

本论文集可供广大从事公路、桥梁、船闸、汽车运输等方面的规划设计、施工建设、行业管理、科研等人员交流与参考。

序

两年来，镇江公路交通紧紧围绕全市经济社会发展大局，全面推进镇江公路交通现代化建设，在公路交通运输体系、公路交通工程建设和公路交通行业管理等方面真抓实干，交出了让群众满意的答卷，创造了令人振奋的业绩。

科学技术是第一生产力。镇江交通坚持“科技强交”，注重科研转化和成果应用，给公路交通发展带来了积极变化和重大进步。公路学会作为镇江交通重要的科研组织和学术平台，以服务公路交通现代化建设为宗旨，带领广大公路交通科技工作者，有针对性地开展课题研究，进行学术探讨和技术创新，并撰写了一批理论水平高、实践效果好、可操作性强的科技和管理论文。

在经济新常态下，创新成为驱动经济社会发展的新引擎，国家比以往任何时候都更加需要强大的科技创新力量，更加注重科技进步和全面创新。镇江交通要坚定不移地走现代化发展道路，更需要科技创新来支撑。我们将着力推进“综合交通”“民生交通”“绿色交通”“智慧交通”“平安交通”“法制交通”建设，为广大公路交通科技工作者提供一个创新创业、施展才华的舞台。

希望广大公路交通科技工作者，围绕交通发展需求开展研究，撰写出更多质量高、指导性强的论文，为新镇江、新交通的建设发展做出应有的贡献。

丁峰

2015 年 3 月

目 录

道路工程

浅论公路工程施工测量放样/马开亭/003
浅析沥青混合料离析现象/严锋　张雷/007
全站仪三角高程法在河网密布区控制测量中的应用/董功海　齐义广/012
成品湿法橡胶沥青混合料在 S265 交叉口路面工程中的应用研究
/陈辉方　张宏志　刘化学/016
改性沥青 SMA-13S 混合料配合比设计/石帅/023
基于 VB 的公路竖曲线改进程序设计/杨建勇　成菲/029
简谈边坡失稳处治措施/毛鸿/036
喷射混凝土支护/吴海漫/040
浅述高速公路大修项目路面环氧覆层施工工艺的应用/丰荣良/044
浅谈二灰碎石冷再生基层施工方法/刘春江/051
浅谈膨胀土的加固处理/周金吉/056
浅析道路施工中粉土的特点及处置方法/王国进/063
如何控制拌和站沥青混凝土质量/居锦磊/068
探讨抗车辙型半硬层路面的应用/程祖辉　管亚舟　王军　丁文胜/070
砼芯水泥搅拌桩在常溧高速软土地基中的应用/李小民　马卫兵/076
厂拌热再生沥青混合料在含 LSPM 路面结构中的应用及评价
/薛彦卿　陈峰林　石小武　张莉/080
交通荷载作用下脱空刚性路面的疲劳损伤机理
/薛彦卿　石小武　朱国娟　陈辉方　张莉　王晶/089
以试验检测谈沙砾卵石土在施工中的应用/许加强/097
镇荣公路拓宽改造工程一期沥青路面质量控制方案/孙荣政　彭彪　张业夫/104

桥梁工程

京港澳(G4)高速公路大修项目桥梁上部构造同步顶升施工技术的介绍/丰荣良/115
桥梁盖梁的常用施工方法/顾陈玲/120
城市桥梁混凝土施工的质量控制/刘来新　巫同军/124
自贴式反射片代替棱镜在特大桥承台围堰变形监测中的应用
/董功海　于洪梅　王强/130
单组分水溶性聚氨酯灌浆材料在锁扣钢管桩围堰施工止水中的应用/董功海　王强/134
浅谈驳岸墙移动模架与“滚轮＋卷扬机”施工方法/王威/138
液压爬模施工技术/卞沧海　胡振超/144
杨林船闸基坑排水施工技术探析/杨娟　周丽华/152
浅谈斜拉桥拉索施工/周丽华　杨娟/157
论松木桩复合地基在桥梁建设中的应用/王威　胡振超/163
中承式无风撑飞燕式拱桥施工技术/王威　黄健/167
新型黏结剂及止水剂高压灌浆在梁体修护中的应用/翁雪屹　陈锋/175
泰州大桥南引桥现浇箱梁支架设计与施工/贾杏杏　王强/181
FRP材料在桥梁中的发展前景/李天/186
桥梁健康监控与养护技术/高原/191
花瓶薄壁墩身施工质量及外观控制措施/张刚　王敌维/203
拉压杆模型理论及其发展概述/周元华/208
浅谈大跨度人行便桥的施工技术/尹银火/213
浅谈桥梁支座垫石新型模板施工工艺/单双龙/218
浅谈自密实混凝土的发展/袁卫平/221
桥梁大体积混凝土裂缝成因及控制措施/蔡爱林/225
小型结构物混凝土裂缝处理/单双龙/228
悬臂连续桥梁拼装线形控制研究/李晓锋/231
预应力智能张拉系统运用与控制/杨磊　李双/235
钻孔灌注桩施工质量控制与管理/巫同军/242

机械工程

基于DSP2812的H1300型铣刨机电控系统设计/徐文山　唐红雨　肖翀宇/249
基于蚁群算法的沥青混合料动态配料称重控制模块设计/唐红雨　王翠军　刘政/254
降低LNG客车燃气消耗的分析与研究/李一纲/261

沥青混合料厂拌热再生设备及关键技术探析/蒋红英　朱剑铭　杨恩/265
沥青混合料搅拌设备振动筛设计的技术探讨/朱剑铭　徐宝元　杨宝林/271
内燃机油使用中质量分析与发动机故障诊断/蒋红英　杨宝林/277
双前桥摊铺机转向结构的校核和优化分析/蒋霞　胡振东　董燕/282
影响同步碎石封层车石料撒布质量的因素/叶玲/289

行业管理

低碳生态理念在公路建设管理中的实践与思考/李文君/295
干线公路市县共建行业管理模式探讨/张宏志/299
公路养护设计新理念/魏云霞/304
浅谈高速公路标准化建设要点/钱煜祯/307
浅谈如何通过电子信息化手段提升路政内业工作精细管理水平/吴伟/313
浅谈镇江市养护应急基地(工区)管理模式和运营机制
/陈辉方　管亚舟　丁文胜　戴建平/316
如何做好建成区公路的路政管理工作/余健　张剑华/320
镇江市干线公路网管理的探索与思考/王静　吕培金/325
如何在公路巡查中提升管理效能的实践与思考/史小东/328

综合业务

浅析施工企业的成本控制/张雷　严锋/335
265省道第三方试验检测模式探索与思考/张宏志　彭彪/339
道路客运企业安全风险管理浅析/陈洪杰/343
浅谈我国汽车租赁业发展现状及对策/陈伊洋/347
遏制过度维修　推进绿色汽修/王晓平/352
“酒香尚怕巷子深”——公路品牌资产管理与价值提升的几点思考/朱云燕/356
计算机技术在道路测量及养护中的应用/陈之悦/359
建立公路执法人员培训长效机制研究/张娈婷/361
两次仪器高法遥测目标点的高程/侯占标/364
浅述对工程项目成本管理与控制的认识/周家驹/367
浅谈海外施工项目投标应注意的问题/惠登峰　陈厚琴/371
浅谈试验室的取样及样品管理/史娜萍/376
融资租赁在工程机械管理中的发展/周晨/379
高速公路客车轮胎选用的探讨/吴建华/385

小议营运车辆技术管理存在的问题/张俊俊/388
镇江市公路行业人力资源管理现状和对策/郑勤/391
镇江物流业现状及发展策略分析/徐成/395
镇江城市配送系统布局及运营模式优化分析/舒雪绒/399

道路工程

Road Engineering

浅论公路工程施工测量放样

马开亭
（江苏省镇江市路桥工程总公司 镇江 212017）

摘　要　公路工程施工测量放样主要是利用测量技术将设计图纸上的工程构造物的平面位置和高程在实地标定出来，作为施工的依据。在施工过程中，检测工程构造物的几何尺寸，以实现从设计图纸到工程实物的质和量的转变。公路工程施工放样的依据是《公路工程技术标准》，各种构造物的施工技术规范、规程、测量规范等以及工程设计图纸。测量放样工作应遵循从整体到局部的原则，先进行控制测量，再进行细部放样测量。通过控制测量，建立起平面控制点和高程控制点与工程构造物特征点之间的平面位置和高程的几何联系。以平面控制点的坐标和高程控制点的高程为依据，利用传统测量仪器进行距离、高程和角度的测量放样或者利用全站仪和GPS进行三维坐标放样来确定工程构造物特征点在实地上的空间位置。在放样过程中，工程设计图纸是图解控制点和工程构造物特征点之间几何关系的依据；现行的施工技术规范、规程，以及测量规范是核查放样结果精度的依据。只有利用精度符合标准的几何数据，才能精确地测定工程构造物特征点的准确位置，以指导施工。

关键词　公路　工程　测量　施工放样

在交通土木工程中，工程构造物主要指路基、路面、桥涵、隧道及其附属构造物和排水构造物。在路基施工前，通过测量放样确定路线中线桩、公路用地界桩、路堑坡顶、路堤坡脚、边沟等构造物的施工位置；在施工过程中，通过测量放样对工程构造物外形几何尺寸进行控制和检测，及时修正偏差，以准确体现设计意图；在工程竣工后，通过测量对工程进行质量检查和验收。实践证明，精确地测量放样能准确控制施工质量，节约工程成本。因此，施工放样是工程施工过程中的重要一环，它贯穿工程施工全过程。公路工程施工放样的主要任务是利用测量技术将设计图纸上的工程构造物的平面位置和高程在实地标定出来，作为施工的依据；在施工过程中，检测工程构造物的几何尺寸，以实现从设计图纸到工程实物的转变。

1　公路工程施工测量的重要性

工程施工测量的主要任务是运用专门的测量仪器，通过一定的技术方法把设计图纸上的数据、几何形状、位置真实地放样到实地。一般公路工程测量工作包括以下几个阶段。

1.1　编制测量规划

测量规划是整个项目测量过程中的指导方向和行动纲领，在施工准备阶段编制测量规划是以后开展现场施工工作的必要准备。在编制测量规划时应注意结合施工工程内容和特点有针对性地编制，应注意熟悉图纸、规范要求，每项工程建设的设计经过讨论审查和批准之后即进入施工阶段，这时首先要将所设计的公路路线，按施工要求在现场标定出来，作为实地建设的依据。为此，根据工程现场的地形、工程的性质，建立不同的施工控制网，作为定线放样的基础，然后采用不同的放样方法，逐一将设计图纸转化为地上实物。

1.2 开工前的交接桩

在交接桩位过程中一定要注意点位的完好，以及与交桩资料的吻合，还需认真理解设计文件中有关控制点的等级要求及导线、桥梁控制网的精度，确保设计单位的测量精度及导线、桥梁控制网的布设满足勘测设计规范要求。

1.3 控制点的复测工作

控制点的复测工作要求配备足够的测量人员，全部使用校检过的测量仪器，认真制订复测的技术方案，一般对设计单位提供的所有点位同精度复测，以满足在施工阶段的测量放样精度要求。

1.4 施工控制点的加密控制

点的加密一般要求与原设计的控制点的精度相同，导线点的加密应采用附合导线，应附合到原设计单位提供的导线点上，同时要注意加密点位应离开公路中线的距离不宜过大或过小，一般离开路线中线的距离为 80～100 m 为宜。水准点的加密应闭合到原设计的点位上，点位布置应注意：① 在桥梁的两侧应加密；② 需要观测沉降的路段应加密；③ 点位应布置在可靠、稳固的地方，点位埋设应牢固、无松动，点位埋设的地方应不易破坏、不易沉降等，以保证满足以后施工的要求。

1.5 定线放样

用先进的测量设备配以便捷、高效、准确的放样计算程序进行公路路线定位，精度要满足规范要求，定线桩位密度也要满足施工现场要求。对全部工程的原地面线进行实际测定，并要求监理工程师进行检查验收，以作为路基横断面施工图和土石方工程计量的依据。测定工作应在原始地面线被施工扰动以前进行，测定所使用的仪器精度及操作方法符合勘测设计要求与规程。在公路工程施工过程中，从工程开工一直到工程结束，均离不开公路工程的测量工作。首先对公路路线定位，确定公路的实际位置，有了准确的地面标识后才能确定施工的范围，并进行施工。在施工中需要一系列的测量工作配合施工，以保证施工的顺利和精确性。当工程完成时还需要有测量工作的协助来评定工程的合格。因此工程测量工作前，制订必要的合理的精度，是关系到该工程建设中周期长短的一项重要的工作。

1.6 路基和结构物施工阶段

(1) 对桥梁、通道涵等结构物的检测

首先应对放样坐标进行认真仔细的审核计算，把错误杜绝在放样之前，然后采用已签认的导线和水准点成果对其实地位置进行检测，以确定放样是否正确。

(2) 对路线中桩、坡口、坡脚桩进行检测

高填深挖地段是检测的重点，每施工到一定标高后，应检测其线路中边桩和路基宽度是否符合设计的要求，这一工作作为施工单位的测量人员应经常性地进行。

(3) 对隐蔽工程量和变更工程量进行复核

这项工作的结果对土方量的影响很大,直接关系工作造价。因此在复核时,测量工程师应本着实事求是、认真负责的态度,采用合理严谨的测量和计算方法,如实地向测量监理工程师提供可靠的工程量数据。

1.7 交工验收阶段

经过较长时期的施工,原有加密导线和水准点难免被破坏或使用不方便。因此,中间交工验收之前,测量工程师应对本施工单位的加密导线和水准点进行一次全面的复测和补测,并提交相应的成果报告。经过测量监理工程师签认的成果报告作为今后路面施工放样和中间交工验收的依据。

2 公路工程施工测量常用仪器简述

2.1 水准仪

建立水平视线测定地面两点间高差的仪器。主要部件有望远镜、管水准器(或补偿器)、垂直轴、基座、脚螺旋。水准仪广泛用于公路行业和建筑行业,是测量水平高低的仪器,具有精度高、使用方便、快速、可靠等优点。

水准仪分为以下几类:

(1) 微倾水准仪:借助于微倾螺旋获得水平视线的一种常用水准仪。作业时先用圆水准器将仪器粗略整平,每次读数前再借助微倾螺旋,使符合水准器在竖直面内俯仰,直到符合水准气泡精确居中,使视线水平。微倾的精密水准仪同普通水准仪比较,前者管水准器的分划值小、灵敏度高,望远镜的放大倍率大,明亮度强,仪器结构坚固,特别是望远镜与管水准器之间的连接牢固,装有光学测微器,并配有精密水准标尺,以提高读数精度。

(2) 自动安平水准仪:借助于自动安平补偿器获得水平视线的一种水准仪。它的特点主要是当望远镜视线有微量倾斜时,补偿器在重力作用下对望远镜做相对移动,从而能自动而迅速地获得视线水平时的标尺读数。自动安平水准仪依靠圆水准器进行粗略调平,这项工作的目的是让水准仪的望远镜轴粗略地处于水平状态。自动安平水准仪与微倾水准仪的最大不同在于它的补偿器。微倾水准仪是依靠复合气泡来使望远镜轴精确处于水平位置,而自动安平的仪器则依靠补偿器来使视线轴处于水平。补偿器是利用地球引力进行工作的,它将一组透镜悬挂,在地球引力的作用下,悬挂的透镜始终垂直于地面,当仪器没完全整平时也就是望远镜轴于水平线有一夹角 i 角,则相应的补偿器会始终垂直于地面,其也将与望远镜轴产生夹角($i+90°$),经过悬挂的透镜,我们的视线就会得到改正,使我们得到正确的水平视线。

(3) 激光水准仪:利用激光束代替人工读数的一种水准仪。将激光器发出的激光束导入望远镜筒内,使其沿视准轴方向射出水平激光束。

(4) 数字水准仪:这是 20 世纪 90 年代新发展的水准仪,集光机电、计算机和图像处理等高新技术为一体,是现代科技最新发展的结晶。

2.2 全站仪

全站仪是一种集光、机、电为一体的高技术测量仪器,是集水平角、垂直角、距离(斜距、平距)、高差测量功能于一体的测绘仪器系统。因其一次安置仪器就可完成该测站上全部测量工作,所以称之为全站仪。广泛用于地上大型建筑和地下隧道施工等精密工程测量或变形监测领域。

全站仪分为以下几类：

(1) 经典型全站仪:经典型全站仪也称为常规全站仪,它具备全站仪电子测角、电子测距和数据自动记录等基本功能。

(2) 机动型全站仪:在经典全站仪的基础上安装轴系步进电机,可自动驱动全站仪照准部和望远镜的旋转。在计算机的在线控制下,机动型系列全站仪可按计算机给定的方向值自动照准目标,并可实现自动正、倒镜测量。

(3) 无合作目标型全站仪:无合作目标型全站仪是指在无反射棱镜的条件下,可对一般的目标直接测距的全站仪。因此,对不便安置反射棱镜的目标进行测量,无合作目标型全站仪具有明显优势。

(4) 智能型全站仪:在机动型全站仪的基础上,仪器安装自动目标识别与照准的新功能,因此在自动化的进程中,全站仪进一步克服了需要人工照准目标的重大缺陷,实现了全站仪的智能化。在相关软件的控制下,智能型全站仪在无人干预的条件下可自动完成多个目标的识别、照准与测量,因此,智能型全站仪又称为“测量机器人”。

2.3 GPS

GPS 功用全球定位系统的主要用途包括：

(1) 陆地应用,主要包括车辆导航、应急反应、大气物理观测、地球物理资源勘探、工程测量、变形监测、地壳运动监测、市政规划控制等。

(2) 海洋应用,包括远洋船最佳航程航线测定、船只实时调度与导航、海洋救援、海洋探宝、水文地质测量以及海洋平台定位、海平面升降监测等。

(3) 航空航天应用,包括飞机导航、航空遥感姿态控制、低轨卫星定轨、导弹制导、航空救援和载人航天器防护探测等。

GPS 特点包括：

(1) 定位精度高:在 300～1 500 m 工程精密定位中,1 小时以上观测的值解其平面位置误差小于 1 mm,与 ME-5000 电磁波测距仪测定得边长比较,其边长校差最大为 0.5 mm,校差中误差为 0.3 mm。

(2) 观测时间短:随着 GPS 系统的不断完善,软件的不断更新,目前,20 km 以内相对静态定位,仅需 15～20 min;快速静态相对定位测量时,当每个流动站与基准站相距在 15 km以内时,流动站观测时间只需 1～2 min,然后可随时定位,每站观测只需几秒钟。

工程测量是整个施工工作的前提,是一项精密而细致的工作,既直接影响到路线的定线和高程系统的控制,又影响到施工过程中施工放样的可靠、便利,贯穿公路施工始终。为了保证测量成果的正确可靠,必须坚持做到有测量,必须有记录、有运算,步步有校核,层层有检查,不符合技术规范的成果要返工重做,以保证有足够的精度。近年来,随着测量新技术、新设备的不断出现,给公路施工测量带来了全新的工作模式。测量仪器的使用逐渐变得简单而精确,使公路建设的步伐加快,质量不断提高。水准仪、全站仪、GPS 等测量仪器在公路测量中的作用不断加深。在这个飞速发展的时代里,质量和速度成为主题,所以,我们要不断紧跟时代的脚步,了解先进科技的产物,掌握它们的使用方法和原理,提高自己的运用能力,为测量事业的飞速发展添砖加瓦。

浅析沥青混合料离析现象

严锋　张雷
（江苏省镇江市路桥工程总公司 镇江 212017）

摘　要　沥青混合料的离析是造成目前高速公路沥青路面的一些早期损坏，如松散、网裂等问题的重要原因，因此，在沥青路面施工过程中控制离析是保证工程质量的重要环节。事实证明，如果对路面施工过程进行科学合理的规划，有效减少离析现象的发生，可大大提高沥青路面的质量。本文首先分析了沥青路面出现离析问题的原因，然后简单介绍了出现离析现象对于公路工程的危害，最后着重分析了解决沥青路面施工过程中离析问题的一些措施。

关键词　沥青混合料　离析现象　检测　防治措施

近年来，沥青混凝土路面结构被广泛地应用到高等级公路的建设中，其行车舒适性及维修方便性较水泥混凝土路面有较大的优势。但其早期破坏在很大程度上影响了其综合使用性能。高速公路路面早期损坏的一个重要原因是路面的不均匀性，而沥青混合料的离析问题是造成路面不均匀性的主要原因，是降低路面使用性能的顽症。离析现象的成因很复杂，通常由摊铺机结构、运输方式、摊铺技术和沥青混合料质量等因素造成。事实证明，如果对施工过程进行科学合理的控制，则可以有效减少离析现象的发生，从而大大提高沥青路面的质量。

1　离析的种类

沥青混合料生产过程中，石料堆料方式及运输、混合料拌和、储存、装卸料及摊铺等任一环节中均有可能产生离析，导致沥青混合料不均匀。从宏观上讲，热拌沥青混合料的离析大致有三种类型。

（1）集料离析

热拌沥青混合料在拌和生产中，如需拌和出沥青用量过大的混合料易出现这种离析，类似于沥青混合料的析漏。SMA 混合料易发生这样的离析。当集料与沥青的黏附性能不足时，沥青不能充分包裹集料形成有一定厚度的沥青膜，也容易出现这种离析现象。

（2）温度离析

热拌沥青混合料在运输、摊铺的过程中，由于不同位置的混合料温度下降不一致，导致混合料的温度差异，产生温度离析。运料车的表面、运料车车厢的两侧以及摊铺机两翼的混合料易产生温度离析。

（3）级配离析

热拌沥青混合料在生产、运输、摊铺过程中的不当操作造成混合料粗细集料分布不均,产生级配离析。粗骨料较为集中的地方沥青路面的空隙率较大、沥青含量低,易产生疲劳裂缝、坑洞以及剥落等病害;细集料较为集中的区域沥青路面的空隙率小、沥青含量高,容易产生车辙、泛油等病害。

2 离析的原因

2.1 集料离析的原因

(1) 原材料质量方面(级配)的原因造成离析

在施工过程中,一个工程的集料来自多个料场是常见的现象,破碎和筛分机械的不统一会造成集料规格和质量的差异,且实际级配与生产设计级配存在较大差距也是原料方面经常出现的问题,此外还需注意的是如果沥青材料的黏度不够,也将促使离析现象的发生。

(2) 不均匀拌和过程造成离析

在现实施工中,存在集料生产厂家不同、材料堆放场地不规则、现场条件差等问题,这就难以保证集料的质量。如果采取强制搅拌式拌和,沥青混合料拌和机在拌和过程中出现拌和时间短,或者某些拌和机振动筛局部发生破裂以及搅拌叶片磨损严重、脱落的问题,会造成沥青混合料拌和不均匀的问题,这就极易造成施工中路面的施工和压实不均匀,导致后期出现离析现象的可能性增加。

(3) 运输过程造成离析

运输车卸料时,由于有一段落差,混合料在车厢内会堆积成锥体,使粗细骨料分离,锥体下部粗颗粒偏多,锥体上部细颗粒偏多,再加上摊铺机输送料的特点,也会在摊铺时形成多种粗细料离析现象。所以在卸料时,首先应减少落差高度,同时可让运输车做前后移动,减少锥体的形成,使出厂混合料均匀一体。储料筒向运输车装料时,由于重力及高度的原因,大骨料滚落在两边及前后,形成骨料的第一次集中。为改变这种状况,应分别向运输车的前、中、后三处堆装,这样卸料时大骨料和小骨料可以再次混合。

同时,由于运输过程中料堆表面与空气接触,温度下降较快,而料堆中心温度下降较慢,因此形成温度离析。所以,在为搅拌场地选址时,要尽量缩短搅拌场地与摊铺现场的距离。同时,应适当平整运输通道、降低行驶速度,使运输过程中尽量减少颠簸。对料堆要采取保温措施(尤其是较长距离的运输),比如覆盖篷布等。

(4) 摊铺作业造成离析

摊铺时,混合料通过螺旋送料器由中心向两边送料,而中心部分则靠混合料自重下落,这样在中心部分容易产生离析,即常见的带状离析。在运输车向摊铺机贮存料斗内卸料过程中会产生粗细料分离,应主要从摊铺机作业人员的操作中对这种离析现象加以控制和改进。混合料卸向摊铺机时,大骨料滚落在料斗两侧,因此应将车厢大角度、快速升起,使混合料整体下滑,以避免大骨料向外侧滚动和堆积。在螺旋布料器部分也会产生离析,离析的主要环节在螺旋分料过程,而作业中功率消耗最大的环节也在螺旋分料过程(约为整机的50%~60%)。摊铺机的设计,主要考虑功率因素,使螺旋分料器中的物料表面位于螺旋直径的1/2~2/3处。按照这种情况,当用于大宽度、大厚度摊铺时,由于输料量加大,而螺旋只有位于物料内部的部分才有输料能力,因此为满足作业要求,只能将转速提高。这样,高速旋转且暴露在空中的螺旋布料器顶端就会向物料层上部的空间抛送物料,这是分料过程中形成离析的主要原因。通过在施工现场的观察,可以十分清楚地看到这一点。

(5) 混合料压实不够均匀造成离析

压实环节是保证沥青公路路面质量的重要环节，压路机在对混合料压实期间，若路中间和两侧的差异较大，则每个路段的压实速度、遍数和温度不尽相同，这就造成了施工的沥青路面出现了级配离析的问题，且存在压实度不均匀的问题。另一方面，混合料离析又直接造成了压实度无法达到原先要求的问题。若出现了离析的情况，仅依靠提高压实度来减小空隙率而不从根本上解决离析问题，极端情况下会造成将集料压裂的后果，损失严重，公路质量也难以保证。

2.2 温度离析的原因

温度离析主要发生在运料车运输和卸料的过程中，在搅拌和生产时，骨料加热温度的不均匀也会造成离析现象的发生。笔者认为在整个作业过程中混合料的温度有两次变化会造成温度离析。

自卸卡车在运料途中，沥青混合料会通过车厢壁与空气进行热交换，靠近车厢壁及顶层的混合料温度下降得会快一些。而混合料的导热性能差，热量从混合料堆的中心向四周传导的速度较慢，因此在卡车抵达摊铺现场时，车厢内壁处材料的温度大大低于厢内中部材料的温度。同样一批材料，第一次出现温度差别。

卸料过程中，由于车厢中部的材料温度高、黏性低，因而在倾倒过程中首先被卸到摊铺的料斗中；靠近车厢内壁的物料往往随着惯性与阻力的相互作用落在料斗的两侧和颈部。高温材料最先摊铺到路面基层，低温材料最后摊铺，并且摊铺作业的时长要求使得高温骨料和低温骨料的摊铺具有时差。这进一步加剧了沥青混合料温度的不均匀度。值得注意的是，在实际的道路施工中集料离析与温度离析往往是同时发生，不可分割的。由此可见，沥青混合料本身特质所决定的离析现象给公路摊铺工作带来了很大的困扰与阻力，并且这种材料的弊端直接影响了公路的寿命，必须引起设计者、施工者的高度重视。

2.3 级配离析的原因

沥青混合料从贮料罐向运输车里输送时，由于高度原因，大骨料滚落在运输车车厢附近，形成粗集料第一次集中。运输车里的混合料卸向摊铺机时，大骨料滚落在摊铺机车厢附近，形成粗集料的第二次集中。摊铺机送料器在送料过程中，先将中间集料送于布料器，剩余粗集料留存在料斗中，摊铺机收斗时，形成粗集料的第三次集中，这样一来就会产生离析。该类型离析的产生会影响公路的质量，严重的会直接影响车辆的行车安全。

3 离析的检测、评定方法

(1) 视觉观察法

视觉观察法是根据路面的表观状况和调查者的经验进行离析检测的方法。这是一种主观的判别方法，它没有明确的离析程度评定标准，所以有一定的局限性，只适用于大粒径及较粗的沥青混合料，对于小粒径和细级配的沥青混合料并不适用。

(2) 铺砂法

路面离析区域与非离析区域表面纹理深度会有明显的变化，可以通过铺砂法测路面构造深度，检测评定路面离析的程度。采用离析处路面的构造深度与非离析处路面构造深度的比值来评定离析的程度，即采用非离析处路面的构造深度 TD 作为参照物，与离析处的构造深度之比(TD 离析处/TD 非离析处)作为评价指标。

(3) 钻芯取样法

通过钻芯取样,分析芯样的材料组成及芯样密度,以评定离析的程度。取芯法费时费力,同时上面层施工一般不允许过多取芯,所以仅在发现路面明显离析时,才采用此法进行调查。由于路面离析处级配、沥青用量、芯样密度都可能发生变化,因此这 3 项指标均可作为离析的评定指标。

(4) 核子密度仪法

核子密度仪可以检测路面的密度,根据检测路段路面密度的变化范围,确定该路段离析程度的等级。核子密度仪是路面无损检测的重要手段,采用核子密度仪检测,具有快速、简便且对路面无损坏的优点。但路面离析处粗料集中的地方,级配偏粗、沥青用量也偏少,该点的密度值未必会小,核子密度测定仪有可能检测不出这种离析。

(5) 红外线摄像法

红外摄像仪可绘制整个区域的热量分布图,并可以利用软件进行分析,进而评价温度离析状况。红外摄像仪只能探测到表面及表层的温度分布情况,红外摄像仪对完工后路面的评价精确度不够高,不同红外摄像仪经过标定后测定结果才可用于分析比较。

铺砂法、核子密度仪法可与视觉观察法相结合应用于路面离析的无破损检查与评定,当存在争议时可用取芯法做最终的判定。红外线摄像法在低气温施工时,可用于温度离析的检测,以督促施工单位改进设备与工艺。

4 防治措施

4.1 防止集料不均匀离析

在施工过程中严格控制集料的质量,在广泛调查的基础上,选择信誉度高,质量把关严的供货商,不符合级配和规格要求的集料决不能进场。在石料的生产过程中,坚持跟踪检测,随时根据材料的筛分情况及时调整生产配合比和矿料级配。由于在施工过程中,堆料场地不规则,材料不能被完全分开,各种材料可能混杂在一起,铲料时容易将杂质带入料仓,再加之料场通常设在露天,雨天时会造成集料不同部位含水量差异较大,使拌和机的控料产生一定难度,直接影响配合比。在拌和过程中,要进行取样抽提、筛分检测混合料的矿料级配、油石比,以防止材料发生变化,造成集料不均匀;要控制沥青用量,使之略高于设计用量。

4.2 防止运输离析

合理布置和设置混合料拌和厂,尽量把拌和厂建在靠近摊铺的施工现场,这样可以缩短运输距离,同时在运输的过程中尽量选择和修筑比较平坦的运输道路,降低行驶速度,减少颠簸。如果运输距离确实比较远,则要做好保温工作,这样可以消除运输中的离析和温度差。在施工过程中,摊铺机前应有运料车在等候卸料,即摊铺沥青混合料运输车的运量较摊铺速度有所富余。装料时防止装料的离析,控制适宜的送料仓口开度,从拌和机向运料车上装料时,分 3 层或 5 层装料,并应多次挪动汽车位置,平衡装料,以减少混合料离析。

4.3 防止摊铺离析

运料汽车在接料前,应用喷雾器将柴油水均匀喷洒在车底及车帮,以保证汽车在卸料过程中混合料能整体下滑,预防离析。当沥青运输到摊铺现场时,在卸料的过程中,要注意防止卸料离析。卸料时,控制好车厢角度与速度,使混合料缓慢整体下滑,防止大骨料向外侧滚落和堆积，造成离析。

在沥青混合料的摊铺施工中，摊铺机要调整到最佳工作状态，且必须均匀、连续不间断地工作，不得随意变换速度或中途停顿，在摊铺过程中应保持摊铺机螺旋布料器上的混合料壅料高度一致，料面应始终保持高出螺旋布料器 2/3 以上。摊铺机接料斗在摊铺过程中严禁开合，确保摊铺混合料的均匀性以减少在摊铺过程中混合料的离析。在每辆料车卸料之间，不要完全用完受料斗中的混合料，留少量混合料在受料斗中，尽可能减少将两侧板翻起的次数，仅在需要受料斗中的混合料放平时，才将受料斗的两块侧板翻起。在有条件时，运料车可将混合料卸入转运车经二次拌和后向摊铺机连续均匀地供料，可有效地改善混合料的离析和温度不匀的问题。

当路面铺筑宽度较大时，可采用两台摊铺机联合作业，也就是采用梯形摊铺，这样可防止一台摊铺机铺筑的混合料宽度过大而导致的混合料离析。当熨平板加宽连接时，应仔细调节至摊铺的混合料没有明显的离析痕迹。人工摊铺时，应边摊铺边用刮板整平，刮平轻重一致，并控制次数，严防集料离析。在摊铺后，要及时进行压实，也应严格控制压实度、平整度，以避免由于压实度、平整度达不到要求而产生的离析。

沥青混合料离析是影响路面质量的主要因素之一，但是只要找出沥青混合料产生离析的原因，采取相应的措施，就可有效地解决沥青混合料的离析现象，从而提高沥青混合料路面的质量。

全站仪三角高程法在河网密布区控制测量中的应用

董功海　齐义广

（江苏省交通工程集团有限公司 镇江 212000）

摘　要　本文简述了全站仪三角高程测量的原理和方法，并在不同因素影响下对全站仪进行了精度测量和误差分析。指出全站仪在一定条件下可以代替三、四等水准测量，并通过工程实际验证了全站仪三角高程法在河网密布区控制测量中应用的可行性。

关键词　全站仪　三角高程法　河网密布区　控制测量

泰州市站前路卤汀河大桥一期建设工程桥梁起点与青年路平交，引桥跨越规划中的海陵路，主线跨越卤汀河。卤汀河大桥桥址处地貌类型属于里下河浅洼平原区，区域内地势低洼。境内河网密布，纵横交织，大面积鱼塘分布较多，卤汀河两岸分布有密集的住宅和小码头。据实地考察，要完成此工程的控制测量，需要跨越河流与鱼塘共8处，利用传统的水准测量方法进行施测难度较大，精度也难以保证。随着全站仪测量技术的不断发展，全站仪三角高程测量在工程测量中得到了广泛的应用。它不受地形限制，测距长，且施测速度快，如果采取一定的措施提高测量精度，全站仪三角高程法将是在河网密布区控制测量中便捷、合理的测量方法。

1　全站仪三角高程测量的基本原理

1.1　单向三角高程测量的基本原理

如图1所示，在点 A 架设仪器，仪高为 i，在点 B 安置棱镜，镜高为 l。由图1可以写出点 A,B 高差公式为

$$h=h'+c+i-r-l \tag{1}$$

点 A,B 距离与地球半径比值很小，则可以认为 $\angle PNM=90°$。$\triangle PNM$ 中 $h'=S\sin\alpha$，其中 α 为照准棱镜中心的竖直角，S 为 A,B 两点之间的斜距。

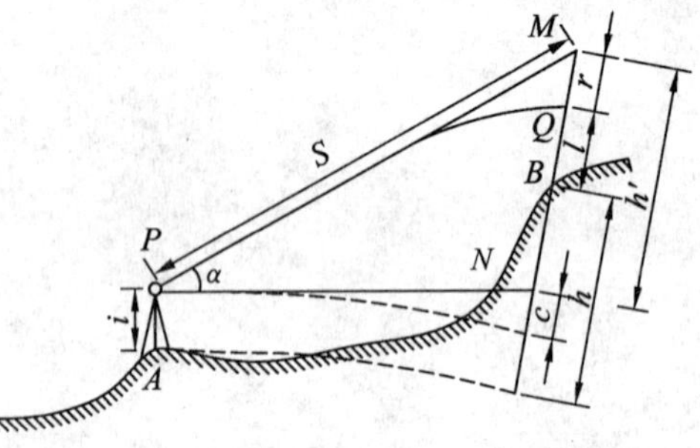

图1　单向观测高差计算示意图

c,r 分别为大地曲率和大气折光的影响

$$c=\frac{D^2}{2R}=\frac{S^2}{2R}\cos^2\alpha \tag{2}$$

$$r=\frac{kD^2}{2R}=\frac{kS^2}{2R}\cos^2\alpha \tag{3}$$

式中：k——大气折光系数，$k=\frac{R}{R'}$；

R——地球半径；

R′——光程曲线 PQ 的曲率半径。

将式(2)，式(3)代入式(1)，则有

$$\begin{aligned} h &= S\sin\alpha + \frac{S^2}{2R}\cos^2\alpha - \frac{kS^2}{2R}\cos^2\alpha + i - l \\ &= S\sin\alpha + \frac{1-k}{2R}S^2\cos^2\alpha + i - l \end{aligned} \tag{4}$$

1.2 对向三角高程测量的基本原理

对向观测即将仪器架设在点 A 观测点 B，测量两点高差，然后再将仪器架设在点 B 观测点 A，再次测量两点高差，取两高差的中数作为观测结果。由式(4)，仪器架设在点 A 时，观测 A，B 两点高差为

$$h_{AB} = S_{AB}\sin\alpha_{AB} + \frac{1-k_{AB}}{2R}S_{AB}^2\cos^2\alpha_{AB} + i_A - l_B \tag{5}$$

仪器架设在点 B 时，观测 A，B 两点高差为

$$h_{BA} = S_{BA}\sin\alpha_{BA} + \frac{1-k_{BA}}{2R}S_{BA}^2\cos^2\alpha_{BA} + i_B - l_A \tag{6}$$

式(5)，式(6)中：

S_{AB}，α_{AB} 和 S_{BA}，α_{BA}——仪器架设在点 A 和点 B 所测的斜距和竖直角；

i_A，l_A 和 i_B，l_B——点 A，B 的仪器高和棱镜高；

k_{AB} 和 k_{BA}——点 A 向点 B 观测和点 B 向点 A 观测时的大气折光系数。

如果在同一时段对向观测，则认为在同一观测条件下进行，即 $k_{AB}=k_{BA}$。同时，对向观测时，A，B 两点测距近似相等，则认为 $S_{AB}^2\cos^2\alpha_{AB}=S_{BA}^2\cos^2\alpha_{BA}$，由此可得出 A，B 两点平均高差公式为

$$H_{AB} = \frac{1}{2}(S_{AB}\sin\alpha_{AB} - S_{BA}\sin\alpha_{BA}) + \frac{1}{2}(i_A + l_A) - \frac{1}{2}(i_B + l_B) \tag{7}$$

根据公式(7)可以看出，在全站仪三角高程测量过程中，采用对向观测的方法可以基本抵消地球曲率和大气折光的影响，精度要高于单向观测。

2 全站仪三角高程测量的精度和误差分析

根据两点间高差公式可以看出，影响高差测量的因素有两点距离 S，竖直角 α，仪器高 i 和棱镜高 l。设测距误差为 m_s，测角误差为 m_α，仪器高和棱镜高的测量误差分别为 m_i，m_l，由式(7)按误差传播定律可知

$$m_h^2 = \frac{1}{2}\left(\frac{S\cos\alpha}{\rho}\right)^2 m_\alpha^2 + \frac{1}{2}\sin^2\alpha m_s^2 + \frac{1}{2}m_i^2 + \frac{1}{2}m_l^2 \tag{8}$$

2.1 测距误差

目前，工程上普遍采用全站仪和观点测距仪进行距离测量，仪器测距精度(经加常数、乘常数及气象改正后斜距)能够达到毫米级，测距精度一般在$(2+2\times10^{-6}\times D)$mm 左右，测距中误差不大于±2 mm，对向观测时，距离 S 的误差对高差 h 的精度影响很小。

2.2 竖直角误差

在水网密布的平原地区，地形起伏不大，竖直角一般较小。同时，一般工程采用的 J2 级经纬仪或相当于 J2 级别的全站仪等测角仪器观测竖直角，测角中误差一般小于±2″，

同时增加测回数取平均值可进一步减小误差。

2.3 仪高和镜高取值误差

i,l 是直接读取和量取的数据。根据实际测量经验，棱镜高度一般是由经过检验的带有刻度的对中杆直接读取，刻度精度达到毫米，所以棱镜高度的测量中误差 m_l 可视为 0；仪器高度观测前后量取的数据差不大于 2 mm，取平均值后观测前后中数差不大于 1 mm，测量前后中数的中误差能够保证 1 mm 精度。

2.4 误差分析

以工程常用的 2″全站仪为例，在不同测距和竖直角情况下，精度和限差情况为

$$m_s=\pm(2+2\times10^{-6}\times D)\mathrm{mm} \tag{9}$$

$$m_\alpha=\pm(2\sqrt{2})''=\pm2.8'' \tag{10}$$

$$m_l=\pm1\ \mathrm{mm} \tag{11}$$

将式(9)～(11)代入式(8)，计算出高差中误差，并以 2 倍中误差作为限差。

当 $\alpha\leqslant5°$ 时，m_s 值较小，$\sin\alpha$ 接近 0，$\cos\alpha\approx1$，则

$$m_h^2=\frac{1}{2}\left(\frac{S\cos\alpha}{\rho}\right)^2m_\alpha^2+\frac{1}{2}m_l^2 \tag{12}$$

当 $S=100$ m 时，$m_h=1.19$ mm，$2m_h=2.38$ mm；

当 $S=200$ m 时，$m_h=2.05$ mm，$2m_h=4.09$ mm；

当 $S=500$ m 时，$m_h=4.85$ mm，$2m_h=9.70$ mm。

当 $\alpha\geqslant5°$时，不同 S,α 限差情况见表 1。

表 1　$\alpha\geqslant5°$时，不同 S,α 的限差

S/m	α/(°)			三等水准	四等水准
	±0	±30	±45	$\pm12\sqrt{S}$	$\pm20\sqrt{S}$
50	1.71	1.89	1.86	2.68	4.47
100	2.38	2.43	2.30	3.79	6.32
150	3.21	3.12	2.76	4.65	7.75
200	4.09	3.86	3.29	5.37	8.94
500	9.70	8.68	7.03	8.49	14.14

由表 1 可以看出，普通全站仪在 500 m 测距范围内，可以达到四等水准的限差要求，测距在 200 m 以内，可以达到三等水准限差要求。

3　应用实例

泰州市卤汀河大桥桥址处地貌类型属于里下河浅洼平原区，境内河网密布，据实地考察，要完成此工程的控制测量，需要跨越河流与鱼塘共 8 处，利用传统的水准测量方法进行施测有很大难度，精度也难以保证。

为了解决水准测量视距短、跨河测量测站多等一系列问题，工程采用了全站仪三角高程法对向观测的方案。为了保证此方案的经济可行、结果准确可靠、效率显著提高，测量人员有针对性的实施了以下几项措施：

(1) 选用了项目上配备的用于特大桥施工控制的精密测量仪器：徕卡 TC 2003 全站仪(测角精度±0.5″、测距精度 1 mm+1 ppm)。

(2) 保证测量仪器指标合格，在检定有效期内：仪器经江苏省计量鉴定站检定合格，

各项技术指标均符合其标称值。

(3) 减少棱镜高度测量的误差积累:采用水准仪搭配钢尺的方法精确检核出棱镜高度。

(4) 选择合适的实测环境:在外界环境较好、成像清晰的有利时段测量。

测量结果表明,本次测段总长度 2.35 km,每段测距 200 m 以内,高差闭合差 2 mm,小于±18 mm,满足三等水准精度要求。

成品湿法橡胶沥青混合料在S265交叉口路面工程中的应用研究

陈辉方　张宏志　刘化学
（江苏省镇江市公路桥梁检测中心 镇江 212000）

摘　要　成品湿法橡胶沥青混合料不仅具有优良的高温稳定性、低温抗裂性以及抗水损坏性能，而且也具有低噪和循环利用的环保效益。在对成品湿法橡胶沥青改性机理及生产工艺研究的基础上，开展了S265谷阳路口段中AR-SMA13与AR-Sup20混合料的配合比设计和施工工艺的研究，并对其经济指标与环境效益进行了评价，可为类似工程提供参考和依据。

关键词　成品湿法　橡胶沥青　改性机理　配合比设计　施工工艺

橡胶沥青作为新型路用材料，由于具有优异的抗疲劳和低温抗裂性能，高耐久性，良好的抗老化性能、抗氧化性能，优良的抗车辙能力，且可减小路面铺装厚度和路面行车噪音，因而成为复杂环境和重载交通条件理想的路用材料选择之一，在美国、欧洲、澳大利亚、南非和我国部分省份得到了大规模的推广应用。

本文针对成品湿法橡胶沥青混合料的诸多优点，对其生产工艺及改性机理进行分析。对应用中的AR-SMA13与AR-Sup20型橡胶沥青混合料的配合比设计与施工工艺进行研究，可为类似工程提供参考。

1　成品湿法橡胶沥青生产工艺

橡胶沥青目前主要分成“干法”和“湿法”两大类别。“干法”是采用橡胶粉与矿料先行拌和后喷入沥青拌制沥青混合料的工艺，无须专用的设备，但拌和温度要略高；“湿法”是采用橡胶粉与沥青在一定工艺条件下混炼或混合，生产出的橡胶沥青作为胶结料再与矿质石料拌制沥青混合料的工艺[①]。

“湿法”生产又可分为现场湿拌橡胶沥青和工厂化橡胶沥青两种。工厂化湿法生产出来的成品橡胶沥青从生产工艺进行改变，最大程度降低橡胶沥青生产制备过程中的污染、提高胶粉在沥青中的掺量，通过工厂化生产成品橡胶沥青避免了现场法对施工的干扰，橡胶沥青及其混合料性能更加优异，使得成品湿法橡胶沥青材料可作为直接使用的外供材料[②③]。

---

① 贾渝，曹荣吉，李本京：《高性能沥青路面(Superpave)基础参考手册》，人民交通出版社，2005年。
② 北京市路政局：《北京市废胎胶粉沥青及混合料设计施工技术指南》，人民交通出版社，2006年。
③ 张登良：《沥青与沥青混合料》，人民交通出版社，1993年。

成品湿法橡胶沥青的生产以基质沥青为原料，以橡胶粉为改性剂，采用先进设备及技术，经物理研磨和化学改性，使沥青与橡胶粉形成一个稳定的体系，利于质量稳定、长途运输和施工的使用方便。成品湿法橡胶沥青的基本生产流程如图 1 所示。

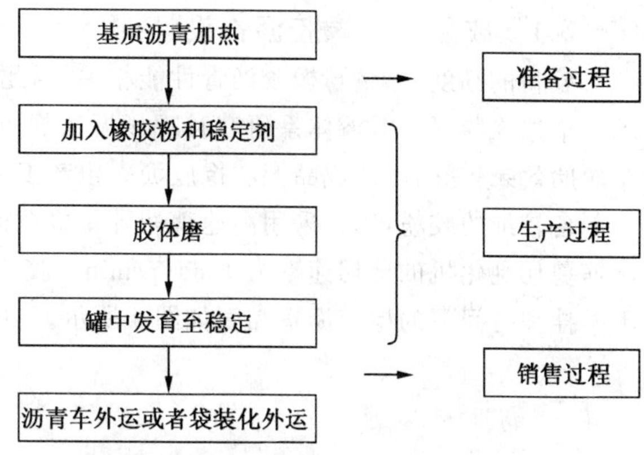

图 1　成品湿法橡胶沥青生产工艺

成品湿法橡胶改性沥青技术可以在一定程度上弥补传统橡胶沥青的不足，主要体现在以下几个方面：可以长距离运输及长时间储存；通过合理的混合料设计与优化可以减少沥青用量，价格与常规 SBS 改性沥青相比较便宜；采用规模化生产可突破产量的瓶颈，可以更大规模地推广应用。

2　成品湿法橡胶沥青改性机理分析

橡胶沥青在制备、拌和和使用过程中存在的相互作用如图 2 所示。

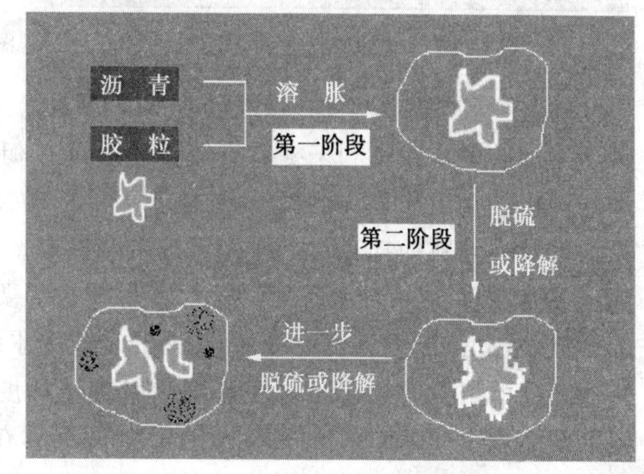

图 2　橡胶沥青的溶胀降解过程

首先是橡胶及其配合剂与沥青各组分的物质交换过程，其次是橡胶交联网络的破坏过程。在物质交换方面，溶胀降解说比较得到认可。溶胀降解说主要包括物理溶胀和化学降解（或脱硫）两部分。根据电镜分析、组分分析、光谱分析和差热分析等，对橡胶沥青混溶体系的构成和改性机理有如下结论：

(1) 沥青在添入橡胶粉后，由原来的近似匀质体变成了橡胶粉、沥青共同组成的多相体，粗细不同的胶粉间互相靠近，形成网格结构体系；

(2) 胶粉在橡胶沥青生产过程中与基质沥青产生互换和传质过程。一方面胶粉吸收沥青中的轻质组分发生溶胀；另一方面部分橡胶粉发生降解、脱硫反应，溶于沥青改变了沥青的组分。胶粉中主要成分橡胶烃为“聚异戊二烯（天然胶 NR）＋聚丁二烯橡胶（顺丁胶）”或“聚异戊二烯（天然胶 NR）＋丁苯胶（SBR）”，这些于沥青有改性作用①；

(3) 根据橡胶粉化学分析，货车轮胎胶粉改性效果优于小车轮胎的原因是货车轮胎含有更多的天然橡胶，且合成胶胶种为对沥青更具改性效果的丁苯胶（SBR）。

3　成品湿法橡胶沥青混合料设计

S265 谷阳路口段工程路面采取双层式橡胶沥青方案，以解决路面车辙病害。该方案路面结构为上面层 AR-SMA13、下面层 AR-Superpave20，其结构形式如图 3 所示。

---

①　李廷刚，李金钟，李伟：《橡胶沥青微观机理研究及其公路工程应用》，《公路交通科技》，2011 年第 1 期。

3.1 成品湿法橡胶沥青设计

胶粉的细度、掺量与橡胶沥青性能相关，因此需综合考虑对沥青的改性效果和施工要求。依据橡胶沥青混溶体系研究和现场湿法橡胶沥青的研究成果，橡胶沥青改性采用货车轮胎效果较好，因此成品湿法橡胶沥青生产工艺研究中橡胶粉采用 80 目货车轮胎。为了制备较细的胶粉，本文采用高速剪切乳化机在橡胶沥青制备过程中对胶粉进一步磨细，高速剪切乳化机的剪切速率为 4 000 r/min。胶粉掺量分别采用 12%，16%，18%和 20%，不同拌和时间下的橡胶沥青黏度如图 4 所示。

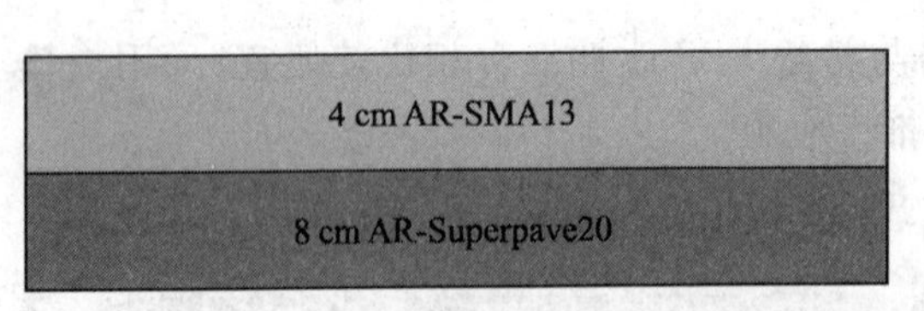

图 3　双层式橡胶沥青路面结构

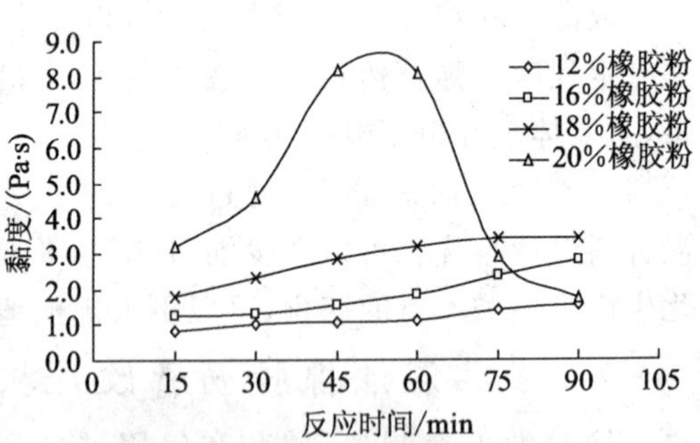

图 4　不同拌和时间橡胶沥青的黏度(177 ℃)

随着橡胶粉掺量增加，橡胶沥青的高温性能、低温性能、抗老化性能等都有明显提高，说明增加胶粉掺量有利于提高橡胶沥青性能。但随着胶粉掺量的增加，橡胶沥青混溶体系的网格结构更明显，橡胶沥青在施工温度下的黏度会随之升高，过高的黏度会给沥青的泵送以及混合料的拌和、摊铺、碾压等带来困难。根据国内外通常将橡胶沥青在 177 ℃的黏度控制在 1.5～4.0 Pa・s 之间以满足施工的要求，橡胶沥青的胶粉掺量以 0～18%较为合适，且此范围内黏度-反应时间曲线也较为平缓。

成品湿法橡胶沥青胶粉用量设计以旋转黏度为主要设计指标，通过掺加胶粉 18%，硫化剂 0.5%(在胶粉中的含量)，活化剂 0.3%，在 177℃，4 000 r/min 的剪切乳化机中剪切45 min，制备高温贮存性能良好的橡胶沥青，其关键性能指标见表 1。

表 1　橡胶沥青检测结果

试验项目	试验值	技术要求	试验方法
针入度/(0.1 mm)	47	35～65	T 0604－2011
针入度指数 PI	1.17	≥0	T 0604－2011
延度/cm	12	≥10	T 0605－2011
软化点/℃	65.5	≥60	T 0606－2011
60 ℃下，动力黏度/(Pa・s)	31 800	≥12 000	T 0625－2011
135 ℃下，运动黏度/(Pa・s)	9.400	≤15	T 0625－2011
177 ℃下，运动黏度/(Pa・s)	1.750	1.5～3.5	T 0625－2011
闪点/℃	268	≥230	T 0611－2011
25 ℃下，弹性恢复/%	89	≥75	T 0662－2000

3.2 原材料检测

AR-SMA13 集料试验结果见表 2。

表 2　AR-SMA13 集料试验结果

试验项目	试验值	技术要求
压碎值/%	10.8	≤26
粗集料软石含量/%	1.3	≤3
细集料砂当量/%	72.0	≥60
细集料流值/s	43.7	≥30
洛杉矶磨耗值/%	11.2	≤28
直径大于 9.5 mm 针片状含量/%	3.4	≤12
直径小于 9.5 mm 针片状含量/%	5.6	≤18
粗集料坚固性/%	1	≤12
细集料坚固性/%	3	≥12
矿粉密度/(t/m^3)	2.711	≥2.50
矿料亲水系数	0.7	<1
矿料塑性指数	2	<4
沥青与集料黏附性等级	5	≥3

AR-Sup20 集料试验结果见表 3。

表 3　AR-Sup20 集料试验结果

试验项目	试验值	技术要求
粗集料棱角性/%	100	>85
细集料棱角性/%	45.8	≥45
扁平、细长颗粒/%	6.8	≤10
砂当量/%	83	≥60
洛杉矶磨耗损失/%	18.8	≤28
坚固性/%	2	≤12%

3.3　SMA13 配合比设计及性能验证

对 SMA13 型成品湿法橡胶沥青混合料进行配合比调试，并确定最佳沥青用量，配合比设计结果见表 4。对最佳沥青用量进行最大次数下的体积指标验证及马歇尔试验验证，试验结果表明在确定油石比为 6.5%时，混合料旋转压实试验各项结果均满足技术要求。

表 4　AR-SMA13 配合比设计结果

筛孔/mm	16.0	13.2	9.5	4.75	2.36
生产/%	100	92.7	65.3	32.5	21.3
目标/%	100.0	91.4	67.3	30.3	23.2
筛孔/mm	1.18	0.6	0.3	0.15	0.075
生产/%	18.4	16.9	15.6	13.4	11.4
目标/%	18.8	16.2	14.3	12.8	11.9

从表 5 中混合料马歇尔试验结果来看，矿料间隙率、沥青饱和度、流值等各项指标均满足技术要求。

表 5 AR-SMA13 混合料体积性质

混合料特性	目标	生产	技术要求
空隙率 *VV*/%	4.1	5.3	5.4±1
矿料间隙率 *VMA*/%	16.5	13.41	≤17
饱和度 *VFA*/%	75.1	70	75～85
粉胶比 *DP*	1.12	1.31	0.6～1.2
初始次数压实度/%	85.6	84.6	≤89.0
最大次数压实度/%	97.1	97.0	≤98.0
稳定度	12.28	14.20	≥8
流值	24.5	22.1	15～40

通过表 6 混合料性能验证，表明设计的 AR-SMA13 沥青混合料的高温稳定性能、低温抗裂性能和浸水马歇尔试验满足要求。

表 6 AR-SMA13 混合料性能验证

试验项目	目标	生产	技术要求
浸水马歇尔残留稳定度/%	87.4	89.3	≥85
冻融劈裂 *TSR*/%	82.5	91.1	≥80
车辙动稳定度/(次/mm)	6 184	4 678	≥3000
低温小梁弯曲破坏应变/με	2 803	2 705	≥2 500

3.4 Sup20 配合比设计及性能验证

按照 Superpave 设计方法，对 AR-Sup20 型成品湿法橡胶沥青混合料进行配合比调试和最佳沥青用量确定，配合比设计结果见表 7。在对最佳沥青用量进行最大次数下的体积指标验证及马歇尔试验验证等，结果表明在确定油石比为 4.6%时，混合料旋转压实试验结果均满足技术要求。

从表 8 中混合料马歇尔试验结果来看，矿料间隙率、沥青饱和度、流值等各项指标均满足技术要求。

表 7 AR-Sup20 配合比设计结果

筛孔/mm	26.5	19.0	13.2	9.5	4.75	2.36
生产/%	100	95.7	74.9	60.2	37.0	24.5
目标/%	100	94.4	81.5	59.6	37.9	26.1
筛孔/mm	1.18	0.6	0.3	0.15	0.075	
生产/%	15.8	11.0	8.5	6.2	4.5	
目标/%	15.8	10.5	6.9	5.5	4.5	

表 8 AR-Sup20 混合料体积性质

混合料特性	目标	生产	Superpave 标准
空隙率 *VV*/%	4.0	5.3	4～6
矿料间隙率 *VMA*(%)	13.4	13.41	≥13
饱和度 *VFA*/%	69.9	70	65～75
粉胶比 *DP*	1.12	1.11	0.6～1.2
初始次数压实度/%	85.6	85.1	≤89.0
最大次数压实度/%	97.1	97.1	≤98.0

通过表9混合料级配调试和相关验证试验，所设计的AR-Sup20橡胶沥青混合料的高温稳定性能、低温抗裂性能、AASHTO试验和浸水马歇尔试验都满足要求。

表9　AR-Sup20混合料性能验证

试验项目	数值	技术要求
浸水马歇尔残留稳定度/%	88.8	≥85
冻融劈裂 *TSR*/%	85.6	≥80
车辙动稳定度/(次/mm)	3 568	≥3 000
低温小梁弯曲破坏应变/με	2 841	≥2 500

4　施工工艺

橡胶沥青路面与普通沥青路面施工工艺对比具有下述特点。

(1) 拌和时间有稍许差别，考虑到成品湿法橡胶沥青黏度较大，在拌和站搅拌时间设置时应进行调整。通过实践，推荐成品湿法橡胶沥青SMA13生产设定时间为：干拌10 s，添加沥青、矿粉10 s，湿拌40 s；推荐的成品湿法橡胶沥青Sup20生产设定时间为：干拌5 s，添加沥青、矿粉10 s，湿拌40 s。

(2) 各阶段温度不同，这与橡胶沥青黏度有关，橡胶沥青混合料施工温度见表10，一般比SBS改性沥青混合料高10～15 ℃；

表10　AR-SMA13施工温度　℃

温度	数值
沥青加热温度	180～190
集料温度	185～195
混合料出厂温度	175～185，≥195废料处理
运到现场温度	170
摊铺温度	≥165，<145废料处理
初压开始温度	≥150
复压最低温度	≥130
碾压终了温度	≥110

(3) 成品湿法橡胶沥青摊铺采用梯队作业，摊铺机的摊铺速度应根据拌和机的产量、施工机械配套情况及摊铺厚度，按2～3 m/min予以调整。摊铺开始前熨平板预热温度不小于120 ℃，预热时间不小于30 min。摊铺过程中布料器能做到连续、均匀转动，摊铺过程中不随意变更速度或停顿。在铺筑过程中，使摊铺机的刮板输料器和螺旋布料器速度均匀，保持熨平板前的混合料高度高于螺旋布料器的轴心。

5　成品湿法橡胶沥青经济社会效益分析

5.1　成品湿法橡胶沥青经济性

每吨成品湿法橡胶沥青价格比SBS改性沥青低300元，若采用相同油石比6.5%，经测算每吨成品湿法橡胶沥青SMA13比SBS改性沥青便宜30.4元。Sup20油石比为4.6%，经测算每吨成品湿法橡胶沥青Sup20分别比SBS改性沥青Sup20便宜12.9元。

S265段半幅路面宽度为12.25 m，沥青上面层4 cm，S265段半幅路面宽度为

12.25 m,下面层厚 8 cm,则每公里路面采用成品湿法橡胶沥青节省费用见表 11。

表 11　成品湿法橡胶沥青上面层路面经济性

路面结构	每公里节约费用/万元
上面层 4 cm SMA13	$30.4\times12.25\times0.04\times1\,000\times2.4\times10^{-4}=3.58$
下面层 8 cm Sup20	$12.9\times12.25\times0.08\times1000\times2.4\times10^{-4}=3.03$

从成本考虑,成品湿法橡胶沥青应用于沥青混合料具有优异的经济效益。考虑到成品湿法橡胶沥青路面具有优异的抗裂性能和抗疲劳性能,其运营期养护成本相对较低,使用寿命相对较长,从全寿命周期费用考虑其经济效益亦更佳。如果大面积生产,费用还可以进一步降低。

5.2　成品湿法橡胶沥青社会效益

我国产生的废旧轮胎数量由 2008 年的 1.9 亿条增长到 2009 年的 2.33 亿条,同比增长 22%。不断增加的废旧轮胎相应也加大了资源与环境方面的压力。首先,废旧轮胎的堆积占用了大量的土地,且堆积的轮胎给蚊蝇滋生、老鼠繁殖提供了有利条件,带来了严重的环境问题;其次,堆积的轮胎极易引发火灾,而且失火后很难扑灭,有的甚至能燃烧几个月,燃烧产生大量有害气体,燃烧后的有毒物质渗入地表乃至地下,造成污染。

根据统计,在一般情况下,一个轮胎可生产 15～20 kg 胶粉,本课题采用的橡胶沥青中胶粉掺量约为 25%。以杭瑞高速公路大兴至思南段为例,杭瑞高速大兴至思南段资源集约型橡胶沥青试验段共消耗资源集约型橡胶沥青近 3 700 t,其中消耗胶粉 666 t,相当于消耗废旧轮胎 4.4 万个,节约等量基质沥青 666 t,具有优异的资源再利用和资源集约效益。此外,根据已有研究测算,每吨废旧轮胎燃烧可产生 SO_2 180 kg,消耗的 666 t 胶粉可避免废旧轮胎燃烧生产的 SO_2 约 120 t,可见资源集约型橡胶沥青的应用在间接减少 SO_2 温室气体排放上也具有显著的效果。

橡胶沥青混合料具有优良的抗车辙以及抗水损坏性能等路用性能和环保特点,成品湿法橡胶沥青制备技术是将橡胶沥青的制备规模化、工厂化,使得橡胶沥青材料作为直接使用的外供材料,路面施工现场施工计划制订更为灵活。

本文通过室内试验分析了橡胶沥青的优选制备、橡胶改性机理,并以实体工程 S265 谷阳路口段为依托,对成品湿法沥青混合料进行了配合比设计,最后简要阐述了橡胶沥青混合料施工工艺,可为类似工程提供参考。

经过分析成品湿法橡胶沥青较其他的改性沥青有良好的经济效益;同时,由于对废旧橡胶的利用以及减少有害气体的排放,具有较好的社会环保效益。

改性沥青 SMA-13S 混合料配合比设计

石 帅
（江苏省镇江市交通工程建设管理处 镇江 212000）

摘 要 SMA-13S 是近年来使用较多的性能优越的沥青混合料，但其施工工艺要求较高，配合比设计标准及方法也与普通的热拌混合料有较大不同。结合工程实例，从材料选择、技术指标、目标配合比和生产配合比实施等方面加以分析，为 SMA-13S 在高速公路的应用提供一定的试验数据和经验。

关键词 改性沥青 SMA-13S 配合比 设计

沥青混凝土路面表层直接承受交通荷载和气候的双重作用，其质量好坏直接关系路面通车后的路用性能和营运效果。因此，沥青路面的抗滑表层不仅要具有优良的高温抗车辙能力和抗裂、抗水损害的特性，而且要具有良好的抗滑功能。沥青玛蹄脂碎石混合料是一种遵循“三多一少”原则（即粗集料多、矿粉多、沥青多、细集料少）的沥青混合料，SMA 能充分发挥其粗集料的骨架嵌挤作用，使混合料产生较好的抵抗荷载变形的能力，因而具有优良的抗车辙性能。同时，因沥青玛蹄脂优良的韧性和柔性使混合料具有很好的高温性能和抗低温变形能力。虽然 SMA 对材料和施工工艺要求较高，初期建设费用比传统沥青砼（AC）高一些，但使用寿命长、养护工作量小、路面全面寿命成本低，且具有可持续的环境效益，因此在高速公路、重交通道路、机场跑道及桥面铺装中得到广泛应用。矿料的级配组成是影响沥青混合料高温稳定性的重要因素，因此，通过配合比的设计优选矿料的合理级配，确定最佳沥青用量至关重要。

1 工程概况

沪宁高速句容北互通城区连接线工程起于句容北互通，利用现有巴蜀公路的线位沿老路往西扩建改造，避开东边现有的企业，终点为老 S 122，路线全长约 9.365 km，沥青混凝土路面。其中，句容北互通至新 S 122 总长约 7.356 km，采用一级公路兼城市快速路标准，主线路面结构类型为 8 cm AC-25C 下面层＋6 cm AC-20C 中面层＋4 cm SMA-13S 上面层。

2 材料选择

2.1 沥青

采用壳牌（镇江）沥青有限公司的 SBS 改性沥青，三大指标（针入度、软化点、延度）及密度均符合相关规范和标准要求，检测的指标和结果详见表 1。

表 1　SBS 改性沥青试验结果

检验项目	实测结果	技术要求
针入度/(0.1 mm)	56	50～80
延度/cm	47	≥30
软化点/℃	85	≥60
密度/(g·cm^{-3})	1.036	

2.2　集料

SMA-13S 采用江苏兴源矿业有限公司生产的玄武岩质集料和石灰岩质集料，集料性质试验各项技术指标均符合相关规范要求，检测的指标和结果详见表 2 和表 3。

表 2　粗集料试验结果

检验项目	实测结果	技术要求
石料压碎值/%	12.3	≤20
洛杉矶磨耗值/%	16.7	≤28
软石含量/%	1.1	≤3
坚固性/%	5	≤12
密度/(t·m^{-3})	2.893	≥2.60
对沥青的黏附性	5 级	不小于 4 级
针片状颗粒含量/%	8.9	≤12
水洗法＜0.075 mm 颗粒含量/%	0.5	≤0.6

表 3　细集料试验结果

检验项目	实测结果	技术要求
砂当量/%	76	≥60
吸水率/%	1.21	
棱角性/s	56.2	≥30
视密度/(t·m^{-3})	2.697	≥2.5

2.3　填料

采用丹徒区高资镇冬青重钙粉厂生产的石灰岩质矿粉，各项技术指标均符合规范和标准要求，检测的指标和结果详见表 4。

表 4　矿粉试验结果

检验项目	实测结果	技术要求
表观密度/(t·m^{-3})	2.695	≥2.50
含水量/%	0.6	≤1
亲水系数	0.8	＜1
塑性指数/%	2	＜4

2.4　木质素纤维

选用江苏理想环球新材料有限公司生产的路用木质素纤维，木质素纤维掺加比例为沥青混合料总质量的 0.3%。

3 目标配合比设计

3.1 矿料配合比设计

SMA-13S为间断级配，根据规范推荐的级配范围，确定粗、中、细三种级配，分别表示为级配A、级配B和级配C，这3个级配的4.75 mm通过率应分别约为23%，27%和31%，0.075 mm通过率为10%左右。各种级配的级配合成级配曲线如图1所示。

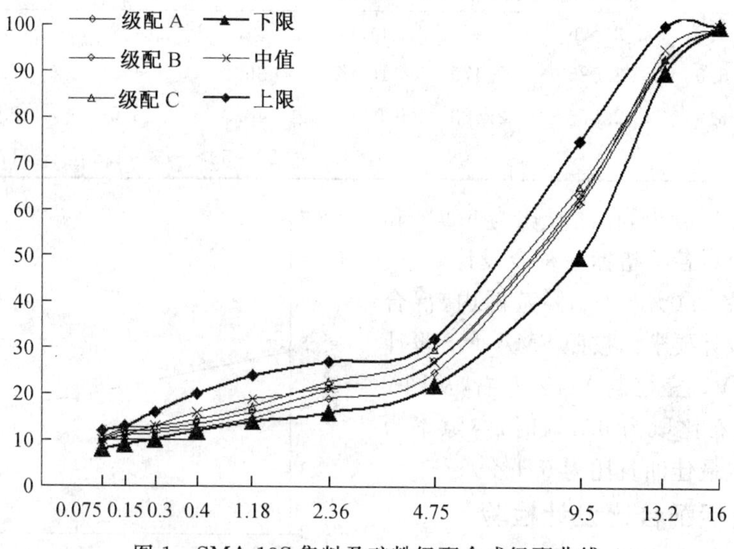

图1 SMA-13S集料及矿粉级配合成级配曲线

测定粗、细集料的毛体积相对密度，分别按这3组级配计算全部矿料的毛体积相对密度、4.75 mm以上粗集料的毛体积相对密度，并测定对应的粗集料的松方相对密度，从而计算出VCA_{DRC}。以孔隙率4%为设计指标，根据经验，首先按6.0%油石比制作马歇尔试件，测定VMA、VCA_{mix}等结果，详见表5。

表5 三种SMA级配马歇尔试件检测结果

级配	理论相对密度	毛体积相对密度	VV/%	VMA/%	VFA/%	VCA_{mix}/%	VCA_{DRC}/%	稳定度/kN	流值/(0.1 mm)
粗(A)	2.587	2.468	4.6	17.5	75.3	33.2	41.1	9.91	30.5
中(B)	2.585	2.479	4.1	17.2	77.5	34.6	41.0	10.02	35.2
细(C)	2.583	2.487	3.7	16.8	78.7	36.2	40.8	10.33	41.3

从表5中可以看出：细级配的VMA为16.8%，设计要求VMA不小于17%，中级配和粗级配的VCA_{mix}均能满足小于对应的VCA_{DRC}的要求，说明这两种级配能实现粗集料的嵌挤；且中级配、粗级配的VMA都略大于17.0%，有足够的间隙可供玛蹄脂填充，考虑到各指标在施工中的变异性，取各项指标均合格且中级配作为优选级配进行后续的配合比设计，该组级配的空隙率VV为4.1%，能满足3%～4.5%的要求，并接近所设计的目标空隙率4%。

3.2 确定最佳油石比

按选定的级配B(中级配)进行矿料比例配料,采用5.7%,6.0%,6.3%三种油石比,进行马歇尔稳定度试验,试验结果见表6,油石比与空隙率的关系如图2所示。

表6 SMA-13S型设计配合比马歇尔稳定度试验结果

试样及指标	油石比/%	理论最大相对密度	毛体积相对密度	稳定度/kN	流值/(0.1mm)	空隙率/%	*VMA*/%	饱和度/%
试样一	5.7	2.596	2.469	11.65	32.5	4.9	17.1	72.3
试样二	6.0	2.585	2.479	10.02	36.2	4.2	17.2	77.5
试样三	6.3	2.576	2.483	9.35	40.9	3.6	17.5	80.9
技术指标				≥6	20~50	3~4.5	≥17.0	75~85

由表6可以看出,在油石比为6.0%和6.3%时,混合料各项指标均符合设计要求,说明油石比在6.0%~6.3%范围内,混合料性能符合设计要求。按照SMA-13S设计要求,空隙率*VV*宜控制在4%左右,从图2可以知,当油石比取为6.1%时,空隙率为4%,因此确定最佳油石比为6.1%。

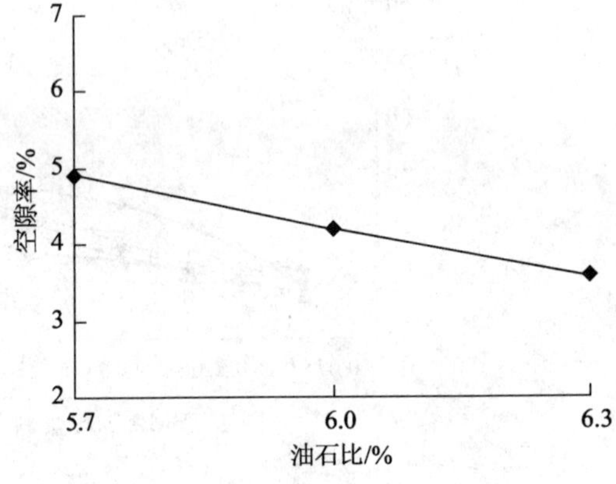

图2 SMA-13S沥青用量确定图

3.3 目标配合比设计检验

3.3.1 水稳定性检验

按级配B及确定的最佳油石比,制备沥青混凝土马歇尔试件,分别进行浸水马歇尔试验及冻融劈裂试验,混合料残留稳定度、冻融劈裂强度比指标均符合要求,试验结果见表7和表8。

表7 最佳油石比沥青混合料浸水马歇尔试验结果

沥青混合料类型	正常稳定度 *MS*/kN	浸水稳定度 *MS*1/kN	残余稳定度 MS_0/%	技术要求/%
SMA-13S	10.22	9.27	90.7	≥85

表8 最佳油石比沥青混合料冻融劈裂试验结果

试验项目	试验结果	技术要求
冻融劈裂强度比/%	83.2	≥80

3.3.2 高温稳定性检验

按级配B及确定的最佳油石比,制备沥青混合料车辙试件,进行高温抗车辙能力试验,车辙技术指标符合技术要求,试验结果见表9。

表9 抗车辙能力试验结果

试验项目	试验结果	技术要求
动稳定度/(次/mm)	5 265	≥3 000

3.3.3 析漏试验、飞散试验检验

按以上配合比及确定的最佳油石比，进行谢伦堡析漏试验及肯塔堡飞散试验，其技术指标符合技术要求，试验结果见表10。

表10 析漏、飞散试验结果

试验项目	试验结果	技术要求
谢伦堡沥青析漏损失	0.07	≤0.1
肯塔堡飞散损失(20℃)	3.2	≤15

4 生产配合比设计

4.1 确定矿料级配

本次施工采用德基4000型沥青拌和楼，拌和楼筛网设置分别为32 mm，17 mm，11 mm，7 mm和4 mm，冷料进料速度采用产量控制。在生产配合比设计过程中，为保证二次筛分试样的代表性和真实性，拌和楼上料速度与正常生产时上料速度一致。根据各热料仓矿料和填料的筛分结果，使矿质混合料的级配符合目标配合比设计级配，并特别注意使0.075 mm，4.75 mm和9.5 mm的筛孔通过量控制接近目标配合比设计级配，以确定各热料仓和矿粉的用料比例，供拌和机控制室使用。经反复调整和优化，最终确定矿料配合比为4＃仓：3＃仓：2＃仓：1＃仓：矿粉＝36：34：5：15：10，级配合成详见表11。

表11 生产配合比矿料级配组成设计

筛孔矿料		通过筛孔(方孔筛，mm)百分率/%												
		31.5	26.5	19.0	16.0	13.2	9.5	4.75	2.36	1.18	0.6	0.3	0.15	0.075
4＃仓	36	100	100	100	100	77.6	4.1	0.2	0.2	0.2	0.2	0.2	0.2	0.2
3＃仓	34	100	100	100	100	100	88.0	0.4	0.3	0.3	0.3	0.3	0.3	0.3
2＃仓	5	100	100	100	100	100	100	31.5	0.5	0.5	0.5	0.5	0.5	0.5
1＃仓	15	100	100	100	100	100	100	100	65.1	37.5	25.1	11.5	6.0	5.5
矿粉	10	100	100	100	100	100	100	100	100	100	100	100	99.4	86.6
生产级配		100	100	100	100	91.9	61.4	26.8	20.0	15.8	14.0	11.9	11.0	9.7
目标级配		100	100	100	100	92.7	63.2	27.4	20.9	16.1	13.5	12.3	11.8	10.0
级配上限		100	100	100	100	90	50	22	16	14	12	10	9	8
级配下限		100	100	100	100	100	75	32	27	24	20	16	13	12

4.2 确定最佳油石比

按设计的矿料比例配料，采用5.8%，6.1%，6.4%三种油石比，进行马歇尔稳定度试验，试验结果见表12。

表12 SMA-13S型设计配合比马歇尔稳定度试验结果

试样及要求	油石比/%	理论最大相对密度	毛体积相对密度	稳定度/kN	流值/(0.1mm)	空隙率/%	VMA/%	饱和度/%
试样一	5.8	2.597	2.472	11.33	33.1	4.8	17.1	75.3
试样二	6.1	2.483	2.586	10.30	37.2	4.0	17.3	78.6
试样三	6.4	2.579	2.489	9.59	41.3	3.5	17.5	81.5
技术要求				≥6	20～50	3～4.5	≥17.0	75～85

据马歇尔稳定度试验结果可知，在 6.1%油石比条件下室内马歇尔试件孔隙率为 4.0%，正好符合所设计的 4%目标空隙率，同时 6.1%油石比下马歇尔试件各项体积指标、稳定度、流值、饱和度等结果，均满足技术要求，因此最终选定生产配合比设计的最佳油石比为 6.1%。

4.3 生产配合比设计检验

按生产设计级配及确定的最佳油石比，制备沥青混凝土马歇尔试件，分别进行浸水马歇尔试验及冻融劈裂试验，混合料残留稳定度、冻融劈裂强度比指标均符合要求，试验结果见表 13 和表 14。

表 13 最佳油石比沥青混合料浸水马歇尔试验结果

沥青混合料类型	正常稳定度 MS/kN	浸水稳定度 MS_1/kN	残余稳定度 MS_0/%	技术要求/%
SMA-13S	10.30	9.38	91.1	≥85

表 14 最佳油石比沥青混合料冻融劈裂试验结果

试验项目	试验结果	技术要求
冻融劈裂强度比/%	82.2	≥80

通过沪宁高速句容北互通城区连接线工程 SMA-13S 配合比设计的论述，可见 SMA-13S 配合比设计方法与普通的热拌沥青混合料有较大不同，是一项复杂而细致的工作，但其路用性能是其他沥青混合料所无法比拟的，通过试验数据也看出 SMA-13S 具有较强的抗车辙能力。

基于VB的公路竖曲线改进程序设计

杨建勇[1]　成 菲[2]
(1. 江苏省镇江市交通工程建设管理处 镇江 212000;
2. 江苏省交通技师学院 镇江 212005)

摘　要　分析了公路测量通用软件在竖曲线计算中存在不足,主要有:只能分段计算曲线中线高程,而不能整体计算整个线路(包括直线段)中桩高程,计算过程较烦琐;不能方便地计算出整里程中桩高程,计算过程麻烦。本文主要应用VB程序编写竖曲线计算程序,克服了通用软件中存在的这两处不足,在实际应用中取得了较好的结果,提高了计算的效率和实用性,并以实例为证。

关键词　竖曲线　VB　高程

竖曲线计算在路桥测量中有着举足轻重的地位,如何能够高效率的计算,并能符合实际应用,是一个需要解决的问题。众多应用软件都有各自的优势与缺陷。通过对众多软件的分析发现普遍存在两个问题:① 只能分段计算曲线中线高程,而不能整体计算整个线路(包括直线段)中桩高程,计算过程较烦琐;② 不能方便地计算出整里程中桩高程,计算过程麻烦。针对以上两个问题,本次利用VB编写程序,很好地处理了这两个问题,取得了良好的实际应用效果。

1　竖曲线计算的理论推导①②

(1) 直线段高程计算

直线段的计算比较简单,只要知道起点的高程 $H_{起}$ 和里程 $L_{起}$,直线段的坡度 i,以及距离增量 ΔL,就能很轻易地算出待算点的高程 $H_{待}$。计算式为

$$H_{待}=H_{起}+\Delta Li \tag{1}$$

(2) 曲线段高程计算

竖曲线的形式为二次抛物线,但在实用范围内圆形和二次抛物线几乎无差别。竖曲线要素,主要包括竖曲线长度 L、切线长 T 和外矢距 E,如图1所示。

① 张金水:《道路勘测与设计》,同济大学出版社,2011年。
② 张正禄:《工程测量学》,武汉大学出版社,2011年。

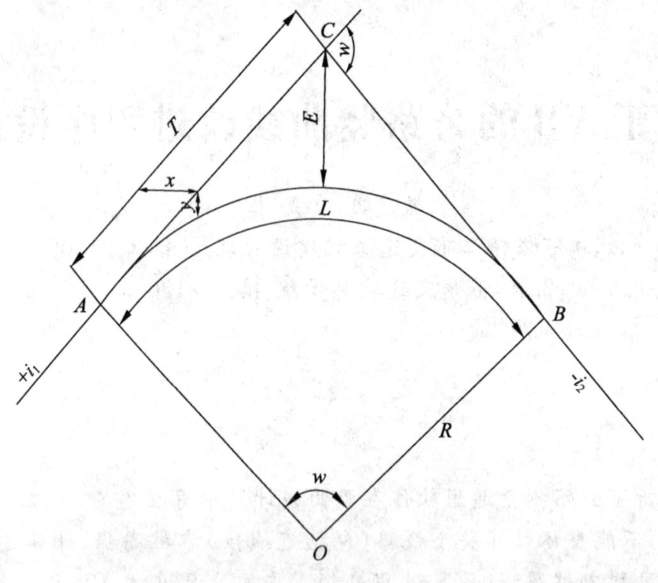

图 1　竖曲线图

设 R 为竖曲线半径,ω 为两纵坡段的边坡角,L 为 $\overset{\frown}{AB}$ 的长度。当 ω 很小时,可以用两坡段斜率的代数差来代替,即 $\omega=i_1-i_2$,因纵坡很小,而高程变化值与水平距离之比相差很大,因而实际计算时,均假定竖曲线的切线长 T、曲线长 L 等于其水平投影长度。则由几何关系得

$$L=R\omega\frac{\pi}{180}\approx R(i_1-i_2) \tag{2}$$

$$T=R\tan\frac{\omega}{2}\approx\frac{L}{2}=\frac{R}{2}(i_1-i_2) \tag{3}$$

$$E=R\left(\sec\frac{\omega}{2}-1\right) \tag{4}$$

由△ACO 得出下列关系:

$$(R+E)^2-T^2=R^2 \tag{5}$$

故

$$E=\frac{T^2}{2R+E} \tag{6}$$

E 与 $2R$ 相比甚小,可以忽略不计,则

$$E=\frac{T^2}{2R}=\frac{L^2}{8R}=\frac{R(i_1-i_2)^2}{8}=\frac{T\omega}{4} \tag{7}$$

为了具体敷设竖曲线坐标,竖曲线中间各点横纵坐标 x,y 有以下关系:

$$y=\frac{x^2}{2R} \tag{8}$$

式中:x——竖曲线起讫点至所求桩号之间的距离;

y——竖曲线各点的纵距,凸形竖曲线为负值,凹形竖曲线为正值。

当 $x=t$ 时 $y=E$,则竖曲线各点高程计算式为

设计标高=未设竖曲线时的设计标高$-y$　(凸形竖曲线)　(9)

设计标高=未设竖曲线时的设计标高$-x$　(凹形竖曲线)　(10)

2　基于 VB 的竖曲线程序设计方案①

2.1　方案设计流程图

利用 VB 编写竖曲线计算程序，其设计方案如图 2 所示。其中全线线性原始数据的编录格式为“交点里程，交点高程，曲率半径，坡度”，若曲率半径不存在，该项缺省，如“K7＋140，103.925，，0.993893617”。②

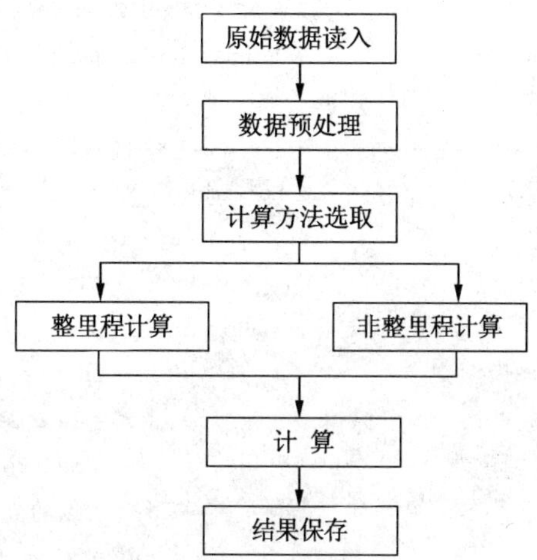

图 2　基于 VB 的竖曲线程序方案设计

2.2　VB 计算程序部分源程序代码

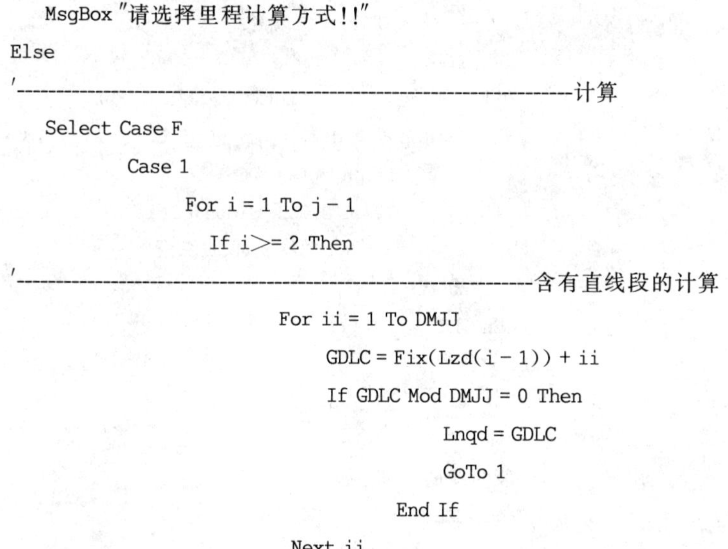

```
'判断是否选取了里程计算方式
If F<>1 And F<>2 Then
   MsgBox "请选择里程计算方式!!"
Else
'------------------------------------------------------------计算
   Select Case F
          Case 1
                For i = 1 To j - 1
                   If i>= 2 Then
'----------------------------------------------------------含有直线段的计算
                          For ii = 1 To DMJJ
                              GDLC = Fix(Lzd(i - 1)) + ii
                              If GDLC Mod DMJJ = 0 Then
                                     Lnqd = GDLC
                                     GoTo 1
                                 End If
                          Next ii
1:
```

① 林卓然：《VB 语言程序设计》，电子工业出版社，2012 年。

② 韦波：《曲线测设程序的类设计》，《桂林工学院学报》，2002 年第 3 期。

```
jj = (Lqd(i) - Lnqd + L(i))/DMJJ '直线段和曲线段断面的总和
For ii = 0 To jj
    Lp = Lnqd + DMJJ * ii
    If Lp<Lqd(i) Then
'--------------------------------------------直线段的计算
        Hp = Hjd(i - 1) + (Lp - Ljd(i - 1)) * i2(i - 1)/100
        JG = JG & Get_SiGongLC(Lp) & ",-
        " & Format(Hp,"0.000") & vbCrLf
    Else
'------------------------------------------------------------曲线段的计算
        If Lp<Ljd(i) Then
            yp = (Lp - Lqd(i))^2/2/R(i + 1) '计算高程增量
            ph = Hjd(i) - (Ljd(i) - Lp) * i1(i)/100
            Hp = ph + p(i) * yp
            If Ljd(i) - Lp <= DMJJ Then
                JG = JG & Get_SiGongLC(Lp) & "," & For-
                    mat(Hp,"0.000") & vbCrLf '插入变坡
                    点的高程
                JG = JG & "变坡点" & Get_SiGongLC(Ljd-
                    (i)) & "" & Format(Hbp(i),"0.000") -
                    & vbCrLf
            Else
                JG = JG & Get_SiGongLC(Lp) & "," & For-
                    mat(Hp,"0.000") & vbCrLf
            End If
        Else
            yp = (Lp - Lzd(i))^2/2/R(i + 1)
            ph = Hjd(i) + (Lp - Ljd(i)) * i2(i)/100
            Hp = ph + p(i) * yp
            JG = JG & Get_SiGongLC(Lp) & "," & Format(Hp,-
                "0.000") & vbCrLf
        End If
    End If
Next ii

Else '对第一段曲线的计算
    ZLqd = Fix(Lqd(i)) '对整点里程取整
    For ii = 1 To DMJJ
        GDLC = ZLqd + ii
        If GDLC Mod DMJJ = 0 Then
            Lnqd = GDLC
            GoTo ok
        End If
```

```
                    Next ii
ok:
                jj = (L(i) - Lnqd + Lqd(i))/DMJJ '判断断面个数
                For ii = 0 To jj
                    Lp = Lnqd + DMJJ * ii
                    If Lp<Ljd(i) Then
                        yp = (Lp - Lqd(i))^2/2/R(i + 1) '计算高程增量
                        ph = Hjd(i) - (Ljd(i) - Lp) * i1(i)/100
                        Hp = ph + p(i) * yp
                        If Ljd(i) - Lp < = DMJJ Then
                            JG1 = JG1 & Get_SiGongLC(Lp) & "," & For-
                                mat(Hp,"0.000") & vbCrLf
                            JG1 = JG1 & "变坡点" & Get_SiGongLC(Ljd-
                                (i)) & "," & Format(Hbp(i),"0.000") -
                                & vbCrLf
                        Else
                            JG1 = JG1 & Get_SiGongLC(Lp) & "," & Format-
                                (Hp,"0.000") & vbCrLf
                        End If
                    Else
                        yp = (Lp - Lzd(i))^2/2/R(i + 1)
                        ph = Hjd(i) + (Lp - Ljd(i)) * i2(i)/100
                        Hp = ph + p(i) * yp
                        JG1 = JG1 & Get_SiGongLC(Lp) & "," & Format(Hp,-
                            "0.000") & vbCrLf
                    End If
                Next ii
            End If
        Next i
        RichTextBox6.Text = RichTextBox6.Text & JG1 & JG
    Case 2

  End Select
End If
```

3　实例应用比较

本次实例采用深圳某高速公路竖曲线设计参数，对比的软件采用睿智科技的 ESDPS 工程测量软件。

3.1　数据读入方式的比较

ESDPS 软件数据读入需要手动输入，一次只能编辑一条曲线的参数，参数均需手动录入，从图 3 可知，ESDPS 在竖曲线计算时一次只能计算一段曲线；而本程序将全线的竖曲线参数按统一格式编辑在一个 txt 文件中，一次性读入所需的数据，并获取全线计算所需要参数，如图 4 所示。

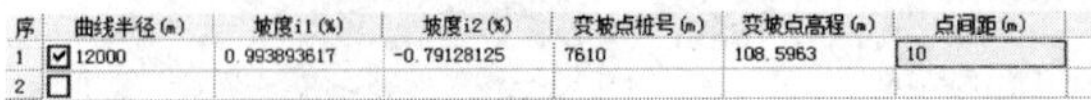

图 3　ESDPS 软件曲线线形数据读入方式

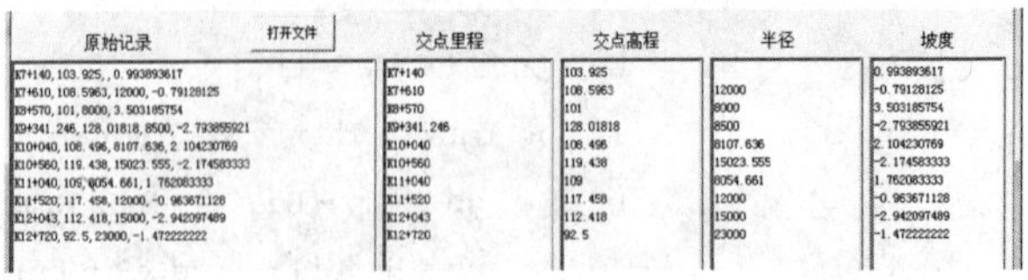

图 4　全线线形数据录入

3.2　计算结果比较

ESDPS 软件中输入中桩里程增量值，计算出的中桩里程依据的是竖曲线的起点的里程，如果竖曲线起点里程为非整里程，则计算出的中桩里程也为非整里程。如果在 ESDPS 中要获取整里程的高程值，需要逐个计算整里程桩号相对于竖曲线起点的间距。一次只能计算一个整里程的高程值，计算过程十分烦琐。另外，ESDPS 软件只能一条一条竖曲线计算，而不能一次性计算全线中线高程值。而本程序正好克服了这两个缺点，一次读入全线数据，计算出全线整里程中桩的高程值。如果需要非整里程的中桩高程值，只需选择非整里程计算，也能快速获取全线的中桩高程值。

为了使本程序和 ESDPS 有一个直观的区别，本次选用的起算点里程为非整里程，由表 1 可知，同一个起点计算，ESDPS 根据起点里程计算出的增量里程均为非整里程，而本程序能根据起点的里程然后计算出所需的整里程的高程值，方便了工程实际应用。

表 1　ESDPS 软件和本程序计算结果节选对比

序号	ESDPS 软件计算结果		本程序计算结果	
	桩号	高程	桩号	高程
1	K7＋502.89	107.532	K7＋510	107.600
2	K7＋512.89	107.627	K7＋520	107.690
3	K7＋522.89	107.714	K7＋530	107.771
4	K7＋532.89	107.792	K7＋540	107.843
5	K7＋542.89	107.863	K7＋550	107.907
6	K7＋552.89	107.925	K7＋560	107.963
7	K7＋562.89	107.978	K7＋570	108.011
8	K7＋572.89	108.023	K7＋580	108.050

4　主要成果与改进措施

综上所述，可以看出本程序很好地解决了前文所提到的两个问题，通过实例比较计算，在实际应用中取得了很好的效果，提高了计算的效率，使计算更加简单便捷。但是程序中也存在着不足，需要改进。

主要成果有：

(1) 能够根据设计图纸提供的曲线参数，一次性计算出全线中桩高程；

(2) 能够一次计算出需要的任何整里程桩号的高程值，也能计算非整里程桩号的高程值。

需要进一步改进的内容有：

(1) 改进程序计算的功能，能自动计算出边桩高程，尤其是曲线加宽段和曲线超高段程序算法的选择进一步增加程序工程实用性；

(2) 将计算结果直接存入 excel 文件中，省去由 txt 文件转换为 excel 文件过程。

简谈边坡失稳处治措施

毛 鸿
（江苏省镇江市路桥工程总公司 镇江 212017）

摘 要 本文对边坡防护技术的现状、边坡面临的现实条件和边坡病害的原理进行了介绍。在此基础上介绍了几种边坡失稳处治的类型以及其优缺点和适用情况。最后总结得出边坡失稳处治要根据工程特点、施工条件、经济水平来衡量选用。

关键词 边坡稳定性 挡土墙 抗滑桩

随着人口的增长和土地资源的开发，人类工程活动规模的不断扩大和场区工程地质条件的限制，因边坡失稳引起的崩塌、滑坡、泥石流等地质灾害给人们的生命和财产带来了巨大损失，边坡的稳定性问题日益突出。目前，边坡失稳的防治仍然是一项很艰巨的任务，对边坡的稳定性分析及处治技术进行深入研究具有重要的意义。在工程施工过程中，边坡稳定与加固一直是影响工程质量与进度的关键因素，我国在边坡稳定性分析与评价、滑坡的预测预报以及边坡的工程治理技术等方面都取得很大的进展，边坡工程理论研究作为解决工程问题的基础，应该给予极大的重视。

1 边坡稳定性概述

边坡稳定性是指在各类工程结构实体中，边坡在对工程可靠度、安全度以及经济效益能产生影响的因素作用下，其稳定性发生的相应变化。工程结构实体由于表面倾斜，在自身重量及其他外力共同作用下，整个实体结构都有从上向下滑动的趋势，如果实体结构体内部某一表面的滑动力超过结构实体抵抗滑动的能力，就会发生滑坡。滑坡产生的主要因素有边坡地段的褶皱形态、岩层产状、断层和节理裂隙的发育程度以及新构造运动的特点等。通常在区域构造复杂、褶皱强烈、断层众多、岩体裂隙发育、新构造运动比较活跃的地区，往往极易发生岩体破碎、沟谷深切，较大规模的崩塌、滑坡。我国高速公路以其特有的优势成为重要的交通手段，因其线形、纵坡等方面的约束，高填深挖路基较多，由此产生的各类边坡若加固和防护措施不得力，极易引发各种边坡病害。如何对开挖后的边坡进行合理的稳定性评价和加固成为高速公路建设中的一个难题。

影响边坡稳定的因素很多，总的归纳起来可分为两大类，即自然因素和人为因素。公路是特殊的带状构造物，每条公路都要穿越很多地区，由于受地质构造和地形条件等因素的影响，每一个小区域都有不同的地质和气候条件，云南更显得突出。所以，影响边坡稳定的自然因素包括地质、地形、气候和水文条件等 4 个方面。同时一条公路的建设和使用管理，都是由人去实现的，根据建设程序和内容，并结合已建公路的情况来看，影响边坡稳定的人为因素可分为设计因素、施工因素和养护管理因素。

2 边坡现状及病害

边坡可分为自然边坡和人工边坡。边坡工程一般指人工边坡，是一种把自然边坡经人工填筑或开挖形成的工程地质体。边坡形态通常指边坡的高度、坡度、平面形状及周边的临空条件等。一般来说，坡高越大，坡度越陡，对稳定性越不利。边坡工程涉及领域很宽，不同行业的边坡工程各具特色。对单个边坡而言，公路边坡一般线长点多，地质条件种类多，情况复杂，安全度要求高。坡高相对较矮，坡度略缓，一般直接开挖于地表，其坡高通常为几米至几十米，百米以上高边坡并不多见。边坡病害的类型主要有滑坡、崩塌、泥石流、错落、流坍、冲刷、剥落等，其中滑坡和崩塌比较常见。

2.1 滑坡

滑坡一般是指斜坡(小于30°)或边坡(人工斜坡)上的岩土体在重力作用下沿一定的软弱面向下前方整体滑动的现象。在土木、水利、交通、矿山等大型土工活动中，由于开挖斜坡、填土、弃土和堆积矿渣等，使边坡中的土体内部应力发生变化，或由于开挖使土体的抗剪强度降低，或因填土增加荷重而增大滑动力等，有些地方出现了缺乏论证的修路、开矿，不合理的切坡、用水，乱砍滥伐植被等改变或破坏自然环境的现象，都成为滑坡事件频频发生的主要因素。人工填筑物滑坡常常由于坡脚地基软弱，或雨水长期冲刷导致填土滑移，这在软基地区以及山区填方都有发生，而最为常见的还属山区的挖方滑坡。一般地，滑坡按形成原因可分为自然滑坡和工程滑坡。对于地质勘查揭示的滑坡，公路选线一般考虑绕避的原则，但当受条件限制无法避开时，往往会采取加固措施；而涉及公路的滑坡，可分为施工建设期和公路建成运营后发生的滑坡，施工期滑坡往往是由于人为切割山体，导致山体边坡下部形成临空，在爆破、降雨、冻融等外力因素的不利影响下，边坡岩土属性趋向软化或坡体发生蠕变而产生的。同时极端的气候条件和全球气候变化也是构成滑坡发生的主要诱发条件。

2.2 崩塌

崩塌一般是指陡坡(大于30°)或边坡(人工斜坡)上岩土沿残积层中的裂隙和下伏风化较浅的岩层或软弱面瞬间脆性破坏的现象。崩塌病害的发生更具突发性，在公路施工期和运营期均可能产生。在东部沿海地区，台风季节曾发生边坡崩塌事件，导致公路临时封闭处理近两个月，相应路段的地方道路车辆负荷猛增，常常发生交通拥挤堵塞现象，对地方经济、物流运输、人们出行造成很大影响。

3 处治措施

高速公路边坡处治类型，根据滑坡产生的原理，边坡加固工程的技术途径主要有减少滑坡下滑力(或消除下滑因素)和增加滑坡阻滑力(或增加阻滑因素)两种。边坡加固工程需贯彻顺应性与协调性原则，充分利用稳定状态的自然条件，改造那些处于非稳定状态的自然条件，使之处于新的稳态。结合滑坡地形、水文地质条件、滑坡形成机理及发展阶段，因地制宜采用一种或多种措施达到防止滑坡灾害的产生或治理已发生的滑坡灾害的目的。

病害边坡治理方法，按所起作用可分为两种：一种是边坡整体稳定时，仅对表部或局部出现的变形破坏采取的防护措施；另一种是边坡整体不稳定时，为消除或减少不稳定因素，增强边坡稳定而采取的整治工程措施。对于滑动变形边坡，其被破坏的基本原因是力学平衡条件被破坏，滑动力大于抗滑力。因此，增加抗滑力、减少滑动力，使二力平衡是防止破坏的关键。这种方法主要是通过削坡、减重、反压、设置抗滑挡墙和抗滑桩等措施，消减推动滑坡产生区的物质和增加阻止滑坡产生区的物质(即所谓的“砍头压脚”)，或减缓边坡的总坡度(即通称的“削方减载”)。此种方法技术上简单易行且加固效果好，特别适用于滑面深埋的滑坡。

3.1 抗滑桩

抗滑桩是易滑坡路段防护应用最广泛的方法。边坡处置工程中的抗滑桩是通过桩身将上部承受的坡体推力传给桩下部的侧向土体或岩体，依靠桩下部的侧向阻力来承担边坡的下推力，从而使得边坡保持平衡或稳定。抗滑桩与一般桩基类似，但主要承受的是水平荷载。钢筋混凝土桩是目前边坡处治工程广泛采用的桩材，桩断面刚度大，抗弯能力高，施工方式多样，其缺点是混凝土抗拉能力有限。抗滑桩施工最常用的方法是就地灌注桩，机械钻孔速度快，桩径可大可小，适用于各种地质条件；但对地形较陡的边坡工程，机械进入和架设困难较大。人工成孔方便、简单、经济，但速度慢，劳动强度高，遇不良地层(如流沙)时处理相当困难。另外，桩径较小时人工作业困难。选用何种方法钻孔应视具体施工条件而定。

3.2 抗滑挡土墙

抗滑挡土墙是目前整治中小型滑坡应用最为广泛而且较为有效的措施之一。对于小型滑坡，可直接在滑坡下部或前缘修建抗滑挡土墙；对于中、大型滑坡，抗滑挡土墙常与排水工程、刷土减重工程等措施联合运用。其优点是山体破坏少，稳定滑坡收效快。尤其对于由于斜坡体因前缘崩塌而引起的大规模滑坡，会起到良好的整治效果。抗滑挡土墙所抵抗的是滑坡体的剩余下滑力，较一般挡土墙主要抵抗的主动土压力大。因此，为满足其稳定性要求，墙面坡度采用1∶0.3～1∶0.5，甚至缓至1∶1，有时甚至将基底做成倒坡①。在公路路堑边坡防护工程中，大量的挡土结构得到了广泛应用。挡土墙按断面的几何形状及特点，常见的形式有重力式、锚杆式、土钉墙、悬臂式、扶臂式、柱板式和竖向预应力锚杆式等。各种挡土墙都有其特点及适用范围，在处理实际挡土工程时，应对一系列挡土体系的可行性做出评价，选取合适的挡土结构型式，做到安全、经济、可行。

3.3 岩土锚固

岩土锚固技术是把一种受拉杆件埋入地层中，以提高岩土自身的强度和自稳能力的一门工程技术。由于这种技术大大减轻结构物的自重，节约了工程材料，并确保工程的安全和稳定，具有显著的社会效益和经济效益，因而目前在工程中得到极其广泛的应用。锚杆在边坡加固中通常与其他支挡结构联合使用，例如以下几种情况：① 锚杆与钢筋混凝土桩联合使用，构成钢筋混凝土排桩式锚杆挡墙；② 锚杆与钢筋混凝土格架联合使用形成钢筋混凝土格架式锚杆挡墙，这种支挡结构主要用于高陡岩石边坡或直立岩石切坡，以阻止岩石边坡因卸荷而失稳；③ 锚杆与钢筋混凝土板肋联合使用形成钢筋混凝土板肋式锚杆挡墙，这种结构主要用于直立开挖的Ⅲ，Ⅳ类岩石边坡或土质边坡支护，一般采用自上而下的逆作法施工；④ 锚杆与钢筋混凝土板肋、锚定板联合使用形成锚定板挡墙。

3.4 加筋土

加筋土是一种在土中加入加筋材料而形成的复合土。在土中加入加筋材料可以提高

---

① 赵明阶，何光春，王多根：《边坡工程处治技术》，人民交通出版社，2003年。

土的强度，增强土体的稳定性。因此，凡在土中加入加筋材料而使整个土工系统的力学性能得到改善和提高的土工加固方法均称为土工加筋技术，形成的结构亦称为加筋土结构。和传统支挡结构相比，加筋边坡和加筋挡土墙的特点有：结构新颖、造型美观，技术简单、施工方便，施工速度快、工期短，节省材料、造价低廉、效益明显，适应性强、应用广泛等。由于加筋边坡和加筋挡土墙的这些优点，目前其已从公路路堤、路肩的防护发展到应用于其他各种支挡结构和边坡防护。

随着注浆技术和相关技术的迅速发展，注浆在边坡加固与防护中应用相当广泛。注浆加固技术用液压或气压把能凝固的浆液注入物体的裂缝或孔隙，以改变注浆对象的物理力学性质，从而满足各类土木建筑工程的需要。注浆加固技术的成败与工程问题、地质问题、注浆材料和压浆技术等直接相关，忽略其中的任何一个环节，都可能造成注浆工程的失败。工程问题、地质特征是灌浆取得成功的前提，注浆材料和压浆技术是注浆加固技术的关键。

边坡失稳的防治，要根据边坡的水文工程地质特点，分析影响边坡变形破坏的因素，抓住重点，因地制宜，综合考虑，制定出切合实际的防治设计方案。同时，还要严格掌握科学合理的施工方法，这样才能达到根治病害边坡的目的，为工程的顺利进行和构造物的安全运行提供可靠的保障。

喷射混凝土支护

吴海漫
(江苏省镇江市路桥工程总公司 镇江 212017)

摘 要 本文主要介绍了喷射混凝土的支护方法，并通过工程实例阐述了其应用。

关键词 喷射混凝土 支护方法 应用

喷射混凝土是借助喷射机械，利用压缩空气或其他动力，将一定配合比的水泥、砂、石子及外加剂等拌和料与水混合，通过喷管以较高速度(30～120 m/s)喷射到受喷面上，在很短的时间内凝结硬化而成型的混凝土补强加固新材料。现在喷射混凝土已成为建筑物衬砌、补强的有效手段之一，喷射混凝土作为一种支护方式，在公路铁路、水利水电、煤矿、冶金、建筑行业等得到越来越广泛的应用。

喷射混凝土的施工工艺系统主要由供料(供砂、石、水泥、外加剂等)、供气、供水 3 个子系统组成，这三部分子系统的不同组合方式产生不同的施工技术方法和施工工艺，对其质量有着显著的影响，施工费用也各不相同。

1 喷射混凝土支护的方法

按不同标准，喷射混凝土可以分为不同的类别。根据喷射工艺的不同，分为干式喷射混凝土、潮式喷射混凝土、湿式喷射混凝土及 SCE 喷射混凝土；根据喷射混凝土的组成，可分为一般喷射混凝土与纤维增强喷射混凝土。

1.1 干喷法

将水灰比小于 0.25 的水泥、砂子、石子混合料和粉状速凝剂按一定的比例混合搅拌均匀后，利用干式混凝土喷射机，以压缩空气为动力，经输料管到喷嘴处，与一定量的压力水混合后，喷射到受喷面上。

施工工艺特性：流程简单方便，所需施工设备较少，只要有强制拌和机和干喷机即可；输送距离可达 300 m，垂直距离可达 180 m，施工布置比较方便灵活；速凝剂可提前在喷射机前加入，拌和比较均匀；粉尘及回弹量均较大，工作环境差；喷料时有脉冲现象；喷射混凝土的均匀性较差、实际水灰比不易准确控制，喷射手的施工经验和临场应变调节能力对其质量影响很大，设计强度需根据现场试验分析调整。

1.2 湿喷法

将水泥、砂子、石子、水按一定比例混合后搅拌成砼(水灰比一般为 0.5 左右，坍落度 13 cm 左右)，用泵将搅拌好的砼经输料管压送至喷嘴处，与液体速凝剂相混合，借助压风补充的能量将砼喷射到受喷面上。

施工工艺特性：水灰比能较准确控制，但比干喷法用水量多，水泥用量也相对干喷法要多，一般达 500 kg/m²；粉尘、回弹量均较低，生产环境状况较好；湿喷机具设备较复杂，速凝剂一般不能提前加入、加入较困难；输料距离和高度远比干喷法要小，喷射系统布置需靠近工作面；施工中途不得停机，停喷后要尽快将设备冲洗干净。

1.3 水泥裹砂法

水泥裹砂法（简称 SEC）喷射混凝土是用低水灰比的水泥（0.15～0.35）裹注砂料并调制成砂浆，泵送并与干式喷射机输送的干集合料相混合，经喷嘴喷射到受喷面上。

施工工艺特性：施工中回弹率可降至 7%～15%，粉尘量仅为 2～5 mg/m³，施工环境条件明显改善；压送距离与干喷法相同，喷射能力较高，可达 10～12 h；可增加一次喷射混凝土厚度，可达 30～40 cm；岩壁工作面有渗水时亦容易施工；能喷射钢纤维混凝土和其他纤维混凝土；作业安全性高，施工质量稳定好、波动小。

1.4 双裹并列法

双裹并列法虽然也是由两条线路输送料物，但“干混合料”线路的砂、石料都用水泥包裹，不再是水泥裹砂法的干砂石料，而是“双裹（裹石及裹砂）混合料”，另一条“湿路”也不再是水泥砂浆，而是经过水泥包裹处理的高流态混凝土，两条输料线路都有水泥包裹作用。

施工工艺特性：作业方式与 SEC 法类似，施工性能良好，回弹、粉尘均少于 SEC 法，水泥用量少 30 kg/m³ 左右；具有较大的生产能力，应尽可能采用机械手操纵喷头；仔细控制配合比、分料比及两条输料线的物料流量同步；施工设备较庞大和复杂，中间环节较多，应加强施工人员的技术培训工作，加强作业线上相互配合、协作工作。

1.5 潮料掺浆法

潮料掺浆法是将水灰比在 0.25～0.35 间的混合料和速凝剂按一定比例混合后搅拌均匀，利用潮式混凝土喷射机，以压缩空气为动力，经输料管输送至喷嘴处与补充的压力水混合后喷射于受喷面上。特点是大大减少施工粉尘，节约水泥用量；施工回弹少、泌水率低，强度有显著提高，可达 30～40 MPa；所用设备比水泥裹砂法和双裹并列法都要简单得多，基本上可在干喷法的设备和作业方式上加以改进，施工布置比较灵活，在较狭窄的现场也可以有效的应用。

1.6 钢纤维喷射混凝土

钢纤维增强喷射混凝土是均匀散布有钢纤维的混凝土拌和料，借助压缩空气高速喷射至受喷面而形成的新型复合材料。它改变了普通砼的脆性特点，具有高强度、大变形及破坏后仍存在较高残余强度的特点，使喷射砼的韧性、抗弯、抗剪强度、耐用系数和疲劳极限等都得到极大改善。其中钢纤维的掺量（占混合料重）一般为 3%～5%，其柔性大大超过了普通混凝土，抗弯强度约增加 50%～100%，抗剪强度提高约 30%～50%，韧性提高数倍。钢纤维混凝土支护适用于塑性流变岩体及承受动荷载影响的巷道或高速水流冲刷的隧洞。

2 喷射混凝土支护的作用及特点

2.1 喷射混凝土支护的作用

(1) 支承围岩：由于喷层能与周围围岩紧密贴合黏结，并作用于围岩表面抗力和剪力，从而使围岩处于三向受力的有利状态，防止围岩强度恶化。此外，喷层本身的抗冲能阻止不稳定块体的塌滑。

(2) 卸载作用:由于喷层属柔性,能有控制地使围岩在不出现有害变形的前提下出现一定程度的塑性,从而使围岩卸载。同时喷层的柔性也能使喷层中的弯曲应力减小,有利于砼承载力的发挥。

(3) 填平补强围岩:喷射混凝土可射入围岩张开的裂隙,填平表面凹穴,使裂隙分割的岩块层面黏在一起,保持岩块间的咬合、镶嵌作用,并提高其间的黏结力、摩阻力,有利于防止围岩松动,并避免或缓和围岩应力集中。

(4) 隔绝作用:喷射混凝土层封闭了围岩的表面,完全隔绝了空气、水与围岩的接触,有效地防止了风化、潮解引起的围岩破坏与剥落。

(5) 分配外力:通过喷层把外力传给锚杆、网架等,使支护受力均匀。

2.2 喷射混凝土的特点

(1) 自捣。喷射混凝土结构密实,强度较高,不需人工捣固。

(2) 早强。能随地下工程掘进及时施工,入速凝剂后凝结硬化快,有较高的早期强度,与锚杆配合使用,能有效控制围岩的松动和变形。

(3) 密贴。由于混凝土以高速喷射到岩壁上,与围岩具有较大的黏结力,能及时封闭围岩,防止围岩风化和强度降低。

(4) 柔性。喷射混凝土层较薄,具有一定的柔性,特别是与金属网配合使用或采钢纤维喷射混凝土时,其柔性将会得到明显的改善,可以同围岩协同变形,达到让压卸压的目的。

(5) 施工机械化程度高、速度快。喷射混凝土的支护使砼的运输、浇灌、捣固等工序合为一条作业线,免除了立模、拆模等繁杂的工序,施工工艺简单,还可用管道进行长距离输送。

(6) 成本较低,适用范围较广。喷射混凝土能作为永久支护,也能用于掘进工作面的临时支护,还可用于处理工程事故。

3 工程应用

镇江市官塘新城路网工程谷阳路隧道最大开挖尺寸为 480 m×34 m×46 m(长×底宽×顶宽),采用明挖法施工。为防止基坑坍塌滑坡,采用土钉墙形式加固开挖坡面。

由于本支护工程支护面较长,且土质相对较好。采用干喷法施工,最大管道输送距离可达 300 m。

设计喷射混凝土厚度为 100 mm,分两层喷射施工,中间设钢筋网片,强度等级为 C20。考虑施工正处于雨季,掺加 2%速凝剂,用以加速凝固,确保支护坡面迅速稳固,减少急雨天气危害。

干喷射混凝土工艺流程如下:坡面基面处理→厚度控制标识→待喷破面洒水→第 1 次施喷厚 5 cm→喷射面修整→钢筋安装→第 2 次施喷(至设计厚度)→缺陷修复→养护。

在喷射混凝土终凝 2 h 后,对混凝土进行洒水养护,使喷射混凝土保持湿润,喷水养护时间在 7 d 以上。

4 喷射混凝土支护技术展望

本文中喷射混凝土技术方法作为当前喷射混凝土现代技术方法的主要代表,在具体条件下均可选用,但鉴于喷射技术本身具有高度综合机械化的特点,上述方案也还不是尽善尽美的,在下列方面还应有所改进:

（1）干喷法的突出问题是降低粉尘和回弹损失，需改善掺水设备，使物料更为均匀，国外已开发干喷防尘剂，对喷头加以改进，研制带局部横模的喷头装置，截留回弹料。

（2）对于文中所述的后几种方法，能自动调节和控制配合比、分料比及分料流量是至关重要的，同时发展高效小型的联合作业机械，简化施工设备系统，是降低成本、提高质量的关键。

（3）研制机械手代替人工操纵喷头是安全、高效施工的保证。

浅述高速公路大修项目路面环氧覆层施工工艺的应用

丰荣良

（江苏省镇江市路桥工程总公司 镇江 212017）

摘　要　路面环氧覆层作为一种新型的路面面层材料，在京港澳(G4)高速公路耒宜段大修施工项目中主要被用于桥梁维修加固的桥面铺装层的加铺和长大纵坡事故多发路段路面的加铺。本文详细介绍了环氧覆层施工工艺流程和施工要点。

关键词　高速公路　大修　环氧覆层　施工工艺

路面环氧覆层是一种新型的路面面层材料，由双组分路面环氧胶和耐磨防滑骨料组成。施工时在砼基层上涂刷双组分环氧胶后再洒上适量耐磨骨料即可。在京港澳(G4)高速公路耒宜段大修项目中，路面环氧覆层主要用于改造加固桥梁工程的桥面铺装和长大纵坡事故多发路段路面的加铺工程中，以减少铺装层厚度及荷载，提高铺装层的耐磨、防滑、抗裂、防水及耐久性能，调整面层颜色等。

1　工程概况

耒宜高速公路是京港澳国家高速公路(G4)湖南境内最南端的一段，它北起耒阳以东的陈家坪与潭耒高速公路相连，途径耒阳、永兴、苏仙、北湖、宜章等县区市，在小塘与广东省粤北高速公路相接，全长 135.367 km，设计时速为 100 km/h，全线位于公路自然区划中的Ⅳ5 与Ⅳ6 区。项目总投资 39.188 亿元，按山岭重丘区双向四车道高速公路标准修建，路基宽 27 m，路面宽 23.5 m，中间分隔带宽 2 m。全线共设互通式立交 7 处(未含水龙互通)，服务区 3 处(永兴、苏仙、宜章)，通道及人行天桥 123 处。该路于 1998 年 11 月 28 日正式动土兴建，2001 年 12 月 28 日正式通车运营。2013 年 6 月 1 日开工对该高速公路进行大修，于 2013 年 11 月底通车。

耒宜高速公路大修项目 S4 标段共有 3 座桥梁采用路面环氧覆层铺设，其中郴江大桥桥长 155.76 m，谢家湾 1 号桥桥长 136.8 m，谢家湾 2 号桥桥长 200 m。长大纵坡事故多发路面约 820 m，采用了改性环氧树脂彩色防滑路面。此方案的优点：对原路面的细微裂缝进行修复、铺装层薄几乎不增加结构静载，提高了防滑性能，改善了水泥砼路面的行车舒适性和耐久性。采用高强环氧覆膜黑色骨料，厚度为 5～6 mm。

2　使用材料及机具

环氧覆层路面由于其自身厚度很薄，不能作为单独的结构层对待，而应视为路面具有特殊功能的表面磨耗层。该工艺必须保证与原路面有良好的黏附力，同时具备高耐磨的性能，因此对材料及施工的要求很高，所用材料均必须通过交通部交通工程监理检测中心的检测标准及认证方可使用。

2.1 高分子聚合物改性环氧树脂

改性环氧树脂彩色防滑路面采用两种不同的高分子聚合物改性环氧树脂，分别为底涂(A)和面涂(B)。不宜采用沥青改性或芳烃改性环氧树脂。

底涂树脂要求能渗入水泥混凝土 2～3 mm，以牢牢抓住水泥混凝土，其性质见表 1。

表 1 底涂改性环氧树脂性能

测试项目	测试条件	技术指标
密度/(g·cm^{-3})	25±2℃(A+B)	1.01～1.05
黏度/(mPa·s)	25±2℃(A+B)	1 500～2 000
可操作时间/min	25±2℃	≥30
苯、甲苯、二甲苯		不含
拉伸强度/MPa	25±2℃，7 天	≥12
断裂伸长率/%	25±2℃，7 天	≥30
钢-砼黏结抗拉强度	25±2℃，7 天	≥2.5 MPa，且 C40 砼破坏
钢-砼黏结抗剪强度	25±2℃，7 天	C40 砼破坏

面涂树脂同样应具有很好的黏结性，并且要求在固化前能够自形成 1～2 mm 的厚度，其性能应满足表 2 要求。

表 2 面涂改性环氧树脂性能

测试项目	测试条件	技术指标
密度/(g·cm^{-3})	25±2℃(A+B)	1.01～1.05
黏度/(mPa·s)	25±2℃(A+B)	5 000～8 000
可操作时间/min	25±2℃	≥30
苯、甲苯、二甲苯		不含
拉伸强度/MPa	25±2℃，7 天	≥12
断裂伸长率/%	25±2℃，7 天	≥40
钢-砼黏结抗拉强度	25±2℃，7 天	≥2.5 MPa，且 C40 砼破坏
钢-砼黏结抗剪强度	25±2℃，7 天	C40 砼破坏

2.2 环氧覆膜高铝矾土彩色骨料

改性环氧覆层路面所用的骨料需直接承受高荷载及车轮的碾压，因此必须具备很高的强度与耐磨性能，色彩鲜艳，不褪色；同时应有良好的级配，并且干净无杂物，应采用环氧覆膜的高铝矾土彩色骨料(其质量要求见表 3)，不宜采用普通的天然石料(如玄武岩)或者普通的陶瓷类骨料。

表 3　环氧覆膜骨料性能

骨料粒径	高速公路、城市主干道	1.2～3 mm 连续级配
	轻载道路、景观道路	0.5～2 mm 连续级配
骨料硬度(莫氏硬度)		＞7
洛杉矶磨耗值/%		＜10
磨光值		≥45
压碎值/%		＜7.0
细长扁平颗粒含量/%		＜5
含尘量/(mg/kg)		＜50
颜色		均匀一致

2.3　设备及机具

各设备、机具的数量及用途见表 4。

表 4　设备及机具

设备及工具	数量	用途
发电机组	2 台	给施工现场设备供电
小型铣刨机	1 台	路面局部不平整部位铣刨
抛丸机	1 台	水泥路面的浮浆清理,表面处理
鼓风机	2 台	吹除抛丸后的灰尘和多余骨料的清扫
手持电动磨光机	2 台	抛丸没有抛到的局部区域处理
斗式手推车	2 辆	运送材料和骨料
电动搅拌机、搅拌头	2 套	搅拌树脂材料
集料回收车组	1 台	回收过量撒布的骨料
电子磅秤	1 台	称重
齿耙	4 把	
80 cm 直径不锈钢桶	3 个	搅拌环氧树脂
胶带	若干	
扫帚	10 把	清扫多余骨料
平铁锹	4 把	
钢刷	6 把	
锤子	2 把	用于敲平突起区域

3　原桥面铺装水泥砼(基层)要求

(1) 桥面砼应该干燥并且平整,施工时基层及环境温度大于 15 ℃,通过现场试验确定基面干燥情况,干燥的基面利于环氧覆层的黏结。切忌在刚下过雨的路面上施工铺装环氧覆层。如对新浇砼桥面上铺设环氧覆层应在新浇砼养护 28 d 后进行,以免砼内水分影响覆层性能。

(2) 对于已经存在板角断裂、裂缝、短板、错台、边角剥落、拱起等缺陷的砼桥面,应该在修补完毕之后再进行铺装;对于表面微裂纹,在确认只有表面现象之后,可以铺装环氧覆层;对于起浆、露骨、小坑洞,应当清除松散层后进行修补,然后再进行铺装。

4 施工流程

路面环氧覆层施工分为桥面病害处理、基面处理和铺设环氧覆层 3 个主要阶段。

施工条件要求：施工前应确定材料机具到位，对施工路段进行全部或部分交通封闭（一个半车道），设置安全警示墩、改道提示牌，并由专人指挥来往车辆通行，确保施工路段安全。

雨天禁止环氧覆层施工，以预防为主，加强天气信息反馈，制定避雨应急措施，在平时施工中防备突然降雨。在施工现场，准备足够遮盖材料，保证遇雨即可对作业区和材料进行遮盖，以保证水流畅通，不积水，并防止四邻区域的地面水倒流进入场内。

4.1 桥面病害处理

桥面病害处理包括桥面裂缝修补和桥面坑洞修补两个方面。

(1) 桥面裂缝修补

宽度 $b<0.5$ mm 的表面微裂纹可不作处理，因为底涂树脂能够渗入裂纹中进行闭合。

宽度 1.0 mm$<b<2.0$ mm 的裂缝，应以裂缝为中心切槽（宽 5 cm，深 5 cm），并用底涂树脂拌制的特殊修补料进行修补，底涂树脂用量不得低于修补料重量的 18%，不得用水性环氧材料（如需添加水泥的环氧砂浆）作为修补料的黏结剂，也不得采用快干水泥等进行修补，且必须保证修补料的压实。

宽度 $b>2.0$ mm 的贯穿裂缝，应将裂缝两侧各 10 cm 范围内的混凝土凿除，凿除深度以达钢筋网下方为准，如果没有钢筋网，应凿到梁顶板，增设钢筋网，清洗干净后用上述特殊修补料修补并压实。

修补前后的裂缝如图 1 所示。

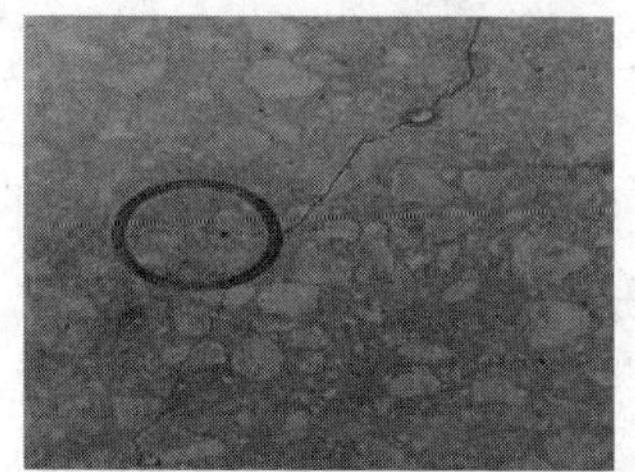

(a) $b<0.5$ mm

(b) 修补前 (1.0 mm$<b<$2.0 mm)

(c) 修补后 (1.0 mm$<b<$2.0 mm)

(d) 修补前 ($b>2.0$ mm)

(e) 修补后 ($b>2.0$ mm)

图 1 桥面裂缝修补

(2) 龟裂、破碎、坑洞修补

对于龟裂、坑洞以及桥面混凝土破碎的部位整体凿除，清理干净后用上述特种修补材料进行快速修补，在修补料凝固前按照 20 cm 的矩阵钻深 5 cm 的孔。修补过程如图 2 所示。

图 2　龟裂、坑洞修补

4.2 基面处理

处理后的基面要求平整、干净、干燥，并露出粗骨料。

主要工艺流程：铣刨→抛丸→打磨边角→孔洞处理→清洁基面→填补孔洞并找平。

铣刨：用铣刨机将施工范围内路面铣掉。铣刨时应该铣刨至少两遍，一遍顺桥面行车道方向，一遍垂直于行车道方向。铣刨后应除去路面附着的污染物和将施工时拉毛形成的沟槽铣平，形成一个基本平整的平面。铣刨后如遇降雨或其他原因可先不进行下步工序，待条件成熟后再进行下步工序施工。

抛丸：抛丸前应确定路面处于干燥状态。用抛丸机对施工范围内路面抛丸一次后用吹尘设备吹除表面浮尘。抛丸过程中要使抛丸机均匀慢速行驶，不遗漏面积。要求抛丸后的路面露出大面积新砼骨料，无浮层、无污染物，打磨深度一般为 2～3 mm。当一次抛丸达不到要求时，应重复以上步骤若干次直到达到要求。

打磨边角：对于抛丸机不能达到的边角，用手砂轮人工打磨出砼新面。

孔洞处理：人工逐一检查砼新面，将被沥青污染的骨料和松散的骨料以及孔洞周围用电钻逐一凿除。

清洁基面：所有打磨完成后应对基面进行清理。用吹尘设备进行现场清理，建议尽量使用吸尘器将抛丸后砼表面的粉尘清除干净再用吹尘设备吹除。使砼路面表面足够清洁和粗糙，增强附着和黏结力。吹除的时候应尽量将吹筒口放低，从施工面的一头吹到另一头。

填补孔洞并找平：用调和后的细骨料（环氧胶与 C 骨料的质量比为 1∶4）对凿出的孔洞和细小裂缝进行修补、填充和找平。

基面处理过程如图 3 所示。

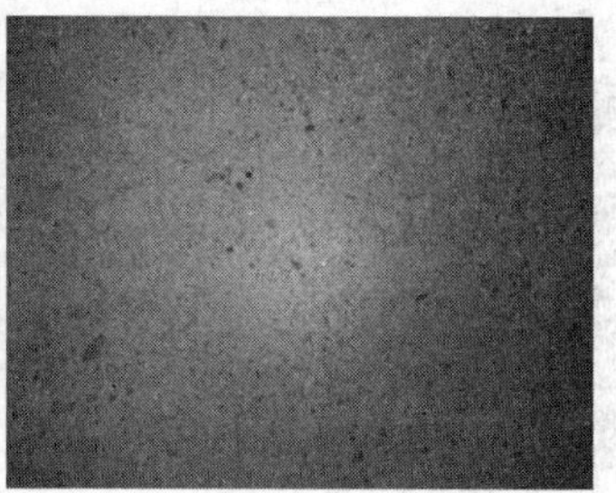

图 3　基面处理过程

4.3　铺设环氧覆层

基面处理完成之后应及时进行环氧覆层材料的摊铺，以免过往车辆产生的扬尘对已清洁路面造成二次污染，影响环氧覆层黏结质量。

工艺流程如下：配胶→涂刷底层环氧胶→铺撒底层金刚砂→养护→收砂→涂刷面层胶→铺撒面层金刚砂→养护→收回余砂→通车→通车 7 d 后回收余砂→通车 30 d 视情况再次收砂。

(1) 用胶带界定施工区域，防止树脂污染其他路段，并能保证施工缝的平顺。

(2) 底涂的摊铺。水泥混凝土路面应进行底涂的摊铺，底涂树脂的摊铺是水泥混凝土路面中非常重要的环节，其施工质量好坏直接关系到彩色防滑路面与原路面的黏结效果。将配制好的底涂树脂按照 0.3 kg/m^2 的用量倒在工作面上，然后用平橡胶耙将底涂树脂涂布均匀，施工中应保证足够的力度，促使底涂树脂尽量地渗入混凝土中。

(3) 撒布底层找平骨料。先用底层骨料局部填充桥面上的小坑洞，再全幅撒一层找平骨料，用平橡胶耙将骨料推平。该底层骨料用以对不平整路面部分找平(平整路面可不需要找平)。

(4) 面涂树脂的摊铺。将配制好的面涂树脂按照 1.8～2.0 kg/m^2(重载 2.0～2.5 kg/m^2)的用量倒在工作面上，然后迅速用齿形橡胶耙将底涂树脂涂布均匀，面涂树脂必须保持厚度一致，通过核定树脂用量及耙具控制平整。摊铺完后的面涂树脂自身应能形成 1～2 mm 的厚度。面涂树脂的施工时间应控制在 5～15 min，以免时间过长树脂固化失去施工活性。

(5) 撒布面层骨料。将面层骨料均匀地撒在面涂树脂上，需要过量撒布，保证骨料全部覆盖树脂面，使骨料充分与树脂结合，并使骨料密实平整。骨料用量为 8 kg/m^2。

(6) 养护及开放交通。养护的时间根据气温的高低而不同，可以指压无痕迹为准，也可根据最小养护时间来控制(12～24 h)。养护期间应对施工区域进行封闭，禁止其他车辆及行人驶入，并对施工区域进行打扫，待树脂初凝后，揭掉用来界定施工区域的胶带，用集料回收车初次收集过量撒布的骨料。待达到养护时间后，拆除封闭施工区域的设施，可以开放交通。通车后有少量过量撒布的骨料脱落(约 0.2 kg/m^2)，应予以回收，保持路面整洁。开放交通 30 d 后，再次到现场对路面上正常脱落的一些表层耐磨骨料进行清扫。

环氧覆层铺设如图 4 所示。

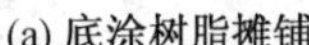

(a) 底涂树脂摊铺

(b) 底层骨料填充小坑洞

(c) 铺撒找平骨料

(d) 面涂树脂的摊铺

(e) 撒布层面骨料

图 4　铺设环氧覆层

4.4　注意事项

（1）如果施工面积较大不能一次完成施工，第一次刷胶前应用不干胶纸在基面上贴出施工边界范围，第二次施工时开始前将不干胶纸连同骨料和胶料一起撕去，形成一条规则的施工边界。

（2）如果施工时遇到桥梁伸缩缝，铣刨时应铣至伸缩缝保护带边缘，但贴不干胶纸时应距伸缩缝保护带边缘 1 cm，涂胶时亦应该留出 1 cm 宽度不涂胶。

（3）从抛丸至养护、开放交通所有工序应一次性完成，不得中途停顿。

路面环氧覆层是一种由高分子聚合物改性环氧树脂作为黏结料涂刷于路表，其上撒布高强度的彩色（或黑色）环氧覆膜骨料，待树脂固化反应后形成的一种高韧性、高强度、高抗滑的彩色警示抗滑功能表层。同时还具备抗油污、抗化学品腐蚀、耐久性好的特点，由于连续环氧树脂层完全阻碍了路表水浸入路面，并且可以修复细微裂缝，所以很好地解决了路面的水损害问题。因此，在新建或大修高速公路的收费广场、服务区及景观设计路面、通立交的加减速车道、长大纵坡、坡顶、坡底路段、隧道的出入口和隧道内路面、桥梁桥面铺装层等处值得推广运用。

浅谈二灰碎石冷再生基层施工方法

刘春江
（江苏省镇江市路桥工程总公司 镇江 212017）

摘 要 结合2013年镇江市干线公路大中修工程实例，就冷再生施工方法进行探讨和研究，并简述了冷再生施工中的质量控制，同时提出自己的见解和建议，以供施工参考。

关键词 冷再生 施工工艺 质量控制

随着科技的发展，公路施工的施工设备以及施工工艺的不断创新，运用特种施工设备对路面结构进行再生利用，目前已在国外成熟应用，我国也已在多个项目上进行了应用和研究。冷再生包括厂拌冷再生、就地冷再生、全深式冷再生三种类型，结合实际工程情况，本项目采用就地冷再生技术即利用专用的再生设备，使用水泥作为无机结合料，将原道路基层材料进行就地冷再生，形成路面基层的一种技术。

1 工程概况

镇南立交段（G312～S338），现为镇南立交东西向主道，路面宽 17 m。双向 4 车道，连接 G312 与 S338。起点位于镇南立交 G 312 匝道分流端，终点位于镇南立交 S 338 匝道合流端，路线全长 0.85 km，为沥青路面。其中 K0＋280～K0＋350 为上跨桥，本次不涉及路面改造。

本路段为沥青路面，路面宽 17 m，路面标准横断面为 0.5 m 中间带＋4×3.75 m 行车道＋2×0.75 m 路缘带，路面结构为 20 cm 二灰土＋20 cm 二灰碎石冷再生＋1 cm 沥青下封层＋6 cm 沥青下面层＋4 cm 沥青砼上面层。

本工程二灰碎石冷再生工程数量约为 13 260 m^2。

2 前期试验情况

根据相关要求，我部在施工路段现场采用再生机铣刨老路基层，取料进行级配分析、配合比实验及标准击实等实验工作。

级配筛分结果见表 1，再生机铣刨后的材料符合设计要求。

表 1 级配筛分结果

筛孔尺寸/mm	37.5	26.5	19.0	9.50	4.75	2.36	1.18	0.6	0.075
规范要求/%	90～100	66～100	54～100	39～100	28～84	20～70	14～57	8～47	0～30
筛分结果/%	100.0	100.0	98.5	87.3	69.2	51.5	38.4	18.4	1.8

通过混合料配合比设计确定，试验段最大干密度 2.08 g/cm^3，水泥剂量为 5.0%，最佳含水量为 8%。

冷再生施工现场检测和质量控制的仪器设备见表 2。

表 2　施工现场检测和质量控制的仪器设备

序号	配备仪器	完成试验项目	序号	配备仪器	完成试验项目
1	烘箱	含水量	6	标准养护室	无侧限试件养护
2	套筛	材级配筛分	7	脱模机	试件脱模
3	灌沙桶	现场压实度	8	滴定台	灰剂量滴定
4	压力机	无侧限制作	9	电子天平	集料称量、密度试验
5	路强仪	无侧限强度测定	10	取芯机	取芯调查

3　施工准备

水泥是关系到冷再生二灰碎石施工成败的关键材料，本项目采用镇江鹤林水泥厂生产的 P. 042. 5 普通硅酸盐水泥作为添加剂，通过实验，其初凝时间在 185 min，终凝时间在 245 min，且稳定性合格。

试验段安排在 K0＋000 右幅起点处。根据水泥的初凝时间和现场再生具备试验取料的行走时间，冷再生每段操作时间应控制在 1 h 左右，稳压和整形 1 h，碾压成型 1 h。目前冷再生机施工行走速度在 4 m/min 左右，每道再生宽度 2. 5 m，半幅操作需 3 道，考虑到多种因素，每段再生施工长度应控制在 50 m，确定试验段长度为 300 m。

配套机械包括：再生机（维特根 2500S）1 台，用于拌和混合料；水车 3 台，用于给冷再生机加水，后期养护；平地机 1 台（PY1800），用于整形、刮平；单钢轮压路机 1 台（徐工 22 t），用于振动压实；三轮压路机 1 台（18～21 t），用于稳压；三轮压路机 1 台（21～24 t），用于稳压。

在试验段施工前，组织所有施工人员进行学习和交流，对相关技术和安全全面交底。

4　施工工艺

4.1　下承层准备

在施工前对原沥青路面进行铣刨，铣刨后的基层表面进行全面清理和施工放样。原基层需处理的，应在冷再生施工前全部按要求处理到位。

4.2　撒布水泥

按 5%水泥剂量添加，每平方水泥用量为 19. 8 kg/m^2，每包水泥撒布 2. 53 m^2。按再生的每幅实际宽度（2. 5 m 固定）计算，半幅路面宽 7. 5 m，每 3 包水泥撒布的长度为 1. 01 m，施工中按半幅路面每 1 m 布 3 包水泥，画好方格，采用人工方法均匀的将水泥洒布在方格内。

4.3　再生施工

4.3.1　混合料拌和

施工时按厚度 19 cm 对老路进行铣刨、拌和，施工速度暂为 4 m/min 左右，拌和缓慢、均匀、连续进行。单幅再生施工至一个作业段终点后，将再生机和洒水车倒至施工起点，进行第二幅施工，整个半幅需一次施工成型，纵向接缝处相邻两幅作业面的重叠不得小于 10 cm，同时再生第二幅时应关闭再生机上重叠范围内的水喷头。

4.3.2 含水量控制

施工前提前现场取样，检测原结构层天然含水量，根据标准击实最佳含水量及时调整，再由冷再生机精确控制加水量。

4.3.3 摊铺整形

半幅路 50 m 一段拌和结束后，先用平地机初平一遍，刮出路型，用平板振动压路机稳压一遍，根据高程和厚度要求，再用平地机精平，并加人工配合，整形后的再生表面无明显的再生轮迹和集料的离析现象。

4.3.4 碾压、养生

碾压施工控制基本和正常的水稳基层施工一样，强调的是从加水至碾压结束必须在水泥的初凝时间前结束。碾压方案有以下 2 种：

(1) 平板振动碾压 4 遍，8～21 t 及 21～24 t 三轮压路机各碾压两遍。压路机的碾压速度，开始两遍以采用 1.5～1.7 km/h 为宜，以后宜采用 2.0～2.5 km/h。严禁压路机在已完成的或正在碾压的路段上调头或急刹车，应保证再生层表面不受破坏。

(2) 平板振动静压 1 遍，重振 3 遍，两台三轮压路机各碾压 3 遍。压路机的碾压速度，头两遍以采用 1.5～1.7 km/h 为宜，以后宜采用 2.0～2.5 km/h。

碾压过程中，再生层的表面应始终保持湿润，如水分蒸发过快，应及时补洒少量的水，严禁大量洒水碾压。碾压过程中，如有"弹簧"、松散、起皮等现象，应及时翻开重新拌和(加适量的水泥)或用其他方法处理，使其达到质量要求。

在施工结束后，立即采用土工布配合洒水养生，正常养生 7 d 后，仍要加强洒水养护，确保质量及强度继续增长。

4.3.5 接缝处理

两个工作段的衔接处应搭接平和，留 1～1.5 m 不碾压，后一段施工时，前段留下来压实部分，应再加水泥重新拌和，并与后一段一并碾压。冷再生在纵向接缝时，必须搭接，留 10～20 cm 重新加入部分水泥拌和，与后一段施工一并碾压成型，且纵缝应垂直相接。

5 质量控制和方法

各项目质量控制的标准与方法见表 3。

表 3 质量控制标准与方法

检查项目	质量要求	检验频率	检验方法
压实度/%	≥97	每车道每公里 1 次	重型击实 T 0924 或 T 0921
抗压强度/MPa	≥2.5 MPa	每车道每公里 6 个或 9 个试件	T 0805
含水率	符合本规范要求	发现异常时随时试验	T 0801
级配	符合本规范要求	每车道每公里 1 次	T 0302
水泥或石灰剂量	不小于设计值 1.0%	每车道每公里 1 次	T 0809

外形尺寸检查项目、频率和质量标准见表 4。

表 4　外形尺寸检验

检查项目		质量要求	检验频率	检验方法
平整度/mm		10	每 200 延米 2 处,每处连续 10 尺	T 0931
纵断面高程/mm		±10	每 20 延米 1 点	T 0911
厚度/mm	均值	−10	每车道每 10 米 1 点	插入测量
	单个值	−20		
宽度/mm		不小于设计宽度,边缘线整齐,顺适	每 40 延米 1 处	T 0911
横坡度/%		±0.3	每 100 延米 3 处	T 0911
外观		表面平整密实,无浮石、弹簧现象,无明显压路机轮迹	随时	目测

6　试验段成果

6.1　级配检测

施工现场共抽检两组混合料。两组混合料取样筛分试验结果见表 5。

表 5　筛分试验结果

筛孔直径/mm	31.5	26.5	19	9.5	4.75	2.36	1.18	0.6	0.075
级配范围/%	90～100	66～100	54～100	39～100	28～84	20～70	14～57	8～47	0～30
筛分结果一/%	100	78.1	60.1	48.9	35.6	28.9	16.3	10.8	9.4
筛分结果二/%	100	79.4	62.8	49.3	37.4	33.0	19.4	11.8	9.6

6.2　含水量控制及水泥灰剂量控制

施工前提前现场取样,检测原结构层天然含水量,根据标准击实最佳含水量及时调整,再由冷再生机精确控制加水量。现场进行两次含水量测试,第 1 次为 8.2%,第 2 次为 8.7%,平均含水量为 8.45%。

水泥剂量在现场滴定,共检测 10 次,现场水泥剂量测定见表 6。10 次水泥剂量滴定测得平均水泥剂量约为 5.0%。

表 6　水泥剂量测定结果

序号	1	2	3	4	5	6	7	8	9	10
剂量/%	5.0	4.8	5.0	5.1	4.9	4.8	5.1	5.0	5.2	4.9

6.3　两种碾压方式

试铺段采用两种碾压方案,具体如下:

碾压方案一:碾压断面 K0＋000～K0＋150,实测压实度共 5 个,分别是 97.1,97.7,97.3,98.3,98.7,合格率 100%。

碾压方案二:碾压断面 K0＋150～K0＋300,实测压实度共 5 个,分别是 98.3,98.9,98.5,98.6,98.9,合格率 100%。

在试铺的过程中随时调整及验证碾压程序,力求做到既能保证规定的压实度又最经济,也能保证整体改造质量。考虑到本次工程设计要求,我部很重视在碾压过程中振动压实对现有道路的影响。所以在第二种机械组合中加大三轮压路机对再生层的碾压,力求在保证压实度达到的同时，减少振动压路机对原有道路基层的影响。第二种碾压组合就达到了此效果，且压路机碾压时间与施工对时间的要求较为匹配。在此以后的大规模施工中，我们采用在试验段中确定的第二种碾压组合。

6.4 无侧限强度试验

现场取混合料样品制备试件3组，共39个。在标准养护室养生6 d浸水1 d，试件的强度代表值为2.8 MPa，偏差系数符合规范要求，以后正常施工使用5%水泥用量，在满足强度指标的情况下，尽量减少水泥剂量。

6.5 外形尺寸检查项目

平整度检查60个点，合格率95%；宽度检查8处，合格率100%；高程检查8个断面，合格率100%。另外，试验段共取芯6个，成型较好，芯样表面光滑，平均成型厚度20.5 cm。

7 施工建设

本文就冷再生工程施工的实际状况分析和研究，总结了冷再生的施工工艺、施工方法以及质量控制。在下一步实施过程中，提出如下意见和建议，以供施工时参考。

(1) 由于原路面结构材料和现状存在不同程度的差异，在实际施工过程中，一定要强化前期的试验工作以及老路状况的调查，做好材料级配分析，如有必要还需确定添加碎石的规格。

(2) 选择合适的碾压机械组合，振动压路机不宜过大，宜在18～22 t，避免因振动过大对基层的下承层造成破坏，从而影响基层的整体质量。边部压实不到位，由于边部无法错轮，因此操作手对边部有少压一遍的现象，在施工中要加强控制。

(3) 采用流水作业，各道工序必须有序地紧密结合，严格控制在规定的时间内完成碾压，应尽量缩短从拌和到完成碾压之间的延迟时间。

(4) 加强对水泥人工撒布均匀性的检查。

(5) 加强拌和厚度控制，再生机拌和时由专人跟随检查拌和深度，每10 m检查一点，并记录。尽量避免将灰土一起拌和到再生层，影响基层强度。

(6) 养生覆盖的透水土工布不能有漏盖的盲点，洒水要均匀，用雾状喷头洒水。

浅谈膨胀土的加固处理

周金吉
(江苏省镇江市路桥工程总公司 镇江 212017)

摘 要 膨胀土是一种在工程中较常遇见的特殊性黏土,受形成条件、地质、水文及气候环境等因素的影响易崩解、易风化、强度易衰减,如直接利用膨胀土作为公路路基填料常会对结构物造成危害。因此需要在充分认识膨胀土工程性质的前提下进行膨胀土的加固处理。

关键词 膨胀土 判别 工程特性 加固处理

膨胀土是一种在工程中较常遇见的特殊性黏土,主要由强亲水性黏土矿物蒙脱石和伊利石组成,具有强亲水性、吸水显著膨胀、失水收缩和往复湿胀干缩变形的性质,受形成条件、地质、水文及气候环境等因素的影响易崩解、易风化、强度易衰减,如果直接利用膨胀土作为公路路基填料常会对结构物造成危害。随着对公路等级、要求的不断提高,对路基强度、模量及稳定性的要求也不断提高,在路槽底面以下一定深度处往往需要加固补强。这就要求我们在充分认识膨胀土工程性质的前提下进行膨胀土的加固处理。

1 膨胀土的判别与分类

对于膨胀土的判别,国内外尚不统一,根据多年来的工程实践经验总结和工程地质特征,自由膨胀率大于40%和液限大于40%的黏土质,可初判为膨胀土,但这并不是唯一的依据。最终决定何为膨胀土的因素是胀缩总率、膨胀的循环变形特征,以及与其他指标相结合的综合判别方法。

原规范JTJ 013—95中膨胀土的工程地质分类见表1。

表1 膨胀土的工程地质分类

分类	野外地质特征	主要黏土矿物成分	>0.002 mm 黏粒含量/%	自由膨胀率/%	胀缩总率/%
强膨胀土	灰白、灰绿色,黏土细腻,滑感特强,网状裂隙极发育,有蜡面,易风化成细粒状、鳞片状	蒙脱石 伊利石	>50	>90	>4
中膨胀土	以棕、红、灰色为主,黏土中含有少量粉砂,滑感较强,裂隙较发育,易风化成碎粒状,含钙质结核	蒙脱石 伊利石	35~50	65~90	2~4
弱膨胀土	黄褐色为主,黏土中含较多粉砂,有滑感,裂隙发育,易风化成碎粒状,含较多钙质结核或铁锰结核	蒙脱石 伊利石 高岭石	<35	40~65	0.7~2.0

TB 10038—2001《铁路工程特殊岩土勘察规程》中膨胀土判别标准见表2和表3。

表2 膨胀土详判指标

名称	判定指标
自由膨胀率 F_S/%	$F_S \geqslant 40$
蒙脱石含量 M/%	$M \geqslant 7$
阳离子交换量 $CEC(NH_4^+)$/(mmol/kg)	$CEC(NH_4^+) \geqslant 170$

表3 膨胀土的膨胀潜势分级

分级指标	弱膨胀土	中等膨胀土	强膨胀土
自由膨胀率 F_S/%	$40 \leqslant F_S < 60$	$60 \leqslant F_S < 90$	$F_S \geqslant 90$
蒙脱石含量 M/%	$7 \leqslant M < 17$	$17 \leqslant M < 27$	$M \geqslant 27$
阳离子交换量 $CEC(NH_4^+)$/(mmol/kg)	$170 \leqslant CEC(NH_4^+) < 260$	$260 \leqslant CEC(NH_4^+) < 360$	$CEC(NH_4^+) \geqslant 360$

综上所述，膨胀土分类较为复杂，目前尚难统一。若采用蒙脱石含量和阳离子交换量作为鉴别指标，测试困难。中交第二公路勘察设计研究院在“膨胀土地区公路勘察设计技术研究”课题中，通过对膨胀土的各种判别分类方法的优缺点、全国膨胀土工程性质及其内在关系的研究，初步提出了按标准吸湿含水量和塑性指数判别与分类的方法，其标准可参考采用。

膨胀土详判应采用自膨胀率、标准吸湿含水率、塑性指数3项指标，具体见表4和表5。

表4 膨胀土详判指标

名称	判定指标
自由膨胀率 F_S/%	≥40
标准吸湿含水率 W_f/%	≥2.5
塑性指数 I_p	≥15

注：当符合表中的两项指标时，即应判定为膨胀土。

表5 膨胀潜势的分级

分级指标	非膨胀土	弱膨胀土	中等膨胀土	强膨胀土
自由膨胀率 F_S/%	$F_S < 40$	$40 \leqslant F_S < 60$	$60 \leqslant F_S < 90$	$F_S \geqslant 90$
标准吸湿含水率 W_f/%	$W_f < 2.5$	$2.5 \leqslant W_f < 4.8$	$4.8 \leqslant W_f < 6.8$	$W_f \geqslant 6.8$
塑性指数 I_p	$I_p < 15$	$15 \leqslant I_p < 28$	$28 \leqslant I_p < 40$	$I_p \geqslant 40$

2 膨胀土的工程特性

2.1 胀缩性

膨胀土吸水后体积膨胀，使其上面的建筑物或路面隆起。如膨胀受阻即产生膨胀力，当膨胀土失去水分后，体积收缩，造成土体开裂，并使其上面的建筑物下沉。

2.2 崩解性

膨胀土浸水后体积膨胀，在无侧限的条件下则发生吸水湿化。不同类型的膨胀土其崩解性不一样，强膨胀土浸入水后，几分钟内就完全崩解；弱膨胀土浸入水后，则需要经过较长的时间才能逐步崩解，且崩解不完全。

2.3 裂隙性

膨胀土中的裂隙，主要可分为垂直裂隙、水平裂隙与斜交裂隙 3 种类型。这些裂隙将土体层分割成具有一定几何形状的块体（如棱块状、短柱状等），破坏了土体的完整性。膨胀土路基边坡的破坏，大多与土中裂隙有关，且滑动面的形成主要受裂隙软弱结构面控制。

3 膨胀土路基处理的基本方法

一般来说，膨胀土路基处理方法有换土、湿度控制、改性处理 3 种。

3.1 换土

换土是膨胀土路基处理方法中最简单、有效的方法。它是指挖除膨胀土。换填非膨胀土或沙砾土。换土深度根据膨胀土的强弱和当地的气候特点确定。在一定深度以下的膨胀土含水量基本不受外界气候的影响，该深度称为临界深度，该含水量称为该膨胀土在该地区的临界含水量。由于各地的气候不同，各地膨胀土的临界深度和临界含水量也有所不同。换土深度要考虑受地面降水影响而使土体含水量急剧变化的深度，基本上在 1～2 m，即强膨胀土为 2 m，中、弱膨胀土为 1～1.5 m，具体换土深度要根据调查后的临界深度来确定。

3.2 湿度控制

湿度控制法包括预湿和保持含水量稳定。为控制由于膨胀土含水量变化而引起的胀缩变形，尽量减少路基含水量受外界大气的影响，需在施工中采取一定的措施。如利用土工布或黏土将膨胀土路基进行包封，避免膨胀土与外界大气直接接触，尽量减少膨胀土内部的湿度迁移。水利工程建设中经常采用膨胀土预湿法，用水浸泡地基土或覆盖非膨胀土以达到膨胀土的湿度平衡。

3.3 改性处理

利用石灰、水泥或其他固化材料与膨胀土的物理化学作用进行膨胀土的改性处理，以达到降低膨胀土膨胀潜势、增强强度和水稳性的目的。其中，石灰是改良弱、中膨胀土最普遍、最有效的方法。

4 石灰对膨胀土性质的影响

4.1 石灰改良膨胀土过程中石灰的作用

4.1.1 离子交换作用

石灰中钙、镁离子置换土中钠、钾离子，导致离子单位重量增加，膨胀土与石灰接触后，离子交换作用立即发生，一般需要几分钟至一小时。离子交换作用使得胶体吸附后减薄，从而使黏土胶状颗粒发生凝聚，黏土胶粒的亲水性减弱，细颗粒产生絮凝和凝沉。形成较大的集力或积聚体，这一全过程一般 4～6 d 基本完成，对膨胀土的塑性、膨胀性、使用性能、强度和变形特征起到显著改善作用。

4.1.2 碳酸化作用

石灰中 $Ca(OH)_2$ 吸收 CO_2 形成质地坚固，水稳性好的 $CaCO_3$ 晶体，这一结晶作用使得土的胶结得到加强，从而提高了石灰土的后期强度。试验表明，碳酸化学反应在有水的条件下才能进行。

4.1.3 结晶作用

在石灰土中除了一部分 $Ca(OH)_2$ 发生碳酸化反应外，另一部分则在石灰土中自行结晶

$$Ca(OH)_2 + nH_2O \longrightarrow Ca(OH)_2 \cdot nH_2O$$

由于结晶作用，$Ca(OH)_2$ 由胶状体逐渐变成晶体，这种晶体能互相作用与土结合成晶体，从而把土粒胶结成整体，提高了石灰土的水稳定性。

4.1.4 灰结作用

膨胀土加灰后，使土呈碱性，在碱性环境中石灰与土中的氧化铝逐渐硬结，即火山灰作用下，活性硅产品矿物在石灰的碱性激发和水的参与下与 $Ca(OH)_2$ 反应生成含水的硅酸钙和铝酸钙

$$Ca(OH)_2 + SiO_2 + H_2O \longrightarrow CaSiO_2 \cdot nH_2O$$

$$Ca(OH)_2 + Al_2O_3 + H_2O \longrightarrow CaAl_2O_3 \cdot nH_2O$$

火山灰反应是在不断吸收水分的情况下逐渐形成的，因而其具有水硬性质。另外，石灰本身会产生消化反应，CaO 生成 $Ca(OH)_2$ 后体积增大近一倍，使土固结，后面的三种作用主要是加强石灰改良土的后期强度和耐久性，其作用时间相对较长，4～6 d 以后影响较大。

4.2 试验确定膨胀土掺石灰剂量

强膨胀土不得用作路基填料。当条件所限，强膨胀土用作路基填料时，应进行专题试验论证分析。若将弱、中膨胀土用作路基填料时，常采用掺灰改性处理，改性处理后要求胀缩总率小于 0.7 为宜。掺灰改良膨胀土主要体现在膨胀土塑性指标下降，以及黏粒含量降低，但是，在一定石灰掺入量条件下，改良膨胀土的性质随着石灰剂量的增加而变优，当石灰剂量超过某一值后，石灰稳定土的力学性能和水稳定性反而有所下降。正是这一稳定机制的复杂性，石灰稳定膨胀土的石灰掺入计量，宜通过试验对比后确定。

4.2.1 对膨胀土进行液限、塑限联合测定和击实试验

对某膨胀土进行液限、塑限联合测定和分别按干法、湿法进行多组重型击实试验，其试验数据见表 6。

表 6 膨胀土的液限、塑限联合测定和击实试验结果

液限、塑限测定			干法击实		湿法击实	
液限 WL/%	塑限 WP/%	塑限指数/I_P	最大干密度/($g \cdot cm^{-3}$)	最佳含水量/%	最大干密度/($g \cdot cm^{-3}$)	最佳含水量/%
67.0	26.8	40.2	1.85	15.0	1.82	18.1

试验表明：不同击实功下，湿法确定的最佳含水量均大于干法的最佳含水量，其最大干密度值则相反；另外，湿法击实备样，含水量递减过程与填料从天然含水量状态下翻晒至压实控制含水量的过程是一致的，因此通过湿法击实获得施工压实控制指标是合适的。

综上所述，将膨胀土用作填料时，应采用湿法重型击实试验方法确定其最佳含水量和最大干密度，以进行现场压实控制。

4.2.2 对膨胀土掺灰进行无荷载膨胀率、有荷载膨胀率、膨胀力试验

分别对该膨胀土按灰剂量为 0,3%,4%,5%,6%,7%几种情况进行试验,其试验结果见表 7。

表 7 无荷载膨胀率、有荷载膨胀率、膨胀力

灰剂量/%	无荷载膨胀率/%	50 kPa 膨胀率/%	7 d 膨胀力/kPa	胀缩总率/%
0	12.34	5.24	348	6.63
3	1.12	1.14	14	1.71
4	0.52	0.38	10	0.59
5	0.30	0.21	7	0.32
6	0.25	−0.05	4	−0.05
7	0.22	−0.17	2	−0.17

由试验结果可知,掺入石灰后的膨胀土与素土相比其无荷载膨胀率、有荷载膨胀率、膨胀力、膨胀总率均明显下降,可见掺入石灰对消除膨胀土的胀缩性是非常有效的。用石灰处理膨胀土时,以处理后胀缩总率不超过 0.7 为宜。

4.2.3 对膨胀土掺灰进行 CBR 试验

(1) 含水量与 CBR 的关系

对该膨胀土掺 5%的灰制备不同含水量试件,测得其对应的 CBR 值(见表 8),含水量与 CBR 的关系如图 1 所示。

表 8 不同含水量的 *CBR* 值

含水量/%	13.2	15.3	17.5	19.4	21.5	23.6	25.3
CBR 值/%	38.5	39.4	41.0	42.5	43.3	42.7	41.6

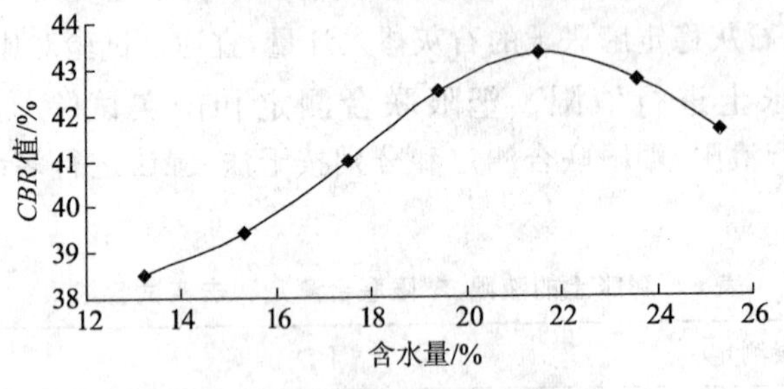

图 1 含水量与 *CBR* 值的关系

对该膨胀土掺 5%的灰分别进行干法、湿法击实试验,其结果见表 9。

表 9 干法、湿法击实试验结果

干法		湿法	
最佳含水量/%	最大干密度/($g \cdot cm^{-3}$)	最佳含水量/%	最大干密度/($g \cdot cm^{-3}$)
18.2	1.71	21.0	1.67

由图 1 可以看出,CBR 值随制件含水量的变化规律类似于击实曲线,CBR 峰值对应的含水量接近湿法最佳含水量,远大于干法最佳含水量。

因此，膨胀土施工时按湿法重型击实确定的最佳含水量和最大干密度，进行施工压实控制，其承载能力更大。

(1) 灰剂量与 CBR 的关系

对该膨胀土按湿法重型进行不同灰剂量的 CBR 试验，测得其 CBR 值(见表 10)，灰剂量与 CBR 的关系如图 2 所示。

表 10　不同灰剂量的 *CBR* 值

灰剂量/%	0	3	4	5	6	7
CBR 值/%	2.4	29.4	36.9	42.5	45.1	46.6

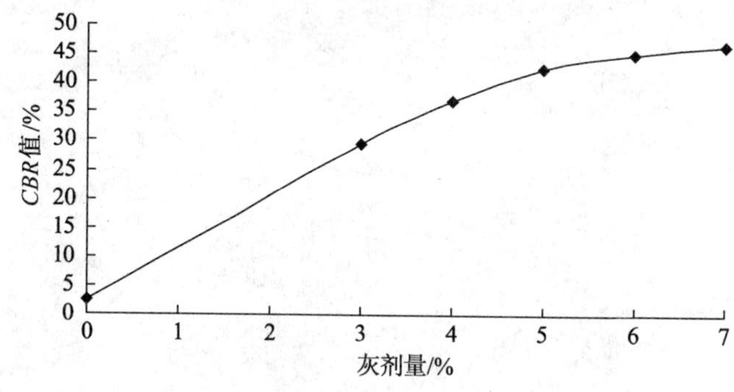

图 2　灰剂量与 *CBR* 值的关系

由图 2 可以看出 CBR 值随灰剂量的增加而增大，其中石灰改良膨胀土后的 CBR 值相对素土显著提高，能满足路基设计要求，且当灰剂量在 5%以内时，强度增长显著；当灰剂量超过 5%时，强度增长明显减缓。

因此，灰剂量为 5%的改良膨胀土的力学性能已能很好地满足路基使用的要求。

4.2.4　几种影响因素

(1) 膨胀土团粒的大小：土的粒度越细，它同石灰的相互作用将越充分，否则要适当增加石灰的用量。一般要求其团粒尺寸最好不超过 5 cm。

(2) 石灰的剂量：当石灰剂量不足时，一般不产生胶凝作用，这时只是大幅度地降低了膨胀土的塑性，因而也降低了它的膨胀势和收缩性，但对其强度的影响不大。随着石灰剂量的增加，逐渐产生胶凝作用，逐渐增大膨胀土的强度，直到最佳用量时，得到最大的强度和最小的强度损失。

(3) 时间：膨胀土与石灰掺和后，其强度是随时间而逐渐增加的。3 个月内强度是随时间而变化的，1 个月内强度变化较快，超过 3 个月强度的变化趋缓。所以，一般工程实用取 28 d 强度作为判断石灰处理效果的指标。

(4) 温度：温度越高，石灰与膨胀土的作用过程将越快。为了节省时间，一般可在 49 ℃下处理 30 h，代替室温条件下 28 d 的处理结果。

(5) 冻融作用：石灰处理后的膨胀土，经过冻融循环后，强度将会降低。多数情况下，经过 7 个循环后，强度趋于恒定，而经过 3 个循环后，强度已基本接近不变值，故工程实用多采用 3 个循环后的值。

对于膨胀土，石灰是一种很好的改良剂。一定剂量的石灰可使膨胀土体的膨胀性能显著降低，但这种降低并不是无限制的。掺入石灰改良膨胀土的过程就是降低其膨胀性，提高其强度的过程，随着石灰的掺入，膨胀土体的各项指标和 CBR 值出现不同程度的提高，说明石灰改良膨胀土的方法是较好的。

总之，膨胀土是影响道路施工的一种特殊土质，在实际工程中，其破坏力是巨大的。解决膨胀土的问题，应着重从影响其物理、力学性质变化的内在因素和外在因素上考虑，从而通过改变土的力学性质达到处理的目的。

浅析道路施工中粉土的特点及处置方法

王国进
（江苏省镇江市路桥工程总公司 镇江 212017）

摘　要　在日常道路施工中，或多或少会出现粉土，如控制措施不到位，容易造成表层轮迹过大、松散，碾压不成型、压实度达不到设计要求，碾压成型段落表面破坏严重，雨季边坡与路基被冲刷造成路基不稳定等质量问题，影响道路的使用性能和使用寿命。本文主要讨论粉土的特点及处置方法，为道路施工工程应用提出一定的建议和使用价值。

关键词　粉土　处置　道路施工

1　土的物理性质指标分析与灰土配合比设计优化

1.1　土的物理性质指标分析

通过土坑现场取样、室内试验，测得土的天然含水量在27%左右。据JTJ 051—1993《公路土工试验规程》的有关规定，采用密度计法分析其粒径组成。

1.2　低液限粉土工程特性及不易压实原因

(1) 粉土的颗粒主要集中在0.005～0.075 mm，占总质量的79%左右，粒径非常均匀，级配不良。碾压过程中，土颗粒之间没有更细小的土颗粒来填充，形不成紧密的填充和嵌挤结构，因而其压实性能较差。

(2) 由于粉土中黏粒含量比较少(8%)，粉粒含量约占79%，砂粒含量约占4%，小于0.005 mm颗粒含量约占8%，粉粒和砂粒间的空隙没有细小黏粒来填充，土体虽然经过碾压但整体性较差，很难达到较高的密实度。

(3) 该类土的干密度对水的敏感性较高。既不同于黏性土，也不同于砂性土，在含水量过高或过低时均不能很好地压实。

(4) 粉土的毛细孔发达，易吸水也易蒸发失水。这种特性使施工过程中的含水量控制比较困难，从而导致压实质量比较难控制。低液限粉土的内部结构是造成该类土不易压实的内在原因。

以往低液限粉土掺灰处理多采用单独掺石灰或掺水泥的方法，这两种方法各有利弊，单独掺石灰处理，灰土表面成型效果不好，不容易密实，强度增长慢；单独掺水泥施工，早期强度增长快，对施工的时间和成型段面养护要求高，施工成本大。为了增加粉性土的黏结力，提高灰土早期的强度和路基的稳定性，本项目设计部门综合了以上两种方法的优点，采用的是石灰土掺加水泥综合施工的方法，路堤部位采用4%石灰+1%水泥石灰土，路床区采用5%石灰+2%水泥石灰土，满足了工程施工质量和进度要求。

2 原材料的质量控制与机械设备的投入保障

2.1 原材料

(1) 石灰:必须符合Ⅲ级或Ⅲ级以上石灰各项技术指标的要求,石灰要分批进料,做到既不影响施工进度,又不过多存放;应尽量缩短从生石灰消解到消石灰使用的时间,如存放时间稍长应予以覆盖,并采取封存措施,妥善保管;对长时间存放的石灰在使用前必须对其有效钙和氧化镁含量进行测定,不符合要求的不得使用。

(2) 土:开挖取土坑取土,取土深度根据设计文件要求结合现场土质情况确定。表层耕植土、淤泥不得作为路基填筑材料,作弃土处理。

(3) 水:沿线河水和地下水均可使用;遇有可疑水源,应委托有关部门化验鉴定。

(4) 水泥:采用 42.5 级普通硅酸盐水泥,水泥初凝时间应大于 4 h,终凝时间在 6 h 以上。本工程统一要求水泥库存,仓库应高出地面 30 cm 以上,并做好防潮措施,受潮结块的水泥一律不得使用。

原材料控制的重点是石灰和水泥的质量控制。原材料到达码头或仓库,经项目部自检合格后,及时报监理组按规范要求频率进行抽检,未经检测合格的原材料不允许进入施工现场。

2.2 施工机械设备的投入控制

为保证低液限粉土路基的施工内外观质量,在主要施工机械的配备上,我们除要求施工队配足正常路基施工用的推土机、压路机、平地机、装载机、大型拌和机及旋耕、翻晒机具等外,还特别要求:① 全线每个施工队或每 3 km 路段要增加一台 20 t 以下的胶轮压路机;② 每个队伍根据施工段长度在高温季节配备至少 1 台 10 t 以上的洒水车;③ 振动压路机要求配 18 t 以上吨位的压路机,铁三轮要求达到 18 t 以上;④ 运土用的自卸汽车的吨位要求在 10 t 以下,禁止使用大吨位的自卸王。

3 施工工艺流程及控制

工艺流程:下承层准备(合格)→测量放样→粉土的挖装运→摊铺、翻晒(土含水量偏大时)→整平布石灰→灰土拌和(灰剂量、含水量检测合格)→整平稳压→摊铺水泥→水泥石灰土拌和→整平碾压→填层检测、验收→下一层施工。

3.1 测量放样

路基施工放样主要包括中线恢复,填层的填土边线标志。根据试验段确定的松铺系数计算出每个施工段落每层填土的松方量,同时依据每车装载的松方量计算出该段落需要的填土车数,采用网格法进行现场施工控制。

3.2 粉土的挖装运

(1) 粉土路基施工的取土场,应有一定的纵横坡度和完整的排水系统,确保雨后不积水不影响连续施工。

(2) 取土前先清除地表耕植土或腐渣土,特别是取土坑范围内的树根、芦苇根。

(3) 过湿土不得直接上路,必须通过开挖排水沟、按设计掺灰量的 40%左右掺入生石灰打堆闷料、在取土场开辟晒土场晾晒湿土等方法降低土的含水量。

(4) 取土作业,可采用挖掘机或推土机和装载机配合,自卸车或有自卸功能的拖拉机运土方式,设备的装运能力应相匹配,避免造成设备闲置,自卸车的吨位要在 10 t 以下,避免上土时将成型段面压坏。

3.3 摊铺、翻晒

粉土运抵施工现场后，根据试铺段确定的松铺厚度均匀上土，以便平整。当土的含水量偏大时，要用旋耕设备进行翻晒降水。

3.4 整平布石灰

对素土进行初步平整和调拱，按计算所得的每车石灰的纵横间距，用石灰在土层上做标记，同时划出摊铺石灰的边线，石灰卸载后均匀摊开，摊铺完成后表面应没有空白位置。

3.5 灰土拌和

(1) 用铧犁旋耕设备配合路拌机进行拌和，拌和深度达到层底，不得有夹层，使石灰和土拌和均匀，在拌和过程中如出现树根等杂物或不易粉碎的黏性土块要及时剔除。

(2) 灰土拌和好后要及时检测灰剂量，确保灰剂量达到设计要求。同时要检测含水量，如果含水量太高，则拌和一遍之后继续进行拌和晾晒；如含水量太低，则必须及时用洒水车补水并拌和，直至含水量达到比最佳含水量大 1%～3%时为宜。灰土拌和结束，灰剂量和含水量满足要求后，迅速用振动压路机稳压并平整。

4 摊铺水泥

摊铺的水泥用量事前要经过精确计算，在现场用石灰画格摊铺水泥，并拍照留存。本项目摊铺的水泥为 4%石灰＋1%水泥水泥石灰土(水泥用量为每 15 平方米 1 袋)，5%石灰＋2%水泥水泥石灰土(水泥用量为每 15 平方米 2 袋)，水泥摊铺均进行了拍照留存。

5 水泥石灰土拌和

此次拌和为灰土成型前的最后一次拌和，拌和必须均匀。用拌和机进行粉碎拌和时其拌和深度必须达稳定土底层，严禁形成素土“夹层”。拌和应破坏下承层的表层约 1 cm 左右，以利于上下层黏结。

6 整平碾压

6.1 整形

灰土拌和均匀后，振动压路机稳压一遍，再进行整平；整平由平地机从两侧向路中心进行刮平，直至路拱和平整度满足要求。

6.2 压实

(1) 平整后，根据试验段确定的碾压工艺进行压实，达到表面平整、无明显轮迹。碾压时直线段由两边向中间，曲线段由内侧向外侧，纵向进退式进行碾压。碾压程序为振动压路机强振 2～4 遍、弱振 2～3 遍，铁三轮静碾压 2 遍(处于 93,94 区时，压实遍数可取低限；处于 96 区时，可取高限)，碾压成型含水率控制合适并在含水率至最佳含水率＋3%的范围内时，压实度可满足施工规范要求。

(2) 段面的两侧应多压 2～3 遍。

(3) 严禁压路机在已完成的或已碾压的路段上“调头”和急刹车。如必须调头，应采取措施保护调头部分，使稳定土表层不受破坏。

(4) 碾压过程中，如有“弹簧”松散、起皮等现象，应及时翻开重新处理。

(5) 碾压结束之前，应用平地机再终平一次，使路拱、标高等符合要求。终平应仔细，必须将局部高的部分刮除，并排出路外；对于局部低洼处，不再找补，留待下一层铺筑时处理。

(6) 为提高粉土路基的整体性和稳定性，强化压实，可采用冲击式压路机进行冲击碾压，碾压不少于 6 遍(冲击式压路机是三瓣式凸轮，冲击压实时每压一遍与同一路表的接触概率为 1/6)，冲击碾压后，平地机整平，振动压路机静压 2 遍，胶轮收面，保证表层密实。

(7) 收面：为消除路基表面失水引起的松散、起皮、起灰等质量通病，应根据情况适量洒水后用胶轮压路机碾压 1～2 遍收面，确保表面密实、成型。

(8) 养护复压：抽检合格路段如不能及时覆土，应根据天气气温与段面表面干燥情况及时洒水养护；如遇雨天，雨后必须复压、复检。

(9) 填层检测、验收碾压结束之后，应及时测试其压实度是否达到规定压实度要求，如果没达到，则必须继续加强碾压，直到满足要求；如达到规定要求，则应及时洒水养护或上土覆盖，保证段落表面湿润，并封闭交通。

7 施工控制要点及注意事项

7.1 实行工程首件认可

路基各分项工程施工必须先做试验段，通过首件认可后方可全面施工。试验段应确定以下主要内容。

(1) 摊铺的松铺厚度。

(2) 标准的施工方法：① 铺筑方法和适用机具；② 翻晒破碎的机械、方法和遍数；③ 整平和整形的合适机具和工艺方法；④ 压实机具的选择和组合、压实的顺序、速度和遍数。

(3) 确定每一作业段的合适长度：一般路基施工段在 200～250 m，低液限粉土路基应适当短一些，宜为 200 m 以内。特别在风大的施工季节里，通过试验段确定适合人员和机械配合组成最佳施工段长度。

(4) 确定施工组织及管理体系。

(5) 质量检测结果及施工控制要点。

7.2 施工控制要点

(1) 根据粉土的工程特性，通过试验段，得出不同压实区域进行碾压的含水率范围，施工含水率一般控制在最佳含水率(1%～3%)时，易于压实，需要的压实功最少，适宜大面积作业。

(2) 粉土的水稳定性和保水性较差，边坡易渗水造成滑塌或受水冲刷极易发生破坏，每一填层的宽填尺寸不小于 50 cm，以免造成亏坡。

(3) 施工便道应修筑在路堤以外，严禁使用路堤作为施工便道。

(4) 粉土黏性比较小，抗剪能力差，在外力强作用下，粉土极易形成扰动破坏。路堤每一填层施工碾压成型后，应立即封闭交通；下一填层施工上土时，严格控制施工机械的行驶速度，不得在下层土上高速行驶、紧急制动、调头等，防止车辆对填层表面造成扰动破坏；对下层土出现松散的，应立即洒水碾压密实，确保土层结构不受到破坏。

(5) 粉土在失水严重的情况下，极易处于松散状态，受扰动后土层结构容易破坏。因此每一填层施工前，下层土一定要洒水湿润，并用胶轮压路机静碾压密实。

(6) 粉土路基遇水冲刷容易分离、流动，即液化。路堤施工过程中要完善临时排水设施，并与路基永久排水设施相结合，减少水对粉土路基的影响、破坏。雨季边坡被雨水冲刷后要及时进行拦水埂设置修补、夯实，并在路基施工时及时设置拦水埂，用水泥砂浆或塑料布要做成急流槽。

(7) 加强成型粉土路基的防护，例如浆砌预制块或片石防护、植草防护等施工，防止破坏，确保路基的稳定性。

由于每种土质都有自己的工程特性，因此，在施工过程中要分析所在地区土质的特性，通过多种施工工艺、碾压方式等试验找出一种合适的施工技术和质量控制方法，达到事半功倍的效果。本工程通过了解粉土的工程特性，采用合理的压实机械组合，严格控制含水量，保证了路基的压实度。总之，要认真分析寻求最佳的处理方案，并严格施工，以保证工程的最终质量，避免交付使用后出现病害。

如何控制拌和站沥青混凝土质量

居锦磊

（江苏省镇江市路桥工程总公司 镇江 212017）

摘 要 沥青路面质量的高低主要取决于沥青混凝土的拌和质量，而沥青混凝土拌和站是沥青混凝土质量控制的主要环节。本文介绍了从温度、时间、级配调整、检测等各方面介绍了沥青混凝土质量的控制。

关键词 沥青混凝土 质量控制 质量检测

沥青混合料的拌和直接关系到沥青混凝土的质量，成品料能否满足质量要求是确保沥青混凝土路面施工质量的必要条件。根据自身工作经验，从以下几个方面介绍如何控制沥青混凝土质量。

1 设备系统及料况的稳定性

(1) 稳定的生产设备系统，才能创造出好的工况。因而必须保证设备的完好性，运行的稳定性。每天的日常保养、检查维修是必不可少的，同时要做好重点部位的检修、润滑工作。

(2) 生产中料况的稳定，要结合经验值适时来调整。开始生产时，要少上料，加火为正常生产时火焰温度，当滚筒温度达到 100 ℃时，开始加料，在这一过程中要配以必要的手动调控。需要注意的是，调温要有一定的提前量，因为系统是有一个滞后时间的。通过这样调整，骨料就能很快达到正常生产时的温度。

(3) 拌和成品料前，每个热料仓均应放掉一满铲热料，直至各热料仓温度达到正常温度为止。放出的热料可放回料场再利用，切记不要直接放入冷料仓，以避免温度忽高忽低，这样可有效避免低温、超温料的出现。

(4) 要尽量避免上湿料，尤其细集料不要含有湿料。过湿的集料会造成骨料温度低，且残余含水量会较大，影响沥青混合料拌和质量。

2 温度控制

(1) 温度的选择。成品料出厂温度按规范要求有较大的变动范围。具体到某个工程，应视料型、季节、运距来确定，以保证摊铺温度为准。春秋季节、早晚可取温度上限，夏季及白天可取温度下限。在生产中，只要热料仓大体供料均匀，不致有较大压仓现象，且此时骨料温度只要比成品料出厂温度高 5～10 ℃即可。

(2) 温度传感器测温应准确。在拌和设备上，一般有 2 个温度传感器，滚筒测温传感器要经常检查其插入骨料深度及磨损状况，热料仓传感器应保证其骨料不要压仓，以反映骨料真实温度。同时两传感器显示温度应有较好的相关性（差 3～5 ℃属正常），否则应查清原因。

3 离析的控制

（1）原材料的堆放。料场中各种规格集料应分层堆放，每层厚度不应超过 1 m，这样可以减小由于料径差别造成的离析现象。

（2）各冷料仓应用钢板隔开，且上料不要过满，以防各料仓串仓。同时热料仓应注意检查，以防因集料磨损料仓导致串仓。

（3）在往运输车厢内装沥青混合料时，应缩短出料口到车厢的装料距离。装料应分层装运，即往车厢内装一斗料，车就移动一次位置，以每车分 2～3 层为宜。

4 计量器具的控制

骨料、填料、沥青计量器具均应在每年生产前，由本地区法定计量部门进行校核、标定，并有检验合格证。并在生产过程中，定期进行验证标定。注意在使用过程中，不要随意清零，以防累计误差的产生。

5 级配的控制

（1）严格执行实验室给定的热料仓级配。冷料供料装置需经标定得出集料供料曲线，非此目标配比是难以执行的。

（2）在混合料由 4～5 种骨料组成时，要防止跳料。即当某一种骨料实测值大于下一种骨料设定值时，下一种骨料将不计量，这样就造成合成级配不准。要控制好热料仓级配，必须避免此现象出现。

（3）由于细集料比表面积大，在同样的沥青用量下，细集料用量多少将严重影响沥青混合料质量，因而必须严加控制。

（4）在生产过程中，料场进料规格会有变动，具体表现在某热料仓溢料或等料。这时尚需根据实际情况现场调整配比，即对冷料仓流量适当调整以达到与热料仓供料比相匹配，满足标准级配的要求。

6 拌和时间控制

一般地，细集料多则拌和时间长，沥青含量和温度高则拌和时间短。拌和时间越长，拌和均匀性越好，但不可过长，时间过长会对混合料质量产生负面影响。因为混合料在搅拌器中的拌和过程，就是在高温下沥青薄膜与氧气充分接触的过程，即老化过程。通常拌和时间最长不宜超过 90 s。

7 沥青混合料成品料质量检测

（1）成品料直观检测。沥青混合料质量标准为：在外观看来，混合料应均匀一致，无花白料，无结团及严重的粗细料离析现象。沥青混合料每个颗粒裹覆均匀，并有较好的颗粒组成，细看无自由沥青，能自由塌落，并且有一定的黏滞性。

（2）实验室检测。实验室的检测数据应能够很好地反映出成品料的质量状态，以准确及时地指导生产，因而必须严格遵循取样和测试程序，确保实验结果能真实反映混合料的质量和特性。

（3）沥青混合料出厂检测。温度检测应使用有刻度的温度计。测点要有代表性，插入足够深度，读数正确，并应多点检测取平均值。

只有控制好沥青混合料生产这一关，才能从根源上杜绝或减少沥青混合料的弊病，从而保证沥青路面的各项指标，经久耐用，创造出更大的社会价值。

探讨抗车辙型半硬层路面的应用

程祖辉　管亚舟　王　军　丁文胜

（江苏省镇江市公路管理处 镇江 212028）

摘　要　在道路交叉口、公交站台等车辙频发的路段，采用半硬层路面是一种比较理想的解决方法，该路面结构能防止车辙病害发生。分析其力学特性、路用性能、施工工艺等，对提高路面的安全性、延长路面的使用寿命及改变道路周边环境具有重要的现实意义。

关键词　半硬层　抗车辙　技术指标　路用性能

车辙是沥青路面较为常见的病害之一，特别是公路交叉口、公交站台等渠化交通严重的路段以及矿区、港口等重载车多的路面产生车辙病害更为严重。

半硬层路面是基于半硬层复合路面的一种新型路面，是指在基体沥青混合料（空隙率高达 20%～28%）路面中，灌注以水泥砂浆等形成的介于水泥刚性路面和沥青柔性路面之间的路面形式。其通过骨料之间的相互嵌挤作用和灌注式的水泥胶浆共同形成材料强度，有效提高了路面抵抗荷载作用的能力，具有良好抗变形能力和抗车辙性能。

目前，国内对半硬层路面研究处于起步阶段，没有相关的施工规范和技术经济指标。因此开展抗车辙半硬层路面研究，综合研究其力学特性、路用性能、施工工艺等，从而提高路面的安全性、延长路面的使用寿命、改变道路周边环境具有重要的现实意义。

1　工程概况

S 243 与长香路红绿灯交叉口以及 S 241 丹徒区黄墟的红绿灯交叉口，由于交通量较大以及重载交通的影响，路面产生严重的车辙病害，每年均需投入养护资金进行维护，2012 年底应用半硬层路面进行修复，至 2014 年 10 月均未产生车辙病害，效果良好，具有广泛的应用前景。

2　半硬层混合料设计

抗车辙型半硬层混合料是采用先成型基体沥青混合料，再将填充材料灌入其中而形成的一种复合型混合料，因此设计中包括基体沥青混合料设计、灌入材料设计和灌入基体后半硬层混合料性能验证 3 个部分。参考已成功应用超过 30 年的日本抗车辙型半硬层混合料相关研究成果，并结合我国开级配抗滑磨耗层（OGFC）设计方法，开展抗车辙型半硬层混合料相关设计研究。

2.1　基体沥青混合料设计

2.1.1　级配范围确定

考虑到公称粒径越大，所需的沥青用量越少，而抗车辙型半硬层混合料空隙率需达到

20%以上，所需沥青用量较少，若采用过大粒径的集料将进一步降低沥青用量，影响基体混合料的黏结性能，经过多次试验，总结出抗车辙型彩色半硬层路面(BYAC-13、BYAC-20)的级配范围见表1。

表1 抗车辙型半硬层路面基体沥青混合料级配范围

		通过质量百分率/%	
		BYAC-13	BYAC-20
筛孔尺寸/mm	26.5		100
	19.0		90～100
	16.0	100	60～90
	13.2	90～100	30～60
	4.75	10～30	7～24
	2.36	5～22	5～22
	0.6	4～15	4～15
	0.3	3～12	3～12
	0.15	3～8	3～8
	0.075	1～6	1～6
路面结构层厚度/cm		4～5	6～10

2.1.2 最佳沥青用量的确定

由于基体沥青混合料的特点与开级配抗滑磨耗层(OGFC)较为相似，故参考OGFC的设计方法确定基体沥青混合料的最佳沥青用量。为此，在设计基体沥青混合料最佳沥青用量时，通过不同沥青用量试配，并采用谢伦堡沥青析漏试验和肯塔堡飞散试验进行验证的方法来确定最佳沥青用量，并检验其马歇尔稳定度等指标。

2.1.3 基体沥青混合料指标要求

为了保证设计好的基体沥青混合料具有良好的性能，达到基体沥青混合料骨架-空隙结构要求，需对基体沥青性能进行相关验证，以保证基体沥青混合料性能。通过试验，确定了空隙率、稳定度、析漏和飞散试验基体沥青混合料的关键指标的性能要求(见表2)。

表2 基体沥青混合料指标要求

性能指标	单位	技术要求
击实次数	次	双面50
空隙率(采用体积法进行测试)	%	20～28
马歇尔稳定度	kN	＞3.0
流值	0.1 mm	20～40
谢伦堡沥青析漏试验	%	≤0.3
肯塔堡飞散试验	%	≤25

2.2 灌入材料设计

抗车辙型半硬层路面的灌入材料通常由胶结料、细集料和水配制而成。在本项目中，灌入材料采用水泥砂浆，其中胶结料为普通硅酸盐水泥，细集料采用矿粉和细砂，水泥砂浆的技术指标要求见表3。

表 3　灌入材料用水泥砂浆技术指标要求

指标	单位	要求
流动度	s	10～14
抗折强度(7 d)	MPa	≥2.0
抗压强度(7 d)	MPa	10～30

2.3　抗车辙型半硬层混合料性能验证

对抗车辙型半硬层混合料进行性能验证，以保证该混合料具有良好的性能，其技术指标要求见表 4。

表 4　抗车辙型半硬层混合料技术指标要求

指标	单位	要求
灌浆饱满度	%	≥96
稳定度	kN	≥9
动稳定度	次/mm	≥10 000
残留稳定度	%	≥85
冻融劈裂强度比	%	≥80

3　车辙型半硬层混合料路用性能研究

3.1　抗水损害性能

采用冻融劈裂试验和浸水马歇尔试验共同评价抗车辙型半硬层混合料抗水损害性能。各种混合料水稳定试验结果见表 5 和表 6。

表 5　浸水马歇尔试验下不同混合料的残留稳定度性能测试结果

混合料类型	灌浆饱满度平均值/%	马歇尔稳定度/kN	浸水马歇尔稳定度/kN	残留稳定度 S_0/%
SBS-BYAC-13	97.4	23.3	21.9	94.2
70#-BYAC-13	96.9	20.4	19.0	93.2
SBSAC-13		12.8	11.7	90.3
SBS-BYAC-20	96.7	22.9	21.8	95.1
70#-BYAC-20	96.9	19.7	19.0	96.4
SBSAC-20		11.4	10.3	90.6

表 6　冻融劈裂试验下不同混合料的残留稳定度性能测试结果

混合料类型	灌浆饱满度平均值/%	未冻融劈裂强度/MPa	冻融后劈裂强度/MPa	劈裂强度比/%
SBS-BYAC-13	96.3	1.0250	0.8743	85.3
70#-BYAC-13	96.7	0.9877	0.8287	83.9
SBSAC-13		0.6438	0.5646	87.7
SBS-BYAC-20	96.9	0.9972	0.8496	85.2
70#-BYAC-20	96.2	0.9103	0.7728	84.9
SBSAC-20		0.5433	0.4917	90.5

据表5和表6可知，抗车辙型半硬层混合料在残留稳定度试验中，其性能明显高于常规SBS沥青混合料。而在冻融劈裂试验中，其试验数据低于常规SBS沥青混合料的试验数据。通过分析，出现这种情况的原因与两种试验的试验条件有一定的关系，混合料在残留稳定度试验中，需要进入60 ℃恒温水浴48 h。由于灌入沥青混合料中水泥浆在高温和高湿的环境下，水泥砂浆强度得到增长，一定程度抵御了抗车辙型半硬层混合料中基体沥青在高温和高湿条件下黏结效果的衰减，这也可以从另一个角度说明该种混合料的水稳定比较好。而冻融劈裂试验中，需要真空保水后在−18 ℃条件下静置16 h，这一冻融循环条件对水泥砂浆的强度造成较大幅度的影响，使得抗车辙型半硬层混合料的冻融劈裂强度比有所下降。尽管两种试验对抗车辙型半硬层混合料的试验结果有一定的影响，但是结果均能满足相关要求，这表明抗车辙型半硬层路面具有良好的抗水损害性能。

3.2 高温性能

采用车辙试验作为抗车辙型半硬层混合料高温稳定性的评价方法。试验数据见表7。

表7 不同级配混合料的动稳定度试验结果

混合料类型	灌浆饱满度/%	动稳定度	
		测试值/(次/mm)	平均值/(次/mm)
SBS-BYAC-13	96.4	11 700	13 600
	96.7	14 500	
	97.1	14 600	
70#-BYAC-13	96.5	12 900	12 500
	96.7	13 350	
	96.2	11 250	
SBSAC-13		4 960	5 130
		5 520	
		4 910	
SBS-BYAC-20	96.3	11 500	11 240
	97.1	11 900	
	96.9	10 320	
70#-BYAC-20	97.3	12 000	11 700
	96.2	10 900	
	96.5	12 200	
SBSAC-20		5 100	4 960
		4 770	
		5 010	

抗车辙型半硬层混合料高温稳定性明显高于常规SBS改性沥青混合料。由于灌入材料的加入，改变了原沥青混合料的在高温状态下易发生变形的性质，大幅度地提高了混合料的高温性能。

3.3 低温抗裂性

我国一般采用低温小梁弯曲试验来研究沥青混合料的低温性能，通过规定温度和加载速率时混合料弯曲破坏的力学参数——破坏弯拉应变来评价沥青混合料的低温抗裂性能，试验温度－10℃。试验结果见表 8。

表 8 不同级配混合料的小梁弯曲试验结果

混合料类型	灌浆饱满度/%	最大荷载/kN	抗弯拉强度/MPa	劲度模量/MPa	破坏应变/με
SBS-BYAC-13	97.1	1.29	10.66	3 910	2 441
70#-BYAC-13	96.2	1.17	9.55	4 213	2 022
SBSAC-13		1.09	8.90	3 415	2 957
SBS-BYAC-20	96.3	1.07	9.26	3 866	2 339
70#-BYAC-20	96.7	1.03	8.70	3 920	2 010
SBSAC-20		0.97	8.39	3 117	2 434

分析低温弯曲试验结果可知，抗车辙型半硬层混合料低温性能不如 SBS 改性沥青混合料，但是其破坏弯拉应变仍然满足规范要求，这表明，抗车辙型半硬层路面混合料仍然具有较好的低温抗裂性。

3.4 抗剪性能

直接剪切试验能近似地模拟纯剪切应力状态，比较符合路面的实际情况，可以用来评价沥青混合料的抗剪切性能，剪切试验数据见表 9。

表 9 混合料剪切试验数据表

混合料类型	灌浆饱满度/%	20 ℃混合料最大剪切力代表值/kN	灌浆饱满度/%	60 ℃混合料最大剪切力代表值/kN
SBS-BYAC-13	96.4	20.2	96.3	19.3
70#-BYAC-13	96.1	19.9	97.2	20.2
AC-13		11.2		4.7
SBS-BYAC-20	96.3	18.4	96.8	17.6
70#-BYAC-20	96.8	18.2	96.3	16.4
AC-20		10.9		4.0

通过分析各类型混合料的直剪试验结果表明：灌入材料的加入直接提高了抗车辙型半硬层混合料的抵抗剪切变形的能力，同时试验结果表明各种温度条件下抗车辙型半硬层混合料的抗剪能力明显高于常规 SBS 改性沥青混合料。表明抗车辙型半硬层路面具有更高的抗变形能力。

3.5 疲劳性能分析

采用 UTM 机进行疲劳性能试验，单向无侧压，模具使用劈裂试验的夹具，各类级配混合料的劈裂疲劳试验结果见表 10。

表 10　不同级配混合料的劈裂疲劳试验结果

级配类型	劈裂强度/MPa	应力水平/%	循环次数/次	累积变形/mm	备注
SBS-BYAC-13	1.25	30	11 876	1.747	破坏
		50	7 799	1.537	破坏
		70	3 215	1.627	破坏
70#-BYAC-13	1.17	30	8 790	1.987	破坏
		50	4 535	1.724	破坏
		70	2 100	1.554	破坏
AC-13	0.71	30	15 000	2.217	未破坏
		50	10 342	2.133	破坏
		70	5 562	1.995	破坏
SBS-BYAC-20	1.13	30	10 567	1.543	破坏
		50	6 547	1.729	破坏
		70	2 778	1.633	破坏
70#-BYAC-20	1.02	30	7 943	1.547	破坏
		50	3 280	1.477	破坏
		70	1 910	1.392	破坏
AC-20	0.64	30	13 000	2.052	破坏
		50	9 750	2.103	破坏
		70	3 662	1.987	破坏

通过分析各类型混合料的疲劳试验结果表明：(1) 半硬层混合料疲劳性能低于 SBS 常规沥青混合料，这是由于混合料中加入了刚性的灌入材料，半硬层混合料强度增加，也在一定程度上降低了混合料的抗疲劳性能；(2) 由于半硬层混合料中基体沥青主要起到支撑骨架作用，因此采用黏结效果更好的 SBS 改性沥青作为基体沥青混合料，能有效地提高半硬层的疲劳性能。

4　抗车辙型半硬层路面施工工艺

抗车辙型半硬层路面是将作为灌入材料的水泥砂浆均匀的填充至大空隙的基体沥青混合料中形成的路面，是一种刚柔并济的新型路面结构形式，这使得该路面施工工艺相对较为复杂。抗车辙型半硬层路面主要施工步骤为：基体沥青混合料生产与铺设、水泥砂浆生产、水泥砂浆的灌入、表面处理、养生、上面层铺设或开放交通。

5　抗车辙型半硬层路面经济效益分析

抗车辙型半硬层路面中，由于基体沥青混合料中沥青用量少，且混合料约 25%的体积是由相对价格便宜的水泥砂浆填充，因此使得抗车辙型半硬层路面将具有较低的材料成本，经过计算，采用抗车辙型半硬层路面能节约 20%～30%的成本，有效延长路面服务周期，减少后期养护费用，具有明显的经济优势。

通过半硬层路面的抗车辙防治方法的研究及应用，半硬层路面能有效地减少干线公路交叉口路面车辙病害，提高了公路使用年限和服务质量，节省了路面的维护成本，具有较大的经济效益和社会效益。

砼芯水泥搅拌桩在常溧高速软土地基中的应用

李小民　马卫兵

（江苏润通交通工程监理咨询有限公司 镇江 212004）

摘　要　常溧高速公路工程项目中的砼芯水泥土搅拌桩是在水泥搅拌桩插入预制钢筋混凝土芯桩而形成的一种较高强度复合桩体。该型桩通过压入钢筋混凝土空芯桩，提高复合桩身强度，使单桩承载、桩体抗剪切能力得到显著提升，从而有效降低地基工后沉降量，且施工对周围环境扰动小，在软土地基施工中具有广泛的应用前景。

关键词　砼芯水泥搅拌桩　软土地基　应用

砼芯水泥土搅拌桩适用于处理正常固结的淤泥与淤泥质土、饱和黄土、素填土、地基承载力不大于 150 kPa 的粉土、黏性土以及无流动地下水的饱和松散砂土等地基。在常规水泥搅拌桩桩体中心处插入高强度的预制钢筋混凝土桩，可以大幅度提高强度，减小地基工后沉降量。

1　工程概况

常溧高速公路水文地质情况相对较差，水塘、鱼塘、蟹塘占沿线面积的 70%，沿线土质均为黑色淤泥状粉质黏土。针对软土和液化土的地质特点，设计全线采用水泥搅拌桩、PC 管桩、高压旋喷桩及砼芯水泥搅拌桩等处理，其中一段采用砼芯搅拌桩新型软基处理方式，砼芯搅拌桩设计总量 1.8 万延米，桩长 17 m，桩径 500 mm，采用梅花形布置形式。

2　砼芯混凝土搅拌桩施工

2.1　桩型构造

砼芯水泥搅拌桩由单向水泥搅拌桩外芯与预制混凝土方桩内芯组成，如图 1 所示。

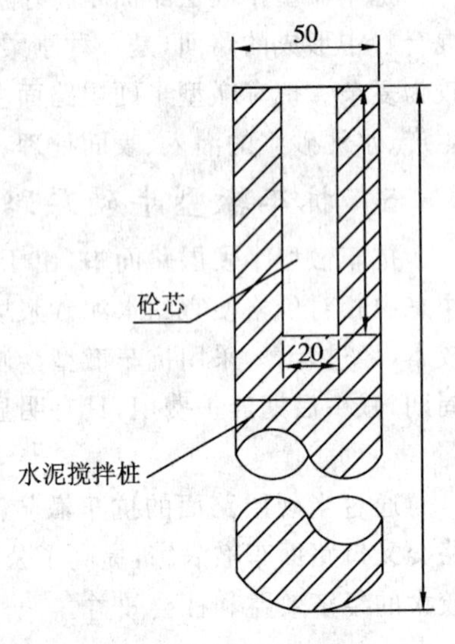

图 1　砼芯搅拌桩大样图

（1）单向水泥搅拌桩外芯

单向水泥搅拌桩采用常规成熟的施工工艺，桩径 500 mm，桩长 $L_1=17$ m，水灰比 1.0，外加剂采用生石膏粉及木质素磺酸钙，施工过程中严格按照常规水泥搅拌桩“四搅两喷”工艺施工，过程中加强垂直度、桩长、桩径、钻进提升速度、段浆量等质量指标控制，确保单桩成桩施工质量，为砼芯搅拌桩桩体质量提供保障。

（2）小直径预制混凝土方桩内芯

预制混凝土方桩采用 C30 钢筋混凝土，在预制场集中制作，砼芯采用200 mm×200 mm截面尺寸，砼芯长度 $L_2=13$ m，分上、中、下三段预制，长度分别为4 m，4 m，5 m，胶接方式采用硫磺胶泥胶接。

2.2 施工工艺、参数

本标段砼芯水泥搅拌桩利用了单向水泥搅拌桩的施工机械和施工方法，采用新型专用砼芯搅拌桩机，将水泥搅拌桩机和静压桩机的功能有机地结合在一起，只是在原来的搅拌桩桩机上增加一套预制芯桩静压设备，通过导槽把静压装置中的导向架恰好移位至水泥搅拌桩的中心，即可完成成桩过程，施工流程具体包括砼芯水泥土搅拌桩施工、水泥土搅拌桩施工、芯桩的制作、接桩及沉桩。

2.2.1 砼芯水泥土搅拌桩施工步骤

(1) 搅拌机械就位、调平；

(2) 预搅下沉至设计加固深度；

(3) 边喷浆、边搅拌提升直至预定的停浆面；

(4) 重复搅拌下沉至设计加固深度，根据设计要求，喷浆或仅搅拌提升至预定的停浆面；

(5) 静力压入预制钢筋混凝土芯桩；

(6) 移位重复上述步骤进行下一根桩的施工。

2.2.2 水泥土搅拌桩的施工

水泥土搅拌桩施工及质量控制按中华人民共和国行业标准JGJ 79—2002《建筑地基处理技术规范》水泥土搅拌桩的有关要求执行。根据砼芯水泥土搅拌桩的特点还应做好以下几点：

(1) 水泥浆宜在搅拌桩施工前一小时内按工艺试验确定的水灰比搅拌，并在注浆前将水泥浆经过滤网片倾入集料斗中；

(2) 芯桩底部至水泥土搅拌桩底应充分搅拌，必要时可增加喷浆量和搅拌次数，搅拌桩底坐浆不少于30 s；

(3) 施工中应保持搅拌桩机底盘的水平和导向架的垂直，搅拌桩的垂直度偏差按JGJ 94—2008《建筑桩基技术规范》预制桩位置允许偏差执行，成桩直径和桩长不应小于设计值。

2.3 芯桩的制作、接桩及沉桩

2.3.1 芯桩的制作、起吊、运输和堆存

(1) 芯桩可以在工厂或施工现场预制，但预制场地必须平整、坚实。制作模板可用木模板或钢模，但必须保证平整牢靠，尺寸准确。

(2) 钢筋骨架的主筋连接宜采用对焊或电弧焊，主筋接头位置应符合下列规定：

① 同一截面内接头数量不得超过主筋总根数的50%；

② 相邻两根主筋接头截面的距离应大于35d(主筋直径)，并不小于500 mm；

③ 同一钢筋两个接头的间距应不小于1 000 mm。

(3) 预制钢筋骨架的允许偏差应符合表1的规定。

表 1　芯桩钢筋骨架允许偏差

项次	项目	允许偏差/mm
1	主筋间距	±5
2	箍筋间距或螺旋筋的螺距	±20
3	吊环沿纵轴线方向	±20
4	吊环沿垂直于纵轴线的方向	±20
5	吊环露出桩表面的高度	±10
6	主筋距桩顶距离	±10
7	桩顶钢筋网片位置	±10
8	多节桩锚固钢筋长度	±10
9	多节桩锚固钢筋位置	5

(4) 多节芯桩单节长度应满足桩架的有效高度、制作场地条件、运输与装卸能力等，单节长度不宜大于 9 m。

(5) 重叠法制作预制桩时，桩与邻桩及底模之间的接触面不得粘连，上层桩或邻桩的浇注，必须在下层桩或邻桩的混凝土达到设计强度的 30% 以后方可进行，桩的重叠层数不宜超过 4 层。

(6) 浇注混凝土粗骨料粒径宜小于 25 mm。

(7) 桩的表面应平整、密实，制作允许偏差应符合表 2 的规定。

表 2　芯桩的允许偏差

项次	项目	允许偏差/mm
1	横截面边长	±5
2	桩顶、桩端对角线差	10
3	保护层厚度	±5
4	桩身弯曲矢高	不大于 1‰桩长，且≤20
5	桩尖中心线	10
6	桩顶平面对桩中心线的倾斜	≤3
7	锚筋预留孔深	0～±20
8	浆锚预留孔位置	5
9	浆锚预留孔径	±5
10	锚筋孔的垂直度	≤1%

(8) 混凝土预制桩达到设计强度的 70% 方可起吊，达到 100% 才能运输。桩起吊时应采取相应措施，保持平稳，保护桩身质量。水面运输时，应做到桩身平稳放置，无大的振动，严禁在场地上直接拖拉桩体方式代替装车运输。

(9) 桩的堆存应符合下列规定：地面必须平整、坚实，垫木与吊点应保持在同一横断面上，且各层垫木应上下对齐，堆放层数不宜超过 4 层。

2.3.2　混凝土预制桩的接桩

(1) 桩段之间采用硫磺胶泥锚接；

(2) 硫磺胶泥配合比应通过试验确定，其物理力学性能应符合表 3 的规定。

表 3　硫磺胶泥的主要性能指标

性能	指　　标
物理性能	① 热变性:60 ℃以内强度无明显变化,120 ℃变液态,140～145 ℃密度最大且和易性最好,170 ℃开始沸腾,超过 180 ℃开始焦化,且遇明火即燃烧 ② 重度:2.28～2.32 g/cm^3 ③ 吸水率:0.12%～0.24% ④ 弹性模量:5×105 kPa ⑤ 耐酸性:常温下能耐盐酸、硫酸、磷酸、40%以下硝酸、25%以下铬酸、中等浓度乳酸和醋酸
力学性能	① 抗拉强度:4×10^3 kPa ② 抗压强度:4×10^4 kPa ③ 握裹强度:与螺纹钢筋为 1.1×10^2 kPa,与螺纹孔混凝土为 4×10^3 kPa

(3) 为保证硫磺胶泥锚接桩质量,应做到:

① 锚筋应刷清并调直;

② 锚筋孔内应有完好螺纹,无积水、杂物和油污;

③ 接桩时接点的平面和锚筋孔内应灌满胶泥;

④ 硫磺胶泥灌注时间不得超过 2 min;

⑤ 灌注后停歇时间宜长于 5 min;

⑥ 胶泥试块每班不得少于 1 组。

3　砼芯混凝土搅拌桩质量检测

结合水文地质情况,本段采用复合地基承载力载荷试验进行检测(如图 1 所示)。本标段静载试验 3 组,主要选取在双向水泥搅拌桩及砼芯搅拌桩过渡段路段,桩间距 2 m。砼芯搅拌桩施工结束 28 d 后方能进行静载试验,复合地基承载力极限值 280 kPa,上部堆载 500 kN,载荷板面积 1.6 m^2。

砼芯水泥搅拌桩综合了水泥搅拌桩和预制混凝土方桩的优点,深层水泥土搅拌桩适用的地质条件,砼芯水泥土搅拌桩肯定能适用。不仅如此,我们还可以利用砼内芯的抗弯能力,把砼芯水泥土搅拌应用于小型边坡、浅基坑工程等对稳定性有特殊要求的地区;利用砼芯水泥土搅拌桩处理的复合地基具有变形较小的特点,可以把它应用于高速公路新老路拼接地段。当用于处理泥炭土、有机质土、塑性指数 Ip 大于 25 的黏土、地下水具有腐蚀性以及无地区工程经验时,应通过现场试验确定其适用性。但在同样地质条件下,由于砼内芯和外芯搅拌桩的互补作用,砼芯水泥土搅拌桩的地基处理效果(承载力和变形)将明显优于单纯的深层水泥土搅拌桩。

图 1　质量检测

厂拌热再生沥青混合料在含 LSPM 路面结构中的应用及评价

薛彦卿[1,2] 陈峰林[1] 石小武[2] 张莉[2]
(1. 江苏省镇江市交通运输局 镇江 212003；2. 江苏省镇江市公路管理处 镇江 212028)

摘　要　首先对回收沥青路面材料(RAP)进行了检测，进而设计了厂拌热再生沥青混合料 AC-20 与 AC-25 的配合比。其次，利用压力机和 MTS-810 测定了其不同 RAP 掺配比例下 15 ℃和 20 ℃抗压强度和抗压回弹模量，分析了变化规律并推荐了取值范围。最后，针对含 LSPM 厂拌热再生加铺沥青路面与含 LSPM 厂拌热再生永久性路面，进行了结构分析与评价，论证了厂拌热再生沥青混合料作为面层结构层应用于含 LSPM 路面结构在技术上的可行性。研究表明，对于含 LSPM 厂拌热再生加铺沥青路面，设计时有必要实测厂拌热再生沥青混合料的抗压回弹模量，并验算该结构层层底弯拉应力是否满足规范要求；将厂拌热再生沥青混合料应用于含 LSPM 的永久性路面能满足设计控制指标。

关键词　厂拌热再生　沥青路面　LSPM　配合比设计　抗压回弹模量

路面在使用过程中，由于气象环境与交通荷载的综合作用，会逐渐衰变、老化、发生各种病害，进而面临着养护、维修，并产生大量的废旧沥青混合料。据初步统计与估算(以国家高速公路网规划 8.5 万 km 为计算口径)，通过沥青路面再生利用，仅高速公路翻修工程，我国年平均节省材料投资即可达近百亿元，足以形成一个符合循环经济模式的产业链。因而，沥青路面再生利用技术越来越受到人们的关注和重视，成为高速公路建设领域亟待深入研究的关键实用技术。厂拌热再生适用范围广，是现阶段我国混合料再生技术研究的重点，也是目前全球范围内应用最为广泛的再生技术①。

此外，近年来大粒径透水性沥青混合料 LSPM(Large Stone Porous Asphalt Mixes)由于其良好的自身性能逐渐应用于我国老路的结构性养护和新建高等级公路的路面。纵观国内外厂拌热再生沥青混合料的工程应用及研究，尽管其适用的路面结构层位广泛，但是却未见其用于含 LSPM 结构层的路面结构，对应技术上的可行性探讨、评价亦处于空白状态②③。因此，开展厂拌热再生沥青混合料在含 LSPM 结构层路面结构中的应用及评

① Aravind K, Das A. Pavement design with central plant hot-mix recycled asphalt mixes. Construction and Building Materials, 2007, 21(5).

② McKinney J L. An investigation of recycling bituminous pavements. PhD Dissertation of Purdue University, 1980: 38－58, 126－158.

③ Castro-Fernandez P L. Evaluation of hot asphalt concrete mixes containing recycled materials as an alternative for pavement rehabilitation. Master of Science Dissertation of University of Nevada, 1996: 6, 20, 126.

价研究十分必要,工程意义鲜明,有助于促进沥青路面再生利用技术在我国的推广,有着较强的现实针对性与理论指导性。

1 厂拌热再生沥青混合料配合比设计

厂拌热再生沥青混合料配合比设计的目的是为后续其抗压回弹模量试验与其在含LSPM结构层路面结构中的应用、评价研究服务。为了设计厂拌热再生沥青混合料配合比,必须首先进行回收沥青路面材料(RAP)的检测。

本文试验所用RAP材料被机械破碎后,经4.75 mm筛孔分界,大致被分为RAP粗料与RAP细料。利用离心抽提仪,测定该RAP粗料与RAP细料中的沥青含量,分别为3.9%和4.9%;通过标准筛测定RAP粗、细料中各档矿料(含矿粉)的含量。将其按相同比例混合,则RAP材料中沥青含量为4.4%,矿料合成级配见表1。

表1 RAP材料中矿料合成级配

筛孔尺寸/mm	26.5	19	16	13.2	9.5	4.75	2.36	1.18	0.6	0.3	0.15	0.075
合成级配/%	100	97.9	94.8	90.2	75.5	55.3	39.1	29.6	20.6	14.8	11.9	8.9

再生混合料集料级配设计与普通混合料不同,再生混合料集料是由原路面集料和外加集料混合组而成的,此时原路面集料的级配已知(本文中即RAP材料的矿料合成级配)。在RAP掺配比例、原路面集料级配和再生混合料级配均已知的情况下,方可计算外加集料的级配组成。确定再生沥青混合料工程设计级配,应全面考虑公路等级、气象环境、交通荷载、建材供应等因素,并充分借鉴成功经验①。本文拟利用上述RAP生产厂拌热再生沥青混合料AC-20与AC-25,其工程设计级配见表2。对比RAP材料中矿料合成级配和再生混合料工程设计级配可知,原路面混合料中集料整体细化,需根据不同RAP掺配比例,添加相对较粗的新集料调整级配,以满足再生混合料的级配要求。在此基础上,方可设计不同RAP掺配比例下厂拌热再生沥青混合料AC-20与AC-25的配合比。

表2 厂拌热再生沥青混合料AC-20与AC-25工程设计级配

筛孔尺寸/mm		31.5	26.5	19	16	13.2	9.5	4.75	2.36	1.18	0.6	0.3	0.15	0.075
通过质量百分比/%	AC-20	100	100	96.5	83.5	72.5	60	43	30.5	20.5	14.5	10.5	7.5	5
	AC-25	100	96.5	81	72.5	64.5	54.5	40	28.5	20.5	14.5	9.5	7	5

沥青混合料的再生,其实质是混合料中沥青结合料的再生,关于结合料再生目前影响较大的是黑石假说(NCHRP Report 9—12),此外还有组分调节理论和相容性理论。NCHRP模拟了黑石、完全融合和实际情况这三种情形,发现RAP中的老化沥青与新沥青结合料发生了融合,在较低的RAP掺配比例(低于15%)下,三种情形混合料性能没有明显的区别,反之,实际情况的性能更接近于完全融合而非黑石。实践证实,随着再生剂掺量的增加,老化沥青结合料的力学、物理性能将得到显著改善。本文采用东南大学与江苏博特新材料有限公司联合研制的新型再生剂,根据老化沥青性能改善试验,掺量定为

① Varik W R, Huber G, Pine W J, et al. Bailey method for gradation selection in hot-mix asphalt mixture design. // IMAD Al-qadi. Transportation Research Record. Washington DC: Transportation Research Board of the National Academies, 2002: 10—20.

6%。由于下文RAP掺配比例均大于15%,以及再生剂的添加,故性能得以恢复的老化沥青与新沥青结合料可以很好地融合,这将大大降低RAP掺配比例对厂拌热再生沥青混合料最佳沥青用量变异性的影响。美国沥青协会的维姆法再生混合料最佳沥青用量估算假定了根据新旧集料级配所得到的混合料级配就可以确定目标沥青含量,而且RAP掺配比例对这个结果没有影响①。东南大学承担的863项目"再生沥青混合料技术"等研究也表明,当RAP掺配比例每增加10%时,厂拌热再生沥青混合料最佳沥青用量微幅增加,增量介于0.02%~0.05%,说明RAP掺配比例对最佳沥青用量的影响极为有限。

综上所述,根据JTG F41—2008《公路沥青路面再生技术规范》,可以通过r值(外加集料占再生混合料总集料的质量百分比)为60的厂拌热再生沥青混合料进行马歇尔试验来确定最佳沥青用量②,且其余RAP掺配比例下最佳沥青用量亦统一以此为准。以4.5%的再生混合料沥青用量为基准,在3.5%,4.0%,4.5%,5.0%和5.5%五个沥青用量下,击实成型马歇尔试件。经冷却、脱模,通过马歇尔仪测定其稳定度、流值,同时计算空隙率VV、饱和度VFA和矿料间隙率VMA。不同沥青用量厂拌热再生沥青混合料AC-20体积参数见表3。

表3 厂拌热再生沥青混合料AC-20马歇尔试验结果

混合料沥青用量/%	毛体积密度/($g\cdot cm^{-3}$)	最大理论密度/($g\cdot cm^{-3}$)	*VV*/%	*VMA*/%	*VFA*/%	流值/mm	马歇尔稳定度/kN
3.5	2.488	2.688	7.4	13.8	45.9	3.4	8.9
4	2.493	2.643	5.7	14.0	59.6	3.6	9.8
4.5	2.490	2.588	3.8	14.6	74.0	3.7	9.3
5	2.482	2.557	2.9	15.3	80.8	3.8	8.6
5.5	2.476	2.536	2.4	16.0	85.2	4.0	7.7

根据施工规范的方法,计算得到厂拌热再生沥青混合料AC-20的最佳沥青用量为4.2%,并通过有关公式计算得到厂拌热再生沥青混合料AC-20配合比见表4。同理,计算得到厂拌热再生沥青混合料AC-25最佳沥青用量为3.9%,其配合比亦见表4。必须指出,表4中RAP、外加集料以及外加沥青的百分比,均是r值的函数③,即必须首先假定r值,同时在已经明确RAP中的沥青含量、再生混合料沥青用量的前提下,才能计算得到再生混合料配合比。表4中外加沥青的百分比包含了再生剂的用量,通过再生混合料总质量、RAP百分比、RAP中沥青含量及所定6%再生剂掺量,可计算得到再生混合料中掺入再生剂的质量。由于外加沥青百分比包含了再生剂用量在内,故通过再生混合料总质量和外加沥青百分比,可计算得到再生混合料中添加新沥青与再生剂的共同质量,二者相减,即为再生混合料中添加新沥青的质量。

① 拾方治,马卫民:《沥青路面再生技术手册》,人民交通出版社,2006年。

② 中华人民共和国交通运输部:《JTG F41—2008公路沥青路面再生技术规范》,人民交通出版社,2008年。

③ 同①。

表 4　厂拌热再生沥青混合料 AC-20 与 AC-25 配合比

配合比		r				
		80	70	60	50	40
AC-20	RAP 百分比/%	20.04	30.06	40.08	50.10	60.13
	外加集料百分比/%	76.64	67.06	57.48	47.90	38.32
	外加沥青百分比/%	3.32	2.88	2.44	2.00	1.55
AC-25	RAP 百分比/%	20.10	30.16	40.21	50.26	60.31
	外加集料百分比/%	76.88	67.27	57.66	48.05	38.44
	外加沥青百分比/%	3.02	2.57	2.13	1.69	1.25

在 RAP 百分比为 20.04%(20.10%)、温度为 60 ℃、轮压为 0.7 MPa 的条件下进行车辙试验，测得再生 AC-20 混合料与再生 AC-25 混合料动稳定度分别为 1 209 次/mm 和 1 429 次/mm，符合规范中动稳定度应不小于 1 000 次/mm 的要求；在 RAP 百分比为 60.13%(60.31%)、温度为 25 ℃、加载速率为 50 mm/min 的条件下进行冻融劈裂试验，测得再生 AC-20 混合料与再生 AC-25 混合料冻融劈裂试验强度比分别为 81 和 77，符合规范中残留强度比应不小于 75 的要求。研究表明，随着再生混合料中 RAP 材料逐渐增加，混合料高温稳定性也将愈来愈好；随着再生混合料中 RAP 材料逐渐减少，混合料水稳定性也将愈来愈好。综上所述，厂拌热再生沥青混合料高温稳定性与水稳定性均能符合规范要求，配合比设计可通过检验。

2　厂拌热再生沥青混合料抗压回弹模量试验

厂拌热再生沥青混合料与普通热拌沥青混合料不同，在相同的混合料级配与油石比条件下，其抗压强度和抗压回弹模量因 RAP 掺配比例的不同而有所差异。因此，在上述配合比设计的基础上，开展厂拌热再生沥青混合料抗压回弹模量试验，有利于为厂拌热再生沥青路面的结构设计与分析提供更富针对性的数据依据。

厂拌热再生沥青混合料抗压回弹模量试验采用圆柱体试件，根据试验规程的建议，本文采用 SGC 成型试件。成型后的圆柱体试件，不需要完全冷却即可脱模，待冷却后经钻孔取芯并切割两端，成为目标试件(ϕ100 mm×100 mm)。试验开始之前，试件应当放入低温箱内保温养护约 4 h，以确保其内部温度达到规定的试验温度①。

首先，利用压力机测定厂拌热再生沥青混合料 AC-20 与 AC-25 的抗压强度。将试件从低温箱内取出，置于压力机台座上，以 2 mm/min 的加载速率均匀加载直至破坏，读取荷载峰值 P(准确至 100 N)并计算抗压强度(见表 5)。由表 5 可见，随着厂拌热再生沥青混合料 AC-20 中 RAP 掺配比例从 20.04%增加到 60.13%，其在 15 ℃和 20 ℃时的抗压强度分别从 7.9 MPa 和 5.7 MPa 增加到 10.2 MPa 和 7.1MPa，增幅为 29.1%与 24.6%。厂拌热再生沥青混合料 AC-25 不同试验温度下抗压强度亦呈现类似规律。

① Christensen D W, Pellinen T K, Bonaquist R F. Hirsch model for estimating the modulus of asphalt concrete. Journal of the Association of Asphalt Paving Technologists, 2003, 72.

表 5　厂拌热再生沥青混合料 AC-20 与 AC-25 抗压强度

AC-20	RAP 百分比/%	20.04	30.06	40.08	50.10	60.13
	15 ℃时抗压强度/MPa	7.9	8.3	9.3	9.6	10.2
	20 ℃时抗压强度/MPa	5.7	6.1	6.3	6.8	7.1
AC-25	RAP 百分比/%	30.16		50.26		
	15 ℃时抗压强度/MPa	9.6		11.1		
	20 ℃时抗压强度/MPa	7.0		7.8		

本文利用 MTS-810 材料测试系统，根据 JTJ 052—2000《公路工程沥青及沥青混合料试验规程》中"T0713—2000 沥青混合料单轴压缩试验(圆柱体法)"，测定厂拌热再生沥青混合料 AC-20 与 AC-25 的抗压回弹模量。通过计算各级荷载下试件实际承受的压强 q_i，在方格纸上绘制各级荷载的压强 q_i 与回弹变形 ΔL_i，并将 $q_i \sim \Delta L_i$ 关系绘制成一平顺的连续曲线，使之与坐标轴相交得出修正原点。根据此修正原点坐标轴从第 5 级荷载(0.5P)读取压强 q_5 及相应的 ΔL_5，并计算抗压回弹模量(见表 6)。

表 6　厂拌热再生沥青混合料 AC-20 与 AC-25 抗压回弹模量

AC-20	RAP 百分比/%		20.04	30.06	40.08	50.10	60.13
	15℃	平均值/MPa	1 862	1 978	2 013	2 117	2 212
		标准差/MPa	43	77	72	48	78
	20℃	平均值/MPa	1 269	1 361	1 398	1 509	1 547
		标准差/MPa	44	60	48	33	55
AC-25	RAP 百分比/%		30.16		50.26		
	15℃	平均值/MPa	1 544		1 731		
		标准差/MPa	24		44		
	20℃	平均值/MPa	1 105		1 233		
		标准差/MPa	45		51		

由表 6 可见，随着厂拌热再生沥青混合料 AC-20 中 RAP 掺配比例从 20.04%增加到 60.13%，其 15 ℃和 20 ℃抗压回弹模量分别从 1 862 MPa 和 1 269 MPa 增加到 2 212 MPa 和 1 547 MPa，增幅为 18.8%与 21.9%。厂拌热再生沥青混合料 AC-25 不同试验温度下抗压回弹模量亦呈现类似规律。推荐再生 AC-20 混合料 15 ℃和 20 ℃抗压回弹模量分别为 1 850～2 250 MPa 和 1 250～1 550 MPa；推荐再生 AC-25 混合料 15 ℃和 20 ℃抗压回弹模量分别为 1 450～1 850 MPa 和 1 000～1 300 MPa。

3　含 LSPM 厂拌热再生沥青路面结构评价

在上述配合比设计、抗压回弹模量试验的基础上，还应当针对含再生混合料结构层的典型路面开展结构分析，以论证厂拌热再生沥青混合料可作为面层结构层应用于含 LSPM 路面结构，从而说明厂拌热再生沥青路面在技术上的可行性。

目前，厂拌热再生沥青混合料在含 LSPM 结构层路面结构中的应用及评价鲜见相关研究，本文结合当前及将来一段时间我国高等级公路建养情势，选取含 LSPM 加铺沥青路面和含 LSPM 永久性路面作为厂拌热再生沥青路面典型结构加以分析与评价，具体结构组合为：① 5 cm AC-16＋7 cm AC-20(厂拌热再生)＋8 cm LSPM-30＋原路面面层；

② 4 cm OGFC-13＋6 cm AC-20(厂拌热再生)＋8 cm AC-25(厂拌热再生)＋12 cm LSPM-30＋20 cm 水泥稳定碎石＋20 cm 二灰土＋土基。

本文以 BZZ-100 为荷载工况，其轮胎接地压力 0.707 MPa，单轮当量圆直径 21.30 cm，两轮中心距 31.95cm[①]。通常，计算路表弯沉值时，抗压回弹模量应采用各试件模量的平均值减去两倍标准差(20 ℃)；计算应力、应变时，计算层以下各层抗压回弹模量应采用各试件模量的平均值减去两倍标准差，计算层及以上各层抗压回弹模量应采用各试件模量的平均值加上两倍标准差(15 ℃)。原路面面层当量回弹模量取 500 MPa，泊松比取 0.3；土基模量取 60 MPa，泊松比取 0.4；LSPM-30 空隙率较大、沥青含量低，其模量值推荐取 600 MPa；厂拌热再生沥青混合料抗压回弹模量根据表 6 取值，并酌情加减标准差；AC-16 和 OGFC-13 的 15 ℃抗压回弹模量分别取 1 800 MPa 和 1 200 MPa，20 ℃抗压回弹模量分别取 1 200 MPa 和 850 MPa；水泥稳定碎石、二灰土抗压模量分别取 3 600 MPa 和 2 400 MPa；沥青混合料泊松比统一取 0.35[②]。

3.1 含 LSPM 厂拌热再生加铺沥青路面结构分析与评价

对于含 LSPM 厂拌热再生加铺沥青路面结构“5 cm AC-16＋7 cm AC-20(厂拌热再生)＋8 cm LSPM-30＋原路面面层”，当厂拌热再生沥青混合料 AC-20 中 RAP 掺配比例分别为 20.04%，30.06%，40.08%，50.10%和 60.13%时，其用于弯沉计算的抗压回弹模量值分别为 1 181 MPa，1 241 MPa，1 302 MPa，1 443 MPa 和 1 437 MPa，经弹性层状连续体系计算[③④⑤]，各自对应的路表弯沉值如图 1 所示。由图 1 可见，对于含 LSPM 厂拌热再生加铺沥青路面，路表弯沉值随着 RAP 掺配比例的增加而稍有减小。

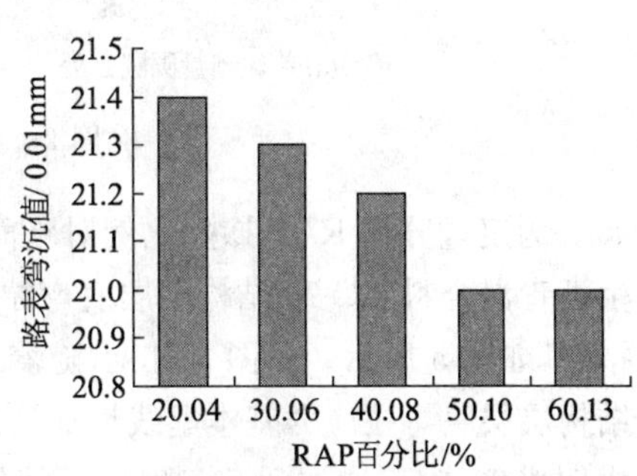

图 1　含 LSPM 厂拌热再生加铺沥青路面路表弯沉值

当厂拌热再生沥青混合料 AC-20 中 RAP 掺配比例分别为 20.04%，30.06%，40.08%，50.10%和 60.13%时，其用于层底弯拉应力、弯拉应变计算的抗压回弹模量值分别为 1 948 MPa，2 132 MPa，2 157 MPa，2 213 MPa 和 2 368 MPa，经弹性层状连续体系计算，各自对应的含 LSPM 厂拌热再生加铺沥青路面深度方向单轮当量圆圆心处(点 B)与轮隙中心(点 C)层底拉应力如图 2 所示。由图 2 可见，含 LSPM 厂拌热再生加铺沥青路面的中性面位于厂拌热再生沥青混合料 AC-20 结构层中间偏上位置，最大拉应力出现在该结构层层底附近，至原路面面层顶部深度位置处，拉应力基本消散。

---

① 胡小弟，孙立军：《沥青路面结构在非均布荷载作用下的三维有限元分析》，《长安大学学报》，2003 年第 3 期。

② Kandhal P S，Cooley L A. Evaluation of permanent deformation of asphalt mixtures using loaded wheel tester. Journal of the Association of Asphalt Paving Technologists，2002，71.

③ Roque R. Evaluation measured of tire contact stresses predict pavement response and performance. Transportation Research Record，2000，1716.

④ Cooley L A，Kandhal P S，Buchanan M S. Loaded wheel testers in the United states：state of the practice. // Imad Al-Qad Transportation Research(E-Circular No. E-C016) Washington D. C. Transportation Research Board of the National Academies，2000：37－45.

⑤ Tielking J T，Abraham M A. Measurement of truck tire footprint pressure. Transportation Research Record，1994，1435.

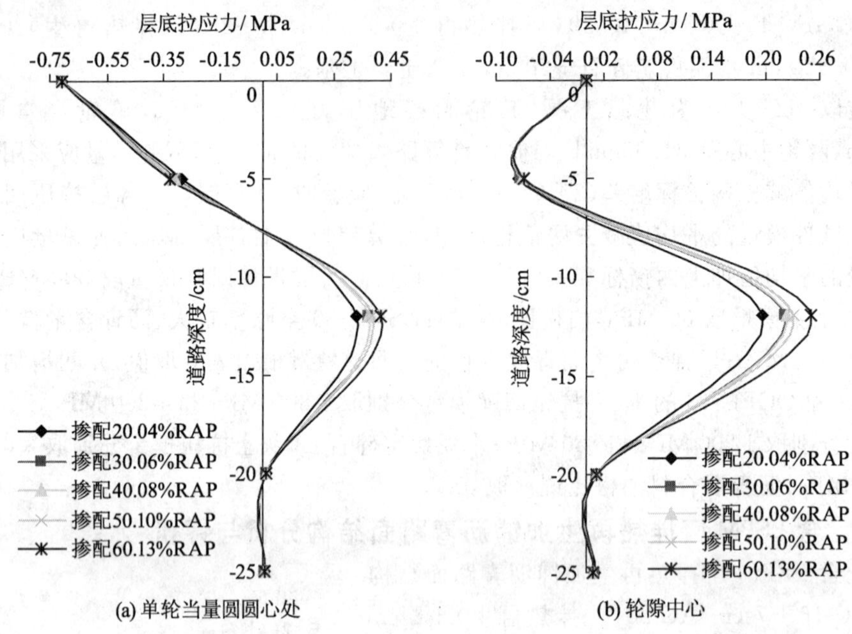

(a) 单轮当量圆圆心处　　(b) 轮隙中心

图 2　路面深度方向层底拉应力

为定量分析 RAP 掺配比例对路面结构的影响，以 RAP 掺配比例为横坐标，以厂拌热再生沥青混合料 AC-20 结构层层底弯拉应力、弯拉应变为纵坐标，分别绘制散点图并进行数值拟合，如图 3 所示。由图 3 可见，随着 RAP 掺配比例的增加，厂拌热再生沥青混合料 AC-20 结构层层底弯拉应力基本呈线性递增态势，弯拉应变基本呈线性递减态势。随着 RAP 掺配比例从 20.04％增加到 60.13％，厂拌热再生沥青混合料 AC-20 结构层层底点 B 和点 C 的弯拉应力分别增加了 25.3％与 27.6％，弯拉应变分别减小了 4.7％与3.9％。可见，RAP 掺配比例对厂拌热再生沥青混合料 AC-20 结构层层底弯拉应力的影响远大于其对该结构层层底弯拉应变的影响。因此，对于含 LSPM 厂拌热再生加铺沥青路面结构“5 cm AC-16＋7 cm AC-20(厂拌热再生)＋8 cm LSPM-30＋原路面面层”，设计时有必要实测厂拌热再生沥青混合料的抗压回弹模量，并验算该结构层层底弯拉应力是否满足规范要求。

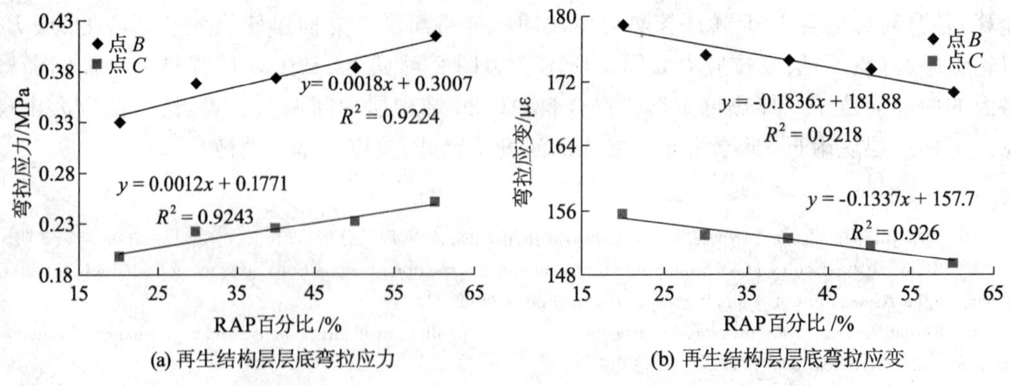

(a) 再生结构层层底弯拉应力　　(b) 再生结构层层底弯拉应变

图 3　RAP 掺配比例对含 LSPM 厂拌热再生加铺沥青路面结构的影响

3.2　含 LSPM 厂拌热再生永久性路面结构分析与评价

目前，国内外永久性路面的设计普遍采用沥青混凝土层底弯拉应变 ε_r 和土基顶面垂

直压应变 ε_z 这两个控制指标①。其中，ε_r 的作用是保证沥青混凝土层本身不产生疲劳破坏，ε_z 的作用是控制路面的总变形量。在整个寿命周期内，永久性路面不需要进行结构性的维修，只需进行预防性养护，并在表面损坏达到一定程度后，将磨耗层铣刨，并置换成等厚度的新路面或罩面便可②。基于中国重交通、超载超限严重的国情，ε_r 应当不超过70 με；参照国际标准，ε_z 应当不超过 200 με。

对于含 LSPM 厂拌热再生永久性路面结构“4 cm OGFC-13＋6 cm AC-20（厂拌热再生）＋8 cm AC-25（厂拌热再生）＋12 cm LSPM-30＋20 cm 水泥稳定碎石＋20 cm 二灰土＋土基”，当厂拌热再生沥青混合料 AC-20 中 RAP 掺配比例分别为 20.04％，30.06％，40.08％，50.10％和 60.13％时，其用于应变计算的抗压回弹模量值分别为 1 948 MPa，2 132 MPa，2 157 MPa，2 213 MPa 和 2 368 MPa；当厂拌热再生沥青混合料 AC-25 中 RAP 掺配比例分别为 30.16％和 50.26％时，其用于应变计算的抗压回弹模量值分别为 1 592MPa 和 1 819 MPa。针对厂拌热再生沥青混合料 AC-25 中 RAP 掺配比例为 30.16％和 50.26％这两种情况，分别经弹性层状连续体系计算，并根据对称性原理，不同 RAP 掺配比例的厂拌热再生沥青混合料 AC-20 对应的含 LSPM 厂拌热再生永久性路面沥青混凝土层底弯拉应变（即 LSPM 结构层层底弯拉应变）、土基顶面垂直压应变如图 4 和图 5 所示。其中，对称轴左侧计算点的横坐标从左向右分别为－10.65，0，10.65 和 15.975。

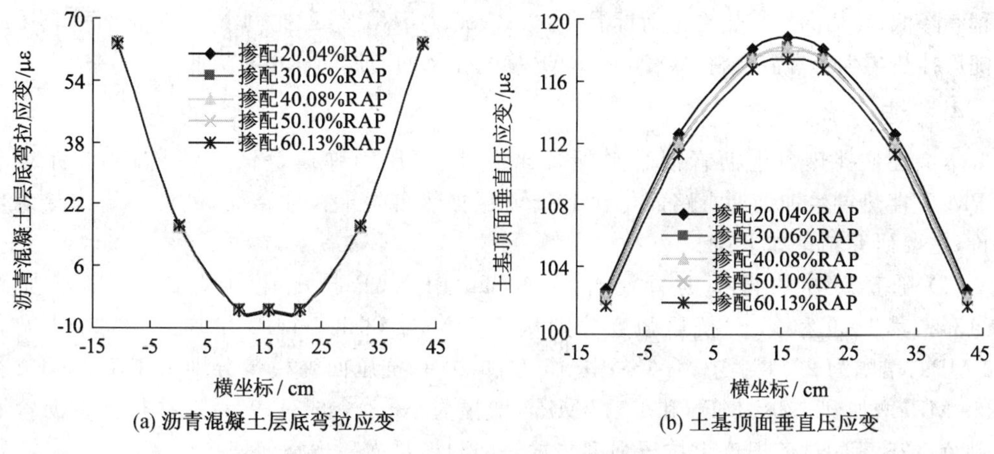

(a) 沥青混凝土层底弯拉应变　　(b) 土基顶面垂直压应变

图 4　含 LSPM 厂拌热再生永久性路面设计控制指标（AC-25：30.16％RAP）

由图 4 和图 5 可见，在荷载区域内，轮隙中心对应位置沥青混凝土层底弯拉应变数值为负，说明受压，显然满足不大于 70 με 的要求；轮隙中心对应位置土基顶面垂直压应变数值最大，并满足不大于 200 με 的要求。随着横坐标向荷载区域两侧边缘移动，弯拉应变逐渐增加，并于荷载区域两侧边缘处达到最大，且仍能满足不大于 70 με 的要求；压应变逐渐减小，并于荷载区域两侧边缘处降至最低。因此，将厂拌热再生沥青混合料应用于含 LSPM 的永久性路面结构“4 cm OGFC-13＋6 cm AC-20（厂拌热再生）＋8 cm AC-25（厂拌热再生）＋12 cm LSPM-30＋20 cm 水泥稳定碎石＋20 cm 二灰土＋土基”，理论上是可行的。

---

① 崔鹏，孙立军，胡晓：《高等级公路长寿命路面研究综述》，《公路交通科技》，2006 年第 10 期。

② 孙志林，黄晓明：《永久性沥青路面研究综述》，《华中科技大学学报》，2007 年第 3 期。

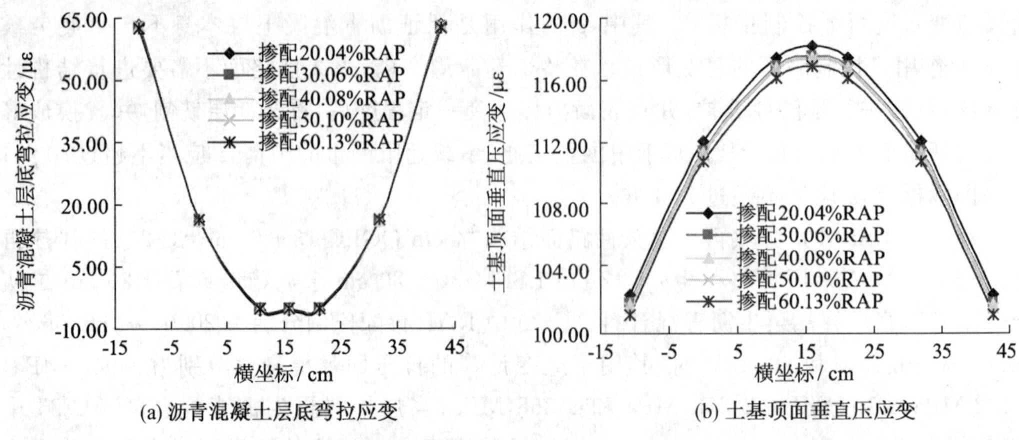

(a) 沥青混凝土层底弯拉应变　　(b) 土基顶面垂直压应变

图 5　含 LSPM 厂拌热再生永久性路面设计控制指标(AC-25:50.26%RAP)

此外,在相同厂拌热再生沥青混合料 AC-25 的 RAP 掺配比例下,沥青混凝土层底弯拉应变随厂拌热再生沥青混合料 AC-20 中 RAP 掺配比例的变化而变化甚小;在相同厂拌热再生沥青混合料 AC-20 的 RAP 掺配比例下,沥青混凝土层底弯拉应变随厂拌热再生沥青混合料 AC-25 中 RAP 掺配比例的增加略微降低。在相同厂拌热再生沥青混合料 AC-25 的 RAP 掺配比例下,土基顶面垂直压应变随厂拌热再生沥青混合料 AC-20 中 RAP 掺配比例的增加而稍有降低;在相同厂拌热再生沥青混合料 AC-20 的 RAP 掺配比例下,土基顶面垂直压应变随厂拌热再生沥青混合料 AC-25 中 RAP 掺配比例的增加同样稍有降低。

4　结　论

本文在厂拌热再生沥青混合料配合比设计、抗压回弹模量试验的基础上,针对含 LSPM 厂拌热再生加铺沥青路面与含 LSPM 厂拌热再生永久性路面,进行了结构分析与评价,主要研究结论如下:

(1) 随着厂拌热再生沥青混合料 AC-20 中 RAP 掺配比例从 20.04%增加到 60.13%,其 15 ℃和 20 ℃抗压强度分别从 7.9 MPa 和 5.7 MPa 增加到 10.2 MPa 和 7.1 MPa,增幅为 29.1%与 24.6%;其 15 ℃和 20 ℃抗压回弹模量分别从 1 862 MPa 和 1 269 MPa增加到 2 212 MPa 和 1 547 MPa,增幅为 18.8%与 21.9%;厂拌热再生沥青混合料 AC-25 不同试验温度下抗压强度与抗压回弹模量亦呈现类似规律。

(2) 推荐再生 AC-20 混合料 15 ℃和 20 ℃抗压回弹模量分别为 1 850～2 250 MPa 和 1 250～1 550 MPa;推荐再生 AC-25 混合料 15 ℃和 20 ℃抗压回弹模量分别为 1 450～1 850MPa 和 1 000～1 300 MPa。

(3) 对于含 LSPM 厂拌热再生加铺沥青路面,路表弯沉值随 RAP 掺配比例的增加而稍有减小;中性面位于厂拌热再生沥青混合料 AC-20 结构层中间偏上位置,最大拉应力出现在该结构层层底附近,至原路面面层顶部深度位置处,拉应力基本消散;随着 RAP 掺配比例的增加,该结构层层底弯拉应力呈线性递增态势,弯拉应变呈线性递减态势,RAP 掺配比例对弯拉应力的影响远大于其对弯拉应变的影响,建议设计时实测厂拌热再生沥青混合料的抗压回弹模量,并验算该结构层层底弯拉应力是否满足规范要求。

(4) 对于含 LSPM 厂拌热再生永久性路面,在荷载区域内,沥青混凝土层底弯拉应变满足不大于 70 με 的要求,土基顶面垂直压应变满足不大于 200 με 的要求,RAP 掺配比例对其影响甚小,将厂拌热再生沥青混合料设计应用于含 LSPM 的永久性路面在技术上是完全可行的。

交通荷载作用下脱空刚性路面的疲劳损伤机理

薛彦卿　石小武　朱国娟　陈辉方　张莉　王晶
（江苏省镇江市公路管理处 镇江 212028）

摘　要　开发了疲劳损伤本构关系的 ABAQUS 用户子程序 UMAT，分析了全耦合方法下基准路面结构模型疲劳损伤场的分布与发展规律，研究了交通荷载与面板弹性模量、面板厚度、脱空尺寸等路面结构参数对水泥混凝土路面结构裂纹形成疲劳寿命的影响。结果表明，随荷载作用次数的增加，路面结构的疲劳损伤不断增加，但其增幅越来越小，路面结构的荷载应力也逐渐减小；随着交通荷载的增加，路面结构的对数疲劳寿命呈线性减小趋势；随着面板厚度的增加，路面结构的对数疲劳寿命呈线性增加趋势；随着脱空尺寸的增加，路面结构的对数疲劳寿命呈幂函数曲线相关关系。

关键词　交通荷载　刚性路面　疲劳损伤机理　对数疲劳寿命　全耦合方法　路面结构参数

围绕荷载重复作用下结构的疲劳损伤课题，采用数值方法开展模拟与分析是近年来的热点，当前常见的数值模拟方法主要有全解耦、全耦合、半解耦及局部耦合方法[①②]。就水泥混凝土路面而言，全解耦方法从路面结构的荷载应力与疲劳损伤两个角度分别对路面结构加以研究，是研究其交通荷载下疲劳损伤机理的常见手段。然而，路面结构承受数以千万次交通荷载，疲劳损伤积累到一定程度后势必造成路面结构应力应变重分布，故采用全解耦方法且当疲劳损伤累积到一定程度之后计算结果将产生相当误差[③④]。相对于全解耦方法，全耦合方法可以把疲劳损伤引入水泥混凝土本构关系中并在水泥混凝土路面结构应力应变的计算时考虑疲劳损伤场影响。本文引入全耦合方法，开发相应的 ABAQUS 用户子程序，获得水泥混凝土路面结构在交通荷载（尤其是重载）反复作用下耦合的疲劳损伤演化规律及其裂纹形成疲劳寿命，一定程度揭示水泥混凝土路面的疲劳损伤机理。

1　疲劳损伤演化累积模型

研究表明，Miner 疲劳损伤模型较之其他疲劳损伤模型更加偏于安全[⑤⑥]，故采用 Miner 线性疲劳损伤模型开展水泥混凝土路面结构全耦合疲劳损伤分析。Miner 疲劳损

① 孙志林：《基于损伤力学的沥青路面疲劳损伤研究》，东南大学博士论文，2008 年。
② 郑战光，蔡敢为，李兆军：《一种新的疲劳损伤演化模型》，《工程力学》，2010 年第 2 期。
③ 许金泉，郭凤明：《疲劳损伤演化的机理及损伤演化律》，《机械工程学报》，2010 年第 2 期。
④ 谈至明，周玉民：《不等尺寸双层混凝土路面结构力学模型研究》，《工程力学》，2010 年第 3 期。
⑤ 周玉民，谈至明：《水泥混凝土路面角隅应力分析》，《工程力学》，2010 年第 3 期。
⑥ 薛彦卿，黄晓明：《基于 NDT 技术的脱空判别改进方法》，《东南大学学报》，2012 年第 6 期。

伤模型的损伤演化方程为

$$D=N/N_{\mathrm{F}} \tag{1}$$

式中：N_{F}——疲劳寿命；

N——荷载循环作用次数。

对于多级加载情形，若材料依次承受应力幅 $\Delta\sigma_1,\Delta\sigma_2,\Delta\sigma_3,\cdots$ 的循环荷载作用，且对应的作用次数分别为 $\Delta N_1,\Delta N_2,\Delta N_3,\cdots$，则累积损伤为

$$D=\sum_k \frac{\Delta N_k}{N_{\mathrm{F}k}} \tag{2}$$

式中：$N_{\mathrm{F}k}$——$\Delta\sigma_k$ 单独作用的疲劳寿命。

对于路用水泥混凝土，基于其疲劳方程，可回归其应力幅 $\Delta\sigma_k$ 与疲劳寿命 $N_{\mathrm{F}k}$ 的相关关系，进而获得其疲劳寿命的经验公式：

$$N_{\mathrm{F}k}=K\times\Delta\sigma_k^{-m} \tag{3}$$

式中：K,m——回归系数，与材料自身有关。

此时，N 次荷载循环作用下的累积损伤为

$$D=\sum_k \Delta N_k\times\frac{\Delta\sigma_k^m}{K}=\Delta N_1\times\frac{\Delta\sigma_1^m}{K}+\Delta N_2\times\frac{\Delta\sigma_2^m}{K}+\cdots+\Delta N_k\ \frac{\Delta_k^m}{K} \tag{4}$$

其中，$\sum_k \Delta N_k = N$。

根据路用水泥混凝土疲劳方程及式(3)，可得 Miner 疲劳损伤演化累积模型的参数。其中，$K=2.143\times10^{18}$，$m=23.916$。

2　用户材料子程序开发与运行

借助全耦合方法开展水泥混凝土路面疲劳损伤分析是精确的，代价是计算时间大幅增加，且需对现行有限元程序如 ABAQUS 加以本构关系二次开发。利用开发的子程序，可实现每隔一定荷载循环作用次数重新计算组集更新材料单刚矩阵。在用户材料子程序 UMAT 中，单刚矩阵在每个增量步中都被调用，再根据疲劳损伤演化规律定时更新疲劳损伤与其对单刚矩阵的影响。在 ABAQUS 提供的用户子程序接口上，根据上述 Miner 疲劳损伤模型，采用 FORTRAN 90/95 编制用户材料子程序，实现耦合疲劳损伤因素的本构模型二次开发。假定疲劳裂纹形成时损伤度为 0.5。

为配合 UMAT 主体结构，使之在 ABAQUS 平台完全 CAE 环境下顺利运行，需统筹如下问题。

(1) 根据子程序数据结构的需要，UMAT 中状态变量应赋初值 0，其数组 STATEV 通过用户子程序 SDVINI 赋予初值。在状态变量数组中，分配一个变量存储 DAMAGE，分配一个变量存储 STRESS(1)，每次 STRESS(1)更新之前更新该变量，且计算疲劳损伤的应力选用该变量中存储的值，以保证一轮荷载循环作用结束后，疲劳损伤与雅可比矩阵均得以更新。SDVINI 代码如下：

```
SUBROUTINE SDVINI (STATEV, COORDS, NSTATV, NCRDS, NOEL, NPT,
LAYER,KSPT)
INCLUDE 'ABA_PARAM.INC'
DIMENSION STATEV(NSTATV),COORDS(NCRDS)
STATEV(1)=0.0
```

```
STATEV(2)=0.0
RETURN
END
```

(2) 由于 UMAT 在各增量步之后更新应力应变等变量，而各增量步分别对应一轮荷载循环作用，故在 ABAQUS 中设定一个分析步，在分析步中设增量步，各增量步表示一轮荷载循环作用。增量步、荷载应力和疲劳损伤的相互关系见表 1。

表 1　外荷载与力学响应的关系

增量步	1	2	3	4	5	6	…
外荷载	$F_{Ⅰ}$	/	$F_{Ⅱ}$	/	$F_{Ⅲ}$	/	…
荷载应力	$\sigma_{Ⅰ}$		$\sigma_{Ⅱ}$		$\sigma_{Ⅲ}$		…
疲劳损伤	/	$D_{Ⅰ}$	$D_{Ⅰ}$	$D_{Ⅱ}$	$D_{Ⅱ}$	$D_{Ⅲ}$	…

(3) 循环荷载通过 ABAQUS 用户子程序 DLOAD 加以实现，为单轴双轮荷载图式。为简化有限元建模与 DLOAD 子程序编制，采用正方形轮胎与路面接触形状，每个轮胎处于 20 cm×20 cm 的正方形网格内。双轮中心轮距取 30 cm，轮距取 180 cm。轮胎接地压力为均布荷载，取 1.2 MPa，1.4 MPa，1.6 MPa 和 1.8 MPa，相当于该单轴轴载 192 kN，224 kN，256 kN 和 288 kN 情形。DLOAD 代码如下：

```
SUBROUTINE DLOAD(F,KSTEP,KINC,TIME,NOEL,NPT,LAYER,KSPT,
COORDS,JLTYP,SNAME)
INCLUDE 'ABA_PARAM.INC'
DIMENSION TIME(2),COORDS(3)
CHARACTER * 80 SNAME
PARAMETER(PRESS=1.4E6,AA=0.0,AB=0.2,AC=0.3,AD=0.5,BA=1.8,
BB=2.0,BC=2.1,BD=2.3)
IF(MOD(TIME(1),2.0)==0.0) THEN
  F=0.0
ELSE IF(MOD(TIME(1),2.0)==1.0) THEN
  IF(((COORDS(2)>=AA.AND.COORDS(2)<=AB).OR.
  (COORDS(2)>=AC.AND.COORDS(2)<=AD).OR.
  (COORDS(2)>=BA.AND.COORDS(2)<=BB).OR.
  (COORDS(2)>=BC.AND.COORDS(2)<=BD)).AND.
  (COORDS(1)>=AA.AND.COORDS(1)<=AB)) THEN
    F=PRESS
  ELSE
    F=0.0
  END IF
END IF
RETURN
END
```

最终，ABAQUS 的 STATEV(1)(即疲劳损伤)和 STATEV(2)(即荷载应力)的计算结果与增量步(一轮循环荷载)的关系见表 2。

表 2 状态变量计算结果与增量步关系

增量步	1	2	3	4	5	6	…
外荷载	F_{I}		F_{II}		F_{III}		…
荷载应力		σ_{I}		σ_{II}		σ_{III}	…
疲劳损伤			D_{I}	D_{I}	D_{II}	D_{II}	…

3 基准路面结构疲劳损伤场分布与发展规律

由于完好路面的荷载应力一般处于路面材料的疲劳极限以下，故考察最不利情形，建立板角附近部位板底完全脱空的路面结构三维有限元模型(单块板且底面光滑、四侧自由)，其结构组合为“水泥混凝土面层＋半刚性基层、底基层＋土基”。土基采用 Winkler 地基，地基反应模量取 40 MPa/m，脱空区边长取 0.9 m，1.2 m，1.5 m 和 1.8 m。

面层板平面尺寸取 4.0 m×5.0 m，弹性模量分别取 25 000 MPa，27 500 MPa，30 000 MPa，32 500 MPa 和 35 000 MPa，厚度取 21 cm，22 cm，23 cm 和 24 cm，泊松比设为 0.15；基层板平面尺寸取 4.0 m×5.0 m，弹性模量取 1 500 MPa，厚度取 36 cm，泊松比设为 0.20。弹性模量为 30 000 MPa、面板厚度 24 cm 且脱空尺寸 1.2 m 的路面结构有限元模型为本文基准路面结构模型，如图 1 所示。

图 1 基准路面结构疲劳损伤场的分布

在荷载循环作用下，水泥混凝土路面结构将产生疲劳损伤，且随着荷载的重复，该损伤也将不断发展，直到宏观疲劳裂纹出现。图 1 也表示当轮胎接地压力为 1.4 MPa 且荷载作用 576 万次后基准路面结构疲劳损伤场的分布云图，图中水泥混凝土面层板悬臂部分根部对应于面板顶面在路面结构纵缝附近处的疲劳损伤最为严重(累积达 0.5)，这意味着宏观疲劳裂纹将首先于此处出现。将基准路面结构该部位放大，其在荷载作用 576 万次后疲劳损伤场的分布如图 2 所示。

图 2 基准路面结构最不利部位的疲劳损伤场

为定量分析基准路面结构疲劳损伤场的分布规律，以上述轮胎接地压力 1.4 MPa 重复荷载作用 576 万次后的基准路面结构为例，以疲劳损伤最先累积至 0.5 的积分点为坐标原点(图 2 中点 O)，建立三维坐标系，则基准路面结构的疲劳损伤场在 x 轴、y 轴和 z 轴的分布分别如图 3～图 5 所示。

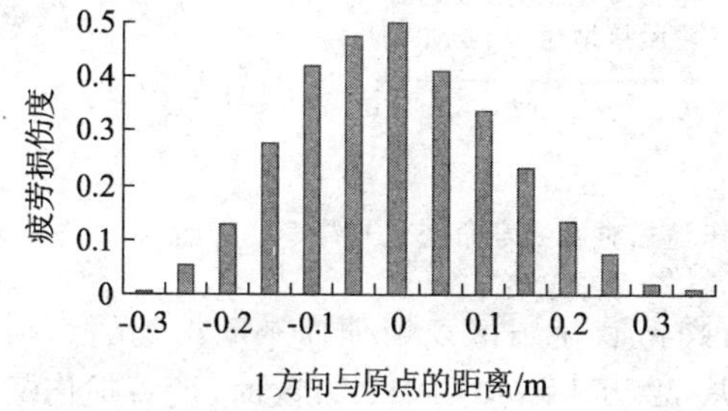

图 3　面板顶面在 1 方向(x 轴)损伤分布

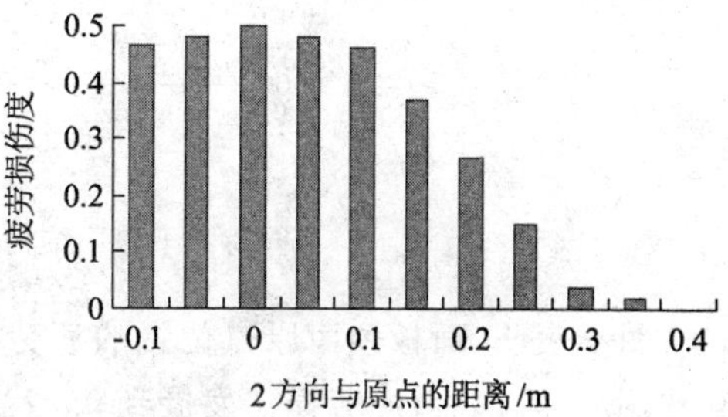

图 4　面板顶面在 2 方向(y 轴)损伤分布

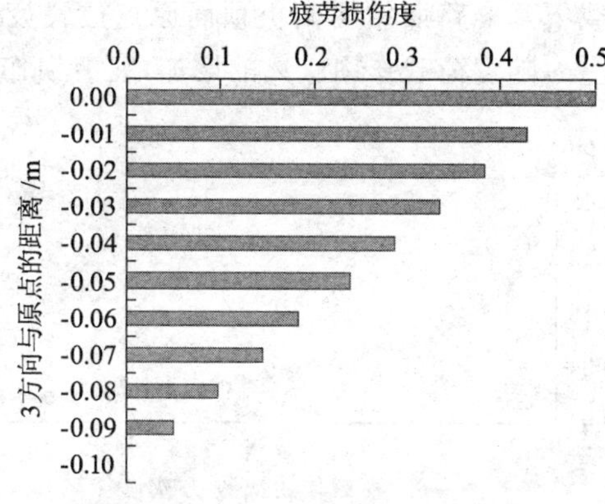

图 5　面板在 3 方向(z 轴)损伤分布

图 3、图 4 反映了面板顶面疲劳损伤在不同水平方向的分布，各水平方向原点两侧疲劳损伤均逐渐减小。在 x 轴上，距原点两侧 0.30～0.35 m 处，疲劳损伤基本减小为 0；在 y 轴上，距原点 0.4 m 处，疲劳损伤减小为 0，而距原点 −0.10～0.10 m 范围内，疲劳损伤基本对称分布，接近 0.5。图 5 则反映了面板中疲劳损伤在路面厚度方向的分布。在 z 轴上，越接近面板顶面，疲劳损伤越大，其量值从面板顶面向下逐渐减小，在距离面板顶面 0.1 m 处，疲劳损伤基本减小为 0。

轮胎接地压力 1.4 MPa 下，该基准路面结构面板顶面原点位置疲劳损伤随荷载作用次数的变化如图 6 所示，其余交通荷载(含 1.4 MPa 接地压力)下该位置疲劳损伤随相对疲劳寿命变化如图 7 所示。

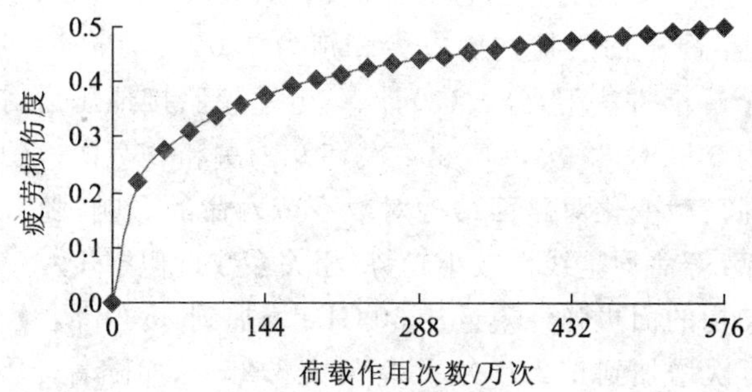

图 6　轮胎接地压力 1.4 MPa 下疲劳损伤随荷载作用次数发展规律

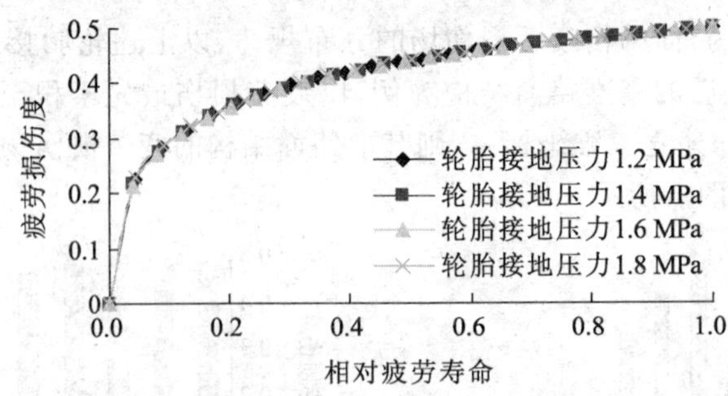

图 7　不同荷载下路面结构疲劳损伤随相对疲劳寿命变化规律

图 6 表明,面板顶面原点位置的疲劳损伤将随荷载作用次数增加而不断增加。当荷载作用 72 万次后,疲劳损伤发展到 0.3;当荷载从 72 万次增加到 192 万次时,疲劳损伤又新发展了 0.1,达 0.4;当荷载从 192 万次增加到 576 万次时,疲劳损伤才最终发展到 0.5。由图 7 可见,不同交通荷载下基准路面结构面板顶面原点位置疲劳损伤随相对疲劳寿命的变化规律基本一致。此外,随着荷载作用次数的增加,疲劳损伤的增幅也越来越小。

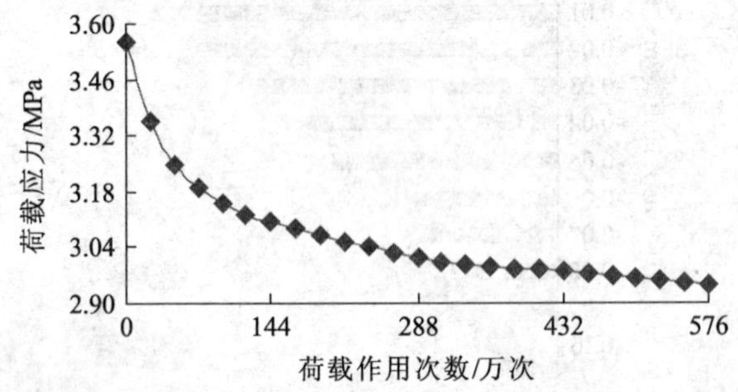

图 8　轮胎接地压力 1.4 MPa 下荷载应力随荷载作用次数发展规律

尽管基准路面结构疲劳损伤场发展规律分析选用了 Miner 线性疲劳损伤模型,但疲劳损伤随荷载作用次数的发展却并未呈现线性特征。这是因为考虑了荷载应力场与疲劳损伤场的相互耦合,两场耦合将导致荷载应力场不断变化,因而疲劳损伤随荷载作用次数的发展也就呈现出非线性的特征。事实上,经有限元计算可知(轮胎接地压力 1.4 MPa),面板顶面原点位置处荷载应力将随荷载作用次数的增加逐渐减小(如图 8 所示),故路面结构疲劳损伤的增幅也随之逐渐减小。

4　路面结构裂纹形成疲劳寿命分析

经有限元计算,轮胎接地压力分别为 1.2 MPa,1.4 MPa,1.6 MPa 和 1.8 MPa 时所对应的基准路面结构水泥混凝土面层板初始应力分别为 3.045 MPa,3.553 MPa,4.060 MPa 和 4.568 MPa。在全解耦方法下,经式(3)计算,上述轮胎接地压力对应的路面结构裂纹形成疲劳寿命分别为 5 828 089 次,145 534 次,5 991 次和 357 次。图 9 反映了全耦合与全解耦两种方法交通荷载变化对路面结构对数疲劳寿命的影响,随着轮胎接地压力的增加,两种方法对数疲劳寿命均呈线性减小趋势,相关系数近似于 1。

随着基准路面结构的面板弹性模量从 30 GPa 增加到 35 GPa,经有限元计算,路面结构疲劳寿命从 576 万次增加到 612 万次,增幅仅为 6.25%;而随着面板弹性模量从30 GPa 减小到 25 GPa,路面结构疲劳寿命没有发生变化(如图 10 所示)。因此,水泥混凝土路面结构中面层板弹性模量对路面结构裂纹形成疲劳寿命的影响很小。

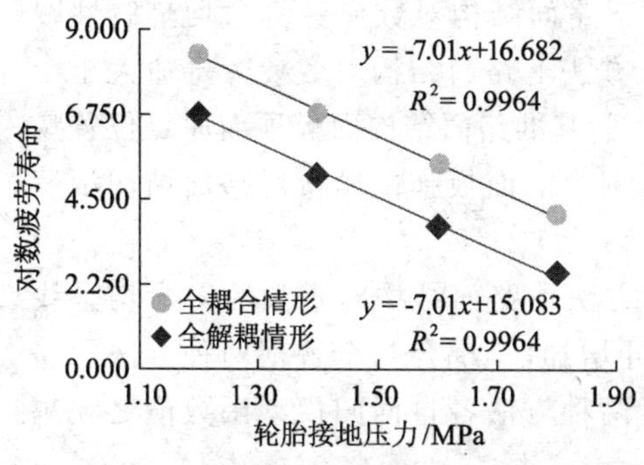

图 9　不同交通荷载下路面结构疲劳寿命

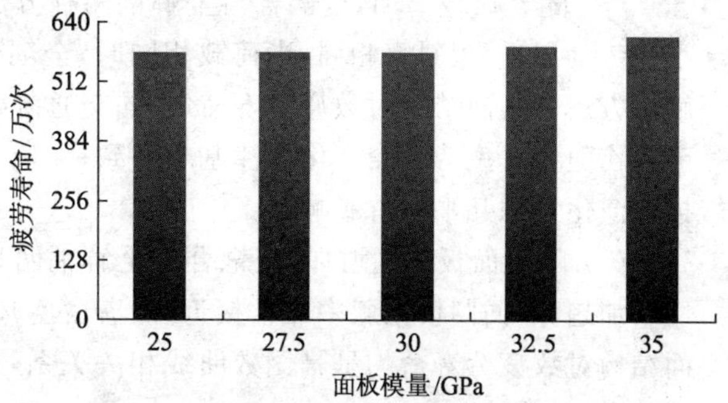

图 10　不同面板模量的路面结构疲劳寿命

经有限元计算，面板厚度分别为 21 cm，22 cm，23 cm 和 24 cm 时所对应的水泥混凝土路面结构面层板初始应力分别为 4.569 MPa，4.187 MPa，3.850 MPa 和 3.553 MPa。在全解耦方法下，经式(3)计算，上述面板厚度对应的路面结构裂纹形成疲劳寿命分别为 355 次，2 868 次，21 336 次和 145 534 次。图 11 反映了全耦合与全解耦两种方法面板厚度变化对路面结构对数疲劳寿命的影响，随着面板厚度的增加，两种方法对数疲劳寿命均呈线性增加趋势，相关系数也近似于 1。

经有限元计算，脱空尺寸分别为 0.9 m，1.2 m，1.5 m 和 1.8 m 时所对应的水泥混凝土路面结构面层板初始应力分别为 2.959 MPa，3.553 MPa，3.932 MPa 和 4.239 MPa。在全解耦方法下，上述脱空尺寸对应的路面结构裂纹形成疲劳寿命分别为 11 563 705 次，145 534 次，12 889 次和 2 135 次。图 12 反映了全耦合与全解耦两种方法脱空尺寸变化对路面结构对数疲劳寿命的影响，随着脱空尺寸增加，两种方法对数疲劳寿命均呈幂函数曲线相关关系(减小趋势)，相关系数近似于 1。

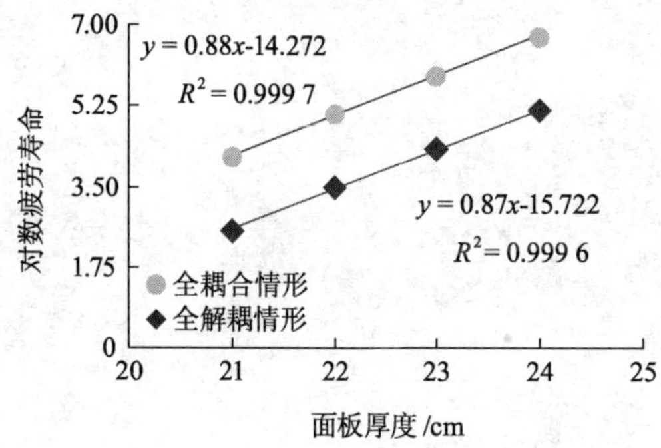

图 11　不同面板厚度的路面结构对数疲劳寿命

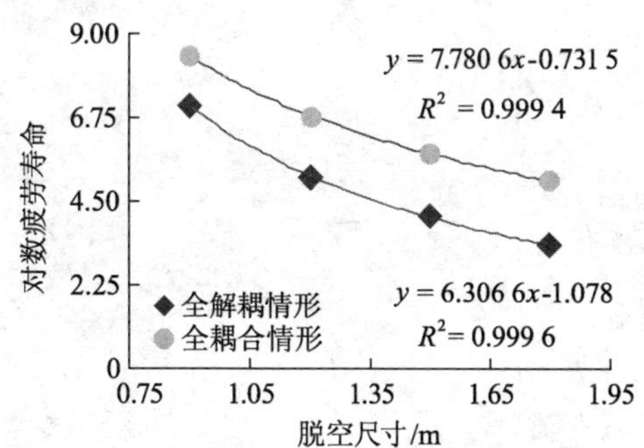

图 12　不同脱空尺寸的路面结构对数疲劳寿命

5　结　论

(1) 对于荷载作用 576 万次后的基准路面结构(轮胎接地压力为 1.4 MPa)，在 x 轴上，距原点两侧 0.30～0.35 m 处，疲劳损伤基本减小为 0；在 y 轴上，距原点 0.4 m 处，疲劳损伤基本减小为 0，距原点 −0.10～0.10 m 范围内，疲劳损伤基本对称分布；在 z 轴上，越接近面板顶面，疲劳损伤越大，距面板顶面约 0.1 m 处，疲劳损伤基本减小为 0。

(2) 随着荷载作用次数增加，面板顶面原点位置疲劳损伤不断增加，而荷载应力逐渐减小且疲劳损伤的增幅也越来越小，疲劳损伤随荷载作用次数的演化累积未呈现线性特征是由于在有限元计算过程中考虑了荷载应力场与疲劳损伤场的相互耦合。

(3) 随着荷载增加,全耦合与全解耦两种方法下路面结构对数疲劳寿命均呈线性减小趋势,回归模型斜率相同,当荷载相同时,全耦合方法下路面结构对数疲劳寿命大于全解耦方法下路面结构对数疲劳寿命;不同交通荷载下,基准路面结构面板顶面原点位置疲劳损伤随相对疲劳寿命变化规律基本一致;一定范围内的面板弹性模量对路面结构疲劳损伤演化累积几乎没有影响。

(4) 随着面板厚度增加,全耦合与全解耦两种方法下路面结构对数疲劳寿命均呈线性增加趋势,回归模型斜率非常接近;随着脱空尺寸增加,全耦合与全解耦两种方法下路面结构对数疲劳寿命均呈幂函数曲线相关关系,且两种方法各自回归模型函数值之差越来越大。

以试验检测谈沙砾卵石土在施工中的应用

许加强

（江苏省镇江市路桥工程总公司 镇江 212017）

摘　要　本文主要以我公司承建的南京绕越高速公路东北段 RY-DB4 标的沙砾卵石土路基施工为依托，以材料的物理力学性能及与其路用性能有关的各项功能性试验检测项目为分析内容，从试验检测的角度通过对比试验、数理统计等方法对沙砾卵石土进行了研究。主要选取与其路用性能密切相关的材料级配组成、重型击实试验、无侧限抗压强度以及加州承载比(CBR)等试验参数来定量确定其各项性能指标。以定量的试验数据指导施工，使沙砾卵石土从选材到摊铺碾压完毕都处于可控状态，以确保按进度、保质量完成工程施工任务。

关键词　沙砾卵石土　级配组成　击实试验　无侧限抗压强度　CBR

1　沙砾卵石土组成与力学性能

沙砾卵石土主要由卵石、砾石、砂及黏性土组成。沙砾卵石土中的粗颗粒主要化学组成为 SiO_2，其形状多为无棱角的椭圆形，岩性主要以花岗岩为主。按照粒径大小可以分为漂石($d>200$ mm)、卵石(200 mm$\geqslant d>60$ mm)及砾石(60 mm$\geqslant d>2$ mm)。沙砾卵石土中的细集料主要有砂(2 mm$\geqslant d>0.075$ mm)、粉土(0.075 mm$\geqslant d>0.002$ mm)及黏土($d\leqslant 0.002$ mm)。作为路用填料必须满足路基承载能力及稳定性的要求。从其颗粒组成来看，粒级跨度大、各颗粒的不均匀离散性比较明显。如果出现漂石将会对材料的透水性、沉降差造成很大的影响，因此在选择原材料时应避免出现漂石。但同时因其组成中多为石料，质地坚硬，因而与无机结合料稳定土相比有较高的抗压强度、抗剪切强度及较高的压实密度。其组成如图 1 和图 2 所示。

图 1　风干的沙砾卵石土

图 2　沙砾卵石土粗细集料对比

2 级配组成

作为路用填料,首先必须满足路基的承载能力及稳定性的基本要求。沙砾卵石土因其组成具有较好的物理力学性能,但要使材料最大限度地发挥其本身的优异性能,同时克服材料的局限性,必须通过试验研究其级配组成,使沙砾卵石土尽量形成连续级配的密实骨架结构,充分发挥其强度性能、降低因其自身不均匀离散性带来的强透水性以及沉降差大的不足。下面从本标段的 3 个沙砾卵石土取土坑中选取代表性试样进行筛分试验,筛分结果见表 1。

表 1　筛分试验结果

试样粒径/mm	60	40	20	10	5	2	1	0.25	0.075
试样 1	100	95.3	82.4	61.3	43.5	22.3	16.7	4.7	1.4
试样 2	94.2	92.9	82.7	71.4	53.8	20.2	19.7	8.1	2.6
试样 3	93.1	83.5	65.2	44.8	30.2	16.2	14.8	2.4	0.9

注:表中数据为累计筛余百分率,单位%

根据表 1 中 3 个试样的累计筛余百分率可以绘制出如图 3a,3b,3c 3 条筛分曲线。

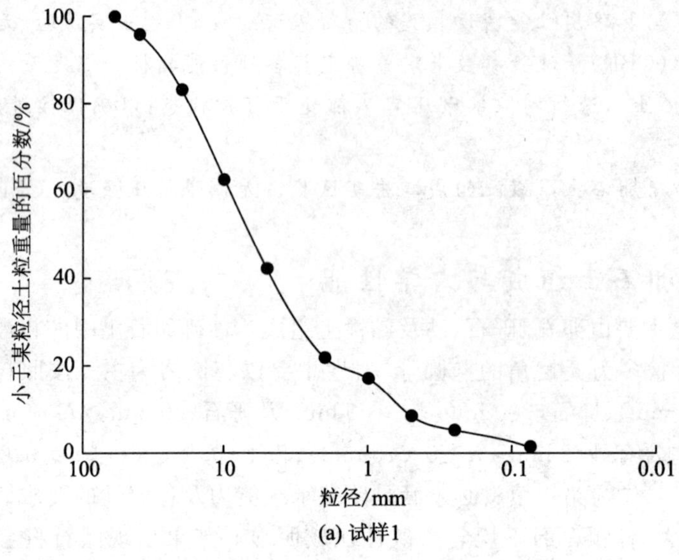

(a) 试样1

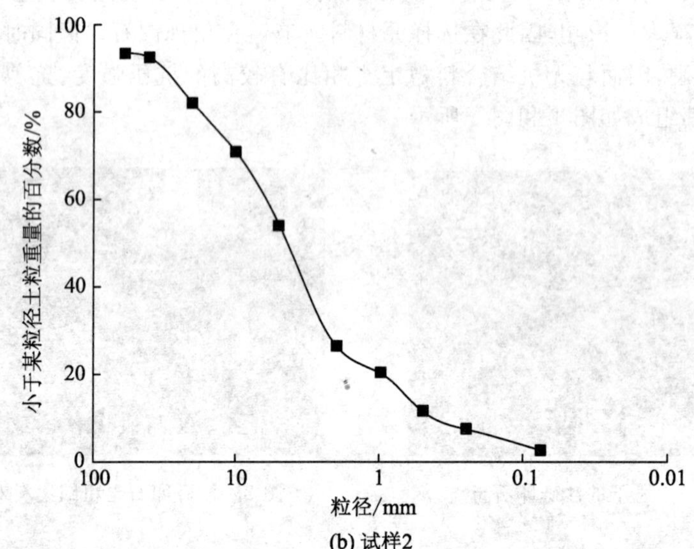

(b) 试样2

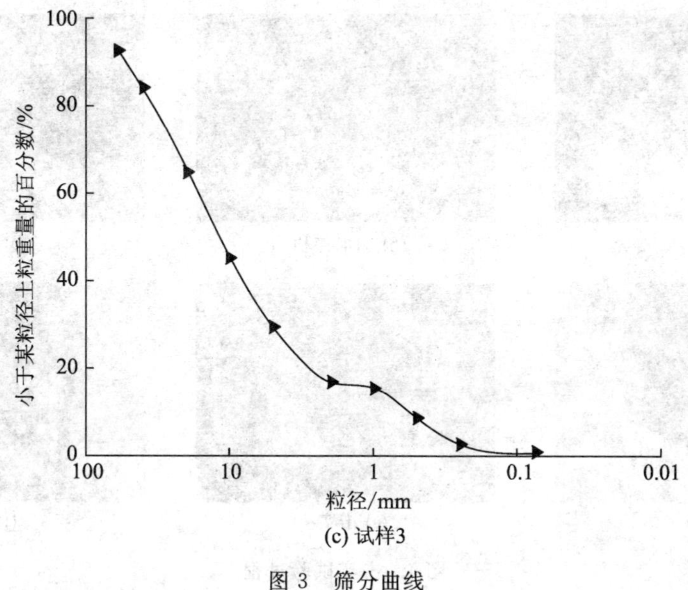

(c) 试样3

图 3　筛分曲线

由筛分表及曲线可知：

(1) 从表 1 的最后一栏可以看出沙砾卵石土的 0.075 mm 以下的颗粒含量均不超过 3%。这表明本标段所选用的沙砾卵石土的黏土、粉土类胶体颗粒含量少。可视为沙砾卵石土没有黏聚力。

(2) 由图 3a,3b,3c 可知沙砾卵石土的最大粒径已经达到了 100 mm 以上,最小粒径小于 0.075 mm,粒径跨度大。但级配曲线比较平缓说明颗粒分布比较均匀,级配良好。

(3) 根据表 1 可以计算出试样 1,试样 2 和试样 3 的含石量分别为 56.5%和 46.2%和 69.8%。经参考查阅科技文献与学术成果,了解到当沙砾卵石土中的含石量大于 70%时,比较容易形成骨架空隙结构,对沙砾卵石土的水稳定性易造成不良后果;当含石量小于 30%时,沙砾卵石土容易形成悬浮密实结构,这种结构由于石料之间的嵌挤力不足强度偏低。以上 3 种试样中试样 1 与试样 2 比较符合要求,试样 3 及 3 号取土坑中的沙砾卵石土要慎用。

3　击实试验

击实试验是指通过在室内进行各种不同含水量土样的配制、拌料、闷料、击实、脱模称量、烘干称量等过程得出相应含水量对应的干密度,再将各组含水量与干密度用坐标的方式绘制在含水量为横坐标、干密度为纵坐标的平面坐标系中,最后将各点用平滑曲线连接找出图中最大干密度对应的含水量,该含水量即为最佳含水量。寻找最佳含水量的意义在于指导路基的压实施工。沙砾卵石土在最佳含水量的状态下可以用最小的压实功来实现路基要求的压实效果。项目实施过程中为避免沙砾卵石土的不均匀性给路基水稳定性带来的不良后果,选取最大公称粒径为 60 mm,含石量在 60%～70%之间(根据研究及文献可知沙砾卵石土含石量在这个范围内有最好的压实效果、沉降小)的土样进行击实试验。已确定施工中最佳含水量和最大干密度的试验过程如图 4 所示。

图 4　击实试验过程

经过重型击实试验所得试验数据见表 2。

表 2　重型击实试验结果

试样	试样 1	试样 2	试样 3	试样 4	试样 5
含水量/%	2.343	3.126	4.343	5.468	6.363
干密度/($kg \cdot m^{-3}$)	2.278	2.345	2.636	2.475	2.352

根据表 2 可以绘制含水量与干密度的关系曲线，如图 4 所示。

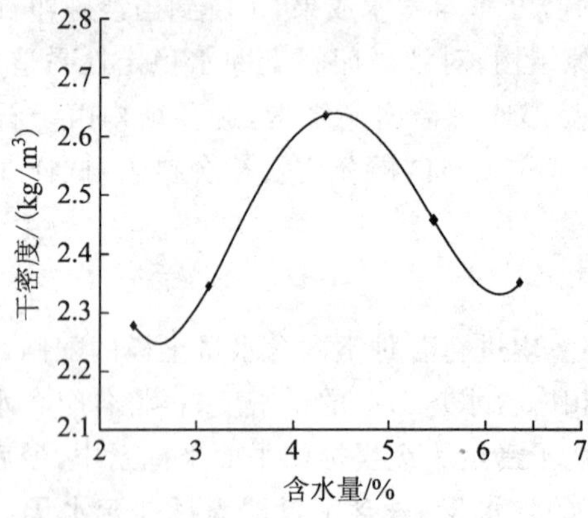

图 4　含水量与干密度关系曲线

由图 4 可知，试样的最佳含水量和最大干密度分别为 4.343%和 2.636 kg/m^3。

4　无侧限抗压强度

无侧限抗压强度是衡量路基承载能力的一项关键指标，它是以击实试验为基础、用击实试验获得的最佳含水量制备试样，并通过无侧限抗压强度试验获得沙砾卵石土混合料定量的强度数据。由于工程所用的沙砾卵石土的最大公称粒径为 60 mm，而无侧限应变控制仪只能满足最大公称粒径为 40 mm 的试验要求，因而必须采取方法克服这一障碍。

经过筛分试验可知本工程所用沙砾卵石土中公称粒径 40 mm 以上的颗粒含量较少，因此我们将沙砾卵石土中公称粒径 40 mm 以上的颗粒剔除，用 40 mm 以下的颗粒进行无侧限抗压强度试验。其试样制备过程区别于无机结合料稳定类试样，采用上文所述的重型击实法进行。首先按照最佳含水量拌制沙砾卵石土土样，然后在试验前将试模内涂抹润滑油，采用分层击实法，每层 98 下。所得试样尺寸为 $D=152$ mm，$h=120$ mm 的土样。用相同方法制备 4 个试样。将土样置于改装过的 CBR 仪下进行试验，如图 5 所示。

图 5　无侧限抗压强度试验

根据试验结果可以绘制出轴向应力与应变的关系曲线，如图 6 所示。

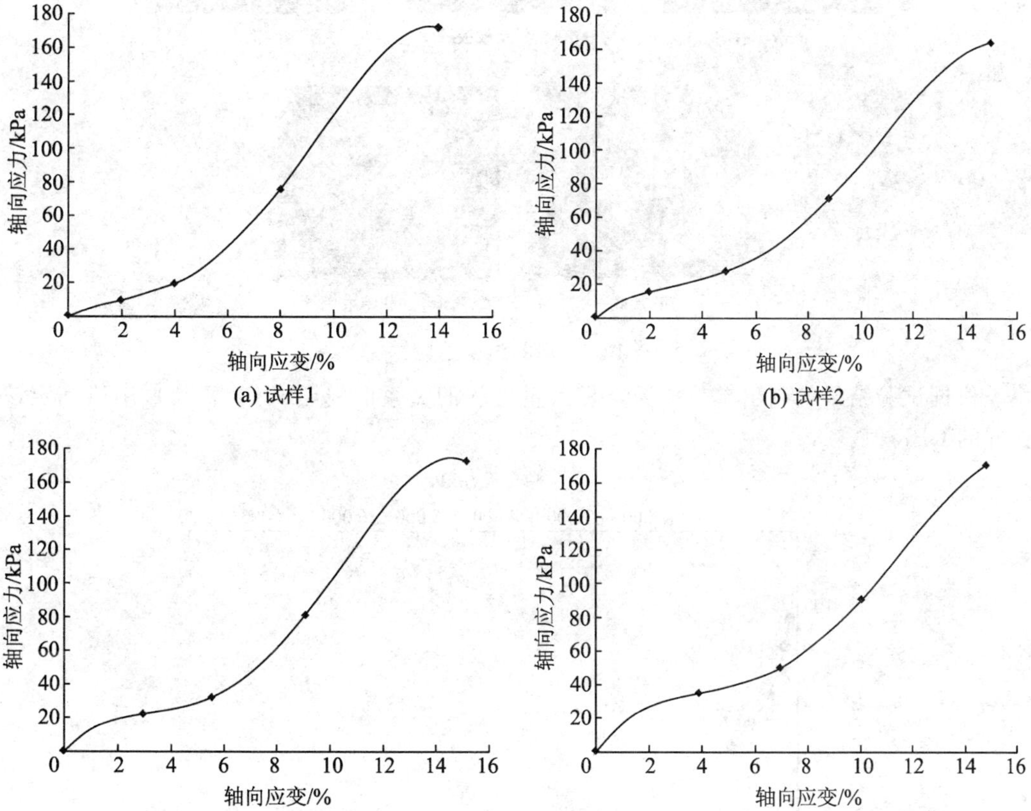

轴向应力/kPa
轴向应变/%
(a) 试样1

轴向应力/kPa
轴向应变/%
(b) 试样2

轴向应力/kPa
轴向应变/%
(c) 试样3

轴向应力/kPa
轴向应变/%
(d) 试样4

图 6　无侧限应力-应变曲线

由图 6 可知该组试样的破坏应力在 160～175 kPa 之间。相对于石灰稳定碎石类基层 700～800 kPa 的无侧限抗压强度而言，其无侧限抗压强度偏低，在施工设计中通过在沙砾卵石土边缘设置石灰稳定土裙边阻止沙砾卵石土侧向应变，可以有效提高沙砾卵石土的无侧限抗压强度，提高路基整体承载能力。

5　加州承载比（CBR）

CBR 指标源于美国加州，是一项反映路基抗剪切变形的能力的关键参数，其值越大表示其抗剪切破坏的能力越强。《公路土工试验规程》规定通常情况下以贯入量 2.5 mm 时的单位压力与标准压力之比表示 CBR 值,但如果贯入量为 5 mm 且 CBR 值大于 2.5 mm 时,则重做试验。重做结果依然如此则用贯入量为 5 mm 时的 CBR 值为标准。由相关资料及反复试验可知沙砾卵石土应采用贯入量为 5 mm 时的 CBR 值。选取含石量为 60% 的沙砾卵石土,以击实试验得到的最佳含水量和最大干密度制备所需试样,采用重型击实试验制作试样,击实 98 下。试样制作完成后为使其处于最不利状态应,将其泡水 4 天(顶面有荷载板)。泡水养护结束后进行 CBR 试验,试验过程如图 7 所示。

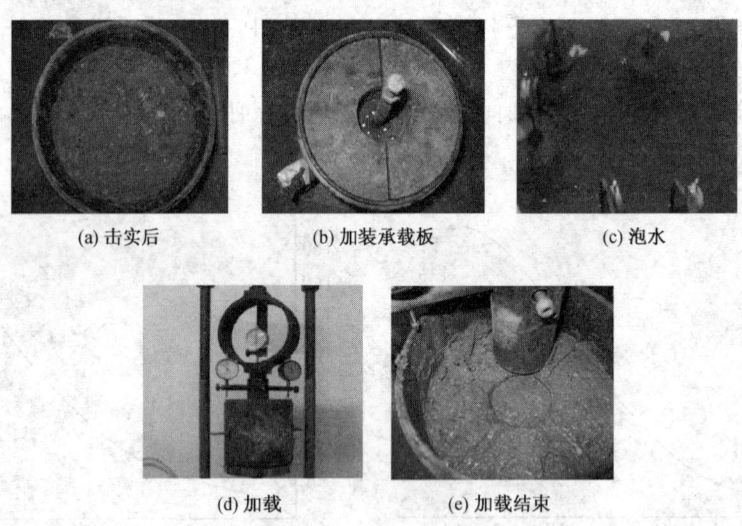

(a) 击实后　(b) 加装承载板　(c) 泡水

(d) 加载　(e) 加载结束

图 7　CBR 试验过程

根据试验结果绘制出单位压力与贯入量之间的关系曲线(如图 8 所示),用以确定该试样的 CBR 值。

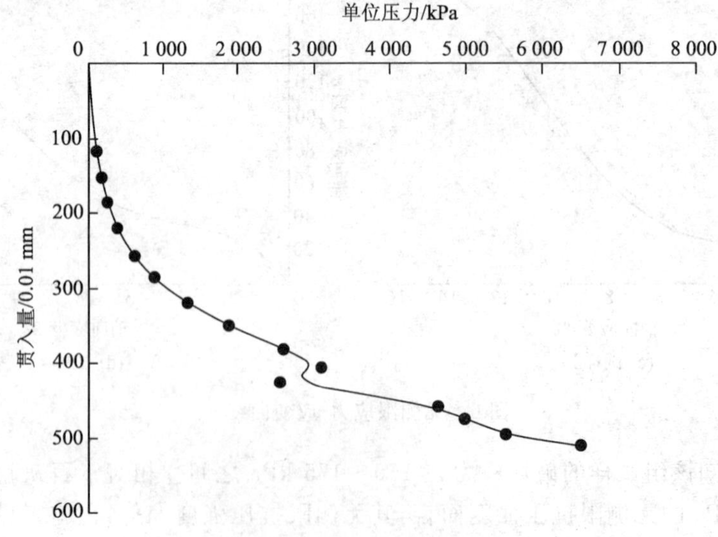

图 8　单位压力与贯入量关系曲线

由试验结果可以计算出该试样的 CBR 为 56.95%。试验结果表明,沙砾卵石土具有很高的抗剪切破坏能力,满足路用性能的要求。

本文在试验的基础上以比较简单的参数直观地反映沙砾卵石土的工程特性，分析如何选材、优化组合、处理材料性能的不足，以用于项目施工的借鉴和指导。南京绕越公路工程沙砾卵石土施工工艺打破传统、另辟蹊径，走出了一条经济、节约、环保的可持续发展道路，为以后工程建设树立了成功的典型。

镇荣公路拓宽改造工程一期沥青路面质量控制方案

孙荣政　彭彪　张业夫

（江苏省镇江市公路桥梁检测中心　镇江　212000）

摘　要　镇荣公路拓宽改造工程一期项目沥青路面具有车流量大、夏季高温雨季半幅通车等特点，镇荣公路建设指挥部委托具有交通部甲级资质的江苏省交通科学研究股份有限公司承担技术咨询工作，并委托具有乙级资质的镇江市公路桥梁检测中心承担检测工作，为技术服务提供真实且具有指导性的数据，通过该方案达到预期效果。

关键词　技术咨询　试验检测　料源考察　配合比设计　级配关键筛孔控制。

近年来全国各地高等级公路建设过程中，业主及各参建方越来越重视沥青路面耐久性，意识到早期控制及过程控制对沥青路面使用寿命的决定性影响。在以往高等级公路技术服务经验基础上，镇荣公路建设指挥部委托江苏省交通科学研究股份有限公司（以下简称“苏交科”）承担该项目沥青路面技术服务工作，镇江市公路桥梁检测中心予以配合，共同完成该项工作。按照指挥部要求，技术服务工作包含：路面设计文件方案优化、原材料质量控制、目标配合比设计及性能验证、生产配合比调试及试铺段指导、施工技术培训、现场问题解决方案、施工质量抽检等。

镇荣公路拓宽改造工程路面结构类型为：4.0 cm 改性沥青 SMA-13＋8.0 cm 道路石油沥青 Sup20＋36 cm 水泥稳定碎石基层。

1　技术服务工作成果

1.1　原材料源头控制

近年来各地高等级公路陆续出现早期病害现象，其中包括车辙、开裂、水损害等，在业主质量要求、施工水平及生产设备不断提高的大前提下出现早期损害的主要原因为原材料质量不稳定，镇荣公路建设指挥部通过技术服务单位、总监办、检测单位共同对施工单位选定原材料质量进行源头控制。沥青路面用原材料（石灰岩集料、玄武岩集料、道路石油沥青 70 号、SBS 改性沥青、矿粉、木质素纤维、抗剥落剂等）坚持源头考察取样，该措施既对材料供应商自身生产水平进行了考察又为后期进场原材料质量建立了参照标本。

按照指挥部要求，下面层 Sup20 型沥青混合料需使用进口基质沥青，施工单位使用基质沥青为江阴宝利沥青厂用于改性的韩国双龙沥青。沥青评价标准按照江苏省高速公路施工意见相关内容控制，下面层 Sup20 型沥青混合料目标配合比设计之前技术服务组对该品牌沥青进行抽检，第 1 次抽检结果表明针入度指数不满足技术要求，指挥部对此十分重视，随即组织各参建单位到沥青厂进行交流并重新取样。第 2 次检测结果表明，沥青各项指标满足相关技术要求。检测结果见表 1。

表 1　韩国双龙沥青检测结果

试验项目	单位	第 1 次结果	第 2 次结果	技术要求
针入度(25 ℃,5 s,100 g)	0.1 mm	75	69	60～80
针入度指数		−1.64	−1.50	−1.5～+1.0
10 ℃延度	cm	47	>150	≥20
15 ℃延度	cm	>150	>150	≥100
软化点(R&B)	℃	45.0	46.5	≥46
60 ℃动力黏度	Pa·s	192	183	≥180
密度(15 ℃)	$g\cdot cm^{-3}$	1.024	1.032	实测记录
闪点	℃	336	327	≥260
溶解度	%	99.86	99.75	≥99.5
蜡含量(蒸馏法)	%	1.2	1.4	≤2.2
TFOT 后,质量变化	%	0.06	0.07	≤±0.8
TFOT 后,残留针入度比(25 ℃)	%	68.1	67.5	≥61
TFOT 后,残留延度(10 ℃)	cm	12	14	≥6
TFOT 后,残留延度(15 ℃)	cm	>150	>150	

1.2　配合比设计

(1) 目标配合比设计

目标配合比的设计过程,一方面是对原材料的一次全面验证工作,确保集料的料源特性和认同特性满足相关技术要求;另一方面也是生产配合比设计及沥青混合料施工的基本参照,是沥青路面顺利施工的基本保障。上、下面层配合比及混合料性能见表 2～5。

表 2　下面层目标配合比旋转压实试验结果

沥青混合料特性	设计结果	Superpave 标准
沥青用量/%	4.4	
空隙率 *VV*/%	4.0	4.0
矿料间隙率 *VMA*/%	13.3	≥13
饱和度 *VFA*/%	69.6	65～75
粉胶比 *DP*	1.14	0.6～1.2*
初始次数压实度/%	84.0	≤89.0
最大次数压实度/%	97.2	≤98.0

注:* 级配如果是粗级配或走禁区下方,粉胶比可增加到 0.8～1.6。

表 3　下面层 Sup20 混合料性能验证

Sup20	浸水马歇尔 MS_0/%	AASHTO T283 TSR/%	动稳定度/(次/mm)
试验结果	89.6	82.0	1 368
技术指标	≥85	≥80	≥1 000

表 4　SMA-13 目标配合比马歇尔试验结果

沥青混合料特性	设计结果	设计标准
油石比/%	6.0	
空隙率 *VV*/%	4.0	3～4.5
矿料间隙率 *VMA*/%	17.0	≥16.5
饱和度 *VFA*/%	76.3	75～85
稳定度/kN	10.37	≥6.0
流值/(0.01 mm)	34.1	20～50

表 5　上面层 SMA-13 混合料性能验证

SMA-13	浸水马歇尔 MS_0/%	冻融劈裂 TSR/%	小梁弯曲/ $\mu\varepsilon$	动稳定度/(次/mm)
试验结果	89.3	84.3	2 742.3	5 337
技术指标	≥85	≥80	≥2 500	≥3 000

(2) 生产配合比设计

生产配合比设计内容包括：进场原材料级配差异、拌和楼筛网确定、冷料仓转速比的确定、热料仓料筛分、热料仓集料密度、生产配合比级配组合设计、沥青用量的确定、水稳定性检测工作等。图 1，图 2 为两种混合料类型目标、生产级配对照图。

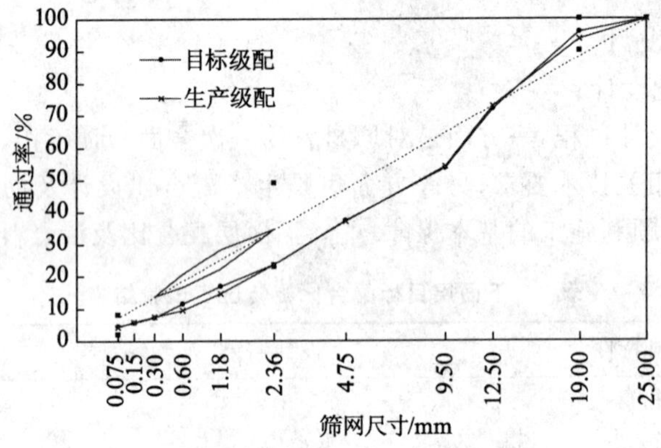

图 1　Sup20 目标生产级配对照图

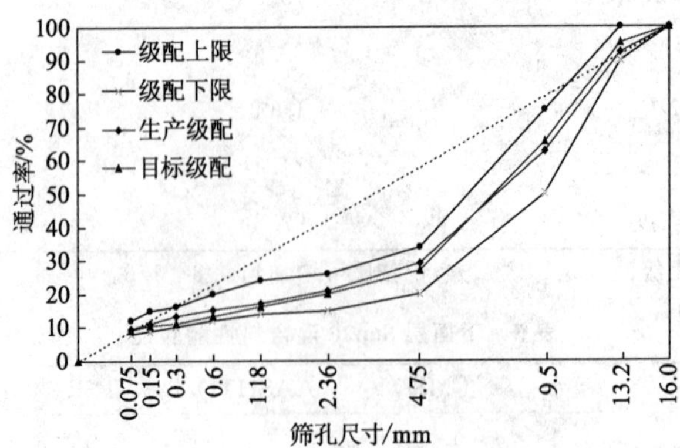

图 2　SMA-13 目标生产级配对照图

1.3 现场典型问题解决措施

（1）路面关键试验仪器自我标定

路面施工单位对试验室试验仪器准确性主要取决于计量单位对仪器的标定，根据以往工程经验，试验数据产生误差主要有两个方面：人员操作误差，主要是对试验规程的片面理解；试验仪器的误差，主要是试验仪器陈旧老化。因此，技术服务组向指挥部提出自我标定建议，得到指挥部领导的认可。

① 离心式抽提仪

按照现行沥青及沥青混合料试验规程（JTG E20—2011）要求，沥青路面工程抽提试验应采取离心法和燃烧法，本项目施工单位采用离心分离式抽提仪。

自我标定流程：对集料及矿粉进行水洗筛分确定 0.075 mm 通过率→固定掺配比例及油石比经由试验室小型拌和机拌和→进行抽提试验得出试验结果→对试验结果进行分析。依据标定结果，施工单位抽提仪存在问题，建议施工单位对抽提仪进行反复比对检修。自我标定具体结果见表 6。通过标定后在实际控制中考虑该误差。

表 6　抽提仪自我标定结果

试验参数	0.075 mm 通过率/%	油石比/%
标准结果	4.8	4.0
试验结果	4.3	4.2
试验误差	−10.4	+5.0

② 理论最大相对密度仪（真空法）

沥青混合料理论最大相对密度是评价混合料体积指标及路面空隙率的关键参数，公路沥青路面施工技术规范（JTG F40—2004）要求，道路石油沥青混合料理论最大相对密度由真空法测定数据为标准，改性沥青混合料理论最大相对密度由计算法确定。结合苏交科大量沥青混合料数据可知，改性沥青混合料采用计算法确定是因为改性沥青混合料随温度下降，黏度上升较快，和易性较差，即使分到 6 mm 以下颗粒，内部也难免有较多小气泡，影响测定结果，这就对试验操作人员有较高要求。计算法存在一定滞后性，集料料源特性出现变化，无法及时反馈在计算的理论最大相对密度结果中，因此镇荣公路拓宽改造工程一期项目采用“双控”标准论证取值。

论证流程：取样送苏交科进行理论最大相对密度试验→工地试验室同时开展相同试验→根据集料密度计算结果→将 3 种结果进行比对论证。

理论最大相对密度自我标定结果见表 7。试验结果表明：工地试验室使用国产理论最大相对密度仪测定结果偏差较大，道路石油沥青及 SBS 改性沥青计算法与实测法理论最大相对密度结果相差不大，在实际施工中可不作调整。

表 7　理论最大相对密度自我标定结果

沥青类型	道路石油沥青 70 号	SBS 改性沥青
苏交科实测结果	2.503	2.524
合成计算结果	2.508	2.520
工地实测结果	2.487	2.492

(2) 拌和楼工作性能分析

拌和楼能否稳定生产直接影响沥青路面的施工质量，技术服务组基于各沥青路面标段下面层施工前拌和楼设备刚刚安装调试完成这一情况，提出在下面层要加强拌和楼的调试，解决拌和楼稳定生产的问题。技术服务组对拌和楼生产要点提出了明确的要求，包括热料仓合理筛网尺寸设置、打印机配备、各项温度传感器标定、称量的标定等。

在拌和楼的生产过程中，通过巡查方式对拌和楼生产的实时打印数据进行数学的统计分析，检验拌和楼计量精度、拌和楼的拌和时间，观察拌和楼生产过程中是否连续、计量是否稳定等一系列问题。拌和楼生产计量波动图如图 3 所示。抽查结果表明：下面层 4 ＃热料仓(11～16 mm)3 次抽查计量偏差均较大，其极值超过 2%。

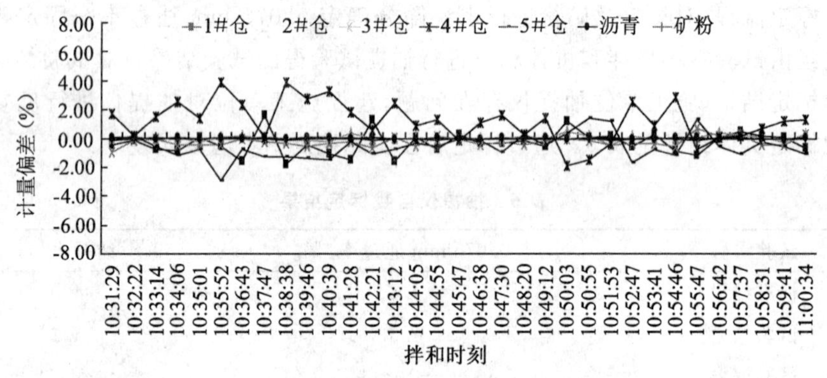

图 3　拌和楼生产计量波动图

(3) 施工细节控制

① 拌和楼除尘力度对混合料级配的影响：在生产过程中由于细集料中 0.075 mm 颗粒含量的变化以及阴雨天气等因素容易影响拌和楼细集料仓 0.075 mm 颗粒含量的变化，因此控制好拌和楼除尘功率是控制混合料级配及体积指标的关键步骤，在生产过程根据进场原材料 0.075 mm 颗粒含量的变化以及细集料的干湿情况，及时对拌和楼除尘功率进行调整，确保了用于摊铺的沥青混合料的质量。

② 试验方法的统一：马氏试验的击实温度对成型后试件密度影响较大，在上面层 SMA-13 生产配合比设计期间，就出现了成型温度不统一，马氏密度偏差较大的现象。在拌和楼试拌的沥青混合料，油石比及矿料级配比较稳定，与生产配合比调试结果均较吻合，但是马氏成型试件密度偏差较大。技术服务发现，施工单位所用的成型温度为 155～160 ℃，而技术服务组与检测中心所用的成型温度为 165～168 ℃，而对于 SMA-13 这个改性沥青混合料来说，温度敏感性是很高的，10 ℃的击实温度的差距，必然导致试件密度的偏差。之后在工地例会上提出统一击实温度后，参建各方的马氏空隙率基本一致。

③ 沥青下面层厚度控制：施工单位提出下面层采用平衡梁的方式控制厚度。

一般情况下，沥青下面层施工时由于下承层水泥稳定碎石基层平整度较差且沥青层为整个路面高程控制的最后阶段，摊铺机找平方式多采用“走钢丝”的方法控制高程，施工单位为确保下面层厚度坚持采用平衡梁的方式作为摊铺机找平方式，技术服务组与检测中心在后期施工过程中对芯样厚度进行抽检，结果表明芯样厚度离散性较大，最大值与最小值差值达到 1.7 cm，这就与施工单位控制厚度的初衷背道而驰，由此可见摊铺机无论采用何种找平方式，关键在于控制，施工时不能因施工机械的先进而忽略应有的人为控制。

④ 下封层及黏层油施工：下封层是连接半刚性基层与沥青混合料面层的桥梁，可以提供摩阻力防止不同结构层的滑动，直接影响路面荷载的传递，同时起到防水抗渗的作用，因此下封层的质量影响路面整体的质量。同样黏层施工质量也影响整体路面质量。

2 工地检测中心

工地检测中心检测数据是业主评价施工质量的关键依据，本项目委托镇江市公路（桥梁）检测中心承担检测任务，并加大了检测频率，承担了监理检测任务，沥青路面原材料及混合料试验全部由镇江市公路（桥梁）检测中心有相当经验的人员完成，为沥青路面施工质量控制提供了强有力保障。在沥青路面施工过程中，检测中心重点对混合料体积指标、沥青含量、级配组成及成品路面施工质量进行重点关注。

2.1 沥青混合料质量控制

（1）混合料体积指标验证

施工过程中检测中心配备美国产 PINE 旋转压实仪进行混合料体积指标验证。上面层与下面层空隙率波动如图 4～图 6 所示。

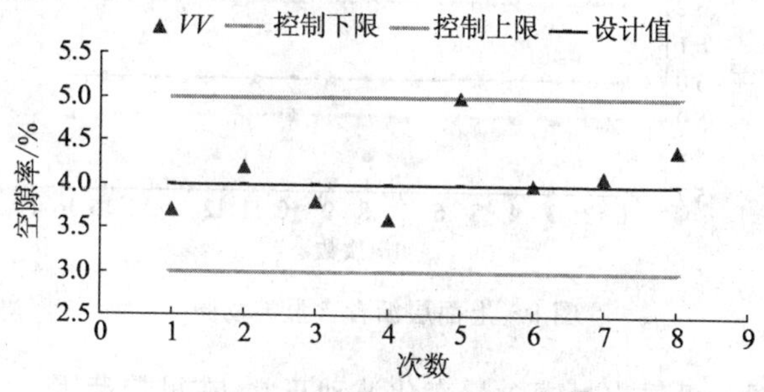

图 4 下面层旋转压实空隙率波动图

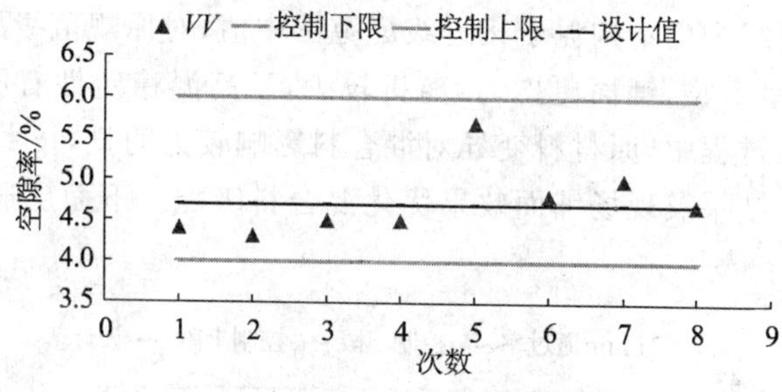

图 5 下面层马氏压实空隙率波动图

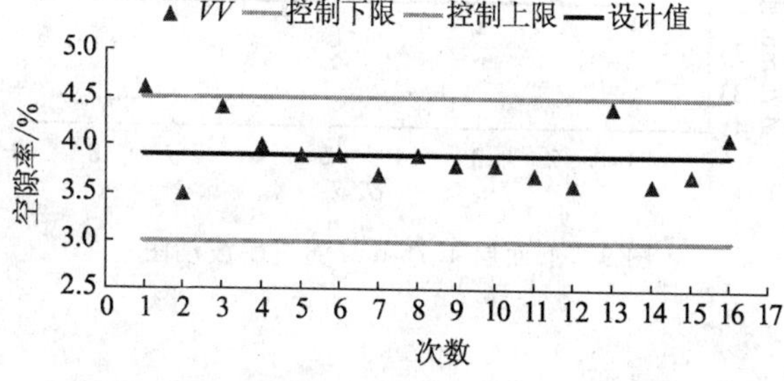

图 6 上面层马氏压实空隙率波动图

从图 4～图 6 可看出空隙率变化波动正常，在可控范围。

(2) 沥青含量控制

沥青含量对混合料体积指标及沥青路面耐久性有重要影响。上下面层沥青含量波动如图 7 和图 8 所示。

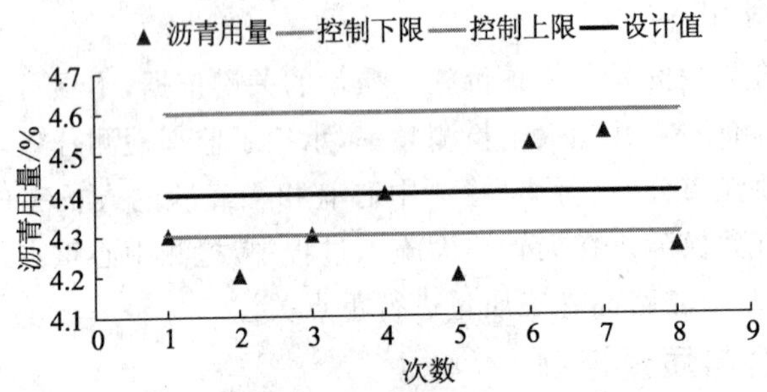

图 7　下面层沥青含量波动图

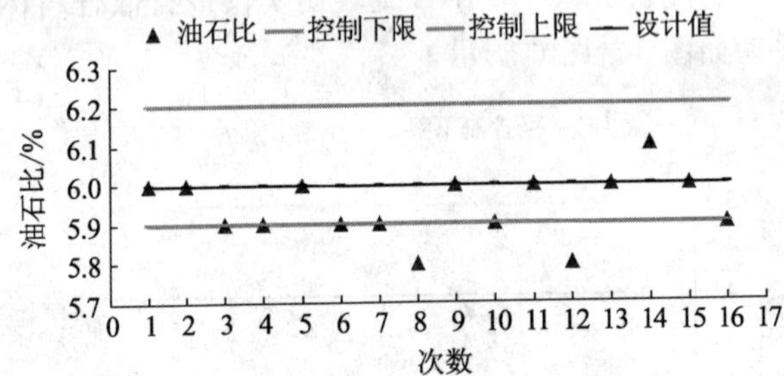

图 8　上面层沥青含量波动图

同样由图 7 和图 8 可看出沥青含量变化波动正常，在可控范围。

(3) 关键筛孔控制

目前沥青混合料级配已不拘泥于接近级配范围中值，对原规范级配范围适当调粗，增加中间料颗粒，级配呈 S 型，铺面更均匀，离析较少，且高温稳定性有所提高，关键筛孔控制尤为重要。在施工过程中，原材料变异对混合料影响较为明显，技术服务单位依据检测中心混合料级配检测结果及现场铺面效果优化混合料级配。下面层通过率波动如图 9～图 11 所示。

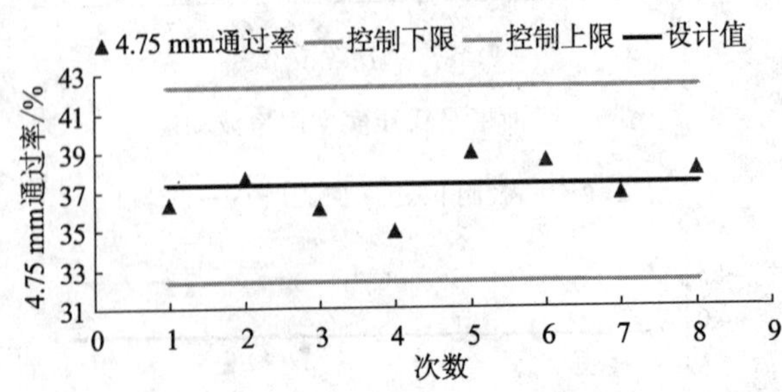

图 9　下面层 4.75 mm 通过率波动图

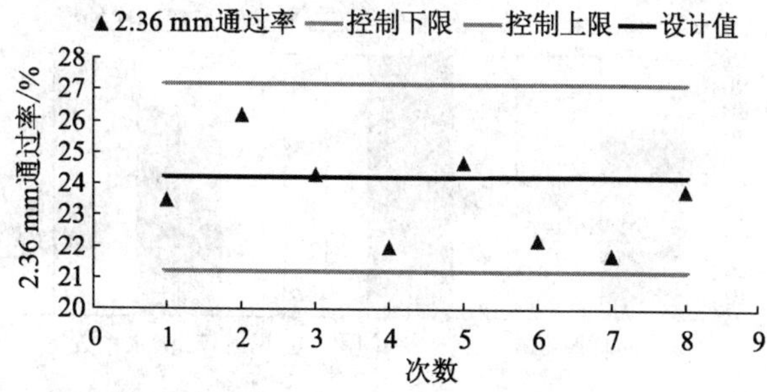

图 10　下面层 2.36 mm 通过率波动图

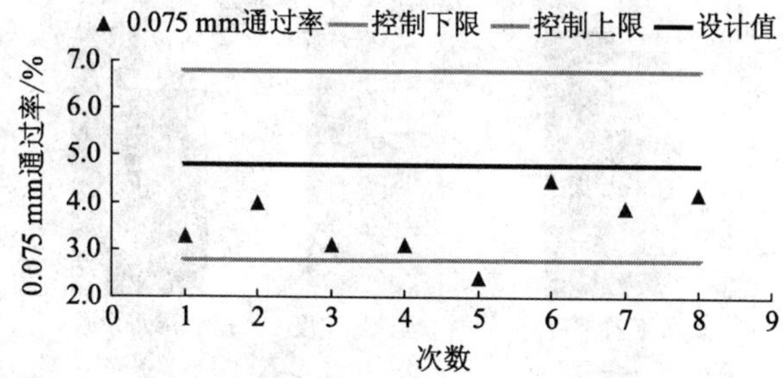

图 11　下面层 0.075 mm 通过率波动图

从图 9～图 11 可看出下面层 0.075 mm 通过率变化波动正常，在可控范围。

2.2　成品路面检测

调查压实度、渗水性能及路面离析状况等。每次阶段性巡查，检测中心及技术服务组特别重视取样的随机性，力求检测数据具有代表性，同时检验薄弱环节处路面施工情况，通过检测解决了沥青路面施工过程存在的一些问题，加强了施工单位的质量意识，提高了镇荣公路的建设质量。

在日常检测过程中尤其重视渗水系数的检测，通过渗水系数的检测了解路面压实情况，降低沥青路面后期压实变形，缓解车辙。抽检结果见表 8、表 9 及图 12、图 13。

表 8　部分下面层检测结果

抽检	芯样厚度/cm	理论压实度/%	渗水系数合格率/%
第 1 次	7.7	94.7	100
第 2 次	7.7	94.7	80
第 3 次	8.0	94.5	81.8
第 4 次	8.1	95.0	100
技术要求	≥7.6	93～97	≥80

表 9　部分上面层检测结果

抽检	芯样厚度/cm	理论压实度/%	渗水系数合格率/%
第 1 次	3.9	95.1	76.9
第 2 次	3.7	95.3	100
技术要求	≥3.6	94～96.5	≥90

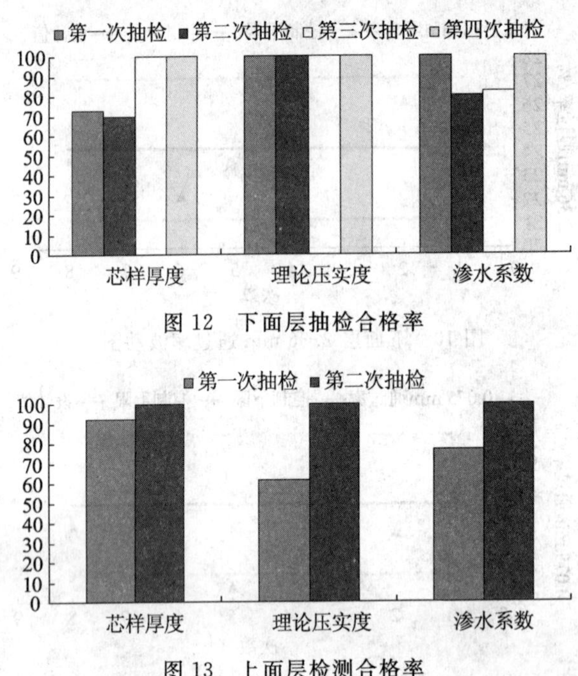

图 12　下面层抽检合格率

图 13　上面层检测合格率

镇荣公路一期拓宽改造工程委托苏交科及镇江市公路(桥梁)检测中心两家检测单位控制路面施工质量,苏交科主要依托成熟先进的技术平台为镇荣公路提供技术服务及针对性检测任务,镇江市公路(桥梁)检测中心主要提供工地日常检测任务。一方提供技术,一方及时提供数据,相互取长补短,共同控制镇荣公路路面施工质量。为缓和通车压力,镇荣公路建设过程下面层道路石油沥青 70 号 Sup20 混合料路面半幅通车,通车经历半年高温雨季,仅部分交叉路口出现轻微车辙,整体质量良好。实践证明了这种对沥青路面施工质量控制是切实有效的,值得推广。

桥梁工程

Bridge Engineering

京港澳（G4）高速公路大修项目桥梁上部构造同步顶升施工技术的介绍

丰荣良

（江苏省镇江市路桥工程总公司 镇江 212017）

摘　要　通过对京港澳(G4)高速公路耒宜段大修施工中桥梁上部构造顶升施工的总结，本文详细介绍了桥梁上部构造整体同步顶升的施工技术措施、施工工艺及施工注意事项。

关键词　高速公路大修　桥梁　上部构造　同步顶升　施工技术

随着国民经济的飞速发展，京港澳(G4)高速公路交通量增长迅速，已远远超过原设计交通总量。交通量的快速增长使既有公路的服务水平急剧下降，大量超载车辆的通行造成了既有路面的严重破坏，桥梁、涵洞等也出现了不同程度的病害，车辆运行速度、行车安全性与舒适性逐年下降，道路服务水平与高速公路的性质、功能极不相称。为此，京港澳(G4)高速公路大修已经显得非常紧迫和必要。

在本高速公路大修方案中，为了通过整体抬高桥梁上部构造的高度来消除路面铺装与桥面铺装结构厚度差，从而实现路面与桥面纵断面平顺衔接；也为了便于日后的维修养护，提高桥梁的耐久性，需对桥梁支座进行更换工作。为此，我们在施工中采用了智能同步顶升系统，对桥梁上部构造进行整体同步顶升施工。

1　工程概况

耒宜高速公路是京港澳国家高速公路(G4)湖南境内最南端的一段，它北起耒阳以东的陈家坪，与潭耒高速公路相连，途径耒阳、永兴、苏仙、北湖、宜章等县区市，在小塘与广东省粤北高速公路相接，全长135.367 km，设计时速为100 km/h，全线位于公路自然区划中的Ⅳ5与Ⅳ6区。项目总投资39.188亿元，按山岭重丘区双向四车道高速公路标准修建，路基宽27 m，路面宽23.5 m，中间分隔带宽2 m。全线共设互通式立交7处(未含水龙互通)，服务区3处(永兴、苏仙、宜章)，通道及人行天桥123处。该路于1998年11月28日正式动土兴建，2001年12月28日正式通车运营。

耒宜高速公路大修S4标合同范围内共计14座桥梁，其中11座大中小桥梁需对桥梁上部构造进行顶升施工。上部构造类型分别为预应力砼箱梁、预应力砼空心板梁和钢筋砼空心板梁，跨径为20 m，16 m，13 m不等。

2　施工特点与难点

(1) 部分梁底空间高度小，千斤顶无法放置；

(2) 保证临时支撑用的钢板和钢垫块的稳定；

(3) 桥梁需整体同步顶升，一次性投入的设备较多；

(4) 顶升高度较大，控制梁体在顶升过程中不会发生横向或纵向偏移；

(5) 桥梁不可预测因素较多，在顶升方式、顶升高度、设备配备等方面要考虑周全。

3 主要施工方案

3.1 顶升工艺流程

施工准备→顶升前准备→顶升系统及监测设备的安装调试→试顶升(问题反馈及处理)→正式顶升→第一次顶升完成→放置钢垫块→重复顶升、放置钢垫块直到顶升到位→落梁至临时支撑上→安装垫石及支座→现场清理。

3.2 施工准备

3.2.1 平台搭设

在每跨桥墩侧或者承台侧搭设施工平台，施工平台采用门架式脚手架，搭设两层，每层高 1.7 m(如图 1 所示)。

图1 施工平台搭设

3.2.2 牛腿安装

根据现场调查，本次顶升涉及的梁板底与盖梁之间空隙较小，不能直接安装千斤顶。因此，确定先在盖梁上安装钢牛腿，在每个铰缝处正下方设置一个牛腿，单侧安置 11 个牛腿，利用钢牛腿作为反力基础，构建牛腿——千斤顶顶升体系实施顶升。牛腿结构示意图如图 2 所示。

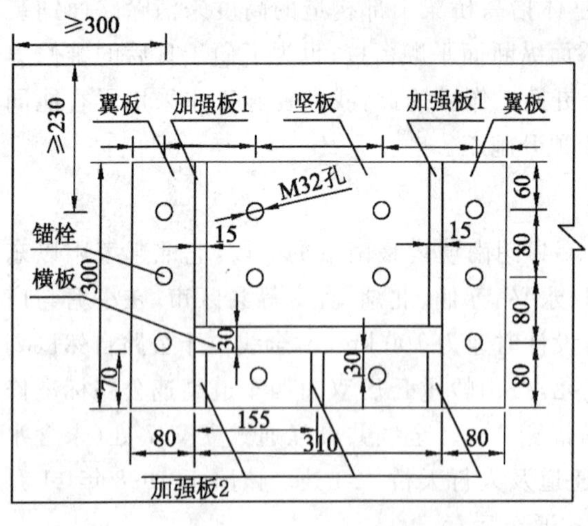

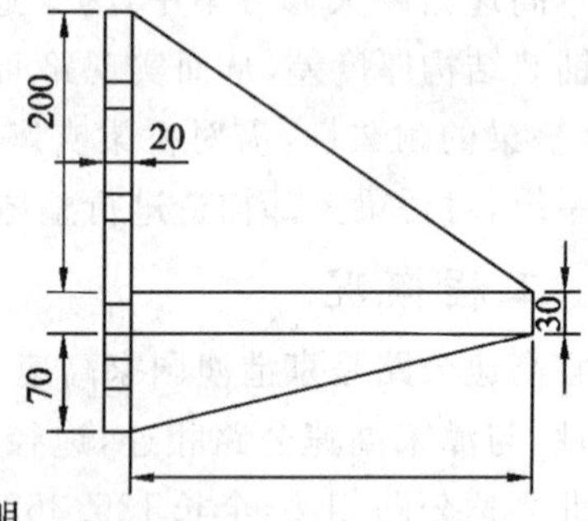

说明

1.图中尺寸均以毫米计。

2.植筋采用10.9级M27的螺栓，锚植深度为300 mm

3.必须保证植入上排8根锚栓。

4.牛腿锚栓距盖梁边缘的距离不得少于300 mm，距盖梁顶距离不得少于300 mm。

5.植筋采用专用植筋胶。

6.牛腿钢板采用双面坡口焊接，焊条为E43，焊角高度为20 mm。

图2 牛腿结构图

3.2.3 桥梁同步顶升系统的选用及配置

根据梁板的重量及顶升高度，选用大行程千斤顶，单个千斤顶最大顶升力 60 t，桥梁每跨设置22个千斤顶,总顶升力为1 320 t,梁体单跨总重400 t,远大于单跨桥梁的重量,顶升系数为3.3,满足顶升要求。该千斤顶均配有液压锁,可防止任何形式的系统及管路失压,从而保证负载的有效支撑。

表1　桥梁同步顶升系统配置清单及主要的指标

序号	规格及名称	单位	总数量	备注
1	监控主机	台	1	
2	千斤顶	台	68	
3	PLC从站	台	16	压力和位移检测各4套
4	PLC主站	台	1	容量150 L,供油量120 L
5	手提电脑	台	1	
6	监控管理软件	套	1	
7	高压油管	m	800	采用M16×1.5接头
8	位移传压器	只	68	

以牛腿作为顶升反力基础,千斤顶的布置形式如图3所示。

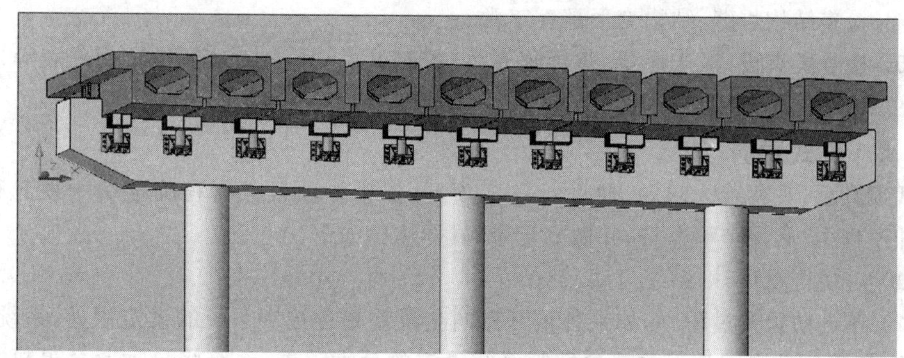

图3　千斤顶安装效果图

千斤顶的基本参数见表2。

表2　千斤顶基本参数表

名　称	起重质量/t	起重高度/mm	油缸外径/mm	油缸高度/mm	工作压力/MPa
顶升千斤顶	60	280	ϕ205	440	31.5

3.3　顶升前准备

顶升前在桥面上布置若干标高和中线观测点,精确测量各点的标高值及桥梁偏移情况,并做好记录,在取得设计认可的基础上,确定各点的精确顶升高度,并做好如下工作:

(1) 顶升设备使用计划。

(2) 顶升系统可靠性检验。

(3) 成立顶升指挥系统。

(4) 顶升液压系统布置。由于顶升高度较大,需在横向桥盖梁挡板处及纵向伸缩缝处安装限位装置,防止顶升过程中梁体发生滑移。在千斤顶上方安装钢板与橡胶板,垫实缝隙,避免顶升时受力不均匀。

(5) 顶升系统测试。对顶升装置的液压系统、电路系统、千斤顶系统、控制与显示系统进行全面细致检查,并记录于表。

(6) 确定观测点。根据桥梁的实际情况确定若干标高和中线观测点。

(7) 检查桥梁是否存有连接现象。对桥两端伸缩缝、栏杆、管线及中间绿化带连接的部位均需切开。检查伸缩缝内是否有妨碍顶升的杂物,查看梁板与盖梁之间是否有锚栓或构件连接,如有则必须清除,以免顶升时对梁体造成破坏。

3.4 试顶升调整

为了观察和考核整个顶升施工系统的工作状态以及校核称重结果,在正式顶升之前,应进行试顶升。试顶升结束后,提供整体姿态、结构位移等情况,为正式顶升提供依据。试顶升调整主要有以下几方面:

(1) 控制所有千斤顶主顶回到起始位,进入顶升准备。

(2) 操作控制系统,适时调整泵站限压,给千斤顶逐次增加 20%,40%,60%和 80%的载荷,加载时随时观测各处情况并做好记录。

(3) 将主梁结构提升离开支座 1~2 mm,静置 2~3 h,期间组织人员定时对结构观测。

(4) 检查结构焊缝、结构变形是否正常。

(5) 检查所有设备(千斤顶、各行程开关、控制开关、压力表、编码仪、百分表等)是否正常。

3.5 正式顶升

试顶升后,观察若无问题,便进行正式顶升,据千斤顶最大行程确定每一顶升行程。在顶升过程中,必须全程监控,并做好记录,具体步骤如下:

(1) 启动自动顶升,系统自动运行。

(2) 在自动顶升过程中,如果各顶升点同步误差超过控制系统的设定误差,系统将自动调整;如果顶升点同步误差超过控制系统设定的最大误差,系统将自动紧急停机,等待调整;调整完毕,进入准顶升状态,再次启动自动顶升。

(3) 顶升过程中,观察同步控制误差对构件的影响;注意记录顶升过程中的油压最大、最小值,并时刻监测主梁结构状态偏移是否在规定范围内,在误差出现时应及时进行修正。

(4) 顶升过程应随时监控负荷、结构状态。

(5) 每顶升高一定距离就将相应临时支架放置在原有橡胶支座上。

(6) 顶升至千斤顶最大行程时,利用临时支架进行体系转换,转换后再进行下一次顶升,直至顶升至设计高度。

(7) 当主梁结构顶升就位后,临时固定。

(8) 支座表面应保持清洁,支座附近的杂物及灰尘应清除。

3.6 支座更换

(1) 拆除旧支座。

(2) 清理支座主梁结合面的砼表面。

(3) 在原支座安装位置安装刚性垫石,并做防锈处理。

(4) 新支座安装时,支座位置按十字中心线对中,纵横向误差在允许范围之内。

（5）分级卸压同步落梁。

3.7 落梁

（1）支座更换完成后，千斤顶顶起主梁，逐步撤除钢垫板，同步缓慢回落梁板至更换好的支座。

（2）千斤顶必须按设计的行程同步回落，应控制回落速度在 1 mm/min 左右，各顶升点的位移同步精度应达到 0.5 mm。

（3）应同时观测梁体回落高度和千斤顶的起鼎力，施行双控。总回落量与千斤顶起鼎力不能超过设计值或计算值。

（4）落梁时，按先拆后降的原则拆除临时支撑。注意避免碰撞支座，以保证支座位置。落梁工艺采用逆顶升法缓慢降落同一幅的每片梁。

（5）降落时，亦按顶升时的步长步阶缓慢降落，有利于梁就位准确且与支座密贴；每降落一个行程后检查梁体的情况，若梁就位不准确或与支座不密贴，应报监理和有关单位代表，查明原因，采取有效措施予以纠正后，重新调整。

（6）详细检查垫石及支座，确认压紧密贴、位置正确后，撤除顶升系统。

3.8 临时设施的安全拆移

临时设施的拆移应注意安全、有序，采用与顶升时相同的保障措施进行监控，同时清理盖梁上方残留垃圾，并应注意成品保护和拆除时的安全。

3.9 顶升监测

为保证桥梁在顶升过程中的整体姿态及结构安全，必须对顶升全过程进行监测，主要监测内容如下：

（1）反力基础沉降观测。设置沉降观测体系来反映反力基础沉降状况，及时做出相应的措施。

（2）桥面标高观测。桥面高程观测点用来推算每个桥墩的实际顶升高度。设置桥面标高观测点使每个桥墩的实际顶升高度确定有依据，使顶升到位后桥面标高得到有效控制。

（3）桥梁底面标高测量。作为桥面标高控制和测量的补充，提供辅助的顶升作业依据。

（4）支撑体系的观测。通过观测，及时掌握支撑体系的受力和变形情况，及时采取措施控制支撑体系的变形量，使施工在安全可控的环境下进行。

通过对本次高速公路大修项目本标段 11 座桥梁上部构造的顶升加固施工的总结，我们认为采用智能同步桥梁顶升系统能够较好地完成在狭窄空间下大吨位构件的顶升难题。该技术实现了真正同步顶升，操作简单可靠。桥梁整体同步顶升技术的应用在保持桥梁上部结构的完整性的同时，对抬升桥梁以满足高速公路大修工程桥面高程调整、桥下净空高度调整及桥梁支座更换，有着非常重要的意义。它既节省了投资的成本，又缩短了施工工期，对交通的压力影响较小，可为高速公路大修项目桥梁加固、维护、施工作参考。

桥梁盖梁的常用施工方法

顾陈玲

（江苏省镇江市路桥工程总公司 镇江 212017）

摘　要　伴随着城市化的进程，我国的交通基础设施建设也得到了长足的发展，越来越多的桥梁呈现在我们面前，在各式各样的桥梁中，最常见的就是采用预制安装的梁桥，其中盖梁起到了承上启下的重要作用。本文对盖梁施工的常见方法做了简要介绍。

关键词　抱箍　钢棒　托架　支架　钢管柱

由于在工期和质量等方面的优势，再加上如今机械化水平的提高，预制安装的桥梁得到了极大的运用。盖梁作为不可或缺的一个重要部件，也越来越得到重视，主要体现在经济、安全和效率等方面。

常见的盖梁施工方法主要有托架和支架两种方法。

1　托架施工方法

对于双柱或三柱这样的盖梁而言，以托架的施工方法更为经济高效。托架的支撑牛腿主要有抱箍和钢棒两种，其上的支架可以采用贝雷梁或者工字钢作为纵梁。

1.1　抱箍法

钢抱箍的箍身采用 2 块 A3 规格、厚度在 15～20 mm 的半圆弧形钢板制作而成；连接板采用 25～30 mm 厚钢板，连接板与箍身采用坡口焊接；加劲板采用 10～15 mm 厚钢板，其与连接板、箍身的焊接均采用坡口焊接，2 块箍身用 M24 的高强螺栓连接，通过抱箍与立柱的摩擦力来支承模板、混凝土等荷载。一般为了提高墩柱与抱箍间的摩擦力以及避免有损立柱外观，在墩柱与抱箍之间设一层 2～3 mm 厚的橡胶垫。对于抱箍的高度和螺栓的数量应通过计算确定。

(1) 荷载

每个盖梁按墩柱数量设 2～3 个抱箍体支承上部荷载。

支承总荷载 G＝模板、纵梁、混凝土等自重＋人员及混凝土倾倒等荷载（一般可按 20 kN考虑）。

每个抱箍所应该承受的荷载即抱箍体需产生的摩擦力 N 也就很容易算出。

(2) 螺栓数目确定

抱箍所受的竖向压力由 M24 的高强螺栓的抗剪力承载，M24 螺栓的允许承载力

$$[N]=P\mu n/K$$

式中：P——高强螺栓的预拉力；

μ——摩擦系数；

n——传力接触面数目；

K——安全系数。

取 $P=225$ kN，$\mu=0.3$，$n=1$，$K=1.7$，则$[N]=225\times0.3\times1/1.7=39.7$ kN，从而易求得螺栓数目

$$m=N/[N]$$

(3) 螺栓轴向受拉验算

砼与钢之间设一层橡胶，橡胶与钢之间的摩擦系数 $\mu=0.3$，抱箍产生的压力

$$Pb=N/\mu$$

抱箍的压力由 M24 的高强螺栓的拉力产生，即每条螺栓拉力为

$$N_1=Pb/m \quad (P<225\text{ kN})$$

(4) 抱箍体高度确定

抱箍壁受拉产生拉应力 $P_1=mN_1/2$ 。抱箍壁采用钢板厚度 A，抱箍高度 H 为

$$H=P_1/140A$$

实际应用时，一般取计算值的 1.2 倍，同时需要考虑到螺栓的分布与箍身高度是否适合，可适当提高箍身的高度以满足要求。

(5) 支架计算(略)

1.2 钢棒法

在浇筑墩柱时距柱顶以下一定位置(根据拟采用的支架出高度确定)处，根据盖梁的大小，采用内径为ϕ110～ϕ150 mm 钢管埋置在墩柱钢筋上，拆模后形成预留孔洞，然后插入ϕ100～ϕ140 mm 钢销，两端各伸出 30～50 cm 作为工字梁或贝雷梁的支承牛腿。

支架计算(略)。

2 支架施工法

对于独柱式盖梁而言，一般采用满堂支架或者钢管柱支架法施工。

以常用的ϕ48 mm×3.5 mm 满堂钢管支架搭设，模板底模采用钢模，侧板采用的竹胶板木模组合形式。

模板体系荷载按规范规定：0.75 kPa；

砼施工倾倒荷载按规范规定：4.0 kPa；

砼施工振捣荷载按规范规定：2.0 kPa；

施工机具人员荷载按规范规定：2.5 kPa。

(1) 支架强度计算

强度计算的最不利荷载通常有：

① 模板、支架自重；

② 新浇筑砼、钢筋砼或其他圬工结构物的重力；

③ 施工人员和施工材料，机具行走运输堆放的荷载；

④ 振捣砼时产生的荷载；

⑤ 其他可能产生的荷载，如雪荷载、冬季保温设施荷载等。

将上述荷载按不同的分项系数予以组合。当结构重力产生的效应与可变荷载产生的效应同号时，恒载分项系数为 1.2，基本可变荷载为 1.4，即

$$Sd(r_g G;r_q \Sigma Q)=1.2SG+1.4SQ'$$

式中：SQ'——基本可变荷载产生的力学效应；

SG——永久荷载中结构重力产生的效应；

Sd——荷载效应函数；

r_g——永久荷载结构重力的安全系数；

r_q——基本可变荷载的安全系数。

对于钢管支架应满足

$$\sigma = N/A_n \leqslant f = 215(\mathrm{N/mm^2})(偏心力矩忽略)$$

式中：N——轴心压力设计值(N)；

A_n——钢管净截面积 489.303 $\mathrm{mm^2}$；

f——钢管抗压强度设计值。

(2) 刚度验算

刚度的计算荷载通常有：

① 模板、支架和拱架自重；

② 新浇筑砼、钢筋砼重力；

③ 其他可能产生的荷载，如雪荷载、冬季保温措施产生的荷载等。

按照不同的分项系数予以组合。应注意遵循 $v \leqslant [v]$（v 为模板的挠度，$[v]$为模板允许的挠度），对结构表面外露的模板，$[v]$为模板构件计算跨度的 1/400。荷载为均布荷载时

$$v = 5ql^4/(384EI)$$

式中：q——荷载的强度；

l——模板构件的计算跨径；

E——模板构件模板的弹性模量，取 $1.0 \times 10^4\ \mathrm{N/mm^2}$；

I——模板构件的惯性矩，取 $5.0 \times 10^6\ \mathrm{mm^4}$。

(3) 稳定性验算

稳定性验算荷载选定计算部位同强度验算荷载一样，当支架搭设采用相同步距时应计算底层立杆段；当支架搭设中采用不同的步距时，除计算底层立杆外，还必须对出现最大步距的立杆进行计算。

钢管的稳定计算通常符合

$$N/(\psi A) \leqslant f$$

式中：ψ——轴心受压构件的稳定系数，应根据 $\lambda = l_0/i$ 值通过规范查得，其中 l_0 为立杆的计算长度。

对于满堂支架有

$$l_0 = kh$$

式中：k——长度附加系数，其值取 1.55；

h——立杆步距，cm。

计算过程：已知采用ϕ 48 mm×3.5 mm 的满堂钢管，$i = 1.58$ cm，则 $l_0 = 1.55h$，应满足 $\lambda = 1.55h/1.58 < 150$，然后根据计算得出 ψ，最终以 $N/(\psi A) \leqslant f$ 来确定稳定性是否满足要求。

(4) 地基要求

一般用 C20 砼硬化场地，厚度在 15～20 cm 即可。

(5) 构造要求

立杆底脚均垫以底座或垫板,立杆接头采用对接方式,并在支架顶端用搭接方式调整标高。对于每个立杆搭接,其扣件数不得少于 3 个,且端部扣件盖板的边缘至杆端距离不应小于 100 mm,立杆搭接长度不得少于 1 m。

立杆上的对接扣件应交错布置:两根相邻立杆的接头不应设置在同步内,同步内隔一根立杆的两个接头在高度方向错开的距离不宜小于 500 mm;各接头中心至主节点的距离不宜大于步距的 1/3。

支架应设置剪刀撑,剪刀撑的斜杆与地面的倾角宜为 45°～60°,每道剪刀撑宽度不应小于 4 跨,长度不应小于 6 m,剪刀撑底脚必须撑在地面上。满堂支架四边与中间每隔四排支架立杆应设置一道纵向剪刀撑,由底至顶连续设置。

对于高立柱,可采用钢管柱作为支撑,搭设周期短,并且相关部件可以做整体周转,对人员和设备投入显得比较经济。

我们不论采用何种方式施工,都要将安全放在第一位,落实到本文中,就是要应该对支架、托架等临时设施的设计和施工把好质量关,严格按照设计进行搭设。

城市桥梁混凝土施工的质量控制

刘来新　巫同军

（江苏省镇江市路桥工程总公司 镇江 212017）

摘　要　由于受城市环境的影响，城市桥梁混凝土在建造过程中需特别注重整体外观造型美。本文介绍了如何控制城市桥梁混凝土质量，分析了混凝土施工中可能出现的问题的原因，提出了预防措施。

关键词　城市桥梁　混凝土　质量控制

镇江左湖互通是镇大公路与丁卯桥路交叉处为实现两条道路的交通转换流而设置的互通。左湖互通的主线为镇大公路，镇大公路现基宽 24.5 m，为一级公路。其向西连接丁卯桥路、南徐大道，向东连接金港大道，构成贯穿城区东西向的城中干道，总长 13.8 km。改造后为城市快速道，设计车速为 100 km/h。预留城市快速公共交通(BRT)，双向 8 车道，辅道为单车道＋非机动车道，含路侧绿化带等，路幅总宽为 100 m。互通范围内的主线采用六车道城市快速路标准，路基宽度 28 m。左湖互通被交路为丁卯桥路和规划镇南路。互通范围内包括主线跨 A 匝道桥和主线跨 B 匝道桥、N 匝道桥。该桥混凝土施工按清水(免装修)混凝土标准，除各项强度指标满足设计要求外，还要求混凝土表面颜色一致，平整光滑，外表美观。

1　施工控制措施

要实现上述目标，必须对整个混凝土施工工艺进行控制，从模板的选用，各种原材料的品质，混凝土配制、拌和、灌筑、捣固、养生等工艺进行控制。

1.1　模板

(1) 选用表面平整、光洁度好的钢模板或有加固系统的涂胶板。模板安装时接缝要严密，不漏浆。

(2) 模板隔离剂可选用商品成品隔离剂，也可用工业油类在现场配制。商品成品隔离剂品种繁多，最常用的有乳化机油类隔离剂和甲基硅树脂类隔离剂。乳化机油隔离剂产品很稠，使用时用水调匀，用于钢模时按乳化剂与水的比例为 1∶5 调匀配别。该产品便于涂刷，脱模容易，制品表面光滑，使用时钢筋不可粘油。甲基硅树脂隔离剂是用甲基硅树脂加固化剂和适量的稀释剂配制而成，该产品涂于模板表面后坚硬光滑，涂一层可重复使用 4～6 次，但产品价格较高。现场自配隔离剂时，可用机油 1 份加柴油 3 份混合搅拌均匀，然后用布蘸取擦于模板即可，效果同于乳化机油隔离剂。模板涂抹隔离剂前，应将板面的污物清除干净。

1.2 混凝土原材料要求

(1) 根据混凝土不同强度等级备用不同品种等级的水泥(见表1),以满足每立方米混凝土相当的水泥用量及低水灰比的要求。

表1 水泥选用标准

混凝土等级	宜选用水泥等级
≥C50	52.5级普硅水泥掺高效减水剂或再掺活性掺和料
C40	42.5级普硅水泥掺高效减水剂或再掺活性掺和料
C30～C35	32.5级水泥掺高效减水剂或42.5级水泥掺普通减水剂+活性掺和料
C20～C25	32.5级水泥掺普通减水剂或再掺活性掺和料
<C20	32.5级水泥掺活性掺和料

无论灌注何种等级的混凝土,要想达到内实外美,且能达到强度等级,就应选用匹配的水泥等级(或掺用掺和料)使之调整到控制范围:每立方米低塑性混凝土水泥用量为250～500 kg;每立方米高塑性混凝土水泥用量为350～500 kg。

所谓低水灰比即凡有抗渗性要求的混凝土水灰比都不应大于0.5,掺加引气型减水剂允许增大到0.55。高性能混凝土水灰比(水胶比)不大于0.4。混凝土拌和物坍落度大小完全由高效减水剂性能决定。水泥在使用前3 d应取样复查检验,当3 d的抗压及抗折强度满足现行水泥标准3 d的强度指标,方可使用(28 d必须满足水泥强度标准值指标)。

(2) 细骨料优先选用质地坚硬、级配良好的河砂,其细度模数为2.5～3.2。混凝土等级≥C30时,含泥量应不超过3%,其余等级下应不大于5%。其他技术指标应符合普通混凝土用砂质量标准。

(3) 粗骨料选用质地坚硬、级配良好的碎石(或卵石),骨料粒径根据构件尺寸及钢筋净距而定,较大尺寸的结构建议采用最大粒径为31.5 mm连续级配。骨料针片状颗粒含量≤15%,含泥量≤1%。其他技术指标应符合《普通混凝土用碎石或卵石质量标准》的规定。

在每个开采场地,必须取样进行粗细骨料潜在活性检验,确认无潜在活性时方可开采使用。如骨料中含有潜在活性,而又无别的开采场地,非用不可时,则应对水泥、外加剂中的含碱量作严格的控制,每立方米混凝土中的总碱含量不得超过3 kg。

(4) 尽可能掺加减水剂和活性掺和料,以求在较少水泥用量的条件下还能提高混凝土的和易性,有利于泵送施工,并且能够改善混凝土的各项物理及化学性能,延长混凝土的使用寿命。

(5)拌和水宜使用饮用水。

1.3 配合比

混凝土要有好的和易性,并且达到耐久性要求,应针对施工条件和不同用途要求来配制,其组分除水泥、水、集料外,尽可能掺加适量的活性掺和料和减水剂或泵送剂。混凝土配合比由试验室至少提前1个月做试配。为保证满足强度保证率的需要,混凝土试配强度必须超过设计要求的强度标准值,其超出的数值应根据混凝土强度标准差而定。三者之间的关系为

$$f_{cu,o}=f_{cu,k}+1.645\delta$$

式中：$f_{cu,o}$——混凝土试配强度，MPa；

$f_{cu,k}$——混凝土强度标准值，MPa；

δ——强度标准差，混凝土等级小于 C30 级时取 4 MPa；C30～C50 级取 5 MPa；大于 C50 级取 6 MPa。

设计配合比时应根据不同等级水泥的富余系数按 1.03，1.08，1.13 等计算，试配制 3 个不同水灰比和 2 个不同掺和料用量进行正交试验，择优选用。

1.4 混凝土拌和

计量设备在使用前应进行校核，配料的允许误差（以质量计）见表 2。

表 2 混凝土拌和配料允许误差

材料种类	<C30 级	≥C30 级
水泥	±2%	±1%
砂子	±3%	±2%
石子	±3%	±2%
水	±2%	±1%
外加剂	±2%	±1%

混凝土拌和应均匀，颜色一致。每盘最短拌和时间应符合表 3 要求。

表 3 混凝土拌和时间要求 s

采用材料类型	碎石、粗中砂	碎石、细砂或机制砂	掺加外加剂或掺和料
高塑性混凝土	60～90	120～150	比不掺者再延长 30
低塑性混凝土	90～120	150～180	比不掺者再延长 40

注：低塑性混凝土坍落度为 5～8 cm；高塑性混凝土坍落度为 9 cm 以上。

1.5 混凝土的灌筑与捣固

搅拌站离灌筑地点应尽量近一些，避免长距离运输混凝土坍落度损失大。如用输送泵灌注混凝土，1 台输送泵应配 2 台以上输送车，保证混凝土连续泵送。

灌注混凝土布料应均匀，按每灌注 30～40 cm 厚捣固一次为宜，灌筑时应有专用的布料工具整平混凝土后再振捣。

采用模内插入式振捣器，振捣器应距模板 5～10 cm，垂直快速插入混凝土内，每一个位置上的振动时间，应保证混凝土获得足够的密实度，并将混凝土内靠近模板边的气泡振出混凝土外，或引到振动棒周边排出，注意不要振动过度，以防止混凝土表面出现砂面。振捣器拔出混凝土时速度要慢，保证振动棒周围的空气能够跟随振动棒排出。

1.6 混凝土养护

混凝土浇筑完毕并初凝后，如环境比较干燥，应尽快加以覆盖并浇水养护，浇水次数应能保持混凝土表面湿润。浇水养护应不少于 14 d。也可在浇筑完毕并初凝后，喷洒或涂刷养护剂进行养护。

1.7 拆模

拆模时机由技术人员根据混凝土达到的拆模强度判断，按《混凝土及钢筋混凝土施工验收规范》执行。

2 混凝土施工可能出现的问题

2.1 逊强（检查试件强度达不到设计要求）

（1）原因

① 混凝土拌和配料计量误差超过允许值，尤其是胶凝材料和外加剂。

② 水泥受潮或存放过期，强度等级已经下降。

③ 骨料级配变化太大，尤其是含泥量超过规定范围。

④ 遇下雨，骨料含水量大，而加水拌和时，未将其中的水扣除，使混凝土水灰比过大。

（2）对策

① 检查拌和配料计量器具是否准确，特别是水泥及外加剂的计量。

② 水泥保管时不得受潮。使用时按进货批次先到先用，每批进货时取样进行凝结时间、安定性和强度复查检验，合格后才能使用。在现场进行的水泥复查检验，只有 3 d 强度达到或超过现行国家水泥标准中 3 d 的强度要求，才能用于工程混凝土中。

③ 经常检查砂中颗粒分布及含泥量情况，尤其是细粉末含量及含泥量不得超过规定范围。每日开工前，测试砂石料含水量，并换算施工配合比，遇下雨天或其他原因骨料含水量突变时，应及时测定、换算施工配合比。

2.2 表面脱皮

（1）原因

① 采用的脱模剂效果不好，或漏涂脱模剂。

② 模板面沾有灰渣，施工时未将其除掉即涂脱模剂。

③ 脱模过早，混凝土表面灰浆本身的抗拉强度还抵抗不过混凝土表面与模板的黏结力。

（2）对策

① 选用好的脱模剂，涂抹时一定要均匀，不能漏涂。

② 灌注混凝土前先将模板面的旧灰渣清除干净，并涂好脱模剂再灌注混凝土，避免旧灰渣粘在混凝土面影响光面。适当晚卸拆模，待表面混凝土的抗拉强度增长到大于混凝土面与模板面的黏结强度才拆模。

2.3 表面出现砂面或水印

（1）原因

混凝土灌筑捣固时，振动棒在混凝土内紧靠模板振动时间过长，混凝土离析形成砂面。而在过振后振动棒靠着模板且向上拔出过快，滞留的气泡与水在模板边滚动形成水印（蚯蚓沟）。该部位混凝土没有连续灌注，下层混凝土已经初凝，当灌注上层混凝土时，振动器靠近模板振动，模板闪动，浆水乘机流下，流到一定程度便离析，砂粒和灰浆分别卡在模板边，水则继续流下而形成流泪式水印。

（2）对策

捣固时，振动棒不要靠近模板，应离开模板 5～10 cm，振动棒应垂直快速插入混凝土中，深度以 30～40 cm 为宜，插入下层深度以 5～10 cm 为宜。振捣过程中观察振动棒周围已不冒气泡，刚冒出稀浆为度，然后慢慢拔出振动棒，将棒底滞留的气泡引出混凝土外。如果混凝土一时供应不上，下层混凝土已经凝固，应作特殊处理后再灌注上层混凝土。

2.4 表面出现黑斑

(1) 原因

① 出现此情况与使用的脱模剂有关。采用机油作脱模剂,如涂得很合适,机油在模板面只起润滑作用,灌入混凝土时,被混凝土表面水泥颗粒周围的水膜隔离;如机油涂得过多,新灌入的混凝土在模板边流动将多余的机油往前赶,混凝土停止流动时,此处就形成一道机油围堰,由于机油积得很厚,即浸入水泥浆体中与水泥中的钙离子发生反应形成一种黑色物质,机油越多越黑。

② 模板合缝不严密。当模板有漏浆时,混凝土表面肯定出现砂面,即使是不漏浆,仅仅渗水,在渗水部位的混凝土表面也会形成"黑斑"。

(2) 对策

① 尽量不用机油作为混凝土隔离剂,改用其他不与水泥发生反应的油质作隔离剂,或购置成品的优质脱模剂。如需要用机油作隔离剂,也不要用纯机油,应掺加其他不与水泥发生反应的油质稀释,且涂抹得越薄越好。

② 模板合缝必须严密,不得有渗水,更不得有漏浆现象。

2.5 表面气泡多

(1) 原因

往往在混凝土下弯曲部位的表面气泡较多,该部位的混凝土外表面正好是模板面偏上方,振捣时气泡上升遇到模板阻挡,如振动工艺和时间掌握不当,气泡即滞留在模板边,拆模时混凝土表面气泡就多。

(2) 对策

灌注混凝土时,按每层厚 30～40 cm 捣固一次,振捣前应用布料工具(如铁耙等)将混凝土耙平后再振捣。振捣时,振捣器应距模板 5～10 cm,垂直快速插入混凝土内,在每一个位置上的振动时间,应保证混凝土获得足够的密实度,将混凝土内靠近模板边的气泡振出混凝土外,或引到振动棒周边排出,但要注意振动时间最多不超过 50 s。振捣器拔出混凝土时速度要慢,保证振动棒周围的空气能够跟随振动棒引出。如有条件在混凝土刚振捣过后趁模边混凝土稀浆液化时立即用捣固铲顺模板边插捣一遍,然后人工用捣固锤距模板 2～3 cm,插入深 20～30 cm 上下晃动混凝土数下效果更好。

2.6 出现冷缝

(1) 原因

灌注的下层混凝土已经终凝才接着灌上层混凝土,上下结合不好形成冷缝。

(2) 对策

① 保证各类机械设备状况良好,不因某一环节的设备出故障而使混凝土中途停灌。如特殊原因已经使混凝土中途停灌超过 2 h,应进行处理,之后再接灌上层混凝土。

② 经常检查骨料的颗粒情况,级配应良好,最大粒径不超过泵送输送管道内径的 1/4,避免堵管造成中途停灌。保证混凝土拌和按配合比计量,其误差不超过规定范围,保证混凝土和易性良好,符合泵送要求。

2.7 出现裂纹

(1) 原因

混凝土出现裂纹有多种原因。混凝土施工后几年才出现裂纹,此种情况可能是潜在活性集料反应；拆模时(或延时不久)立即出现裂纹，则可能是由温度应力、荷载或自然干收缩引起的，称这些裂纹为温度应力裂纹、受荷载(或基础下沉)裂纹和自然干收缩裂纹。

① 温度应力裂纹。混凝土硬化期间水泥放出大量水化热，内部温度不断上升，由于受到基础或老混凝土的约束，就会在混凝土内部出现拉应力。气温的降低也会在混凝土表面引起很大的拉应力。当这些拉应力超过混凝土的抗裂能力时，出现裂纹。

② 受荷载(或基础下沉)裂纹。混凝土强度增长还不能承受应有的荷载时所产生的裂纹，或基础下沉导致的混凝土裂纹。

③ 干收缩裂纹。试验表明，在水中养护过的水泥石一旦干燥立刻就收缩，在相对湿度为50%时，收缩约为0.2%～0.3%；在完全干燥的情况下，其收缩率达到0.5%～0.6%。然而，混凝土的收缩远比砂浆和净水泥石要小得多，这是由于混凝土中具有收缩性的水泥浆相对数量少和受集料限制的结果。

(2) 对策

混凝土施工时预留测温孔，随时掌握混凝土的内外温差。发现混凝土内外温差过大时，应立即在混凝土表面加裹保温材料，将混凝土内外温差控制在20 ℃以下。大体积混凝土施工时还需要在内部设管道通冷水降温，或在混凝土拌制时掺加掺和料，减缓混凝土内的水化热温升，可避免混凝土产生温度裂纹。地基一定要密实，保证能承受结构荷载。小跨度梁、板混凝土，则应等到强度发展达设计强度的70%。大跨度梁、板混凝土，则应等到强度发展达到设计强度的100%才能拆模。施工素混凝土(无配筋混凝土)时，在满足设计强度、施工灌注和易性的同时，应力求较少水泥用量和较多的粗骨料含量。混凝土灌筑入模布料要均匀，避免灰浆与骨料离析，以减少混凝土的体积收缩裂纹。

我公司承建的镇大公路左湖互通立交桥，把“内实外美”列为施工质量的首位。施工前，向参加建设的全体职工进行认真的技术交底，使每位施工人员明白操作要领和责任；施工时，严格控制全过程的质量，有问题及时解决，全桥混凝土检查试件合格率为100%，混凝土未出现大的缺陷，外观好，受到业主、监理的一致好评。

自贴式反射片代替棱镜在特大桥承台围堰变形监测中的应用

董功海　于洪梅　王 强
（江苏省交通工程集团有限公司 镇江 212000）

摘　要　本文结合某特大桥主桥主墩承台施工过程，主要介绍了自贴式反射片代替棱镜在特大桥主桥承台围堰监测中的应用技术，在施工中确保了监测数据的准确性，提高了测量效率，保证了施工安全。

关键词　主桥围堰　变形监测　自贴式反射片

施工过程中，由于回填土壤的侧向挤压力会造成围堰的变形，对钢围堰的结构稳定、施工安全造成重大的影响，因此，回填过程的变形监测就变得尤为重要。运河中复杂的施工环境给布设监测点和架设棱镜测量带来了困难，增加了安全风险。

采用自贴式反射片则可在围堰钢管桩上的任意位置布点，架设仪器直接瞄准观测点位置的反射片便可采集数据信息，无需测量人员到达河中钢围堰上的测点架设棱镜。

1　自贴式反射片的性能

使用自贴式反射片测量时，无论是测角精度还是测距精度都与棱镜的测量精度一致。如果采用棱镜测量模式测量，测程能达到 250 m，如果采用免棱镜测量模式测量，测程能达到 1 300 m（该数据仅针对徕卡所有型号全站仪而言，其他品牌全站仪稍有差异）。

1.1　自贴式反射片技术指标

以下数据只是针对徕卡品牌的仪器，所有指标数据来自徕卡官方数据。

（1）测程

自贴式反射片测程条件，见表 1。

表 1　自贴式反射片测程条件

EDM 类型	反射片规格	观测条件 *A*	观测条件 *B*	观测条件 *C*
IR EDM（红外模式）	60 mm×60 mm	1.5～150 m	1.5～250 m	1.5～250 m
	40 mm×40 mm	1.5～120 m	1.5～200 m	1.5～200 m
	20 mm×20 mm	1.5～80 m	1.5～130 m	1.5～130 m
RL EDM（长距模式）	60 mm×60 mm	1.5～600 m	1.5～1 000 m	1.5～1 300 m
	40 mm×40 mm	1.5～480 m	1.5～800 m	1.5～1 000 m
	20 mm×20 mm	1.5～320 m	1.5～650 m	1.5～650 m

（2）大气条件

观测条件 A：浓雾，能见度 5 km；或强烈阳光，强烈热闪烁。

观测条件 B：薄雾，能见度 20 km；或中等阳光，轻微热闪烁。

观测条件 C：阴天，无雾，能见度 40 km，没有热闪烁。

（3）测量精度

· 标准测量模式 2 mm＋2 ppm
· 快速测量模式 5 mm＋2 ppm
· 跟踪测量模式 5 mm＋2 ppm
· 平均测量模式 2 mm＋2 ppm
· RL 短程模式 3 mm＋2 ppm
· RL 长距模式 5 mm＋2 ppm

（4）测量时间（仪器型号不同稍有区别）

· 标准测量模式 1.0～3.0 s
· 快速测量模式 0.5～1.5 s
· 跟踪测量模式 0.15～0.3 s
· RL 长距模式 2.5 s

（5）棱镜常数

棱镜常数分别为＋34.4 mm，0 mm。

2 反射片在围堰施工监测中的应用实例

某特大桥 44＃主墩承台位于锡澄运河中，运河为规划Ⅲ级航道，过往船只较多，承台围堰尺寸为 49.2 m×15.6 m，围堰深 6 m。围堰由 ϕ 80 锁口钢管桩打设而成。出于桩基施工的需要，围堰内采用优质黏土分层填筑和压实。

围堰和承台施工过程中，为保证施工安全，需要对围堰变形进行监测，通过对采集的监测数据进行分析来指导施工，防止意外事故的发生。

2.1 监测点的布置

反射片利用自身黏性设置在钢管桩顶口向下 30 cm 位置，既能很好地反映围堰的位移情况又能保证测点在施工中不被破坏，布置数量和位置如图 1 所示。

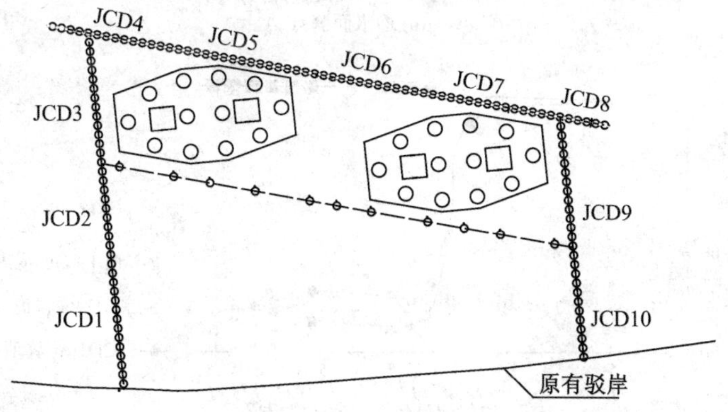

图 1 主桥承台围堰变形监测点布置图

2.2 监测要求

变形监测的重点阶段在围堰内填土、开挖和承台施工过程中，观测时段选择每天6：00和17：00，利用徕卡 TC2003 全站仪（测量精度：0.5″，1＋1 ppm）观测测点三维坐标，并准确记录监测数据。通过数据计算和分析，绘制围堰位移曲线图，掌握围堰变形情况，为承台围堰内施工安全提供保证。

2.3 监测结果

以围堰内土方填筑阶段部分测点的变形数据为例，直观反映围堰变形情况，见表2和图2。

表2　围堰测点位移观测统计表

日期	5月5日	5月12日	5月13日	5月14日	5月15日	5月15日	5月16日	5月20日	5月21日	5月22日	5月23日	5月24日	5月25日
填土厚度/m	0	1.5	2	3.5	5	5.2	5.2	5.3	5.3	5.5	5.5	5.8	6
JCD4 位移值/mm	0	−9	−16	−16	−32	−55	−68	−76	−85	−120	−130	−136	−141
JCD6 位移值/mm	0	−10	−19	−38	−61	−86	−109	−106	−127	−129	−137	−158	−160
JCD8 位移值/mm	0	−5	−37	−59	−95	−108	−116	−118	−122	−140	−146	−148	−150
JCD9 位移值/mm	0	−9	−52	−84	−89	−90	−90	−87	−80	−83	−81	−86	−91
JCD10 位移值/mm	0	−23	−47	−73	−80	−80	−78	−76	−78	−80	−82	−83	−84

注：JCD4、JCD6、JCD8 为迎水面测点；JCD9、JCD10 为北侧测点。

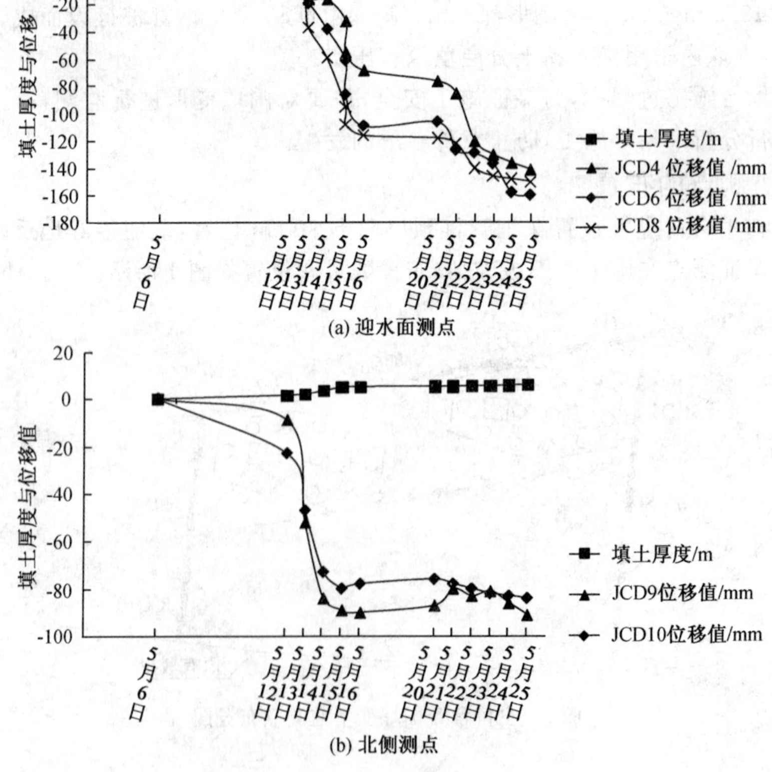

(a) 迎水面测点

(b) 北侧测点

图2　围堰测点位移曲线图

3 自贴式反射片的优势

(1) 小巧、安置方便。自贴式反射片有 20 mm×20 mm，40 mm×40 mm，60 mm×60 mm等多种规格，自贴式反射片的背面带有不干胶，直接粘贴到需要观测的物体上即可。

(2) 耐用。自贴式反射片能在大部分工作环境下使用，在正常日晒雨淋环境下 10 年后测程能达到初始的 50%，一般的测量周期中，测程几乎没有变化。

(3) 成本低，适合长期布设。由于自贴式反射片成本很低，不用担心被偷被盗，可以长期布设于需要观测的对象上面。

(4) 在野外或者地下工程中瞄准方便。因为自贴式反射片同时也具有漫反射功能，夜晚或者地下工程等光线弱的工作环境中，在站点只要用手电往目标方向一照，就会发现很亮的亮点——自贴式反射片，不需要像棱镜作业时那般需要用手电照明棱镜。

(5) 适合各种测距测角仪器。所有全站仪、测距都可以使用，只需要针对不同的仪器设置不同的棱镜常数即可。无论是已经停产的，还是最新产品，都可以使用自贴式反射片。

在以往的变形监测施工过程中，基本都采用普通棱镜观测方法，费时费力。改用自贴式反射片后，不仅突出了其速度快的优点，更重要的是减轻了测量人员的劳动强度，又避开了施工过程中的干扰，保证了人身和仪器的安全。施工中，一定要注意观测点位置的选择，保证每个测点测设时能够通视，并对反射片做好保护工作，避免影响正常监测。

单组分水溶性聚氨酯灌浆材料在锁扣钢管桩围堰施工止水中的应用

董功海　王强
（江苏省交通工程集团有限公司 镇江 212000）

摘　要　锁口钢管桩围堰在打设回填完毕后，需要进行止水施工，防止水流对围堰造成侵蚀。本文结合江阴市江阴大道 JY-A 标锡澄运河特大桥主桥 44＃墩围堰施工实例，简要介绍单组分水溶性聚氨酯灌浆材料在锁扣钢管桩围堰止水施工中的应用。

关键词　单组分水溶性聚氨酯　围堰施工　止水

深基坑围堰施工中止水技术是工程实施的关键问题，也是关系到施工安全能否得到保证的问题，其影响因素多，隐蔽情况多，随机性强。根据工程结构和地质特点，没有一种通用的方法来解决止水的问题。随着我国交通事业的不断进步，基坑工程朝着越来越深，越来越大的方向发展。其中工程由于止水施工做得不到位，会导致重大经济损失，安全事故，并延误建设工期。因此，如何选择一种安全、经济的止水材料和方案是基坑围堰施工的一项重要保障措施。

通常的止水措施比较烦琐，如采用不透水油布加工成布袋，袋内灌注低标号砂浆的办法来进行止水。这种方法耗时长，费用高，给现场的施工带来困难。

1　工程简介

江阴大道 JY-A 标锡澄运河特大桥 44＃主墩承台位于锡澄运河中，运河为规划Ⅲ级航道，过往船只较多，承台围堰尺寸为 49.2 m×15.6 m，围堰深 6 m。围堰由 ϕ 80 锁口钢管桩打设而成，围堰结构如图 1 和图 2 所示。运河内水流湍急，如果不能选择一项安全有效的止水方案，长时间的水流侵蚀，将对钢管桩和围堰内土质造成严重的破坏，产生安全隐患。

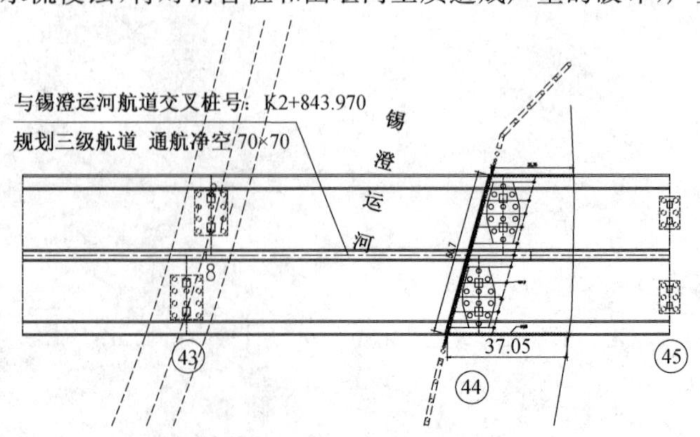

图 1　锁口钢管桩围堰平面布置图

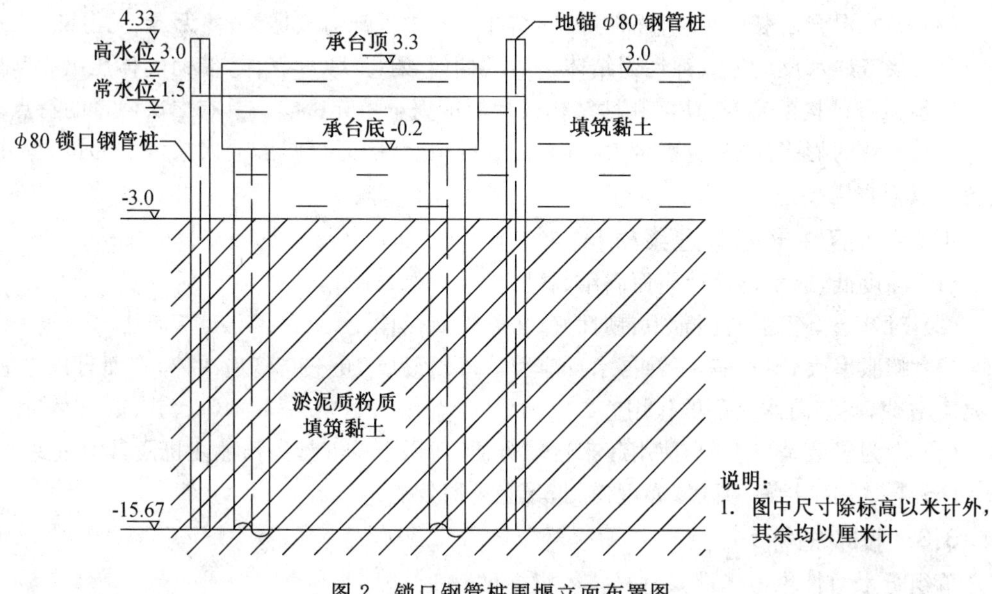

图 2　锁口钢管桩围堰立面布置图

2　止水材料和方案的选择

在江阴大道 JY-A 标锡澄运河特大桥主桥 44＃墩钢围堰施工前期，进行了钢围堰止水试验，以确定围堰止水材料和方案。

(1) 粘贴胶皮。在锁口钢管缝隙处粘贴胶皮，靠围堰外水压作用使胶皮和锁口密贴，以达到止水的目的。

(2) 安装止水带。在工字钢翼缘和锁口钢管管缝之间填塞膨胀率为 300％的止水带，该产品可在 72 h 内达到膨胀止水效果。

(3) 填塞红黏土和锯末。在锁口钢管内填塞红黏土加锯末混合物，进行锁口止水，红黏土和锯末比例为 3∶1。

(4) 单组分水溶性聚氨酯灌浆液。采用单液高压灌浆机压入。

以上 4 种方法，在试验工程中，第 1 种和第 2 种止水后渗水严重，无法取得预期的止水效果。第 3 种方法能够达到一定的止水效果，但是费时费力，操作时，工人如振捣不密实，渗水情况依然大量存在。第 4 种方法取得了良好的预期效果，且操作简便、工作强度小、止水效果满足预期要求。

3　单组分水溶性聚氨酯灌浆材料性能与技术指标

单组分水溶性聚氨酯灌浆材料分为水溶性材料和油溶性材料。产品一般采用密封铁桶包装：8 kg/桶、16 kg/桶、20 kg/桶。它为非易燃易爆材料，可按一般货物运输，运输时应防止雨淋、暴晒、受冻、避免挤压、碰撞，保持包装完好无损。保存时必须密封存放于 5℃以上的阴凉干燥处，且产品存贮时间为 6 个月。

3.1　水溶性聚氨酯灌浆材料的特点

(1) 浆液遇水后自行分散、乳化、发泡，立即进行化学反应，形成不透水的弹性胶状固结体，有良好的止水性能。

(2) 反应后形成的弹性胶状固结体有良好的延伸性、弹性及抗渗性、耐低温性，在水中永久保持原形。

(3) 与水混合后黏度小，可灌性好，固结体在水中浸泡对人体无害、无毒、无污染。

(4) 浆液遇水反应形成弹性固结体物质的同时，释放 CO_2 气体，借助气体压力，浆液可进一步压进结构的空隙，使多孔性结构或地层能完全填充密实。具有二次渗透的特点。

(5) 浆液的膨胀性好，包水量大，具有良好的亲水性和可灌性，同时浆液的黏度、固化速度可以根据需要进行调节。

3.2 油溶性聚氨酯灌浆材料的特点

(1) 黏度低，遇水迅速反应而固结、膨胀。

(2) 对基层有很强的黏着力、韧性好、化学性能极佳。

(3) 膨胀率大，不收缩，正常与水反应浆液可以形成 10～20 倍泡沫体，因而可以进一步充实空隙，起到防水堵漏的作用。

(4) 因为浆液是单组分，使用起来比较方便，适用于单液型高压灌注机及其他机具。

(5) 与饮用水接触的区域亦可使用，具有环保效能。

3.3 技术指标

单组分水溶性聚氨酯灌浆材料技术指标见表 1。

表 1 单组分水溶性聚氨酯灌浆材料技术指标

名称	检测项目							
	密度/($g\cdot cm^{-3}$)	黏度/($mPa\cdot s$)	凝胶时间/s	遇水膨胀率/%	包容性/s	不挥发物含量/%	发泡率/%	抗压强度/MPa
水溶性	≥1.00	≤1.0×10^3	≤150	≥20	≤300	≥75	≥350	
油溶性	≥1.05	≤1.0×10^3	≤800			≥78	≥1 000	≥6

4 单组分水溶性聚氨酯灌浆材料工程应用实例

4.1 施工工艺

(1) 检查、清孔。仔细检查锁口部位，清理锁口部位附近的污物，以备灌浆。

(2) 注水。清孔后在锁扣部位加水，至钢管顶口 50 cm 左右。

(3) 安防导管。在注水后的锁口部位插入直径 2 cm 左右的塑料导管，导管下口要伸到锁扣钢管桩底部，保证封堵效果。

(4) 灌浆。用堵漏注浆泵将本产品灌入锁口部位，当浆液冒出水面且邻孔出现纯浆液时，关闭阀门，移至邻孔。灌浆材料施工情况如图 3 所示。

图 3 水溶性单组分水溶性聚氨酯灌浆材料施工

4.2 注意事项

(1) 施工时穿戴防护器具(如手套、护目镜),避免皮肤直接接触,如有沾染应以大量清水冲洗。

(2) 本产品为溶剂性材料,施工时必须注意通风及远离火源。材料未固化前,施工区周围不得使用明火。

(3) 施工时气温需高于 0 ℃。

(4) 机器使用完毕立即用清洁剂洗干净。

4.3 止水效果

采用水溶性单组分水溶性聚氨酯灌浆材料施工取得了良好的预期效果,满足了围堰开挖后承台的施工要求,其效果如图 4 所示。

图 4　基坑开挖后的止水效果

使用单组分水溶性聚氨酯灌浆材料,相对于传统的止水措施,不仅能够加快施工进度,保证施工质量,还能减少现场施工人员的劳动强度。只需把浆液加入灌浆机内,灌浆管道插入需要的灌浆的部位,就可以轻松灌浆达到止水的效果。

浅谈驳岸墙移动模架与“滚轮+卷扬机”施工方法

王 威
（江苏省交通工程集团有限公司 镇江 212000）

摘 要 以杨林船闸土建施工项目上游引航道驳岸墙施工为背景，分别介绍驳岸墙墙身移动模架施工方法及“滚轮＋卷扬机”施工方法，进而分析两种施工方法的优缺点，为下游引航道驳岸墙施工提供参考。

关键词 驳岸墙施工 移动模架 “滚轮＋卷扬机” 移动门架 模板系统 悬吊系统

1 工程概况

上游引航道北岸结构二全长 2 430 m，结构形式为重力式驳岸墙，标准段 10 m。由两家施工队伍同时施工，分别采用了移动模架方法、“滚轮＋卷扬机”方法进行施工。根据现场实际情况，从施工成本（人工、材料、机械设备）、工作效率、经济效益等角度对比两种施工方法的优缺点。

2 移动模架施工方法

重力式挡墙采用移动模架施工，其总体施工流程如图 1 所示。

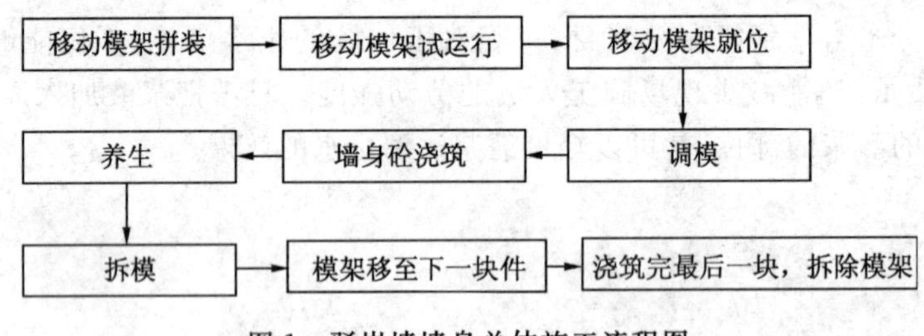

图 1 驳岸墙墙身总体施工流程图

(1) 移动门架

移动门架主要由行走系统、支腿、承重梁等组成。

① 行走系统

行走系统由轨道、行走小车和电动机组成。轨道采用 P43 轨，用地脚螺栓和压板固定在底板上。在底板施工时，按设计位置预埋地脚螺栓。每个门架支腿下设一组行走小车，每组小车由两个车轮组成。轮箱上设有连接销耳板，与门架支腿横梁采用销接。

② 支腿

支腿由底部联系梁、立柱、柱顶联系梁组成。底部联系梁为箱形梁，高 40 cm，宽 35 cm，采用厚 2.2 cm 钢板焊接。箱型梁与行走小车采用销接，与立柱采用螺栓连接。立柱采用ϕ 26.0 cm×0.8 cm 的钢管制作，每侧 2 根，中心间距 8 m。立柱之间设两根精轧螺纹钢作为剪刀撑，以增加支腿的整体稳定性。桩顶联系梁为 2[16a 型钢，与立柱焊接固定。

③ 承重梁

承重梁为 2[36b 型钢，采用螺栓与钢管立柱进行销接固定。为增加整个门架的横向稳定性，承重梁和立柱之间采用特殊处理：在北侧立柱，采用斜撑 2[16a 连接立柱和承重梁 2[36b 型钢，进而对承重梁进行加固。移动模架总体布置图(一)如图 2 所示，移动模架总体布置图(二)如图 3 所示。

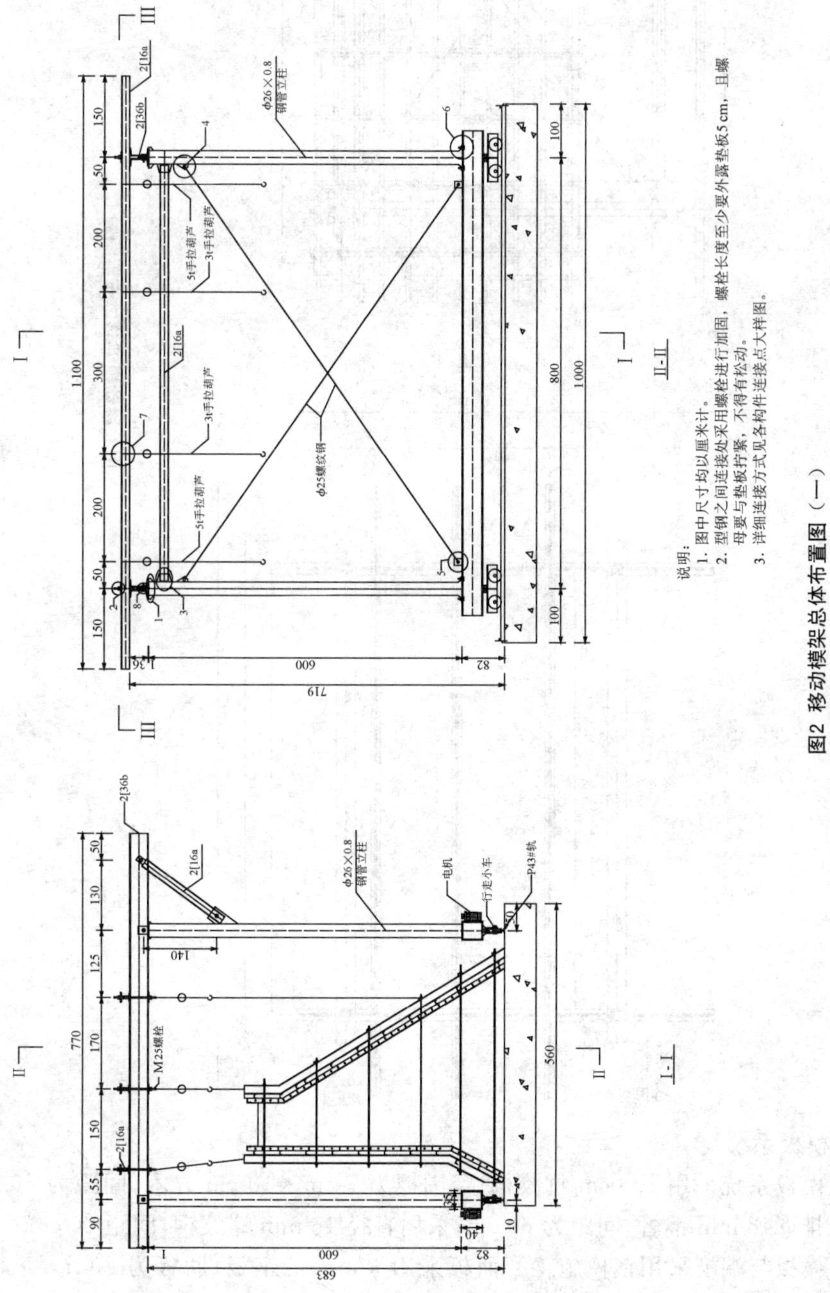

图2 移动模架总体布置图（一）

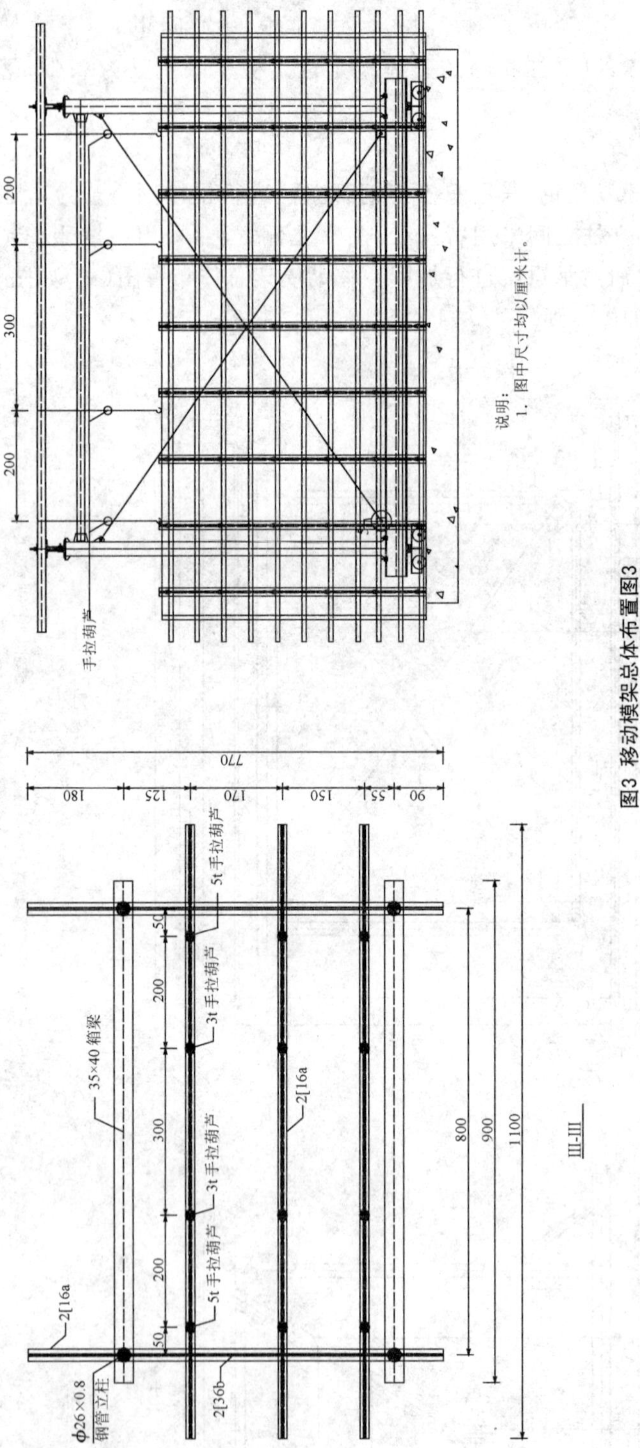

图3 移动模架总体布置图3

(2) 模板系统

底板模板系统采用 1.5 cm 竹胶板；竖围檩为 5 cm×10 cm 方木，间距为 60 cm；横围檩采用双排φ48 mm 钢管，间距为 60 cm；采用直径 16 mm 螺纹钢，间距 60 cm×60 cm。

墙身模板与端模采用钢模施工。面板采用 6 mm 的钢板；肋板为 80 mm×8 mm，竖向间距 30 cm，横向间距 25 cm；横围檩采用[10 型钢，间距 50 cm；竖围檩采用 2[16a 型钢,间距 120 cm;拉条螺杆为ϕ18 mm 精轧螺纹钢筋,横向布置间距为 125 cm,竖向布置间距为 100 cm。

模板施工图如图 4 所示。

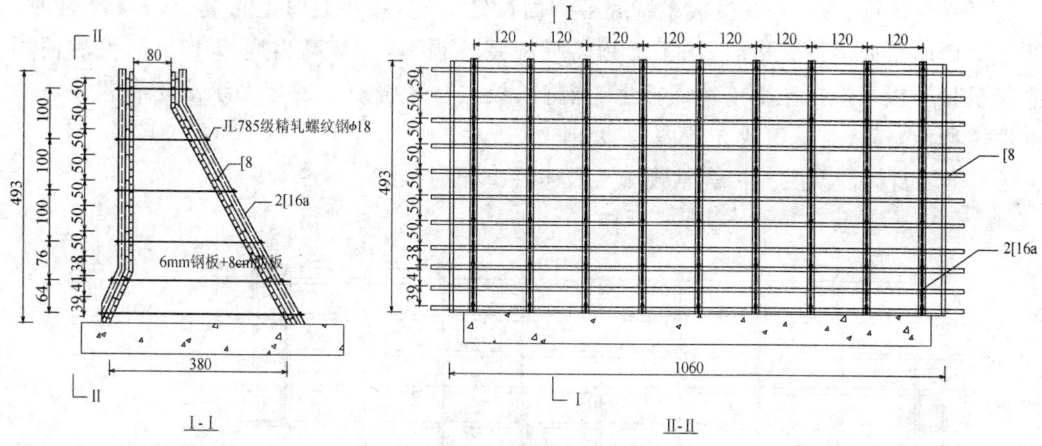

图 4　模板施工图

(3) 悬吊系统

悬吊系统包括手拉葫芦和吊梁两部分。迎水侧及临土侧模板均设 4 个吊点,两端 2 个吊点采用 5 t 手拉葫芦,中间 2 个吊点采用 3 t 手拉葫芦。吊梁为 2[16a,安装在承重梁上侧,采用螺栓固定。

(4) 移动模架拼装

① 安装轨道

测量放线,按线铺设轨道,用压板和地脚螺栓固定轨道。

② 安装小车

采用全站仪精确定出门架两侧前后小车的横轴线位置,弹墨线做出标记。横轴线前后间距为 8 m,且与底板纵轴线垂直,以保证门架两侧支腿连线相互平行且与底板纵轴线垂直。按线定位小车,然后固定。

③ 安装支腿

支腿在底板上,按顺序组装成型,然后连接剪刀撑,焊接柱顶联系梁。组装完成后,采用 25 t 吊车整体吊装就位,与小车销接,立柱顶带缆风绳。用全站仪调整立柱垂直度,合格后固定。

④ 安装承重梁

承重梁为 2[36b,采用一台 25 t 汽车吊逐根吊装就位。调整定位后,承重梁与立柱顶部固定。然后逐根安装斜撑 2[16a。

⑤ 安装吊梁和手拉葫芦

每组吊梁由 2[16a 型钢组成,与承重梁固定牢靠。采用吊车整体吊装到位,调整定位。然后按照设计位置安装手拉葫芦。

⑥ 模板安装

模板按面板→横围檩→竖围檩的顺序组装。面板之间采用栓接,横围檩和竖围檩采用焊接。

(5) 墙身砼浇筑及养护等常规施工技术在此不做叙述。

3 “滚轮+卷扬机”施工方法

(1) 模板系统与移动模架施工一样,均采用钢模。

(2) 主要施工方法:在模板系统底部侧面设置滚轮,并在滚轮上布置 YQ-15 千斤顶。当驳岸墙墙身砼浇筑完毕后,用千斤顶将模板系统顶高,使其高出底板 10 cm,然后使用卷扬机将模板系统拉至下一块底板上,调整模板进行砼浇筑。模板系统滚轮布置图(一)如图 5 所示,模板系统滚轮布置图(二)如图 6 所示。

(3) 墙身砼浇筑及养护等常规施工技术在此不做叙述。

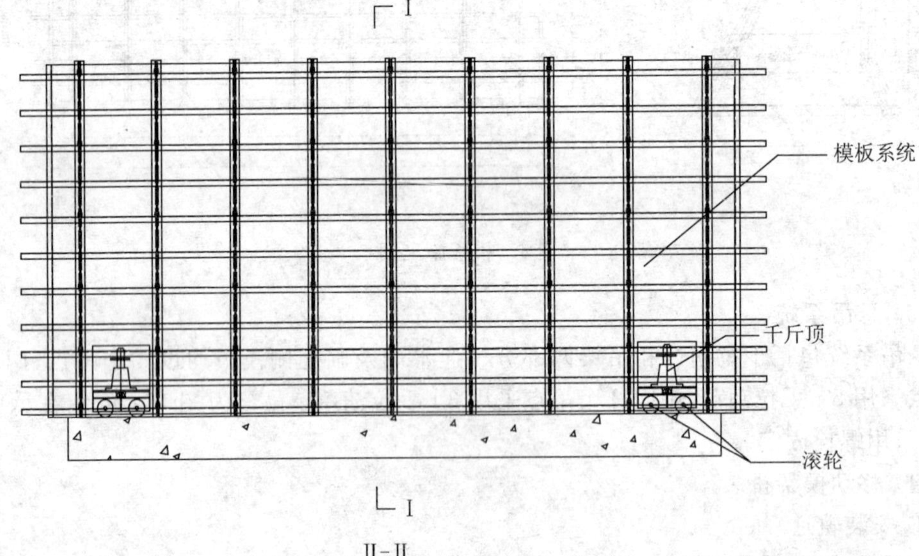

图 5　模板系统滚轮布置图(一)

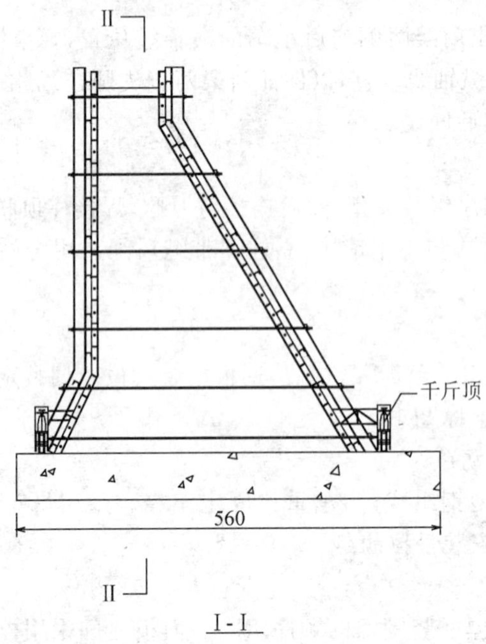

图 6　模板系统滚轮布置图(二)

4 优缺点对比

对于两种施工方法，分别从拼装时间、人工、材料、机械设备、工效、安全性方面进行对比，详见表1。

表1 两施工方法对比表

	移动模架施工方法	“滚轮＋卷扬机”施工方法
拼装时间（不含模板系统）	3 d	1 d
人　工	6人	4人
材　料	(a) 1个电机 (b) 4个滚轮 (c) 4根6 m长ϕ26.0 cm×0.8 cm钢管 (d) 2根10 m长的P43轨道 (e) 15.4 m长2[36b型钢 (f) 49 m长2[16a型钢 (g) 18 m长行走箱梁(35 cm×40 cm) (h) 3 t手拉葫芦、5 t手拉葫芦各4个	(a) 1个卷扬机 (b) 4个滚轮 (c) 4个YQ－15千斤顶 (d) 2个5 t手拉葫芦
机械设备	25 t汽车吊	无
模板系统调整时间	因采用轨道，模板系统行走轨迹准确，调整时间少	模板系统行走时，模板系统行走轨迹会出现误差，调整时间大
工效	1.8 d/节	2.0 d/节
安全性	移动门架拼装时为高空作业，风险高；后续施工存在稳定性安全隐患	无高空作业；后续施工不存在稳定性安全隐患

由表1可以看出，与“滚轮＋卷扬机”施工方法相比，驳岸墙采用移动模架施工方法需要较多的型钢、钢管、手拉葫芦等，且对于型钢与钢管、型钢与型钢连接处要求较高，需投入电焊工（特种作业施工人员）。另外，这些材料需一直使用到墙身施工结束，材料占用时间长；拼装时需要一台起重设备，投入的作业人员较多，移动门架拼装耗时较长；拼装门架时，为高空作业，存在安全隐患。但移动模架施工方法在驳岸墙墙身施工过程中，容易调整模板，工作效率相对较高。

综上所述，与移动模架施工方法相比，“滚轮＋卷扬机”施工方法施工成本降低，安全隐患较小，施工效率与移动模架施工方法也接近。故我部下游引航道重力式挡墙将采用“滚轮＋卷扬机”施工方法进行施工。

液压爬模施工技术

卞沧海　胡振超
（江苏省交通工程集团有限公司 镇江 212000）

摘　要　液压爬模施工工艺在现行墩身施工中得到广泛应用，其方法操作简单，工作效率高，而且质量、安全容易得到保障。本文主要对液压爬模系统及其施工技术进行了详细的说明，并提出了相应的施工注意事项。

关键词　液压爬模　施工技术　轨道

随着经济的发展，道路在经济中的作用越来越重要，而桥梁也就成了重中之重。也正因为经济的发展，对桥型的要求也越来越高。斜拉桥因具备跨度大、结构轻巧、适用性强、适用于不同地质和地形情况、相对比较节省材料（钢材、混凝土）等优点，而被广泛运用到实际中[①]。因为航道净空或其他因素的要求使斜拉桥的主塔都很高，如上海崇明长江隧桥（如图 1 所示）主塔标高 216.9 m，净高 209.9 m；苏通大桥标高 306.0 m，净高 300.4 m；润扬长江公路大桥北索塔顶标高为 215.58 m，净高 207.28 m。鉴于此，为了提升目前高塔施工水平、提高混凝土的外观质量、有效地加快高塔施工进度及确保超高塔施工的安全性，就必须采用更优化的施工工艺。由此，液压爬模应运而生。液压爬模适用于各种高塔，几乎不受高度限制，而且操作便捷、效率高。液压爬模系统的大部分元件、辅件均采用标准杆件（螺栓），可以重复利用，大大降低经济成本，有着广阔的发展前景，为此，深刻理解液压爬模系统及其施工技术显得极其重要。

图 1　建设中的上海崇明长江隧桥

① 白淑毅：《桥涵设计》，人民交通出版社，2002 年。

1 液压爬模的概述

液压爬模包括主要由模板体系、爬架体系、爬升体系等组成。

1.1 模板体系

模板体系由模板和移动模板支架组成。模板采用钢木组合可拆装式模板，由面板、木工字梁背楞、钢围楞等组成。移动模板支架是型钢通过销轴及螺栓连接，将主要通用构件组成一个可拆装式三角稳定支撑体系。可实现模板安装的快速化，并在混凝土浇筑中承受部分混凝土侧压力；混凝土浇筑完毕后，通过支架上齿轮带动固定在支架上的模板整体脱模，并可让出足够空间，进行模板维护工作。

图 2 为自动液压爬模结构示意图。

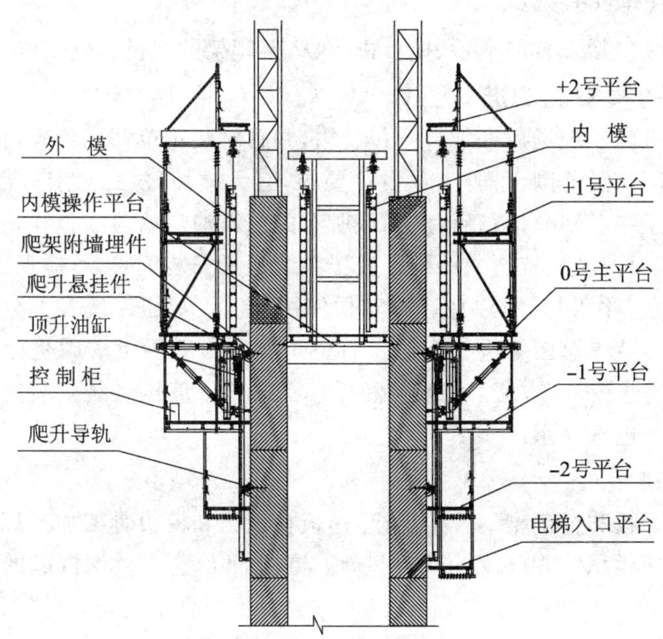

图 2 自动液压爬模结构示意图

1.2 爬架体系

爬架体系包括外爬架和内爬架。外爬架由悬挂件及预埋件、爬升导轨、液压顶升设备、2 个上部操作平台、1 个主工作平台、2 个下部作业平台及电梯入口平台组成。单层平台净高 2.1 m，主操作平台宽 3.1 m，爬架总高度 16.0 m。塔柱内爬架体系与外爬架相似，包括悬挂件及预埋件、1 个上部操作平台、1 个主工作平台和 2 个下部作业平台。主平台由型钢组成，承受内爬架模板系统的自重及施工荷载，通过预埋件将荷载传递到混凝土上。

1.3 爬升体系

爬升体系具有操作方便快捷、同步顶升平稳、安全可靠的特点，模板具有板面平整、坚硬、拼装便捷等特点。并且该体系还具备以下优点：

(1) 自动液压爬模系统为专业人员设计，采用标准化配置，能够适应各种工程的实际需要。

(2) 木模板体系自重小，采用车间组拼、现场安装，利用爬架上设置的模板悬挂及纵、横向调节系统进行模板的闭合、调位及脱模，操作便捷、效率高。

(3) 爬架采用整体液压爬升，速度快，投入人力、物力少，工人劳动强度低。

(4) 爬模系统重复利用率高，能有效地降低工程成本。

(5) 采用 10.9 级高强螺栓作为爬架附墙螺栓，安全性好。

(6) 木模板板面平整、光洁，清理十分方便。

(7) 液压自动爬模装置系统精选了国内外优质液压元件、辅件，具有结构紧凑、质量可靠、设计合理、易于维修等特点，符合《液压系统通用技术条件》中的各项技术要求。液压系统采用封闭式油箱结构，允许在有粉尘的环境下工作，但使用时应注意经常清扫液压设备上的粉尘，以保证液压系统具有良好的散热性。

2 液压爬模的安装

液压爬模安装包括安装前准备、模板拼装、趴架爬架的组拼与安装等。

2.1 液压爬模安装的准备工作

液压系统运抵施工现场后仔细打开包装箱，并且对装箱单仔细检查，检查液压系统各部分是否满足合同供货范围，是否满足设计要求，有无损坏现象，如有问题应及时与生产厂家联系。液压系统各部分拆箱后，应确保所有的外露油口堵盖或包扎，在设备安装配管前不得脱落，以免对液压系统造成污染。液压系统运抵安装位置后，应根据各部分设计图在基础上固定牢固，不得松动，以免影响其他使用性能。液压系统各部分就位后，请根据液压系统图及液压装置总图等进行配管。管道焊接完毕后拆下酸磷化处理，清洗合格后再二次安装。安装连接时，注意不要漏掉和损坏密封件。液压系统安装完毕后，请按照液压系统接线图进行电气联系。

2.2 模板拼装

模板主要由面板和背部型钢骨架组成，模板在现场和模板骨架加工厂进行分块拼装，首先必须准备一块面积约 30 m×50 m 的场地，在上面布置由型钢拼成的平台，平台高度为 100～120 mm，平台顶面找平之后，在其上方放置模板骨架定位，再进行面板安装，拼装好的模板面板表面平整度应控制在 2 mm 以内，模板高度允许偏差±3 mm，模板长度允许偏差－3～0 mm，相邻面板拼缝间隙小于 1 mm，模板拼缝使用高质量的化学填料（如玻璃胶）处理，严防漏浆。每块模板上对称设置 4 个吊点，方便起重设备的吊装就位及装、拆模过程中的位置调整。大面积模板的重量大约为 90 kg/m^2。具体步骤如下：

(1) 先把模板骨架吊运平放在钢平台上，确保骨架水平。

(2) 根据图纸选定其基准面板，并将基准面板严格按照图纸要求进行定位、夹紧。

(3) 根据背面上连接孔位置在面板上画出孔位，并钻孔，然后对孔位进行打磨。

(4) 使用沉头螺栓将定位好的面板和骨架可靠连接，并保证沉头螺栓不高于面板。

(5) 根据已经安装好的面板定位周边面板，在面板拼接处均匀涂抹玻璃胶，重复以上拼板步骤。

(6) 检查面板间拼缝，对拼缝高于 1 mm 处进行调平处理，严格控制相邻面板之间高差在 1 mm 以内。

(7) 面板全部安装完毕后，按照图纸要求对多余的面板进行切割，确保图纸要求的外形尺寸，偏差控制在 3 mm 以内。

(8) 使用原子灰对沉头螺栓处螺栓凹槽进行填补，使填补后的螺栓凹槽处与面板平齐，部分凹槽需要二次填补。

(9) 在面板外边缘及拉杆孔处刷清漆，严格兑水渗透。

模板拼装的施工图如图 3 所示。

(a) 0号平台与主支撑架连接

(b) 0号平台与-1号平台现场连接

(c) 0号平台与-1号平台现场连接

(d) 0号平台与-1号平台整体吊装爬架

图 3　现场安装图

2.3　爬架的组拼与安装

爬架单元件可以在后场组拼，也可以在现场组拼。现场只要两天即可完成单个肢爬架的安装。

2.3.1　爬架的组拼

外爬架由电梯入口平台、－2 号平台、－1 号平台、0 号主平台、＋1 号平台、＋2 号平台等单元件组成。爬架单元件除主支撑架、＋1 号平台、＋2 号平台在现场组拼外，其余单元件均在后场组拼。内爬架结构和外爬架相似，全部在现场拼装。

2.3.2　爬架安装

爬架在正式安装前应进行试验性安装，具体程序和步骤与正式安装时相同。以下即为安装的程序和步骤。

外爬架安装程序：爬架单元件组拼及运输、0 号平台与－1 号平台整体吊装、＋1 号及＋2 号平台吊装、－2 号及－3 号平台吊装。

安装步骤：塔吊起吊前先把 0 号主平台与－1 号平台连成整体，最后整体起吊安装，悬挂在塔柱墙面上的预埋件上；＋1 号及＋2 号平台散件运到现场组拼成整体后用塔吊起吊安装；－2 号及－3 号平台在现场通过卷扬机及葫芦单独安装。

安装完成后的爬架如图 4 所示。

图 4　安装完成的爬架

3　自动液压爬模施工流程

外爬架爬升过程是一个轨道与爬架互为依托，互相爬升的过程。依靠附在爬架上的液压油缸进行轨道提升，轨道到位后与上部悬挂件连接，爬架通过顶升油缸轨道进行爬升。

自动液压爬模的施工流程主要为：导轨爬升、爬架爬升、钢筋绑扎和安装预埋件、安装模板、浇筑混凝土、模板拆除、安装悬挂件。

3.1　导轨的爬升

导轨爬升是液压爬模爬升工作的第一步，在整个爬升过程中有着非常重要的作用。只有砼强度达到 20 MPa（根据具体情况而定）以上，上部爬升悬挂件安装完成，爬升导轨，清洁并表面涂上润滑油，液压油缸上、下顶升弹簧装置方向一致向上时，才可以进行爬升，具体步骤为：

(1) 经确认爬升条件具备后，打开液压油缸的进油阀门、启动液压控制柜，拆除导轨顶部楔形插销，开始导轨的爬升。当液压油缸完成一个行程的顶升后，经确认其上、下顶升装置到位后，再开始下一个行程的顶升。

(2) 当导轨顶升到位后，按从右往左插上爬升导轨顶部楔形插销，以确保插销锁定装置到位。下降导轨使顶部楔形插销与悬挂件完全接触。

(3) 导轨爬升完成后，关闭油缸进油阀门、关闭控制柜、切断电源。

爬架顶升过程如图 5 所示。

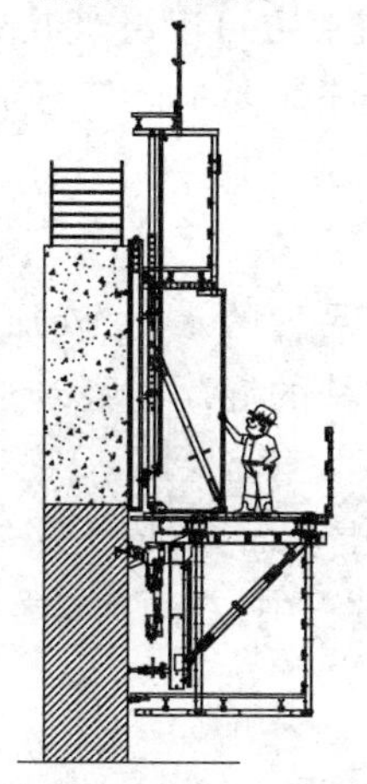
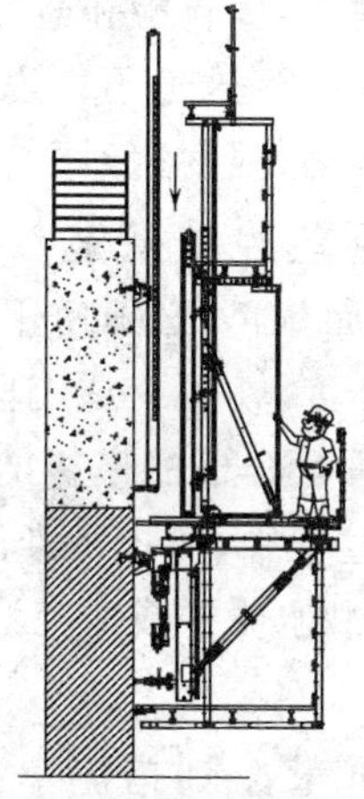
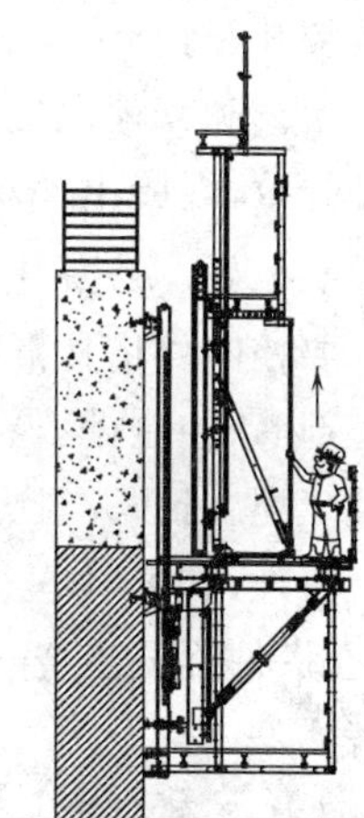

图 5　爬架顶升过程图

3.2　爬架架体及模板的爬升

在轨道爬升完成后，即可以爬升爬架架体，具体步骤如下：

(1) 清理爬架上荷载；改变液压油缸上下顶升弹簧装置状态，使其一致向下；解除塔柱与爬架的连接件；完成前节段砼螺栓孔修补。

(2) 经确认爬架爬升条件具备后，打开液压油缸的进油阀门、启动液压控制柜、拔去安全插销，开始爬架的爬升。

(3) 当爬架爬升两个行程后，拔除悬挂插销。

(4) 当爬架顶升到位后，应及时插上悬挂插销及安全插销。关闭油缸进油阀门、关闭控制柜、切断电源。

液压爬模具有高空作业、器件精度高等特点，对施工要求比较苛刻，因此，在施工中要严格按照以下 5 点进行：

(1) 保证爬架附墙预埋件位置准确，严禁采用电焊固定附墙预埋件。

(2) 爬架爬升前，砼强度必须达到 20 MPa(数值根据具体情况定)以上。

(3) 爬架各层操作平台四周设置安全网。

(4) 严格限制爬架上的堆载。

(5) 在爬架上配备充足的防火设施(灭火器等)。

3.3　安装模板

爬架架体爬升到位，并且内部钢筋绑扎完毕，预埋件全部安装到位就可以安装模板，具体有以下几个步骤：

(1) 在安装模板前应再次检查制作好的模板是否有损坏，只有检查合格后方可进行下一步操作。

(2) 在一个空间比较大的地方模拟塔柱的大小，进行模板的预拼，经测量合格后方可起吊安装。

(3) 在起吊模板的过程中一定要轻拿轻放，不可以和其他物件碰撞，在安装模板时要注意模板的接缝和压脚的平整。

3.4 浇筑混凝土

本文针对的是斜拉桥混凝土塔，可以说混凝土的好坏是施工的关键。在混凝土浇筑前应绑扎好钢筋、安装好预埋件，经自检和监理检查后方可以浇筑混凝土。混凝土浇筑的施工工艺和其他混凝土浇筑一样，这里不作说明。我们要求浇筑好的混凝土必须颜色达标且一致，混凝土外观质量合格，强度达到要求，成品不被破坏污染。

3.4.1 混凝土表面颜色控制措施

要控制好塔柱混凝土表面颜色，必须使用同一品种的水泥、外加剂、掺和料、养护剂、脱模剂等；控制砂石料的清洁度，在同一施工段，塔柱的混凝土浇筑过程必须使用同一个混凝土配合比，并且要使用质量合格的模板的模板脱模剂，用清洁的淡水养护塔柱混凝土。另外，在塔柱模板拆除过程中，防止污染混凝土表面，下道工序要保证上道工序的成果；在塔柱混凝土浇筑、墩顶洒水养护或凿毛清洗过程中，在顶面适当保护，以防止污染下部塔柱。

3.4.2 混凝土外观质量控制措施

模板运输及安装过程中，轻起轻放。模板安装前，仔细检查其表面是否干净，涂抹的脱模剂是否均匀；模板拆除时，混凝土的抗压强度不得低于 2.5 MPa；拆下的模板应及时检查，清理模板表面。模板表面应避免重物碰撞和敲击，严禁用尖利的硬物刮刻木模表面；在索塔正式施工前，做混凝土外观的对比试验和缩尺模型试验，确定混凝土配合比和施工工艺；混凝土浇筑前，对接缝表面进行检查清理；混凝土浇筑过程中，观察模板与下节段混凝土面的贴紧情况，若出现漏浆，拉紧相应部位的对拉杆，接缝两侧的混凝土应充分振捣，使缝线饱满密实；索塔各部外露面均保证无蜂窝、麻面、收缩裂缝，索塔各部混凝土颜色保持一致性，表面光洁无油污，确保混凝土振捣密实。

3.4.3 塔柱混凝土浇筑质量保证措施

混凝土所用水泥采用符合招标文件规定的水泥品种和强度等级，必须得到监理工程师的认可，对水泥质量有怀疑或生产日期超过 3 个月，应重新取样检验；严格控制混凝土配合比，经常检验混凝土拌和楼的配料计量系统，确保拌制混凝土满足混凝土配合比要求；塔柱混凝土浇筑必须连续作业，雨天应遮盖后浇筑或不进行混凝土浇筑；塔柱模板必须严密不漏浆；浇筑过程中振捣充分，分层进行振捣，浇筑完毕后进行有效的养护；采取有效的温控措施，防止混凝土产生裂缝；严格控制混凝土表面平整度，另外在拆除塔柱模板过程中要按照要求进行，不得硬拉猛拽，更不得用撬棍敲或砸混凝土表面，避免人为对混凝土表面造成破坏和模板变形受损。

3.4.4 混凝土成品保护措施

索塔施工期间，制定混凝土成品保护责任制，对已完成的混凝土表面进行规范化管理，不得用重物随便撞击及敲打混凝土面，尤其是刚拆模的混凝土面；不得在混凝土表面乱写乱画；不得用尖利的硬物刮刻混凝土面；严禁用污物擦摸混凝土面。对于塔柱下部实心段，由于人员、施工设备及材料的影响，其混凝土外表面极易被污染，需采取措施重点防护，如实心段混凝土外表面用土工布或其他材料覆盖保护，人员上下、进出人孔的爬梯及混凝土泵管尽量不靠近混凝土表面，钢材不在塔肢附近堆存等。拆模后的混凝土表面若粘有浮灰及留有模板痕迹，立即用细砂纸打磨，直到浮灰及模板痕迹清除干净、混凝土表面色泽一致为止。浇筑混凝土时，采取措施防止浆液污染已浇混凝土面。预应力施工时，采取必要的防护措施，并且不得使用破损的灌浆管、油管，管接头应密封，油泵、灌浆设备及千斤顶应完好，以防止张拉和灌浆过程中水泥浆及液压油污染混凝土面。混凝土表面一旦出现浆液及其他污物，立即清洗干净；采取措施防止电梯、塔吊及其他机械设备用油污染混凝土面，易污染处预先用麻袋、土工布或其他材料围护；塔吊和电梯附着、横梁支撑架、临时用爬梯及其他易锈蚀的铁件在使用期间进行防锈处理，并定期进行检查；经常检查混凝土表面，发现问题及时处理。

3.5 拆除模板、安装悬挂件

在混凝土强度达到一定强度后即可以拆除模板。在拆除过程中，不得敲打模板，更不可以使用撬棍等局部受力比较大的工具。在模板拆除后对模板进行检查保养和修剪，按照图纸安装悬挂件。该步骤完成后就可以爬升导轨，即重复3.1节的工作。在浇筑完混凝土到下一节段爬升前完成钢筋绑扎、安装预埋件等工作。

4 液压爬模施工的安全要求

由于爬模施工既直接关系到工程结构的施工质量又直接关系到施工的安全，尤其是施工人员的安全，因此要全面做好爬模施工的安全工作。

(1) 装备方面：爬模装备进场前，必须对其质量进行检查确认，不允许不合格的产品进场。

(2) 装拆方面：要按照安装与拆除的工艺与要求进行装拆。安全维护要到位，应用之前要经过有关方面的联合检查验收，合格后方可投入使用。爬模施工完成后及时进行有序拆除。

(3) 操作方面：爬升作业必须由经过专业培训合格的专职人员按照爬模安全操作规程进行精心操作，严禁违章作业。尤其要做好爬升之前的安全检查工作、爬升过程中的监护工作和爬升完毕后的安全防护工作。

(4) 使用方面：爬模装备为拆模板和绑扎钢筋、浇筑混凝土等作业提供了安全方便的作业条件，在使用时要按照使用说明书进行安全使用，尤其做到不要超载使用。另外，在风、雨、雪天气作业时，行走要小心，防止滑倒伤人同时还要文明施工。

现在，国内液压爬模技术已经初具规模，先后在上海崇明长江隧桥、苏通大桥、润扬大桥、南京三桥等斜拉桥中使用。随着液压爬模技术的完善，液压爬模施工工艺的优点正一步一步地展示出来，在将来的高塔施工中必然会有液压爬模更广阔的空间。

杨林船闸基坑排水施工技术探析

杨 娟 周丽华
(江苏省交通工程集团有限公司 镇江 212000)

摘 要 本文结合杨林船闸土建工程项目施工,阐述了深基坑降排水方案的选择及降水技术措施的工艺和做法,分析了降水沉降计算结果,并提出了深基坑降排水施工技术措施的管理要点。

关键词 杨林船闸 基坑 排水 施工 技术

1 工程水文地质条件概况

杨林船闸工程土建施工项目(YLT-YL-TJ 标段)位于江苏省太仓市浮桥镇。杨林塘航道规划为三级航道,杨林船闸按三级船闸进行设计,设计最大船舶等级为 1 000 t。新建杨林船闸位于现有河道北岸,新建船闸中心线与节制闸中心线相距 90 m。船闸上闸首长 28.8 m,宽 53.8 m,顶标高 6.64 m,底标高 −7.25 m;闸室长 230 m,宽 23 m,顶标高 6.64 m,底标高 −6.65 m;下闸首长 28.8 m,宽 53.8 m,顶标高 6.8 m,底标高 −7.35 m。

船闸所在区域为长江新三角洲平原工程地质区,地势平坦,地面标高 ▽ 2.7~2.8 m。拟建区两侧为河堤,河堤标高一般在 ▽ 3.6~6.1 m。勘察深度内均为第四系地层全新统土层。岩性为灰色粉质黏土、粉土、粉砂及粉质黏土与粉砂互层,水平层理发育,地下水补给来源于大气降水、地表水体渗入,以蒸发和侧向径流为主要排泄方式,勘察期间揭示的地下水位为 ▽ 1.0~2.0 m。

2 深基坑降排水方案的选择

基坑北侧边坡高度约为 10.0 m 左右,南侧边坡高度约 4.0 m。为确保边坡的稳定性,拟采用分级开挖,基坑北侧边坡分三级:第一级坡坡顶标高 2.5 m,坡底标高 −1.8 m,坡比 1∶5,平台宽 6.0 m;第二级坡坡底标高 −4.0 m,坡比 1∶5,平台宽 5.0 m;第三级垂直开挖至基底标高。

因基坑开挖的大部分地段含水量丰富,所以为防止开挖过程中出现基坑突涌及对周围建筑物造成的不良影响,基坑开挖前应在基坑周边做好降水技术措施。降水措施一般有井点降水、帷幕止水防砂、坑内降水等,井点降水是普遍采用的经济而有效的降水方法。针对杨林船闸的工程地质特点,在基坑开挖施工前,应先进行坑内降水,因此从施工安全技术、确保工期和工程质量等方面综合比较分析,宜采用明沟排水和管井降水相结合的降排水措施。

3 降水沉降计算

基坑降水后,不可避免地造成基坑周围地下水位的下降,为防止基坑周边地面原有建筑物和地下构筑物因不均匀沉降而受到不同程度的损伤,进行降水沉降分析。

3.1 基坑涌水量计算

(1) 降水井影响半径

按潜水含水层计算,降水井影响半径为

$$R=2S\sqrt{kH}$$

式中:R——影响半径,m;

H——水层厚度,m;

k——渗透系数,m/d;

S——水位降深,m。

取 $S=10.35$ m,$k=0.0147$ m/d,$H=33.0$ m,则

$$R=2\times10.35\times\sqrt{0.0147\times33}=14.4\ \text{m}$$

(2) 基坑等效半径

基坑及降水井轴线布置如图 1 所示。

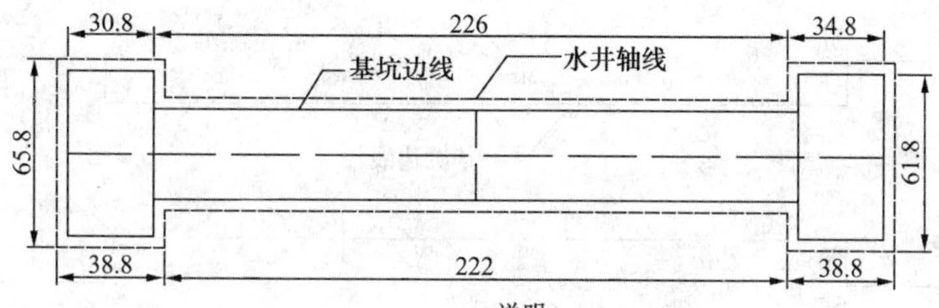

图 1 基坑及降水井轴线布置示意图

基坑等效半径为

$$r_0=\sqrt{A/\pi}$$

由图 1 可知 $A=13\,897.28\ \text{m}^2$,易计算得到 $r_0=66.5$ m

(3) 基坑涌水量

按潜水非完整井计算,基坑涌水量为

$$Q=1.366\,k\frac{H^2-h_m^2}{\lg\left(1+\dfrac{R}{r_0}\right)+\dfrac{h_m-l}{l}\lg\left(1+0.2\dfrac{h_m}{r_0}\right)}$$

式中:l——透水管长度,m。

潜水非完整基坑涌水量计算示意图如图 2 所示。

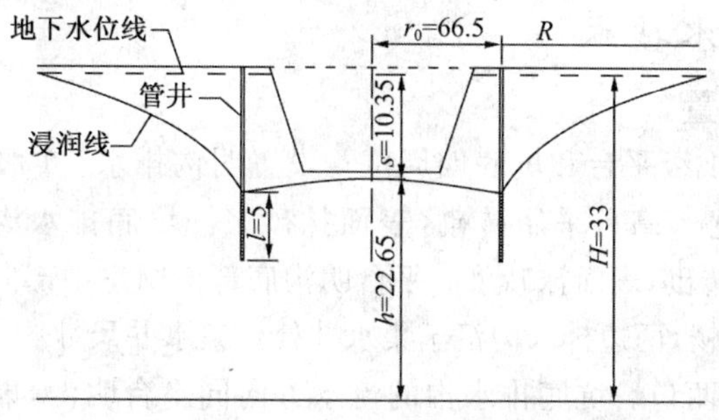

图 2 潜水非完整井基坑涌水量计算图示

由图 2 可知,$H=33$ m,$S=10.35$ m,$r_0=66.5$ m,$l=5$ m。易得 $h_m=(H+h)/2=$

27.8 m，取 $h_m=28$ m。由上文知 $R=14.4$ m，$k=0.0147$ m/d，则

$$Q=1.366\times 0.0147\times\frac{33^2-28^2}{\lg\left(1+\frac{14.4}{66.5}\right)+\frac{28-5}{5}\times\lg\left(1+0.2\times\frac{28}{66.5}\right)}$$

$$=24.8\ \mathrm{m^3/d}$$

(4) 单井出水能力

井口内径为 30 m，则单井出水量为

$$q=120\pi r_3 l\sqrt[3]{k}=120\times 3.14\times 0.15\times 5\times\sqrt[3]{0.0147}=69.3\ \mathrm{m^3/d}$$

(5) 管井数量

$$n=1.1\frac{Q}{q}=1.1\times\frac{24.8}{69.3}=0.4(\text{口})$$

施工中为确保基坑边坡稳定和干地施工，设 23 口井，井间距 30 m。

管井布置如图 3 所示。

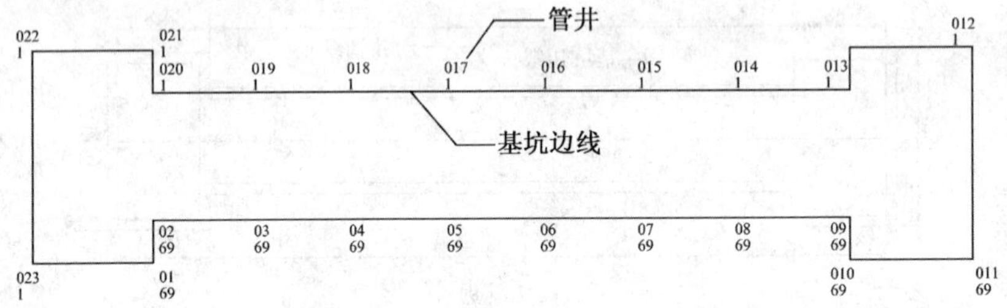

图 3　管井布置示意图

3.2 抽水沉降

按潜水完整井进行估算，基坑周边基本无沉降，如图 4 所示。

0.000	0.000	0.000	0.000	0.000	0.000	0.000	0.000	0.000	0.000	0.000
0.000	0.000	0.000	0.000	0.000	0.000	0.000	0.000	0.000	0.000	0.000
0.000	0.000	0.000	0.000	0.000	0.000	0.000	0.000	0.000	0.000	0.000
0.000	0.000	0.000	0.000	0.000	0.000	0.000	0.000	0.000	0.000	0.000
0.000	0.000	0.000	0.000	0.000	0.000	0.000	0.000	0.000	0.000	0.000
0.000	0.000	0.000	0.000	0.000	0.000	0.000	0.000	0.000	0.000	0.000
0.000	0.000	0.000	0.000	0.000	0.000	0.000	0.000	0.000	0.000	0.000
0.000	0.000	0.000	0.000	0.000	0.000	0.000	0.000	0.000	0.000	0.000
0.000	0.000	0.000	0.000	0.000	0.000	0.000	0.000	0.000	0.000	0.000
0.000	0.000	0.000	0.000	0.000	0.000	0.000	0.000	0.000	0.000	0.000
0.000	0.000	0.000	0.000	0.000	0.000	0.000	0.000	0.000	0.000	0.000

图 4　各点沉降图示

4　深基坑降水技术

4.1 排水沟布置

在闸塘南北两侧 1 级平台和坑底四周位置设置明沟排水。1 级平台的排水沟断面尺寸为 50 cm×50 cm(宽×高)，采用砖砌，表面抹砂浆。坑底排水沟断面尺寸为 60 cm×60 cm(宽×高)，采用砖砌，表面抹砂浆。平台明沟底部由闸室中部向上、下闸首方向设 2‰ 的纵坡，以保证排水顺畅，两边排水沟汇于集水井处。集水井尺寸为 1.3 m×1.3 m×1.0 m(长×宽×高)，共设置两口。坑底排水沟的流水方向同平台明沟，集水井尺寸为 1.5 m×1.5 m×1.0 m(长×宽×高)，共设置两口。集水井内设置 15 kW 泥浆泵抽水外排。排水沟与集水井布置如图 5 所示。

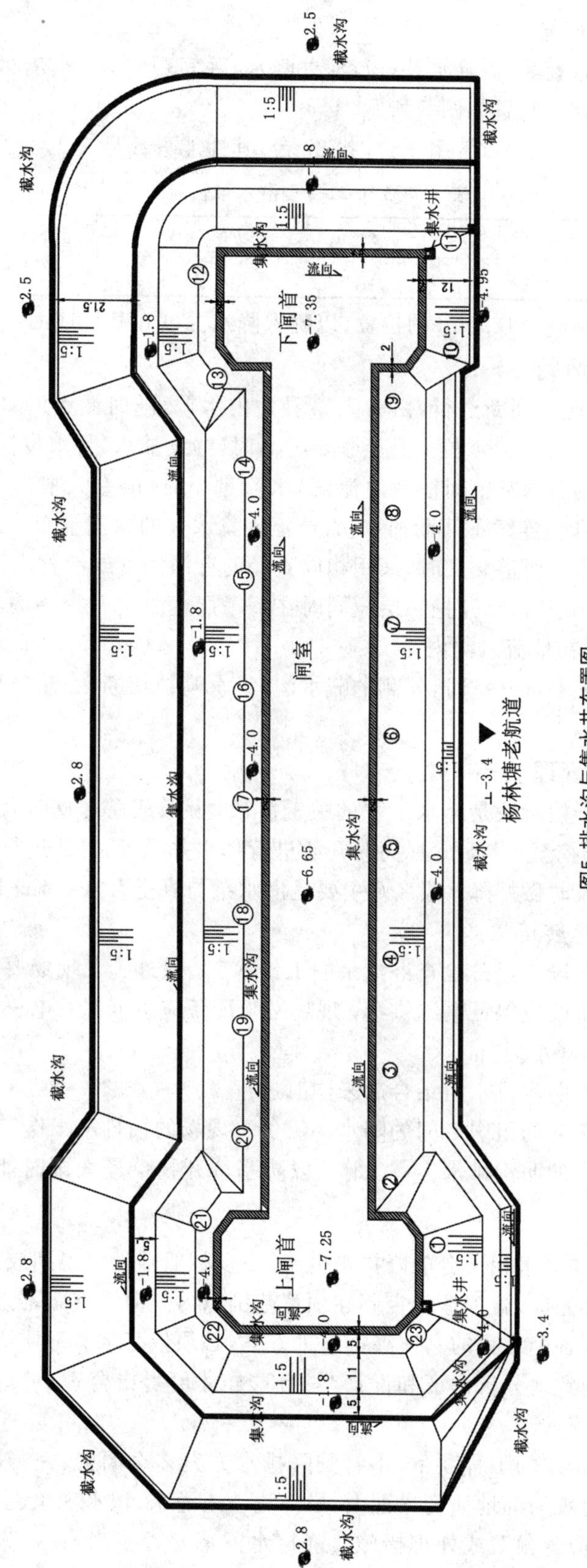

图5 排水沟与集水井布置图

4.2 管井的布置

环基坑底周边布置 23 口降水井进行深井降水，井间距约 30 m，有效井深约 15 m，井底标高－19.0 m。管井布置如图 5 所示。

每口井配备一台潜水泵，备用 4 台，共 27 台，其性能参数见表 1。

表 1 QY20-21-4 型潜水泵性能表

型号	流量/(m^3/h)	扬程/m	功率/kW	吸入口径/mm	排出口径/mm
QY20-21-4	20	21	1.1	40	40

潜水泵放置在标高－12.0 m 的位置，以确保降水深度在基坑底面以下 1.0 m 左右。

4.3 降排水运行

(1) 降水 24 小时不间断进行，由专人察看井内水位，随时调整潜水泵高度。潜水泵沉至底部时，关掉电开关，待水位上升至预定标高时，继续抽水，将水位控制在设计高度。

(2) 明沟内水流由闸室中间往两边流淌，水流量小时，由专人根据集水井内的水位，间隔抽水；水流量大时，连续不间断抽水，直至汇入集水井的水流量变小。

(3) 排水沟与施工便道交叉时，采用相同直径的有筋涵管或钢管代替排水沟。

(4) 基坑分层开挖时，每开挖一层应同时在下一层土方上开挖垄沟，垄沟设置应保证土层表面水及时、顺畅地流入沟内。

(5) 导航墙施工基坑开挖时，外侧的截水沟、集水沟被切断，在断口处设置集水池，用水泵将积水抽出。

4.4 降排水管理要点

(1) 降水运行开始阶段是降水工程的关键阶段，为保证在开挖时及时将地下水降至开挖面以下，基坑开挖至－1.8 m 标高时开始进行降水井施工，提前进行降水作业。

(2) 在施工前及时做好降水设备(主要是潜水泵与真空泵)的调试工作，确保降水设备在降水运行阶段运转正常。

(3) 降水运行阶段应经常检查潜水泵的工作状态，另外施工现场要备用 4 台潜水泵。

(4) 降水运行阶段应保证电源供给，现场必须配备应急电源发电机组，如遇电网停电可以及时发电，保证降水运行。

(5) 管井降水和明沟排水需结合起来同时进行。

(6) 降水井施工期间组织专门的降水小组负责现场的抽排水工作。

(7) 做好基坑内的明沟排水准备工作，以防基坑开挖恰逢大雨时能及时将基坑内的积水抽干。

明沟排水和管井降水相结合的降排水措施，在杨林船闸工程得到成功应用，该工程比预定工期提前 40 天完成，施工造价控制在预算范围以内。但该方案不是深基坑降排水施工技术的唯一方案，各个工程的具体降排施工方案，必须依其水文地质资料和周围环境情况，认真进行深入细致地分析论证和设计，只有这样才可得出合理、可行的深基坑降排水施工技术方案或措施。

实施深基坑降排水的工程项目，不管其降排水方案多么周密、完善，在基坑土方开挖与支护的过程中，出现局部地质变异性大、局部流沙或涌水、积水现象也是在所难免的，应先充分考虑相应的应急预案或处理措施。降排水方案是否妥当，在很大程度上也决定着深基坑施工技术方案是否成功的主要因素之一。

浅谈斜拉桥拉索施工

周丽华　杨娟
（江苏省交通工程集团有限公司 镇江 212000）

摘　要　斜拉桥拉索施工为斜拉桥施工中重要环节，本文以新通扬运河特大桥为例，论述了斜拉索挂索、张拉及附属结构施工。

关键词　斜拉桥　拉索　施工

1　工程简介

新通扬运河特大桥位于引江河和新通扬运河汇流口处，北接江海高速，南连泰州港。主桥桥型为独塔单索面混凝土梁斜拉桥，孔跨布置为 43 m＋117 m＋185 m，全长 345 m。边跨设有辅助墩。

2　斜拉索

斜拉索采用聚乙烯高强钢丝拉索，钢丝为镀锌高强钢丝，其抗拉强度为 1 770 MPa。拉索型号共有 7 种，包括 PES(C)7-139，PES(C)7-163，PES(C)7-199，PES(C)7-211，PES(C)7-241，PES(C)7-253，PES(C)7-265，共计 96 根。拉索锚具采用冷铸锚，与拉索配套，分张拉端和固定端，有 PESM7-139，PESM7-163，PESM7-199，PESM7-211，PESM7-241，PESM7-253，PESM7-241 等 7 种型号，共计 192 套。

成桥后拉索包括拉索、锚具、索导管、减振器、防水罩等。

3　总体方案及主要设施设备

3.1　总体施工方案

斜拉索桥下吊至桥面，在桥面上展索，采取先梁端后塔端挂索，在塔端对称张拉。

3.2　塔上主要施工设施、设备

塔上施工设施、设备主要有塔顶门架提升系统，塔外平台、塔内平台和施工通道。

3.2.1　门架提升系统

门架提升系统包括门架和提升设备。

门架采用钢桁架结构，与塔顶预埋件焊接固定，其单端起吊能力为 20 t。

提升设备包括卷扬机、滑车组等。塔顶布置 3 台 5 t 卷扬机，1 台布置在塔帽，用于塔端锚头牵引和塔内吊笼提升；2 台置于塔顶门架上，用于塔外平台提升。每台卷扬机各配相应的滑车组。门架前端安装 4 台 8 t 卷扬机以及 4 组滑车组，用于拉索提升。4 台卷扬机置于 0＃桥面上。

3.2.2 施工平台

施工平台分塔外、塔内两部分。

塔外平台采用垂直升降悬挂式平台，由塔顶 1 台卷扬机控制升降，同时在塔外平台一侧，沿索塔固定一根ϕ 15 mm 钢丝绳作为塔外平台的定位滑道。当平台到达施工点时，将卷扬机锁死，塔外施工人员将平台与定位滑道进行临时固定，然后对塔外平台进行安全检查，最后方可进行塔外施工。塔外平台只是为塔外施工提供一个操作平台，不做任何临时吊装用。

塔内平台为装配式，共 3 层，上层为防护平台，中层为悬挂平台，下层为操作平台，三层之间设悬挂式爬梯。平台搁置在牛腿上，与牛腿销接。牛腿采用型钢加工，与塔内锚板焊接固定。在塔柱施工时，预埋锚板。爬模提升后，焊接牛腿。在拉索施工时，安装平台。平台周转使用。

3.2.3 塔内施工通道

施工通道分成吊笼和钢爬梯两种。钢爬梯为施工图中的永久结构爬梯。在塔柱封顶前，拉索施工人员从塔根门洞进入塔腔，然后爬爬梯进入施工平台。在塔柱封顶后，施工人员坐吊笼从塔顶进入塔内施工平台。

3.3 桥面主要设施、设备

桥面上布置的设施、设备主要有卷扬机系统、展索设备、锚头牵引系统、汽车吊、塔吊、提升门架等。

3.3.1 卷扬机

卷扬机分成牵引卷扬机和提升卷扬机两部分。

牵引卷扬机：共布置 5 台 3t 卷扬机，4 台布置于主梁前端（中跨、边跨各 2 台），1 台布置于 0＃梁段，用于牵引斜拉索及放索机纵向移动至挂索位置，完成桥上展索和梁端挂设。

提升卷扬机：设 4 台 8 t 卷扬机、4 台 3 t 卷扬机以及相应滑车组。8 t 卷扬机与塔顶门架滑车组相连组成拉索提升系统，完成拉索的塔端提升和挂设。3 t 卷扬机牵引滑车组使其下降至桥面位置。

3.3.2 展索设备

展索设备为卧式放索机。采用卧式自转放索机，放索机下设车轮和撑脚。在展索时放索机在卷扬机的牵引下一边移动一边自动旋转，从而完成展索。放索机移动到位后，撑起撑脚，进行固定。

3.3.3 锚头牵引系统

梁端锚头牵引采用软牵引，塔端锚头采用软硬牵引组合。软牵引系统为钢绞线牵引系统，包括钢绞线及其连接头、撑脚、千斤顶、工具锚。软硬牵引组合系统，包括千斤顶、工具锚、撑脚、哈弗螺母、哈弗垫板、钢绞线及其与张拉杆的转换接头、拉杆、张拉螺母及其紧锁螺母。

本工程采用 13 根钢绞线和 Tr195×10 张拉杆组合的软硬牵引系统，其设备如下：YCW250B 千斤顶 8 台；ZB4/500 油泵 8 台；YCW650 千斤顶 4 台；YCW800 千斤顶 4 台；长度为 50 cm，80 cm，120 cm 的装配式拉杆；2 种型号的撑脚各 4 个。

表1 撑脚技术参数

型号	外观尺寸/mm	使用位置	设计张拉力/kN	数量
R1	680×680×660	梁段、塔端	7 000	4
R2	680×680×800	塔端	7 000	4

3.3.4 桥上起重设备

桥上起重设备主要有汽车吊、塔吊、提升门架。

汽车吊用于索盘上桥、展索和梁端挂设等。本工程采用25 t汽车吊1台。

塔吊用于施工设备的吊装、拉索展索和塔端搭设等。

提升门架用于展索和梁端挂索。

4 拉索上桥

在0#梁段位置采用汽车吊或塔吊吊索盘上桥置于放索机上，放索机预先置于适当位置。为避免提升时损坏拉索PE，采用尼龙吊带并按索厂设定的起吊位置捆绑拉索，然后吊运上桥。放索机纵移至起索位置，固定，拆除包装。

5 桥面展索及塔端挂设

5.1 牵引力计算

根据斜拉索的长度 L，上下两端索孔锚势板中心几何距离 L_0，可估算出牵引力为 T 时，拉索上端离塔柱上相应索孔锚板端面的距离 ΔL。

$$\Delta L = L_0 - L + (W^2 L_x^2 L_0)/24T^2 - TL/AE$$

式中：ΔL——牵引力为 T 时，拉索上端距离塔柱上相应索孔锚垫板端面的距离；

L——斜拉索长度；

L_0——上下两端索孔锚板中心的几何距离；

W——斜拉索单位长度重量；

L_x——L 的水平投影；

T——牵引力；

A——钢丝截面积；

E——弹性模量。

施工前根据设计提供的索力及斜拉索相关技术参数，对每对索张拉端螺母旋平锚杯时的牵引力进行计算，确定软牵引钢绞线束数量，同时对每根索牵引阶段的牵引力进行计算，确定钢绞线长度。

5.2 桥面展索和塔端挂设

利用塔上提升牵引系统和桥面卷扬机进行展索，展索流程如下：

① 桥面牵引卷扬机与斜拉索塔端锚头连接，抽出锚头。用汽车吊吊起锚头，安装锚头小车。然后卷扬机牵引锚头、放索机自转从而展索至索塔根部。在展索过程中，每隔2～3 m在拉索下安装1台托索小车，防止展索过程中PE与桥面摩擦损坏。

② 在斜拉索张拉端适当位置安装索夹。索夹由两个半圆单件对拼而成，用螺栓连接。索夹内设橡胶垫避免损伤PE。

③ 安装张拉杆和软牵引接头，解除锚头小车和牵引卷扬机。

④ 塔吊或塔顶门架卷扬机与索夹连接，塔内安装牵引装置并放出连接钢绞线。

⑤ 启动塔吊或塔顶门架卷扬机提升斜拉索索夹，适时解除托索小车，将塔端锚头提升至塔上索导管出口处。施工人员在塔外平台上把钢绞线与锚头进行连接。启动YCW250B千斤顶牵引钢绞线，直至锚头进入索导管内至设定位置。临时锚固软牵引钢绞线，完成拉索在塔端的临时固定。解除塔吊或塔顶门架卷扬机与索夹的连接，拆除索夹。至此，完成塔端挂设。

⑥ 桥面卷扬机牵引放索机向梁端移动，放索机旋转，从而使拉索沿桥面展开。展索过程中，索体下方每隔2～3 m固定1台托索小车，避免拉索PE损伤。

⑦ 在索盘剩最后一圈拉索时，用汽车吊将固定端锚头吊起，置于托索小车上，至此，完成桥面展索。展索完毕后，将放索机移至起索位置，准各下一根展开。

⑧ 在梁端锚头安装到位后，塔端继续软牵引，直至拉杆伸出哈弗垫板锚固。

6 梁端挂设

梁端挂设流程如下：

① 在固定端适当位置安装索夹，安装软牵引接头，与牵引钢绞线连接。索夹上安装滑车组，梁内安装软牵引系统(撑脚、油顶、工具锚等)。

② 门架就位，牵引卷扬机钢丝绳与门架和索夹上的滑车组连接，利用汽车吊提升索火和锚头，解除锚头小车。启动桥面牵引卷扬机，使固定端向梁端索导管移动，适时解除托梁小车。卷扬机牵引、汽车吊提升，在人工的辅助下，使锚头进入索导管内。

③ 启动 YCW 250B 千斤顶牵引钢绞线，梁外卷扬机继续牵引索夹，共同使锚头向锚板移动。在锚杯露出锚板至设计规定值后旋入螺母锚固。至此完成梁端挂设。

④ 拆除 YW 250B 油顶、撑脚等牵引装置，解除钢绞线连接头。

7 斜拉索张拉

根据设计要求，本桥拉索统一在塔端张拉，分两次张拉到位。

7.1 张拉设备的选择

根据塔内的张拉空间、拉索的牵引力和张拉力等选择油顶、油泵和张拉杆。

本桥除C22(第二次张拉力6 532.8 kN)、C22′(第二次张拉力6 708.8 kN)、C23(第二次张拉力6 726.9 kN)、C23′(第二次张拉力 6 922.3 kN)、C24′(第二次张拉力6 569.5 kN)采用YCW 800千斤顶张拉外，其余均采用YCW 650千斤顶。拉杆均采用Tr195×10，杆件长度为0.5 m，0.8 m和1.2 m不等。张拉撑脚允许承载力为700 t，高0.8 m。设备安装后，总高度为1.4 m。

7.2 张拉流程

安装张拉设备→启动油泵张拉(分级)→螺母跟进锚固→应力油表读数控制→伸长量校核→持荷5分钟→锚固螺母→油表回油

7.3 张拉方法

斜拉索软牵引到位后临时锚固，拆除软牵引千斤顶系统，安装YCW 650或YCW 800千斤顶系统，对每根拉索进行初张拉。斜拉索采用塔上张拉，每根索需进行两次张拉。张拉过程中索塔顺桥向两侧的拉索和横桥向对称的拉索须对称同步张拉，同步张拉的不同步索力差值不超出设计规定值。设计索力不同的拉索，按照设计规定的索力分级同步张拉，各个千斤顶同步之差不得大于油表读数的最小分格，索力终值误差小于±2%。

7.4 张拉步骤

① 拆除软牵引装置，接长张拉杆，安装张拉螺母。开启油泵，千斤顶加载，反复牵引斜拉索直至斜拉索锚头露出锚垫板承压面，临时锚固斜拉索。

② 拆除长拉杆，开启油泵对称、同步张拉斜拉索，观察油表读数，直至张拉力至设计值，锁定锚头螺母。张拉力的终值由监控单位提供。

③ 张拉到位后，拆除所有张拉设备，进行下节段施工。

7.5 张拉注意要点

① 斜拉索张拉前对拉索成品、锚具和配件按图纸规定全部或抽样检验，确实符合图纸要求后方可使用。

② 所有张拉千斤顶张拉前按规定进行配套标定。张拉机具由专人使用和维护，张拉机具长期不闲置时，须在使用前全面校验。当千斤顶的使用超过规定的使用时间和张拉完 4 对索，或使用期间出现异常情况时，均进行一次校验，以确保拉力的准确。

③ 斜拉索安装与梁段悬拼、塔柱施工交叉进行，不论是第一次张拉还是二次张拉、调索，一旦应力或线型偏差超限，应立即向监控单位汇报，并由指挥部、设计、监控、施工 4 方共同确定调整方法进行调整。

7.6 影响斜拉索张拉效应的因素及应对措施

(1) 温度影响

由于塔梁索的材料构成及结构的特殊性，各自对温度变化的敏感性程度不同，变形也不同。在正常温度下三者变化差异较小，但在高温季节变化差异十分明显，三者的吸热、传导、散热与变形各不相同，使理论索力和线型与实测差异超过 2%以上。

(2) 日照影响

太阳直射不能全面覆盖塔、梁、索，总是存在阴阳面，一天当中随太阳照射位移而发生变化，受太阳直射的阳面使结构膨胀产生拉应力，阴面产生压应力，使塔柱产生挠曲变形，主梁产生扭曲变形、索体伸长，工况随之变化。

(3) 风力影响

风对结构的影响主要是风振作用，在风力较大时施工会影响张拉效果，增加应力损失。

(4) 施工荷载及不平衡施工影响

斜拉索施工过程结构本身属大跨径、大悬臂施工，施工荷载的分布(机具、设备、物资、施工人员)不对称、不均匀都会给计算、测量带来假象，影响施工控制效果，增大成桥调索工作量。不平衡施工使塔顶水平位移量发生较大偏差，使后拉索侧线型控制误差大。

7.7 消除不利影响因素的措施

(1) 张拉时间选择

高温季节选择在 0:00 以后，日出之前张拉斜拉索；正常温度下(5～25 ℃)选择在 20:00以后，日出之前，或无日照的阴天、零星小雨天气张拉斜拉索。

(2) 风力选择

正常情况下控制在标准风力 4 级以下，季风期控制在标准风力 5 级以下，6 级以上停止作业。

(3) 施工荷载控制

在施工过程中悬臂挂、穿索设备、施工物资堆放等都应控制在对称、均匀、固定的荷载分布方式下施工,绘制荷载分布图,进行现场监督。

8 调索

在全桥拉索第二次张拉完成后,根据监控的数值,对全桥索力进行调整。斜拉索的索力调整统一在梁端进行,严格按设计和监控单位的给定值执行。

9 斜拉索附属工程施工

9.1 永久减振

斜拉索调索完成后,安装减振器。本桥减振器为两半圆形单件对拼而成,设 4 对钢楔块,每对楔块用螺杆进行连接。其安装方法:把减振器卡在拉索 PE 上,推入索导管内,收紧钢楔块,使楔块与索导管内壁密贴。

在安装减振器前,测量拉索在其导管口的偏心值,偏心值过大者,对减振器须预先作特殊处理。

在塔上减振器安装完毕后,焊接防脱钢筋网。然后安装封口模板,向索导管内注入发泡剂。发泡剂凝固后,拆除模板,修整发泡剂端面至与塔壁齐平。采用特制水泥浆涂刷发泡剂端面,且刮平。在水泥浆凝固后,采用特制干粉水泥修饰至与塔柱砼颜色一致。梁端不做发泡处理。

9.2 防水罩安装

梁端减振器安装完毕后,安装防水罩。本桥防水罩由两个半圆单件对拼而成,两半圆间用 4 根 M12 不锈钢螺栓连接。防水罩小端口与拉索 PE 压紧密贴,大端口与索导管外壁压紧密贴。

9.3 锚头防腐

本桥锚具均采用电镀彩锌处理,自身具有良好的防腐性,不需做特殊的防腐处理,只需在外露锚头处对锚杯内外和螺母涂防腐油脂,然后紧固盖板即可。

新通扬运河特大桥斜拉索安装顺利,后期调索工程量小,线形控制较好,得到了监理、业主以及社会各界的一致好评。

论松木桩复合地基在桥梁建设中的应用

王威　胡振超
（江苏省交通工程集团有限公司 镇江 212000）

摘　要　本文通过对松木桩复合地基工程实例的研究分析，结合松木桩复合地基的计算模型，提出了松木桩复合地基的设计方法。

关键词　松木桩　复合地基　承载力

随着我国公路建设事业的日益发展，道路标准的不断提高，桥涵基础不良地基的加固处理，已渐渐成为影响建设速度、工程成本、使用效果的主要因素之一。近年来一些新的加固技术不断地出现，但各种加固方法都有自身的特点、适用范围、存在问题。对地基常见的处理方法有换填法、桩体挤密法、夯压法、预压法、振冲法、粉体喷射搅拌法等。以上几种地基处理方法造价偏高，对场地和施工要求高，而松木桩复合地基对于处理基础，则具有施工方便、建筑材料易取、经济效益明显的优点。

1　松木桩加固地基的原理

采用松木桩加固的地基属于复合地基。复合地基由天然地基土和桩体两部分组成。松木桩复合地基同其他桩体挤密法相比，除桩的材质不同外，其余均有相似之处，其加固机理有：

① 桩体的支撑作用。松木桩复合地基以松木桩取代了与桩体体积相同的低模量、低强度土体，在承受外荷时，地基中应力按桩土应力比重新分配。应力向桩体逐渐集中，桩周土体所承受的应力相应减少，大部分荷载由松木桩承受。由于桩的强度和抗变形能力均优于土体，故而形成后的复合地基承载力、模量也优于原土体，从而达到减小变形，提高承载力的效果。

② 挤密作用。松木桩施工时，采用锤击打入，桩孔位置原有土体被强制侧向挤压，使桩周一定范围内的土层密实度提高，以改善地基力学性能，提高地基承载力和整体稳定性。松木桩复合地基在施工中对桩间土体的挤密作用，使桩间土密实，从而使桩间土的承载力得到提高，压缩性降低。

2　松木桩复合地基的计算模型

2.1　松木桩复合地基承载力确定

根据桩、土相互组合共同承受上部荷载的特点，这种地基可参照复合地基计算公式进行设计，即

$$R_{sp}=(1-m)R_1+R_2$$

式中：R_{sp}——复合地基容许承载力，kPa；

R_1——桩间土的容许承载力，也可用加固前天然地基容许承载力代替，kPa；

R_2——桩体容许承载力，kPa；

m——面积置换率，$m=d^2/d_e^2$，其中 d 为桩的直径，d_e 为等效影响圆的直径。

等边三角形布置时，$d_e=1.05s$；正方形布置时，$d_e=1.13s$；矩形布置时，$d_e=1.13\sqrt{s_1 s_2}$。（其中 s，s_1，s_2 分别为桩的间距、纵向间距和横向间距。）

对于小型工程的黏质土地基，如无现场荷载试验资料，复合地基的承载力可按下式计算：

$$R_{sp}=[1+m(n-1)]R_1$$

式中：n——桩、土应力比，无实测资料时可取 2～4，基土强度低的取大值、高的取小值。

2.2 松木桩桩体容许承载力 R_2 确定

松木桩单桩桩体容许承载力 R_2 由摩擦力和桩端承载力组成，即

$$R_2=\lambda(U_p \Sigma Q_{si}\, l_i+Q_p A_p)$$

式中：λ——安全系数，取 1/2；

U_p——松木桩有效周长，m；

Q_{si}——第 i 层土的侧阻力特征值，kPa；

Q_p——桩端土层的端阻力特征值，kPa；

l_i——第 i 层土的厚度，m；

A_p——桩身截面积，m^2；

为防止桩的破坏，需对桩身容许承载力进行核算，并取较小值，即

$$R_2=\Psi\sigma_a A_p$$

式中：Ψ——纵向弯曲系数，与桩间土有关，一般取 1.0；

σ_a——桩身材料的容许应力，单位为 kPa，对于松木桩，取为 3 600 kPa；

a——桩身材料的应力折减系数，木桩取 0.5；

A_p——桩身截面积，m^2；

2.3 松木桩桩长与桩径的确定

桩长主要取决于需要加固土层的厚度，一般视桥梁施工部位的设计要求和地质条件而定。应满足地基的强度和变形控制要求，通常桩长不宜大于 5 m，过长则施工困难，且不经济。桩径应根据工程地质等因素选用，一般为 100～150 mm。

2.4 单位面积松木桩的确定

在桩长和桩径一定情况下，松木桩复合地基承载力主要取决于单位面积的桩数。设计中，我们可以根据设计要求的地基承载力来确定单位面积松木桩的数量，即

$$K=(R_{sp}-\beta R_1)/(R_2-\beta R_1 A_p)$$

式中：K——单位面积松木桩数，根/m^2；

2.5 桩距的确定

松木桩布桩通常采用三角形和矩形两种形式，其桩间距 s 可按以下公式计算：

$$s=\begin{cases}1.08\sqrt{1/K}, & \text{三角形布置}\\ \sqrt{1/K}, & \text{正方形布置}\\ 0.95\sqrt{1/K}, & \text{长方形布置}\end{cases}$$

3　松木桩复合地基的适用条件

一般软土厚度小于 5 m 较为适宜用松木桩处理。为了便于打桩，桩长为 3～6 m 为宜，可作端承桩。松木桩适用于地下水位较高的地层中，在这种条件下松木桩能抵抗真菌的腐蚀而保持耐久性。对于地下水位变化幅度大且有较强腐蚀性的地区，则不宜采用松木桩基础。

(1) 它可应用于砂土、素填土、杂填土、黏性土及淤泥质土等地基土的浅层加固，加固深度一般为基底下 1.5～6 m，桩端应进入持力层 0.5 m。

(2) 松木桩应选用梢径为 100～150 cm 的活性或尚有活性的松木或松木树梢。

(3) 松木桩完成后，桩顶应设柔性褥垫层，褥垫层使桩间土的有效接触应力增加，提高了桩周土的抗剪强度，使得桩体承载力得到提高，对于地基的不均匀沉降也有一定的补偿作用。褥垫层一般采用 15～25 cm 厚碎石垫层。

4　松木桩施工注意事项

在施工中为使地基的挤密效果较好，必须由基础四周由外至内施打松木桩，且桩以梅花形布置。木桩采用松木，干燥后去皮，用防腐剂浸泡充分，端头削尖，以便沉桩，锤击端应以铁丝箍匝牢固，以防锤击时锤击端损坏。为保证桩尖能进入较坚硬的持力层，上部可先开挖至基础的埋深后再打桩。打桩完毕后，清除浮土，锯平桩头，然后铺设垫层。

5　松木桩工程应用实例

芜申线(高溧段)航道整治工程桥梁 WSXGL-SG-QL2 标主桥边跨拱片地基处理。经计算地基承载力 $\sigma=249\text{kPa}<[\sigma]=250$ kPa，能够满足要求。但考虑结构支架的重要性，需对此处地基进行局部加固处理，具体措施为采用直径为 10 cm，长度为 4 m 松木桩，并采用梅花形布置间距 100 cm。松木桩平面布置示意图如图 1 所示。

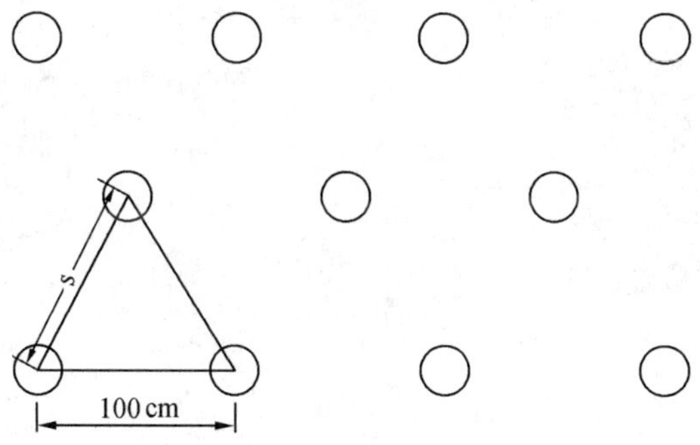

图 1　松木桩平面布置示意图(等边三角形布置)

加固后，经计算得 $d_e=105$ cm，$m=0.009$，$R_2=36.9$ kPa，则松木桩复合地基承载力为 $R_{sp}=(1-m)R_1+R_2=284.65>[\sigma]=250$ kPa，能够满足要求。

松木桩施打与柔性褥势层分别如图 2 和图 3 所示。

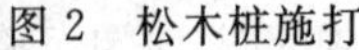
图 2　松木桩施打

图 3　柔性褥垫层

实践证明，松木桩处理地基时，具有施工方便、处理效果明显、材料来源广泛、施工速度快、工程造价省等优点，它可避免大量的土方开挖，因而在松木资源较为丰富的地区，用松木桩处理地基在经济和技术上是可行的，它不失为一种处理软弱地基的有效手段。

中承式无风撑飞燕式拱桥施工技术

王威　黄健

（江苏省交通工程集团有限公司 镇江 212000）

摘　要　“飞燕式”钢筋混凝土中承式系杆拱桥主要由拱肋、系梁、吊杆三部分组成，主梁弹性支撑于吊杆上，并通过吊杆传递给主拱肋，主拱肋主要承压，产生水平推力，此推力可通过张拉系杆来平衡，是一种超静定结构体系。本文通过芜申线(高溧段)航道整治工程桥梁标五潭渡大桥工程施工实例，介绍了中承式系杆拱桥施工技术，为类似工程提供了一种安全、可靠、实用的参考方案。

关键词　拱桥　中承式　施工

1　工程概况

五潭渡大桥（如图 1 所示）为分离式双幅桥，单幅主桥宽 20.7 m，单幅引桥宽度 16.5 m。全桥桥跨布置为 10×20 m+(30+95+30) m+8×20 m，主桥为中承式无风撑飞燕式拱桥，主桥结构形式为(30+95+30)m 无风撑飞燕式拱桥。主跨拱肋计算跨径为 95 m，计算矢高 23.75 m，矢跨比 1/4；边跨拱肋计算跨径为 30 m，计算矢高 7.748 m，矢跨比1/3.8716。桥面结构采用纵横梁体系、整体桥面板，以提高结构的整体刚度。

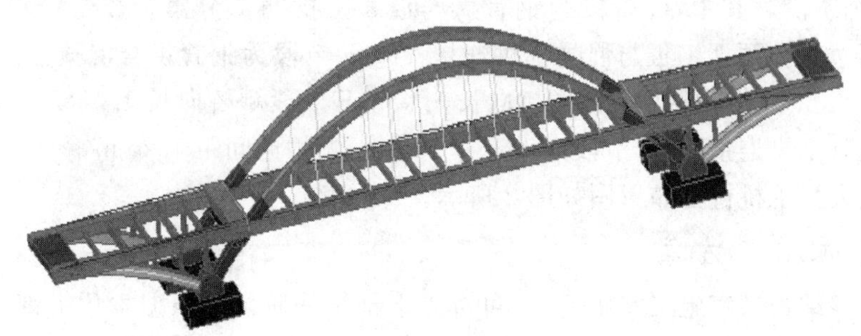

图 1　五潭渡大桥主桥立体结构形式

2　主桥上部结构形式

(1) 拱肋及风撑

单幅主桥共设两榀拱肋，为钢筋混凝土箱型截面，为便于装饰拱肋预埋施工和外观协调美观，将拱梁交接附近拱肋加宽。中拱部分采用箱形截面，截面高 1.6 m，宽 1.8 m，壁厚 0.3 m，在吊杆处采用实心截面。主拱拱肋桥面以下加宽部分采用矩形截面，截面高 1.8 m，宽 2.1 m。

边拱采用截面高 1.6 m，宽 2.1 m 的矩形钢筋混凝土截面，边拱与系梁交界处采用变高矩形截面。两榀拱肋横向间距为 16.5 m，主孔桥面以下设置 1 道钢筋混凝土 K 形撑和 1 道一字撑，其截面为 0.9 m×0.9 m，壁厚为 0.2 m 的箱形截面；边孔桥面以下设置 3 道一字撑，其截面同主拱风撑截面。

(2) 吊杆

每榀拱肋设 13 根厂制吊杆，吊杆间距为 5.0 m。吊杆采用 61 根 ϕ7 mm 高强钢丝（其中边吊杆采用含球面支座的 OVMLZM(K)7-61 吊杆），外包双层高密度聚乙烯(PE)护套。

(3) 纵梁及横梁

中跨部分纵梁采用箱形截面，箱形截面高 1.7 cm，宽 2.8 cm，顶底板厚 0.25 m，两侧腹板厚分别为 0.3 m 和 0.7 m，边跨部分纵梁采用实心截面。预应力钢束采用低松弛钢绞线，塑料波纹管成孔。

单幅桥共设 29 道预应力混凝土横梁和 2 道钢筋混凝土横梁，分别为 2 道 C 型横梁（端横梁）、2 道 B 型横梁、2 道 D 型横梁和 25 道 A 型横梁（吊杆及立柱处横梁）。A 型横梁采用 T 形截面，B,C,D 型横梁采用实体截面，上翼缘为整体桥面板，下肋为矩形截面，A 型横梁肋宽 5 mm，B,C,D 型横梁为分别为 3.21 m，5.19 m 和 0.6 m，横梁高 1.6 m，梁顶及梁底与桥面横坡 2%一致。横梁预应力钢束采用低松弛钢绞线，松弛率小于 2.5%，塑料波纹管成孔。

(4) 桥面板

桥面板采用整体桥面板，板厚 0.25 m，并加腋 0.5 m×0.1 m。

(5) 装饰钢管拱设计

钢管拱轴线与混凝土拱轴线相对高度为 0.45 m，桥面内装饰钢管拱局部坐标原点与混凝土拱轴线投影水平垂直距离拱角处 0.652 m，拱顶处 2.2 m。

单管装饰钢管拱顺桥方向总长 67.198 m，钢管直径 0.5 m、壁厚 10 mm。设计将钢管拱分为 13 个阶段。其中，G 阶段为钢管拱与混凝土拱肋部分集合段，该节段顺桥向长 5.917 m，通过整体预埋钢板与混凝土拱连接；A～F 节段为钢管拱与混凝土拱分离段，A 节段顺桥向长 6.25 m，B～E 节段顺桥向长 5.0 m，F 节段顺桥向长 4.557 m，通过工字型钢锻板与混凝土拱连接，每个节段内设置 4 个锻板，顺桥向间距 1.25 m。

五潭渡大桥主桥桥型布置图如图 2 所示。

3 总体施工方案

主桥下部结构拱座施工完毕后，即可进入上部结构阶段。根据主桥上部结构设计图纸要求和本桥的施工特点，结合施工现场实际情况，主桥上部结构主要分成 5 大施工节段（A～E 节段）和装饰拱施工，主要施工方法如下：

(1) 拱片 A 节段及风撑施工

拱片 A 节段为边跨拱肋（含与系杆重叠部分）、横梁及桥面板，可分为 A1，A2 节段浇筑。拱片及风撑采用满堂式碗扣钢管支架现浇，支架基础采用 40 cm 厚 5%石灰土＋10 cm厚 C20 混凝土基础，局部载荷较大部位（实心拱肋）地基采用插打松木桩挤密、加强后作为支架基础。现浇支架基础处理完毕后即可搭设满堂支架，在支架上铺设边跨拱肋、横梁和桥面板底模并进行配重预压，预压满足要求后进行钢筋绑扎、模板安装并浇筑混凝土。

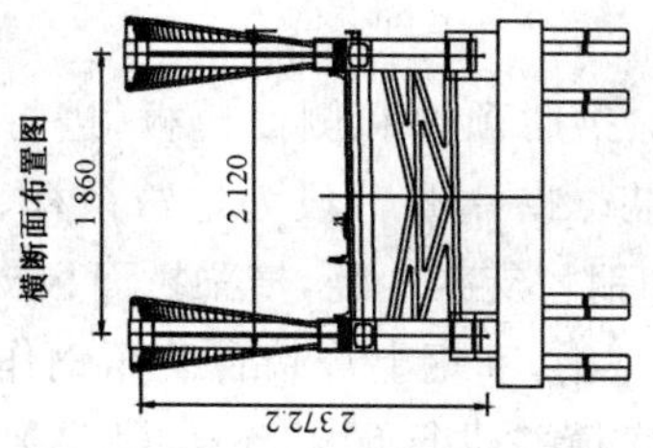

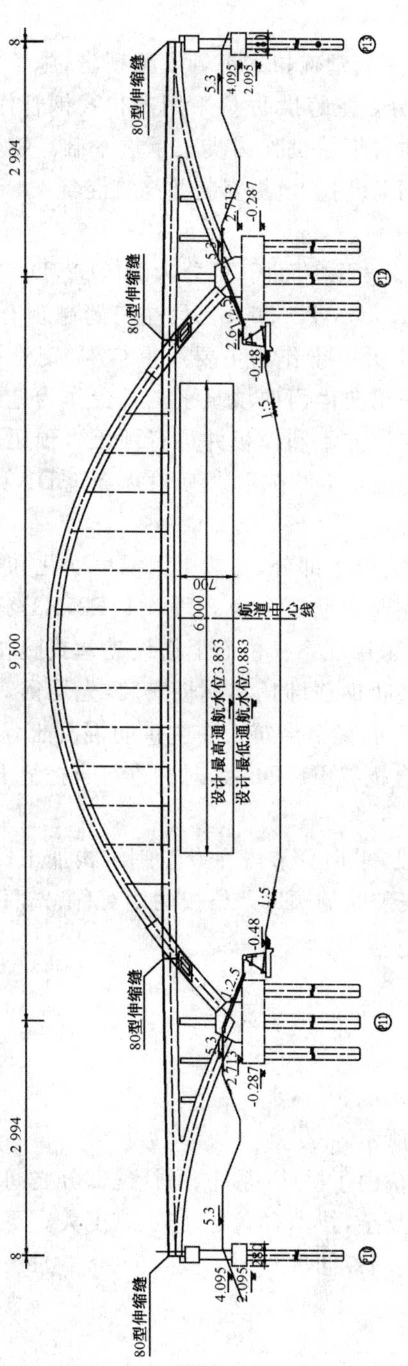

图2 五潭渡大桥主桥桥型布置

(2) 拱片 B 节段及拱上立柱

在 A1 节段施工完毕后,即可拆除拱肋顶部和侧面模板,进行拱上立柱施工,施工方法同过渡墩立柱施工,并进行支座安装。拱片 B 节段为边跨系杆、横梁及桥面板,分为一个节段施工。拱片 B 采用满堂式碗扣钢管支架现浇,横梁桥面板支架基础同拱片 A,系杆处支架基础采用在 A1 拱肋顶部放置型钢,型钢上焊接台阶角钢作为碗扣钢管支架基础。满堂支架搭设完毕后,在支架上铺设底模并进行预压,预压满足要求后进行钢筋绑扎、模板安装并浇筑混凝土。

(3) 拱片 C 节段及肋间横梁

拱片 C 节段肋间横梁均采用满堂碗扣式钢管支架现浇,施工方法同风撑施工。拱片 C 节段为主跨拱肋下段实心部分。主跨拱肋 C 采用碗扣式钢管作支架,支架基础一端放置在主墩承台上,另一端采用插打钢管桩作为支架承重基础。钢骨架顶部铺设底模并进行预压,预压满足要求后进行钢筋绑扎、模板安装并浇筑混凝土。

(4) 拱片 D 节段

拱片 D 节段为主跨系杆、横梁及桥面板,可分为 D1,D2,D3 节段浇筑。3 段长度(沿桩号前进方向)分别为 25.96 m,30 m,22.96 m。因主跨跨越现有芜申运河,拱片 D 节段现浇支架采用钢管桩基础+321 贝雷梁作为主要承重结构,钢管桩打设采用履带吊结合振动锤进行,河内钢管桩施工采用向运河内填筑素土平台作为施工平台。在贝雷梁设置异形方木作调整标高用,其上铺设方木和模板并进行预压。预压满足要求后进行钢筋绑扎、模板安装并浇筑混凝土。先浇筑 D2 节段,然后对称浇筑 D1,D3 节段。

(5) 拱片 E 节段

拱片 E 节段为主跨拱肋桥面以上部分,为减少因温度变化和拱肋混凝土收缩变形引起的混凝土裂缝及拱顶下沉,主跨拱肋可分为 3 段(E1,E2,E3)施工,各段间共设置 4 道合拢缝(F1~F4)。主拱肋支架采用在系杆桥面上搭设满堂式碗扣钢管支架,支架上铺设底模并预压,预压完成后进行拱肋钢筋绑扎和模板安装,先均衡对称浇筑 E1,E3,待 E1,E3 段达到 75%强度后,进行 E2 混凝土浇筑。在主拱肋混凝土强度达到 90%后,可先对称进行合拢缝 F1,F4 浇筑,待合拢缝 F1,F4 后,对称进行合拢缝 F2,F3 段施工。

(6) 装饰钢管拱施工

装饰钢管共分为 13 个节段,采用分节段在专业钢结构加工厂内专用胎架上制作,运至现场后采用塔吊进行安装,安装时的顺序严格按两侧对称、先两边段后中间合龙段的方式进行。

4 主桥施工工艺流程

主桥施工工艺流程框图如图 3 所示。

5 主桥施工流程

主桥上部施工流程如图 4 所示。

中承式钢筋混凝土系杆拱桥由于拱肋、系杆、吊杆三部分之间相互制约、依存关系,各部件在施工过程中相互影响很复杂,技术含量高、施工难度大。要求在施工过程中对全过程进行严格控制,使拱桥受力达到最佳。

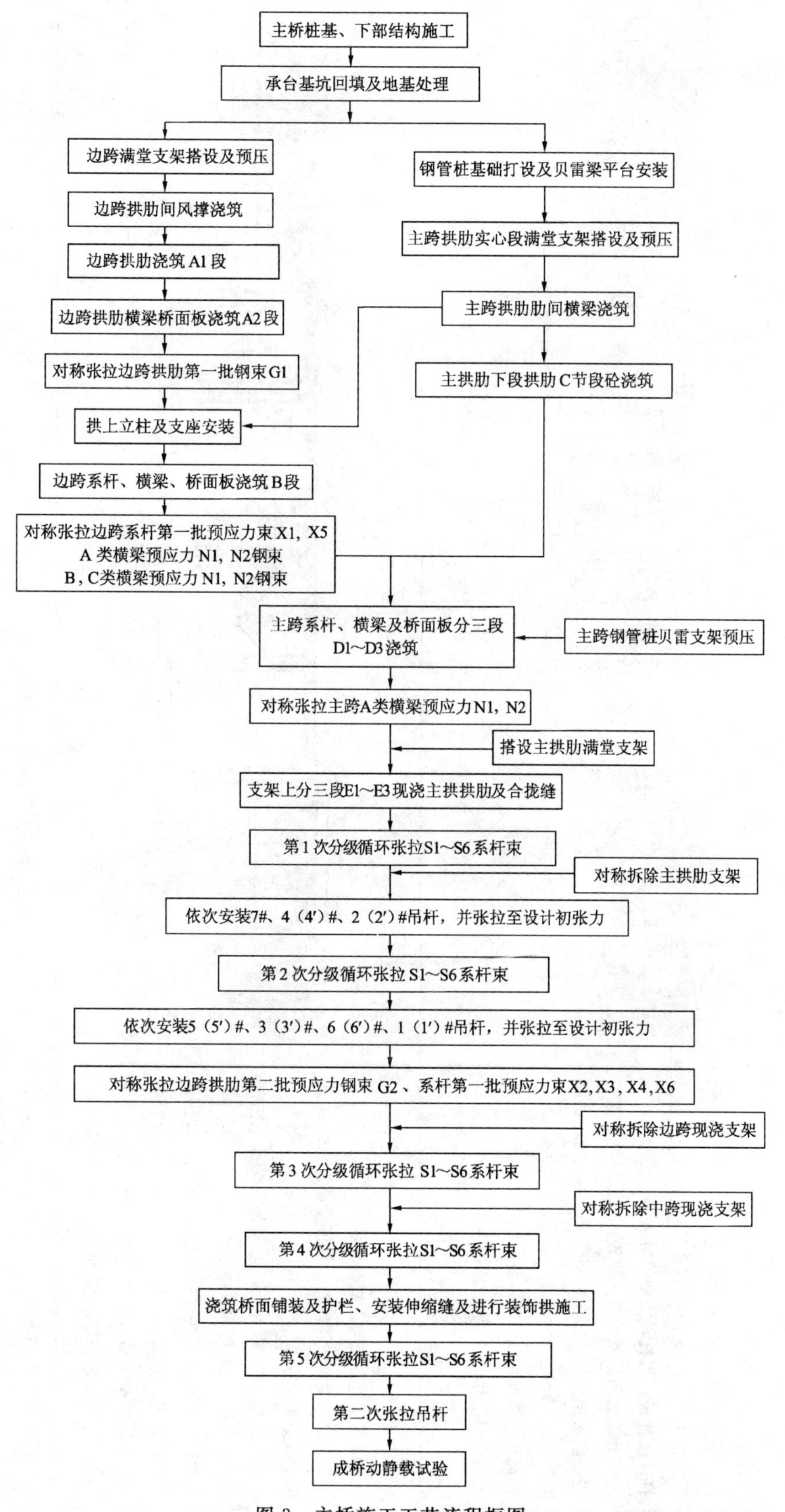

图3　主桥施工工艺流程框图

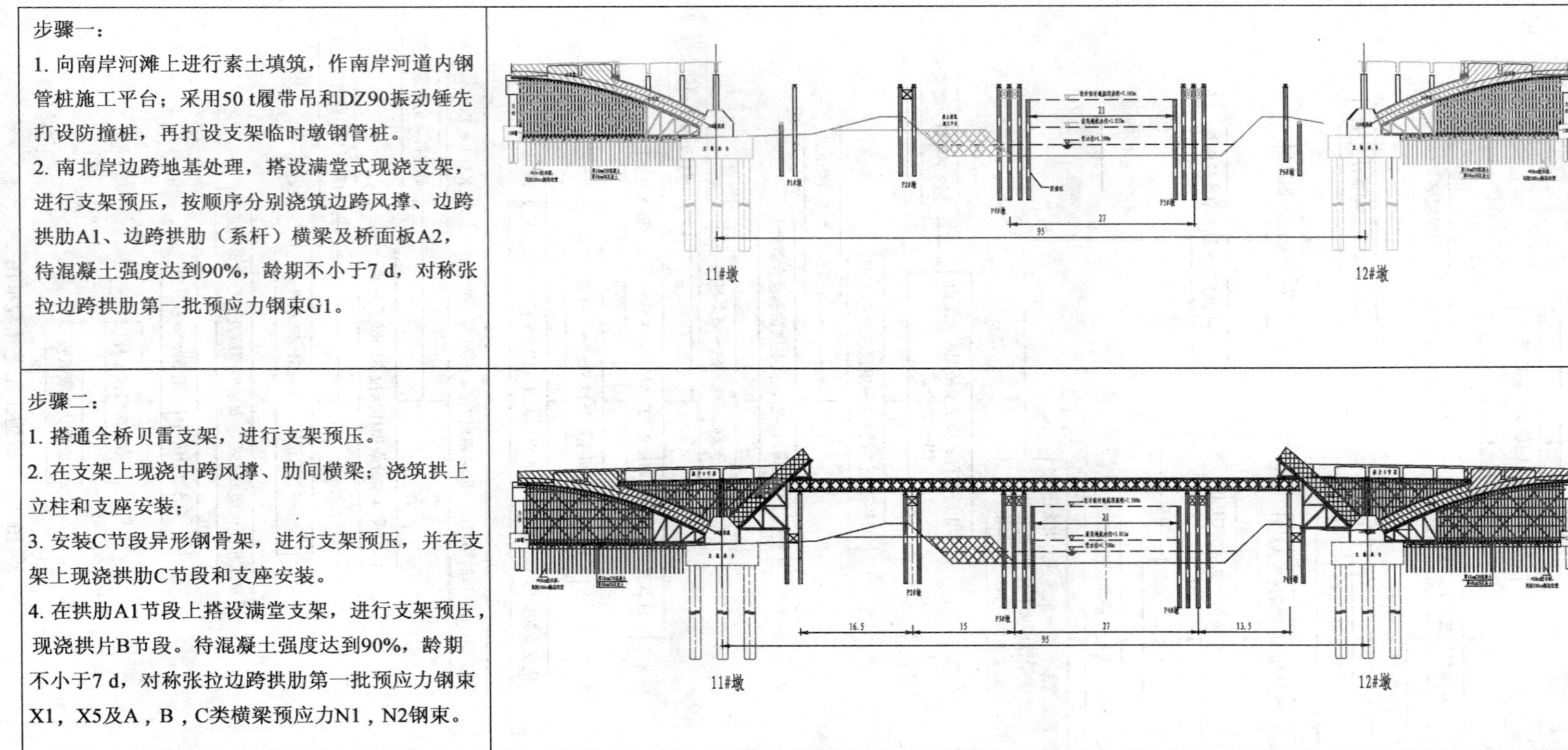

(a) 主桥上部结构施工流程图（一）

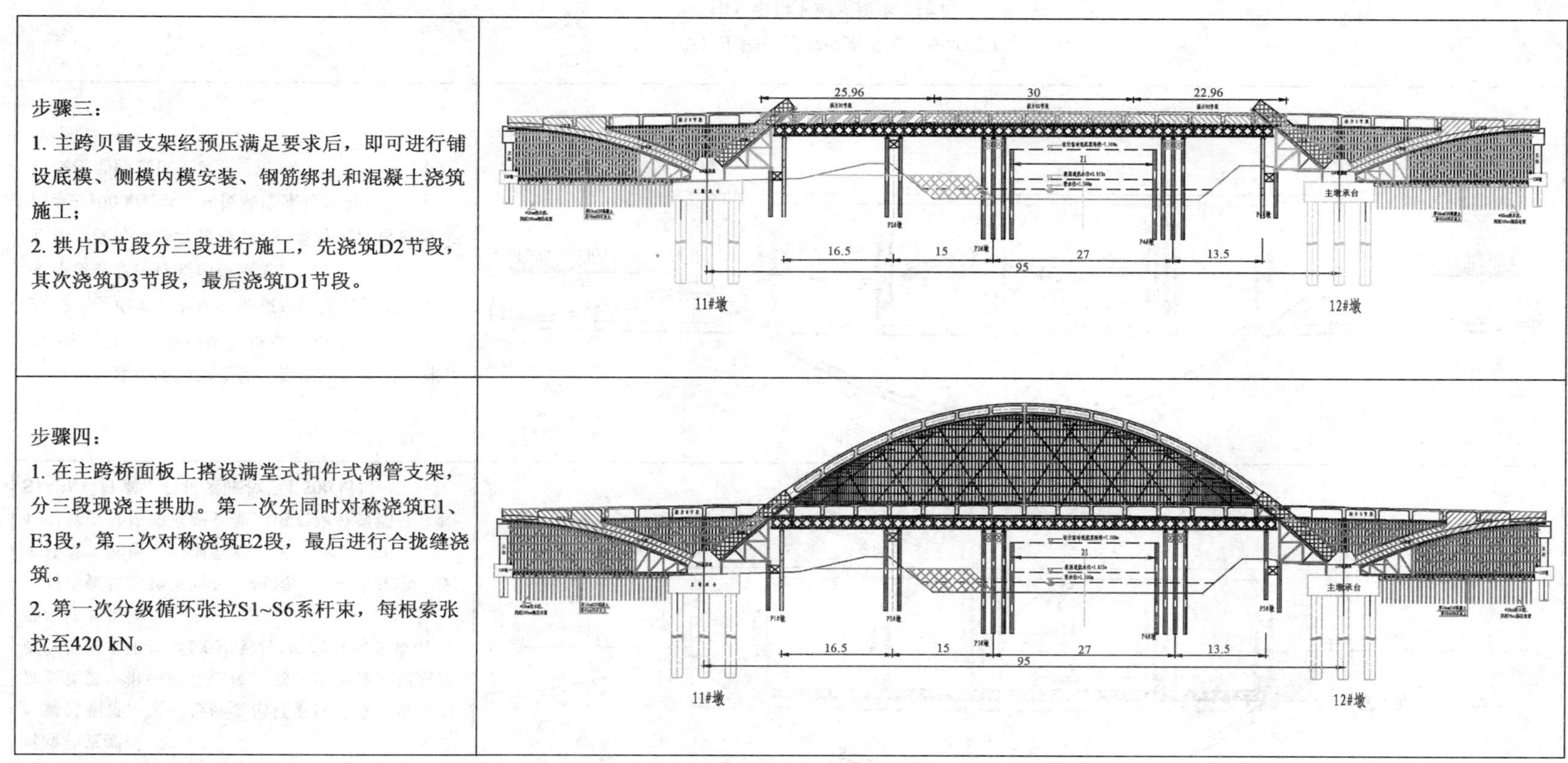

步骤三： 1. 主跨贝雷支架经预压满足要求后，即可进行铺设底模、侧模内模安装、钢筋绑扎和混凝土浇筑施工； 2. 拱片D节段分三段进行施工，先浇筑D2节段，其次浇筑D3节段，最后浇筑D1节段。	
步骤四： 1. 在主跨桥面板上搭设满堂式扣件式钢管支架，分三段现浇主拱肋。第一次先同时对称浇筑E1、E3段，第二次对称浇筑E2段，最后进行合拢缝浇筑。 2. 第一次分级循环张拉S1~S6系杆束，每根索张拉至420 kN。	

（b）主桥上部结构施工流程图（二）

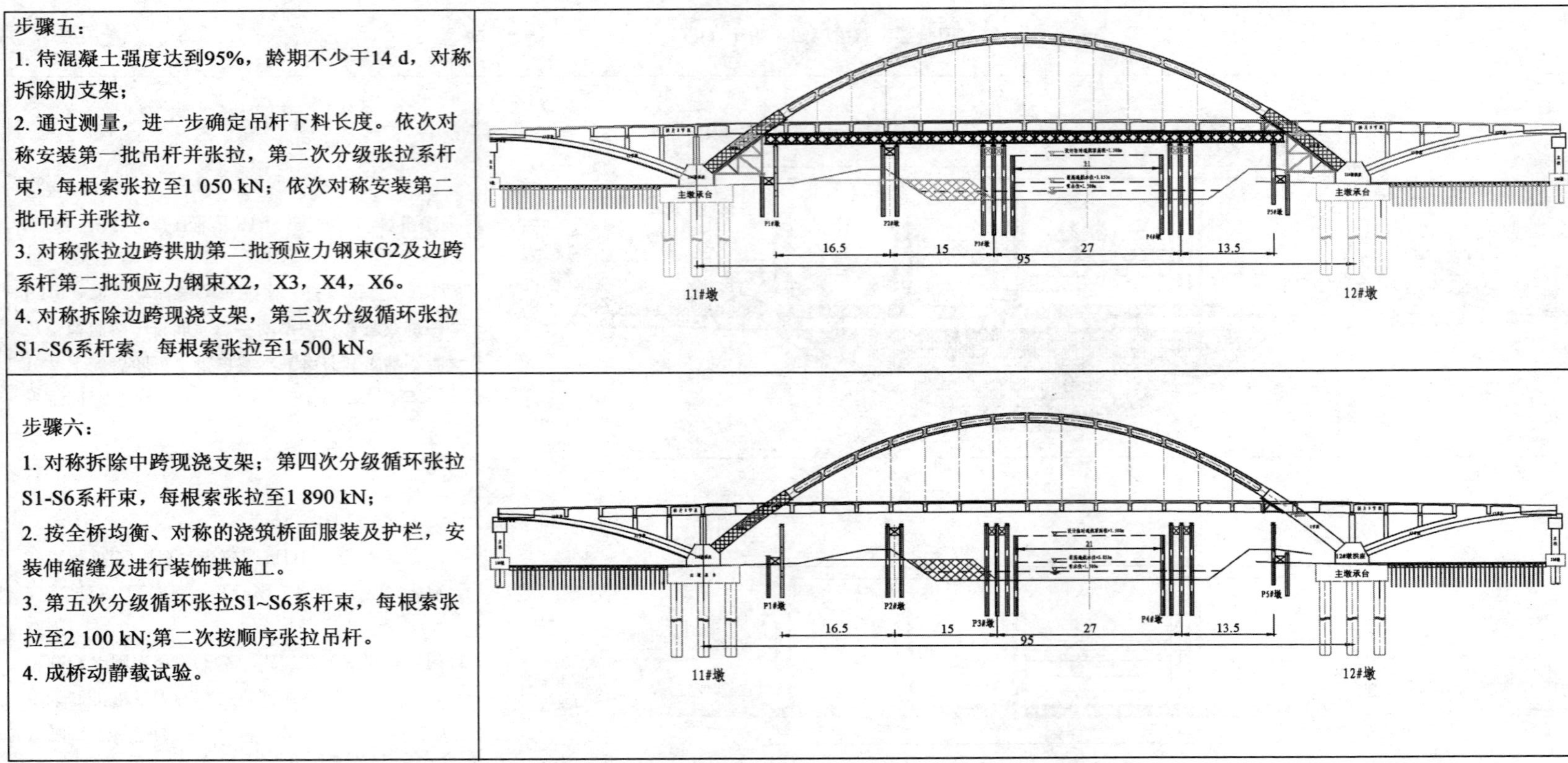

（c）主桥上部结构施工流程图（三）

图4 主桥上部结构施工流程

新型黏结剂及止水剂高压灌浆在梁体修护中的应用

翁雪屹　陈锋
（江苏省交通工程集团有限公司 镇江 212000）

摘　要　桥涵等结构物施工常因施工环节控制不严、施工人员疏忽大意而导致结构物有不同类型、不同程度的质量缺陷，严重影响结构物的外观质量及寿命。本文结合某运河桥梁实例，简要介绍 Sikadur-31SBA 黏结剂及单液型聚氨酯止水剂在桥梁修补止水处理技术中的应用，对以后桥涵构造物类似的弊病修护提供一定的参考价值。

关键词　桥涵构造物　质量缺陷　止水修护　新型黏结剂止水剂

某运河特大桥采用主梁预制悬拼工艺施工，全桥合龙通车后发现该桥 5＃及后续相邻块段箱梁内出现渗水现象（如图 1 和图 2 所示）。经检查该组箱梁原始资料及记录控制到位无异常。经现场检查，确定滴水现象主要由于集中降雨后雨水透过桥面防水层侵入梁体内没有修补到位的施工洞和施工拼缝底缘引起的。

图 1　吊装孔渗水点

图 2　拼缝渗水点

经业主及监理单位同意，项目部针对以上情况拟采用“环氧砂浆封堵压水泥浆”和“Sikadur-31SBA 黏结剂封堵与单液型聚氨酯止水剂高压灌浆”两种方法进行梁体止漏修护。由于弊病处于箱梁顶板位置，经现场试验环氧树脂流动性大难于凝固，而普通压浆不易防渗止漏且容易污染梁体难以清洗，经对比最终采用“新型黏结剂封堵与单液型聚氨酯止水剂高压灌浆”的方法进行止水处理。

1　施工原理

先用高强度的 Sikadur-31SBA 黏结剂封堵补强，然后打入止水针头，进行高压灌浆堵漏。利用机械的高压力（高压灌浆机），将化学灌浆材料注入混凝土空隙中，当液体遇到混凝土中的水分会迅速分散、乳化、固结，这样的固结弹性体将填充混凝土所有裂缝，使水流完全地堵塞在混凝土结构体之外，以达到止水堵漏的目的。高压灌浆止水原理如图3所示。

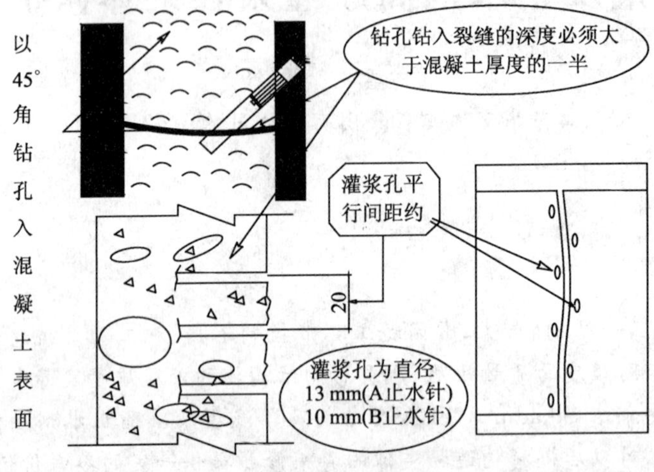

图3　高压灌注止漏原理

2　材料性能指标

单液型聚氨酯注浆液性能指标见表1和表2，其检验标准及报告见表3和表4。

表1　HX-668(疏水性)止水剂物性指标

序号	性能指标	指标值
1	比重	1.1
2	黏度/mPa·s	200～350
3	与水混合比(重量比:UPC-03/水)	40∶1
4	硬化泡体密度/(g·cm^{-3})	0.15～0.26
5	膨胀率/%	1 500～2 000
6	混合时间/s	20～40
7	上升时间/min	3
8	硬化时间/min	20
9	操作温度/℃	0～50

表2　HX-669(亲水性)止水剂物性指标

序号	性能指标	指标值
1	比重	0.95～1.25
2	黏度/mPa·s	200～350
3	与水混合比(重量比:UPC-203/水)	1/15～1/20
4	弹性胶体密度/(g·cm^{-3})	0.75～1.05
5	膨胀率/%	≥1 500
6	混合时间/s	15～35
7	诱导凝固时间/s	25～85
8	操作温度/℃	0～50

表 3 HX-668(疏水性)止水剂检验报告

序号	检验项目名称	标准要求单项评定	检验结果	单项评定
1	外观	产品为均匀的液体、无杂质、不分层	符合	合格
2	密度/($g \cdot cm^{-3}$)	≥1.05	1.10	合格
3	黏度/(Pa·s)	≤1.0×10^3	0.9×10^3	合格
4	凝胶时间/s	≤800	300	合格
5	不挥发物含量/%	≥78	82	合格
6	发泡率/%	≥1 000	2 500	合格
7	抗压强度/mPa	≥6	10	合格

表 4 HX-669(亲水性)止水剂检验报告

序号	检验项目名称	标准要求单项评定	检验结果	单项评定
1	外观	产品为均匀的液体、无杂质、不分层	符合	合格
2	密度/($g \cdot cm^{-3}$)	≥1.00	1.06	合格
3	黏度/Pa·s	≤1.0×10^3	0.6×10^3	合格
4	凝胶时间/s	≤150	28	合格
5	遇水膨胀率/%	≥20	50	合格
6	包水性/s	≤200	35	合格
7	不挥发物含量/%	≥75	80	合格
8	发泡率/%	≥350	480	合格

3 主要特点及应用范围

Sikadur-31SBA 黏结剂是特别为拼装式桥梁黏结设计的无溶剂、双组分、触变性高强环氧黏结接剂，主要用于拼装式桥梁的构件拼装，可以迅速黏结大型桥梁构件，抗拉及抗压强度全面超过构件本身的强度，特别适用于构件补强。其主要特点如下：

(1) 可在潮湿或湿润基面施工；

(2) 固化不受高温环境影响；

(3) 固化后无收缩；

(4) 高强度、高弹性模量；

(5) 施工方便、立面和顶面施工无流淌；

(6) 组分颜色差异明显，易于控制混拌质量。

采用的单液型聚氨酯注浆液为 HX-668(疏水性)和 HX-669(亲水性)两种，其主要特点如下：

(1) 黏度低，与水接触立刻起化学反应而发泡膨胀；

(2) 高膨胀率、超结构弹性胶体补强、韧性佳、低收缩；

(3) 与基材黏着力特强且抗化学性佳；

(4) 与正常纯水接触的区域亦可使用；

(5) 适用于单液高压灌浆。

Sikadur-31SBA 黏结剂的应用范围：主要适用于混凝土结构渗水止漏补强工程，如地下室、梁板、二次施工缝、地铁、隧道、大坝、连续壁、小蜂巢、空窝、伸缩缝、环片、后浇带裂缝等止漏工程；地盘改善、港湾工程、楼板加固工程等。

4 具体施工工艺及质量要求

4.1 施工准备

(1) 对梁体弊病进行全面检查，做好统计。

(2) 选试验点，检查修补效果并确定浆体用量。

(3) 通电通水，组织协调机具设备和人员、材料等进场。

(4) 施工前安全技术交底。

4.2 渗水点及施工缝凿毛

将渗水点周边混凝土凿开，清除内部填塞物并用吹风机吹掉灰尘和混凝土残渣。对施工缝开深度 3～5 cm V 型槽，凿除松散部分，露出新鲜混凝土，吹出残渣、浮灰；对于开口大、比较深的施工缝，凿除顶板两边的混凝土面，使其齐平，并清除浮渣。

4.3 封堵处理

封堵前确保目标干燥、无浮灰，施工缝先采用 Sikadur-31SBA 混合剂进行封堵(如图 4 所示)，然后进行压浆，堵漏补强。面积较大的槽口等用高强度水泥砂浆填抹，若漏水，则打止水针进行压浆。

4.4 高压灌浆止漏施工

4.4.1 施工机具

(1) 高压灌注机

高压灌注机是一部使用在结构物灌注的专业机种，有超高压力不需气压源且重量轻，可以解决施工者携带笨重机械的不便，是专业止水施工的最佳选择。

(2) 钻孔机

钻孔机及单液型高压灌浆机如图 5 所示。

图 4 凿毛机具及 Sikadur 胶水

图 5 钻孔机及单液型高压灌浆机

4.4.2 使用材料

(1) 止漏材料。

(2) SDS 定点钻头。一种钻孔切入点稳定、不易弯曲的冲击钻头。

(3) 止水针头。灌注用耐高压针头，固定于钻孔处，便于注入止漏材料。

4.4.3 操作步骤

(1) 电钻钻孔

按混凝土结构厚度,在裂缝最低处左或右 5～10 cm 处倾斜钻孔至结构体厚度的 1/2 处,循序由低处往高处钻,钻至最高处再一次性埋设止水针头,由于一般结构缝理属不规则状态,故需要特别注意钻孔时须沿缝的方向两侧交叉钻孔。孔距应按实际情况而定,以两孔注浆后浆液在裂缝处能交汇为原则,一般刚开始时孔距 20～30 cm 为宜;孔径的大小,应按配套的止水针头大小而定。

(2) 埋止水针头

止水针头为配套部件,是浆液注入裂缝内的连接件,埋设时应用工具紧固,并保证针头的橡胶部分及孔壁在未使用前干燥,否则在紧固时容易引起打滑。将黑色橡胶部分埋在里面,后用 T 型套筒把止水针头拧紧。拧的过程中,黑色橡皮会膨胀,从而固定针头。试点及止水针埋设如图 6 所示。

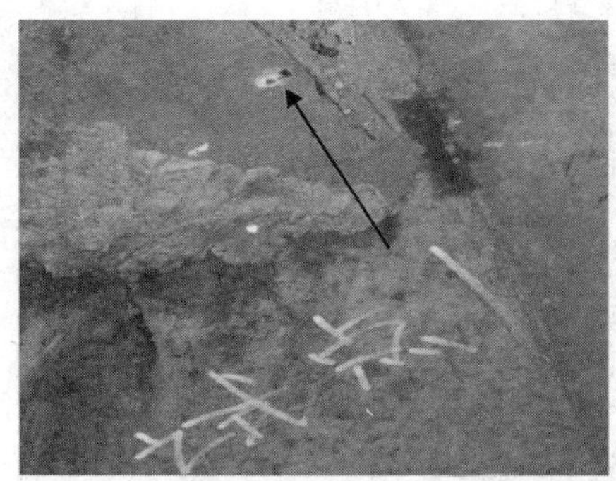
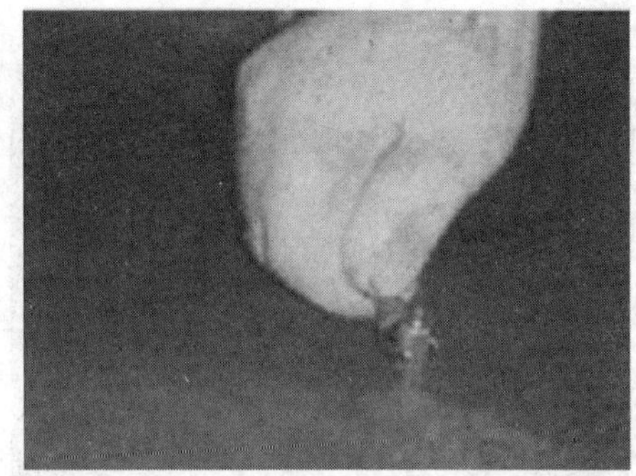

图 6 试点及止水针头埋设

(3) 注浆

把浆料倒在料杯中,插上插头,启动电钻,打开开关阀,把枪头对准料杯,排除管内空气。关掉开关阀,盖上料杯盖,启动电钻加压,压力打到 300～400 的时候,牛油头与止水针头对接,打开开关阀,开始注浆。图 7 所示为注浆前准备。

图 7 注浆前准备

4.4.4 注意事项

压浆目标物主要分为两大类:一类为吊装孔、吊筋孔;另一类为施工缝。

（1）吊装孔及吊筋孔压浆

在孔洞侧斜向上 45°打入止水针头，拧压膨胀到位。对于漏水的孔洞，先灌压单液型亲水性发泡剂，再灌压单液型疏水性发泡剂。稳压 2～5 min 左右，拆除压浆管，待完全固化后敲除止水针头，用砂浆修补压浆口。

对于干燥无水型孔洞，直接灌压单液型疏水性发泡剂即可。稳压 2 min 左右，拆除压浆管，待完全固化后敲除止水针头，用砂浆修补压浆口。

（2）施工缝底缘压浆

施工缝长度小于 30 cm 时，按向上 45°打设 1 根止水针头进行压浆；若缝长在 30 cm 以上，为防止因单个针头堵塞无法正常工作，要求每间隔 20 cm～30 cm 沿缝交错布置 1 根止水针头。

（3）注浆饱满

针头四周有浆液溢出，说明目标物浆体已注好。轻轻往右旋枪头，使牛油头与针头脱离，继续注下一个针头（如图 8 所示）。

(a) 顶板注浆

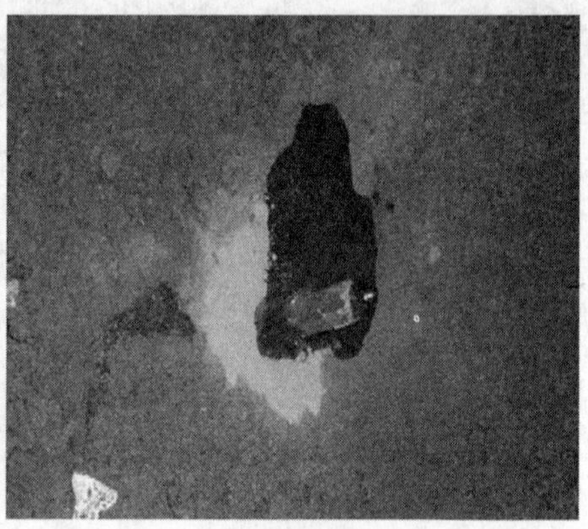

(b) 注浆饱满

图 8　梁体注浆

5　现场应用效果

现场通过使用 Sikadur-31SBA 黏结剂封堵施工孔洞及施工缝，给目标物进行了封堵补强。同时，通过采用单液型聚氨酯止水剂高压灌浆使固结弹性体填充混凝土所有孔洞及拼缝，将水流完全堵塞在混凝土结构体之外，较好地达到止水、堵漏、补强的目的。经现场复查，修复后的目标箱室未出现渗水现象。修护工作也得到了业主的验收、认可。

Sikadur 黏结剂封堵补强与单液型聚氨酯止水剂高压灌浆止漏的方法，有效地达到了构造物止漏、补强的效果，保证了工程施工质量。可为以后桥涵或其他构造物类似的缺陷修护提供一定的借鉴。

泰州大桥南引桥现浇箱梁支架设计与施工

贾杏杏　王 强
（江苏省交通工程集团有限公司 镇江 212000）

摘　要　本文就泰州大桥南引桥连续现浇箱梁支架方案的设计及施工予以详细介绍。

关键词　箱梁支架　设计　施工

泰州大桥南引桥第七联上部结构采用(29.601＋32＋32＋24.684) m等截面预应力混凝土连续箱梁。每幅桥为单箱双室，箱梁高度1.8 m。箱梁在墩顶设横隔板。箱梁顶板厚度为0.25 m，底板厚度为0.25 m，腹板厚度为0.45 m。其横断面如图1所示。

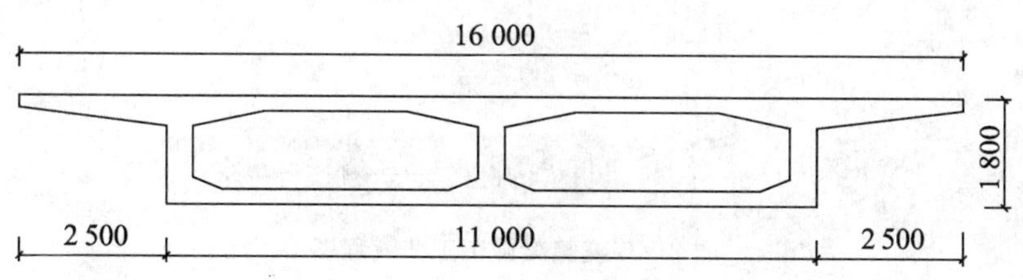

图1　第七联箱梁横断面图

1　方案简介

1.1　地基处理

碗扣式满堂支架底部需支撑在稳定的地基上。

支架基础需进行地基处理，方法是用将原地面整平后，翻50 cm深，掺5%石灰，用挖机拌均匀，整平压实后，用压路机压实，然后浇筑8 cm砼进行硬化处理。整个支架地基两侧设纵向排水沟用于排水。地面处理宽度按每侧超出支架的0.6 m实施。现浇箱梁施工工艺流程如图2所示。

1.2　支架设计

(1) 基本设计参数

① 现浇箱梁为等高度预应力混凝土箱梁，箱梁宽度沿桥轴线为变截面，箱梁自重根据支架设计取最不利位置进行计算。

② 支架均采用各种规格的钢管和型钢搭设，材料均为Q235b钢。根据我国行业标准，对于Q235材料，$[\tau]=85$ MPa，$[\sigma]=140$ MPa，临时结构容许应力可提高30%，材料容许应力$[\sigma]=140\times1.3=182$ MPa，容许剪应力$[\tau]=85\times1.3=110.5$ MPa。

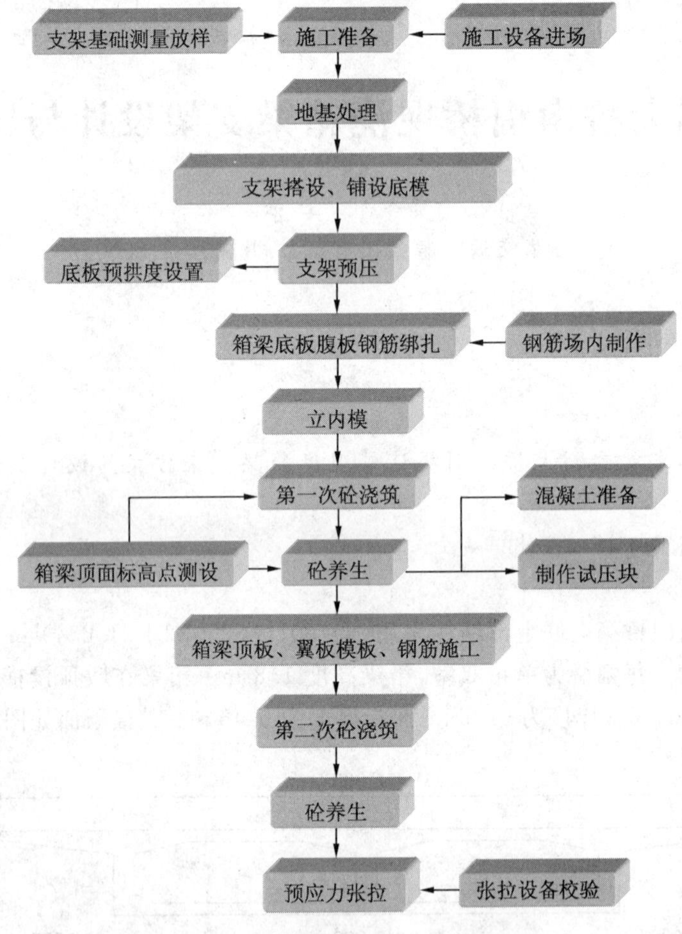

图 2　现浇箱梁施工工艺流程图

(2) 支架结构

根据设计图纸,现浇箱梁支架最高约 7 m,为便于施工、材料周转,支架采用 HB 型碗扣式钢管脚手架满堂搭设,钢管规格为ϕ48 mm×3.5 mm。支架采用人工搭设,立杆底脚支撑选用 30 cm 可调底座,立杆顶选用 U 型可调顶托。严格控制立杆垂直度,并设置剪刀撑和斜撑以增强支架的整体稳定性。

碗扣式钢管布设间距:纵桥向间距为 1.2 m(横梁位置处加密为 0.6 m),横桥向间距为 0.9 m,翼板下部横向间距 1.2 m,纵横向水平杆每 1.2 m 一层,为增加支架的整体稳定性,纵桥向两侧各一道中间两道共四道剪刀撑,横桥向每间隔一排立杆设置一道剪刀撑;剪刀撑采用扣件与立杆扣紧。剪刀撑的搭接长度不小于 600 mm,搭接处应采用两个扣件紧扣。

支架顶先放纵向 15 cm×15 cm 方木,然后放横向 10 cm×10 cm 方木,间距 30 cm。支架形式如图 3 所示。

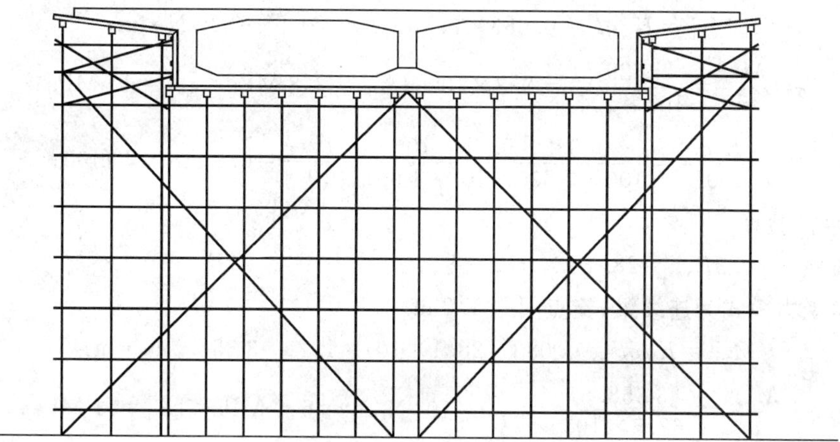

图 3　碗扣钢管支架横断面图

（3）支架设计计算

① 材料性能参数

ϕ 48 mm×3.5 mm 钢管：$A=4.89\times10^2$ mm²，$W=5.078\times10^3$ mm³，$r=15.78$ mm，每延米重量 3.84 kg。

顶托纵梁 15 cm×15 cm 方木：$A=225$ cm²，$W=562.5$ cm³，$I=4\ 218.75$ cm⁴，每延米重量 0.135 kN/m。

横向 10 cm×10 cm 方木，间距 30 cm：$A=100$ cm²，$W=167$ cm³，$I=1\ 667$ cm⁴，每延米重量 0.06 kN/m。

竹胶板：静曲强度$[\delta_{OW}]=80$ MPa；静曲弹性模量 $E_{纵}=7\ 500$ MPa

② 荷载

箱梁梁高 1.8 m，分两次浇筑完成，第一次浇至腹板上倒角处，高度 1.3 m。

③ 面板验算

面板荷载最大处为腹板位置，该处载荷为

$$P_{max}=\gamma h=24\times1.3=31.2\ \text{kN/m}^2；$$

取计算宽度 $b=1$ mm，$q=P_{max}b=0.0312$ N/mm；

竹胶板：

$$I=\frac{1}{12}bh^3=0.0486\ \text{cm}^4；$$

$$w=\frac{1}{6}bh^2=0.054\ \text{cm}^3；$$

$$M_{max}=K_m ql^2=0.083\times0.031\ 2\times200^2=103.6\ \text{N}\cdot\text{mm}；$$

$$\sigma=\frac{M_{max}}{w}=\frac{103.6}{0.054\times10^3}=1.9\ \text{MPa}<[\sigma]=11\ \text{MPa}；$$

$$f=\frac{K_f ql^4}{100EI}=\frac{0.632\times0.0312\times200^4}{100\times7\ 500\times10^6\times0.048\ 6\times10^{-8}}=0.1\ \text{mm}<L/400；$$

④ 横楞验算

线荷载 $q=0.3P_{max}=9.36$ kN/m；

横楞受力模式为连续梁，支点间距 0.9 m。

$$M_{max}=K_m ql^2=0.083\times 9.36\times 10^3\times 0.9^2=629\ \text{N}\cdot\text{m};$$

$$\sigma=\frac{M_{max}}{w}=\frac{629}{167\times 10^{-6}}=3.8\times 10^6\ \text{N/m}^2=3.8\ \text{MPa}<[\sigma]=11\ \text{MPa};$$

$$f=\frac{K_f ql^4}{100EI}=\frac{0.632\times 9.36\times 10^3\times 0.9^4}{100\times 7\,500\times 10^6\times 1\,667\times 10^{-8}}=0.3\ \text{mm}<L/400;$$

⑤ 纵楞验算

线荷载 $q=0.3P_{max}=28.1\ \text{kN/m}$；

横楞受力模式为连续梁，支点间距 1.2 m。

$$M_{max}=K_m ql^2=0.083\times 28.1\times 10^3\times 1.2^2=3\,358.5\ \text{N}\cdot\text{m};$$

$$\sigma=\frac{M_{max}}{w}=\frac{3\,358.5}{562.5\times 10^{-6}}=6.0\times 10^6\ \text{N/m}^2=6.0\ \text{MPa}<[\sigma]=11\ \text{MPa};$$

$$f=\frac{K_f ql^4}{100EI}=\frac{0.632\times 28.1\times 10^3\times 1.2^4}{100\times 9\,000\times 10^6\times 4\,218.75\times 10^{-8}}=0.9\ \text{mm}<L/400;$$

⑥ 支架验算

根据受力分析，中间腹板对应的间距为 1.2 m×0.9 m 立杆受力比其余位置的立杆受力大，故以中间腹板下的间距为 1.2 m×0.9 m 立杆作为受力验算杆件。

底模处砼箱梁荷载：$P_1=1.82\times 26/2=23.7\ \text{kN/m}$（受力最大两排钢管支撑箱梁断面积为 1.82 m^2）；

模板荷载：$P_2=200\ \text{kg/m}^2=2\ \text{kN/m}^2$；

设备及人工荷载：$P_3=250\ \text{kg/m}^2=2.5\ \text{kN/m}^2$；

砼浇注冲击及振捣荷载：$P_4=200\ \text{kg/m}^2=2\ \text{kN/m}^2$；

则有 $P=23.7\times 1.2+(2+2.5+2)\times 0.9\times 1.2=35.5\ \text{kN}$，即单根力立杆最大受力为 35.5 kN。

由于横杆步距为 1.2 m，钢管 ϕ 48 mm×3.5 mm 的回转半径为 15.78 mm，则

长细比：$\lambda=1\,200/15.78=76$，查表可得压杆稳定系数：$\phi=0.854\,1$；

$N=67.98\times 0.6\times 0.9=35.5\ \text{kN}<[N]=\phi A[\sigma]=0.854\,1\times 4.89\times 10^2\times 140=58.47\ \text{kN}$，抗压强度满足要求。

另由压杆弹性变形计算公式得：（按最大高度 11 m 计算）

$$\Delta L=\frac{NL}{EA}=\frac{35.5\times 10^3\times 7\times 1\,000}{2.1\times 10^5\times 4.89\times 10^2}=2.4\ \text{mm}$$

压缩变形较小。

完全满足施工要求。

经计算，本支架其余杆件受力均能满足规范要求，另外支架高 7 m，宽 16 m，按构造规定设纵向横向剪刀撑，整体稳定性能满足要求。

⑦ 地基容许承载力验算

根据地质资料可知，引桥轴线上地表土质基本为粉质黏土层，进行处理前地基承载力在 100 kPa，即每平方米地基容许承载力为 10 t/m^2，而箱梁荷载（考虑各种施工荷载）最大为 5.3 t/m^2，可满足施工要求。

1.3 支架搭设

支架搭设步骤如图 4 所示。

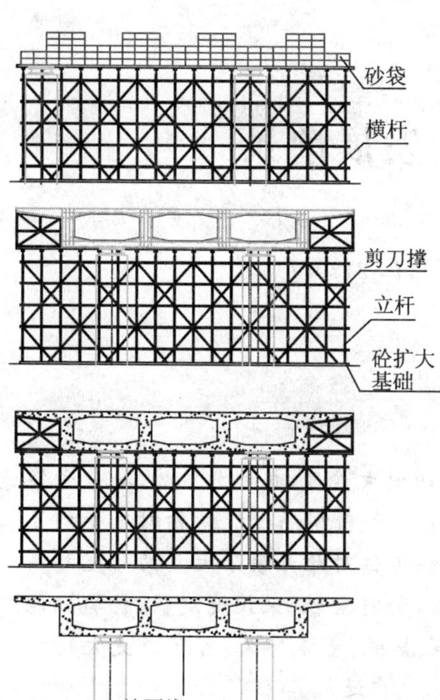

步骤一　搭设满堂支架、预压

1. 现浇箱梁采用满堂式支架，支架搭设宽度为箱梁正投影两边各加宽60 cm，基础采用砼扩大基础;
2. 铺设底模，根据箱底设计标高初调底模标高;
3. 在底模上堆载砂袋对支架进行压载，预压按箱梁重量的120%荷载压载。

步骤二　立模及绑扎钢筋

1. 待支架沉降稳定后，卸载砂袋，根据测量结果计算出预拱度。
2. 对底模进行标高调整，安装侧模和芯模，注意模板的平整度及拼缝，保证模板线形顺畅。
3. 依据施工图纸绑扎钢筋，安置波纹管。

步骤三　浇筑箱梁砼

1. 浇注顺序为：先底、腹板，再顶板;
2. 在砼整个浇注过程中应有专人对支架的沉降及模板的变形等进行观测、检查;
3. 混凝土浇筑后，及时穿钢绞线检查波纹管是否有破漏、堵塞。

步骤四　张拉、压浆、拆除支架

1. 梁体砼达到设计要求后进行张拉、压浆;
2. 压浆强度达到设计要求后，由边跨向桥墩方向对称拆除支架，卸落支架必须同步、均衡、平稳缓慢进行。

图 4　满堂支架施工示意图

4　支架预压

支架搭设结束，纵横方木安装完成后按设计要求荷载进行预压，以便消除支架及地基的非弹性变形，检验支架的强度、刚度及稳定性，同时，测出支架和地基的弹性变形，作为底模标高的调整依据。

预压采用土袋或沙袋堆载，根据设计要求预压荷载为箱梁恒载的 110%，按照预压荷载计算出堆载高度进行预压荷载的控制。对支架进行逐孔堆载预压。预压前在每孔底模和基础顶面设置固定观测点，沿纵桥向每 5 m 一个断面，预压时分别观测支架基础顶面及支架顶沉降值，并用挂线重锤的方法观测支架侧位移量。分级加载时，每级持荷时间 30 min，最后一级为 1 h，加载完成后继续定时观测，当预压 3 天的累计沉降小于 3 mm 且每天沉降不大于 1 mm 时，预压完成，可逐级卸载，分别测出支架和地基卸载前后的顶面标高，其差值为弹性变形值，为箱梁底模预留沉降的依据。

根据地形及要求，对泰州大桥南引桥现浇连续箱梁支架采用碗扣式支架，充分发挥支架的优势，为施工的顺利进行创造良好条件。

FRP 材料在桥梁中的发展前景

李 天
（江苏省镇江市路桥工程总公司 镇江 212017）

摘 要 随着经济的发展，近些年来对桥梁结构的最大跨度、抗超载能力、抗疲劳能力和长期耐久性等方面提出了更高的要求。FRP 作为一种新型高性能结构材料受到了结构工程界的广泛关注，国内外的有关研究机构和工程单位对此开展了大量的研究和实践应用。FRP 桥梁与传统桥梁结构相比有着众多优点，如自重轻、架设速度快、抗腐蚀能力强且不透水、抗超载和抗疲劳以及抗震性能好、外表美观、色泽持久、可实现更大跨度等。轻型 FRP 组合桥梁在未来桥梁行业的应用将越来越广泛。

关键词 组合桥梁 轻质 FRP

桥梁是决定交通通行能力与效率的关键枢纽，近些年来随着经济的发展，对桥梁的架设速度、长期可靠性、抗超载能力和抗疲劳能力等提出了更高要求。采用新型结构材料是提高桥梁性能的一个重要途径。其中以复合材料 FRP 的应用最为显著，复合材料 FRP 是最近几十年在土建领域兴起的一种新型高性能结构材料，它由纤维材料和基体材料按一定比例混合并经过一定工艺复合而成。FRP 材料主要包括玻璃纤维增强聚合物（GFRP 俗称玻璃钢）、碳纤维增强聚合物（CFRP）、芳纶纤维增强聚合物（AFRP）等。FRP 材料具有轻质、高强、耐腐蚀和施工成型方便等优点，现已成为混凝土、钢材等传统结构材料的重要补充。

1 FRP 材料的特点及应用

与传统结构材料相比，FRP 材料的主要优点有：

（1）FRP 材料的比强度和比刚度很高，常用纤维与钢材的主要力学特性见表 1，从其中的数据可以看出 FRP 材料的比强度约为钢材的 20～50 倍，具有十分突出的高强轻质特性；CFRP 材料的比模量约是钢材的 5～10 倍，AFRP 材料的比模量约是钢材的 2～3 倍，GFRP 材料与钢材的比模量差不多。从比强度与比刚度的角度来看，在实际工程中，应用效果最好的是 CFRP 材料，但它的延伸率较小，因此经常需要添加其他种类的纤维材料混合应用，以便取得更好的综合特性。

表 1　常用纤维与钢材的力学性能比较

	材料种类	比重	拉伸强度/GPa	弹性模量/GPa	热膨胀系数/(10^{-6}/℃)	延伸率/%	比强度/GPa	比模量/GPa
GFRP	E	2.55	3.5	74	5	4.8	1.37	29
	S,R	2.49	4.9	84	2.9	5.7	1.97	34
	M	2.89	3.5	110	5.7	3.2	1.21	38
	AR	2.70	3.2	73.1	6.5	4.4	1.19	27
	C	2.52	3.3	68.9	6.3	4.8	1.31	27
CFRP	T300	1.75	3.5	235	−0.41	1.5	2	134
	T800H	1.81	5.6	300	−0.56	1.7	3.09	166
	M50J	1.88	4.0	485	−0.6	0.8	2.13	213
	P120	2.18	2.2	830	−1.4	0.3	1.01	381
AFRP	Kelvar 49	1.44	3.6	125	−2	2.5	2.5	87
	Kelvar 149	1.45	2.9	165	−3.6	1.3	2	114
	HM-50	1.39	3.1	77	−1	4.2	2.23	55
钢	HRB400 钢筋	7.80	0.42	206	12	18	0.05	26
	高强钢绞线	7.80	1.86	200	12	3.5	0.24	26

(2) FRP 材料耐腐蚀性能较好，与传统的结构材料不同，能够在酸、碱、盐等环境中长期使用。

(3) FRP 材料拥有非常优异的可设计性。FRP 材料属于人工材料，根据纤维材料类型、含量以及纤维铺设方向的不同，能设计出具有不同强度、不同弹性模量和一些具有特殊性能要求的 FRP 相关产品，并且这些产品设计灵活、成型方便。

(4) FRP 材料的弹性性能非常好。材料的弹性特性表现为线弹性，对于 FRP 材料而言，即便出现了偶然的较大变形，仍然能够恢复到原来的形状，而且材料的塑性变形很小。

(5) FRP 构件的质量相对较轻，运输方便并可节省运输费用，适合在工厂中生产，而且现场安装时施工操作方便，可有效提高建筑施工操作的机械化，保证工程的效率质量。

(6) 其他优势。FRP 具有可着色的特性，所以可以根据需要进行上色，达到很好的美观效果和观赏性。FRP 还有隔热、绝缘、热胀系数小、透电磁波等特点，这使得 FRP 材料和结构能够在一些特殊情况下发挥出重要作用，比如，地磁观测站、雷达设施以及医疗核磁共振设备等相关结构。

FRP 材料存在的缺点有：

(1) FRP 材料一般表现为各向异性，沿纤维方向的抗拉压强度与弹性模量明显高于垂直于纤维方向的抗拉压强度与弹性模量。一些相关产品的数据显示，前者的抗拉强度、抗压强度和弹性模量分别约为后者的 25 倍、5 倍和 13 倍，差异非常显著。此外，纤维方向上的抗拉强度大概是其抗压强度的 1.3 倍。因此在设计 FRP 构件时，需要对两个方向分别进行设计。

(2) 相比于钢材，大多数的 FRP 构件都存在弹性模量较低的缺陷，大约只是钢材的 1/20～1/2，和木材与混凝土大致在同一个数量级上。FRP 作为结构材料时的最大缺陷是它的弹模较低，所以设计时要充分考虑这一特点。可以通过对 FRP 构件截面形状进行特别设计，将 FRP 材料与钢筋混凝土材料合理混合组成相应的组合结构；也可以通过施加预应力等措施来降低 FRP 结构的变形，补偿 FRP 材料自身刚度的缺陷。

(3) FRP 材料的层间拉伸和剪切强度仅约为其抗拉强度的 1/20～1/5，这一差异使得 FRP 构件的连接技术和方法成为非常棘手的问题。FRP 构件可以采用栓接、铆接和粘接等方式进行连接，但不管是哪一种连接方法，连接的部位都会成为整个结构受力的薄弱部位。所以在设计 FRP 构件时，不仅要尽量减少连接，还要重视连接节点和连接方法的设计。

(4) 相比于混凝土材料，FRP 材料的防火性能一般都较差，临界温度仅为 300 ℃上下，且 FRP 材料的某些组成成分具有可燃性，不过可通过改变其内部成分的方法来提高防火性能，也可以在材料内部掺入阻燃剂，并在其表面进行相应的防火处理，这样 FRP 材料的防火效果就能够与混凝土材料构成的结构相媲美。

除了以上一些优缺点外，FRP 材料还有以下一些值得关注的特点：

(1) 研究表明，FRP 材料比传统结构材料的抗疲劳性能要好，但是严格受制于其材料自身的初始缺陷和应用环境。所以还需要进一步加深对 FRP 结构抗疲劳能力的研究。

(2) 研究人员都比较关心 FRP 材料的耐久性问题，而 FRP 产品的生产商全都采用加速试验的方法来表明他们产品的使用寿命高达 35 年，但是 FRP 材料从诞生至今仅仅 60 余年的时间，在土建工程中的应用也不过就 30 年的光景。耐久性问题不只是材料的老化问题，还有温、湿度变化的影响、FRP 构件的应力松弛和蠕变现象以及 GFRP 材料与混凝土之间的碱性反应等问题，并且在实际环境中这些因素是共同作用的，仅以老化试验来评价材料的耐久性是不合理的。因此需要深入研究 FRP 材料的耐久性问题。

(3) 经济性也是各工程单位所关心的重点，FRP 结构及其组合结构在价格上与钢筋、混凝土结构相比根本没有任何的优势，但是由于其自重轻，可以给整个工程建筑带来可观的综合效益。1986 年在重庆建成了一座 GFRP 箱梁桥，建造成本比钢桥节省了一半。FRP 构件作为桥梁的上部结构，可减轻结构自重，降低下部结构材料的用量与造价。初期费偏高是很正常的，但当在实际应用中的需求增大，生产技术进步，相应的 FRP 产品达到量产，其成本势必会大大降低，近年来，CFRP 材料在加固混凝土结构中的应用就是例证。

2 轻型 FRP 组合桥梁结构的优势与应用

轻型 FRP 组合桥梁结构主要优点有轻质，高强，恒载小，可利用的承载力相对较高；抗超载，耐锈蚀，不易开裂，使用寿命较长；模块化，施工快，对附近的交通影响小，相比于其他类桥梁容易安装，而且不用使用大型的安装机械；工厂加工，生产环境容易控制并且可以保证质量，环境友好，花费较少等。

在国内，混凝土结构和钢结构等传统结构材料桥梁的加工、设计和施工技术都比较成熟，FRP 桥梁在许多方面暂时还不能取代它们，但在下面的几个方面具有明显的优势：

(1) 构件的自重较轻，架设迅速

FRP 桥梁上部结构的恒载小，仅是传统材料结构的 30%～60%，可以减小运输和施工的难度，提高施工效率。FRP 桥梁的构件大部分可以在工厂内预先制作，然后在现场进行拼装。由于自重较轻，能够实现更大跨度的悬臂安装施工。因此，采用 FRP 桥梁体系能够在很大程度上加快施工的速度，提高效率，降低对周围车辆运行的影响，适合应用在城市繁华地段的过街桥、公路或铁路的跨线桥以及翻新旧桥梁等。

(2) 耐抗腐蚀且不透水

构成FRP的基体材料和纤维材料都耐腐蚀，能够有效避免由于化学腐蚀带来的巨大危害及损失，同时也能够防止外部水分侵入。然而，如今钢、混结构的腐蚀和劣化问题十分突出，这不仅限制了桥梁结构正常使用的寿命，还会造成巨大的安全隐患。FRP材料的耐腐蚀特性能够保证桥梁结构的长期使用，不仅可以提高桥梁结构的安全系数，还能够减少平时维护以及运营费用的投入。桥梁长期无防护地处于自然环境中，采用FRP材料能够有效提高桥梁的耐久性，特别是在酸雨频发地区、沿海城市、需要大量使用除冰盐的地区以及盐碱地区。

(3) 抗超载能力和抗疲劳能力强

在传统桥梁结构的设计中，结构的安全储备一部分是由延性及塑性变形能力提供，而FRP桥梁的安全储备主要是依靠承载力来提供，因为FRP材料的力学性能通常表现为线弹性。一般在设计条件相同的情况下，FRP桥梁比传统结构材料桥梁的实际极限承载力要高。同时，只要在FRP构件破坏前卸载，结构就不会有塑性变形产生。FRP桥梁有明显优于传统结构材料的抗疲劳性能的特点，而FRP桥梁的这一特点，能够有效提高交通系统的运营能力，非常适合于我国的发展现状。

(4) 抗震性能好

FRP构件作为桥梁的上部结构，恒载小，可有效减小在地震作用中产生的惯性力，适合应用于抗震结构。而使用FPR管混凝土、FRP-钢管混凝土等构件作为桥梁的下部结构，则能够获得相当高的承载力与抗变形能力。FRP构件自身较大的承载力安全储备值也可以提高FRP桥梁的抗震性能。因此，FRP桥梁结构在震区具有很大应用优势。

另外，FRP桥梁能够实现更大跨度，且外表美观，色泽持久，具有独特的功能性；FRP桥梁还具有无磁、隔热、绝缘、透电磁波等特点，在一些特定的场合(如电力、化工、通信等)具有不可替代的优势。

FRP在桥梁结构中主要应用在以下几个方面：

(1) 生产FRP筋和网片，以取代普通钢筋和网片，从而解决钢筋和钢筋网片容易腐蚀问题。FRP筋是将纤维材料通过基体材料胶合在一起，然后经过特制的模具挤压、拉拔成型的(如图1a所示)。FRP筋分为光面筋和变形筋两种，在光面筋的表面进行喷砂处理可提高其与混凝土的黏结强度。

(2) FRP绞线是将多根细的FRP筋束围绕中心筋拧绞而成，能够代替钢绞线，用作预应力混凝土结构中的受力筋，从而解决预应力钢筋的腐蚀问题，并显著提高结构的耐久性与预应力的效果。

(3) FRP索是由多根细FRP筋按照一定的编织方法编织而成(如图1b所示)，它在拱桥、斜拉桥以及悬索桥中的应用可有效解决索材的腐蚀问题。

(4) 开发不同的FRP桥梁结构构件，制成槽形、T形、箱形、工字形等型材、轻质桥面板以及FRP-混凝土组合构件与FRP-钢组合构件，并应用于轻型FRP组合桥梁，从而提高桥梁耐久性，解决桥梁跨越性能的问题。其中，目前使用最多的生产工艺是拉挤成型工艺，缠绕成型也有使用。

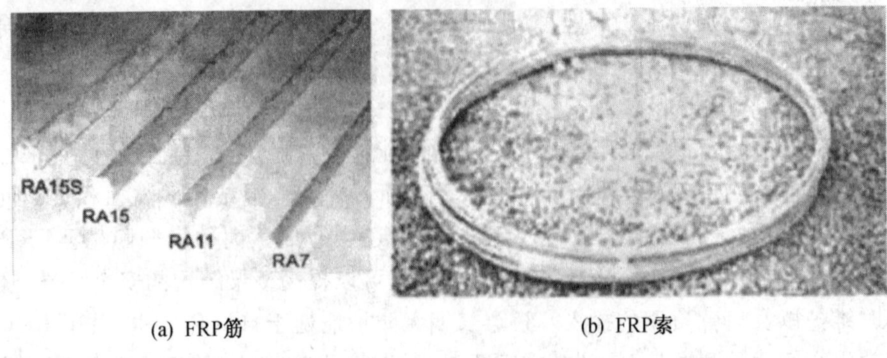

(a) FRP筋　　(b) FRP索

图 1　FRP 复合材料

(5) 采用 FRP 预应力技术加固桥梁结构，可显著提高结构的耐久性与抗震性能。

FRP 材料自重轻、架设速度快、抗腐蚀能力强且不透水、抗超载和抗疲劳以及抗震性能好、外表美观、色泽持久、可实现更大跨度，这些优势使得 FRP 组合桥梁存在明显的开发和应用前景。

桥梁健康监控与养护技术

高 原
（江苏省镇江市公路管理处 镇江 212028）

摘 要 公路桥梁在营运过程中因老化、超载，以及设计、施工和养护管理不足等原因，存在或轻或重的安全隐患。对桥梁养护技术、桥梁质量通病的防治及桥梁健康监控等内容进行了探讨，从设计、施工、养护管理等方面介绍了如何提高桥梁的使用寿命、消除安全隐患。

关键词 桥梁 健康 监测 养护

经过几十年公路建设的快速发展，桥梁的建造数量和类型越来越多。由于工期紧，往往存在质量隐患，有些桥梁在远未达到设计使用寿命时，就出现耐久性严重退化的现象。

目前，桥梁养护管理已是一个大的问题，在交通部“十一五”规划中就已经把它作为重点工程考虑，“十二五”规划里依然作为基础设施的重要问题。在过去 30 年里我国主要以桥梁建设为主，对桥梁养护管理，尤其对大型桥梁的健康监测与养护缺乏经验，重视程度也不够的。近年来大家已逐渐意识到这个问题，桥梁的养护管理问题正挑战着桥梁建设者和养护管理者。

正在运营的桥梁，由于老化、超载，以及设计、施工和养护管理不足等原因，很多存在或轻或重的带“病害”运营，潜伏着安全隐患。若不及时消除这些安全隐患，将缩短桥梁寿命，甚至造成垮桥事故。

据不完全统计，自 2007 年以来，我国共有 37 座桥梁垮塌，平均每年有 6～7 座“夺命桥”，即每两个月就会有一起桥梁事故发生。为提高桥梁的安全性和耐久性，本文就桥梁养护技术、桥梁质量通病的防治及桥梁健康监测等三个部分进行了探讨。

1 桥梁养护技术

1.1 镇江市桥梁的基本情况

目前，镇江市国省干线桥梁共有 129 座，共计 1.5 万 m，其中特大桥 3 座，大桥 18 座，共计 1.1 万 m，约占总桥长的 75%，其结构以箱梁为主；农桥 833 座，共计 30 826 m，其中三至五类桥梁 109 座（占 13.6%），普遍存在使用年限长、荷载等级低、老式结构多、缺乏养护等问题，整体状况较差。

2012 年，市公路处集中对 70 多座干线公路桥梁进行维修加固，主要措施包括对梁体、桥台等裂缝灌浆和封闭，钢筋除锈、支座纠偏与更换、伸缩缝及止水带更换与修补等。

1.2 桥梁主要病害及加固

桥梁的主要病害表现在桥面铺装层破损、桥梁结构裂缝、桥头跳车及附属设施损坏等四个方面。

混凝土桥面铺装厚度不足，使得桥面铺装层局部过薄，削弱了桥面铺装层的刚度和承载力，桥梁结构在反复变形的情况下容易引起铺装层疲劳问题。S243 高资河桥(3×10)m 左车道中间位置纵向开裂、塌陷。主要原因有：桥面厚度不足(5～7 cm)、钢筋网片下沉、严重超载(韦岗段)。

桥梁伸缩缝破损比较严重，包括伸缩缝断裂、混凝土脱落断裂等，这种现象与伸缩缝施工工艺和伸缩缝质量都有关。S122 丹阳肖梁河桥(D60)、S122 丹阳南门桥(D240)、S340 句容唐陵桥(D60)、S241 丹阳东西联桥(D60)等均出现不同程度的结构裂缝。

桥梁的排水措施是关乎桥梁耐久性的重要方面，现在看到很多桥梁支座长期处于浸水状态，排水不畅。如果雨水从桥梁的伸缩缝流下，排水系统将不起作用。我们期望桥面雨水直接由管道流到地面，这样可以避免对混凝土和桥梁支座的腐蚀。

桥梁防水是一个很重要的问题，看似不重要，但是对于耐久性来讲影响很大。过去的桥梁设计中在排水这块做得不是很细致。比如雨水从搭板与耳墙之间的进入桥台，或者通过伸缩缝漏水，这都对混凝土结构及支座有较大的损害。

1.2.1 上部结构的病害及加固

(1) 板梁、T 梁

从近几年桥梁检查情况来看，空心板梁桥的主要病害是顶板出现空洞和裂缝。空心板梁在预制过程中芯模上浮，使顶板混凝土减薄并有龟裂，在超重车辆的反复碾压下，很容易出现空洞(如 S243 高资河桥、S340 石巷桥，凿除开裂部位桥面砼，发现桥面砼较松散，空心板顶板砼较薄，且板梁在铰缝位置出现差异沉降，单板受力现象)。

板梁桥铰缝处容易出现纵向裂缝，而且容易导致单板受力，且渗水很明显，尤其在 20 世纪 90 年代以前修的板梁桥，通常采用小铰缝方法，但这只是纯粹的混凝土灌注，刚度较弱。这些桥梁很快就出现破损，由于破损的存在，水就从桥面上渗透。现在把铰缝的高度增加，变成所谓的大铰缝，或者采用箱梁结构或者小箱梁结构对这个问题已有所解决。

T 梁桥主要发生横隔板断裂、翼板横向连接开裂等病害(如 S340 戴巷桥)。钢筋砼结构裂缝要明显多于预应力砼结构，底板裂缝多于侧面(如 S122 行洪桥)；后张法多于先张法板梁(如丹西公路桥梁)。产生这些病害的主要原因是荷载超过了板梁的承载力、预应力发生损失、张拉应力不足等。

(2) 箱梁

大跨径预应力砼结构箱梁经长期使用后，存在一些较常见的病害，主要有底板和翼板裂缝、梁端腹板裂缝等，多由于梁体设计抗剪储备不足、箍筋不足所致；而湿接缝处的纵向裂缝则是超重车辆的长期使用及结构整体受力变形所致。目前，S238 扬中大桥和 S238 扬中二桥箱梁底板和翼板及梁端腹板等出现裂缝，并进行了维修和加固，未发现梁体开裂和跨中下挠现象。

而钢筋砼现浇箱梁在底板和腹板出现多条横向裂缝，钢筋锈胀，抗裂性不足。S238 左湖立交桥、S338 镇南立交桥等底板及翼板有多条横向裂缝，多数贯穿并延伸至腹板。经分析，属钢筋砼结构次应力引起，能满足使用要求。为保证桥梁耐久性，对裂缝进行封闭，用化学压力灌浆后，粘贴碳纤维布，再用丰彩漆涂装。

(3) 支座

目前常用支座有板式橡胶支座和盆式橡胶支座。板式支座简单、灵活、价低；盆式支座可实现转动、位移，只要钢盆不损坏，橡胶不会丧失承载力，但造价高。

板式支座典型病害有橡胶老化、剪切变形、开裂；盆式支座典型病害有固定处松动、错位，钢盆外露部分锈蚀，防尘罩破裂等。造成这些病害的主要因素有施工因素（支座脱空、偏位、钢板差），垫石质量，超载车辆（剪切开裂）等。

考虑到支座价格及偏载和脱空现象，目前在非标准桥梁结构中开始使用球冠支座（TCYB）。球冠支座是改进后的圆板式支座，保留了变形各向同性的特点，其中层间钢板和橡胶布置与普通圆板式相同。

各种结构对竖向变形的适应性不同，过大的竖向变形可能对梁体等上部构造产生极为不利的附加内力，有时与下部构造的竖向位移叠加后，总位移可能超出设计控制范围，导致结构的破坏。另外，施工安装不当引起板式橡胶支座局部脱空。

从耐久性来说，剪切变形越大越不好，长时间过大变形将加速橡胶老化，会降低支座使用寿命；湿度大或防锈涂层质量差，会造成盆式橡胶支座钢盆完全锈蚀。

要使桥梁支座能够安全、有效正常使用，就要经常加强防尘、防水、防锈养护，如确已失去功能的，要及时更换。桥梁支座更换费用很高，特别是高墩、多跨连续梁桥的梁体顶升费用（2014 年公路处计划安排更换 15 座桥梁 230 个支座）。顶升方法多样，现在常用的是利用千斤顶和同步顶升设备。理论上顶升对梁体结构不会产生不利影响，但实际上往往会因应力集中、压力过大，或多或少地损伤梁体（湿接头、伸缩缝）。

1.2.2 下部结构的病害及加固

桥梁下部构造的主要缺陷有基础沉降和不均匀沉陷、墩（台）身的缺陷和墩、台及基础承载力不足等。基础（重力式或桩）出现均匀沉降，包括基础的滑移、倾斜及基底河流冲空、异常开裂、船只碰撞等；墩台缺陷包括出现水平、竖向或网状裂缝，钢筋外露锈蚀、砼剥落等。

目前墩（台）身缺陷主要采用环氧砂浆填充，较严重的使用钢筋网片包裹后浇筑高标号砼加固（G104 兆文桥桩基础冲刷、砼剥落、露筋，G104 二圣桥立柱顶端砼开裂，S122 跨沪宁高速公路桥 0＃台前墙两侧砼剥落、露筋），而基础的沉降和不均匀沉陷及墩、台及基础承载力不足等在镇江地区尚未发现。

随着公路等级和车辆荷载等级的提高，许多干线公路上的旧桥都在逐步地采取补强、加固和拓宽措施，使其适应现代交通的需要。但桥梁结构是一个整体，在上部结构补强加固和拓宽的同时，其下部结构（墩、台瓦基础）也应相应地采取加固措施，以提高承载能力，适应上部结构传递荷载的需要（S340 戴巷桥）。

1.3 桥梁技术等级评定

桥梁结构的损伤、功能不足和易损性都可以表示为技术状况，并以技术状况等级来描述。桥梁技术状况是维修加固的依据。

要把握桥梁的退化趋势并对桥梁的技术状况做可靠的评定，必须对桥梁的状况进行检查，其方法通常有日常检查、定期检查和特殊检查三种，对于有特殊问题或特别重要的部件还可采用更进一步的特殊检查，如混凝土强度、桥墩倾斜度偏差、静载试验、设计验算等。

由于近几年桥梁垮塌事件不断发生，给桥梁养护带来巨大压力，交通部从 2011 年 9 月 1 日起，施行推荐性标准 JTJ/TH 21—2011（目前属过渡期，未进入规范）。与旧《标准》

相比，主要特点有：按照桥型进行分类评定，评定内容尽可能采用量化指标进行；在充分考虑评价周期、难易程度前提下，统一病害判定尺度，尽量避免承载力鉴定等程序复杂、费用高的检测要求。检查方法以目测与仪器相结合，对目测难以确定指标需辅以仪器检测。

公路桥梁技术状况评定包括桥梁构件、部件、桥面系、上部结构、下部结构和全桥评定。其评定方法采用分层综合评定与5类桥梁单项控制指标相结合的方法。

2 桥梁质量通病的防治

桥梁质量通病是指桥梁施工中经常发生的、普遍存在的一些工程质量问题，这些问题会对工程质量与寿命产生不同程度影响。由于桥梁属于永久性结构物，质量通病具有极大的危害性和一定的顽固性，因此加强桥梁质量通病的研究和预控是一项重要任务。

以下主要分4个质量通病进行分析：桥面铺装早期破损；支座和伸缩缝安装；预应力结构张拉、锚固、压浆控制；结构物台背沉陷、跳车。

2.1 桥面铺装早期破损

调查分析表明，在车辆荷载及各种自然环境因素作用下，桥面沥青混凝土铺装层的早期破坏主要是剪切破坏，常表现为桥面沥青混凝土面层先出现横向拥包与推移开裂，后出现纵向撕裂，再形成坑槽，最后沥青面层脱落。桥面铺装层早期破坏已成为公路桥梁最常见的病害之一，尤其对于大型非标准结构桥梁，由于其跨径大、坡度大、交通量大、车速高、车辆荷载大、超载车辆多，桥面铺装层早期破坏更严重。造成桥面铺装层早期破坏的原因有：

(1) 设计交通量与实际交通量不符，实际交通增长率远大于桥梁设计交通增长率，交通量的快速增长必然导致或加速桥面铺装层的疲劳破损。

(2) 超重和超载车辆越来越多。目前桥面沥青混凝土面层设计采用以轴载100 kN准轴载，以弯沉值和设计年限内累计标准轴载数为控制指标。但实超载车轴载普遍为200～300 kN，远远大于设计标准轴载100 kN的双轮组单轴为标，加速了桥面铺装层的疲劳破损，促使铺装层发生早期损坏。

(3) 桥面铺装层设计厚度与其所受应力水平不相符，特别是车辆在急刹车和启动时。目前一般公路桥面铺装结构层为10 cm C40(@10 cm×10 cm钢筋网片)＋9 cm沥青砼，已经不能满足行车荷载的要求。

2.2 支座和伸缩缝安装

桥梁支座传递上部结构支承反力，保证结构在活载、温度变化、混凝土收缩和徐变等因素作用下的自变形，以使上、下部结构的实际受力情况符合结构力图式；桥梁伸缩缝质量的好坏会对桥梁整体结构和使用寿命产生影响，带来一定的后遗症。

桥梁支座的安装必须注意以下几点：

(1) 严格控制、检验支座质量，必须使用正规(具有生产许可证)的产品，不得使用掺有再生橡胶的支座。进场后，随机取样进行切割检验橡胶层、钢板厚度以及黏结情况，并送有资质单位进行全面检测。

(2) 支座垫石不高于20 cm时，一律与盖梁同时浇筑。支座垫石施工质量要有保证，确保高度、平整度及水平度符合要求。

(3) 当安装支座发现标高不适合支垫时，必须使用经防腐处理的整块钢板垫在支座下面(每个支座下钢板只允许垫1块钢板)，严禁使用砂浆等其他物品支垫。

(4) 安装支座的预埋构件，必须准确测量确定位置，并保证牢固、稳定、平整；滑动支座应特别注意纵向位置准确，防止由于支座滑动变化致使支撑面积减小。

(5) 梁体安装前严格检查支座位置，滑动支座要保证清洁，在滑动面上涂抹硅脂油，落梁要平稳、准确、无碰击，梁体落位后应认真检查支座位置及受力状况(包括支座安装是否有偏位、倾斜现象，是否有螺栓、钢板或四氟板缺失，安装方向是否有误等)，发现问题及时处理。

(6) 先安装简支梁后安装连续梁，湿接缝处支座安装位置要准确、稳固，在湿接缝混凝土振捣过程中不得变动。

伸缩缝主要是消除温度、荷载对桥梁构件的损伤，具有防水、防尘、防震作用。伸缩缝按使用材料和用途可分为板式、组合式和模数式，其常用类型有 D 型(中小桥 60、80，大桥 120、160 等)、梳齿型(钢板为跨缝材料的伸缩装置)、无缝伸缩缝(高弹性的特殊沥青混合料)等。

桥梁伸缩缝产生损坏的主要原因：

(1) 设计方面：伸缩量计算不准确，选型不当，采用过小的伸缩间距，导致伸缩装置破损；桥面板端部刚度不足，翼板较薄，横向联系较弱，导致桥面板反复变形过大。

(2) 施工方面：型钢强度低(非专用热轧整体成型的高强钢)，伸缩装置锚固钢筋焊接不够牢固，定位角钢位置不正确；后浇砼浇注不密实，出现蜂窝、空洞等，达不到设计的强度要求，难以承受车辆荷载的强烈冲击。

2.3 预应力结构张拉、锚固、压浆控制

最近，交通运输部质监局《关于进一步加强桥梁预应力施工质量管理的通知》，要求从原材料质量检验、施工工艺过程控制、工程质量检测与验收、质量管理及监督检查等环节，对桥梁预应力结构工程提出明确要求，对强化预应力桥梁结构工程施工质量管理具有良好的借鉴意义。

大量预应力桥梁调查和检测表明，预应力桥梁质量隐患主要来源于预应力张拉施工工艺不规范和缺乏有效的压浆质量控制手段。有效预应力的建立直接关系桥梁安全性、可靠性和使用寿命。为推行桥梁标准化施工和精细化管理，桥梁预应力采用智能张拉和智能压浆施工技术，改变了传统的张拉压浆工艺，对控制预应力张拉的精度和管道压浆的密实度具有一定意义。

(1) 智能张拉的特点

智能张拉施工技术，变人工操作为智能机械自动控制，实现精确同步，自动施工避免了人为因素，提升张拉精度。智能张拉具有自动补张拉功能，即当张拉力下降 1%时，电脑程序会自动分析后下达指令。

采用大循环智能压浆施工技术，持续循环压力排尽孔道空气，保证压浆密实，避免或明显减少钢绞线锈蚀，提高桥梁结构的耐久性；采用双孔同时压浆，有效提高了工效及工程施工进度。

智能化施工，改变了传统的质量管理模式，一键式操作简单易懂，实现远程监控，全过程系统自动运作，施工规范，系统自动打印数据表，无法篡改，实现“智能控制、远程跟踪、及时纠错”，便于实行动态管理和历史溯源。

(2) 基本要求

智能张拉千斤顶与压力表，必须送到当地计量监督部门校验；锚具、夹具及预应力钢绞线均须来自正规厂家，并按要求进行抽检；控制锚垫板(工具锚)位置与角度，位置偏差

不大于 1 cm、角度误差不大于 1°;张拉及压浆都要求监理要全过程旁站检查;预应力梁张拉后的起拱度为张拉控制的参考值,当出现差别较大的异常情况时,必须分析原因,必要时予以处理。

(3) 智能张拉存在的问题

张拉过程中,无法判断钢绞线是否有断丝,只有张拉全部完成后才能判断出;无超张拉过程,只能手动超张拉;张拉过程中,如遇停电、设备故障等,重新开启设备后,伸长量误差较大;张拉设备采用了无线传输技术,现场如有电压不稳定时,易导致传输信号中断而无法继续张拉。

2.4 结构物台背沉陷、跳车

桥头及结构物台背回填部位是因为沉陷从而引起跳车最多的部位。通常所说的结构物台背"三背"回填,包括桥台台背、通道涵洞墙身两侧以及挡土墙壁背面。一般称这些部位为特殊压实区,而这些部位的回填质量又是最难控制的。施工单位在填筑路堤时往往不能同时完成,留下接合部位的松土处理不到位,造成不均匀下沉。

(1) 形成原因

主要是由于沉降差异造成的。回填材料、压实机具不适用,使得靠近台背处回填土压实不够,工后沉降大;路堤与台背接合部的松土未清除;填土范围控制不当,台背填土与路基衔接面太陡;回填厚度过大,以及回填不及时、积水等,从而引起桥头回填土压实度不够;软基路段桥头处软基处理不彻底,质量不符合设计要求;软基路段桥头堆载预压卸载过早。

(2) 防治措施

台背、锥坡回填施工必须做到"五专",即专业队伍、专门设备、专门材料、专职现场监理及专门资料。专业的队伍要求配备经验丰富人员和稳定的施工队伍;专门的设备要求配备成套的压实设备(18 t 以上)和小型压实机具(禁用人工打夯),否则不允许开工;专门的材料要用透水性材料回填,最佳选择是砂性土,更容易保证压实度,特殊处理可用粉煤灰、水泥土等;专职现场监理一定要求规范施工,即应将路堤与台背接合部的松土挖除至压实部位,形成台阶状;按要求确定填土范围,避免台背填土与路基衔接面陡峭;应严格控制每层的填筑厚度,压实厚度不超过 20 cm;专门的资料应建立台背回填档案和影像资料,档案填写要及时、翔实、整洁、清晰、内容齐全,不得涂改、挖补撕毁或重新抄写;影像要清晰、全面,资料要及时整理存档。

3 桥梁健康监测

新建桥梁在运营 5 年内一般不会有大问题,但是在五年以后、甚至二、三十年的时候,其健康状况很难保证其自身还能够正常运行。目前国内桥梁健康监测主要有三种方法:人工监测;用分辨率高的摄像头监测;通过传感器自动监测系统监测。

人工监测主要是在主要墩、台及桥面上设置永久性不锈钢标志,通过定期测量观测,获取墩台沉降、梁体变位等数据。人工监测费时,但操作简单、费用低。

分辨率高的摄像头仅能观察到桥梁外观状况,如车(船)撞桥、桥孔堆积物及占用情况等,无法检测到桥梁结构变化。

传感器自动监测系统通过传感器收集桥梁运行过程中的各项数据,实时评价桥梁结构的健康状况。传感器被布置在桥体突出部、桥体侧面和桥体下方等一些容易变形和受损的地方，通过数据线的连接，可以在计算机上实时监测桥梁的位移、扰度、弹性形变等各种数据。

此次，我们尝试在S238金港大运河桥上采用人工监测，主要采集沉降、变位等数据，分析桥梁运营的变化，并积累一定的经验。

3.1 案例分析——金港大运河桥

S238金港大运河桥有主桥和引桥，共14跨，分左右两幅。桥全长467.692 m，桥总宽54 m，西侧纵坡1.926%，东侧纵坡3.0%，横坡双向1.5%；三级航道，主桥长240 m，跨径组合67 m+106 m+67 mV型钢构桥，引桥跨径组合为14.769 m+10×20 m，错台布置，斜桥正做，设计荷载为公路—I级。

主桥为预应力砼箱梁结构，引桥为20 m预应力砼板梁；主桥边墩及桥台支座采用盆式橡胶支座，主桥设JHSF-120型伸缩缝；引桥设板式橡胶支座，伸缩缝为80 mm毛勒缝。

主墩承台为大体积砼，采用独柱墩，直径1.8 m、长70 m钻孔灌注桩基础；主桥边墩为直径1.8 m、长64 m钻孔灌注桩基础。

3.2 监测方案

通过在桥梁的主要墩、台及梁体上建立永久性测量观察点，长期监测大桥结构的位移、动挠度等推断整体性能，确保大桥健康运营。

根据桥型特点，为便于观察和监测，初步考虑监测点设置如图1所示。

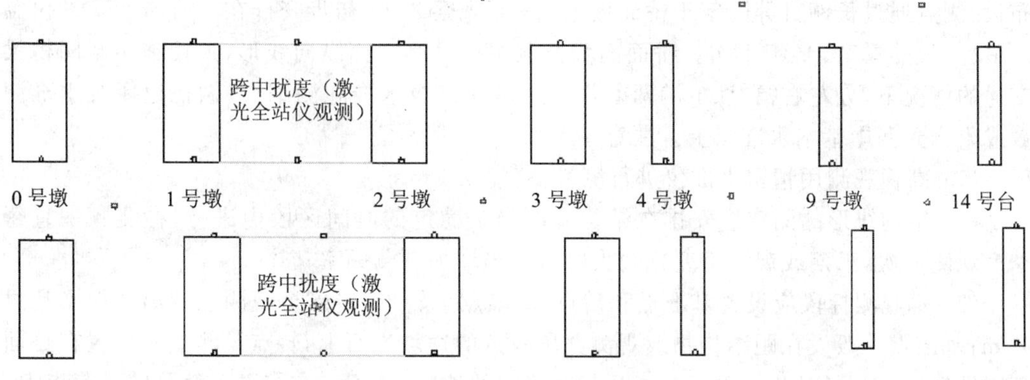

说明：
1. 桥梁下部构造单边观测点共设7点，半幅共14点，全桥共28点；
2. 桥梁上部构造单边观测点共设8点（与桥下部构造相对应位置，但增加主跨跨中扰度观测，需用激光全站仪），半幅共16点，全桥共32点，为白圆圈。整桥设置观测点60点。
3. 在第一跨，第三跨，第六跨，第九跨之间相应位置三边各设置4个基准点，共12个基准点，为红圆圈。
4. 桥台设置4个基准点，便于桥面观测。
5. 为提高精确度，在桥东北附近稳固处（村民房屋基地等）设置1处工作站，形成闭合网。

图1 金港运河大桥观测点平面布置图

主要设16个基准点、2个工作站、桥墩上28个观测点、桥面上32个观测点。基准点分别在桥两侧及两跨中间各3个，要求设在1.2 m左右稳定的钢筋砼墩上，间距以200 m左右为宜。工作站设在桥左右及两跨中间，各2个，作为高程和坐标的传递点，要求在观察期间稳定不变。

桥上观测点要设在牢固、便于观察的位置。所有测设点均要满足国家二等屏边控制标准(±3 mm)，并进行定期检测。具体方案如下：

(1) 在0#台,1#,2#,3#墩,14#台两侧各设沉降和变位(纵向、横向及倾斜等)标志,共20处;

(2) 引桥4#,9#,13#墩每侧设沉降标2个,共12处;

(3) 桥面0#,1~2#中间,2~3#中间,3#,4#,9#,13#,14#,每道设2个高程测量标志,共16处。

金港大运河桥永久性观察点设置情况,见表1。

表1 金港大运河桥永久性观察点设置情况

序号	检测项目	观测点	测点数	观测内容	观测仪器	观测频率
1	桥面高程	0#,1#,2#,3#,4#,9#,14#,共7处,每处2个点,共28个点	28个	高程位移	全站仪,水准仪,温度计	2月一次
2	墩台身沉降、变位(倾斜)	0#,1#,2#,3#,4#,9#,14#,共7处,每处4个点,共28个点	28个	倾斜度	全站仪,水准仪,温度计	2月一次
3	主跨挠度	1#~2#跨中,共4点	4个	挠度	全站仪,温度计	2月一次
4	梁体位移	0#,8#,15#,28#,共4条	8个	伸缩量	全站仪、温度计	2月一次

3.3 桥面高程设置与监测

桥面高程监测点沿行车道两边(靠防撞护栏处)按跨中、L/2、支点、台端、台尾等位置布设,测点通过长铆钉等固定于桥面板上,每年观察2次,初步安排在1月份和7月份温度最冷、最热季节,半年1次。桥面高程监测主要量测桥面纵向线形,采用在不封闭桥梁交通的情况下,分左右幅上、下游两条带,按《国家二级水准施测纲要》做往返闭合水准测量或附合到两岸基本水准点上。注意事项如下:

(1) 高程观测用精密水准仪进行测量,精度0.1 mm。

(2) 结构线形的测定应安排在结构温度趋于稳定的时间区段内进行,检测频率宜每季度观测一次,汛期或观测值变化较大时应适当增加观测频率;

(3) 每观测标段应设置基准点和转点,基准点至转点、转点至观测点距离一般不超过50 m;基准点一般设在距结构物或观测路段较近的边坡岩石上,转点及测点应设置在路面两侧易保存、方便使用、不妨碍交通且相对稳定的地物上,测点宜布置在每孔的八分点上,建议使用铆钉并标注红色标识。

(4) 水准测量尽量采用国家大地网,若有困难,应建立独立的基准测量系统,基准点高程采用相对高程,统一确定为100.00 m。

(5) 每次进行观测点测量前应对基准点、转点进行检查,如有明显损坏或异常时,应及时进行补设,同时采用人工记录,观测时基准点、转点应闭合。

(6) 所有观测点的位置和编号以及检测数据必须在总体平面图和数据表中注明并归档。

3.4 墩身变位(倾斜)设置与监测

墩、台身底部(距地面或常水位0.5~2 m)的上、下游侧各1点。1#桥墩上下游各1点,共2点;2#桥墩上下游侧各1点,共2点;全桥设测点总计4处。观测频率为每半年1次。

(1) 墩、台身倾斜度一般采用在墩台上设置固定铅垂线测点,用吊垂球或全站仪测定。全站仪精度:测距 2 mm+2 ppm×D(符合国家二级水准测量及沉降观测精度)。

(2) 桥台变位观测考虑温度变化影响,初步定于每年最冷、最热的 1 月、7 月分别进行观测。

(3) 墩台倾斜度测点选在距地面或常水位 0.5~2 m 范围内,用上下相距 0.5~1.0 m 的 2 点标记检测,测点布设可采用在测点处打入膨胀螺栓或钢钉,并用红漆标记,以便下次观测。

(4) 根据几何关系换算出全站仪、基准点、墩台测点的平面坐标;根据每次定期检查墩台测点平面坐标变化,通过坐标系平移与转动的几何关系,计算桥台沿纵桥向和横桥向的位移变化;对比每年同一时间段观测结果,分析墩台的变位。

3.5 主跨挠度与梁体位移监测

主要观测主跨中部随时间和温度变化时的挠度,以及梁体纵向、横向的位移量。本桥主要设在主跨 1#~2# 中间,每幅 2 处,共 4 处,需要用带激光或红外线的全站仪测定。

因设计主桥边墩支座采用 GDP(II)5DX 和 GDP(II)5SX 盆式橡胶支座及四佛滑板支座,桥台支座采用 GDP(II)5DX 和 GDP(II)5SX 盆式橡胶支座,因此梁体纵向、横向的位移量的测点主要布设在 0# 台和 3# 墩过渡边墩,以及 14# 台伸缩缝处,测点标在距伸缩缝外边缘 0.5 m 处。采用全站仪、水准仪和温度计每季度进行 1 次观测。

3.6 监测和监控要求

(1) 桥梁监测监控对时间有严格的限制条件,特别是首次监测必须按时进行,否则监控观测得不到原始数据,后期观测将得不到完整的观测意义。其他各阶段的复测,根据工程进展情况必须定时进行,不得漏测或补测。只有这样,才能得到准确的桥梁变位情况或规律。

(2) 相邻的两次时间间隔称为一个观测周期,桥梁日常监控检测都必须按本监控方案中规定的观测周期准时进行。

(3) 桥梁主体结构维修,加固或改建前后,必须进行控制测量,以保持观测资料的连续性。若控制点有变动,应及时检测,建立基准数据。

(4) 桥梁永久性控制检测点要牢固可靠,按永久性测量标志设定,建立本桥相对独立的基准测量系统。

(5) 每次进行观测点测量前应对基准点(转点)进行检查,如有明显损坏或异常时,应及时进行补设。

(6) 自始至终桥梁监控观测都要遵循"五定"原则。所谓"五定",即监控观测依据的基准点、工作基点和被观测物上的观测点,点位要稳定;所用仪器、设备要稳定;观测人员要稳定;观测时环境条件基本一致;观测路线、镜位、程序和方法要固定。以上措施在客观上尽量减少观测误差不定性,使所测的结果具有统一的趋向性,保证各次复测结果与首次观测的结果可比性更一致,使所监测的桥梁变化状况更真实。

(7) 仪器、设备的操作方法与观测程序要熟悉、正确。在首次观测前要对所用仪器的各项指标进行检测校正,必要时经计量单位予以鉴定,仪器检校周期见各仪器说明书。

(8) 桥梁损伤识别程序为:通过桥梁安全监控,初步判定桥梁是否有异常现象发生,如有异常,进一步检测评价。

(9) 所有观测点的位置和编号以及检测数据必须在总体平面图和数据表中注明。

3.7 安全保障

(1) 提高安全意识,测量人员均需穿着反光服。

(2) 迎车面需专人穿着反光服,在据测量现场 150 m 处手持彩旗指挥车辆,以起到提示作用。

(3) 封闭观测路段(按照路面维修路段封闭标准)。

4 费用组成

该项目由标志购置及安装、设备使用、项目管理及技术咨询费、交通设施等组成,经测算约需 5 万元。

具体费用见表 2。

表 2 金港运河大桥观测直接费用测算

序号	项目	单位	单价(元)	数量	小计(元)	备注
1	布点钢钉	个	10	76	760	
2	布基准点(辅助材料)	个	20	16	320	
3	布点人工	工日	150	24	3 600	每天 4 人进行布点,共布点 6 天
4	布点车辆	辆	700	6	4 200	布点 6 天
5	观测人工	工日	150	48	7 200	每次观测 4 人进行,每次观测需 3 天完成,共观测 4 次
6	观测车辆	辆	700	12	8 400	每次观测需 3 天完成,共观测 4 次
7	资料整理及装订	次	500	5	2 500	
8	水泥砼固定标志	个	200	36	7 200	建议定做标准的砼墩
9	工作站点	个	800	2	1 600	桥南北各设一个,稳固不变形
10	直接费	元			35 660	
11	管理费	元	20%		7 132	
12	技术咨询费费	元			5 000	技术方案及测量网建立
13	交通管理费	元			2 500	每月观察期间桥上车辆疏导及重车管制
14	合计	元			50 420	未计仪器购置、高空作业车使用费等

5 监测目标和意义

桥梁的监测,不仅能为竣工提供可靠数据,而且对科学养护决策提供客观依据,有利于工程质量管理和养护水平的提高。只有通过桥梁检测有用的信息,才能为桥梁结构的维修、养护等后期工作提供正确的数据基础。据了解,江苏已在江阴澄南立交桥的主干道和匝道上安装了 1 000 个左右的传感器,实时不间断地监测桥梁的使用变化情况。

目前,比较先进的是针对大型桥梁分布的区域建立系统网络,将各个桥梁的运营状态整合其中,比如杭州实现了一个大型桥梁群的监测,专门针对应力和变形进行监测,通过 GPRS 无线传输,从总体上把握这个区域内桥梁的安全状况,并利用这些数据对不同桥梁进行评价。它不仅可以测量目标的微小形变,还可以同时测量目标振动情况。它具有远程监控、自动完成测量周期、实时评价测量结果、实时显示变形趋势等智能化的功能。在任何一台能上网的计算机上面都可以采集到现场数据。

当然，健康监测系统电子完全取代人工检查，目前来看不现实，因为我们的检测手段没有达到。如用传感器直接得到裂缝宽度很难，用放大镜人工观测裂缝宽度较准确。健康监测系统首先需要保证其自身的正常运行，且传感器自动监测系统虽然迅速准确但不耐用，一般五年需更新，费用较高。考虑到扬中大桥、二桥属长江夹江上的特大桥，根据其重要性，2013 年市公路处与江苏省交通科学研究院合作，联合编制了镇江市干线公路 18 座特大桥、大桥监测监控方案，最终因费用太高，暂时搁置。

此次我们在 S238 金港大运河桥上进行的监控，采用人工测量监控，主要是积累一定的经验和采集沉降、变位等数据，分析桥梁运营变化。通过永久性观测点定期控制观测，能够及时获取桥梁基础沉降、线型变位和箱梁下扰数据，分析掌握桥梁健康和技术状况。

6 总结与体会

6.1 桥梁的设计年限

有的桥梁通车不到 10 年出现了种种问题，如何从设计、施工、养护管理等方面提高桥梁的使用寿命是亟待解决的问题。桥梁设计使用年限为 100 年与桥梁设计基准期为 100 年本身就不是一个概念，我们现在的桥梁没有明确的设计使用年限。

大量桥梁建设从 80 年代开始，经过几十年的使用出现了种种问题，这说明桥梁应该使用的年限远小于 100 年。目前不敢下结论说桥梁设计就应该使用 100 年，也可能设计使用 50 年，也可能达不到。从混凝土结构材料的耐久性角度来看，过去的期望值可能过高。

6.2 桥梁建、养、管机制

从现行的建设管理机制来看，设计、施工和建设管理往往不是一个单位完成的，施工单位只施工，只关注施工阶段；桥梁养护管理由另外的单位进行，管理机制是不一样的。在两者交接时可能需要从头开始了解情况，这个过程中有很多问题会遗漏的。所以有些地方高速公路的桥梁由一个机构从建设、养护管理持续下去，可能效果会更好一些。

6.3 桥梁的养护长效机制

桥梁养护专业化是实现公路养护现代化的客观要求。以前干线公路桥梁养护一般由各辖市（区）公路站承担，由于桥梁分散、数量分布不均，加上相关养护单位专业技术力量薄弱、检查检测设备偏少，特别对长大特危桥梁缺乏养护经验，影响桥梁管养实效。实行桥梁专业化养护后，保证了技术力量、设备配置，统一了养护工艺、检测标准、资料格式，便于统一指挥管理，变滞后养护为及时养护，变事后养护为超前养护。探索建立桥梁养护长效机制，利于提高桥梁养护质量。

6.4 桥梁的耐久性

建桥材料性能的好坏对桥梁结构耐久性有重要影响。桥梁混凝土结构出现的缺陷，目前一般都采用碳纤维布进行加固。碳纤维布加固可使受拉区加强，但如果混凝土本身强度在衰减，碳纤维布的作用不可能充分发挥，实际效率并不是很高。

桥梁出现破损之后，修复要因桥而异，没有明确的哪一种方案更好，要视具体的桥型、具体的地区情况而定。现用加固方法种类繁多，虽然加固规范出台，目前还没有一个专门针对桥梁加固的评价系统，对不同加固的方法提出不同的检验标准、评价标准，目前正在制定相关的桥梁加固工程的验收和检验标准，而且准备开展一个桥梁加固后评定指标方面的研究。

6.5 桥梁的健康监测

对于一些大型桥梁在建设中都预留一套智能监控系统，依托高分辨率的摄像机实时采集数据、监控桥梁状态。但摄像头能够看到的只是外观的问题，比如说伸缩缝的运行情况。而摄像头是看不到桥梁结构内在的问题，还是需要传感器。

目前桥梁健康监控系统一直在不断完善，在国内桥梁界也有很多争议，能够正常运行的似乎并不多。这种情况下我们过多期望健康监测带来很多有效的预警恐怕是不现实的。目前比较现实的做法是提高桥梁养护管理系统的实际效果。如果桥梁管理系统做好了，其本身耐久性可以保障，且能够引入到桥梁健康监测，监测结果更为理想，仅靠桥梁养护管理系统，对桥梁尤其是大型桥梁进行监测，也还是比较可靠的。

6.6 超重超限车辆的过桥管理

目前大量的超重超限车辆已经严重威胁着桥梁的安全及耐久性。在 2000 年以前，虽已执行 JTG 023—1985 规范，但桥梁耐久性问题还没有充分地暴露。在 2000 年之后，针对交通流量大，重载车辆多的情况，在未明确提出采用特殊荷载的情况下，我们对桥梁耐久性问题尚没有清晰的认识。

造成严重超载的原因与我国的公路运输政策有关，公路运输车辆超载又与运输单价有关，如果运输单价很低，运输的车辆只有装载很多的情况下才能维持运营成本，这种情况下便引起了车辆的超载问题。不控制超载车辆，桥梁设计、建设、养护得再好也难以保证安全运行。

此次，我们在 S238 金港大运河桥上进行的监控方案，采用人工监测，通过永久性观测点的定期控制观测，及时获取桥面及基础沉降、线型变位和结构挠度等动态实时参数，全面掌握桥梁健康和技术状况。本次监测主要是积累经验。考虑到扬中大桥、二桥属长江夹江上的特大桥重要性，拟采用自动监测系统进行监控。下一步还会对 S122 丹阳南二环大桥(预应力混凝土独塔双索斜拉桥)、S241 丹阳京杭运河大桥(系杆拱桥)的养护及监测技术进行探索。

花瓶薄壁墩身施工质量及外观控制措施

张刚　王敌维
（江苏省交通工程集团有限公司 镇江 212000）

摘　要　以宁杭高铁站前桥梁工程墩身施工为背景，简述桥梁墩身工程采用花瓶薄壁墩身的施工工艺，主要探讨和研究花瓶式墩身施工过程的主要事项和施工要点，以及如何通过严格的测量控制，来确保宁杭高铁站前桥梁工程墩身质量和外观高要求，为以后桥梁墩身施工提供了参考和学习。

关键词　花瓶式墩身　质量　外观　控制

宜兴宁杭高铁站前桥梁工程为无锡市政府重点工程之一，位于宜兴市龙背山南侧，自西向东纵穿，与在建宁杭高铁基本平行，间隔距离约 200 m，其桥梁墩身结构主要采用花瓶式薄壁墩身。花瓶薄壁墩身施工中很容易出现如垂直度、混凝土浇筑外观、钢模板安装控制、混凝土保护层厚度等方面的问题，为保证施工质量，本文以高铁站前桥梁工程墩身施工为出发点，对其施工过程及控制措施进行深入研究。

1　施工工艺及原理

1.1　熟悉施工图纸

进行墩身施工准备工作之前，要组织施工管理人员进行施工图纸的研究，要领会设计人员的意图和施工注意事项，对施工的具体尺寸、质量和外观的技术规范要求要重点掌握，确保源头上的质量管理和控制。

1.2　测量放样定位

对水准点和导线点进行复测，并请监理工程师认可，按照施工的顺序和技术要求完成承台的定点放样控制，以及承台的混凝土浇筑，待混凝土达到设计要求的强度，进行模板拆除，由专业测量人员在承台表面放出墩身的横向、纵向中线，并根据墩身的横纵向中线和墩身的几何尺寸定出墩身的外观轮廓，同时测量人员要对承台的顶面高程进行复测，将墩身钢模板底部支垫进行平整。

1.3　钢模板的设计和安装

墩身的外观质量主要取决于施工模板，模板的材质选择和安装质量直接影响墩身混凝土的外观。在设计模板时，要选择表面光洁、不易变形的板材，同时模板要具有足够的刚度和强度，防止混凝土浇筑中模板产生变形和挠曲。模板要依据施工图纸要求，选择符合加工条件和资质的加工企业进行加工。模板加工好后，首先检查几何尺寸是否与设计图纸相对应，模板的材质是否符合要求；其次检查模板结构尺寸是否达到设计要求，检查模板的平整度、错台、模板连接处是否达到设计及技术规范要求。在模板施工安装前，要先进行试拼，同时对模板进行编号，并绘制施工示意图，使模板顺利安装的同时确保模板的精度和吻合度，并保证施工错台符合技术规范要求。模板要进行除锈，抛光打磨，涂刷模板漆和脱模剂(如图 1 所示)。

图 1 经除锈抛光打磨后并涂刷模板漆和脱模剂的模板

安装模板时，模板的定位销必须对齐并保证连接缝的平整，模板板块之间连接缝必须用厚 2 mm，宽 30 mm 的双面胶带做密封带，先将双面胶带贴到先安装的一块模板侧螺栓连接处，在下一块模板即将靠拢前再撕去双面胶带上的防粘纸，让两块模板对位后粘贴在一起，拧紧连接螺栓。连接螺栓受力后双面胶带经挤压起到密封作用，保证模板不漏浆。模板安装完毕后，应进行测量校正，保证模板拼接质量。在浇筑混凝土之前，模板内的垃圾、原混凝土碎屑锯屑、脱离的铁皮等杂物，必须清除干净，确保墩身混凝土的浇筑质量。

模板的安装如图 2 所示。

(a) 安装中

(b) 安装完成

图 2 按模板编号安装模板

1.4 混凝土的质量及浇筑控制

按照施工图纸要求，本次花瓶式墩身施工的砼为 C35 砼。为控制混凝土质量，实验室对墩身混凝土的生产配合比进行反复验证，确定混凝土施工配合比，以确保混凝土的黏稠度及和易性。在混凝土的运输过程中，确保混凝土运输车内的清洗水清除干净并保持罐车慢速自转。

混凝土在浇筑前要进行坍落度、扩展度实验，测定混凝土含气量和入模温度等指标，各项指标符合技术规范要求后浇筑墩身混凝土。混凝土的坍落度对桥梁墩身外观有重要影响，技术规范要求墩身砼的坍落度为 80～180 mm，泵送混凝土的和易性要求也较高。依据施工要求和现场实际，混凝土的坍落度一般控制在 160～180 mm，混凝土外观较好。在浇筑过程中，混凝土下落的高度不能超过 2 m，当超过 2 m 时，需设置导管或溜槽，对局部边角部位，采用人工用铁锹搬运。浇筑过程中要振捣密实，以便浇筑后的墩身表面光滑。在浇筑过程中，不能利用振捣棒长距离地倒送混凝土，以免引起离析。

1.5 墩身混凝土振捣的技术要点

混凝土采用机械振捣时，振捣器垂直插入混凝土内，且插至前一层混凝土的深度为 5～10 cm，并控制振动棒的有效半径和振捣时间，应做到“快插慢拔”。振捣的顺序为先边后中。混凝土分层浇筑时，每层混凝土的厚度应不超过振动棒棒长的 1.25 倍。在振捣上一层时，应插入下一层混凝土中 50 mm 左右，同时应在下层混凝土初凝前振捣上层混凝土，每一振捣点的振捣时间在 20 s 左右为宜。振捣器距离模板不宜大于 15 cm，也不易紧靠模板，应尽量避免碰撞钢筋及各种预埋件。为保证墩身外观颜色，混凝土浇筑采用一次浇筑到顶的办法。混凝土的浇筑应连续进行，如因故必须中断，其中断时间应小于前层混凝土的初凝时间或能重塑时间，否则按施工缝处理。

砼浇筑时，要经常检查钢筋、模板、预埋件及沉降观测点的位置和混凝土保护层的尺寸，发现变形必须立即校正。在浇筑过程中或浇筑完成时，若发现砼表面泌水较多，需在不扰动已浇筑混凝土的前提下，采取措施将水排出；若浇筑至墩身顶面时，产生浮浆较多，必须将浮浆清除干净，并做二次振捣。振捣完毕后，及时修整，抹平墩身顶面并进行高程收面。待定浆后，再对混凝土顶面进行二次收面，严禁洒水收面以防止过度影响混凝土外观质量。

1.6 混凝土的养护过程和拆模注意事项

天气和季节的变化对混凝土的养护影响很大，要注意施工周围的环境温度、湿度变化，提供充足的养护用水。在夏天施工中，及时补充水分，保持混凝土的表面湿润；冬天要做好保温工作，在模板外加盖保温被，延长拆模时间，或建设养护棚，在棚中生火煮水增温和保湿，并在棚中安装温度计。同时，要检测养护温度，混凝土浇筑成型，待表面收浆后即对混凝土进行养护，用定做的塑料套从上到下进行包裹并对其洒水。用水条件和拌和用水一致，且连续保持 14 d 以上。当混凝土达到一定设计要求强度时，进行拆除模板，拆除顺序为从上到下、先圆端后平面的顺序进行，确保墩身的外观质量。花瓶薄壁墩身养护及墩身外观如图 3 和图 4 所示。

图 3 花瓶薄壁墩身养护场景

图 4 墩身外观场景

2 施工控制及质量通病处理措施

桥梁墩身施工中常见的质量通病主要有错台、翻砂、流浆、麻面、蜂窝、气泡多、色斑、缺棱掉角、收缩裂缝等。这些问题不仅影响桥墩墩身外观,有的裂纹还可能危及结构的强度和工程使用年限。因此,在桥墩施工中,应采取有效措施加强控制。

2.1 对施工模板错台的控制

模板材质问题或施工人员操作过程中不严格或不规范是造成模板错台的主要原因。模板错台的处理一般为:用打磨机将错台进行凿除并用黑、白水泥配制同色砂浆对表面进行修补,确保墩身外观颜色统一。

2.2 翻砂处理控制

翻砂现象主要表现为墩身表面无水泥浆、不光滑,且能看到呈竖向分布的砂子。形成原因主要是:混凝土坍落度大,在振捣过程中胶凝材料同骨料分离造成混凝土离析,水泥浆上浮,砂子受振动与模板紧贴。解决的方法是:严格控制混凝土的坍落度和振捣时间,混凝土在拌制时要严格按照施工配合比进行配制,到现场后由试验员测坍落度,如过大或过小都坚决不能使用,振捣的时间也不宜过长,不能使混凝土离析。

2.3 流浆

流浆现象主要表现为墩身表面像流过水泥浆一样,由上而下呈流动状。形成原因主要是:模板加固不牢靠,上下两层混凝土的浇筑间隔时间太长。等底层混凝土已经初凝或将要初凝时才浇筑上层混凝土,这时模板在外力作用下向外侧活动,而底层混凝土由于有一定强度并不跟着活动,这样在模板和底层混凝土之间就形成一个空隙,上层混凝土水泥浆就会流到这个空隙里。解决的方法是:混凝土要连续浇筑,在底层初凝前浇筑上层混凝土,同时模板的强度、刚度和稳定性要符合施工要求,保证在施工过程中不发生变形。

2.4 外观麻面、蜂窝和气泡现象

麻面和气泡多主要表现为混凝土表面的气泡太多,像蜂窝状似的密布着。形成原因主要是:高性能混凝土在掺加矿粉后表现得比较黏稠,在坍落度为 160～180 mm 时泵送难度相对加大。混凝土到达现场后,个别施工人员为了增加可泵性,对混凝土进行加水,造成混凝土坍落度大于 180 mm,虽然这种高性能混凝土在加水后现场看不出泌水,但只要一振捣,就立即出现泌水,或振捣时间不足,从而使混凝土出现麻面、气泡等不良现象。解决的方法是:混凝土每浇注 30 cm 捣固一次。混凝土入模捣固前将混凝土拌和物耙平,并使模板边周围的混凝土比中间稍高出 10 cm 左右再振捣。振捣棒距模板 10 cm,振捣点与点之间的距离为 15～20 cm。振捣时,快插慢拔,每处的振捣时间为 10～15 s,最多不超过 20 s。振捣过后应用捣固锤或人工踩踏模板边的混凝土,将个别还滞留在模板边的气泡完全排尽。

2.5 色斑现象

色斑主要表现为混凝土表面颜色不一致。形成原因主要有:模板本身有污垢,如残留有铁锈或涂刷过多的油;混凝土拌和物干稀不均。解决的方法是:浇注混凝土前,将模板清理干净,不留有铁锈和污渍,在模板表面涂擦一层薄薄的脱模剂;前后浇注的混凝土干稀度尽量保持一致,坍落度不均匀的误差控制在±2 cm 范围内。

2.6 收缩裂缝问题

收缩裂缝主要表现为混凝土表面产生不规则的裂纹,是桥墩墩身外观质量病害中最

为常见的一种。形成原因一般有三种：

（1）钢筋施工技术不当引起裂缝。浇筑混凝土时无工作平台，施工人员直接触动钢筋，造成钢筋局部变形，形成素混凝土，混凝土的抗拉能力下降，于是出现无规则交叉混凝土裂缝。

（2）干缩应力引起裂缝。在模板拆除之后，由于墩身表面失水，造成温度变化，而温度变化引起混凝土内部各单元体之间相互约束，产生干缩应力，引起混凝土裂缝。

（3）温度应力引起的裂缝。桥墩墩身在浇筑初期，由于水泥水化过程产生大量热量，混凝土内部迅速升温，但混凝土导热性能差，在其内外形成温度梯度，混凝土表面受拉，内部受压，当应力超过混凝土抗拉强度时，混凝土表面即产生裂缝。由温度应力引起的混凝土表面裂缝在大体积混凝土施工中尤为突出。

控制收缩裂纹可以采取的措施有：

（1）选择低中热水泥，在确定混凝土强度及坍落度的情况下，选用大粒径骨料以及合理的集料级配，通过掺粉煤灰、减水剂来减少水泥用量，从而降低水泥的水化热。

（2）对原材料进行预冷，降低混凝土从拌和、运输至入模时的温度。

（3）在施工时，搭设工作平台，避免人员、机械对钢筋的扰动。

（4）在钢筋网之间增加横向、竖向支撑钢筋，焊接成钢筋骨架，增加钢筋骨架的刚度和稳定性，以保证钢筋位置的准确，防止钢筋施工不当引起混凝土裂缝。

（5）控制拆模时间，以防拆模时降温造成更大的温度应力。

针对桥梁墩身工程控制特点和设计图纸要求，对施工的方案和施工中存在的质量通病进行研究，提出实施性施工方案和要求，对控制墩身质量和外观而言是十分有必要的。宜兴宁杭高铁站前桥梁墩身工程施工有效防止了墩身施工中存在的问题，其施工经验值得借鉴和学习，为以后的桥梁墩身施工取得高的工程质量和经济效益打下了良好的基础。

拉压杆模型理论及其发展概述

周元华
（江苏省镇江市交通工程建设管理处 镇江 212007）

摘　要　随着公路交通的发展，钢筋混凝土结构在公路桥梁和立交中应用越来越多。对钢筋混凝土结构的研究也随之深入，拉压杆模型理论为越来越多的研究者所肯定和采用。通过最简单的结构模型阐述拉压杆模型的基本原理，解释拉压杆模型的基本组成，结合美国 ACI 规范，给出了结构计算中拉压杆模型各组成部分的承载力公式及相关规定。通过梳理拉压杆模型理论的发展过程，提出了拉压杆模型理论在钢筋混凝土结构中的研究方向。

关键词　拉压杆模型　公路桥梁　钢筋混凝土　基本理论

1　基本理论

钢筋混凝土结构是目前公路工程中常用的结构形式，常将钢筋混凝土结构中的不同受力区划分为 B 区和 D 区分别研究。简而言之 B 区即为截面应变符合平截面假定的区域，D 区则为不满足平截面假定的区域，也可以称为应力受扰动区域。以公路桥梁中的节段式预应力混凝土箱梁为例，其结构中常见的 D 区有锚固区、横隔板、转向块等①②。

拉压杆模型理论（strut-and-tie model）目前被公认为钢筋混凝土结构中典型 D 区设计的有效易行的方法，它是从桁架模型发展而来的，ACI 318 规范中将其定义为：拉压杆模型是钢筋混凝土 D 区的桁架模型。现以三分点加载的混凝土简支梁为例，阐述拉压杆模型的基本理论。如图 1 所示，简支梁体在未开裂时，三分点的荷载在梁体材料中会通过一定的路径传递到支座，即会形成主拉应力流和主压应力流，梁体受荷底部开裂之后，开裂区域混凝土不能承受和传递梁体的主拉应力，主拉应力全部由钢筋承担，主压应力则由未开裂的混凝土承担，如此就形成了图 1 中的结构模式，即为拉压杆模型构型的机理。

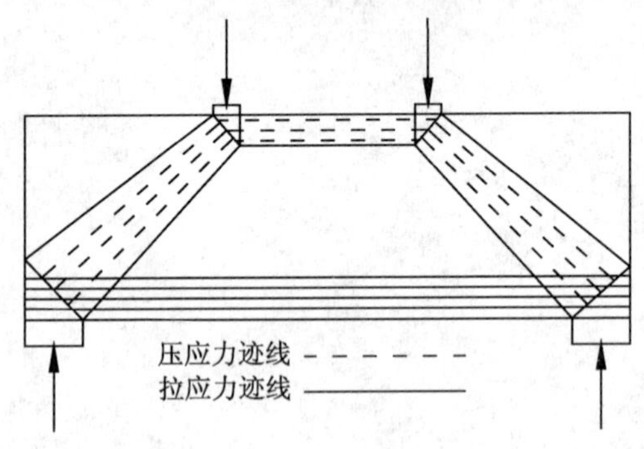

图 1　拉压杆模型示意图

---

① ACI Committee 318. Building Code Requirements for Structure Concrete and Commentary (ACI 318M－05). American Concrete Institute, 2005.

② 刘钊，吕志涛，惠卓，等：《拉压杆模型在混凝土桥梁中的应用与研究进展》，《中国工程科学》，2008 年第 10 期。

2 拉压杆模型的组成

(1) 拉杆

拉杆是拉压杆模型中承受拉力的杆件。在钢筋混凝土结构中,由于混凝土承受的拉力很小,所以混凝土开裂后拉杆一般由钢筋担任,其可以是普通钢筋或者预应力钢筋。在对钢混结构进行配筋设计时,以钢筋的屈服应力作为拉杆设计的标准。同时要确保拉杆和节点的锚固可靠。

(2) 压杆

压杆是拉压杆模型中承受压力的杆件。钢筋混凝土结构中,混凝土以抗压著称,所以压杆由混凝土承担。压杆的形状常有棱柱形、瓶形、扇形。3 种压杆类型如图 2 所示。压杆选用的标准为压杆两端压力场大小。当两端压力场较均匀时,可选棱柱形压杆。当两端压力场强度不同时,则压杆可选扇形杆件。当考虑混凝土侧向膨胀的影响时,伴有空间允许横向发生,这样可以选择瓶形压杆。

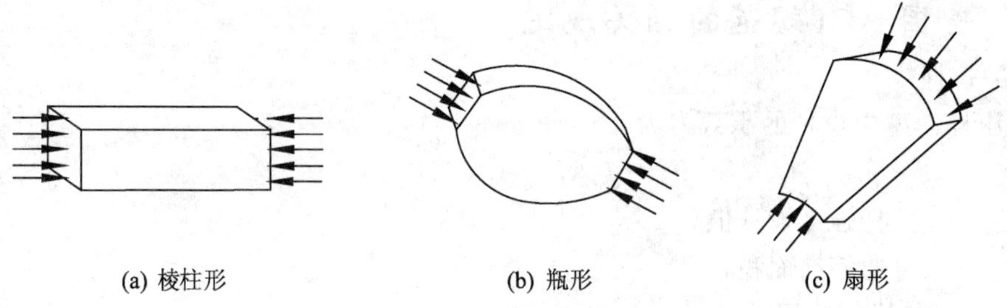

(a) 棱柱形　　(b) 瓶形　　(c) 扇形

图 2　拉压杆模型中的压杆类型

(3) 节点

在拉压杆模型中,杆件的交汇处即为节点。拉压杆模型中每个节点处至少有 3 个力才能保持平衡,所以节点的类型可分为 4 种,如图 3 所示。

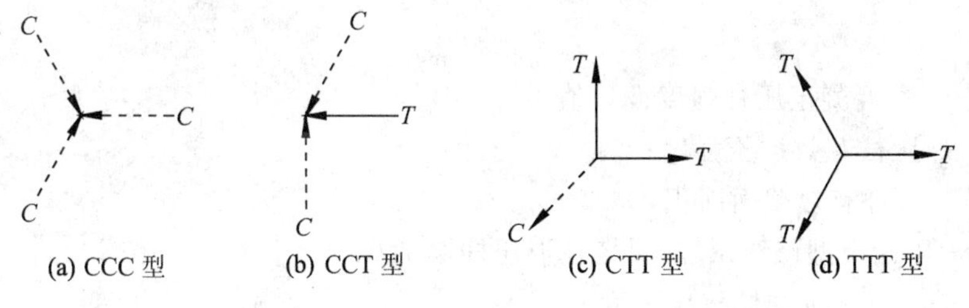

(a) CCC 型　　(b) CCT 型　　(c) CTT 型　　(d) TTT 型

图 3　节点的类型

3 建立拉压杆模型的方法

拉压杆模型的建立有荷载路径法、弹性应力法、拓扑优化法 3 种常用的基本方法。

(1) 荷载路径法

荷载路径法是指在了解荷载的传递路径的基础上建立拉压杆模型的方法。利用荷载路径法建立拉压杆模型的要求比较高,需要以明确的结构的传力为前提。

(2) 弹性应力法

弹性应力法是指利用有限元软件对目标对象进行弹性分析,根据应力的情况确定其拉压杆模型的方法。弹性应力分析是在应力分析的基础上,将拉杆和压杆顺着未开裂的匀质混凝土构件主应力的方向来布置,放置位置为相应界面的应力分布重心,思路相对简洁明了。但缺点是不同位置处的应力分布重心不同,或者不在一条直线上,需要有人为的参与确定拉压杆的具体位置,这样导致的结果就是截面的选择不同会建立不同的模型,不同的设计者也会确定不同的拉压杆模型。以这样的方法建立的拉压杆模型可能会导致设计出的结构在使用过程中出现较大的裂缝以及变形。

(3) 拓扑优化法

拓扑优化法是指利用有限元软件对目标对象进行拓扑分析,自动建立拉压杆模型的方法。

拓扑优化法是指拓扑优化法是基于有限元软件构模方法,其能够建立类似桁架结构的最优模型。其优点是能够在对结构连续拓扑中自动建立结构最佳的构型(即为拉压杆模型);缺点是最终拓扑优化构型只能确定压杆、拉杆和节点的位置,而并不能区分这些杆件是拉杆还是压杆,也不能确定它们的具体尺寸。

4 美国 ACI 规范的相关规定

(1) 拉杆

拉压杆模型中拉杆的承载力为

$$F_{nt}=f_y A_{ts}+A_{tp}(f_{se}+\Delta f_p) \tag{1}$$

式中:F_{nt}——拉杆强度设计值;

A_{ts}——普通钢筋面积;

f_y——普通钢筋屈服强度;

A_{tp}——预应力钢筋面积;

$(f_{se}+\Delta f_p)$——预应力钢筋应力。

(2) 压杆

拉压杆模型中压杆的承载力为

$$F_{ns}=f_{ce}A_c \tag{2}$$

$$f_{ce}=0.85\beta_s f'_c \tag{3}$$

式中:F_{ns}——素混凝土压杆强度设计值;

f_{ce}——压杆有效抗压强度;

A_c——压杆有效截面面积;

β_s——压杆类型修正系数,对棱柱形压杆取 1.0;

f'_c——混凝土圆柱体抗压强度。

(3) 节点

拉压杆模型中节点的承载力为

$$F_{nn}=f_{ce}A_{nz} \tag{4}$$

$$f_{ce}=0.85\beta_n f'_c \tag{5}$$

式中:F_{nn}——节点承载能力设计值;

A_{nz}——节点截面的面积;

β_n——节点截面混凝土强度软化系数,对 CCT 型取为 0.8,CCC 型取为 1.0,CTT 型或 TTT 型取为 0.6。

(4) 其他规定

① 节点力的个数

若超过三个外力作用在二维结构中，需将所有外力合成为三个作用于一点的力。如图 4 所示，压杆 AE 和 CE 合成为一作用于节点区表面的力。合力通过节点区 D 作用于节点 D'。

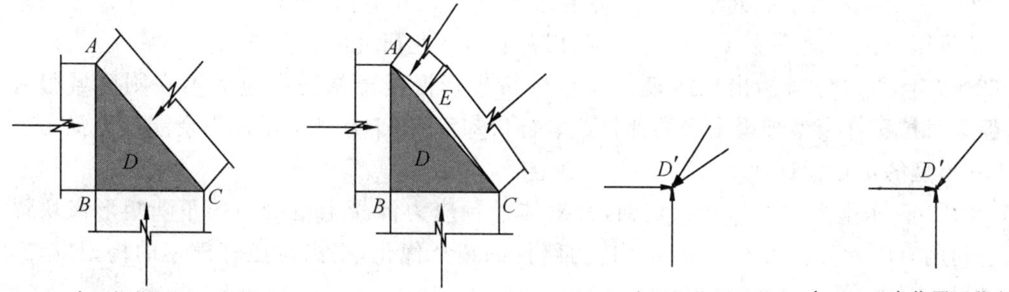

图 4 节点区合力示意图

② 节点区拉压杆的角度

交于节点区的拉杆和压杆的主轴所成角度不能小于 25°。

③ 设计抗力

作为轴向受力构件的拉压杆，其设计抗力需要满足下式：

$$\phi F_n \geqslant F_u \tag{6}$$

5 拉压杆模型的发展概况

梁的桁架模型是由 Marti 于 1985 年提出的①，之后 Schlaich 发展了桁架模型，提出混凝土结构的任一部分可以用统一的拉压杆模型进行设计。带 45°斜压杆的桁架模型最早是由 Ritter 在 1899 年针对钢筋混凝土梁受剪设计分析中提出的②。

1909 年，Morsch 发展了桁架模型，将其应用在钢筋混凝土受扭构件的设计中③。

1991 年，Ramirez 和 Breen 提出了拉压杆模型的桁架模型，考虑了多种倾角斜杆和混凝土对钢筋的贡献，并将其用于钢筋和预应力钢筋混凝土梁设计④。

1997 年，美国土木协会会员 K. Tong 考虑了不同腹板钢筋构型，对无预应力深梁拉压杆模型进行了改进⑤。

2001 年，美国土木工程协会会员 K. H. Tan 及 K. Tong 考虑了主纵钢筋、腹板钢筋、预应力钢束及混凝土本身共同作用的影响后，又对拉压杆模型提出改进使其适用于不同

---

① Schlaich J. Design and detailing of structural concrete using strut-and-tie models. Journal of Structural Engineering, 1991, 69 (6).

② Ritter W. The hennebique design mothod . Schweiz Bauzeitung, 1899, 33(7).

③ Morsch E. Concret-steel Construction. New York McGraw-Hill, 1909.

④ Ramirez J A, Breen J E. Evaluation of a modified truss-model approach for beams in shear. ACI Structural 1991, 88 (5).

⑤ Tong K. Strut-and-Tie Approach to Shear Strength Prediction of Deep Beams (M Eng Thesis). Singapore: Nan yang Technological University, 1997.

配筋情况的预应力深梁①。

2007 年,李传习和卢春玲撰文介绍了拉压杆模型理论及拉压杆模型建立的方法和步骤,并结合美国的 ACI318—05 规范,介绍了规范中的相关的一些条款规定②;张文学等在通过控制腹板钢筋屈服先于混凝土压杆的破坏,以防止结构发生脆性破坏为条件,研究了拉压杆模型理论中最小拉压杆夹角的取值范围③。

2008 年,东南大学混凝土及预应力混凝土结构试验室的刘钊等人撰文,非常详细地阐述了拉压杆模型理论及其发展的过程,以及有待深化研究的方向④。

2009 年,张文学等指出拉压模型理论分析进行混凝土结构中应力不规则区域很有效,但是对拉压杆模型理论本身的评价或者分析却没有,于是其采用最小余能理论提出了拉压杆模型的量化指标⑤。

2012 年,东南大学的林波和刘钊,针对体外预应力混凝土箱梁中的角隅矩形齿块锚固区,利用有限元分析得出应力场及传力路径的拓扑优化,提出拉压杆模型的构型方法,并给出相应的配筋设计⑥。

综上所述,钢筋混凝土结构在公路桥梁结构中占绝大多数,对于钢筋混凝土结构的应力分析也逐步深入,但是混凝土结构复杂应力区域的分析和配筋设计一直是一个难点。基于拉压杆模型理论的分析能够有效地指导公路混凝土桥梁 D 区构造设计和配筋,能克服单纯的凭借经验公式或有限元分析指导设计的现象,所以系统地确定公路混凝土桥梁中常见 D 区的拉压杆构型亟须深化研究和统一。因此,了解和应用拉压杆模型理论有着极其重要的意义。

---

① Tan K H,Tong K,Tang C Y. Direct Strut-and-Tie Model for Prestressed Deep Beams. Journal of Structural Engineering,2001(9).

② 李传习,卢春玲:《结构受扰区的拉压杆模型设计法》,《桂林工学院学报》,2007 年第 5 期。

③ 张文学,龙佩恒,李建中:《混凝土拉压杆模型最小拉压杆夹角取值范围研究》,《石家庄铁道学院学报(自然科学版)》,2007 年第 5 期。

④ 刘钊,吕志涛,惠卓,等:《拉压杆模型在混凝土桥梁中的应用与研究进展》,《中国工程科学》,2008 年第 10 期。

⑤ 张文学,李建中,龙佩恒:《拉-压杆模型合理性量化评价指标研究》,《工程力学》,2009 年第 4 期。

⑥ 刘钊:《体外预应力角隅矩形齿块锚固区的拉压杆模型及配筋设计》,《工程力学》,2012 年第 4 期。

浅谈大跨度人行便桥的施工技术

尹银火
（丹阳市交通运输局 镇江　212000）

摘　要　本文结合人民大桥老桥拆除重建期间所搭设的人行钢便桥，详细阐述了大跨度便桥施工工艺，为以后大跨度便桥施工提供经验。

关键词　便桥　大跨度　贝雷梁

1　工程概况

丹阳市人民大桥位于丹阳市中山路上，主跨跨越京杭大运河，现有河道宽约 61 m，是丹阳市新老城区连接的主要通道。为满足大运河航道“四改三”整治工程和丹阳市城市总体规划的要求，需对该桥进行拆除重建，改造后的桥梁全长 225 m，主要为钢桁架梁结构，主桥宽 32.9 m，引桥宽 23.5～25.7 m。在老桥拆除后为了便于人民的出行，需在河道上架设人行钢便桥，贯通两岸，方便行人交通。为了满足京杭运河的通航要求，钢便桥需采用大跨度便桥。经与海事部门协商，钢便桥采用上下行分离式双幅便桥，桥跨布置为 3 m＋57 m＋9 m，其中悬臂为 3 m。单幅桥除满足 4 m 人净行道外，在栏杆外侧另需通过一根直径 0.4 m 的水管。全桥横断面布置为 2×(0.295 m＋0.08 m＋4 m＋0.08 m＋0.745m＋0.9 m)，其中两侧杆栏为 0.08 m，非机动车和行人的混行道（简称“人非混行道”）为4 m，水管通道为 0.745 m。

2　钢便桥方案综述

航道部门要求施工过程中保持河道通航及航道现状通航等级。综合考虑桥址处工程地质及水文情况，上部结构采用 321 钢桥贝雷梁装配成主桁。单片主桁采用双层贝雷拼装，上下弦增设加强弦杆。每两片主桁为一组，间距为 0.9 m，组间采用 90 型支撑架作为底平联及横联，分组吊装。组与组之间间距为 0.45 m，吊装至桥位后安装组间横联，组间横联采用 45 型支撑架。

下部结构单个主墩（桥台）位置设 3 根 ϕ 800 mm×10 mm 钢管桩。桩顶局部设桩头加强，桩顶设双拼工字钢 45a 分配横梁。贝雷梁与墩顶横梁之间采用型钢限位，限位与贝雷梁接触部位均垫橡胶垫块。

便桥设计采用行人、非机动车荷载 3.6 kN/m^2，水管自重 2 kN/m，钢管桩按摩擦桩设计，入土深度为边桩 11 m，中桩为 13 m。

由于现有航道宽 61 m，便桥主跨 57 m，临时墩需设置在航道内，经与海事部门协商，为便于航道管理，西岸临时墩设置在驳岸内侧，东岸填筑围堰，围堰伸入航道 8 m，宽 14.3 m，外侧密布 ϕ 20 cm×450 cm 杉木桩，临时墩设置在围堰内。

3 施工操作步骤

3.1 施工工序

用 25 t 吊车提 D90 振动锤插打 ϕ 800 mm×10 mm 管桩，管桩插打到设计标高后，将桩顶标高调整到位，并安装盖梁。盖梁安装后，利用岸边汽吊或水中浮吊将上部结构安装到位。

便桥施工流程如图 1 所示。

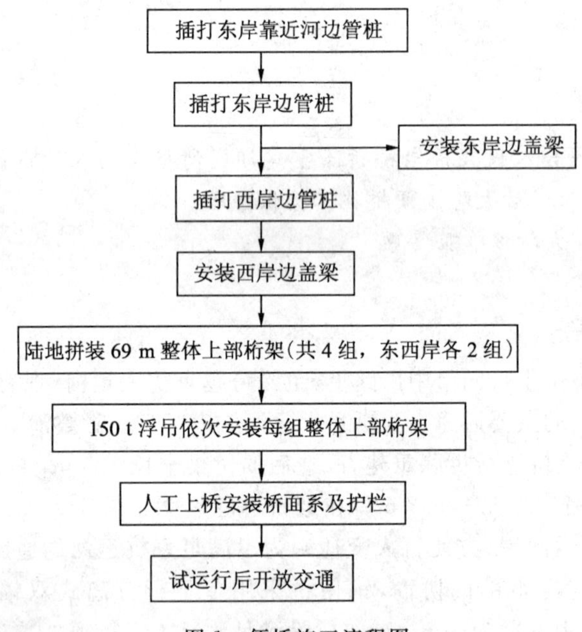

图 1　便桥施工流程图

3.2 便桥施工准备

（1）测量放线

根据钢便桥设计图纸，计算出钢管桩中心坐标，根据陆上测站点坐标，计算出全部钢管桩中心点前方交会定位使用时的水平方向角，施工时供测量定位使用。检查并进行校正，确保桩位准确。

（2）桩体堆放、运输与质量检查

① 起重设备在进入施工现场前，备足燃料、物料，对发电机、振动锤等设备进行检查维护，确保正常使用。

② 钢管桩按设计制作分节长度制作一定数量后，装运至施工现场沉放。钢管桩堆放按沉桩顺序可采用多层堆放，各层垫木位于同一垂直面上，堆放层数不超过两层。

③ 钢管桩在起吊、运输和堆存过程中，应尽量避免因碰撞、摩擦等原因造成的管身变形、损伤。

④ 钢管桩到场后，由物资部门对钢管桩质量进行检查，检查项目见表 1。进场管桩必须具备合格证明书，经检查合格后，方可使用。

表 1 钢管桩质量检查细则

<table>
<tr><th colspan="2">项　目</th><th>制作标准</th><th>允许偏差</th></tr>
<tr><td colspan="2">桩长</td><td>按委托长度制作</td><td>0～+300 mm</td></tr>
<tr><td colspan="2">壁厚</td><td>15 mm</td><td>不小于 10 mm</td></tr>
<tr><td colspan="2">钢管桩直径</td><td>800 mm</td><td>桩端±4 mm　桩身±8 mm</td></tr>
<tr><td colspan="2">桩纵轴线的弯曲矢高</td><td></td><td>桩长的 0.1%，且≤30</td></tr>
<tr><td rowspan="3">焊接</td><td>咬边</td><td rowspan="3">螺旋焊缝焊接</td><td>深度不超过 0.5 mm，累计总长度不超过焊缝长度的 10%</td></tr>
<tr><td>表面裂缝、未熔合、未焊透</td><td>不允许</td></tr>
<tr><td>弧坑、表面气孔、夹渣</td><td>不允许</td></tr>
<tr><td colspan="2">防腐处理</td><td>管桩长度−9 m</td><td>0～+300 mm</td></tr>
</table>

⑤ 施工前检查桩体本身是否有裂痕，是否弯曲变形，表面有无严重的锈蚀和割焊受伤现象，其壁厚应当满足设计要求。存在缺陷的桩体禁止使用。

3.3 围堰施工

桥位确定后进行东岸围堰施工，施工顺序为：上游木桩压入→填土→压入其余木桩→围堰顶面整平→进入下道工序。

木桩采用挖机压入，填土采用滚动推进式。

3.4 钢管桩的沉放

(1) 测量观测

微调汽车起重机使钢管桩位准确定位。先依靠钢管桩重力入土，待桩身稳定后，再利用汽车起重机上振动沉桩机与钢管桩相连，开动振动沉桩机振动下沉钢管桩到位。振动沉桩机选用 D90 振动锤。

(2) 测量定位

钢管桩沉放控制采用坐标法进行测量控制，先根据西侧岸线进行一侧桩位放样，测出坐标，再计算东岸桥墩桩位坐标，再复核跨径。沉放时，用一台全站仪观测校核垂直度。

钢管桩（ϕ800 mm×10 mm）为单排 3 根，横向间距为 2.0 m。钢便桥横向布置如图 2 所示。

(3) 振动沉桩

实际打桩过程中根据地质的不同以贯入度加以控制。用 50 t 汽车吊将其竖直吊起，对准桩位放下。对准桩位后，用汽车吊吊起振动锤，液压夹头对准钢管桩壁并夹住钢管桩，初步检验桩体纵横方向垂直度，确保桩体在锤击过程中始终保持垂直。符合要求后，开动振动锤将桩打入土中，且每一根桩的下沉应连续，不可中途停顿过久，以免土的摩阻力恢复，继续下沉困难。

(4) 沉桩贯入度保证

若钢管桩已打入预计长度，贯入度仍较大，说明该处土质较差，承载能力不满足要求，需要继续打入，直至贯入度满足要求，即实际承载能力达到要求为止。当桩底遇到硬物时，桩位易打偏或不垂直，应及时清理后再施打。振动锤打桩讲究一气呵成，一次性振动不能超过 15 min，如果超过 15 min，土地硬化将很难打下去。如果施工现场出现桩无法打下去的现象，应改进施工工艺，换用大功率锤或采用柴油锤打桩、自由锤打桩；如果桩入土很浅，就需增加桩的数量，形成群桩来增加栈桥墩的抗扭性与稳定性。

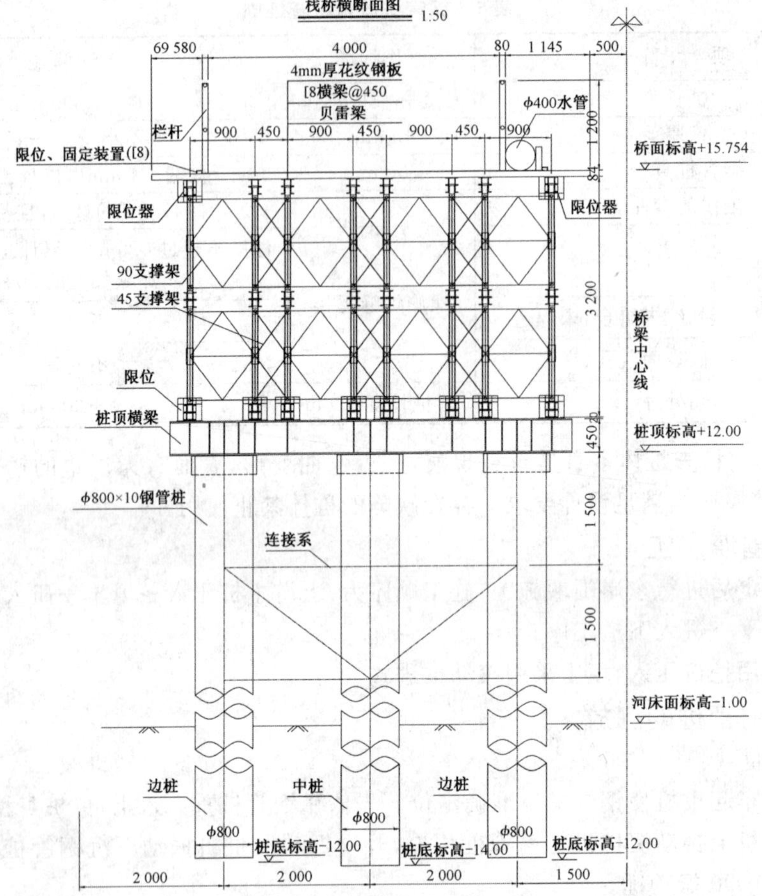

图 2　钢便桥横向布置图

3.5　钢便桥的搭设

(1) 钢管桩横向加固连接

每一桥墩处的钢管桩与护桩插打完成后，对钢管桩进行横向连接。在距离钢管桩顶(对照标高切割后)1.5 m 处往下设置剪刀撑。支撑钢管与钢管桩连接处采用满焊，必须确保焊缝质量。

(2) 主横梁安装

每排钢管桩施工完毕，进行桩顶的切割及切割处的加焊。放置工字钢 45a 前，在钢管桩顶焊接设置ϕ 900 mm×12 mm 的钢板，以保证工字钢的安放。安装完的横梁在其顶部贝雷片主梁位置焊接固定卡口，并在其下部与钢管桩连接处横向两面分别焊接厚 10 mm 的三角形加劲钢板，以防工字钢 45a 倾覆。主横梁安装如

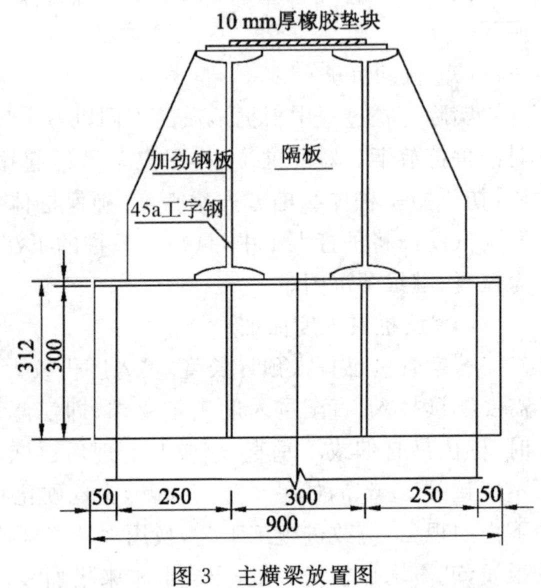

图 3　主横梁放置图

图 3 所示(单位:mm)。

(3) 贝雷梁安装

该桥单幅共有两组贝雷梁,每组贝雷梁排间间距 90 mm,组与组间距为 45 mm,采用 1 200 mm×450 mm 和1 200 mm×900 mm 的标准连接片连接(注意:需要将加强弦杆同时拼装到位)。每组贝雷梁采用陆上拼接,组装一次到位,连接桁架的所有螺栓螺帽必须拧紧,桁架销安装到位后必须插好保险销。

主横梁安装完成后,利用水中 150 t 浮吊船将陆地上拼装好的一组 69 m 贝雷梁吊装就位,以利于浮吊船起吊。第一组吊装后采取抗倾覆措施,在东西两侧上下游设置抗风缆绳。第二组安装到位后,应立即采用 1 200 mm×450 mm 标准连接片进行连接,增加贝雷梁的稳定性。最后依次吊装第三组、第四组贝雷梁,并连接成整体。

由于贝雷梁较长,吊装时应采取防扭曲措施,具体措施有:① 栓紧接头所有螺栓,并且在接头处采用槽钢进行加固;②在上下接头处采用 90 型支撑作平联对每组贝雷梁进行加固。

(4) 桥面板和护栏的安装

8#槽钢横梁横向搁置在贝雷梁上弦,用“U”形螺栓进行固定,横梁间距 45 cm。严禁在贝雷梁上进行焊接施工。

桥面板采用 4 mm 厚花纹钢板,桥面宽度 400 cm,桥面板和护栏与 8#槽钢间焊接牢固。

4 施工时几点注意事项

(1) 钢管桩必须沉桩到位,以确保承载力。

(2) 贝雷梁组拼时一定要采取防扭曲措施。

(3) 贝雷梁吊装过程中,要与海事部门协调好,确保吊装过程中的通航安全。

(4) 便桥运营期,要对便桥进行观测,确保运营期间的安全。

目前,大跨度贝雷梁便桥施工在国内还相当少,在搭设过程中要充分考虑便桥的刚度,在能满足通航要求的情况下,应适当减小便桥跨度,以确保便桥运营期间的安全。

浅谈桥梁支座垫石新型模板施工工艺

单双龙

（江苏省镇江市路桥工程总公司 镇江 212017）

摘　要　本文主要阐述桥梁支座垫石施工中，不同以往采用木模的施工工艺，采用定型钢模完成施工，并且在施工中得到了有效验证，能够有效控制轴线偏位、顶面高程和四角高差，使得支座垫石施工更加完善，更加标准化和产品构件化。

关键词　支座垫石　施工工艺　定型钢模　高程　四角高差

从桥梁的设计结构分析，桥梁上部构造的荷载通过支座和支座垫石传递到下部结构及桩基础，是受力最集中的部位。当今标准化施工趋势下，支座垫石的施工逐步得到重视，支座垫石的好坏直接影响桥梁的使用寿命和结构安全。在施工中，支座垫石的高程和四角高差控制不到位会导致支座受力不均匀，支座和垫石早早被破坏。本文主要从控制高程和四角高差的角度阐述支座垫石的新施工工艺。

1　目前施工支座垫石的缺陷危害

2013 年以前，全国支座垫石施工普遍采用木模施工，由 4 块模板组成，且 4 块模板尺寸必须全部高于垫石高度。由于木模本身的缺点，会导致混凝土表面收光困难，出现表面不平整、棱角线不平直、表面开裂、有蜂窝麻面现象，且高程和四角高差（规范要求 1 mm）很难控制。JTG F 80/1—2004《公路工程质量检验评定标准》中支座垫石分项工程的标准见表 1。这些标准以目前的施工工艺基本无法实现。

由于以上质量缺陷会造成桥梁上部结构及附属工程产生破坏，主要有桥面铺装、伸缩缝提前破坏、产生裂缝等。如未能分析到正确原因，桥梁修补后仍将继续被破坏，此时必须更换支座和支座垫石，而更换难度很大，且费用较高，造成了资源浪费。

表 1　支座垫石分项工程标准

检查项目	规定值或允许偏差	检查频率及方法	权值
轴线偏位/mm	5	全站仪：支座垫石纵横方向检查	2
断面尺寸/mm	±5	尺：检查 1 个断面	2
顶面高程/mm	±2	水准仪：检查中心及四角	2
顶面四角高差/mm	1		2
预埋件位置/mm	5	尺：每件	1

2 支座垫石新工艺的设想

在刚开始设计施工模板时,需考虑如何让混凝土面和模板顶面在同一个水平面上,这样既有利于收光,还有利于控制四角高差。受水准仪用三个调节螺母调节水准仪的水平精度的启发,考虑将调节螺母利用至支座垫石的水平调节上。于是笔者就设计了这套模版,在施工过程中为了施工操作方便也进行了改进,形成了目前的新型模板——定型钢模(如图 1 所示)。

1—可调节高度的槽钢;2—固定钢板;3—可调节螺杆螺母,共计 4 个;4—薄钢板,填充槽钢 1

图 1 定型钢模

支座垫石图纸设计尺寸为 100 cm×85 cm×17.1 cm,因而槽钢采用长度为 100 cm 的[10;固定钢板采用 95 cm×22 cm×5 mm 的钢板;螺杆螺母型号为 M16,长度满足施工需求;辅助钢板厚度 2 cm,高度 10 cm。图 1 中具体高度可根据设计支座垫石尺寸调节。

3 新施工工艺

3.1 施工放样

按照正常支座垫石坐标放样,在盖梁上弹线,弹线后安装定型模版。

3.2 模板安装控制

模版按照放样的线,安装完成后,进行高程测量,根据测量结果,调节螺母控制四角高程。模板安装控制如图 2 所示。

图 2 模板安装控制

3.3 混凝土浇筑控制

垫石模板安装完成后，检查合格即可进行砼浇筑。砼浇筑前将模板内杂物清理干净，并将砼接触面湿润。混凝土必须用振动棒振捣密实，砼浇筑完成后，刮除顶面多余浮浆，并将砼表面整平。

本道工序中，为了控制支座垫石平面，施工中采用钢尺刮平，然后用一根钢丝搭在两块槽钢块上，检查是否刮除多余混凝土和浮浆，控制平整度，然后二次收光。

混凝土浇筑如图 3 所示。

图 3　混凝土浇筑

3.4 模板拆除

由于 4 块型钢是由螺母连接的，拆模时直接松开螺母就可以轻松完成拆模，拆模时不会对支座垫石影响。而木模由于是采用钢钉直接连接，需要用锤子等工具敲打，才能拆模，但这会对支座垫石的棱角造成破坏。

支座垫石质量控制全部是从设计角度和测量角度讲述。本文改善了支座垫石的模板，可以一次性解决多个问题，定型钢模对比木模，不仅从偏位或者移位上更稳定，从四边变形的角度上更加坚硬，从四角高程控制上更加灵活，从混凝土本身质量通病控制上也更加完美。笔者相信以后的施工中，这种新的思维、新的理念、新的工艺会得到更多运用和推广。

浅谈自密实混凝土的发展

袁卫平

（江苏省镇江市路桥工程总公司 镇江 212017）

摘　要　本文介绍了自密实混凝土的定义，解释了自密实混凝土形成的基本原理，概述了其相比于普通混凝土的一些性能特点以及配置自密实混凝土的材料要求，并对自密实混凝土的国内外发展现状及其未来的应用前景作了阐述。

关键词　自密实混凝土　基本原理　高流动性

近年来混凝土工程不断向规模化、复杂化、高层化方向发展，钢筋混凝土体内配筋越来越复杂稠密，浇筑难度很大，振捣困难，导致工程质量难以保证；对于已有建筑、桥梁的加固工程等，更是难以用普通混凝土进行正常施工；同时城市建筑施工因混凝土振捣引起的噪音污染问题也亟待解决。在此背景下，自密实混凝土以其独特的优点脱颖而出。

自密实混凝土（Self Compacting Concrete，SCC）是指具有高流动性、均匀性和稳定性，且不离析，并能依靠自重流动，无需振捣而达到密实的混凝土①。

20 世纪 80 年代，为解决混凝土结构的耐久性问题，以及熟练建筑工人逐渐减少而导致的工程质量下降问题等，日本东京大学教授冈村甫最早提出了“免振捣的耐久性混凝土”，并由小泽和前川做了相应的基础研究。1996 年，冈村首次将这种混凝土命名为自密实高性能混凝土，其关键技术是在混凝土中掺加高效减水剂和矿物掺和料，在低水胶比条件下，能大幅度提高混凝土拌和物的流动性，同时保证良好的黏聚性、稳定性，防止泌水和离析。

1　自密实混凝土

1.1　自密实混凝土的基本原理

混凝土的流动性和抗离析性是互相矛盾的，制备自密实混凝土，就是要设法谋求流动性和抗离析性的平衡，谋求适度抗离析性下的高流动性，从而获取良好的自填充性②。

根据流变学理论，新拌混凝土属宾汉姆流体，其流变方程为

$$\tau=\tau_0+\eta\gamma$$

式中：τ——剪应力；

τ_0——屈服剪应力；

η——塑性黏度；

---

① 刘虹辰：《浅谈自密实混凝土》，《中国科技博览》，2011 年第 10 期。

② 赵筠：《自密实混凝土的研究和应用》，《混凝土》，2003 年第 6 期。

γ——剪切速率。

τ_0是阻碍塑性变形的最大应力，是由材料之间的附着力和摩擦力引起的，它支配拌和物的变形能力，当$\tau>\tau_0$时，混凝土产生流动；η是反映流体各平流层之间产生与流动方向反向的阻止其流动的黏滞阻力，它支配了拌和物的流动能力，η越小，在相同外力作用下流动越快。

如果将混凝土视为骨料和浆体的固液两相组成的物质，液体有比固体更大的变形能力，固体有较大的抗剪能力。如果固体和液体间没有相互的作用，那么混凝土的浆体和骨料将类似单相那样一起变形流动；当两相间产生相对速度时，就产生作用在两相的抗剪力。混凝土中的浆体不只是填充骨料之间空隙的基质，而且影响着颗粒接触摩擦的应力。给予浆体适度的黏性，提高浆体和骨料的黏着力，就提高了混凝土抵抗骨料和浆体相对移动的能力，抑制骨料聚集、阻塞。在变形流动时，表现近似液体。若浆体的黏性过大，虽然不发生离析，但是混凝土和模板、钢筋的黏着力过大，流动性大大降低，自填充性差；若浆体黏性过小，骨料和浆体的黏着力过小，则混凝土抵抗骨料与浆体相对移动的能力弱，颗粒接触应力大，从而发生离析，骨料起拱堆集，自填充性亦差。浆体的黏性是影响混凝土屈服剪应力和塑性黏度的重要因素。

制备自密实混凝土的基本原理是：使用新型混凝土外加剂和大量的活性细掺和料，通过胶结料，粗细骨料的选择与搭配的精心配合比设计，使混凝土的屈服应力减少到适宜范围，同时又具有足够的塑性黏度，使骨料悬浮于水泥浆中，混凝土拌和物既具有高流动性，又不离析、泌水，能在自重下填充模板内空间，并形成均匀、密实的结构。

1.2 自密实混凝土的特点

(1) 高流动性：混凝土具有在模板内克服阻力流动的能力。

(2) 填充能力：混凝土靠自重可以填充到模板内每一个角落的能力。

(3) 穿越能力：混凝土在自重下流过狭窄间隙的能力。

(4) 抗离析能力：在满足以上三点的同时，混凝土在运输和浇筑过程中各组分保持均匀的能力。

另外，自密实混凝土的水胶比小、自填充性好、结构致密，因此其抗渗性和抗冻性等级高、耐久性好、抗碳化性能良好。

1.3 自密实混凝土对材料的特别要求

自密实混凝土可选用硅酸盐水泥、普通硅酸盐水泥、矿渣硅酸盐水泥、火山灰硅酸盐水泥、粉煤灰硅酸盐水泥、复合硅酸盐水泥；使用矿物掺和料的自密实混凝土，宜选用硅酸盐水泥和普通硅酸盐水泥[①]。

自密实混凝土可掺入粉煤灰、粒化高炉矿渣粉、硅灰、沸石粉、复合矿物掺和料等活性矿物掺和料。

细骨料宜选用第Ⅱ级配区的中砂，其含泥量、泥块含量应符合要求。粗骨料宜采用连续级配，最大粒径不宜大于 20mm；其含泥量、泥块含量及针片状含量应符合要求；另外石子的空隙率宜小于 40%[②]。

减水剂应采用高效减水剂，宜采用聚羧酸系高性能减水剂。若需要提高混凝土拌和

---

① 中国工程建设标准化协会：《CECS 203—2006 自密实混凝土应用技术规程》，中国计划出版社，2006 年。

② 王栋民：《自密实混凝土(SCC)从科研间应用的转化》，《商品混凝土》，2007 年第 1 期。

物的粘聚性,也可加入增粘剂。

另外,根据需要,自密实混凝土中可加入钢纤维、合成纤维等。

2 自密实混凝土的发展

近年来,由于自密实混凝土的优越性,自密实混凝土的研究与应用实践在世界范围内广泛展开。在日本,至 2004 年自密实混凝土总应用量已超过 250 万 m^3,并有逐年增加之势。目前,日本正在致力于将自密实混凝土从特种混凝土发展成普通混凝土。典型的工程应用实例是跨度为 1 990 m 的明石海峡大桥(悬索桥),该桥的两个锚碇分别使用了 24 万 m^3 和 15 万 m^3 强度为 25 MPa 的自密实混凝土。采用自密实混凝土使锚碇的施工工期由 2.5 年缩短为 2 年,缩短了 20%①。

近年来,由于日本自密实混凝土应用的不断成功,西方国家也开始关注和应用该项技术。其中,美国西雅图六层的双联广场钢管混凝土柱(28 d 抗压强度 115 MPa)是迄今为止自密实混凝土应用中强度最高的实例。由于采用了超高强度自密实混凝土,从底层逐层泵送,无振捣,降低了结构成本的 30%。荷兰也是目前应用该技术较为普及的国家之一,大约有 75%的预制混凝土结构采用自密实混凝土,不仅保证了特殊结构施工的需求,也使混凝土制品的性能与外观质量得到了改善和提高。

在我国,由于高效减水剂的开发较晚,自密实混凝土的研究时间也较短,在实际工程中的应用还不是很多。北京、深圳、南京、济南、长沙等城市陆续有了自密实混凝土的应用报道,应用领域也从房屋建筑扩大到水利、桥梁、隧道等大型工程。从 1995 年开始,浇筑量已超过 4 万 m^3,主要用于地下暗挖、密筋、形状复杂等无法浇筑或浇筑困难的部位,解决了施工扰民等问题,缩短了建设工期,延长了构筑物的使用寿命。其中具有代表性的工程实例有:北京首都机场新航站楼的筒体墙,西单北大街东侧商业区改造的工程,大亚湾核电站的核废料容器建设工程,厦门集美历史风貌建筑的保护工程,长江三峡等多个水电站的导流洞、左岸左厂坝的引水工程,润扬长江大桥的建设工程,福建万松关的隧道工程②。这些工程均取得了较好的技术、经济和社会效益。

近几年自密实混凝土在我国发展应用速度加快,应用领域也进一步拓展,但国内尚未有统一的工程标准,致使在应用中缺乏指导性文件,产生了一些问题,不利于该技术的推广应用。为此,中国工程建设标准化协会在搜集了国内外有关的标准资料,翻译了国外的有关资料,并结合国内的实际情况编制了 CECS 203—2006《自密实混凝土应用技术规程》,推荐给工程建设、施工和使用单位采用。

随着国内基础设施的大规模建设,道路桥梁、水工大坝、铁路设施等混凝土工程量迅速增加。这些工程都是在野外比较困难的条件下施工的,施工的效率和连续性成了最为关键的问题。自密实混凝土正是解决这些问题的最有效材料。自密实混凝土在以下情况能取得较好的技术和经济效果:① 钢筋密集、振捣困难的部位;② 采用泵送混凝土时;③ 必须均匀致密地抹平混凝土时;④ 对于墙壁、楼板、屋面板等构件,可以不用振捣,而高效率地浇筑混凝土。

---

① 王栋民:《自密实混凝土(SCC)从科研向应用的转化》,《商品混凝土》,2007 年第 1 期。

② 齐永顺,杨玉红:《自密实混凝土的研究现状分析及展望》,《混凝土》,2007 年第 1 期。

今后,如何量化和保证自密实混凝土拌和物性能仍将是自密实混凝土研究的重点;开发更加标准化、科学化以及实用化的自密实混凝土拌和物性能测试方法是这一研究领域的目标;同时,进一步加强具有技术、实用及经济综合效益的自密实混凝土的设计方法与配制技术研究,特别是针对工程中常用强度等级的混凝土,进一步研究普通强度等级的自密实混凝土的设计方法与配制技术,开发中等强度等级的自密实混凝土将是未来工作的重中之重。

桥梁大体积混凝土裂缝成因及控制措施

蔡爱林
（江苏省镇江市路桥工程总公司 镇江 212017）

摘 要 大体积的混凝土由于各种原因产生裂缝，这在桥梁的建设中是一个必须要解决的问题，其裂缝的出现将会直接影响到整个桥梁工程的质量。通过对大体积的混凝土裂缝出现的原因进行简要的叙述，对如何控制混凝土的水化热现象的出现提出针对性的措施，并就笔者的经验提出了一些看法。

关键词 大体积混凝土 桥梁 裂缝 水化热 控制措施

桥梁技术随着公路建设的发展在越来越高的桥梁功能、质量要求下发展迅速。大体积混凝土的技术在桥梁建筑中的应用就是发展的体现，并且以其特有的优势被广泛地应用。我国在普通混凝土的配合比上有相关的规定，在设计规范中对大体积的混凝土的定义是实物结构体积不小于 1 m 的部分所用到的混凝土就是大体积的混凝土。目前，国内外对于公路工程的裂缝的研究主要集中在由机械荷载所引起的裂缝现象上，而对于温度荷载造成的裂缝重视度尚且不够。大体积混凝土裂缝控制的研究以及内部温度应力的研究也都是针对水利大坝或者是一些高层建筑深基底板的，对于应用于桥梁建设的大体积的混凝土产生裂缝的问题重视度还不足。

1 裂缝产生原因

1.1 水泥的水化热

水泥在水化时，整个过程中会对外放热，并且这种放热现象集中在浇筑后的 2～5 天，这种水化放热现象会使混凝土内部的温度升高，尤其是大体积的混凝土由于结构和体积大不易散热，这种放热现象的影响更大。由于混凝土内在和外在对于热量的传导和散热的条件有所区别，因此在大体积的混凝土的内部实际上中心温度是很高的，这样就会在整体结构中形成一个自内而外的温度阶梯，使得混凝土在内部出现压应力，在表面出现拉应力。混凝土本身具有一个抗拉的强度极限，当这种拉应力超过了混凝土的极限时裂缝就在表面出现了。混凝土内部温度与混凝土的厚度及水泥用量有关，混凝土越厚，水泥用量越大，内部温度越高。

1.2 混凝土的收缩

混凝土的收缩现象是指发生在混凝土硬结过程中的一种由收缩造成的体积减小。这是一种混凝土的自发变形，若这种变形不受外部影响，混凝土中就会出现拉应力，从而造成开裂。混凝土的收缩主要分为三种，分别是温度收缩、干燥收缩以及塑性收缩。混凝土的收缩也是具有阶段性的，在初期的硬化过程中体积上的收缩是由于水泥凝结上的变化而引起的，而后期则是因为水分从混凝土中被蒸发出来从而产生的一种干缩性变形。

1.3 外界的气温以及湿度的变化

外界的环境对混凝土浇筑后的结构有着很大的影响，外界气温对其影响主要表现在内外产生的温度阶梯引起的温度应力上。大体积的混凝土的内部温度主要是由浇筑温度、水泥的水化热以及散热叠加而成的。因而外部的温度对此影响非常大，若是外界的气温高，混凝土在浇筑温度上也会跟着升高，而瓦解的温度降低就会增大温度梯度从而出现温度应力，引发混凝土开裂。除此之外湿度对于大体积的混凝土上出现裂缝现象的影响也很大，主要是表现在干缩裂缝的影响上。若是外界湿度很低，那么混凝土的水分蒸发过程就会缩短，因而加速干缩现象，这也会造成裂缝的出现。

1.4 混凝土的沉陷

支架、支撑变形下沉会引发结构裂缝，过早拆除模板支架易使未达到强度的混凝土结构发生裂缝和破损。

2 大体积混凝土施工质量控制措施

2.1 大体积混凝土配合比设计

配合比设计主要考虑原材料选用。常用的原材料有小泥、细骨料、粗骨料等。

① 水泥：由于水泥的用量直接影响着水化热的多少及混凝土温升，因此应选用水化热较低的水泥，同时降低水泥用量，以降低水泥水化热产生的热量，从而控制大体积混凝土温度的升高。

② 细骨料：宜采用Ⅱ区中砂，以减少水及水泥的用量。

③ 粗骨料：在可泵送情况下，选用粒径 5～20 mm 连续级配石子，以减少混凝土收缩变形。

④ 含泥量：在大体积混凝土中，粗细骨料的含泥量是要害问题，若骨料中含泥量偏多，不仅增加了混凝土的收缩变形，又严重降低了混凝土的抗拉强度，对抗裂的危害性很大。

⑤ 掺和料：应用添加粉煤灰技术，能够大幅度提高混凝土后期强度，推移温升峰值出现时间。

2.2 温控措施及施工现场控制

(1) 温度预测分析。根据现场混凝土配合比和施工中的气温气候情况及各种养护方案，采用计算机仿真技术对混凝土施工期温度场及温差进行计算机模拟动态预测，提供结构沿厚度方向的温度分布及随混凝土龄期变化情况，制定混凝土在施工期内不产生温度裂缝的温控标准及进行保温养护优化选择。

(2) 混凝土浇筑方案。做好现场协调、组织管理，要有充足的人力、物力，保证施工按计划顺利进行，保证混凝土供应，确保不留冷缝；浇筑后对大体积混凝土表面较厚的水泥浆进行必要的处理，以控制表面龟裂；混凝土浇灌完及拆模后，立即采取有效的保温措施并按规定覆盖养护。

(3) 混凝土温度监测。在混凝土内部及外部设置温度测点，并且设置保温材料温度测点及养护水温度测点，现场温度监测数据由数据采集仪自动采集并进行整理分析，每一测点的温度值及各测位中心测点与表层测点的温差值，作为研究调整控温措施的依据，防止混凝土出现温度裂缝。

2.3 构造设计上采取的防裂措施

(1) 设计合理的结构形式,减少工程数量,降低水化热。例如,可根据悬索桥锚碇受力特点,设计挖空非关键受力部分混凝土体积,利用土方压重方案,减少混凝土结构体积。

(2) 充分利用混凝土在基坑有侧限条件,在混凝土中掺加微膨胀剂,使其在基坑约束下成一定的预压力,补偿混凝土内部温度、收缩产生的拉应力,从而有效地避免混凝土裂缝的产生。

(3) 大体积混凝土体积庞大,施工周期一般较长,依据结构受力情况,可合理地确定混凝土评定验收龄期,打破正常标准 28 d 的评定验收龄期,改为 60 d 或更长,评定验收龄期充分考虑混凝土的后期强度,从而减低设计标号,达到减少混凝土水泥用量,降低水化热的目的。

3 大体积混凝土的裂缝检查与处理

大体积混凝土的裂缝分为 3 种:表面裂缝、深层裂缝、贯穿裂缝。对于表面裂缝因其对结构力、耐久性和安全性基本没有影响,一般不作处理。对深层裂缝和贯穿裂缝可以采取凿除裂缝,用风镐、风钻等将裂缝凿除,至看不见裂缝为止,凿槽断面为梯形,再在上面浇筑混凝土。

根据以上的分析,在大体积的混凝土产生的裂缝现象上是可以通过设计、材料的选择以及工艺的改善进行预防和治理的,同时后期在养护工作中的针对性养护也可以避免裂缝的产生,这都是通过大量的成功实例得出的经验和结论。通过对各种可能会影响裂缝现象出现的因素进行考虑,是完全可以避免这种病害出现的。

小型结构物混凝土裂缝处理

单双龙

（江苏省镇江市路桥工程总公司 镇江 212017）

摘 要 在公路工程的建造和使用中，小型结构物常常因出现裂缝而严重影响工程质量甚至会出现垮塌的现象，控制和修补裂缝是亟待解决的问题。本文通过对混凝土裂缝产生的原因进行分析，提出了可行性的处理方法。

关键词 裂缝 小型结构物 灌浆加固法

混凝土因其取材广泛、价格低廉，抗压强度高、可浇注成各种形状，并且耐火性好、不易风化、养护费用低，成为当今世界建筑结构中使用最广泛的建筑材料。但混凝土存在抗拉能力差，容易开裂等缺点。因而混凝土裂缝不可避免，但它的危害程度是可以控制的。

1 工程概况

高芜高速在建项目 K56＋209 通道全长 39.907 m，结构尺寸为 4×2.7 m，通道于 2013 年 4 月 8 日浇筑完成，采用无拉杆施工工艺。同年 5 月 3 日，发现通道右幅墙身内侧有两条竖向裂缝。通道没有进行台背回填，未受外力作用。

裂缝共计两条，第一条裂缝距离底板 0.5 m，距离洞口 12 m，裂缝长度 2.1 m，宽度 0.15 mm，深度 48.76 mm(保护层为 50 mm)；第二条裂缝距离底板 0.6 m，离洞口 7 m，裂缝长度 2.0 m，宽度 0.15 mm，深度 49.87 mm。

2 混凝土裂缝特性及产生的原因

2.1 温度变化引起的裂缝

混凝土具有热胀冷缩的性质，当外部环境或结构内部温度发生变化，混凝土将发生变形，若变形遭到约束，则在结构内将产生应力，当应力超过混凝土抗拉强度时即产生温度裂缝。温度裂缝的特征主要是表面裂缝的走向一般无规律性，深层或贯穿裂缝的走向一般与主筋平行或接近平行；裂缝宽度大小不一，受温度变化的影响"热细冷宽"。表面温度裂缝常出现在现浇混凝土 1～2 d 时，深层温度裂缝与贯穿温度裂缝常开始出现在现浇混凝土 21 d 后。温度变化产生裂缝的主要原因有：

① 表面温度裂缝多是由于温差较大引起的。如大体积混凝土(厚度超过 2 m)浇筑之后由于水泥水化放热，致使内部温度很高，内外温差太大，导致表面出现裂缝。在冬季施工中，过早除掉保温层，或受寒潮袭击，都会导致混凝土因早期强度低而产生裂缝。

② 深层贯穿裂缝多是由于结构降温差值大，受外界的约束而引起的。如现浇桥台混凝土或大体积刚性扩大基础，浇筑在坚硬的地基上，未采取隔离等放松约束措施或收缩缝间距过大。在混凝土浇筑时，温度很高，加上水泥水化热的温度升高很大，使温度更高。

当混凝土冷却收缩增大拉应力，进而产生降温收缩裂缝，这类裂缝有时成贯穿状。

2.2 地基基础变形引起的裂缝

由于基础竖向不均匀沉降或水平方向位移，使结构力超出混凝土结构的抗拉能力，导致结构开裂。地基基础变形引起的裂缝常出现在钢筋上方，结构变化处，常开始出现于现浇混凝土 10～180 min 内。基础不均匀沉降的主要原因有：① 由于混凝土在塑性状态下其基础、支架等有不均匀沉降，使局部混凝土变形受约束而产生裂缝；② 由于重力作用使混凝土中较重颗料下沉而使水泥浆上浮，当这种下沉受到钢筋、模板作用时就会产生裂缝。

2.3 钢筋锈蚀引起的裂缝

由于混凝土质量较差或保护层厚度不足，混凝土保护层受二氧化碳侵蚀碳化至钢筋表面，使钢筋周围混凝土碱度降低，或由于氯化物介入，钢筋周围氯离子含量较高，均可引起钢筋表面氧化膜破坏。钢筋中铁离子与侵入到混凝土中的氧气和水分发生锈蚀反应，其锈蚀物氢氧化铁体积比原来增长 2～4 倍，从而对周围混凝土产生膨胀应力，导致保护层混凝土开裂、剥离，沿钢筋纵向产生裂缝。

3 混凝土裂缝的处理

根据实际施工情况分析，由于现场模板拆除较早，拆除模板后随即覆盖、洒水养生，而内模未能及时拆除，造成混凝土内外温差较大，产生了温度裂缝。但是由于裂缝深度小于混凝土保护层，经过分析为非受力裂缝，因而建议采用灌浆加固法对裂缝进行密封。

3.1 工作原理

裂缝化学灌浆加固采用低黏度、高抗拉强度灌浆材料，通过压力（0.2～0.4 MPa）将灌浆材料注入混凝土构件的裂缝、空洞中，经扩散、胶凝、固化，达到黏结、键合、恢复构件整体性的目的。

3.2 裂缝注胶施工工艺

工艺流程为：裂缝处理→粘贴注胶底座→封缝→配胶→灌胶→成品保护。

(1) 裂缝处理

对于混凝土构件上的裂缝，用钢丝刷清除裂缝表面的灰尘、浮渣等污物，然后用压缩空气将裂缝内的灰尘吹出，再用棉丝沾丙酮擦拭裂缝表面。

(2) 粘贴注胶底座

因通道墙身裂缝只出现在内侧，只需在一侧粘贴底座。在底座底部周边均匀涂抹一层封缝胶，而且不能堵住底座的胶孔，并将底座出胶孔对准裂缝，粘贴安装，底座安装间距为 200～300 mm。

(3) 封缝

用小铲刀将封缝胶刮抹到裂缝上，厚度 1 mm 左右，宽度 20～30 mm，抹胶时不能产生小孔或气泡，做到表面平整，保证封闭严密可靠。

(4) 配胶

按照灌封胶使用方法，以 2∶1 的配合比将 A 料和 B 料充分混合，至颜色均匀即可。要求配胶量不宜过多，保证在 40～50 min 用完。

(5) 灌胶

将配置好的灌缝胶装入注射器，竖向裂缝按从下向上顺序，水平裂缝按一端向另一端顺序，灌胶时从第一个底座开始注入，待第二个注胶底座流出胶后为止，然后将第一个底座进胶嘴堵死，再从第二个注胶底座注入，如此顺序进行。最后一注胶底座为排气用，可以不注胶。

（6）成品保护

注胶结束后，在 24 h 内不得扰动注胶底座，3～5 d 后可拆除底座。

4 施工措施的优化

4.1 严格执行混凝土凝结时间要求

由于小型结构物混凝土面积较大，尺寸较大，混凝土的凝结时间对混凝土水化热的放热有着明显的影响。凝结时间过短，混凝土存在早强问题，明显加快水泥的水化速率，造成混凝土达到最高中心温度的时间缩短，峰值提高。

4.2 严格控制混凝土入模温度

在前期控制水泥温度的同时，进一步采取砂、石淋水，同时加冰的综合措施，控制混凝土入模温度不超过 28 ℃（夏季高温季节不超过 30 ℃）。

针于这类原因引起的裂缝，主要有以下控制措施：

① 改善骨科级配，采用于硬性混凝土，尽量选用低热或中热水泥，如矿渣水泥、粉煤灰水泥等，加添加剂等措施以减少混凝土的水泥用量，降低水化热。

② 在混凝土中掺加一定量的具有减水、增塑、缓凝等作用的外加剂，改善混凝土拌和物的流动性、保水性，降低水化热，推迟热峰的出现时间；高温季节浇筑时还可以采用搭设遮阳板等辅助措施控制混凝土的温升，降低浇筑混凝土的温度。

③ 规定合理的拆模时间，气温骤降时进行表面保温，以免混凝土表面发生急剧的温度变化，施工中长期暴露的混凝土浇筑体表面或薄壁结构，在寒冷季节应采用保温等措施。

④ 加强混凝土养护，混凝土浇筑后，及时用湿润的草帘、麻片等覆盖，并注意洒水养护，适当延长养护时间，保证混凝土表面缓慢冷却。在寒冷季节，混凝土表面应设置保温措施，以防止寒潮袭击。

4.3 混凝土模板拆模控制

混凝土浇筑完以后，要及时覆盖养生，不得过早拆除模板，拆除过早，容易产生收缩裂缝等。

4.4 加强施工质量的控制

对施工质量的控制主要表现在以下几个方面：

① 浇捣时，振捣棒要“快插慢拔”，根据不同的混凝土坍落度正确掌握振捣时间，避免过振或漏振，时间过短，振捣不密实，形成混凝土强度不足或不均匀；时间太长，造成分层，粗骨料沉人底层，细骨料留在上层，强度不均匀，上层易产生裂缝。应提倡采用二次振捣、二次抹面技术，以排除泌水、混凝土内部的水分和气泡。

② 混凝土的早期养护工作尤为重要，以保证混凝土在早期尽可能少产生收缩。混凝土灌注完，要立即罩上养护罩布，静养 4 h 后通气进行养护，养护期间主要是控制好构件的湿润养护，养护时间为 14～28 d。

总之，只要采取适当的预防措施，很多裂缝是可以控制的。希望通过本文的论述，能够帮助公路工程技术人员进一步加强对小型结构物混凝土裂缝的认识，制定相应的质量预防措施，尽量避免工程中出现危害较大的裂缝。

悬臂连续桥梁拼装线形控制研究

李晓锋
（江苏省镇江市交通工程建设管理处 镇江 212007）

摘　要　悬臂拼接桥梁施工控制就是在结构分析基础上对施工过程中的应力及线形进行控制。本文介绍了线形控制的基本原理和悬臂拼装线形控制方法。结合实际项目阐述了线形控制的重要性。

关键词　悬臂　拼装　线形控制　施工

桥梁分段施工控制围绕着设计理想状态、施工实际状态、最优实现状态三个结构基本状态进行。其目的就是确保施工中结构的安全以及结构形成后的外形和内力状态达到最优实现状态，以符合设计要求。

悬臂拼装施工连续梁桥的建成要经历复杂的施工过程，结构体系也将随施工阶段不同而不断变化。施工过程中，设计参数误差（如材料特性、截面特性、徐变系数等）、施工误差（如制造误差、安装误差等）、测量误差及结构分析模型误差等因素，将导致施工过程中桥梁的实际状态（线形、内力）与理想目标存在一定的偏差，这种偏差累积到一定程度如不及时加以识别和调整，成桥后的结构安全状态将难以保证。而且，已施工梁段上一旦出现线形误差，该误差将永远存在，并导致成桥状态偏离设计理想状态。因此对大桥施工过程进行监控具有重要实用价值。

1　工程概况

某大桥为 45 m＋70 m＋45 m 三跨变截面预应力混凝土连续梁桥。梁体为单箱单室斜腹板截面，箱梁中跨跨中梁高 2.6 m，根部梁高 4.8 m，梁底下缘为 1.8 次抛物线，底板及腹板厚度按折线变化。采用短线预制法与现浇相结合进行施工，即 0 号块、合拢段及湿接缝现浇，其余节段工厂预制，预制节段截面由多键型剪力键定位匹配，现场悬拼。

2　线形控制的实施

2.1　线形控制基本原理

大跨度桥梁的线形控制是施工→量测→识别→修正→预测→施工的循环过程，即首先根据结构模型分析计算，确定箱梁理论定位高程并实施，然后监测已完成梁段的高程和平面位置，将已完梁段的实际高程和理论高程相比较，在对偏差的结果综合分析的基础上，对待拼梁段的定位高程和平面位置加以优化调整。

这种预测控制中的优化不是一次在线完成，而是反复在线完成的，每一采样时刻优化性能指标只涉及该时刻至未来有限时刻。到下一个采样时刻，这一优化时段会同时向前推移。因此预测控制不是用一个对全局相同的性能优化指标，而是每一时刻有一个相对于该时刻的局部性能优化指标。

2.2 悬臂拼装线形控制方法

2.2.1 测点布置

测点是指在短线法梁节段预制过程中，预制厂根据线路的设计参数(桥梁的平、竖曲线及理论预拱度设置)确定整体坐标系，在待安装节段顶面预埋的轴线控制点、标高控制点，简称六点坐标。六点坐标包括预制的理论坐标和预制的实际坐标。预制过程中，为了保证最终成桥坐标符合设计理论六点坐标，后续节段需根据前一节段的预制误差及测钉埋设偏差进行修正，并且采用三维定位软件将节段局部坐标转换至整体坐标系内，这便是预制的实际六点坐标。预制的实际六点坐标便是悬臂拼装施工过程的理论定位坐标。

2.2.2 节段预制定位高程的控制

采用节段预制为使成桥线形符合设计要求，要求在预制施工过程中必须将可能影响结构线形的因素进行全面考虑，如临时支撑形式、节段施工顺序、受力龄期、合拢顺序、混凝土徐变、预应力损失、二期恒载(桥面铺装、体外预应力张拉)等。在考虑这些因素的前提下，经结构分析得到各"T"构的预制拱度，形成预制曲线。线形控制作业的关键在于节段生产与安装的施工精度，必须建立专业、固定的测量系统，在调整匹配面以形成预制曲线过程中，严格控制误差在 2 mm 以内。

预制块实际六点定位坐标标高为

$$H_i = H_s + f_i \tag{1}$$

综合预留拱度：

$$f_i = f_{i1} + f_{i2} + f_{i3} + f_{i4} + f_{i5} \tag{2}$$

式中：H_s——设计高程；

f_{i1}——各施工阶段的累计挠度；

f_{i2}——1/2 静活载挠度；

f_{i3}——支座压缩及基础沉降值；

f_{i4}——混凝土收缩、徐变挠度；

f_{i5}——预制偏差调整值。

2.2.3 悬臂拼装定位高程的控制

悬臂拼装施工中高程控制的关键就是施工挠度，虽然在预制过程中已经考虑了理论预拱度，但是在实际施工中胶拼张拉预应力前后、墩台沉降以及施工误差等造成实际与理论预拱度值的偏差。因此，需要采取优化措施对后面施工节块定位标高进行优化，以期张拉完后预制块标高达到最优。

下面以灰色预测控制理论来对预制块的定位标高进行优化。设 $z(i)$ 为第 i 节段胶拼张拉预应力前后悬臂竖向位移实测值与设计值之比，考虑到 $z(i)$ 的独立性，对 $z(i)$ 建立 GM(1,1)预测模型：

$$\frac{\mathrm{d}z^{(1)}}{\mathrm{d}t} + a_1 z^{(1)} = u_1 \tag{3}$$

其中，$z^{(1)}$ 为 z 的累加生成数。

当确定 a_1，u_1 后，有

$$z^{(1)}(k+1) = \left[z^{(1)} - \frac{u_1}{a_1}\right]\mathrm{e}^{-a_1 k} + \frac{u_1}{a_1} \tag{4}$$

若式(4)也成为GM(1,1)预测响应式，其还原值为

$$z(k+1)=\left[z^{(1)}-\frac{u_1}{a_1}\right][1-e^{-a_1}]e^{-a_1k} \tag{5}$$

若第$(k+1)$节段胶拼张拉预应力前后竖向位移设计值为$\Delta\gamma(k+1)$，则模型输出$\Delta m(k+1)$为

$$\Delta m(k+1)=z(k+1)\times\Delta\gamma(k+1) \tag{6}$$

则第$(k+1)$节段优化定位标高为

$$H'_{k+1}=H_{k+1}-[z(K+1)-1]\times\Delta\gamma(k+1) \tag{7}$$

其中，H'_{k+1}为实际预制六点坐标高程。

虽然应用灰色预测理论模型对定位标高进行了优化，但是由于短线预制法的特点，前后节段相匹配，通过对多键型剪力键进行定位，预制块件前后紧密卡位，所以实际调整量很小，不像悬臂现浇可以通过自由调整挂篮来进行自适应调整。因此，实际调整较难达到预期的理想效果，只能达到调整范围内的实际优化。

2.2.4 悬臂拼装定位轴线控制

由于悬臂拼装与悬臂现浇的不同，轴线控制问题在悬臂拼装施工中显得比较突出。由于短线法的自身特点，不能进行整个预制跨度的预拼，线形控制是通过调整两节匹配节段平面及立面内的转角来实现的。预制过程中的轴线控制是施工过程控制的先决条件，很大程度上决定了悬臂拼装施工中轴线定位的偏移程度。

实际悬臂拼装前应实测各节段外形尺寸，并模拟试拼整个悬臂以检查预制过程中轴线控制的效果，为实际悬臂拼装提供参考。实际施工中在0号块现浇完成达到要求后，通过湿接缝按照实际预制六点坐标准确定位1号块，处于悬臂根部1号块的定位将直接决定将来施工线形的偏移程度。悬臂拼装过程中，准确测量已胶拼张拉预应力节段的轴线偏差，同时试拼下一节段，观测其试拼定位数据，结合两节段的偏差测量数据，采用前进分析方法，同时兼顾节段实际的调整量范围，在使整体拼装偏移最小的前提下，决定具体的纠偏调整量。

3 实际施工控制实施

3.1 实施的措施和流程

在悬臂拼装过程中采用专人、专仪器实行控制和数据的采集。同时为了减少温度对采集数据的影响，每天定时(早上7:00)测量。准确获得定位、胶拼张拉前后数据，为优化控制提供条件。

在节段拼装过程中确定了调整量后，一般可通过张拉力筋或控制力筋张拉力进行调整，必要时可通过千斤顶进行调整，也可通过在胶缝材料中嵌垫软金属片(如铜)或石棉网来调节。但每次不宜垫得太厚，由于无相应规范，据经验以小于5 m为宜，通过计算逐步调整。当在拼装过程中梁段线形误差过大，难以用其他方法进行补救时，可以增设一道湿接缝来调整，所增设的湿接缝宽度必须用凿除节段梁端面混凝土厚度的办法来完成。具体控制流程如图1所示。

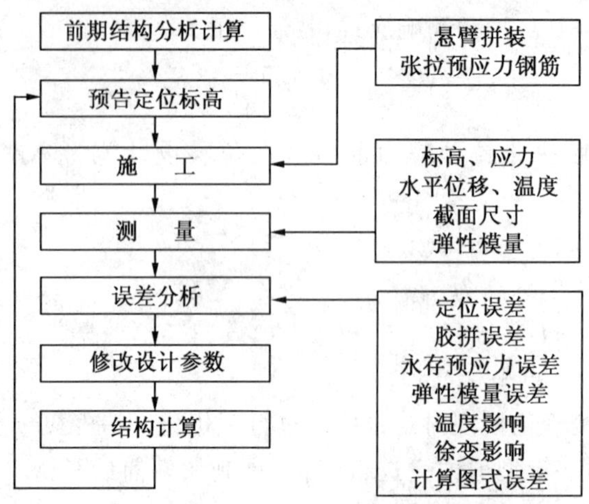

图 1　施工控制流程图

3.2　工程施工控制的结果

该大桥只完成了 24 号墩最大悬臂状态施工，23 号墩悬臂正在施工中。施工过程中由于节段间剪力键定位匹配，调整量受到限制，实际施工结果与预测值有一定量的差距，只能在可调整范围内达到实际的最优，最大标高施工偏差为 1.85 cm，满足设计及监控要求。

采用预制节段悬拼法施工时，国外几乎全是采用短线法进行梁体节段预制，由于其预制、施工控制要求精度较高，在国内还未能得到很好的推广，通过对该大桥悬臂拼装施工控制的具体实践，可以在对短线预制悬拼工艺的推广中起到一定的借鉴作用。

预应力智能张拉系统运用与控制

杨磊　李双
（江苏省镇江市路桥工程总公司 镇江 212017）

摘　要　公路桥梁中最常采用梁式桥，预应力混凝土结构形式的桥梁日益显出广阔的应用前景。传统的预应力张拉施工的人为因素过多，以及张拉机械设备的落后，造成的张拉不合格现象也日益凸显。预应力智能张拉系统的出现，有效地提高了预应力构件的施工质量。

关键词　预应力　张拉　传统　智能

随着我国经济建设的发展，桥梁建设出现了新高潮。公路桥梁中最常用的是梁式桥，以预应力混凝土结构形式建造的桥梁日益显出广阔的应用前景。因后张法预应力构件具有的特性，使其在桥梁建设方面得到了广泛的应用，特别对于大跨径桥梁。张拉施工质量的好坏，会直接影响结构的耐久性。传统的预应力张拉施工的人为因素过多和张拉机械设备的落后，造成的张拉不合格现象也日益凸显。纯靠施工人员凭经验手动操作，误差率很高，无法保证预应力施工质量。不少桥梁因为预应力施工不合格，被迫提前进行加固，严重的甚至突然垮塌，给社会造成了巨大的生命财产损失。经过对预应力智能张拉系统的实践运用和研究，有效地提高预应力构件的施工质量。

1　工程概况

高淳至芜湖高速公路（江苏段）某标段共有 25 m 装配式预应力混凝土箱梁 160 片。25 m 装配式预应力混凝土箱梁每片设计 8 束预应力筋，中跨梁 N1，N2 束为 3 根钢绞线；N3，N4 束为 4 根钢绞线；边跨梁钢绞线均为 4 根。根据实测钢绞线弹性模量计算出的实际张拉伸长值，除边跨梁 N4 束为 173 mm 外，其余钢束皆为 172 mm。

2　传统张拉工艺的不足

传统张拉工艺受预应力张拉设备和操作人员两方面的影响。各影响因素如图 1 所示。从诸多因素来看，利用传统的预应力张拉工艺已经满足不了现代桥梁建设的质量要求。

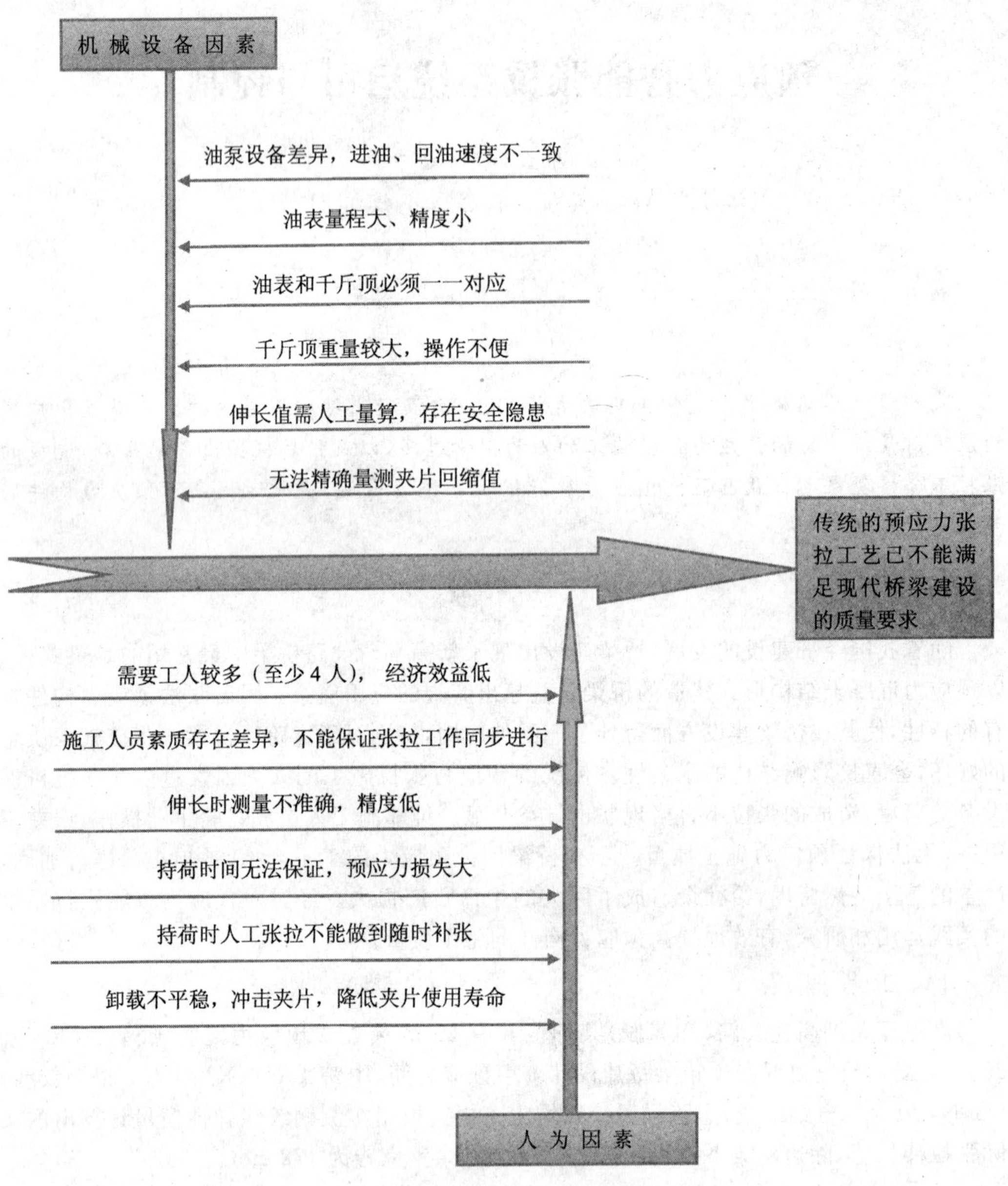

图 1　传统预应力张拉工艺不足因果图

针对图 1 中所列出的两大原因，从它们对张拉结果的影响程度是否严重来论证主要因素，最终将这两条原因都确认为主要原因。论证方法见表 1。

表1　要因确认表

原因	确认方法	要因论证	对结果的影响程度	确认
机械设备因素	现场调查内业检查	JTG/T F50—2011《公路桥涵技术规范》7.12.2第2款规定"张拉力控制应力的精度宜为±15%",7.6.3款规定"预应力筋采用应力控制方法进行张拉时,应以伸长量进行校核,其偏差应控制在±6%"。传统设备精度不足,无法保证有效预应力的精度。有效预应力不足会降低梁的承载力,使梁体过早出现裂缝,下挠超限;有效预应力偏大导致预应力筋安全储备不足,梁体会出现过大变形或裂纹,甚至脆性破坏,减少构件的使用寿命。	严重	要因
人为因素	现场调查	JTG/T F50—2011《公路桥涵技术规范》7.12.2第1款规定"各千斤顶之间同步张拉力的允许误差为±2%",第2款规定"保证千斤顶有足够的持荷时间"。人为操作很难做到完全同步,导致两端伸长值相差较大,存在安全隐患。持荷时间也得不到保证,且做不到随时补张,预应力损失较大,有效预应力偏小。	严重	要因

3　预应力智能张拉系统

3.1　智能张拉系统组成

HX3826预应力智能张拉检测系统的组成如图2所示。

图2　HX3826预应力智能张拉检测系统的组成

3.2　预应力智能张拉检测仪

预应力智能张拉检测仪(如图3所示)为超高压动力输出装置,它的作用主要是为梁体的张拉装置(穿心式千斤顶)提供可靠、稳定的提升动力,具有自动切换油路、保压、卸荷、回程等功能。

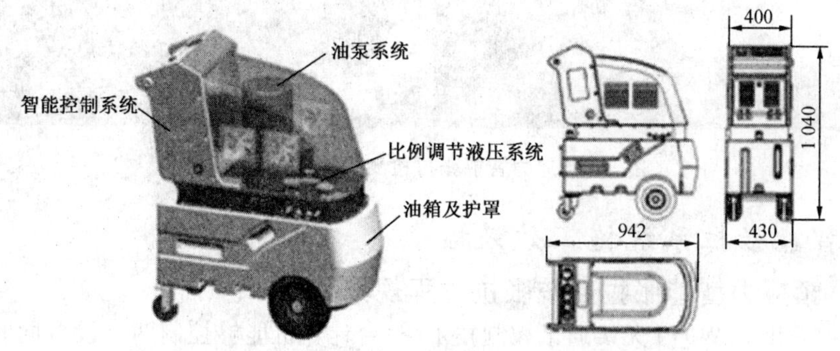

图3　预应力智能张拉检测仪及其尺寸示意图

该设备能够精准地实现程序所设定的相关控制命令，通过无线通信接口与计算机进行实时数据交换。采用成熟技术确保数据通信的可靠交互。

3.3 智能轻量化穿心式千斤顶

智能轻量化穿心式千斤顶(如图 4 所示)采用新型密封件，以及高压自增强油缸强度技术，优化了千斤顶结构尺寸，在保证千斤顶行程、油压不变的前提下，重量比常规穿心式千斤顶减轻 30％～45％，出力比达到 0.6∶1，同时千斤顶长度和外径减小，能减小预留钢绞线的长度，可广泛应用于先张法和后张法的预应力施工。自身附带电子位移传感器和压力传感器，用于千斤顶内杠伸长量的测试和千斤顶输出力值的测量。它具有精度高、误差小、量程大、移动平顺等特点。

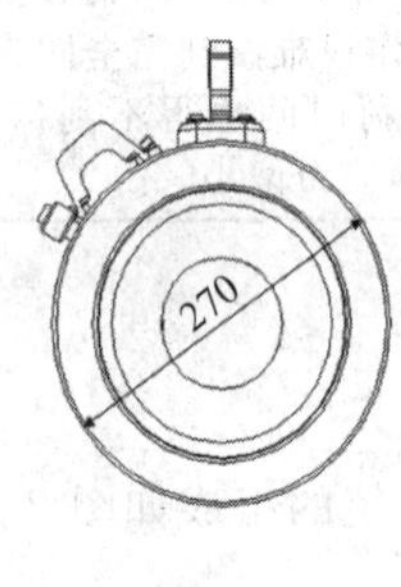

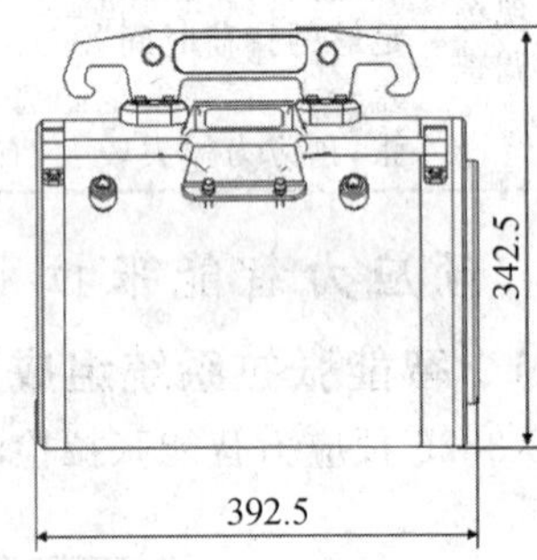

图 4　智能轻量化穿心式千斤顶及其尺寸示意图

3.4 设备无线连接

本系统的通讯方式为 Wi-Fi 无线技术，利用便携式计算机 Wi-Fi 无线功能与智能张拉仪进行通讯，使用方便快捷、性能可靠。

3.5 预应力智能张拉检测系统施工现场实地运用

2013 年 10 月 5 日，箱梁预制场开始运用智能张拉设备进行张拉工作，其施工状况如图 5 所示。

图 5　预应力智能张拉检测系统施工示意图

4　智能张拉系统施工效果检查

4.1 预应力智能张拉系统张拉过程规范

系统中采用的 Wi-Fi 无线通讯控制技术，一台计算机能够控制两台设备同时、同步对称张拉，同步张拉力的误差范围可控制在±2％。另外，系统采用程序智能化控制，不受人为、环境因素影响；停顿点、加载速率、持荷时间等张拉过程要素符合桥梁设计和施工技术规范要求。

4.2 预应力施加精确

安装在千斤顶内的压力传感器具有较高的采样频率，能快速反应实时的油压值，因此能够实现张拉施工中梁体两端预应力张拉值的精确控制，将误差范围由传统张拉的±15%缩小到±1%。预应力智能张拉检测系统如图 6 所示。张拉过程中实时地生成位移和压力曲线图，曲线图中能直观形象观测到张拉要素。还可根据图形的走势查找张拉不合格原因。

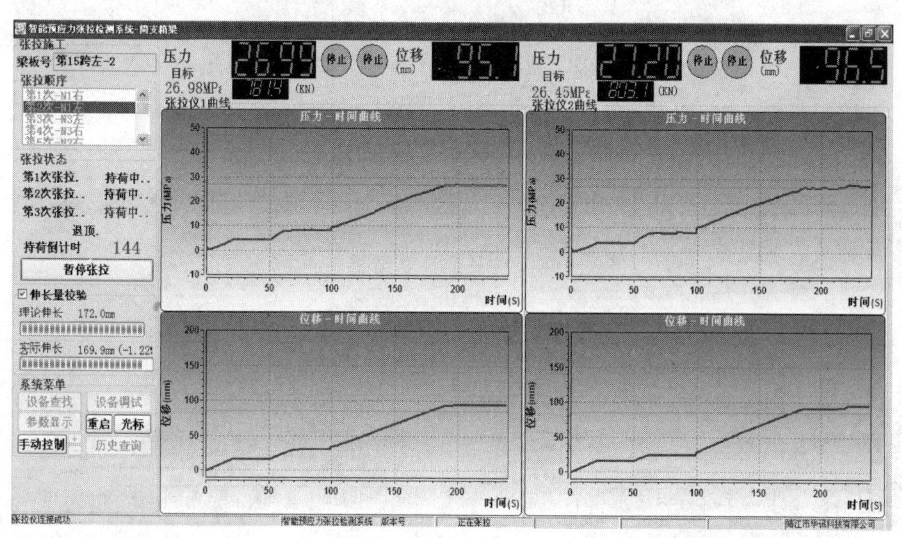

图 6 预应力智能张拉检测系统张拉实时界面

4.3 伸长量测量精准、可靠

千斤顶上的位移传感器，伴随着千斤顶的迁移，精确实时地读取张拉伸长量，同时系统通过对千斤顶缸内的油压慢卸，可分析得出预应力筋的回缩量变化值，克服了人为记录数据时效性差和误差大的缺点，张拉数据由系统自动生成，避免了人为修改捏造，真实可靠。同时还省去了伸长值数据的计算、填写过程，提高了工作效率。系统自动生成的张拉结果如图 7 所示。

4.4 张拉数据利于管理

张拉资料统一归档到系统中，有利于资料规范管理，能随时调取每一束钢绞线的张拉参数。

4.5 安全系数较高

安装好千斤顶后，施工人员可以远离张拉端头，由操作平台自动进行张拉、读取伸长量和回顶。计算机能实时监控到设备在运行过程中的电压、工作温度、液位及各种不同状况的报警，确保张拉的安全性。

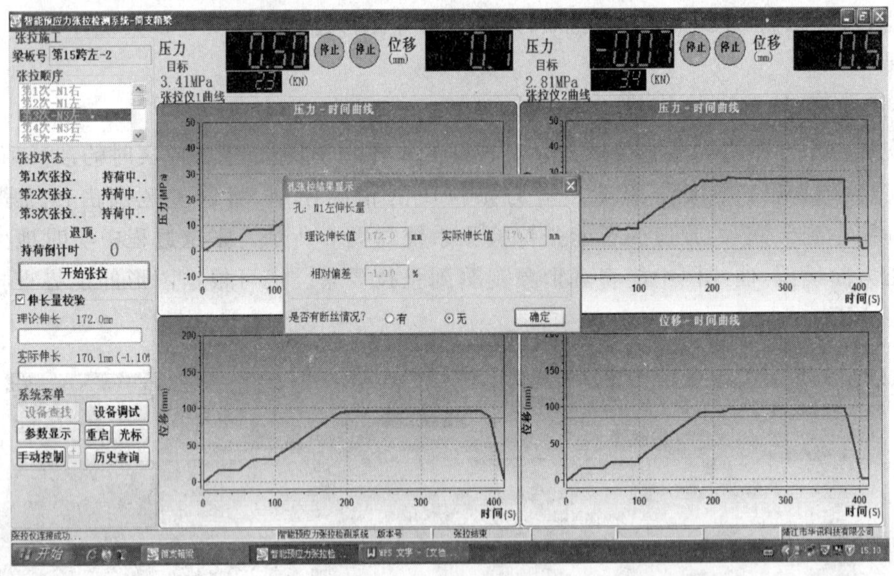

(a) 伸长值计算结果

高淳至芜湖高速公路　　DD123

桥梁预应力张拉记录表

承包单位:江苏省镇江市路桥工程总公司			监理单位:江苏纬信工程咨询有限公司		土建合同号:GW-4	编号:
工程名称	主线跨宁高新通道大桥		预制梁场	梁场		
构件编号	第15跨左-1		张拉时间	2013年11月25日13时50分07秒		
砼设计强度	50MPa	砼试块强度 45MPa	弹性模量	201000MPa	控制张拉力 1395MPa	
张拉仪1编号	213040		标定日期	2013年11月4日		
张拉仪2编号	213039		标定日期	2013年11月4日		

钢束编号	张拉断面	记录项目	初始行程 15%	第一行程 30%	第二行程 50%	第三行程 50%	第四行程 100%	设计张拉控制力(KN)	回缩值(mm)	理论伸长量(mm)	总伸长量(mm)	延伸量误差(%)	断丝及处理情况
N1右	张拉仪1	张拉力(KN)	117.30	234.60			778.80	781.20		172.00	170.40	-0.93	
		伸长量(mm)	28.30	36.90			105.20						
	张拉仪2	张拉力(KN)	114.00	232.50			827.20	781.20					
		伸长量(mm)	18.80	34.70			99.80						
N1左	张拉仪1	张拉力(KN)	114.60	232.30			782.00	781.20		172.00	171.80	-0.12	
		伸长量(mm)	20.20	32.90			98.70						
	张拉仪2	张拉力(KN)	119.00	236.00			777.30	781.20					
		伸长量(mm)	16.40	32.60			92.80						
N3左	张拉仪1	张拉力(KN)	85.20	178.20			586.70	585.90		172.00	169.80	-1.28	
		伸长量(mm)	23.40	37.90			99.60						
	张拉仪2	张拉力(KN)	87.30	176.20			586.40	585.90					
		伸长量(mm)	16.70	29.50			95.00						
N3右	张拉仪1	张拉力(KN)	85.20	172.60			590.80	585.90		172.00	170.20	-1.05	
		伸长量(mm)	24.90	37.20			100.60						
	张拉仪2	张拉力(KN)	87.30	172.90			585.50	585.90					

(b) 应力张拉记录表(部分)

图 7　系统自动生成的张拉结果

5　取得成果

5.1　社会效益

通过对一个多月 30 余片箱梁张拉的结果分析得出,每束预应力筋的实际伸长值和理论伸长值的误差基本缩至±2%范围以内,低于规范要求的±6%,且张拉过程中没有出现一例张拉断丝、滑丝现象,施工质量得到了应有的保障。

5.2　经济效益

传统的预应力张拉设备张拉过程需要 4 人同时作业,而预应力智能张拉设备只需要 2 人同时作业,且张拉过程持续的时间相差不大,每年节省人工费用 10 万元以上,节约了相应的施工成本。

5.3 智能张拉系统技术应用成果

传统张拉工艺和智能张拉系统技术的对比见表 2。

表 2 传统张拉工艺与智能张拉系统技术对照表

比较内容	传统手工张拉	预应力智能张拉系统
张拉力精度	±15%	±1%
自动补张拉	无此功能	张拉力下降 1%时,锚固前自动补拉至规定值
伸长量测量与校核	人工测量,不准确,不及时,未能及时校核,未实现规范规定“双控”	自动测量,及时准确,及时校核,与张拉力同步控制,实现 真正“双控”
对称同步	人工控制,同步精度低,无法实现多顶对称张拉	同步精度达±2%,计算机控制实现多顶对称同步张拉
加载速度与持荷时间	随意性大,往往过快	按规范要求设定速度加载和按规范要求的时间持荷,排除人为干预
卸载锚固	瞬时卸载,回缩时对夹片造成冲击,回缩量大	可缓慢卸载,避免冲击损伤夹片,减少回缩量
回缩量测定	无法准确测定锚固后回缩量	可准确测定实际回缩量
预应力损失	张拉过程预应力损失大	张拉过程规范,损失小
张拉记录	人工记录,可信度低	自动记录,真实再现张拉过程
安全保障	边张拉边测量延伸量有人身安全隐患	操作人员远离非安全区域,人身安全有保障

钻孔灌注桩施工质量控制与管理

巫同军

(江苏省镇江市路桥工程总公司 镇江 212017)

摘　要　介绍了沿江高等级公路镇江段高资港桥 40 根ϕ1.5 m 和 20 根ϕ1.2 m 钻孔灌注桩的施工工艺及质量控制管理,针对在钻孔施工中常见问题,提出了质量管理及处理方法,分析成孔及灌注过程中出现的事故,并及时总结了一些预防措施。

关键词　高资港桥　冲击钻　常见问题　处理方法

1　工程概况

沿江开发高等级公路镇江段(东河—戴家门段)是江苏省规划的沿江开发高等级公路的组成部分,起点位于江南高等级公路(南京段)设计施工终点——宁镇交界的东河,沿线跨过大道河、高资港,沿滨江大道至蒋家圩接戴家门路,其中高资港桥中心桩号 K9+947,本桥采用 13 m+4×20 m 的桥跨布置形式,桥型方案满足七级航道通航净空(净空 18.0 m,净高 3.5 m)及最高洪水位 9.25 m(吴淞高程)的要求,且与高资港成 95°斜交布置。

全桥桥墩桩径 1.5 m,柱径 1.3 m,桥台桩柱直径 1.2 m,钻孔灌注桩按摩擦桩设计,根据地质资料显示,桥台桥墩的底标高都必须进入持力层⑥-1 全风化～强风化花岗岩长岩中 5 m 以上。由于花岗岩强度高,一般的正循环磨盘钻机很难钻进,加之长江潮水涨位比较快,为了加快施工进度,在施工组织设计中采用冲击钻成孔。

2　冲击钻钻孔的工艺流程及控制措施

2.1　施工平台的布置

根据桩位大致位置,桥台桩用挖机进行场地平整,清除杂物。桥墩桩采用搭设施工平台,平台采用贝雷片组合制作而成,施工前按照桥位中心坐标推算平台ϕ 40 cm 钢管桩位置,施工中用钢尺通过两点测距确定ϕ 40 cm 钢管桩在水中的位置,然后用浮船打桩机将其打入河床中,作为平台的支承桩。

台桩场地的平整及墩桩的平台搭设,如果基础不稳定,施工中易产生孔机倾斜、桩倾斜、桩偏心等不良现象,且容易出现安全事故。

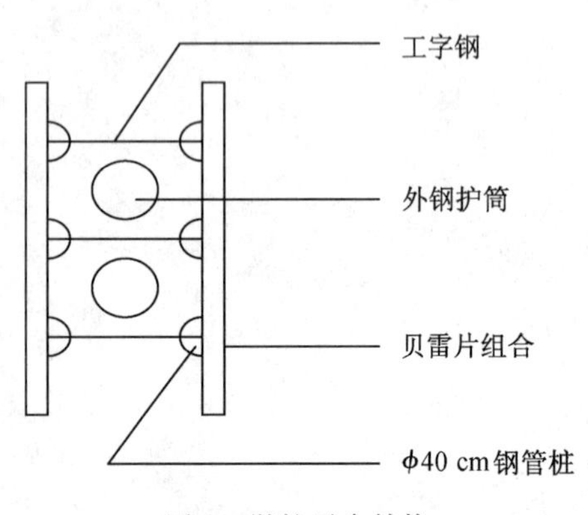

图 1　墩桩平台结构

施工平台布置时的一些注意事项如下：

(1) 对于台桩较软和有坡度的地基，用挖机整平的时候，最好挖除软质土回填一些硬质土，在整平的基础上用振动压路机压实。

(2) 对于河中桩，在打入河床ϕ 40 cm 钢管桩时一定要确保其位置的准确性，误差不能过大，一般定位好后在打入之前用尺子复核一下，打完四根之后，再用全钻仪校核一下河中桩位置是否在其平台之中。

(3) 为保证平台的稳定性及安全性，同一平台的ϕ 40 cm 钢管桩露出水面的高程必须切割成同一水平面，误差最好不要大于 1 cm，然后在钢管桩上垫上 5 mm 的钢板，用工字钢对拉"满焊"。

2.2 测量放样

复核逐桩坐标，根据设计图纸及导线点坐标，利用全钻仪用极坐标法对现场进行桩位精确放样，对于河中桩，采用木板在贝雷支架上设置临时平台放出桩中心位置，并在支架上设置 4 个十字形护桩，待钻机就位后，再精确复核。

测量放样是钻孔灌注桩施工前的一项基本工作，也是极其重要的一项工作，它的准确性直接影响桩位的精确性，在施工的过程中通常都是一排桩一次性放好，然后在具体施工某号桩的时候再在护筒外设置 4 个十字形护桩。由于挖护筒和移动钻机的时候很容易将其不小心破坏，加之施工的工人质量意识不高，在桩位有偏差的情况下就开钻，对质量影响很大。

保证放样质量的控制措施如下：

(1) 对于岸桩，在护筒埋设完毕后，将其十字形护桩的"十字"用全钻仪重新复核一下。

(2) 桩位放好后，用钢尺测量两桩位之间的距离，是否与设计图纸相符，也算实地验证一下桩位的精确性。

(3) 加强工人的质量意识，桩位确定被移动过，要如实汇报，不要认为误差不大而盲目施工。

2.3 钻机安装与定位

场地及平台平整安装后，吊机将钻机吊装到位，岸桩基础垫枕木加固，水中桩桩基直接架到贝雷片上，安设钻机，使钢丝绳与桩位中心重合，其水平位移及倾斜度误差不超过规范要求。

安装钻机的基础不稳定，或者钻机安装不平整，施工中易产生钻机倾斜，桩倾斜或桩偏心等不良后果。其控制措施如下：

(1) 平整施工平台的时候，场地要求地基稳固，平台稳定性要好。

(2) 在地基上垫上钢板或枕木，枕木要平整安放。

2.4 埋设护筒

钻孔成败的关键是防止孔坍塌，当钻孔较深时，地下水位以下的孔壁土在静水压力下会向孔内坍塌，甚至发生流沙现象。钻孔内埋设护筒，能增加孔内静水压力，防止坍孔。护筒除此作用外，还能隔离地表水，保护孔口地面，固定桩孔位置，同时起钻头导向作用。

护筒内径应比桩径大 40 cm，长度为 1.5 m，顶面高出地表面 30 cm，对于河中桩，护筒做成ϕ 2.3 m 的钢护筒，用重锤打入河中，保证进入河底硬土层 1～2 m，同时保证护筒垂直的定位准确。

2.5 泥浆制备

钻孔泥浆由水、黏土(膨润土)制成,具有浮悬钻渣、冷却钻头、润滑钻具、增大静水压力、在孔壁形成泥皮、隔断孔内外渗流、防止坍孔的作用。调制的泥浆及循环泥浆,应根据不同地层不同钻孔方法来确定。对于冲击钻钻孔,由于制动力比较高,钻孔的钻渣比较厚。相对磨盘钻来说,泥浆要相对浓稠,其性能指标要求见表 1。

表 1 泥浆性能指标

钻孔方法	地层情况	相对密度	黏度/(Pa·s)	含砂率/%	胶体率/%	失水率/(ml/h)	泥皮厚/(mm/h)	静切力/Pa	pH 值
冲击钻	易坍地层	1.20～1.40	22～30	≤4	≥95	≤40	≤6	3～5	8～11

泥浆制备中的注意事项如下:

(1) 在松散粉砂土或流沙中钻进时,选用较大比重黏度的泥浆。一般选用优质黄泥制作黄泥浆。

(2) 根据不同地质调整泥浆比重,确保泥浆有足够的稠度和孔内外水位差,维护孔壁稳定。

(3) 清孔时应指定专人负责补水,保证钻孔内的水头高度。

2.6 冲击钻孔

钻孔是灌注桩中一道关键工序,在施工中必须严格按照操作要求进行,以保证成孔质量。首先要注意开孔质量,为此必须对准中线及垂直度,并压好护筒。在施工中要注意不断添加泥浆和抽渣,还要随时检查成孔是否有偏斜现象。冲击钻机施工时,附近土层因受到振动而影响邻孔的稳固,且振动性比较大,钻机容易偏位,故造成桩位倾斜。因此,在冲钻的过程中要随时检验桩位的中心位置。钻好的孔应及时清孔、下放钢筋笼和灌注水下混凝土。钻孔的顺序也应事先规划好,既要保证下一个桩孔的施工不影响上一个桩孔,又要使钻机的移动距离不要过远或相互干扰。

冲击钻孔中,经常出现掉钻、卡钻和埋钻现象,一旦出现上述情况,必然会延误工期,且时间过长会有孔坍塌的可能性,造成人力和财力的浪费。钻机在提钻的过程中或钻头旋转不匀时,易产生梅花形孔。梅花形孔或孔内有探头石时可能发生卡钻。倾斜长护筒下端被钻头撞击变形及钻头倾斜也能发生卡钻(河中桩由于外钢护筒长,很容易发生该种情况)。卡钻时,强提、强扭使钻头线扣钢丝绳断裂,钻头卡锁接头不紧、滑丝,钻机的刹皮不好、磨损过大,钢丝绳联结装置磨损,未及时更换会造成掉钻。

用冲击钻钻孔时的注意事项如下:

(1) 经常检查钻机的刹皮装置,不灵活或刹不住时要及时更换。经常检查钢丝绳联结装置的磨损情况,及时更换磨损件,防止掉钻。

(2) 用低冲程时,隔一段时间要更换高一些的冲程,使冲程有足够的转动时间,避免形成梅花孔而卡钻。

(3) 卡钻不宜强提,只宜轻提钻头,如轻提不动时,可用小冲击钻冲击或用冲吸的方法将钻头周围的钻渣松动后再提出。

(4) 掉钻宜迅速用打捞叉、钩、绳套等工具打捞,时间不宜过长。

(5) 冲击钻糊钻时,应减少冲程降低泥浆稠度,并在黏土层上回填部分砂、砾石,若是坍孔或其他原因造成的埋钻,应使用空气吸泥机吸走埋钻的泥沙,提出钻头。

2.7 成孔检测

钻好的孔必须检测其孔径、钻孔底标高、倾斜度、钻孔深度,检查钻孔记录表及地质情况,一般情况下用测孔器检查孔径,用测绳检查孔底标高、钻孔深度,用垂直仪检查倾斜度,待所有检查项目合格后方可清孔下钢筋笼。

2.8 清孔

清孔是钻孔桩施工中保证桩质量的重要一环,冲击钻清孔把钻头提出护筒顶部,用夹头把泥浆管绑到钻头顶部,然后下放钻头直至孔底,打开泥浆泵进行清孔。

当钢筋笼下沉固定后再次复检孔深和沉淀厚度,若沉渣超标可用导管再次清孔,直至符合设计要求。

2.9 灌注水下砼

清孔完成后就可将预制的钢筋笼垂直吊放到孔内,定位后要加以固定,然后用导管灌注砼。

控制好浇筑过程中导管埋深,当浇筑的砼超过钢筋笼底端 2～3 m 时,应将导管提至钢筋笼底端以上,防止砼从导管流出向上顶升使钢筋笼上浮,灌注时砼不要中断,否则易出现断桩现象。

冲击钻孔灌注砼目前在江苏范围内广泛使用,尤其苏南部分地区地质岩层变化大,岩层较厚且硬,一般的循环钻机无法施工,冲击钻机是优先选择的一种钻具。在钻孔灌注施工中控制管理好施工中的每一个环节,对其出现的质量事故进行分析,并加以预防和控制,使冲击钻钻孔成为最好的钻孔方法。

机械工程

Mechanical Engineering

基于DSP2812的H1300型铣刨机电控系统设计

徐文山[1] 唐红雨[2] 肖聃宇[1]
（1. 江苏华通动力重工有限公司 镇江 212003；2. 镇江市高等专科学校 镇江 212003）

摘 要 分析了H1300型路面铣刨机系统结构组成，以TMS320F2812芯片作为主控制器，设计了铣刨机的数据采集和控制模块，并以行走、转向控制模块为例，对该模块的硬件和软件进行了详细设计。试验表明，该控制方案能够满足铣刨机操作的性能指标。

关键词 铣刨机 电控系统 转向系统 数据采集

我国高等级公路已经发展了20多年，车流量也越来越大，随着这些公路服务年限增加，加上雨水侵蚀、地基沉陷、筑路材料老化及车辆碾压的影响，公路已出现不同程度的损坏，路面需要进行科学养护。科学养护的关键是降低成本、提高质量，而影响养护质量的关键因素是施工工艺和养护技术及机械的使用。铣刨机①作为一种路面养护专用设备，其主要功能是用于公路、机场、广场等大面积铣削破碎，路面油包、油浪、车辙和面层错台的铣平。其性能影响着路面的养护，在科学化养护中有着不可替代的作用。而铣刨机的电控系统是整机的核心，对其性能有直接的影响。而小型铣刨机多数仍采用传统的开关、继电器的控制方式，虽然控制技术成熟，但是技术含量不高、利润低，限制了铣刨机功能的扩展。数字控制系统操作简单，精度高，维护方便，使用前景广阔，厂家已开始采用数字控制器实现功能②，因而其电控系统已成为相关技术人员研究的重点。

1 铣刨机控制系统结构

在铣刨机工作时，先利用侧板找平进行铣刨基准的确定，通过调整升降支腿的伸缩，确定铣刨深度，进行铣刨工作时，铣刨鼓上面的刀具旋转运动对路面材料产生切削作用，由铣刨鼓上的抛料板把废料从出料口抛掷皮带输送机上，送至废料运输车。

本文以H1300型铣刨机为对象，重点介绍其电控系统。H1300型路面铣刨机采用前轮驱动、后轮支承行走形式，前桥为转向驱动桥，两后轮为带升降支腿独立支承随动轮；车架为整体钢板形式，车架的上部布置有发动机及散热系统、动力传动装置、液压传动系统、液压油箱、燃油箱、洒水箱及操纵台等；工作装置位于车架尾部两后轮的中心线上，工作装置为整体式独立悬挂结构，极大地方便了装配和维修；废料回收机构采用后置输送机悬挂在机器尾部；自动找平装置可按用户要求选配；整机还配有可折叠、可拆卸的遮阳顶棚。H1300型铣刨机的行走系统、工作装置、机器的升降、铣深调节及输料装置位置调节等的

① 张超：《2米路面铣刨机控制系统研究》，长安大学硕士学位论文，2010年。

② 王新，张旻：《基于软PLC的铣刨机电气控制系统设计》，《筑路机械与施工机械化》，2009年第9期。

操纵为电气控制，其电控系统结构如图 1 所示。

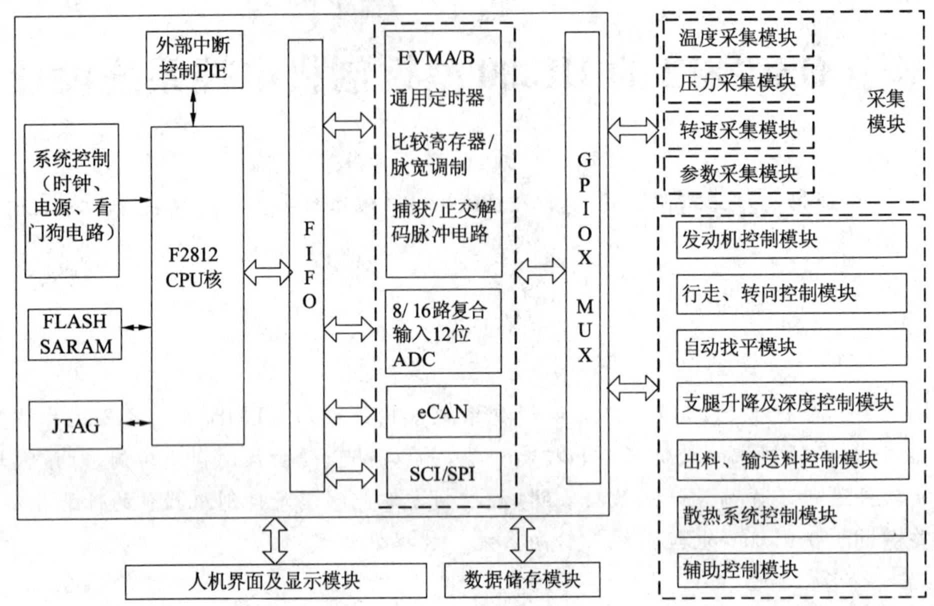

图 1　铣刨机电控系统结构图

H1300 型铣刨机控制系统由三部分组成：(1) 机械的控制（包括行走转向控制系统、支腿升降及深度控制系统、散热控制系统、找平控制系统、出料及输送料控制）；(2) 发动机的控制；(3) 辅助控制系统。

在设计铣刨机控制系统时，以智能化、网络化为基本原则，考虑系统的操作性、维修性及功能扩展等方面，控制器选用 TMS320C28x 系列中的 F2812 型号，它既具有数字信号处理能力，又具有强大的事件管理能力和嵌入式控制功能，适用于有大批量数据处理的测控场合，如工业自动化控制、电力电子技术应用、智能化仪器仪表及电机、马达伺服控制系统等。F2812 主频为 150MHz，最大的亮点是其拥有 EVA、EVB 事件管理器和配套的 12 位 16 通道的 AD 数据采集，使其对电机控制得心应手。事件管理器 A 和 B(EVA 和 EVB) 中含有通用定时器、比较寄存器/脉宽调制、捕获/正交解码脉冲电路。

在控制过程中，采集模块对温度、压力、转速等参数进行采集，通过变送模块输入到控制器，同时接受来自于人机界面的信息和手柄信号，将产生的 PWM 控制信号送到对应模块的比例电磁阀，调节油压，使对应的机构动作。发动机控制模块控制发动机的启停以及故障情况下的实时保护，实时监控发动机转速、水温、油压、油耗等参数并报警。铣刨机行走、转向控制模块包括行走速度调节和转向控制，转向控制采用前后轮单独控制，通过操作手柄实现。在手柄操作时，可根据需要进行蟹行转向模式、全轮转向模式、后轮回中模式转向。支腿升降及深度控制模块是根据工况，完成铣刨机的支腿升降，铣刨深度自动调节控制。出料、输料控制模块主要完成把铣刨鼓铣出的废料抛掷入推料器，再通过输送带，送至随铣刨机同时前进的运输车。人机界面显示模块主要实现机器的操作、参数标定和设定，数据输入，整体状态监测与报警等。散热系统采用大功率风扇来冷却发动机冷却水、液压油、发动机增压后的空气三种介质温度，实现状态监控，降低能耗[①]。

① 胡永彪，马鹏宇，张新荣：《冷铣刨机系统的数学建模及仿真》，《长安大学学报（自然科学版）》，2008 年第 3 期。

2 系统硬件设计

在铣刨机电控系统设计时，需要对各个功能模块进行单独设计，每一个模块涉及的部件包括 PWM 调节、比例电磁阀、变量泵、马达系统、测速传感器以及信号输入手柄（主要包括行走、转向手柄）和开关等，行走、转向系统控制图如图 2 所示。

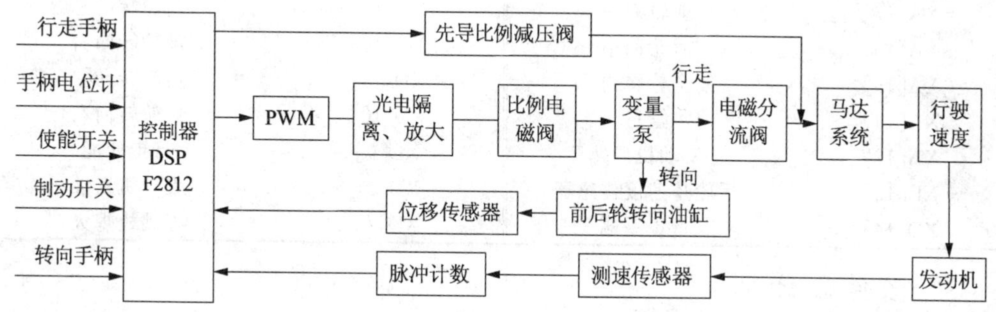

图 2 行走、转向系统控制图

以铣刨机的行走、转向系统为例进行说明。铣刨机的行走通过液压马达减速器驱动 4 个独立的履带实现，具有铣刨和行走两个速度，可以实现制动，可根据需要选择高速和低速挡。履带架上 4 根独立的支腿通过油缸与车架相连，以实现正交升降来满足行走需要和调整铣刨深度，2 个前支腿和 2 个后支腿分别由横拉杆铰接相连，通过油缸实现联动，行走、升降与转向机构达到左右同步转向要求①。

H1300 型铣刨机通过比例电磁阀控制前后轮的油缸，使其完成相应的动作，并通过位移传感器反馈信号，完成转向自动调节。可以在整机启动时通过手柄或输入信号确定行走的方向、路线，通过操作行走手柄离开中位的角度及时间，确定行走速度。铣刨机的速度控制通过比例量实现，行走开始前，需要通过电磁阀解除制动状态。开关打开后，通过手柄输入和手柄电位计的控制可以控制输出 PWM 信号，根据脉宽的大小控制比例电磁阀、变量泵、分流阀的电流大小。同时，先导比例减压阀工作，控制行走马达系统的电流，使履带按照设定的要求行走。铣刨机通过调节 PWM 占空比改变输出到电磁阀上的电流大小以改变泵排量的大小，由于 F2812 的 PWM 信号电流只有 3 mA，转向电磁阀采用三位阀，电流范围为 0～1 500 mA，因此需要对通过电磁阀的驱动电流输出信号进行功率放大，并采用光电耦合器进行光电隔离，以防止系统干扰，比例减压阀的电流大小决定着输出压力的大小②。

当铣刨机处于工作状态时，可以通过调节 PWM 信号控制，使 4 个履带获得相同功率，实现同步控制。当行走开关打开后，推动控制手柄机器开始加速，当达到合适的速度后，放松手柄，手柄自动回中位，机器以选定的速度行驶。手柄输入角度不同，机器的加速度也不一样，手柄输入角度越大，加速度越大，达到最大速度所用的时间越短。

控制器具有数据存储功能，可以保存当前的行走速度，并可根据需要调出该速度，使铣刨机自动回到该行走速度。铣刨机控制器的引脚分配情况见表 1。该机有一个操作台，行走、转向控制引脚信号有行走使能、行走控制、发动机调速、前轮转向、后轮转向、发动机启停控制、蟹行、前轮回中、后轮回中、全轮转向、速度传感器、高低速挡位等。在工作

① 张超：《2 米路面铣刨机控制系统研究》，长安大学硕士学位论文，2010 年。

② 袁福发：《基于 DSP 的铣刨机行走控制系统设计》，《筑路机械与施工机械化》，2010 年第 1 期。

时,转速传感器测出发动机的转速并脉冲计数,控制器会自动调节发动机转速,并进行铣刨功率、牵引功率和辅助功率分配。

表1　行走、转向引脚分配

引脚	信号	引脚	信号
XA[17]	前轮回中	XD[13]	前轮转向左
XA[16]	后轮回中	XD[12]	前轮转向右
XA[15]	全轮转向	XD[11]	后轮转向左
XA[14]	蟹行	XD[10]	后轮转向右
XA[12]	发动机调速	XD[9]	行走使能
XD[15]	后轮角速度传感器	XD[8]	发动机启动
XD[14]	行走手柄	XD[7]	发动机熄火

3　软件设计

在铣刨机行走过程通常分为4种状态,即前进加减速、后退加减速[①],速度可以调节,转向分为前轮转向、后轮转向、全轮转向、蟹行转向、后轮回中。设定β为行驶手柄推离中位的角度,前进时β为正,后退时β为负,$\Delta\beta$为手柄偏离误差,通常为正值常数。设α为转向手柄推离中位的角度,向右时α为正,后左时α为负。$\Delta\alpha$为正值常数,为设定手柄偏离误差。

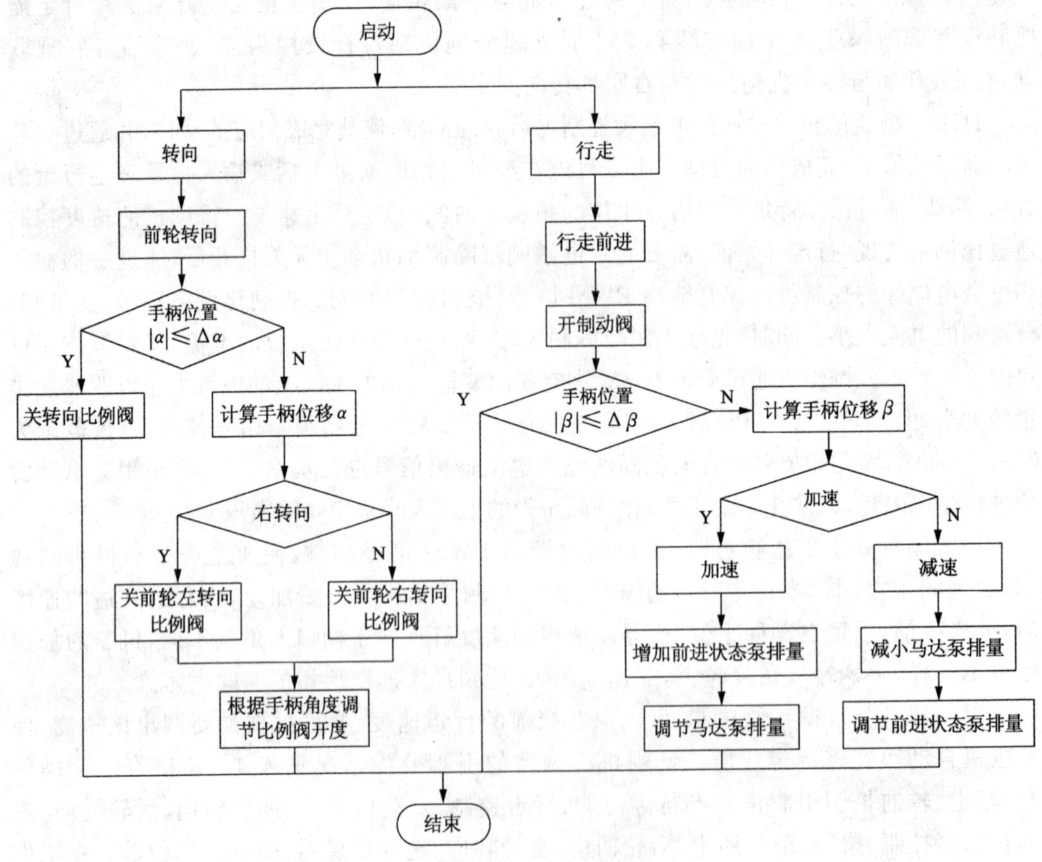

图3　前进行走、转向控制流程图

① 姚怀新:《行走机械液压传动与控制》,人民交通出版社,2002年。

当铣刨机正向行驶，对于加速调节，通过控制器的PWM信号控制比例电磁阀输出，逐渐增加状态泵的排量，实现增量控制。当泵的排量达到最大值时，再通过电磁分流阀调节马达的排量；对于减速调节则正好相反，先调节马达的排量，当马达的排量达到最大值时，再调节泵的排量。铣刨机的行走和转向控制流程如图3所示。转向时，根据手柄位置，输入PWM给对应比例电磁阀，调节转向泵流量完成转向。

4 系统试验

本试验按照国家标准GB/T 25643—2010《道路施工与养护机械设备路面铣刨机》的要求，对铣刨机进行整机试验。表2，表3给出了行走系统中的行驶速度和直线行驶性能的试验结果，其试验条件为：标准沥青路面，晴天，气温20 ℃，风速2.0 m/s。

表2 行驶速度测试结果

行驶方向	档位	测量距离/m	测定时间/s		行驶速度/(km/h)		
			1次	2次	1次	2次	平均值
前进	高速	30	119	120	0.907	0.9	0.903 5
前进	低速	100	28	27	12.857	13.333	13.095

表3 直线行驶性能试验结果

工作速度档位	试验距离/m	跑偏距离/mm	偏移量/%
高速	50	150	0.3
低速	50	200	0.4

试验结果证明，该H1300型铣刨机的行走系统性能符合设计的要求，达到国家标准中高速挡速度为13.095 km/h，低速挡为0.9 km/h；直线行驶50 m，跑偏距离不超过1 m的要求。

本文以H1300型铣刨机为研究对象，分析了该机的系统结构和控制系统组成。设计以DSP 2812为核心控制器的控制系统结构，采用CCS软件实现系统的控制算法，并以行走、转向系统控制为例，重点设计该模块的软硬件组成，并在整机出厂前进行试验，测试结果符合国家标准，具有较好的市场价值。

基于蚁群算法的沥青混合料动态配料称重控制模块设计

唐红雨[1]　王翠军[2]　刘 政[2]
(1. 镇江高等专科学校 镇江 212003;2. 江苏华通动力重工有限公司 镇江 212003)

摘　要　沥青混合料搅拌设备属于专用路面施工机械,其拌和物的品质影响着路面施工质量,拌和物中各类物料的配比和称重计量控制是搅拌设备的关键技术。本文分析了沥青混合料称重模块的结构,针对常规PID控制器在称重计量模块过程中动态性能存在不足,提出了用蚁群算法对模糊PID控制器的 k_p,k_i,k_d 3个参数进行优化,设计了3个参数的优化方案,根据工艺设计了沥青计量流程和称重模块的硬件。试验表明,设计的称重模块提高了物料的计量精度,并且能够获得较好的动态性能。

关键词　称重　计量　PID控制　模糊　蚁群算法

沥青混合料搅拌设备是路面工程机械的关键设备之一,被广泛应用于道路、机场、码头和基础设施的施工,影响着工程质量的好坏。沥青混合料搅拌设备的主要功能是将大小不同的石料经加热烘干后筛分成不同粒径范围、不同粒径大小的石料,分别送入各热料仓,按照实际用料的不同级配需要,与一定量的粉料和加热到一定温度的沥青一起送入搅拌缸搅拌均匀,生成沥青混凝土①。生产过程中要按配方比及所设定的生产率计算并称量各种石料、粉料、沥青的重量②。目前的搅拌设备由于存在过冲量反应慢、检测手段和计量方法的局限,造成计量精度不高,进而影响沥青混凝土的质量。为提高混合料的生产工艺和计量精度,设计智能型的称重模块有着重要的应用价值。

1　称重模块结构

称重配料控制是沥青混合料搅拌设备的核心环节,主要功能就是将加热后的骨料、沥青和粉料按照预先设定好的配方比例分别进行称量,其中骨料和粉料属于多种料的累加计量。称重系统的计量精度直接影响成品料的质量,按交通行业标准 JT/T 270—2002《强制间歇式沥青混合料搅拌设备》规定:标准工况下物料动态计量时,沥青计量精度为±2.0%,粉料计量精度为±2.5%,石料计量精度为±2.5%。

这里以石料计量为例,图1所示为热石料称重计量结构③。工作时,存放在冷集料斗中的石料由输送机经过干燥滚筒烘干加热后,由热料提升机送至筛分系统,由振动筛将石

① 彭红卫,蒋功雪,李浩,等:《湖南省高速公路沥青路面裂缝病害调查与原因分析》,《公路工程》,2012年第1期。

② 李世坤:《我国沥青混合料搅拌设备发展综述》,《筑路机械与施工机械化》,2003年第6期。

③ 宋胜利,肖翀宇:《基于B/S的沥青混合料搅拌设备远程监控系统》,《南京航空航天大学学报》,2005年第37卷增刊。

料筛分为特粗式、粗粒式、中粒式、细粒式等 4 种，分别存放在 4 个热料仓中。热料仓的斗门开度由控制器控制气缸完成，放料分粗放和细放。计量时，根据工艺要求设定斗门开启的先后顺序。首先进行粗称，当称重传感器检测的计量信号达到设定值的 85% 时，减少斗门开度，开始细称。这时，石料落入计量斗中的速率明显减缓，当达到计量值时（石料计量是累加计量），气缸回复原位，关闭斗门。

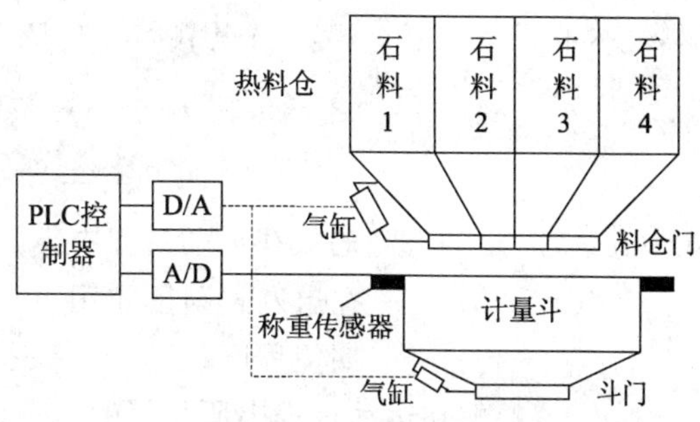

图 1 热石料计量称重结构

2 PID 算法设计

2.1 模糊 PID 控制

PID 控制是比例积分微分控制的简称，由于其算法简单、鲁棒性好①，在工业控制中获得了广泛的应用，目前有 90% 以上的控制回路采用 PID 控制。其控制规律为

$$u(t) = K_{\mathrm{p}}\left[e(t) + \frac{1}{T_{\mathrm{i}}}\int_0^t e(t)\mathrm{d}t + \frac{T_{\mathrm{d}}\mathrm{d}e(t)}{\mathrm{d}t}\right] \tag{1}$$

式中：$e(t)$——误差；

K_{p}——比例系数；

T_{i}——积分时间常数；

T_{d}——微分时间常数。

骨料和沥青计量环节具有滞后性，操作中存在着提前量和过冲量，常规 PID 调节器容易出现大超调，响应速度慢，具有一定的模糊性，因而需要采用模糊规则修正 PID 参数。模糊 PID 控制器主要包括模糊参数整定器，它有 2 个输入量（偏差 e 和偏差变化率 ec）和 3 个输出量（参数 $\Delta k_{\mathrm{p}}, \Delta k_{\mathrm{i}}, \Delta k_{\mathrm{d}}$）。设 e, ec 和 $\Delta k_{\mathrm{p}}, \Delta k_{\mathrm{i}}, \Delta k_{\mathrm{d}}$ 分别定义 7 个模糊子集，且服从正态分布，先进行归一计算后，求得模糊子集的隶属度值，再根据模糊规则设计 PID 参数正定的模糊化矩阵表②。为进一步提高混合物各成分的计量精度和计量模块的动态响应，这里采用蚁群算法来优化模糊 PID 控制器的 $k_{\mathrm{p}}, k_{\mathrm{i}}, k_{\mathrm{d}}$。

2.2 蚁群算法优化模糊 PID

寻找最短路径的蚁群算法来源于蚂蚁寻食的行为，蚂蚁在觅食过程中通过信息素指引蚂蚁的行走，最终寻得最短路径③④。我们在动态系统求解时，可以利用蚁群算法来优化 PID 控制器的 $k_{\mathrm{p}}, k_{\mathrm{i}}, k_{\mathrm{d}}$ 这 3 个参数。蚂蚁 $k(k=1,2,\cdots,m)$ 在运动过程中，根据各条路径上的信息素的浓度决定转移方向，将在一个使系统稳定的有限参数区域内的每个节点记为

$$\{(x_i, y_j) \mid x_i = 0,1,2,\cdots,i; y_j = 0,1,2,\cdots,j\}$$

建立一组长度为 n 的数字序列来表示蚂蚁走过的节点，数字序列通过节点与每组参

① 袁海清，傅鹤林：《基于 T-S 模糊神经网络的边坡稳定性评价》，《公路工程》，2012 年第 2 期。

② 黎红，冯涛：《基于改进蚁群算法的 PID 计量精度控制系统研究》，《仪器仪表与分析监测》，2009 年第 1 期。

③ 唐红雨，陈迅：《基于蚁群算法的模糊比例积分微分参数优化》，《探测与控制学报》，2009 年第 1 期。

④ 李楠，胡即明：《蚁群算法在 PID 参数优化中的应用研究》，《中国水运》，2008 年第 5 期。

数(k_p,k_i,k_d)一一对应,蚂蚁 k 由节点 i 转移到节点 j 的概率为

$$P_k(x_i,y_j,t)=\frac{\varphi^a(x_i,y_j,t)\mu^b(x_i,y_j,t)}{\sum_{j=0}^{j}\varphi^a(x_i,y_j,t)\mu^b(x_i,y_j,t)} \tag{2}$$

式中:$\varphi^a(x_i,y_j,t)$——蚂蚁在运动过程中 i,j 节点连线上所积累的信息素浓度;

$\mu^b(x_i,y_j,t)$——在启发式因子作用下蚂蚁所选择的路径由节点 i 转移到节点 j 的期望程度;

a——蚂蚁在运动过程中所积累的信息;

b——启发因子在蚂蚁选择路径中所取的作用程度。

在 t 时刻,节点(x_i,y_j)上的期望程度为

$$\mu(x_i,y_j,t)=1-0.1\times|y_j-y^*| \tag{3}$$

式中:y——本次循环产生的解序列[①];

y^*——上一次循环中产生的最优性能指标所对应的解序列。

蚂蚁从初始点开始,经过 n 个单位时间到达终点,节点(x_i,y_j)上的信息素就会发生变化,信息素的更新公式如下:

$$\varphi(x_i,y_j,t+n)=\rho\varphi(x_i,y_j,t)+\Delta\varphi(x_i,y_j) \tag{4}$$

$$\Delta\varphi_k(x_i,y_j)=\begin{cases}\dfrac{Q}{F_k}, & k\in allowedk\\ 0, & otherwise\end{cases} \tag{5}$$

$$\Delta\varphi(x_i,y_j)=\sum_{k=1}^{m}\Delta\varphi_k(x_i,y_j) \tag{6}$$

式中:m——蚂蚁数量;

F_k——性能指标值;

Q——蚂蚁释放的信息素的浓度;

ρ——系数,且 $0<\rho<1$;

$k\in allowedk$——蚂蚁 k 本次循环经过节点(x_i,y_j)。

经过蚁群算法优化的 k_p,k_i,k_d 可通过如下迭代公式计算

$$\begin{aligned}k_p&=k_p'+\{e_i,ec_i\}_p\\ k_i&=k_i'+\{e_i,ec_i\}_i\\ k_d&=k_d'+\{e_i,ec_i\}_d\end{aligned} \tag{7}$$

在本文的算例中,通过仿真试验,确定 a 的最佳取值范围为 1.61~1.63,b 的最佳取值范围为 2.85~2.87,ρ 的最佳取值范围为 0.315~0.335,当 a,b,ρ 在该区域取值时,蚂蚁的吸引强度最强,系统向优化解收敛的速度最快[②]。系统中参数 $i=30$,$j=20$,$m=30$,$Q=50$。

蚂蚁在完成每次搜索之后,都会按照蚂蚁信息素更新规则进行更新。通过不断地重复上述过程,蚁群算法所搜索出的最终节点路径代表算法计算出的最优路径,其性能指标也最优,即 k_p,k_i,k_d 在蚁群算法中由节点值反映性能指标。蚁群算法的模糊 PID 控制结

① Christian Blum. Ant Colony Optimization Introduction and recent trends. Physics of Life Reviews,2005(2).

② 唐红雨,陈迅:《基于蚁群算法的模糊比例积分微分参数优化》,《探测与控制学报》,2009 年第 1 期。

构如图 2 所示。

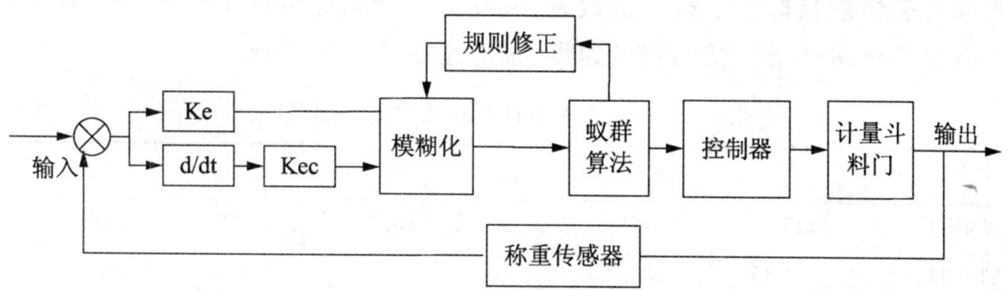

图 2　蚁群算法的模糊 PID 控制结构图

PID 参数的在线校正是由蚁群算法对模糊逻辑规则不断地改进、修正和运算完成的，称重计量时，由称重传感器检测计量信号，计算出 e 和 ec，再通过蚁群算法和模糊规则在线整定 PID 控制器的 k_p, k_i, k_d，然后将其及时由 D/A 送到气缸控制斗门开度，完成准确计量，提高了称重模块的动态性能。

3　仿真分析

蚁群算法优化模糊 PID 参数是一个动态的过程。实际称重模块主要环节包括电机转动、电机电磁、变频控制器和滞后环节，因此，沥青混合料搅拌设备计量精度控制系统可简化三阶模型①，传递函数为

$$G(s)=G_1G_2G_3=\frac{1}{s(s+1)(s+5)}e^{-0.5s} \tag{8}$$

仿真试验中，初始信息素为 0.01，$m=30$，$a=1.558$，$b=2.866$，$\rho=0.32$，$Q=50$，循环次数为 100。采用三种不同的 PID 控制在 Matlab 中仿真，并对它们进行比较，三种方案的单位阶跃响应输出如图 3 所示，计算结果和动态指标见表 1。

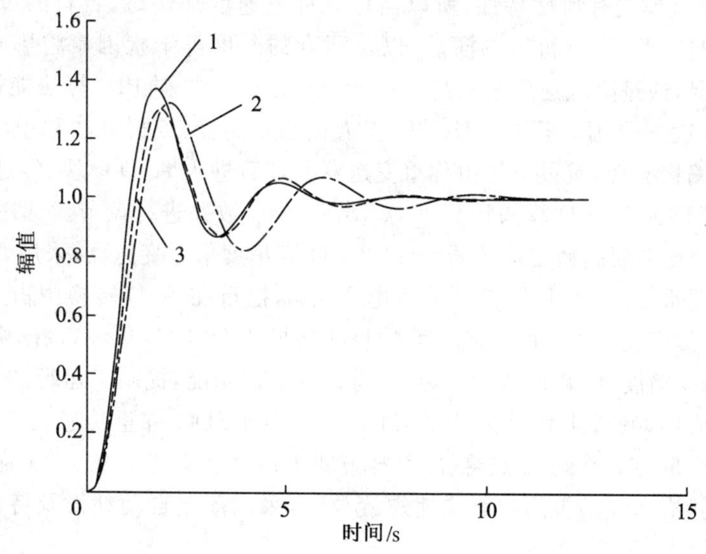

1—常规 PID；2—模糊 PID；3—蚁群算法的模糊 PID

图 3　系统单位阶跃响应曲线

① 胡学芝，徐唐河：《基于自适应模糊 PID 控制的电子皮带秤研究》，《湖北理工学院学报》，2012 年第 5 期。

从图 3 可看出，和常规 PID 控制相比，用蚁群算法优化模糊 PID 控制的称重计量系统的动态和稳态性能指标有了很大的改善，其动态性能指标也优于模糊 PID 算法，表明该算法能有效提高称重计量系统的响应速度、动态性能和稳态性能。

表 1　三种方案的计算结果和动态特性

方法	k_p	k_i	k_d	$\sigma/\%$	t_r/s	t_p/s	t_s/s
常规 PID	30.267	26.125	8.337	35.72	0.33	0.40	2.25
模糊 PID	18.925	12.318	3.115	17.30	0.48	0.61	1.21
蚁群算法模糊 PID	3.152	10.180	2.652	9.26	0.39	0.45	0.75

由表 1 可以看出，在采用本文算法计算出的控制器的控制下，系统的超调量和响应时间明显减少。

综合上述分析可知本文提出的算法效果更佳，可以从算法上有效解决搅拌设备动态计量时存在的过冲量反应慢、动态响应慢的缺陷，提高计量斗的计量精度。

4　硬件实现

以沥青计量为例，计量是通过沥青称量罐 3 个测点的测量数据实现，前提是 3 个点应在同一水平面上，重心处于三个点的中心，沥青料门的开度大小是通过气阀实现的。当沥青开始计量时时间计时器开始计时，当计量结束时，停止计时器计时，将计时器的值保存到临时寄存器 D1 中，通过多次的称量得到平均配料时间修正值 T=(上一次计量时间 d_1－本盘计量时间 t_1)/2＋原配料时间 T_y。当本盘配料时间大于平均配料时间的 120%时，停止沥青供给泵，此参数可根据需要设定更改。当沥青计量称中的实际值超过设定值的 120%时停止沥青供给泵，此参数可根据需要设定更改。沥青计量流程如图 4 所示。

动态配料称重过程可以看作是 SISO 系统，通常为高阶非线性环节的特性，且有 N 阶纯滞①。因为称重模块有惯性特性，所以当称重计量速度加快时，石料的过冲量、从下落到计量斗内的时间差、执行机构的滞后，以及沥青的黏度等干扰因素将影响石料计量精度。在实际情况，通过降低速度来提高石料计量精度。而蚁群 PID 算法能修正物料计量的误差，提高精度。采用三菱 Q00UCPU 作为核心控制器，蚁群算法和模糊 PID 控制均在此控制器中编程实现，重量信号由称重变送器处理后进入 A/D 模块，经过 A/D 转换后由 CPU 按照蚁群模糊 PID 算法计算 k_p，k_i，k_d 三个参数并进行调节。选用 METTLER-TOLEDO 的 TSB 系列高精度传感器和 TR200H 高精度信号变送器；采用调零电路，使传感器在承受料斗重量时，A/D 转换器输入电压为 0，把重在 A/D 转换中占有的数字部分让给料重占用，提高精度；选用三菱高速 A/D 转换模块 Q64AD 模块；该模块为四通道 A/D 转换模块，转换精度高，转换速度快，且具有通道隔离功能，提高了运行的稳定性。以粉料计量斗设备为例，硬件上设计采用 METTLER-TOLEDO 称重传感器 3 只，料斗为单斗、带密封门，容量为 500 kg，3 点悬挂，悬挂方式为每个点安装 1 个 0.3 t 称重传感器，放料方式为气动斜槽和气动蝶阀控制快速螺旋放料，采用落差自动补偿及特殊机械放料方式，如图 5 所示。

① 吴旋，张赤斌，吴钟鸣，等：《动态配料控制器的设计》，《金陵科技学院学报》，2008 年第 4 期。

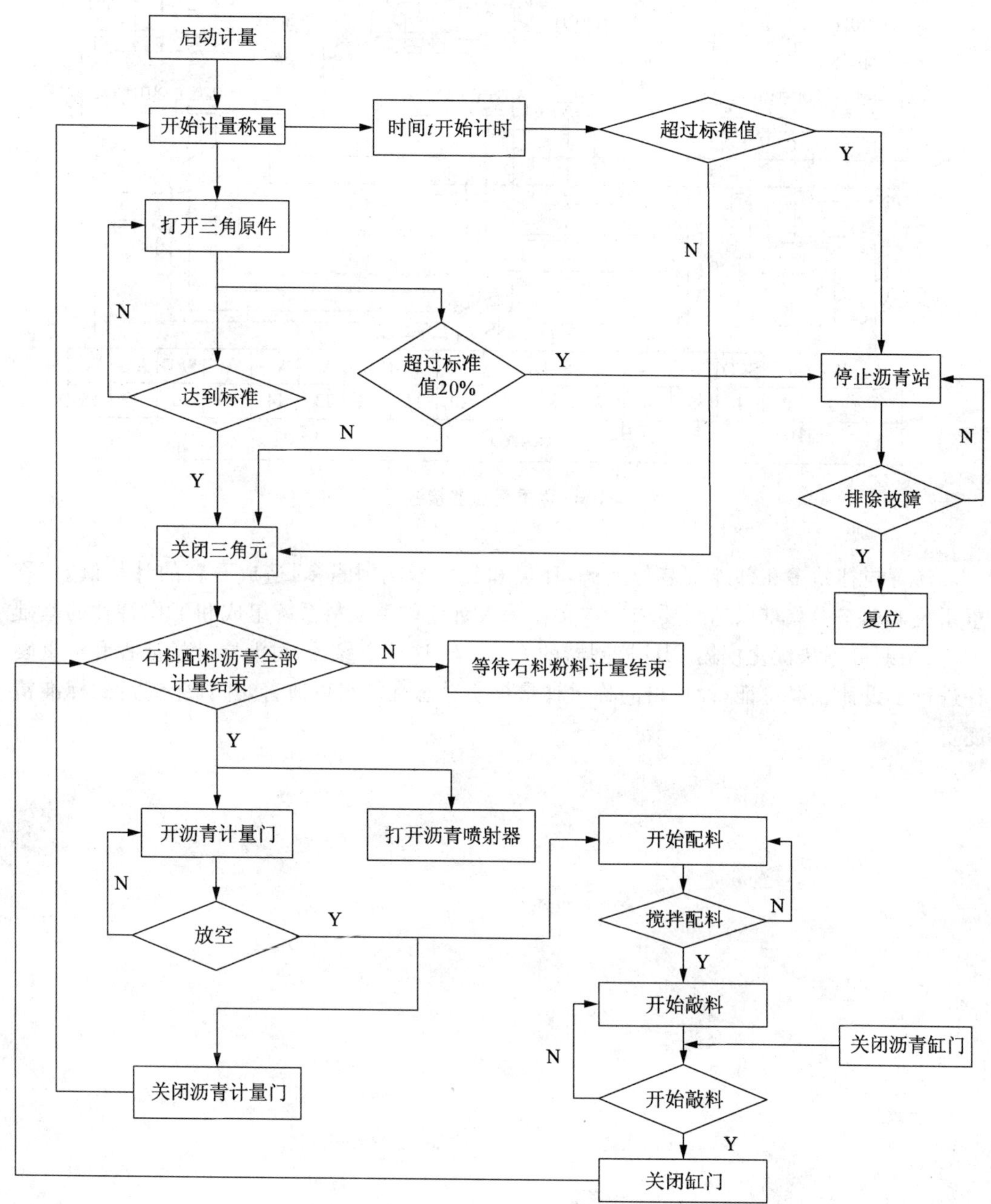
启动计量
开始计量称量
时间t开始计时
超过标准值
Y
N
打开三角原件
N
超过标准
值20%
Y
停止沥青站
达到标准
N
N
Y
排除故障
关闭三角元
Y
复位
石料配料沥青全部
计量结束
N
等待石料粉料计量结束
Y
开沥青计量门
打开沥青喷射器
开始配料
N
N
放空
Y
搅拌配料
Y
开始敲料
关闭沥青缸门
N
关闭沥青计量门
开始敲料
Y
关闭缸门

图 4　沥青计量流程图

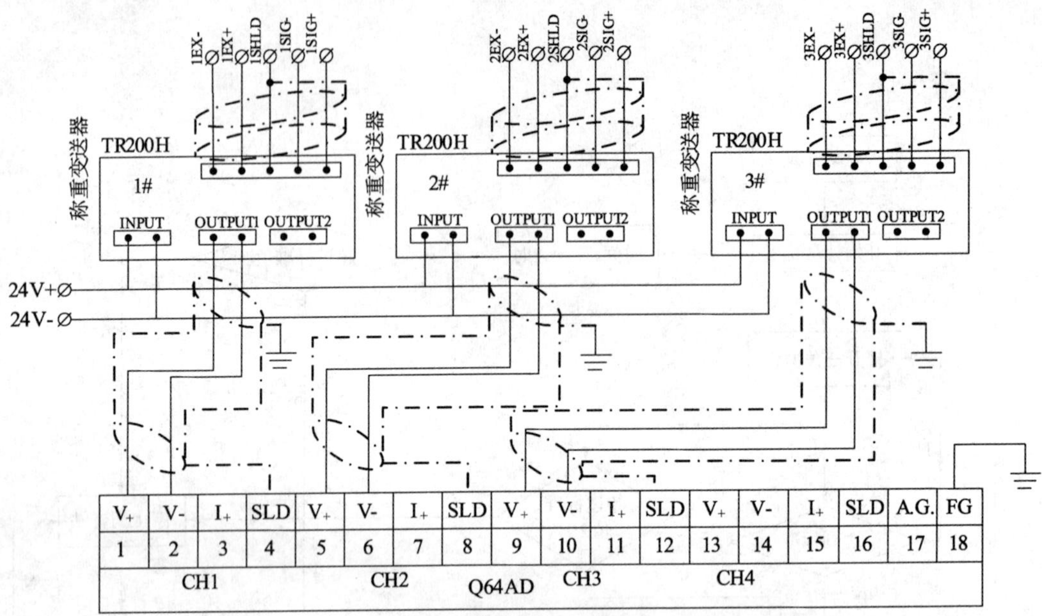

图 5　称重变送器接线图

沥青搅拌站多在郊外安装与生产，环境和气候影响因素多，造成石料的计量误差，称重系统的动态误差难以达到要求。本文在深入研究称重配料系统组成和工作特性的基础上，采用蚁群算法优化模糊 PID 控制器的 k_p，k_i，k_d 这 3 个参数，对沥青计量流程和称重硬件进行了设计。经验证，设计出的称重计量模块动态性能得以改善，并且能够达到标准精度要求。

降低LNG客车燃气消耗的分析与研究

李一纲

（江苏省镇江江天汽运集团有限责任公司 镇江 212004）

摘　要　本文通过对影响LNG客车燃气消耗因素的分析，提出了针对性改进措施，并组织实施，取得了较好的节气效果。

关键词　LNG客车　燃气消耗　改进措施　实施效果

液化天然气(Liquefied Natural Gas，LNG)作为一种清洁能源，其良好的燃料经济性、环保性、安全性得到了市场认可，符合国家节能环保、低碳经济的发展方向，近年来正被越来越多的公路运输企业推广使用。

2011年7月，江苏省镇江江天汽运集团有限责任公司成为省内首家购置LNG客车的客运集团，至今该公司LNG客车保有量已达170余辆。LNG客车的使用情况表明其节能减排效果显著，具有较好的社会效益和经济效益。

由于刚刚接触LNG客车，在实际“管、用、养、修”方面的经验有所欠缺，燃气消耗偏高，亟待分析原因采取针对性措施加以解决。

1　燃气消耗情况调查

对启用的第一批次的13辆LNG客车在2012年下半年的使用情况进行调查，各车的燃料消耗数据见表1。该批次车辆车型、配置相同，主要承担“厂企车”业务，月行驶里程较短。

表1　燃料消耗数据表　$m^3/100km$

序号	车号	7月	8月	9月	10月	11月	12月	平均单耗
1	苏LN1731	35.62	22.60	21.52	29.58	28.29	27.99	27.60
2	苏LN1831	34.47	30.37	29.20	29.91	27.23	29.54	30.12
3	苏LN1868	35.61	28.25	28.72	30.14	32.69	33.05	31.41
4	苏LN1869	32.52	16.87	14.47	23.14	25.44	26.76	23.20
5	苏LN1873	35.05	26.87	26.41	30.33	25.49	31.77	29.32
6	苏LN1877	33.62	19.77	18.85	26.50	26.17	27.91	25.47
7	苏LN1878	32.65	20.63	18.07	26.23	25.72	26.46	24.96
8	苏LN1879	35.62	21.78	22.82	28.45	29.49	31.76	28.32
9	苏LN1880	33.79	29.26	28.16	29.42	27.52	30.71	29.81
10	苏LN1881	36.05	23.99	22.51	27.54	30.40	29.01	28.25

续表

序号	车号	7月	8月	9月	10月	11月	12月	平均单耗
11	苏 LN1883	37.44	28.45	32.20	33.59	29.67	32.21	32.26
12	苏 LN1887	33.12	27.37	26.04	24.44	29.51	29.80	28.38
13	苏 LN1889	33.99	31.94	29.84	31.78	27.14	29.45	30.69

根据表 1 中数据可得出各车辆平均单耗与总平均单耗对比情况，如图 1 所示。

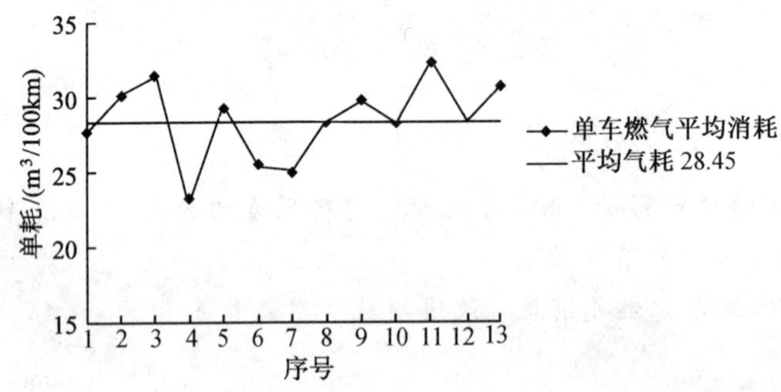

图 1　13 辆 LNG 客车单耗与平均单耗对比图

从图中可看出，近一半车辆燃气消耗高于平均气耗，且个别车辆单耗明显过高，波动幅度大，很明显有较大的降耗潜力。

2　影响燃气消耗的主要因素

通过对 13 辆 LNG 客车气耗数据的分析，调阅车辆运行和维修记录，上车考察驾驶员实际操作情况，综合分析认为影响燃气消耗主要因素有 5 个。

(1) 燃气系统保护性自排

因车载气瓶内液化天然气气化，瓶内压力升高，达到安全阀设定的压力范围时，系统会出现自排气以减压。车辆停驶或运行里程少时，出现自排减压的可能性较大，造成燃气损耗偏高。

(2) 点火系统故障

车辆运行过程中，随着运行时间的不断增加，火花塞电极会出现烧蚀，点火线圈性能衰退，发动机动力下降，导致气耗增加。

(3) 不熟悉燃气车性能

根据天然气发动机的特性，相同输出功率下，燃气机提速较柴油机慢，瞬时动力略显不足，不少驾驶员在实际操作中，仍然采取原有的燃油发动机车辆的操作习惯驾驶天然气车辆，导致气耗增加。

(4) 驾驶操作不规范

部分驾驶员运用经济时速驾驶车辆的意识不强，现场处理情况时操作粗暴，换挡时机选择不当，造成气耗增加。

(5) 奖惩考核制度未建立

未建立燃气消耗奖惩考核办法，不能充分调动驾驶员节气降耗的积极性。

3　针对性改进措施

针对上述影响燃气消耗的因素，提出以下相应改进措施。

(1) 调整车辆运行路牌,降低车辆自排损失

生产调度部门依据车辆运行时间,调整镇江班线路牌,增加车辆的日行程,在原路牌间行程 60 km 的基础上,提高至 160 km 左右,此举是为缩短燃料在储气瓶中的存储时间,减少车辆因低温液体气化造成的瓶内压力升高导致的自排损失,有效降低车辆无谓的燃气消耗。该措施实施后,节气效果非常明显,路牌调整前后燃气消耗情况见表 2。

表 2 路牌调整前后燃气消耗对比情况

车牌号	2012 年 11 月(调整前)			2012 年 11 月(调整后)			下降率%
	里程/km	燃气/m^3	百公里消耗/(m^3/100 km)	里程/km	燃气/m^3	百公里消耗/(m^3/100 km)	
苏 LN1889	2 040	647	31.72	4 494	1 220	27.15	14.41
苏 LN1873	1 932	585	30.28	5 792	1 470	25.38	16.18

(2) 定期更换火花塞、点火线圈,确保发动机性能良好

结合 LNG 客车特点和厂家技术指导,公司明确了 LNG 客车点火系统火花塞、点火线圈更换的周期:公交车行驶 8～10 万 km 更换一次,长途客车行驶 15～18 万 km 更换一次。另外,公司制定了《LNG 天然气客车供气系统使用维修规定》,并严格执行,保持车辆各项技术性能良好。

(3) 组织专题培训,掌握天然气车辆使用性能

2013 年 9 月,组织厂企车班组驾驶员进行专题培训,聘请客车厂家工程师进行授课,讲解天然气客车的性能及其使用维护技巧,从而使驾驶员掌握了天然气客车的性能特点和使用注意事项。

(4) 开展技能培训,规范驾驶员操作行为

针对天然气客车较柴油车的性能及操作上的差异,对超耗驾驶员实行专业的跟车指导,现场纠正不规范驾驶动作,确定换挡经济转速控制在 1400～1800 r/min。此举取得了较好的节气效果,跟车指导前后燃气消耗情况见表 3。

表 3 跟车指导前后燃气消耗对比情况

车号	2012 年 11 月(跟车指导前)			2013 年 11 月(跟车指导后)			下降率%
	里程/km	燃气/m^3	百公里消耗/(m^3/100 km)	里程/km	燃气/m^3	百公里消耗/(m^3/100 km)	
苏 LN1889	6 893	2 033	29.49	10 823	2 683	24.79	15.94
苏 LN1873	5 998	1 697	28.29	10 868	2 791	25.68	9.23

(5) 制订燃气消耗奖惩考核办法,调动驾驶员节能降耗积极性

2013 年 9 月公司制定了《LNG 客车燃气消耗考核规定》,每月定期进行消耗统计分析,并对燃气消耗异常车辆进行跟踪分析,排查异常消耗原因,加强燃气消耗的统计监管,严格执行节超考核。

4 实施效果

4.1 燃气消耗

2013 年下半年各项改进措施的落实到位,统计各车辆的燃气消耗,得到与 2012 年同

期段燃气消耗对比情况，见表 4。2013 年下半年 13 辆燃气车百公里消耗为 26.35 m^3，同比 2012 年下半年燃气消耗 28.45 m^3 下降 7.38%。

表 4　同期段燃气消耗对比情况

序号	车号	2012 年 7—12 月			2013 年 7—12 月		
		里程/km	消耗/m^3	单位消耗/(m^3/100 km)	里程/km	燃气/m^3	单位消耗/(m^3/100 km)
1	苏 LN1731	34 992	9 656	27.6	60 400	16 040	26.56
2	苏 LN1831	55 622	16 751	30.12	64 617	17 110	26.48
3	苏 LN1868	32 560	10 226	31.41	34 777	9 161	26.34
4	苏 LN1869	30 307	7 031	23.2	40 487	11 589	28.62
5	苏 LN1873	17 141	5 025	29.32	37 165	9 583	25.79
6	苏 LN1877	29 867	7 607	25.47	59 259	14 665	24.75
7	苏 LN1878	42 037	10 494	24.96	60 186	15 073	25.04
8	苏 LN1879	35 742	10 123	28.32	32 380	8 215	25.37
9	苏 LN1880	36 923	11 009	29.81	36 712	10 441	28.44
10	苏 LN1881	26 090	7 370	28.25	39 569	9 802	24.77
11	苏 LN1883	23 763	7 667	32.26	35 470	9 871	27.83
12	苏 LN1887	21 499	6 101	28.38	64 017	17 278	26.99
13	苏 LN1889	20 988	6 442	30.69	33 425	8 883	26.58
	合计	407 531	115 504	28.45	598 464	157 712	26.35

4.2　经济效益

13 辆车下半年节约燃气费用＝2013 年下半年行驶总里程×原每百公里平均消耗×下降百分比×燃气价格＝598 464×28.45/100×7.38%×4.2≈52 775 元

如在江天集团现有 170 辆 LNG 客车上推广使用，同比一年可节约燃气费用 138 万元左右。

本文结合 LNG 客车使用中发现的问题，提出可操作性的管理手段和方法，针对性地实施有效措施，提高了 LNG 客车的使用经济性和运行可靠性。随着 LNG 客车产品的日益成熟，专业化企业管理不断增强，LNG 客车将会为道路运输企业带来更大的节能降本效果。

沥青混合料厂拌热再生设备及关键技术探析

蒋红英　朱剑铭　杨　恩
（江苏华通动力重工有限公司　镇江 212003）

摘　要　通过介绍沥青路面的再生技术和厂拌热再生工艺，探讨了厂拌热再生设备的选配。重点介绍了高位布置的间歇式沥青混合料厂拌热再生设备的组成及相关技术。

关键词　沥青混合料　厂拌热再生　回收料

沥青混凝土路面经过一定年限的使用，受交变应力、循环应力等的影响，以及沥青老化和冰冻、高温的交替作用，出现诸如网裂、沉陷、车辙、拥包等各种病害并逐步扩展，致使路面结构难以适应不断增长的交通量要求，严重影响行车的安全性和舒适性，必须加以及时修复。如何处置每年不断增长的沥青混凝土路面废料将成为必须面对和解决的问题。同时，重新铺筑沥青混凝土路面所需的大量沥青和石料也将使我们面临巨大的资源压力。对废旧沥青混合料的再生利用，不仅可提高作业效率、节省施工成本，而且符合现代社会对于环保节能方面的要求，具有明显的经济效益与社会效益。

1　沥青路面再生技术

如图 1 所示，沥青路面再生技术分为就地冷再生技术、厂拌冷再生技术、就地热再生技术和厂拌热再生技术。不同的再生技术适用于不同的施工要求，对应不同的工艺和设备。

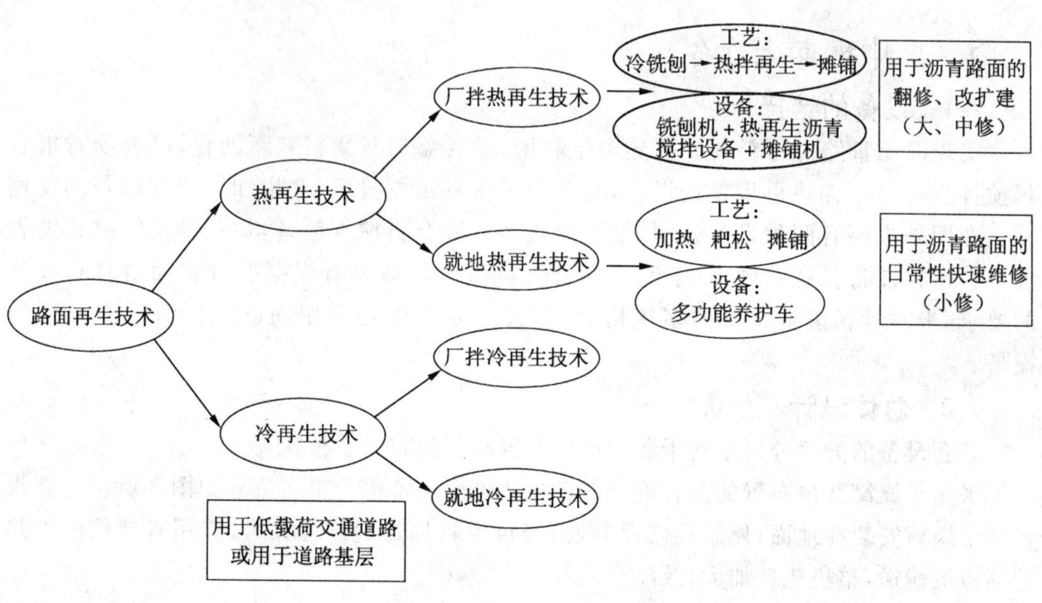

图 1　沥青路面再生技术分类

相对于冷再生而言，热再生沥青混合料强度高、再生利用率高、路用性能良好，代表了废旧沥青混合料再生的主流方向，是目前世界上应用最为广泛的沥青路面再生方法。以下主要介绍热再生技术。

就地热再生施工采用多功能养护车，连续加热、耙松、添加再生剂、加热、搅拌、摊铺等工艺。其特点是施工周期短、对交通干扰小、运输量小、环保性好，但设备系统复杂、技术水平要求高、一次性投资大。就地热再生技术不能利用现有的摊铺设备和技术，而且要求公路面层损伤较轻，联结层和基础层较完好，适用于沥青路面的日常性快速维修。

厂拌热再生，是将旧沥青路面经过翻挖、回收、破碎、筛分后进行加热，与新沥青材料、再生剂(如需要)、新集料等按一定比例重新拌和成新的沥青混合料，运送到施工现场，摊铺、碾压，完成路面修建。其工艺如图 2 所示。根据对废旧沥青混合料中沥青含量、老化程度、碎石级配等性能指标的检测分析，可向其添加适量粒径合适的新集料来调整集料的级配，添加新的高标号的沥青来调整混合料的油石比，必要时还可添加再生剂来改善沥青的老化，在加热状态下对新的沥青混合料搅拌混合，即可将其性能提升到满意的程度，使之符合《沥青路面施工及验收规范》的要求。厂拌热再生的工艺、质量易于控制，可对不同的旧材料进行再生，但施工周期长，对交通干扰大，运输费用也较高。

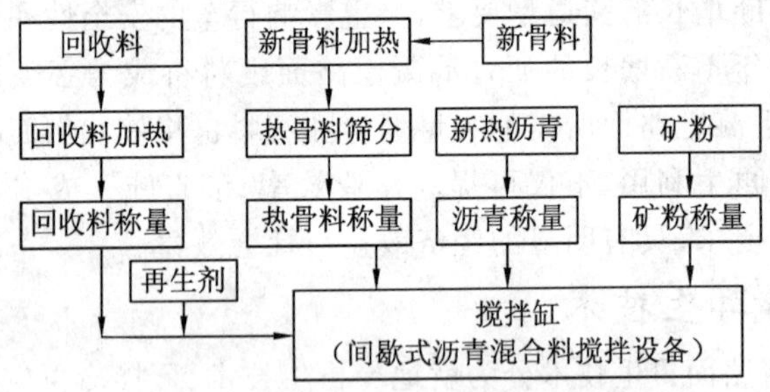

图 2　沥青混合料厂拌热再生工艺

2　厂拌热再生设备

2.1　设备的选择

实现旧沥青路面材料的厂拌热再生利用，需要添加新集料和新沥青，已有沥青混合料搅拌设备是厂拌热再生首选设备，既避免了设备重复投资，又增加了原有设备的使用率。在国外主要有两种设备：一种是连续式沥青混合料搅拌设备，另一种是间歇式沥青混合料搅拌设备。在我国，由于绝大部分骨料供应厂商没有根据沥青路面对骨料级配的要求，来对骨料进行严格的多规格分类，公路施工中均采用间歇式沥青混合料搅拌设备。

2.2　总体设计

整套设备的配置分再生料干燥筒低位布置和高位布置 2 种。

采用干燥筒低位布置的沥青混合料厂拌热再生设备生产工艺流程如图 3 所示。该设备的干燥筒安装在地面，便于维修保养，但因再生料加热后黏性大增，需用有导热油加热的刮板机输送，整机能耗加大，故障多。

采用干燥筒高位布置的再生设备生产工艺流程如图 4，其干燥筒安装在再生设备的最高层，提升的是冷再生料，加热后的再生料直接落下进入储料仓，相对而言占地面积小、能耗低，但安装、调试及维修保养难度相对加大。从再生设备本身布置到和间歇式沥青混合料搅拌设备的总体布局考虑，干燥筒高位布置占有优势，也被大多数国内厂家所采用。

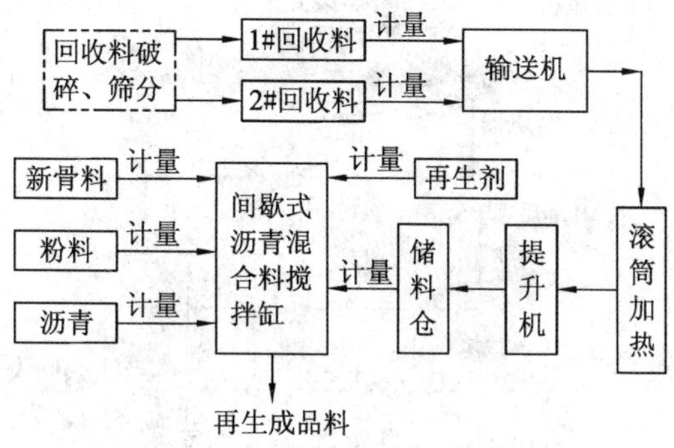

图 3　干燥筒低位布置

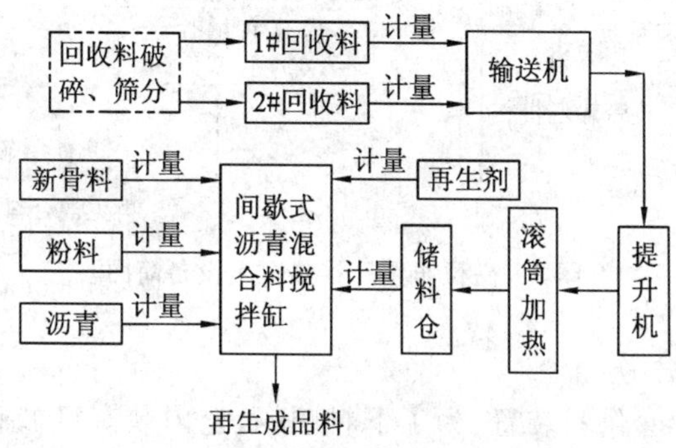

图 4　干燥筒高位布置

间歇式沥青混合料搅拌设备增加这种新功能，涉及的关键部件是搅拌缸，因进入拌缸参与搅拌的料增加了再生料，如果拌缸功率和容量不能满足全负荷工作时的要求，原搅拌设备将会在使用这一新功能时，除拌缸外的工作部件都不能满负荷工作，配置上出现浪费。回收料掺加量是根据回收料的性能指标和施工规范要求确定的，回收料(RAP)最大添加量为50%。如果充分考虑搅拌总量，拌缸部件配置合理，可以在使用这一新功能时充分发挥各部件的能力，增加生产率。

3　高位布置厂拌热再生设备的组成及相关技术

高位布置间歇式沥青混合料厂拌热再生设备主要由回收料供给、回收料提升、回收料加热、回收料保温储存、回收料计量、回收料输送(进入原有设备搅拌缸)、烟气处理、电气控制等部分组成，其结构简图如图5所示。

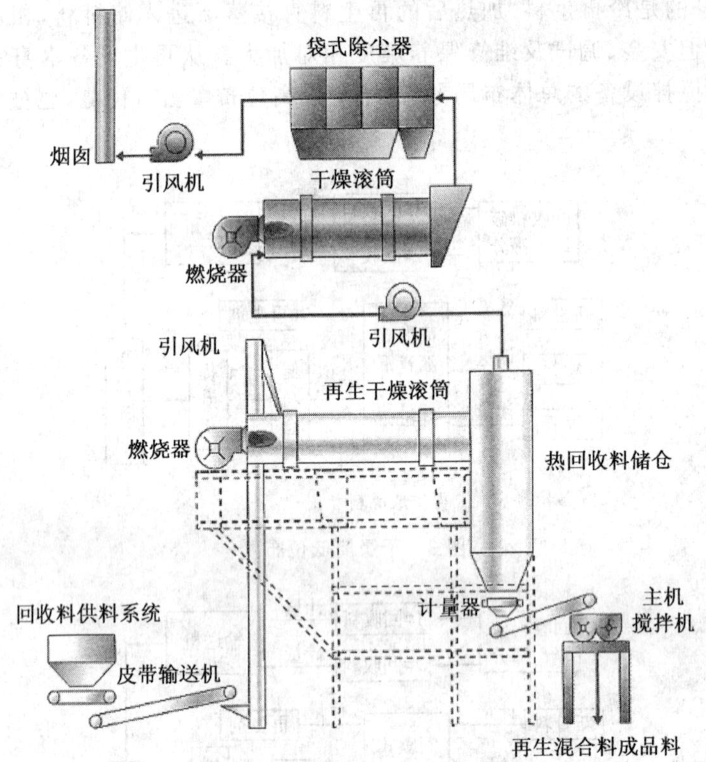

图 5　高位布置厂拌热再生设备简图

3.1　回收料供给

通常回收料采用两套供料装置，为了下料顺畅，仓内装有机械破拱装置，仓壁上有振动电机。因回收料不再进行筛分，供料的配比要求较严格，仅通过闸门的开度和输送带的速度（容积式计量）控制配比，不能满足其要求。在给料机的出料端装有一套电子称重装置，皮带上的物料通过称重托辊时，传感器将物料的重量信息传递到称重仪表换算成给料量（二级称重计量），再通过 PLC 控制器调节变频器的工作频率，改变输送带速度，级配更准确。

3.2　回收料提升

在干燥筒高位布置的设备中，需将计量后的回收料提升到干燥筒中。普通的垂直斗式提升机就可满足工作需要，其技术成熟、成本低，被广泛采用。

3.3　回收料加热

采用顺流式干燥滚筒单独加热回收料，四托辊摩擦驱动。进料端（进热气区段）用导料板引导回收料快速进入热交换区，不堵住入口。出料端相应位置有测温装置，通过气体温度（170～180 ℃）反馈调节火焰大小，控制料温（国标规定温度为 110～130 ℃）。由于回收料加热后，黏度大、流动性差，附着黏结在筒壁和提料器上，需常清理。有效解决热料的黏结问题仍然是有待攻克的难题。

间歇式沥青混合料搅拌设备中，骨料直接与火焰接触进行加热，会促使沥青进一步老化。为防止老化现象的发生，要避免回收料与明火直接接触，这也是回收料再生中的关键技术之一。目前国内多采用在燃烧器与干燥筒之间增加专门的燃烧室，燃烧器的火焰在燃烧室内燃烧，通过引风机将燃烧的热空气引入干燥筒，回收料在干燥筒内通过热空气加热，完全避免与火焰接触，保证了沥青回收料的良好和可靠加热。

3.4 热回收料储存涉及的问题

(1) 防离析。圆筒式仓防离析效果较好；方形仓容量大，但防离析效果较差，可以在仓内角处加弧板解决。

(2) 仓壁、仓门的加热保温。可以用导热油加热或电加热方法对其进行加热保温。

(3) 料位控制，尤其是上料位。通常用料位计控制上下料位。由于热回收料的沥青易黏结，会影响料位计正常工作，因此需要寻求一种更有效的料位控制方法。通过称重传感器控制重量实现料位控制的方法的出现便解决了这一问题。

3.5 热回收料的计量与输送

热回收料的计量通常采用拉式或压式传感器实现。为释放因落料产生的内部正压，保证计量精度，计量斗上设有排气装置。为让料快速下落，计量斗斗壁的坡角要大于60°。另外，计量时，计量斗和放料门也要加热保温。

计量斗放料到进入搅拌缸的时间，关系到整机的生产效率，因拌缸工作周期包括放料时间，放料时间加长，则效率降低。计量后的热料到搅拌缸的输送也至关重要，目前采用的输送形式有如下5种。

(1) 带保温滑槽式

带保温的滑槽从计量斗下方延伸到搅拌缸，利用物料的自重进行输送，快速可靠。由于热料黏结，卸料倾角要尽可能大，不能小于60°，这样厂拌热再生设备整体高度要加高。这种输送形式是一种简单可行的方法。

(2) 带保温刮板输送机

这种结构包括了和计量斗组合在一起的刮板输送机(上刮板输送机)、双卧轴间歇式搅拌缸和拌缸下面的刮板输送机(下刮板输送机)。计量斗通过上刮板输送机的走向确定将计量后的热料放入自带拌缸还是主机拌缸。在需要再生剂时，计量后的热料放入自带拌缸，并加入再生剂进行预搅拌，然后通过下刮板输送机到主机拌缸；在不需再生剂的情况下，计量后的料放入下刮板输送机进入主机拌缸。这类输送机结构先进，但成本较高。

(3) 带保温螺旋输送机

用带保温的螺旋输送机将计量后的热再生料直接送入主机拌缸，壳体有加热保温，上盖可以打开，便于维修。

(4) 带保温双卧轴连续式搅拌缸

计量后的料从拌缸的一端进入，另一端输出后进入主机拌缸，由导热油加热。此类搅拌缸上盖可以打开，便于维修清理；底部有应急放料门，在突发故障时，缸中的存料及计量斗和储料仓中的料可及时放出。再生剂计量后可以在这里与回收料进行预搅拌。采用该方法输送时，值得注意的是入口放料不能过急或过于集中，否则拌缸能力要远大于正常需要。

(5) 皮带输送机

皮带输送机输送热回收料在早期的厂拌热再生设备上有应用，目前已极少使用。主要是由于这种输送方式无法实施加热保温，黏结问题更难处理。

3.6 烟气处理

回收料加热干燥过程中产生沥青烟气，直接排放会严重污染环境；通过主机除尘系统排放,未完全燃烧的轻质油会黏结在过滤元件上而影响除尘系统的工作性能。随着人们环保意识的加强,烟气处理效果已成为衡量设备性能的重要技术指标之一。二次燃烧,使热量再利用,节约能源,减少污染,是目前广泛应用的方法。

将回收料加热干燥过程中产生的废气,通过引风机强制从配套设备干燥筒燃烧器端排入,再次燃烧,和新骨料的粉尘一起经主机除尘系统处理后排放。废气的强制排入会引起干燥筒中负压的变化,影响燃烧器正常火焰的稳定性,直接影响整机的产能。尤其在回收料含水率不稳定时,影响更为严重。这也是有待解决的关键技术问题。目前改善的方法是在废气被引入时分多而细的气道,使气流均匀分散。另一种相似的方法是用两台引风机将废气分别排入主机干燥筒和再生设备燃烧室中。进入再生设备燃烧室的这部分废气可以部分地多次燃烧再除尘排放。

3.7 电气控制

主要通过工控机和可编程控制器来实现设备整个生产流程及生产管理控制。根据输入信号完成指令要求,并实现信号输出。主机和再生设备的计量系统要能联动或分动。

在国内选择间歇式沥青混合料搅拌设备扩展新功能,来进行沥青混合料的再生,可避免重复投资,节约成本;热再生设备有一套独立的加热计量系统,能更好地选择加热方式,防止沥青老化,且单独计量系统使回收料的计量更准确;对旧沥青混合料回收利用,不是简单的加热重新摊铺,为了满足公路施工规范的要求,必须加入新的集料和沥青,使之完全达到与新混合料同等质量。

沥青混合料搅拌设备振动筛设计的技术探讨

朱剑铭　徐宝元　杨宝林
（江苏华通动力重工有限公司 镇江 212003）

摘　要　为保证沥青路面质量，沥青混合料搅拌设备对所用骨料有着较高的级配要求，因此对振动筛的筛分效率也尤为严格。沥青混合料搅拌设备振动筛的筛分对象是热骨料，筛体及其筛网会产生热应力和热变形，偏心轴激震器部位的热量较难散失；振动筛位于沥青混合料搅拌设备拌和楼的顶部，振动筛工作过程中，会产生大量的粉尘，对环境造成影响；为提高沥青混合料搅拌设备的计量精度，振动筛对拌和楼自身减震性也提出了较高需求。通过介绍振动筛在沥青混合料搅拌设备上的应用，就沥青混合料搅拌设备上振动筛的几个设计技巧，进行了技术探讨。

关键词　沥青混合料搅拌设备　振动筛　设计技巧　技术探讨

1　振动筛在沥青混合料搅拌设备上的应用

振动筛是沥青混合料搅拌设备中的核心部件，用于筛分骨料，使骨料按照指定的级配分成若干种规格，进入相应的热储料仓。其工作原理：利用激振器产生激振力，使骨料在筛面上不断地被抛起、落下，同时向前运动；通过配置不同孔径的筛网，即可筛分出不同规格的骨料，合格的热骨料进入热料仓，超大料通过溢料管溢出。

沥青混合料搅拌设备如图 1 所示，其振动筛处于拌和楼的最高处。在振动筛分热骨料时，会产生大量的粉尘，故振动筛设有除尘烟道，除尘烟道和拌和楼的除尘风机相连，在筛分机内形成一定的负压，保证筛分机工作时，灰尘不从筛分机的密封胶皮处泄漏，以满足环保要求。

图 1　沥青混合料搅拌设备

按照振动轨迹，常用的沥青混合料搅拌设备的振动筛可分为圆振筛和直线筛。

(1) 圆振筛

圆振筛处理能力强，筛分效率高，技术参数合理，结构强度、刚度高，运转可靠，噪音小。根据激振器中心是否和筛体重心重合，圆振筛又可分为纯圆振筛和椭圆筛。

① 纯圆振筛：激振器中心和筛体重心重合，筛体上各点的振动轨迹和激振器一样，均为圆形。圆的半径即为振幅。

② 椭圆筛：激振器中心在筛体重心之上，筛体一边做圆形运动，一边绕重心摆动。除了筛体重心的振动轨迹为圆形外，其他各点均为椭圆。椭圆的短轴半径即为振幅。距离重心越远，椭圆的形状越明显。

(2) 直线筛

直线筛可采用振机驱动，两台振机作同步反向旋转，平行于振机中心线方向的激振力互相抵消，垂直于振机中心线方向的激振力叠加为一合力，故筛体的运动轨迹为一直线。两台振机中心线的法线相对于筛面有一个夹角，即振动方向角，它决定了激振力在平行和垂直于筛面方向上分力的大小，物料在这两个分力的作用下，跳跃式地向前运动，从而实现物料的筛分。

目前在 2000 型以下沥青混合料搅拌设备的振动筛基本都采用单轴圆振动筛，在 3000 型以上大型沥青混合料搅拌设备的振动筛基本采用双轴直线筛。

2 沥青混合料搅拌设备上振动筛设计技巧的技术探讨

2.1 振动筛进料口分料结构技术探讨

沥青混合料搅拌设备的热骨料由提升机提升后再进入振动筛，经提升斗抛出的热骨料直接冲击振动筛上层筛网，容易造成筛网破损。为此可以在振动筛上部设计一接料挡板，使用分料技术，使物料尽可能地在到达筛面后均匀铺开，以提高筛面的利用率；同时接料挡板还能缓冲热料对筛网的冲击，从而提高筛网的使用寿命。振动筛进料口分料结构如图 2 所示。

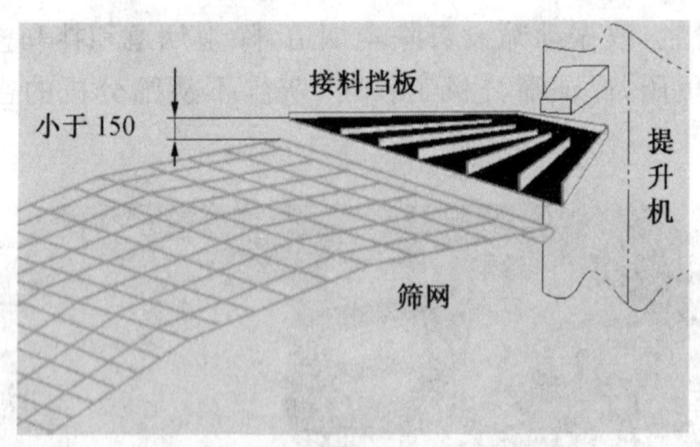

图 2 振动筛进料口分料结构

2.2 振动筛防离析的技术探讨

热骨料由提升机提升后再进入振动筛进行筛分。由于筛面是有一定面积的，热骨料进入筛面后陆续被分散，筛分时细粒料先通过筛面，较粗的料陆续扩散通过筛面(如图 3a 所示)。一号料仓内细料先进入储存仓，然后较大的料进入，最后进入的是最大的料。这样在热骨料储存仓内形成粗细料分离的现象，即在热骨料储存仓内形成料由细到粗排列的现象。同时,当热骨料计量时从热骨料储存仓内流出的料会有离析现象。为避免此离析现象,可在振动筛底层筛网下部增设料导向结构(如图 3b 所示),将料引导到中间位置再落下。

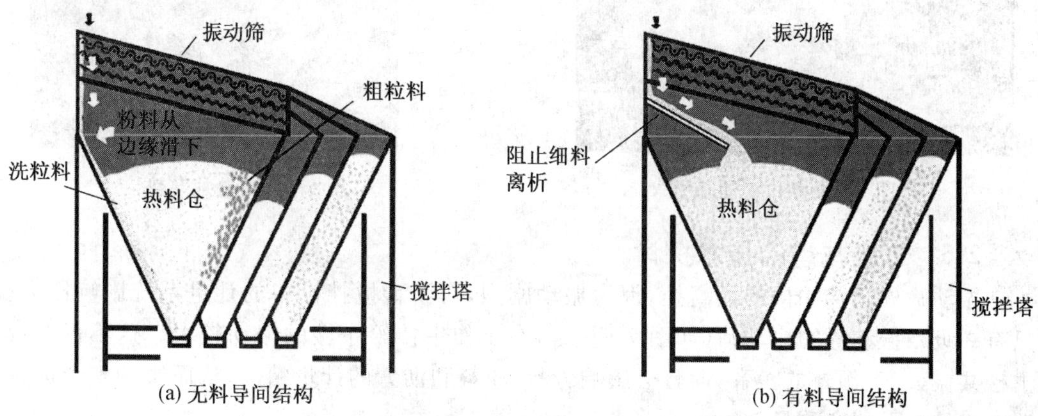

图 3　振动筛防离析结构

2.3　振动筛激振器万向节传动的技术探讨

电动机是振动筛基本的动力源,在筛分过程中,减震与保护电动机及动力传动装置,保障振动筛正常运行是最基本的要求。

普通的振动筛电机与振动轴通过皮带连接,皮带容易损坏或松动,需要经常调整且调整困难,而且电机放在振动筛外壳上,随着振动筛的振动,电机本身的振动较大,容易损坏,降低使用寿命。

振动筛采用万向节传动后(如图 4 所示),可消除径向力,使振体振动更加均匀。同时也避免了皮带传动中所出现的因皮带故障电机的振动,提高了电机的使用寿命,且不需要经常调整皮带,降低了劳动强度。

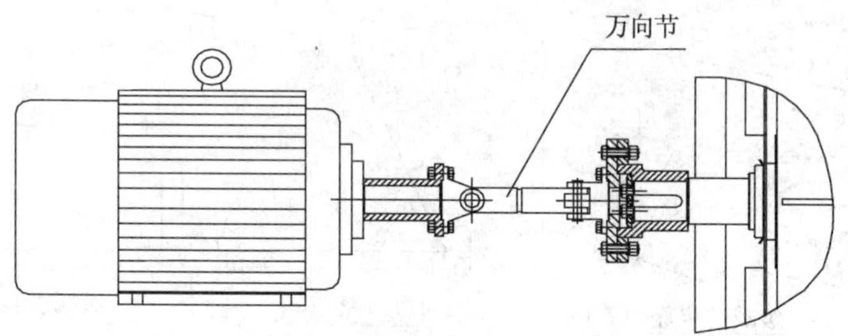

图 4　振动筛万向节传动

2.4　中置式振筛轴承散热的技术探讨

当沥青混合料搅拌设备上用中置式振动筛(如图 5 所示)时,由于筛分骨料的温度大都在 160 ℃左右,可以在中置振动轴的轴承旁边加装风扇叶片散热冷却(如图 6 所示),这就解决了中置振动轴承受热工况恶劣的问题。

图 5 中置式振动筛

图 6 风扇叶片散热

2.5 二级减震的技术探讨

振动筛处于拌和楼的最高处，因为振动剧烈，对沥青搅拌设备的计量系统影响巨大。只有一级减振装置的振动筛（如图 7 所示），在工作中传给主楼的振动较大。这不仅造成主楼共振，产生额外的噪音，而且会影响骨料、粉料和沥青的计量精度，从而影响整个沥青混合料的油石比和质量。

如果在振动筛设计时，在下部设计减振弹簧，可减少传给主楼和基础的振动（如图 8 所示）。同时通过高温橡胶和防层布密封，解决粉尘外泄。根据筛体和筛壳的整体重心确定 4 个二级减振装置的位置，首先要保证静态的平稳，其次要保证振动过程中筛壳不触及主楼框架。安装时，先将二级减振装置安装在主楼框架上，再将振动筛安装在二级减振装置上。筛壳和主楼框架之间为密封装置，防止石料和粉尘逸出。工作时，二级减振装置和一级减振装置一起，构成一套减振系统，能极大地减小振动筛传给主楼的振动，保证沥青混合料搅拌设备的计量精度。

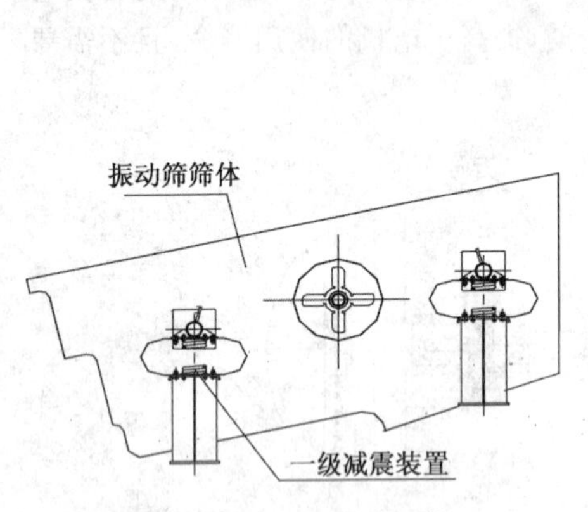

图 7 振动筛和一级减震装置

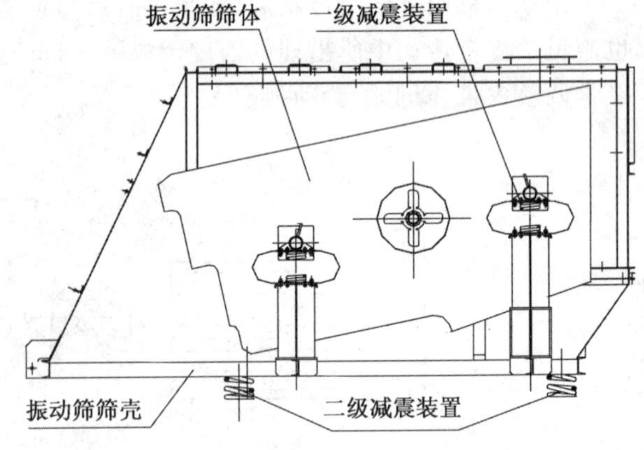

图 8 振动筛和二级减震装置

2.6 震动体横向阻尼装置设计的技术探讨

振动筛在启动或制动时，震动体上下、左右晃动较大，而震动体左右摆动，对振动筛的主震簧危害极大，在振动筛正常生产时，震动体左右摆动也严重影响筛分效果。故在振动筛设计时，可以在弹簧座上加板簧或横向装有阻尼装置，来限制筛子做横向摆动及减少筛子共振时的振幅。

2.7 筛网与支撑梁线接触的技术探讨

在产品设计上，必须要考虑筛网的张紧，保证筛网的各支承点组合为一圆弧，圆弧的线轮廓度误差不大于 1 mm，做到筛网与支撑梁线接触，两者之间无间隙，如图 9 所示。这样可以避免因筛网与支撑梁的相对运动形成相互撞击，造成的筛网频繁断裂问题。

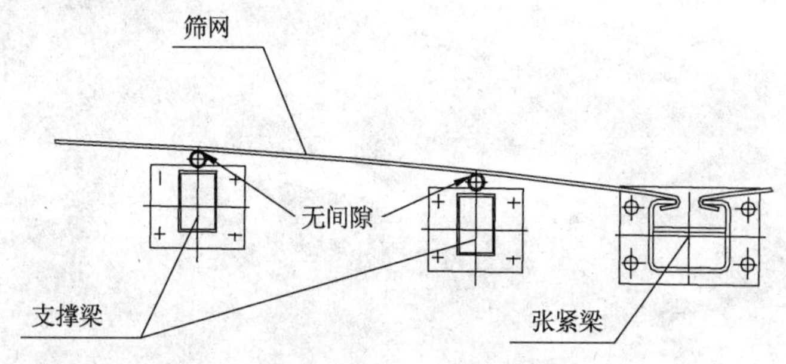

图 9　筛网与支撑梁的接触

2.8　Z 字形横梁张紧筛网的技术探讨

沥青混合料搅拌设备上用振动筛一般有 4～6 层筛网，为了缩小振动筛的体积，每层之间的空间比较狭小；由于被筛分骨料的温度大都在 160 ℃左右，故振动筛筛体温度很高；为防止灰尘泄漏，振动筛外装有密封罩壳，这也使其内部光线较暗。

当振动筛的振幅过小或者当骨料的粒径接近网孔时，会导致筛网堵塞；当骨料对筛网的冲击过大或者长时间地摩擦筛网，会导致筛网损坏。无论是哪种情况都需要及时地清理或者更换筛网。

目前，市场上常用振动筛的筛网张紧结构如图 10 所示。随着振动筛的振动，横梁中间会不断地积料直至积满，结果筛网 1 和筛网 2 被积料卡住。一旦出现换筛网的情况，只有将积料全部清理干净，而清理积料需要维修人员爬着进入筛体内部，在高温的环境、狭小的空间、黑暗的光线、全是灰尘的筛体内部清理，既费时又费力。

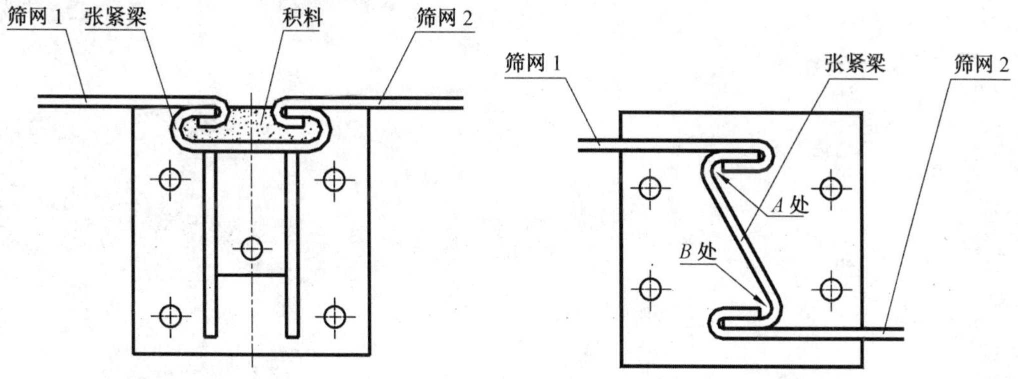

图 10　常用振动筛筛网张紧装置　　图 11　Z 字形横梁张紧筛网装置

在振动筛设计时，可把拆装筛网张紧装置的横梁设计成类似 Z 字形（如图 11 所示），拉钩方向向外，筛网 1 和筛网 2 分别通过两个拉钩张紧在横梁上。其中，A 处在振动筛的使用中不会积料；而 B 处即使有积料也不会卡住筛网。当需要拆卸筛网时，维修人员只要松开筛体外面的张紧装置（如图 12 所示），即可轻易地取出筛网，不需要进入筛体内部。

图 12　Z 字形横梁张紧筛网装置截面图

振动筛作为沥青混合料搅拌设备中的核心部件，其筛分结果决定各种热骨料的组成成分，筛分级配效率及生产率又影响着公路施工的质量和速度。因此，在沥青路面施工中，为满足对骨料级的要求，应从多方面对振动筛进行优化，关注振动筛从设计、制作到调试、出料生产的各个环节，不断发现问题、分析问题、解决问题。

内燃机油使用中质量分析与发动机故障诊断

蒋红英　杨宝林
（江苏华通动力重工有限公司 镇江 212003）

摘　要　通过了解内燃机油使用中质量的变化原因，阐述了油滴斑点分析法与铁谱定性分析相结合，在机油质量监测和故障诊断中的应用。介绍了油滴斑点图谱的制作及铁谱分析中磨损颗粒的特征和分析方法。

关键词　内燃机机油　油滴斑点图谱　铁谱分析　磨损颗粒　发动机故障诊断

内燃机油广泛用于工程机械、车辆、船舶等发动机的润滑。它是润滑油中用量最多的一类油品，约占润滑油总量的50%左右。对使用中的机油进行质量分析，不但能实现按质换油，还可以结合润滑油中磨损颗粒的特征和发动机的结构特点，实现发动机不拆卸故障诊断。

1　内燃机油在使用中变质的因素

内燃机油使用一段时期后需要更换，主要有两方面的原因：一是油中积累了污染物，二是油品本身发生化学变质（氧化和添加剂降解）。这两大因素引起油品质量下降，从而影响它的性能，引发发动机故障。引起机油变质的主要原因有以下几点。

（1）氧化

凝结在发动机缸壁上的燃烧副产物（如水、酸性物质），进入到曲轴箱内，使机油氧化变质；机油本身因高温也会氧化变质。

（2）燃料稀释

当发动机启动和操作不正常，或者供油系统出现故障时，未燃烧的燃料便顺汽缸壁进入机油中，降低了机油的黏度。燃料稀释机油，会降低机油中添加剂的性能，并使油膜强度下降。

（3）杂质污染

进入机油中的杂质，主要是外来的灰尘、砂土及磨损的金属颗粒，这些物质加速了油品的变质老化，也加剧了机件磨损。应定期更换机油滤芯和空气滤清器能减少油中污染物。

（4）水分渗入

内燃机油中水分渗入主要是冷却系统密封不严造成的。水分会破坏机油润滑性能，降低黏度和油膜强度，低温时还会结冰影响机油流动。水分还会使添加剂分解沉淀，促使机油氧化变质，增加油泥，使酸值增高并腐蚀机件。

(5) 沉积

当发动机启动和预热时，不完全燃烧的产物增加。发动机轻负荷、低速运转会比高负荷运转产生更多的不完全燃烧产物。润滑油中清净分散剂能够分散这些物质，使它们悬浮在油中，维持一段时间。当清净分散剂消耗到一定程度时，悬浮物将很快从油中析出，形成油泥和漆状物，使滤清器堵塞。

2 使用中机油质量分析

(1) 采样

图谱制作、状态监测都需要油样。一般油样采量应不少于 60 mL，采样周期约 50 h。采集的油样要有代表性，能充分反映机油和发动机的真实情况。采样时，发动机必须中速运转，油温≥40℃或水温约 80℃。油温在 40℃以上时，油中的杂质能均匀分散。发动机中速运转是为了避免速度过低时死角处杂质不被冲起，速度过高时会将油箱等壁上的杂质冲下。

采样时，采用二次采样法，即从油标尺口取样，因第一次采样代表性差，只留用第二次的采样，抽油管应插到油底壳中部为佳，该处油液能代表油箱中油的总体状况。

铁谱分析的油样必须在磨损颗粒达到动态平衡(磨粒的产生与过滤平衡)时，才有分析价值，据此判断故障才更准确。

(2) 质量分析

在设备较集中的地方，如果条件许可，化验人员可定期取样，用常规的分析设备，逐项进行分析，但做完这些项目需要专门的化验室及较长的时间和较高的费用。使用现场快速分析仪和油滴斑点分析法，在设备现场就可以对使用中机油进行分析，及时跟踪机油变化情况，为使用中内燃机油的质量分析提供快捷、经济、可靠的手段。这里主要介绍油滴斑点分析法。这种方法可用于内燃机油使用中质量定性分析，其关键技术在于制定标准斑点图谱。

“油滴斑点色域判查内燃机油使用中质量的研究”课题，通过大量试验及各种检测结果分析后，将正常油滴斑点划分为 4 个圈域，分别对使用中汽机油和柴机油斑点图谱等级划分为 4 个等级，并对各级别的各圈域给予说明，同时附有诊断结果，以便于分析处理。

图谱等级的第 4 级为使用中机油换油临界期图谱。换油临界期的机油如不及时更换，铁谱分析会显示磨损颗粒增多增大，并伴有氧化物生成。长期润滑较差的内燃机，会出现不同程度的腐蚀磨损。这时的机油清净分散能力下降，出现溶污饱和现象，发动机磨损加剧，污染物会迅速沉积到发动机摩擦表面，影响发动机的使用寿命。

(3) 斑点图谱圈域的划分

圈域的划分应能充分体现机油在使用中主要性能指标的变化，以便从中了解机油的衰变情况。圈域通常分为油心圈、清净圈、分散圈和扩散圈，如图 1 所示。

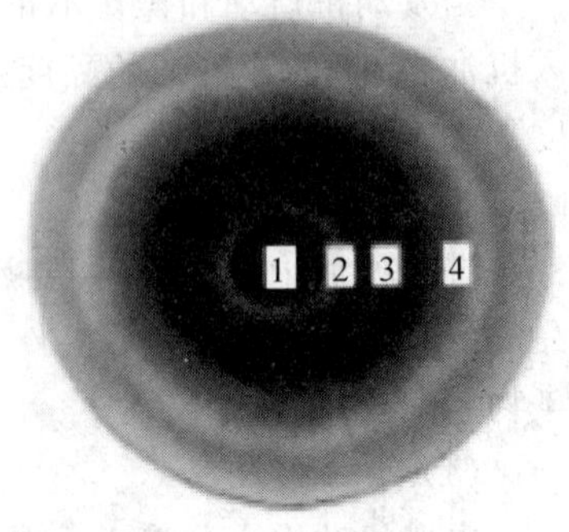

1—油心圈；2—清净圈；
3—分散圈；4—扩散圈

图 1 斑点图谱圈域

油心圈是由滴入滤纸上的油品滞留而形成的迹象。开始呈蓝色小圈，色晕分布均匀，随机油工作时间的增加而逐渐变小变黑。

清净圈主要反映油质的清净程度，一般呈灰白色的环带，油质档次越高，其环带越大，随机油工作时间的增加而逐渐变小变黑。

分散圈主要反映油质的分散能力，是判断油质好坏的主要显示迹象。一般呈浅黑色环带，油质档次越高，圈域界线越明显，圈域越大，且环带随机油工作时间的增加而逐渐变小变黑。

扩散圈主要反映油中碱性物质（添加剂）的含量，碱性物质越多，环带越宽，颜色越蓝。环带随机油工作时间的增加而逐渐变窄，并逐渐变为浅蓝色或黑色。

（4）图谱的制定

制定斑点图谱与划分等级，是为了维护保养和更换机油服务的。通过图谱各圈域的变化，可以说明机油污染严重程度、分散能力和添加剂碱性组分降解情况等。制定图谱时，油品质量和内燃机的状况两方面具有代表性、普遍性。此时需要注意两点：一要选国家骨干炼油厂标准的同等级机油；二要选处于正常磨损状态下的内燃机。油品质量斑点图谱说明见表1。

表1　油品质量斑点图谱说明示例

项目＼油品质量		好	尚好	较差	差
圈域	油心圈	呈蓝色	呈黑蓝色	呈浅黑色	呈黑色
	清净圈	呈白色，环带宽，界线明显	呈灰白色，环带较宽，界线较明显	呈浅灰色，环带较窄，界线不太明显	呈浅黑或黑色，环带不明显，界线分不清
	分散圈	呈浅灰色，环带较宽污染较轻，分散能力强	呈浅黑色，环带较宽污染增加，分散能力较强	呈黑色，环带宽，污染严重，有一定分散能力	黑色较重，环带变窄且不明显，污染极度严重，分散能力变差
	扩散圈	呈蓝色，环带宽，碱性强	呈蓝色，环带较宽，碱性较强	呈浅蓝色，环带较窄，有一定碱性	呈浅蓝或黑色，环带变窄，碱性变弱
诊断结果		正常	正常使用	更换或清洗滤芯	更换机油

3　铁谱分析与故障诊断

由于润滑油流遍发动机各部位，所以发动机的技术状态可根据在用机油的分析结果，对发动机进行有针对性的检查和维修。

（1）铁谱分析

铁谱分析是一种借助磁力将油液中的金属颗粒分离出来，检测在用机油中磨损颗粒的形状、成分、大小和数量，并对这些颗粒进行分析的技术。对磨损颗粒形状的分析，可以判断设备的异常磨损类型；对磨损颗粒大小和数量的分析，可以判断设备的异常磨损程度；对磨损颗粒成分的分析，可以判断设备的异常磨损部位。机油中的磨损颗粒可分为以下8种：

① 黏着擦伤磨损颗粒。黏着磨损是在法向加载下，两物体接触表面相对滑动时产生的摩擦磨损。磨损产物通常呈小颗粒鱼鳞状，属正常磨损。

② 疲劳磨损颗粒。疲劳磨损是指两接触面做滚动和滑动的复合摩擦时，在循环接触应力的作用下，使材料表面疲劳而产生物质损失的现象。磨损产物通常呈球状颗粒，其粒

径一般在 1～3 μm，最大可达 10 μm，并按磁力线排列，像黏在链上。此种颗粒多来自于滚动轴承和齿轮节圆处。

③ 切削磨损颗粒。切削磨损颗粒有两种形状，一种是条状弯曲型，来自于滑动摩擦副，如活塞环与气缸之间。另一种是螺旋状，来自于凸轮轴与挺杆之间。其产生的原因是油膜被破坏或润滑系中存在某些坚硬磨料。

④ 有色金属颗粒。有色金属颗粒不按磁力线方向排列，随机方式沉淀，大多偏离铁磁性磨损颗粒链或外在相邻两链之间，带有有色金属本身的特征颜色。若谱片上见有铝（白色），说明活塞环严重磨损，活塞直接与缸套接触，如图 2a 所示。铜来自于连杆瓦，呈红色，连杆瓦外层为巴氏合金，谱片上见有铜（红黄色），说明连杆瓦外层巴氏合金层已磨掉，如图 2b 所示。

⑤ 污染杂质颗粒。该颗粒属于透明晶体。图谱中晶体多说明空气滤清器或机油滤清器过滤不良，不能将进入的少量污染杂质滤掉。

⑥ 腐蚀磨损颗粒。腐蚀磨损颗粒粒径为 1～2 μm，分布于谱片全程，像散沙，如图 2c 所示。腐蚀磨损的原因多是机器老化或油品酸值过高。

⑦ 金属氧化物颗粒。金属氧化物颗粒主要有红色氧化物（Fe_2O_3）和黑色氧化物（Fe_3O_4）。Fe_2O_3是进水造成的铁锈。Fe_3O_4是铁燃烧形成的，表现为带有粒状表面的积团，并有蓝色和橘红色的小斑点，如图 2d 所示。

⑧ 严重滑动磨损颗粒。其表面有明显的滑动条纹，有时出现高温引起的色彩。

切削磨损颗粒、有色金属颗粒、疲劳磨损颗粒、腐蚀磨损颗粒、严重滑动磨损颗粒、金属氧化物都不属于正常磨损颗粒，它们的大量出现意味着发动机严重磨损。

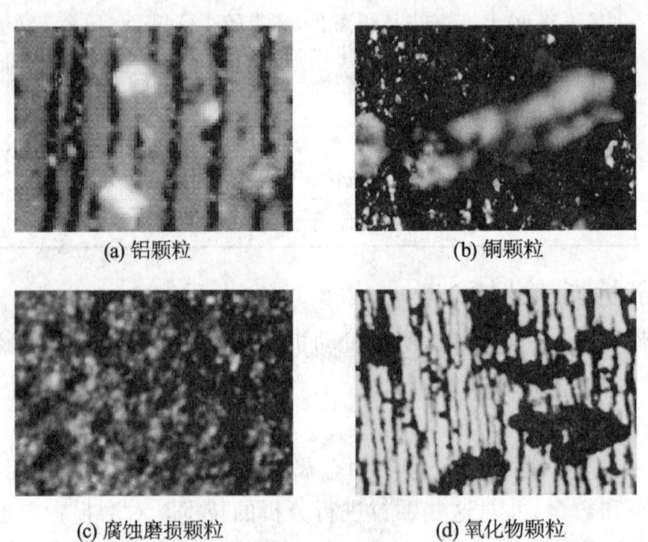

(a) 铝颗粒　(b) 铜颗粒

(c) 腐蚀磨损颗粒　(d) 氧化物颗粒

图 2　机油中的磨损颗粒

（2）故障诊断

对谱片进行显微分析前，应对其加热。方法如下：将谱片放到 330～340 ℃的温度中加热并保温 90 s，用镊子夹下后，贴上标签，即可进行显微分析。谱片加热是为了区别铁和钢，加热到 330 ℃，钢变蓝色，铁不变色，仍是稻草黄色。正常磨粒的入口处大颗粒中，铁与钢的比例约为 4∶1，若钢比例偏高，则要引起注意。单独出现的某些特殊颗粒，并不一定能判断为故障，有可能是偶然的，故障的判断需与其他磨粒结合分析。

图 2a 谱片上出现了铝颗粒，说明这时的发动机活塞已直接与缸壁接触。从谱片上分析，没有其他异常磨损颗粒，只需更换活塞环。

图 2b 谱片上的铜颗粒尺寸很大，在谱片的入口处沉积，但向下并没有异常颗粒出现，故此颗粒不是故障型颗粒。

图 2c 谱片上出现腐蚀磨损颗粒，油滴斑点图谱显示污染程度严重，若这台发动机刚换过机油没多久，则应诊断为发动机老化，应送到修理厂进行维修。

图 2d 谱片上出现较多氧化物颗粒，经分析是 Fe_2O_3，检查发现是由于发动机缸盖螺栓松动，冷却水进入造成。

要做好设备的保养与管理，润滑管理是一个重要的环节之一，它直接关系着珍贵能源的节约和发动机使用寿命及维修费用，并间接关系到工作效率的提高。将机油现场快速分析法与铁谱分析结合使用，是目前应用最广最有发展前途的发动机无损检测手段，可以在发动机不解体或工作过程中获得详尽的磨损信息，以便及时维修保养。

双前桥摊铺机转向结构的校核和优化分析

蒋霞　胡振东　董燕
(江苏华通动力重工有限公司 镇江 212003)

摘　要　应用 Inventor 软件建立轮式摊铺机双前桥转向系统的运动学模型，对转向结构进行辅助校核和优化。分析基于双前桥转向理论的各车轮不同转角的实际角度与理论角度的关系，介绍了图解校核法、转角特性分析方法，以及理论模型与实体模型的转角特性数据处理和分析。

关键词　摊铺机　双前桥转向系统　校核　优化

路面机械对于转向系统的性能要求比一般汽车要低，其中的摊铺机尤其如此。纵然如此，转向系统的可靠性依然是摊铺机整机性能的有力支撑，而转向结构的精确性是其设计过程中的重点之一，因此有必要对其转向结构进行校核和优化。

本文将根据本摊铺机转向结构特性，应用 Inventor 软件建立二维转向模型来辅助优化计算，通过对实际转角与理论转角数据处理和分析，来对一桥和连杆结构进行校核和优化。

1　转向理论依据

偏转车轮转向车轮不得发生侧向滑动，否则会增加转向阻力，加速轮胎磨损。为此，转向时应使所有车轮均绕一个共同的瞬时中心做弧形滚动，此瞬时中心应为非转向桥轴线和两个转向轮轴线的交点。

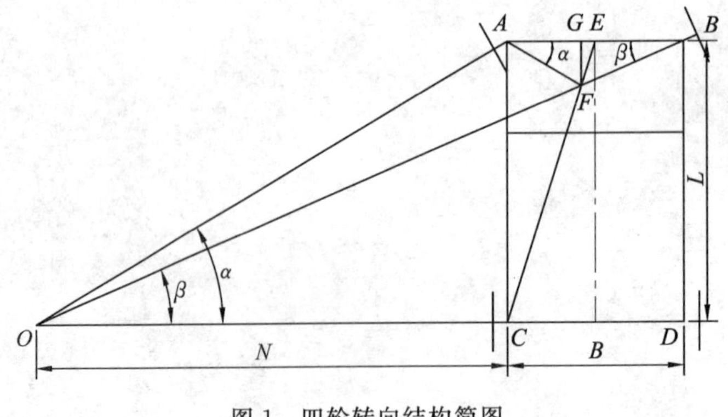

图 1　四轮转向结构简图

由图 1 可得

$$\cot\beta-\cot\alpha=\frac{N+B}{L}-\frac{N}{L}=\frac{B}{L} \tag{1}$$

式中：B——主销中心距离；

L——轴距；

α——左轮转角；

β——右轮转角；

N——瞬心 O 距点 C 的瞬时距离。

如图 1 所示，从主销中心点 A,B 引出后轮中心线，过瞬心 O 作中心线的垂直线，得交点 C 和 D，然后将线段 AB 的中点 E 与点 C 连接。EC 线即为保证内、外转向轮的理想转角关系的理论特性线。以此理论特性线为标准可以用图解法来校核一桥转向梯形。

2 转向结构及建立模型

以某六轮轮式摊铺机为例，对双前桥转向结构的进行校核和优化。该六轮轮式摊铺机后桥为主驱动桥，不带转向，其转向结构（如图 2 所示）为双前桥四轮结构。转向结构采用摆动式安装结构，可相对机架纵向摆动，以确保摊铺机前轮的良好接地性。一桥转向梯形为传统的整体式转向梯形，二桥转向梯形为断开式转向梯形，其左、右两轮通过四连杆机构与前轮转向节相连，左、右连杆机构相对独立，分别通过固定在机架上的油缸来驱动，借连杆的传动来实现前后轮的同步转向。

图 2 转向结构整体效果图

由于摊铺机行走速度缓慢，对于转弯性能要求比一般车辆要低，为简化结构和节约成本，主销通常可不设内、后倾角，轮胎通常不设外倾角，因此转向梯形平面和连杆结构平面均与地面平行，可直接将三维机构转换为平面结构进行分析。根据原结构数据，利用Inventor软件建立平面转向模型，该模型能简易模拟转向过程，为转向校核和优化提供相关计算数据。

转向结构的精度要求为：对于一桥，实际特性曲线与理论特性曲线有两个交点，第二个交点和主销点连线夹角与最大转向角比值在 0.8～0.95 之间；对于二桥，在一桥轮胎转角小于 20°时，二桥同边轮胎转角误差小于 1°，在一桥轮胎转角大于 20°到最大转角时，二桥同边轮胎转角误差小于 2°。

3 一桥转向梯形的校核和优化

3.1 图解法校核过程

原结构中横拉杆和梯形臂长度取值：a=1 750 mm，c=190 mm。由转向的模型计算原有结构最大转向角，并模拟转向过程，获得一桥左右两轮的实际转角数据（见表 1）。根据表 1 用图解校核法作此转向梯形校核图（如图 3 所示）。

表 1 一桥左右两轮的转角

α/(°)	6	11	17	23	28	33
β/(°)	5.80	10.35	15.45	20.17	23.80	27.11

注：α 为左轮转角，β 为右轮转角。

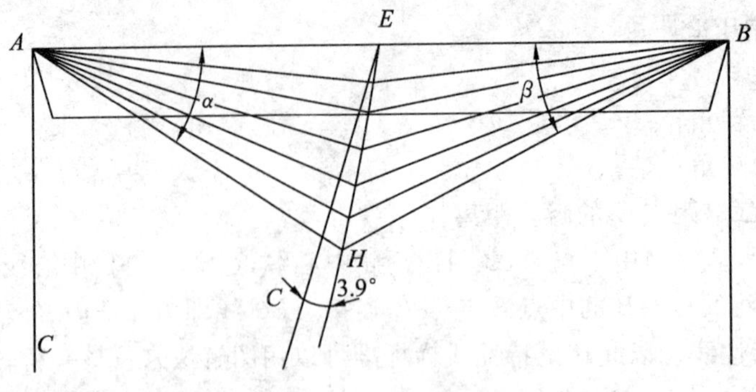

图 3　原结构校核图

在内轮最大转向角 $\alpha_{max}=33.2°$ 范围内，实际特性曲线 EH 与理论特性曲线 EC 只在 $\alpha=0$ 有一个交点，即只在直线前进的时候，其前轮与地面之间无相对摩擦，转向时，理论特性曲线与实际特性曲线角度相差约 4°，相对较大，侧滑磨损相对严重。

以梯形臂长度 c 和主销间距 B 为定量，以横拉杆长度 a 为变量，计算轴距系数 k_L、横拉杆长度系数 k_a 及梯形臂长度系数 k_c：

$$k_L=\frac{L}{B}$$

$$k_c=\frac{c}{B}$$

转向梯形后置时，横拉杆长度系数 k_a 的最优解可查表得到①，由此可计算横拉杆长度理论值

$$a=k_a\times B \tag{2}$$

由式(2)可得 $a=1\,688$ mm，初选 1 710 mm，1 700 mm，1 690 mm，1 680 mm 等值来与原结构进行比较，用 Inventor 模型模拟实际转向来取值，分别用图解法来校核。经模拟校核后，现选择其中效果最理想的 $a=1\,690$ mm 时的理论校核图（见图 4）为例来与原结构校核图（见图 3）进行比较。

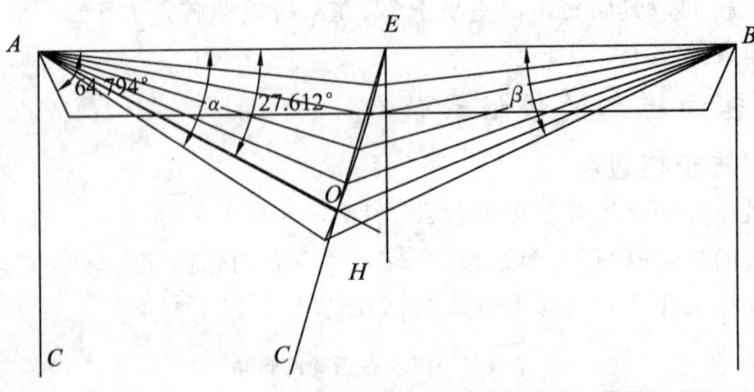

图 4　理论校核图

由图 4 可知，在内轮的最大转角 $\alpha=33.2°$ 以内，一桥的实际特性曲线与理论特性曲线在最小角 $\alpha_1=0$ 和 $\alpha_2=27.6°$ 处有交点，而 27.6°/33.2°=83%，即除了直线前进时，轮胎无

① 郁录平：《工程机械底盘设计》，人民交通出版社，2004 年。

侧滑现象外，在最大转向角的 83%处，轮胎也没有侧滑现象，比较合理。将图 3 与图 4 进行比较后发现，图 3 中误差相对较大，即原结构误差相对较大。

3.2 优化过程

现欲对一桥转向梯形结构进行优化，先考虑转向梯形底角 θ，当车身较长时，B/L 较小，θ 应偏大，而车身短时，θ 应偏小。在本设计中，$B/L=1\ 848/2\ 964=0.62$，车身很短，估算 θ 取 69°以内较为合适，原结构中 $\theta=73.1°$，此值不在合适范围内。至于梯形臂长 c，常常取值 $0.11B\sim0.15B$，已知 $B=1848$ mm，即通常 c 的取值范围是 203.3～277.2 mm，可见原取值 $c=185.5$ mm 不在通常取值范围之内。

现以 a，c 为变量，多次调整取值，重复公式(2)的步骤，并利用 Inventor 模型，算得理论值如下：

① $c=200$ mm 时，$k_c=0.108$，选 $k_a=0.907\ 3$，$a=1\ 677$ mm，此时 $\theta=64.69°$；

② $c=210$ mm 时，$k_c=0.113$，选 $k_a=0.903\ 4$，$a=1\ 669$ mm，此时 $\theta=64.77°$；

③ $c=220$ mm 时，$k_c=0.119$，选 $k_a=0.898\ 7$，$a=1\ 660$ mm，此时 $\theta=64.71°$；

④ $c=230$ mm 时，$k_c=0.124$，选 $k_a=0.894\ 9$，$a=1\ 654$ mm，此时 $\theta=65.06°$；

⑤ $c=240$ mm 时，$k_c=0.129$，选 $k_a=0.891\ 1$，$a=1\ 646$ mm，此时 $\theta=65.11°$；

⑥ $c=250$ mm 时，$k_c=0.135$，选 $k_a=0.886\ 6$，$a=1\ 638$ mm，此时 $\theta=65.17°$；

⑦ $c=260$ mm 时，$k_c=0.141$，选 $k_a=0.882\ 2$，$a=1\ 630$ mm，此时 $\theta=65.21°$；

⑧ $c=270$ mm 时，$k_c=0.146$，选 $k_a=0.878\ 5$，$a=1\ 623$ mm，此时 $\theta=65.38°$。

现欲求得在转向底角和梯形臂长均合理时的最佳 $a\sim c$ 匹配值，分别对上述 8 组参数进行转向模拟并绘图校核，发现满足使用精度的匹配值并不唯一，为简化说明，取①为例，参照前述校核步骤，利用 Inventor 模型模拟得优化数据(见表 2)。

表 2　优化数据表

c/mm	a/mm	模拟数据/(°)							底角/(°)
200	1 670	α	5	10	15	20	25	30	63.58
		γ	4.77	9.11	13.05	16.59	19.74	22.48	
	1 675	α	5	10	15	20	25	30	64.37
		γ	4.78	9.14	13.11	16.70	19.90	22.71	
	1 680	α	5	10	15	20	25	30	65.17
		γ	4.79	9.17	13.18	16.81	20.06	22.93	

根据表 2 分别用图解法作校核图分析其转向特性，校核图如图 5 所示。

要求 α_2 一般取值为 $0.8\alpha_{max}\sim0.95\alpha_{max}$，由图 5 可得优选结果如下：

当 $23.1°<\alpha_{max}<27.4°$时，可以选 H_1；

当 $27.1°<\alpha_{max}<32.1°$时，可以选 H_2；

当 $30.6°<\alpha_{max}<36.4°$时，可以选 H_3。

本轮式摊铺机一般设最大转向角为 30°左右，即此时 $a=1\ 675$ mm 是其最优解。

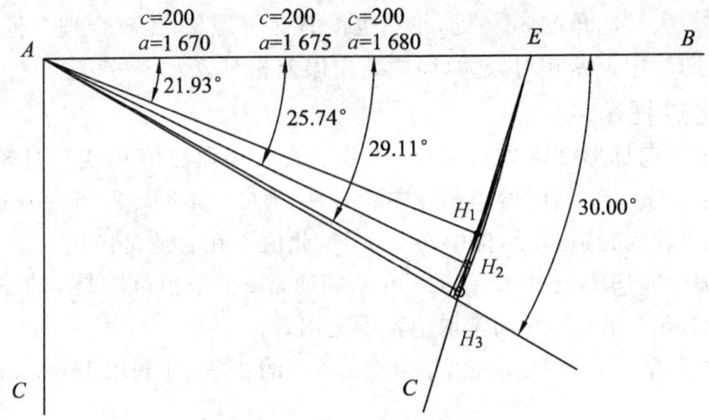

图 5　优化数据校核图

4　连杆结构的校核与优化

4.1　校核过程

二桥无整体式转向梯形，二桥左右轮分别靠独立的连杆结构与一桥转向节相连，连杆结构左右对称，由油缸驱动连杆来实现后轮与前轮的关联，如图 6 所示。只需验证单边转向连杆结构，现保持一桥原梯形结构，对左转向进行分析。

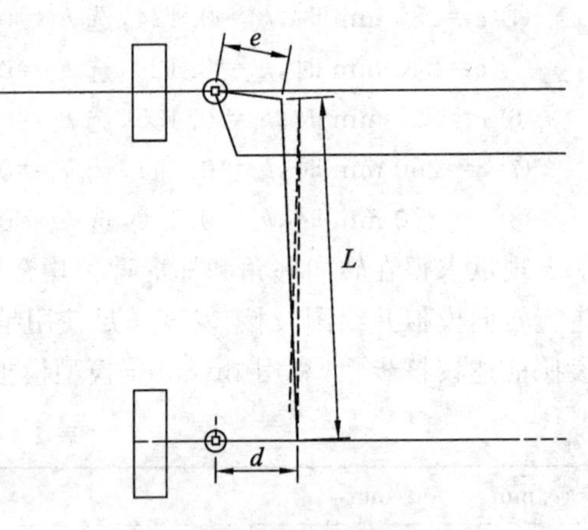

图 6　连杆结构示意图

前一桥节臂的转动角度与前二桥节臂的转动角度有一定的代数关系，可以通过设置前一桥节臂间隔 5°的一系列角度，计算前二桥节臂相对的角度，即得理论计算数据。

本摊铺机连杆结构中，一、二桥轮轴距 $L_3=960$ mm，一桥节臂长 $e=170$ mm，二桥节臂长 $d=200$ mm，连杆长 $l=920$ mm，二桥节臂垂直于轮胎。设 α 为一桥左轮转角，β 为二桥左轮实际转角，设 ψ_1 为二桥左轮理论转角，Δ_1 为二桥左轮实际与理论转角的误差值，二桥右轮转角 σ，ψ_2 为二桥右轮理论转角，Δ_2 为二桥右轮实际与理论转角的误差值。通过 Inventor 模型模拟取值得表 3。

表 3　实际转角数据表

α/(°)	5	10	15	20	25	30	33.2
β/(°)	4.04	8.14	12.27	16.43	20.61	24.80	27.48
ψ_1/(°)	3.41	6.85	10.34	13.92	17.61	21.46	24.01
Δ_1/(°)	0.63	1.28	1.93	2.51	3.00	3.34	3.47
σ/(°)	3.87	7.47	10.80	13.85	16.64	19.14	21.34
ψ_2/(°)	3.31	6.47	9.49	12.37	15.13	17.73	19.31
Δ_2/(°)	0.56	1.00	1.31	1.48	1.51	1.41	1.27

由表 3 可得二桥左、右轮的实际转角与理论转角的对比图，分别如图 7 和图 8 所示。

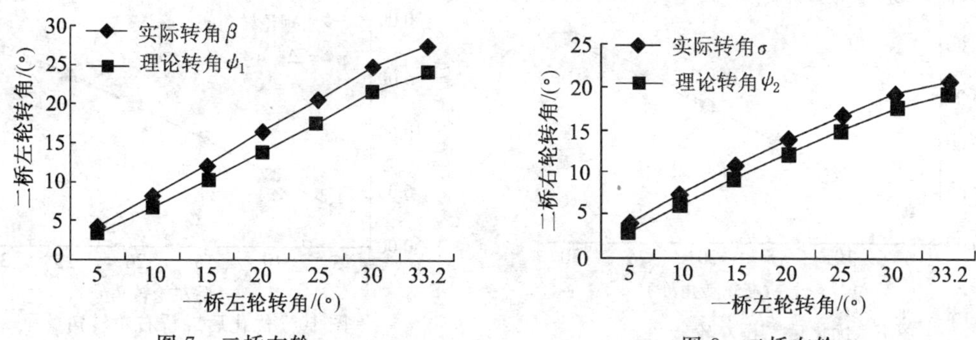

图 7　二桥左轮　　　　图 8　二桥右轮

由表 3 和图 7、图 8 可见，当 α 在 20°以内时，二桥左轮转角误差最大 2.51°，远大于 1°，右轮转角误差最大 1.48°，大于 1°；当 α 在 33.2°以内时，二桥左轮误差达到最大 3.47°，远大于 2°，右轮误差 1.51°，小于 2°。可见一、二桥连杆结构误差较大。

4.2　优化过程

通过转向模型来模拟实际转向，得到二桥节臂的实际转向角度；用模拟所得数据与二桥节臂理论转向角度进行比较，确定误差大小；继续调整连杆结构相关尺寸，再模拟比较两批数据；如此不断地调整，最终使设计值达到最终要求。

此次优化过程将沿用二桥节臂垂直于轮胎这一特性，暂时保持一桥和二桥轮轴距 L_3 的近似大小不变，而油缸的安装距、行程、安装位置只涉及一桥内轮最大转角和油缸驱动结构的稳定性，不影响整个转向结构，所以暂时不考虑油缸，仅通过调整一桥节臂长度 e、连杆长度 l、二桥节臂长度 e 来调整连杆结构模型。

根据本摊铺机转向系统的空间大小，可得 d，e 取值的大致区域，即 $d<210$ mm，$e<170$ mm。又根据动力学原理，d，e 取值越大，对油缸的驱动力要求越小，结构越稳定。确定转向结构数据后，在转向模型中，先设定一桥节臂转角，再重复校核过程，可以直接获取实际转角和理论转角的数据。理论转角为一桥转向瞬心与二桥主销的连线和水平线的夹角，通过分析实际转角和理论的数据关系来确定对应的转向结构数据是否为优化值。

本优化过程数据量较大，优化结果也并不唯一，现举其一优化结果来做说明。当 $e=140$ mm，$l=950$ mm，$d=200$ mm 时，模拟得转角数据表（见表 4）和校核图（见图 9 和图 10）。

表 4　优化转角数据表

α/(°)	5	10	15	20	25	30	35
ψ_1/(°)	3.41	6.85	10.34	13.92	17.61	21.46	25.49
ψ_2/(°)	3.31	6.47	9.49	12.37	15.13	17.73	20.16
β/(°)	3.50	7.00	10.45	13.88	17.24	20.54	23.76
Δ_1/(°)	0.09	0.14	0.11	−0.04	−0.37	−0.91	−1.73
σ/(°)	3.40	6.60	9.61	12.40	14.97	17.30	19.39
Δ_2/(°)	0.09	0.14	0.12	0.02	−0.15	−0.42	−0.77

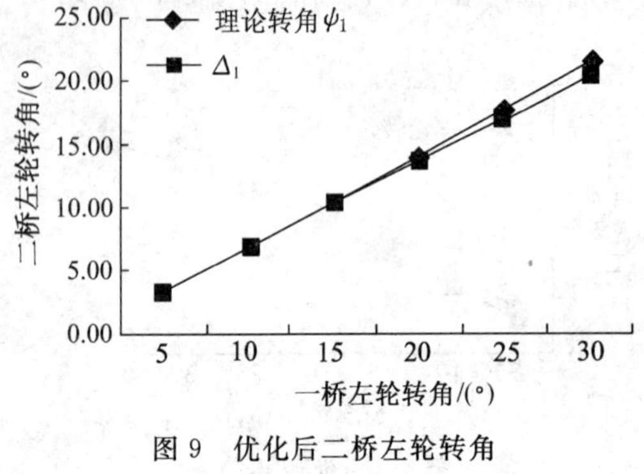

图 9　优化后二桥左轮转角

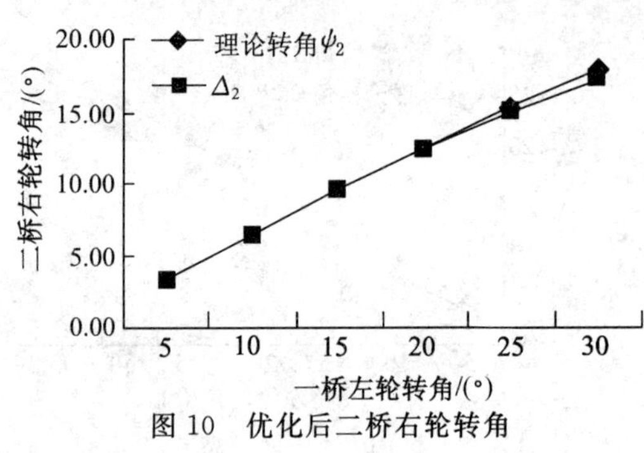

图 10　优化后二桥右轮转角

由表 4、图 9、图 10 可见，此优化数据的实际转向曲线与理论曲线误差很小，当 α 在 20°以内时，误差远小于 1°；当 α 在 30°之内时，误差小于 2°，满足转向系统精度要求。

在对一桥转向梯形和一、二桥连杆结构优化结束后，对于其优化后的整体结构，利用 Inventor 转向模型，可对其优化后的整体结构进行整体调试，确定最终转向效果、最小转向直径、最大转向角等情况。

本文阐述了 Inventor 软件在摊铺机转向结构优化设计中的辅助计算方法，建立的转向模型能真实反映转向结构和模拟转向过程，并极大程度地简化了本优化设计过程。此软件作为极佳的辅助设计工具，能广泛应用到工程机械设计中去。通过本设计优化，能大大提高轮式摊铺机双桥转向系统的可靠性和稳定性。

影响同步碎石封层车石料撒布质量的因素

叶 玲
（江苏华通动力重工有限公司 镇江 212003）

摘 要 阐述了影响同步碎石封层车石料撒布质量的控制因素，建立了料门开度与撒布量及撒布辊与撒布量的关系曲线，分析了碎石撒布纵向和横向产生不均匀的原因，根据影响因素设计了某型同步碎石封层车全自动智能电脑控制系统，并通过实例数据加以验证。结果表明，碎石撒布率效果比较理想，从而验证了系统的可靠性。

关键词 同步碎石封层车 撒布量 碎石 智能控制系统

在我国高速公路建设的初期，路面养护的工作量还不是很大。但随着我国公路里程的不断增长，特别是超载车辆对路面损伤，传统的养护模式已难以满足我国公路养护工作日益增长的需求。研究、开发新的预防性养护技术迫在眉睫。

碎石封层技术是一种经济、有效的预防养护技术，它是将符合一定要求的沥青黏结料和碎石同步铺撒在旧路面或基层上，通过轮胎压路机及时碾压和自然通过碾压形成一种沥青碎石磨耗层，达到修复路面病害，恢复路面使用性能，延长道路使用寿命的目的。

文献[①②]论述了碎石同步封层是把沥青的洒布和碎石料的撒布同步进行，使沥青与碎石料之间有最充分的表面接触以达到它们之间最大限度的黏结性的专用设备。文献[③④⑤]采用碎石同步封层车的预防性养护，可增加路面抗裂性能、减少路面反射裂缝、治愈路面龟裂网、提高路面防渗水性能，能够延长路面使用寿命10年以上，而碎石同步封层沥青与碎石的撒布质量效果会直接影响整个路面修复的质量。本文仅探讨碎石同步封层车石料撒布的质量的影响因素。

1 碎石同步封层车石料撒布的质量控制

对于碎石同步封层车，石料撒布的方式有两种：举升料斗式和固定料斗式。举升料斗式是用液压油缸顶起料斗，获得适合的集料撒布角度；固定料斗式是集料斗沿着固定斜面依靠自身的重力自由滑落，其结构如图1所示。

以固定料斗为例，同步封层设备的撒布程序是：料门的开启→集料箱内料的滑落→撒布辊带料运转→挡料板→导料槽→石料均匀撒布。

---

① 李曙芳，刘传慧，胡杰，等：《同步碎石封层设备沥青洒布装置优化设计》，《机床与液压》，2013年第10期。

② 王鑫涛，田文明：《同步碎石封层车碎石布料器结构设计》，《科协论坛》，2013年第8期。

③ 王贵，韩跃武，张强，等：《同步碎石封层车料门缸活塞杆自动伸出的原因》，《工程机械与维修》，2013年第7期。

④ 程莉，李晓歌：《沥青碎石封层设计与施工技术》，《科技信息》，2013年第21期。

⑤ 任亚龙：《浅谈同步碎石下封层施工工艺及质量控制》，《科技创新与应用》，2013年第4期。

影响石料撒布的质量效果的因素有:碎石的性质、碎石的撒布量及碎石撒布的均匀度。

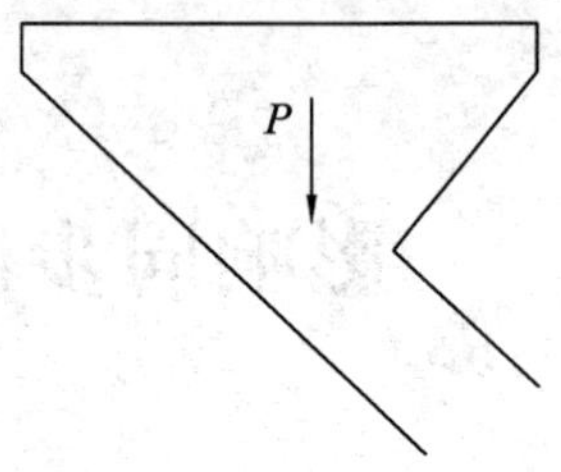

图 1　固定式料斗撒布结构图

1.1　碎石的性质

碎石的撒布首先要从诸多的路用材料中优选出最适合的碎石材料。碎石材料的选择要从几个方面入手:碎石的类型、碎石的形状、碎石的清洁度。

(1) 在碎石的类型中,路用碎石一般可以分为 4 个等级:A 级、B 级、C 级、D 级。在以不影响施工质量的前提下,碎石类型的选择以性价比高为好。

(2) 在碎石形状方面,可以用扁平、立方、圆滑、棱角来描述。需要注意的是,扁平状石料控制在 15%以内。

(3) 碎石的清洁度,未经过预处理,含有灰尘的碎石不能用于同步碎石封层。首先是含有灰尘的碎石会在撒布时影响石料门的开启,碎石中的灰尘会黏附在导料槽上,阻碍碎石的下滑,最终会影响石料的撒布量和均匀度;而裹覆在碎石表面的灰尘又会妨碍沥青与碎石的黏结,导致碎石掉粒,影响了整个路面的修复质量效果。

因此在碎石材料上,最主要的影响因素是碎石的清洁度。

1.2　碎石撒布量

碎石同步封层车车速、料门开度及撒布辊转速是影响撒布量的关键因素。当车速一定时,碎石撒布施工中碎石撒布量的调节分为两种方式:撒布辊转速一定,调节料门开度;料门开度一定,调节撒布辊转速。以下对影响撒布量的关键因素进行分析。

2　影响撒布量的关键因素

2.1　料门开度与撒布量的关系

当撒布辊转速一定时,不同形状的碎石的料门开度会有不同的撒布量,它们的关系如图 2 所示。

由图 2 可见,撒布量和料门开度之间不是纯线性关系。

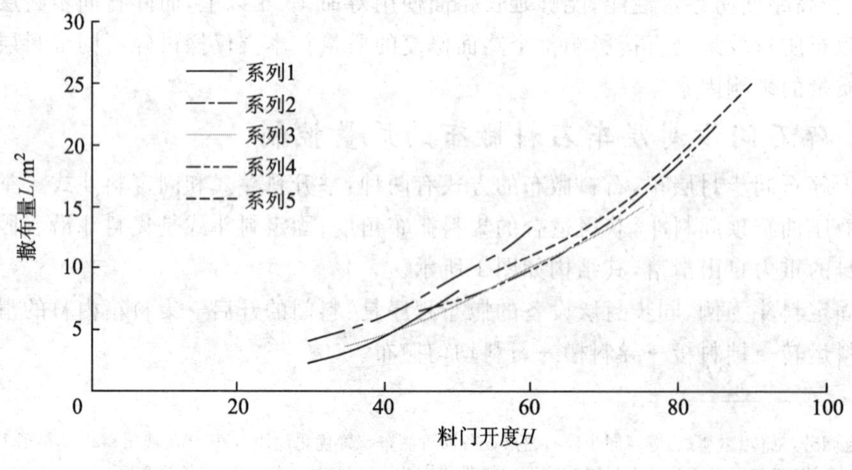

图 2　料门开度与撒布量的关系

2.2 撒布辊与撒布量的关系

当料门开度一定时,不同形状的碎石通过撒布辊,会有不同的撒布量,它们的关系曲线如图 3 所示。

从图 3 中可以看出:当撒布辊转速等于或大于碎石的流动速度(即供料速度)时,撒布量不再增加。同时要注意到在施工中所用到的碎石清洁度。

据 GB/T 28393—2012《道路施工与养护机械设备,沥青碎石同步封层车》,碎石撒布量为 3～22 L/m^2(单位面积上撒布的碎石毛体积)。标准给出的范围较大,具体碎石撒布量需要在设计中根据施工要求,不断地调整设定的修正系数值。

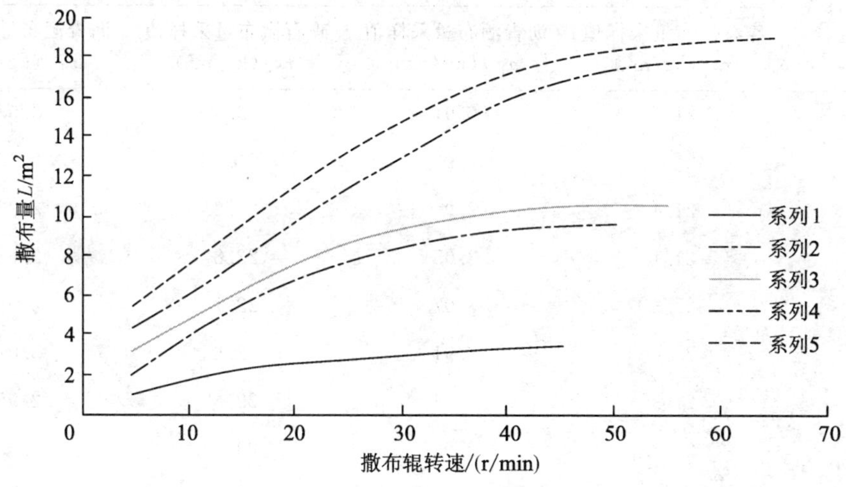

系列 1～5 表示不同的碎石粒径

图 3 撒布辊与撒布量的关系

2.3 碎石撒布的均匀度

(1) 碎石撒布纵向产生不均匀的原因

碎石撒布是通过料门、撒布辊、导料板进行石料撒布,因此,碎石撒布纵向产生不均匀,除了同步封层车行驶车速稳定性、撒布辊转速稳定性因素外,撒布辊的运转工作状态也直接影响着碎石撒布纵向不均匀性。

石料的撒布需要撒布辊带料运转,而撒布辊是一个长径比例较大的转动体,如重心偏移,则撒布辊工作时,会引起一定频率的强烈振动,即动态不平衡。碎石撒布在纵向会产生麦垄式条纹的分布,影响碎石撒布的纵向均匀性。因此,在撒布辊的结构设计和工艺制造上,必须保证撒布辊的同轴度和动平衡,可有效提高碎石撒布纵向产生均匀度。

(2) 碎石撒布横向产生不均匀的原因

在设备的制作过程中,从静态上讲,零件、部件本身的制造误差及装配积累误差会造成各料门开度的误差,从而引起撒布在地面上碎石的横向产生不均匀。

控制碎石的撒布是由数十个单独的料门组成,在各料门的孔轴上用一根长轴穿过每个单独的料门,组成一个料门撒布控制系统,因此,从动态上讲各料门开启时,料门必须转动灵活、开度必须保持一致,才能保证碎石撒布横向的均匀度。由于料门撒布控制系统从力学角度上为一个受力的细长轴简支梁结构,其刚性差、挠度大,在不同程度上会影响各料门的动作和开度,是碎石撒布横向产生不均匀的主要原因。因此,在料门的结构设计上提高刚度,在工艺制造上减少各种误差,能有效提高碎石撒布横向均匀度。

根据影响因素设计制造的某型同步碎石封层车配备有先进的沥青罐、导热油加热、循环系统等,采用全自动智能电脑控制系统,同时控制沥青洒布量及洒布宽度和石料撒布量及撒布宽度,实现沥青、石料单独或同步均匀撒布,其实测数据见表 1。从表 1 可知碎石撒布率为 97%~99%,大于标准要求的 94%~95%,效果比较理想,具有很高的实用价值。

表 1　实测数据表

序号	横向		纵向	
	碎石撒布量采样值 x_{iS}/(kg/m^2)	沥青洒布量采样值 x_{iL}/(kg/m^2)	碎石撒布量采样值 x_{iS}/(kg/m^2)	沥青洒布量采样值 x_{iL}/(kg/m^2)
1	21.2	2.91	22.8	3.08
2	21	2.93	21.5	3.06
3	21.4	2.9	21.3	2.92
4	21.1	3.05	22.8	2.92
5	22.8	3.07	22.7	2.93
6	22.6	2.91	22.6	3.07
7	21.3	2.94	22.6	2.95
8	21.2	2.92	23	2.93
9	21.3	2.94	22.8	2.92
平均值 $\overline{X}$	21.5	2.95	22.5	2.98
标准差 S	0.67	0.063	0.61	0.072
设定值 $u\pm\delta$	22±1	3±0.1	22±1	3±0.1
撒布率 $P(m)$/(%)	97	97	97	99

本文阐述了碎石同步封层车石料撒布的质量控制,分析了碎石的性质和撒布量及碎石撒布横向和纵向产生不均匀的原因,刻画了料门开度与撒布量及撒布辊与撒布量的关系曲线图。

根据影响因素设计了某型同步碎石封层车全自动智能电脑控制系统,并通过实测数据加以验证,结果表明,碎石撒布率效果比较理想,从而验证了系统的可靠性。

行业管理

Industrial Management

低碳生态理念在公路建设管理中的实践与思考

李文君
（镇江市公路管理处 镇江 212028）

摘　要　建设低碳绿色公路是以低能耗、低污染、低排放为标志的节能、环保型公路，为推进低碳绿色公路建设，镇江公路部门积极探索低碳生态理念在公路建设管理中的应用，主动实践于低碳公路和绿色交通的建设与管理。本文结合镇江公路低碳生态建设和管理的实际，对目前主要问题进行分析，阐述了公路低碳生态建设的价值与重要意义，并对其实施提出了一些对策。

关键词　低碳生态　公路建设管理　问题与对策

公路作为能源消耗的主要行业之一，加强节能环保，实践低碳生态是实现行业可持续发展的有效途径。为积极探索低碳生态公路，建立公路绿色安全屏障，减少环境污染，合理利用资源，以最少的社会成本实现最大的发展效率，镇江公路部门自“十一五”以来在公路建设管理中不断创新，并在实践中进行推广。全市管养10条国省干线公路镇江段，238省道镇江金港大道段等5条道路，先后尝试建设了生态景观大道，本文结合镇江公路建设管理实践，对低碳生态理念在公路建设管理中的应用作些粗浅思考。

1　目前低碳生态建设遇到的主要问题及分析

(1) 关注重点在质量，科研精力投入不足。工程建设与管理过程中实行质量一票否决制，从工程建设开始，关注的主要是质量，中间督查的也是质量，交工验收的还是质量。大部分项目对科研并没有提出过多的要求，更谈不上把研究低碳生态公路课题列入议事日程。

(2) 工程项目工期紧，科研时间无法满足。随着公路现代化步伐的加快，工程建设的时间大多已达到精确，没有多余浮动空间，10多亿元的公路工程用于施工建设时间仅有一年多，而一项科研项目通常需要花费2～3年的时间。

(3) 低碳公路管理成本高，竣工交付使用接养难。为了实现低碳公路交通，有的公路工程以一流的“生态”理念去打造，但交付接养时却得不到相关部门的支持，难以移交地方相关部门管养。

(4) 低碳生态未列入工程交工验收硬性指标。目前，国省道公路建设处于要求项目中工可报告、设计文件及招标文件的节能篇编制率达100%。但在交工验收时没有验收标准和指定硬性指标，对低碳生态理念的实施产生一定影响。

2　公路低碳生态建设的价值与重要意义

目前我国公路建设从总体上说，仍是一种粗放型的发展方式，主要依靠资源的高投入，对环境造成较大的污染，公路交通建设的全要素生产率有待提高，必须加快构建公路交通低碳生态体系。

(1) 建立公众新型和谐观的必然要求。以冷色水泥、钢材塑造的刚性公路隔离设施，一方面耗费了大量矿产资源，造成环境污染；另一方面对公路使用人的心理产生冷漠影响。人性化的低碳生态公路建设注重以人为本、天人合一，注重人的活动和需求，注重人与自然的和谐、自然与建筑之间的协调，体现居民回归自然的心理需求。低碳生态公路是环境、文化氛围的综合体现，是自然与人的和谐统一，将公路功能与生态景观有机结合，能够有效发挥低碳生态公路的作用。当低碳生态公路观念深入人心成为时尚时，人们可以变得更加和谐包容。

(2) 城市可持续发展的必然要求。低碳生态公路保持能源消耗和二氧化碳排放处于较低水平，具有收集和固定大气中的温室气体的作用，即具备减排和碳汇功能，促进植物的物质循环和能量流动。低碳生态公路建立了一定的生态系统，既达到了固土强基的作用，也起到了节能减排的环保作用。在公路建设设计中，重视生态发展，在满足公众出行的同时，也具有一定的产出功能，从而达到城市从高碳走向低碳，甚至负碳的目的。减少碳排放，保持生态平衡，促进城市向低碳、生态可持续方向发展。

(3) 加快公路交通发展方式转变的必然要求。低碳生态公路是积极推进现代综合交通运输体系发展的重要体现。转变公路交通发展方式，必须站在公路交通发展的全局和战略高度，从公路交通发展与国民经济和社会发展的关系出发，要更加重视资源的使用效率和公路交通的服务效率，处理好公路交通与环境资源制约的关系，以较低的成本提供安全、高效、便捷的公路交通服务，以创新的理念，构建低碳公路交通体系，以最小的资源环境代价实现公路又好又快发展，努力建设资源节约型和环境友好型行业。

3 实施公路低碳生态建设的对策

城市居民的生产生活必须依靠公路交通系统的支撑，不良的交通环境和交通污染排放导致更多的城市社会问题，为此必须加快研究实施公路低碳生态建设以低能耗、低排放、低污染公路低碳生态建设转变公路发展方式，提高公路工程建设、养护管理质量，向社会提供“畅、安、舒、美”的市域国省干线公路通行条件。另外，需充分发挥公路在地方经济发展中的基础作用，巩固公路在现代综合交通运输体系构建中的主导地位。

(1) 出台政策法规保障。加快出台低碳生态公路交通政策法规，从法律层面保障低碳生态公路优先发展，完善节能减排资金补贴机制，研究公路建设资源消耗考核机制，对新技术、新材料、新工艺、新设备加大推广应用力度。目前，江苏省交通运输厅已出台《江苏省交通运输行业节能减排工作考核办法》。镇江市公路管理部门对国省道公路建设项目年初下达目标，工程项目工可报告、设计文件及招标文件节能篇章编制率 100%；普通国省道温拌沥青混合料用量占比达 10%以上；普通国省道养护大中修沥青路面再生率达 40%；普通国省道公路沥青路面旧料“零废弃”，循环利用率达 100%。年终，市公路部门对全年公路建设项目进行考核，奖惩兑现。

(2) 重视公路建设技术开发应用。在公路建设方面，推广沥青路面再生利用技术、废旧材料等资源的循环和综合利用技术，推广使用节能环保材料，在交通照明、标志标识上使用节能技术或材料。镇江市公路管理部门着力对经实践验证具有较好经济社会效益，能够满足全市公路发展需求的成熟、先进、经济、实用的科技成果进行积极推广应用，既节能减排，实现了低碳交通，又缩短了施工工期。在 238 省道金港大道工程建设中，通过开展水泥混凝土再生集料应用研究，降低水泥稳定碎石层单项造价 20%。同时，也避免了废料运输、处理带来的粉尘环境污染等问题。S122 镇江句容段公路养护大、中修工程里程为8 km，废旧路面利用冷再生技术全部回收利用。238 省道扬中段 30 km 推广应用道路照明节能技术，设立 LED 路灯，投入使用后节能 51%以上。在 104 国道句容段大修工程施工中，不凿除旧水泥混凝土路面和重新施工道路基层，而是采用玻纤高聚物抗裂贴处理水泥混凝土接缝、基本利用老混凝土路面的施工方案，每公里节约建安费 42.24 万元，同时节约了建筑材料，避免了建筑垃圾的产生。

(3) 有效推进生态公路建设。生态公路给出行者的印象不应只是钢筋网、混凝土墙和沥青路面，生态公路要营造的是“脚下是路、周围是景”的行车环境，通过路域生态系统稳固路基、改善行车安全条件、改善局部气候。238 省道镇江金港大道 14.5 km 建设项目，通过优化设计，充分利用原有老路，在纵断面设计中采取低线方案减少公路用地宽度，工程占用土地减少了 68.93 km^2。在环境保护设计中，对工程污染进行防治结合，使公路与周围自然融为一体。路基防护采取工程防护和植物防护相结合的综合措施，防治路基病害，保证路基稳定，并与周围环境景观相互协调。雨污水排水管道设计采用雨、污分流制，污水截流，集中处理。对于老路扩建路段，距公路红线 180 m 以内的村庄民房，设置院墙或将窗户增加到两层或更换为塑钢窗，降低交通噪声，对镇江市雩北小学这一特殊敏感点，建设了声屏障共 110 m。坚持“山水绿廊，田园风光”的理念，全线绿化投入 7 000 多万元，品种约 100 多种，营造“路在林中，林在路中”的景观氛围，融于自然，还原自然。对地表上层高肥土壤进行剥离和保存，作为景观绿化工程所需的耕植土，全线土地利用约 12.6 万 m^3，节约投资 106.5 万元，以最小的投入，发挥最高的绿化效益。通过种植降噪植物有效控制噪音，全线绿色通道工程对运营期噪声将起到进一步的消减作用。

(4) 强力推进智能化公路建设。公路交通智能化、信息化是提高公路交通运行效率，引导出行者出行，降低车辆延误，进而减少无谓能耗的重要途径。镇江市公路信息化建设立足“服务于业务管理、服务于社会公众、服务于领导决策”之根本，加快推进公路数字化建设，努力实现公路管理数据化、信息化和智能化，进一步提升公路行业服务能力和服务水平。全市 10 条普通国省干线公路基本实现数字监控“全覆盖”。238 省道镇江金港大道集国省干线公路与城市道路为一体，全长 14.5 km，双向 8 车道，全封闭全互通，两侧设置辅道。通过在金港大道转向流量较大路口、与其他省道相交路口、弯度较大路段、事故多发点等位置安装遥控摄像机，对重要路口进行实时监控；在道路的主要入口——左湖互通设置可变情报板，用以对进入公路的车辆发布交通诱导信息；在大运河桥边设置气象监测器，对桥段的能见度和路面状况进行检测；超声波车辆检测系统对各交调点的车速、车型及车流量等数据进行实时的统计查看。沿线共建设了 8 个视频监控点、3 套车辆检测器、1 套气象检测器和 1 块 LED 可变情报板，实现了对沿途重要桥梁及路段进行遥控视频监控，实时掌握道路车流情况和实时信息采集，及时发布道路突发情况信息。在金港大道“数字公路”试点成功基础上，全市进一步加大国省干线公路视频监控点布设，建设了 18 处固定点监控，国省干线公路基本达到“路路有监控”；同步实施了 20 处交通量检测系统，基本实现实时掌控区域内路网车流量；进一步加快公路网应急指挥体建设，先后推广应用了 OA 办公自动化、养护管理、路政管理、工程项目管理、路网视频监控及 GIS 地理信息等系统，并实现了公路网应急指挥省、市、县三级音视频互动。通过现代远程指挥，先后在抗击冬季冰雪灾害天气、“春运”交通指挥，以及夏季抗洪抢险等工作中发挥了重要的保畅作用。

随着我国城市化进程的加快，快速发展的城市公路交通增加了交通能耗和温室气体排放，因此积极探索低碳生态公路是城市发展必须直面的挑战。根据城市生态系统现状，进行科学的生态预测，从而有效遏制超过公路交通系统碳负荷的城市行为，实现低碳生态公路的科学定位，加速碳减效益的积极实现，进一步促进经济效益和生态效益的协调统一。

干线公路市县共建行业管理模式探讨[①]

张宏志
（江苏省镇江公路桥梁检测中心 镇江 212000）

摘　要　随着干线公路建设速度和规模的提升，干线公路建设模式越来越多样化，如BT模式、市直管、县直管、市县共建等。不同模式下干线公路建设质量、进度、安全情况也不尽相同。本文对265省道镇江段（镇荣公路）的建设管理模式进行研究，探讨该工程市县共建、BT融资建设、监理与检测分离融合在一起的干线公路建设管理模式，以期为市县干线公路建设管理提供参考。

关键词　市县共建　干线公路　管理模式　行业管理

随着镇江市干线公路建设规模不断扩大，建设步伐不断加快，镇江市各干线公路的投资主体、建设主体和建设模式逐步向多元化发展。目前镇江市干线公路的建设任务基本由各级地方人民政府承担，各辖市（区）地方人民政府成立干线公路工程建设指挥部，全面负责工程建设管理，市级公路主管部门负责行业管理。

以2013年为例，镇江市共有干线公路建设项目6个，分别为：G312镇江城区改线段、S265镇江段镇荣公路丹徒新城段，S231延伸扬中三桥及接线段，G104句容段，S266句容段，S238五凤口高架桥段，其建设模式有BT模式、市直管、县直管、市县共建等多种模式。不同管理模式下干线公路的建设均有各自的特点，各干线公路的建设质量、安全、进度控制情况也不尽相同。

探索干线公路建设模式是普通干线公路发展的核心工作。在更完善的建设模式下，在各级政府的大力支持下，建设好普通国省干线公路，为地方经济发展打好坚实的基础是每一个公路建设者应尽的责任。

1　镇江市干线公路建设管理现状

“十一五”干线公路建设工作开展以来，市公路管理处作为镇江市干线公路建设行业的监管部门，始终将加强行业监管力度、提高行业监督效率放在工作首位，确保镇江市干线公路建设又好又快发展。在上级交通主管部门的支持下，市公路管理处历年来采取多种方式强化本地区干线公路建设行业管理，取得了良好的成绩：2008年243省道镇江市区段被交通运输厅评为“江苏省五大环境友好型工程”；2011年238省道镇江市区段被评为“江苏省五大环境友好型工程”；京杭运河大桥获“扬子杯工程奖”等。但建设管理模式的多元化，致使工程建设中仍存在一些问题。

---

① 镇江市原辖县现已全部部为县级市，本文为叙述方便仍以县称。

1.1 项目管理力量配备不到位

目前镇江市部分干线公路建设单位的项目管理力量比较薄弱。近几年干线公路建设投资规模大、技术等级高,且大部分由县(市)、区管理,建设单位没有设立专门的机构,两块牌子一套班子,人员兼职,管理力量不足,更缺乏水平较高、经验丰富的技术管理人员。

1.2 质量管理制度落实不到位

不少项目的施工、监理单位普遍存在主要人员随意变更或长期不在岗的现象,质量保证体系不健全;部分单位质量意识缺乏,对首件工程等质量制度执行不力,在施工中以包代管,个别项目曾出现过质量返工、假资料等事件;部分现场监理人员业务水平及责任心较弱,对现场存在的明显问题不能及时发现和反映。

1.3 试验检测工作实施不到位

市公路处在历次检查中发现各工地试验室存在不同程度的管理缺失现象,台账登记、原始记录、仪器标定、外委试验、人员操作等不规范的情况普遍存在,不能有效地保证试验数据规范、真实、准确;市公路处虽一再要求加强试验检测工作,并要求建设单位对常规检测项目开展不低于 5%的质量检测,但仍有个别建设单位存在管理不严、要求不高、质量控制不力的问题。

1.4 合同执行不到位

有不少项目或标段的在场人员同投标承诺不符,各施工、监理单位在人员履约方面均存在不少问题;质量保证体系不健全,项目部以包代管,施工现场管理不规范,不能有效控制现场施工。同时,部分建设单位对合同执行也存在偏差,主要体现在:(1) 合同支付不规范,不能按照合同约定,及时、足额支付工程款;(2) 征地拆迁矛盾处理不及时,部分建设单位受法律法规、资金等因素的制约,矛盾协调、解决不够及时,直接影响现场施工;(3) 变更、索赔、合同争议等问题处理不及时,不利于工程开展、双方互信合作,最终影响到工程的顺利实施。

2 市县共建行业管理模式

2.1 传统行业管理模式

镇江市在国省干线公路建设中,一直采用“县(区)建设、市处监管”的建设管理模式。县(市)、区地方政府作为干线公路建设的责任主体、实施主体,负责干线公路建设的征地拆迁、资金筹措、建设生产、质量管理、文明施工等具体工作;市公路管理处负责行业监管工作。

这一模式的好处:实现了干线公路建设由部门行为向政府行为的转变,一是拓宽了筹资渠道,缓解了公路建设的资金压力;二是化解了路网改造中房屋拆迁、三线迁移等地方矛盾;三是各县(市)、区政府重视,将干线公路建设列入政府年度重点工作,在政策及配套服务上给予干线公路建设实行重点保障和大力支持。

但是“县(区)建设、市处监管”的干线公路建设模式存在的弊端是公路处对于建设工期的控制相对较弱,也增加了干线公路质量控制的难度。由于部分建设单位技术水平不能与工程规模相适应,管理理念也相对落后,这样的情况不仅仅使干线公路建设出现程序不健全,干线公路产品质量不过关等硬伤,而且对干线公路建设标准执行不一,致使同一条干线公路在不同区间的建设标准呈现较大差异,甚至出现部分技术参数与目前及未来交通发展状况不相符的现象,直接或间接影响镇江市干线公路建设管理水平。

2.2 市县共建干线公路管理模式

经过与上级交通主管部门的汇报与沟通，镇江市公路管理处在做好日常干线公路行业监管的同时，必须加强对建设单位的指导、检查，督促其提高监督管理能力，从而提升干线公路建设水平。为此，镇江市公路管理处采用"市县共建"模式，组织技术力量完全融入建设单位的机构设置中，主要参与工程建设的质量、进度控制环节，全过程跟踪服务，确保项目质量达标。

2.2.1 工程概况

镇江市丹徒区镇荣公路有着"区门第一路"之称，全长 35.3 km，项目总投资 13 亿元，由丹徒区交通运输局负责建设。一期工程（312 国道—精功路）10.5 km，投资 3.5 亿元，按一级公路标准设计，设计时速 100 km/h，采用沥青混凝土路面。

2.2.2 职责划分

为强化干线公路建设管理，全面提升镇荣公路建设品质，市公路处成立了镇江市公路管理处镇荣公路工程建设项目办公室（以下简称项目办），对镇荣公路拓宽改造工程实施过程中的质量、进度、投资及安全等实施建设管理。

以县、区建设力量为主的建设单位主要负责镇荣公路建设的前期工作、征地拆迁、地方矛盾的协调及重大变更、大中工程材料的确认，为干线公路建设扫清征地拆迁等障碍。

项目办主要由工程计划科和质量安全科组成，主要负责镇荣公路工程实施过程中的质量、进度、投资及安全等监管及重大技术、质量问题的解决和设计变更的审核等，具体职责如下：(1) 在甲方授权范围内协调管理施工、监理、设计及检测等单位；(2) 根据项目总工期，负责项目总体施工计划、年度计划和阶段性计划的编制、下达及调整等工作，检查并督促各施工、监理单位按计划落实；(3) 负责制定工程质量管理的各项制度，工程质量的预控、监督和确认，确保工程质量；(4) 负责工程计量管理、工程决算和项目竣工文件的编制等工作；(5) 负责在合同执行过程中对施工单位、监理单位、设计单位的履约情况进行跟踪检查、考核；(6) 负责与设计单位的联络，协调一般设计变更的确认工作及重大变更的审核、上报工作；(7) 负责建设过程中的安全管理；(8) 组织工程中间验收、其他专项验收，协助交工验收和竣工验收。

2.2.3 市县共建模式优点

镇荣公路通过市县共建模式，不仅调动了丹徒区政府建设镇荣公路的热情，也充分发挥了项目办建设人员的积极性，提升了干线公路建设新理念，提高了工程建设的质量，为把镇荣公路打造成"区门第一景"打下了坚实的基础。

(1) 加强了建设单位对项目的管理力度，增加了干线公路建设单位的技术力量。工程技术管理人员的比例，以及中高级职称人员在技术管理人员中的比例均在省厅《江苏省公路水运工程建设单位管理办法》要求的 60%以上，提高了建设单位对施工质量、进度、安全的控制能力。

(2) 严格落实了质量管理制度。项目办对总监、专业监理工程师、项目经理、总工、中心试验室主任进行了严格考勤，确保各单位主要人员长期在岗，并下发了施工首件认可制、质量管理实施细则、质量通病防治方案等文件，并要求各参建单位严格执行，确保工程施工质量可控。

(3) 强化了试验检测工作。镇荣公路工程实行监理与检测分离的模式，由指挥部的中心试验室来负责试验检测，在确保检测独立的情况下，确保指挥部及时获得真实的检测数据。

3 镇荣公路建设工程的亮点

3.1 BT 建设项目

BT(Build Transfer)即建设移交，是基础设施项目建设领域中采用的一种投资建设模式，代表一个完整的投资过程，即项目的融资、建设、移交全过程。具体是指项目发起人通过与投资者签订合同，由投资者负责项目的融资、建设，并在规定时限内将竣工后的项目移交项目发起人，项目发起人根据事先签订的协议分期向投资者支付项目总投资及确定回报。

BT 模式作为一种新兴的工程建设管理模式，近年来在国内得到了蓬勃发展，较好地解决了建设单位因资金紧张而不能实施工程的难题。BT 模式具体是指业主委托授权 BT 承包商对项目通过融资建设，建设后整体移交给业主，业主利用建设期间及工程完成后所筹集的资金偿付企业的融资本金及利息的一种新兴的项目管理模式。

镇荣公路建设项目由江苏华晨路桥有限公司负责融资，丹徒区交通运输局负责建设，建成后由丹徒区政府按照一定的支付比例进行回购。通过 BT 建设模式可缩短工期，降低项目建设成本。由于 BT 模式实施的工程量比较大，BT 承包商可以给出最优惠的总体价格。总承包价由工程施工造价、各项管理开支费用、合理的利润、风险费用、财务费用、国家规定的税收等部分组成，必须是一个双方认可的合理的价格，以达到对项目总体成本的控制。

通过 BT 模式有利于业主控制项目的总造价。BT 模式采用固定总价合同，通过锁定工程造价和工期，可以有效地降低工程成本，转移业主的投资建设风险。BT 承包商将统筹安排项目建设期的资金，负责项目的融资，在建设期不需要动用业主的财务资源，减少了业主因融资而增加的财务成本，有利于降低其负债风险。

3.2 市县共建模式

干线公路建成通车后最终是由公路管理部门来接养。通过市县共建模式，项目办负责镇荣公路建设工程中建设进度、质量、投资、安全等内容的监管，丹徒区交通局负责前期工作、征地拆迁、地方矛盾的协调，既发挥了地方政府建设干线公路的积极性，又能确保干线公路的质量处于可控状态。同时，公路管理部门可以协调省补资金按时发放，保证干线公路的建设质量、投资、进度。

市县共建模式确保镇荣公路的建设管理人员工程技术人员满足省局《干线公路建设单位管理办法》中"工程技术人员应当不少于总人数的 60%"的要求，确保镇荣公路建设管理人员的比例，进而确保干线公路的建设质量。

3.3 第三方独立检测

在镇荣公路建设项目中，由指挥部的中心实验室来负责实验检测，在确保检测独立性的情况下，同时确保建设单位可以及时获得真实的检测数据。施工单位应及时将合格项目的自检结果上报总监办，总监办对上报的检测资料进行审查，并通知中心实验室按规定的抽检频率对其进行抽检，合格后方可进行下一道施工工序。如发现问题，下发整改通知单，督促承包人立即进行整改，将整改结果及时上报指挥部，供领导参考决策。

本研究对规划 265 省道镇江段——镇荣公路的建设管理模式进行了研究，探讨了该工程市县共建、BT 融资建设、监理与检测分离结合在一起的干线公路建设管理模式，得出如下结论：

(1) 市县共建模式实现了干线公路建设由部门行为向政府行为的转变，拓宽了筹资渠道，各县(市)、区政府重视，将干线公路建设列入政府年度建设计划，调动了地方政府的积极性，缓解了公路建设的资金压力；

(2) 市县共建模式由区、县负责路网改造中房屋拆迁、三线迁移等地方矛盾，工程技术人员负责干线公路建设质量、安全、进度控制，确保了干线公路建设质量。

(3) BT 模式较好地解决了建设单位因资金紧张而不能实施工程的难题，但在 BT 模式下需加强对 BT 单位的管理，确保干线公路建设的质量可控。

(4) 监理与检测分离管理模式，在确保检测独立性的前提下，进而确保建设单位及时获取检测数据，掌握干线公路建设质量。

公路养护设计新理念

魏云霞

（江苏润通交通工程监理咨询有限公司 镇江 212005）

摘 要 本文主要从技术需求与存在的问题等两方面系统阐述了当前公路养护的现状，从而为公路养护提出科学的设计理念。

关键词 公路养护 技术需求 设计新理念

经过 30 多年的迅猛发展，我国公路基础设施建设取得了举世瞩目的成就。截至 2014 年，全国公路总里程已经超过 400 万 km，高速公路通车总里程达 11.2 万 km，已形成四通八达的公路网络，成为我国经济和社会发展的重要保障。发达国家的公路发展历程已证明，随着公路建设逐渐步出高峰期，之后必然会迎来大规模的公路养护时代，而且公路养护是长期、持续和无止境的。

虽然我国对于公路养护设计新理念及新技术的研究已经取得了一些阶段性的成果，但仍需更准确地把握我国公路养护设计现状和需求，更深入地了解国外先进的养护设计技术，更科学地构建路面大、中修养护设计理论方法。实现既能完全满足现有的技术需求，又能提升公路养护设计的理论水平，引导我国公路养护设计技术的创新与发展。

1984 年我国开始建第一条高速公路，1998 年为拉动内需加快建设步伐，2006 年达到建设高峰，计划到 2020 年完成建设任务，高速公路建设经历了近 30 年的快速发展。与此同时，高速公路养护从无到有，养护需求及养护规模迅速扩大，按照平均 5～10 年的大、中修养护周期测算，到“十一五”末期，我国高速公路的养护速度将超过建设速度。到 2020 年，高速公路大、中修养护的总体规模将达到 8 000 km/d，并长期维持在这一水平之上，初步形成一个巨大的公路养护市场。毋庸置疑，我国公路发展的重点正快速由大规模建设向大规模养护转型，公路养护正成为我国公路发展的新主题。为此，交通运输部提出了“建设是发展，养护管理也是发展，而且是可持续发展”的科学发展观，确立了公路养护是国家公路网安全、畅通的重要保障的战略地位。

1 技术需求及存在问题

巨大的养护需求给公路养护管理工作带来了前所未有的压力。与公路建设相比，我国公路养护是一个薄弱环节，技术能力和保障能力严重滞后，成为制约公路养护发展的瓶颈。到目前为止，公路养护还远没有形成完整、有效的技术支撑体系，需要通过系统的科学研究和技术创新予以解决。

1.1 公路养护技术需求

根据我国公路养护管理现状，在充分调研的基础上，确定如下 4 个方面为现阶段公路养护管理领域亟须解决的重大技术问题：

(1) 快速、准确、可靠的路网技术状况监测技术;

(2) 科学的公路养护分析决策技术;

(3) 先进的公路损坏原因诊断与养护设计技术;

(4) 节能、环保型的公路养护材料及工艺。

上述4个方面关键技术贯穿了公路养护管理的全过程。本文将结合我们正在开展的西部项目研究工作,重点针对公路养护设计技术进行阐述。

1.2 养护设计实践中存在的问题

与发达国家相比,我国路面损坏速度普遍过快,路面大中修养护周期普遍过短,路面平均使用寿命仅为国外的35~50%。究其原因,在公路养护设计中存在以下几方面突出问题。

1.2.1 技术层面

(1) 我国缺少独立的沥青路面大中修养护设计技术和规范,现行路面大中修养护设计是参照《公路沥青路面设计规范》(JTG D50－2006)的方法。

(2) 在路面养护设计中,针对大修工程主要有以下三种常规做法:采用原结构修复、采用经验型典型结构与按照现行设计规范进行补强设计。中修工程则主要是依赖经验,对于路面损坏机理缺乏深入全面的认识,对养护方案的选择缺乏针对性。

(3) 在路面大修养护设计中,过于倚重力学设计方法,选择的力学指标(路面回弹弯沉)不够科学,考虑的主要是受力方式,相对于目前复杂的荷载状况而言可能过于简单。

(4) 设计的养护方案中,路面结构形式单一(一般是半刚性基层加上沥青面层),对于结构层次的合理匹配、路面排水性能、路基状况、路面的综合使用性能(路面破损、平整度、车辙、抗滑等)缺乏全面考虑和定量研究。

(5) 对路面大、中修各种候选养护方案的经济性缺乏定量的考虑,没有引入科学的经济评估方法。

1.2.2 管理层面

(1) 养护工程采用两阶段设计:方案设计(初步设计,立项阶段用于控制资金和规模)、施工图设计(详细设计,可用于工程实施)。在实际工作中,往往以施工图设计为主导,方案设计没有得到应有的重视,有的与检评业务结合,有的与施工图设计打包。

(2) 设计单位采用的养护设计方法大同小异,无法突破现有规范的局限性,有的甚至无设计可言,仅仅是业主思想的简单体现。

鉴于上述状况,在公路养护设计实践中,亟须建立一整套从设计目标到设计方案,再到使用效果评估的"路面大、中修养护设计和评价综合体系"。通过路面大、中修养护设计成套技术的应用,延长路面大、中修养护周期,减少频繁养护对公路运营的干扰,提升公路养护管理在公众心目中的形象。

2 养护设计新理念

科学的公路养护分析流程可以分为路网级和项目级两个阶段。路网级养护分析的主要目的是通过实施路网技术状况检测,确定整体养护需求和项目建议,并据此制定科学合理的养护计划和养护规划。项目级养护分析则是针对拟实施养护工程的具体路段,通过详细检测和科学分析,诊断路面病害成因,确定养护性质和养护单元。通过路面使用性能及全寿命周期费用分析,提出具有针对性的养护设计方案,并最终完成施工图设计。

养护设计新理念的提出主要是针对上述第二阶段(项目级)工作,其中包含以下两个核心要素:

(1) 在养护设计中对路面的使用性能进行全过程控制。判别路面质量优劣的终极标准是路面的使用性能(包括路面损坏状况、路面平整度、路面车辙、路面抗滑性能、路面结构性能等)。依据路面使用性能的分析,进行路面结构设计及路面材料的选择已经形成一种必然趋势。

(2) 在养护设计中对养护方案的经济性进行科学评价。根据技术经济条件,借助科学的分析方法——寿命周期费用分析方法进行方案比选和经济分析。

综上所述,基于使用性能和全寿命周期费用分析的路面大、中修养护设计方法,从“结构、材料、荷载、环境、经济”几方面的综合考虑,力求达到结构设计与材料设计的统一、力学性能与使用性能的统一,技术指标与经济指标的统一。以经济指标作为优化条件,通过寿命周期费用分析方法,来选择技术可行(既满足力学要求,又能满足使用性能要求),同时选择最经济合理的路面大、中修养护方案(养护时机、养护措施)。

浅谈高速公路标准化建设要点

钱煜祯
（江苏省镇江市路桥工程总公司 镇江 212017）

摘　要　本文结合高淳至芜湖高速公路实际建设情况，从管理行为、工地建设、施工工艺、安全管理四个方面详细阐述了高速公路标准化建设过程中的亮点和要点。通过对高速公路标准化建设过程的展示和探讨，加强高速公路标准化建设方面的经验交流，为今后我省高速公路标准化建设提供一定的经验参考。

关键词　高速公路　标准化　管理行为

近年来，随着我国高速公路的迅猛发展，项目施工管理已逐渐从粗放型转变为向标准化、规范化、精细化发展。目前，标准化施工已经在全国高速公路施工中陆续展开，成为高速公路项目建设的发展趋势。

高淳至芜湖高速公路(江苏段)路线全长 29.363 km，该项目全线采用双向四车道高速公路标准建设，路基宽度 28.0 m，设计速度为 120 km/h，桥梁设计汽车荷载采用公路—I 级。高芜高速(江苏段)是江苏省第一条严格按照标准化要求施工建设的高速公路，本文结合高芜高速标准化建设的实际情况，阐述高速公路标准化建设的要点及具体要求。

1　高速公路标准化建设具体措施

通过实施高速公路施工标准化建设，进一步规范了一线现场施工，提高了施工管理水平，增强了施工人员的质量意识、安全意识和标准化意识，使工程质量通病得到有效治理，安全事故得到有效预防和控制，生产、生活环境得到进一步改善，生态环境得到有效保护，人文环境更加和谐，现场施工更加文明，施工管理更加规范，取得了良好的经济效益与社会效益。

1.1　管理行为标准化

目前，我国高速公路标准化管理水平还相对较低，很多环节还存在管理不规范、效率低下、资源浪费的情况。因此，必须从各阶段管理工作入手，进一步规范高速公路建设管理行为，以标准化的管理进一步提高企业效益。

(1) 成立标准化施工领导小组，明确组织机构成员职责。

(2) 编制标准化施工实施方案、制定标准化施工实施细则。

(3) 加大宣传力度，提高标准化施工意识，营造人人标准化、处处标准化的氛围。

(4) 设立标准化施工专项资金，进行软、硬件设施采购、配备，同时对各工区进行奖优罚劣。

(5) 加强施工过程中的管理，及时发现存在的问题或不足，积极进行解决和完善，减少工程建设中的质量事故、安全隐患。

(6) 加强学习培训，及时总结经验，组织观摩交流，向先进的兄弟单位学习，不断提升自我，全面推动标准化施工活动的开展。

1.2 工地建设标准化

进行工地标准化建设不仅改善了员工的工作环境，提升了企业形象，也有力地提高了工程建设管理水平，为高标准、高质量、高效率完成工程建设任务提供了强有力的保障。

(1) 项目经理部标准化

项目经理部分为办公区、实验区、生活区三个独立区域，并采用绿化隔离带和透明栅栏(见图 1)隔离区分，绿化、办公、生活、实验各功能区内均按照“标准化指南”要求进行建设，如图 2 所示。

(2) 三场建设标准化

三场建设推行集约化生产，按照标准化要求实行“三集中”，实现混凝土集中拌制、钢筋集中加工、混凝土构件集中预制，充分发挥集约化施工的优势。

拌和场内不同规格砂石材料均采用现浇砼隔离墙严格分挡(不低于 1.5 m)，隔离堆放(见图 3)，杜绝混堆现象，各种规格砂石料均设立原材料标志牌，注明原材料名称、规格、数量、产地和检验状态等内容。

钢筋场内设置原材区、加工区、半成品区和成品区，并设材料标识牌。所有材料均设置顶棚(见图 4)，不暴露。现场施工材料根据检验状态分开堆放，对于检验不合格的材料清理出场外。同时，运用先进的数控钢筋加工设备，保证钢筋加工的质量。确保钢筋加工、绑扎、定位、安装精度，保证砼保护层厚度。通过采用先进标准的施工工艺，持续提升施工技术水平，消除各项目、各标段、各工点之间施工工艺水平高低不齐的现象，提高施工效率，提升实体工程质量。

预制梁场实现场地硬化、排水系统、喷淋养护一体化设计，设定建筑垃圾临时存放点，及时处理生产污水，在保证施工质量、进度的同时，也实现了对生态环境的保护。

图 1　封闭式活动栅栏管理

图 2　场内标准化道路

图 3　砂石料分仓堆放

图 4　钢筋加工场

1.3 施工工艺标准化

对高速公路施工工艺进行标准化要求，有利于新工艺的推广，也有利于提升工程建设者的施工水平，保障工程的整体施工质量。

(1) 加强对进场队伍、施工人员资质、设备性能控制，实行人员挂牌上岗、机械带牌作业。

(2) 严格执行首件认可制，执行“三级”技术交底、首件总结。

(3) 固化标准化施工工艺，分项工程首件总结结束后，将施工工艺流程图及施工技术指南(检测项目)做成展牌安装在施工现场，用以指导施工。

(4) 实验室严格进行进场材料检测，所有进场材料经检验合格后才可以使用。

(5) 严控工序质量，杜绝质量通病。因公路分项工程多、桥型不同，施工内容也就不一样，但万变不离其宗，只要在施工过程中严控工序，从工序质量着手，便可将施工质量控制在可控范围内。

桥梁工程从以下 7 个工序进行控制：

① 模板。模板实行准入制，所有进场钢模板均需从具有资质的生产厂家专门定制，并经检测合格，方可投入使用。箱梁芯模如图 5 所示。

② 钢筋防锈。钢筋防锈主要从原材料及半成品的堆放、外露钢筋的保护等方面进行控制。钢筋笼垫高也可防锈。

图 5　箱梁芯模

图 6　钢筋笼垫高防锈

③ 钢筋加工绑扎。从现场悬挂加工大样图、半成品加工尺寸控制、扎丝绑扎方法、胎架应用、机械连接套质量控制等几个方面进行预控。同时，运用先进的数控钢筋加工设备(见图 7)，保证钢筋加工的质量，提高施工效率。

④ 钢筋保护层控制。钢筋保护层控制(见图 8)从模板尺寸、钢筋加工半成品尺寸、垫块强度、垫块绑扎间距等几个方面进行预控。

图 7　数控钢筋加工设备

图 8　钢筋保护层控制

⑤ 砼浇筑。从原材料控制，拌和站严格按单出料，设置浇筑平台，技术人员旁站指导等几个方面进行预控。

⑥ 养生。桥梁下部结构进行薄膜覆盖、滴灌养生，对预制箱梁和现浇箱梁都采用自动喷淋养生系统(见图 9)，保证结构物的施工质量。

⑦ 凿毛处理。采用人工凿毛方法，对梁端及板梁侧面、砼二次结合面进行凿毛，以凿至露出粗骨料、100％满凿无遗漏为止。柱顶凿毛如图 10 所示。

图 9　预制箱梁喷淋养生

图 10　柱顶凿毛

路基工程从以下 6 个方面进行预控：

① 软基处理。开机前根据布桩图标出桩位，打出边线(见图 11)；开机后控制好灰剂量、入土深度。

② 超宽控制及排水。上土前打出边线(含超宽部分)，填土时留出超原地面 1 m 时，修筑急流槽(见图 12)，由急流槽将路基表面水引至边沟。

图 11　湿喷桩软基处理

图 12　急流槽

③ 压实度。从松铺厚度(打格上土如图 13 所示)、压实机具配备等方面进行控制。

④ 灰剂量及拌和控制。上灰前静压一遍路基，进行打方格计算所需的布设石灰数量，再进行布灰，拌和采用大宝马路拌机，确保拌和均匀(见图 14)。

图 13　打灰格，布置上土厚度控制土墩

图 14　挖检查看拌和是否到底均匀

⑤ 搭接处理。施工段落、层次清晰，台阶密实直顺(见图 15)。

⑥ 台背回填。在箱身上用油漆标示一层 15 cm 的压实厚度控制线，背面挖出密实直顺台阶，采用平板夯配合振动压路机压实(见图 16)。

图 15　开挖路基衔接台阶

图 16　台背回填压实厚度控制线

(6) 加强质保体系工序检查。

① 加强工程建设中验证试验、标准试验、工艺试验、抽样试验和验收试验的标准化管理，提高原材料自检、抽检的频率，把好工程建设质量第一关。

② 加强隐蔽工程、关键工序、关键部位的旁站和验收，保证每一道工序的施工质量。

③ 对施工建设过程中的关键部位和技术含量高、安全风险大的地方实行第三方论证、监控和检测。

(7) 内业资料管理。

① 设置专职档案管理员，负责项目部文档资料管理工作。

② 隐蔽工程、关键工序、关键部位的各项工序均建立相应的影像库。

③ 现场施工原始记录资料、影像资料由现场技术员及时、准确地填写、拍摄，并定期汇总至文档室分类，由专职资料员整理、完善存档。

1.4　安全管理标准化

(1) 成立安全生产领导小组；根据标准化施工指南要求，制定安全管理制度和岗位职责；建立各类安全台账。

(2) 对所有进场人员进行登记在册，进行岗前教育培训。对新进场员工进行三级安全教育，特种作业人员必须持证上岗，特种机械要有相关部门的检测合格证，对证件不全的人员须清退出场。

(3) 对各类进场机械设备登记在册，并登记维修保养、检查记录台账，对特种设备实行一机一档制度；现场设备均制作操作规程图悬挂在显眼位置。

(4) 项目部驻地、三场驻地及施工现场临时用电，聘请专业施工队进行施工，规范临时用电的架设和布置，将“三相五线制”“三级配电”“三级保护”的要求落到实处。

(5) 定期召开安全会议，会议分为安全例会及专项安全会议，会议内容为根据安全检查中出现的问题、制定整改方案，然后落实到人，限期整改。

(6) 实行安全专项方案审查及第三方论证制度，为危险性较大的分部、分项工程编制安全专项方案，并经总公司总工程师审批后上报监理工程师，同时对部分方案进行专家或第三方论证。

(7) 进行高空作业、重物吊运等危险性较大的工作时，要做好临边防护(见图 17、图 18)，杜绝不规范使用安全防护用品的现象。

(8) 积极组织开展各项安全活动，加强安全法律法规的宣传教育，使安全意识深入人心。

(9) 编制专项环保施工方案、防尘预控专项方案，合理组织施工，避免造成环境污染。

图 17　盖梁施工爬梯

图 18　现浇箱梁 Z 字形爬梯

实践证明，标准化管理是高速公路建设管理的必然趋势。通过推行高速公路标准化建设，能够有力地提升高速公路施工管理水平，提高施工效率，减轻人员的工作强度，确保工程施工质量，为工程建设者带来了无形的经济效益和社会效益。同时，实行标准化建设提高了工程建设者们的工作、生活条件，对建立和谐社会、企业文化建设，以及人本化管理都起到了促进作用。

浅谈如何通过电子信息化手段提升路政内业工作精细管理水平

吴 伟

(312 国道镇江段公路管理站 镇江 212001)

摘 要 路政内业管理是公路路政管理工作的重要组成部分,是衡量路政管理规范化、科学化的重要尺度,也是提高路政管理水平的必由之路。同时,加强路政内业管理,推行路政内业精细化管理,对于提高整个路政管理工作效率具有十分重要的意义。本文通过对现有公路路政内业精细化管理过程中的一些方法进行分析,提出了以电子信息化手段提升公路路政内业精细化管理水平的有效途径。

关键词 路政内业 精细化管理 电子信息化

路政内业精细管理是将精细化管理的思想和作风贯彻到内业工作的所有环节的一种管理模式。它强调将工作做细、做精,实现路政内业工作规范化、制度化、程序化、法制化、信息化,以全面提高路政管理水平。路政内业管理工作主要包括:信息管理、统计和统计分析、文字材料、档案管理(主要分为七类:诉讼档案、文书档案、声像档案、报表档案、基建档案、设备档案、荣誉档案)、许可事项办理、路产案件及违章侵权案件处理工作,以及其他路政内务方面的管理工作。路政内业工作所涉及的工作面广、政策性强、技术性高,要将这项工作做好,实现路政内业工作的精细化管理,必须从多方面努力。

1 推广电子信息化对提升路政内业管理水平的意义

(1) 路政内业工作的精细化管理往往需要多方管理人员合作才能完成,工作中由于沟通困难消耗精力比较大,影响工作效率。就内业档案信息化建设而言,要选拔和培养具备精通档案管理、熟悉本单位业务流程、能够掌握基本的计算机管理知识、有丰富的实践经验和较强的事业心的档案管理人员。为做好路政内业工作的精细化管理工作,必须要求管理人员不断加强业务知识学习,提升电子信息化工作水平。熟悉路政管理各项流程,能熟练操作计算机,具有较强的文字写作功底,这是做好路政内业工作精细管理必须具备的条件和要求。

(2) 路政内业管理主要是对外业管理而言的,它以外业工作为基础,把外业资料形成文字、报表、图表、档案、证书等各种文件或材料,予以上报、下发、存档或交付有关部门办理。路政内业管理能够反映整个路政外业管理工作的面貌。运用电子信息化手段可以及时地收集、整理和传递路政信息,使其管理做到迅速、全面、准确,同时也方便建立健全各种文书档案。

(3) 路政内业精细管理必须注重内业档案管理的完整、准确。路政内业档案是由各级路政管理机构作为办事或行政办案工具的各种文件、法律文书等转化而来的历史资料，记录了路政管理活动的事实和过程。它最原始、最真实、最具体地反映了路政管理工作的发展变化和实践经验，是研究路政管理发展规律的可靠资料。在路政管理中，落实各项工作、衡量办案质量和执法水平、开展检查评比、起草文件时，常需要查考档案资料。这就要求路政内业管理人员收集、整理大量的资料和数据。为了便于管理和使用，就需要运用电子信息化手段将各种资料分门别类地按规定加以整理、装订、归档、录入，使之系统化、规范化、完整化。

(4) 内业档案是路政工作管理、行政执法活动的历史记录，也是路政管理各项工作顺利开展的重要信息资源。随着路政管理工作办公自动化的不断提高、各种新型信息介质和记录方式的出现，形成了大量的电子文件。近年来通过安装电子档案管理系统，对信息管理、统计和统计分析、文字材料、档案管理、许可事项办理、路产案件及违章侵权案件处理工作，以及其他路政内务方面的管理工作等专项工作分类进行了电子归档。通过对电子档案的建立健全和规范管理，提高了档案工作透明度和时效性，为路政管理各项工作的良性开展奠定了坚实的基础。

2 电子信息化提升路政内业管理水平的原则

(1) “前端控制”原则。电子文件具有易改动、易流失等特点，如果还是像过去那样，按照文件的生成、积累、鉴定、立卷、归档、分类、著录等顺序按部就班地管理电子文件，那么电子文件的真实性就难以保证。电子文件的流失也是不可避免的，并且还会造成不同程度的重复劳动。因为电子文件在归档之前就有可能已被修改，或者有些已被有意或无意的删除；有些在文件形成时已提取了主题词，文件归档之后还要进行标引工作，这无疑增加了劳动量。因此，必须贯彻“前端控制”的原则，即要求将原来纸质文件管理系统中后期阶段需要控制的手段提到前端，也就是说档案部门对于电子公文的管理工作的介入要向前延伸，从文件生命周期的“前端”就开始控制文件的归档活动。具体来说，在文件系统设计阶段，档案人员就要参与设计、进行指导，考虑归档与归档后文件管理的需求，将集中管理一份文件的所有相关信息作为一个整体归档。另外，要把归档工作嵌入工作流程，以保证在每一个流程之后，将相关文件实时归档，并要求用户及时著录和鉴定文件信息，自动记录实施操作的人员、时间和内容等。

(2) 电子文件的可读性保障。电子档案来自各个方面，各立档单位往往是在不同的计算机系统上形成的，其内容、格式及数据结构不尽相同。这种差异必然导致在利用过程中输出时所使用的技术与方法的不同。又由于计算机技术的飞速发展，电子公文形成时所依赖的计算机软、硬件技术不久就有可能过时，以致新的软、硬件无法读取原先存储的数据。所以，为保证数字信息档案长期可存取性，建议采取通用技术措施。目前，电子公文的形成方式多种多样、很不统一，这将给今后利用工作带来许多困难，所以在电子文件归档时，应把特殊格式的电子文件转换成通用的文件格式；或将电子文件建立在通用的数据平台上，以消除由于技术不同或技术过时所带来的影响。一般文字型电子文件以 ml 文档和 rtf，tt 为通用文件格式；图像电子文件以 jpeg，tiff 为通用格式；影像数据以 mpeg，avi 为通用文件格式；音频电子文件以 wav，mp3 为通用文件格式；多媒体音像数据以 mpeg，avi 为通用文件格式。

(3) 要合理确定登记备份的档案范围。电子文件来源广泛，几乎所有管理活动都可能形成电子文件，这些文件的重要程度不一、价值不同，生成的技术环境和文件格式各异。这就要求我们在进行登记备份前，明确哪些档案安全风险较大、价值较高、证据性较强、易改性较大等，从而做到有的放矢地收集、整理和登记备份。

(4) 建立安全管理制度。电子文件是由人制作的，其管理和利用都要按人的意愿进行。因此，对参加电子文件制作和参与管理的人员必须加强管理，以防不测。另外，必须制定一套人人都应遵守的安全管理制度，以约束涉及电子文件与电子档案人员的行为。实践证明，良好的安全规范是保证数字信息安全的一项极为重要的措施。

3 电子信息化提升路政内业管理水平的其他保障

路政内业无纸化管理已经成为适应社会信息化发展的必然趋势，是全面提升路政管理工作为社会服务能力的不可缺少的手段。只有进一步加大路政内业数字化力度，规范电子档案管理，才能满足路政行政执法的利用需求，实现路政内业精细管理的价值，路政内业精细管理工作才能稳步开展。但电子信息化手段的推广应用还必须依靠其他保障：

(1) 经费保障。积极争取上级领导和有关部门的支持，以财力立项、信息化资助项目等多种形式申请经费。同时，在每年路政管理信息化专项资金中，确定一定的比例投入内业档案信息化工作，确保此项工作健康、稳定、可持续发展。

(2) 人才保障。适时引进档案管理专业人才，为路政档案信息化提供必要的人力资源和智力支持。

(3) 安全保障。在利用档案信息资源和信息化处理过程中，要提高信息安全意识，防止失密、泄密的发生。加强对计算机档案管理系统的管理，确保档案数据库安全；加强对电子文件归档工作的监督和指导，保证归档电子文件的真实、完整、有效；进行数据异地备份，档案信息要转存到档案专用服务器，实行物理隔离。

大力推进电子信息化手段，提升公路路政内业精细化管理水平，是公路路政内业发展的必然趋势。只有充分认识到推行电子信息化对路政内业工作的重要意义，才能全面把握和领会其方法的灵魂和精髓，才能真正贯彻落实，才能促进路政管理工作的快速发展。

浅谈镇江市养护应急基地（工区）管理模式和运营机制

陈辉方　管亚舟　丁文胜　戴建平

（江苏省镇江市公路管理处 镇江 212008）

摘　要　国省干线公路在日常养护中，镇江市多以养护应急基地（工区）的标准化建设来提升公路养护现代化水平。标准化建设将对工区自身硬件如办公区、生活区、仓储区、料场、绿化等进行改善升级和重新布局，还将以科学的标准和流程在机械配备、作业管理、应急管理等方面进行优化，全面提升基层公路养护的专业化、机械化和信息化水平，努力将工区打造成为集养护管理、公共服务、应急抢险“三位一体”的养护应急基地。

关键词　养护应急基地　工区　机械设备　管理

镇江市公路管理处共管养国省干线公路约 380 km，其中 5 个辖市区（丹阳市、句容市、扬中市、丹徒区、市辖区）共拟建设 16 个工区，其中一类工区 5 个（1 个应急中心，4 个应急基地），二类工区 11 个。

截止到 2014 年底，已建成养护一、二类工区共 3 个，即镇江市公路养护应急处置中心（一类工区）、丹阳市公路养护应急处置基地（一类工区）、句容市天王工区（二类工区）；在建、续建一类工区有 3 个，即丹徒区公路养护应急处置基地（一类工区）、扬中市公路养护应急处置基地（一类工区）及正在进行迁址的句容市公路养护应急处置基地（一类工区）。

1　养护应急基地（工区）的管理现状

1.1　应急基地基本情况

镇江市公路养护应急处置中心，设有 2 个科室（综合管理科、应急处置科），共 24 名员工，其中在编 5 人、人事代理 9 人、劳务派遣 10 人。其工作机制为“平战结合”，即具有对突发事件的快速反应能力和处置能力，应急物资储备较为充分。

1.2　养护工区基本情况

镇江市的一类工区虽大部分已完成了场地的基建工作，但在人员、设备配置等方面几乎完全没有投入，同时也没有能力进行生产和运营。二类工区则完全依靠养护公司运营生产。

2　养护应急基地（工区）机械配置情况及使用模式

2.1　应急基地机械设备

2011 年，镇江市公路养护应急处置中心已按照省交通运输局的要求配置了大部分应急设备，但设备的使用频率较低，存在闲置现象，故应急中心的机械设备可采取以下几种使用模式：

(1) 设备整体打包出租，即将所有设备全部出租给一家单位使用。

(2) 单个设备出租，即根据市场需求对外出租单件设备或机械。

(3) 各养护公司有需求时，免费提供机械使用，如大型清扫车、高压清洗机等。

(4) 在恶劣天气和特殊情况(如突发性事件)下，进行应急处置。

2.2 工区机械设备

养护工区完全依托各养护公司进行管理和生产作业，为了进一步优化养护生产组合，工区也成立应急处置分队、储备应急物资与机械配备。而机械设备的购置经费主要是依靠养护小型机具补助与养护企业自行购置两种模式。

3 养护应急基地（工区）存在的问题

3.1 管理运营模式

3.1.1 应急处置中心方面

(1) 没有相关资质和许可，业务发展受限。由于固定的资金来源少，没有相关资质和许可，对外拓展项目受限，仅靠内部项目，不能满足自身发展需求。

(2) 应急事件频率发生低，人员和机械平时存在闲置情况，缺乏维护运营资金。

(3) 部分设备的配置不合理。小型设备配置较多，因没有养护任务，使用率不高，基本闲置。大型设备配置不全、不配套，比如挖掘机和摊铺机作业需要外租运输设备，特别是在突发事件处置时，外租运输设备到位的时间比较长，常常会延误时机。高空作业车也基本闲置。

3.1.2 养护应急基地方面

(1) 镇江市养护应急基地建设均为各辖市区公路处，基本没有运营，既没有人员队伍又没有机械设备，普遍对养护应急处置基地设立的目的、职责、编制、经费存在疑问和困惑。

(2) 在运营方式上无法突破，如果公路应急基地建立实体队伍，势必会与养护公司存在养护市场竞争，增加了社会的不稳定因素。例如，依托养护公司的人员进行管理，则会造成养护基地受公路机构和不同体制的养护公司的双重管理，从而出现管理不顺畅的现象。

3.1.3 工区方面

(1) 2003 年公路管理养护单位改制后，镇江市目前的养护公司有 3 种性质：改制企业、具有事业单位性质的公有企业和属于国资委管理的公有企业。改制企业目前以工程建设、干线公路小修养护为主，在运营过程中需支付较大数目的税收，势必要占用为数不多的养护经费，同时监管单位对其的监管难度也较大；而未改制的养护单位在运营方面难度也较大，如退休人员较多，退休成本较大。

(2) 二类工区房地产产权模式也不尽相同。有部分改制企业工区的房屋已经不属于公路资产，产权明晰。但其他未改制企业的二类工区的基础设施还属于公路资产，现无偿供养护公司使用，存在产权不明晰的问题。

(3) 大多数工区都肩负着国省干线和农村公路并养的养护管理模式，工区所用人员、材料、设备、机械、费用存在交叉、混用、不明晰的现象。

(4) 许多老的工区普遍存在着建设年代久，缺乏资金维护的现象。养护公司无维修经费,也不会投入经费进行建设、维护,现状已不适应养护需求,也达不到二类工区的标准。

(5) 随着干线公路的建设,部分原有工区已偏离新的干线公路。例如,句容 104 工区,因 104 国道改线,原地址已不能使用。目前新工区计划移址至 104 国道 1172K+600 处。同时,还有部分工区建设位于县乡道附近,现急需进行改建后移址,但由于近年来国家加大对土地使用的管理,对于新建的一、二类工区,在土地的许可办理上难度增加,同时建设成本也高,省局补贴远远不够,建议在新建公路建设中要同步进行工区站点建设的土地征用。

3.2 机械设备配备

(1) 养护现代化的具体标准较高,不符合现阶段养护生产力的发展水平。

(2) 部分机械设备配置存在不合理、不适用的现象。如目前干线公路路面污染以砂石污染为主,小功率的清扫车不适用于公路清扫。

(3) 养护机械配备存在搁置浪费的现象。

(4) 购置的机械设备配给谁使用也是问题。应急基地存在无人、无养护路段的现象,机械设备大部分处于闲(备)置状态;而有些工区属于私企或经营性公司,如配置给工区则存在国有资产流失的嫌疑。

(5) 普遍存在机械设备只使用不维护的现象,用坏了也不修理,存在使用成本高、维护费用高、使用率低的现象。

(6) 应急基地、养护公司缺少专业技术人员和机械操作手等技能人才,脱钩养护公司难以引进人才。如句容市养护公司在脱钩后,市交通局即冻结了人事关系。私企养护公司不愿引进人才而是停留在脱钩前的水平,而大部分的机械设备需有操作上岗证的人员才能上岗操作。

(7) 机械设备现代化后使用的及时性还不够。如路面出现个别坑塘时,现代化的拌和厂不可能因为小面积的维修而进行大方集料的生产、修补。因此,在修补的及时性上不能满足要求,存在安全隐患。

3.3 资金投入不足

无论是养护工区的建成,还是机械设备的配备,都需要维护和使用资金,目前养护经费十分有限,房建等基础设施得不到及时维护,同时由于经济利益的驱动,养护公司不愿使用机械进行养护作业,因为使用成本太高,而导致机械使用率低下。

4 未来发展规划及管理运营机制

4.1 建立充满活力和竞争的养护市场

由于缺乏竞争意识,养护公司无论在人才引进方面,还是对养护机械的投入方面都缺乏热情。养护的地域垄断观念严重,要打破很难,甚至无法打破,因为涉及地方群体利益和社会稳定问题,更是全省乃至全国范围养护体制改革的问题。

4.2 理清公路机构、应急中心、应急基地、养护公司、养护工区之间的关系

结合地区特点,制订相关制度,科学处理各单位、部门之间的关系,明确职责,有效管理各类资产,正确处理国家、集体和个人的关系。

4.3 因地制宜建设一、二类工区

根据各地的现实及不同养护企业的管理现状，建设一、二类工区，使之符合各地养护运营和管理的特点，允许存在个体差异，不必一律按统一标准建设。

4.4 加强养护企业资格和从业人员的管理

公路养护不同于一般的事业，它具有一定的公益性质。因此，有必要在省级层面建立养护企业资格和人员的管理考核制度，把人才和养护道工的培养（培训）工作作为重点，通过组织参加各种专业培训，进一步提高工作人员知识架构和专业技能，同时加强相关考核制度，提升养护企业生产和管理水平。

我们应该努力构建一个层次明晰、规模适当、反应灵敏、运转高效、配置合理、保障有力的养护应急基地（工区），提升养护应急基地（工区）的管理水平，提高养护应急基地（工区）的质量和效率。

如何做好建成区公路的路政管理工作

余 健 张剑华
（镇江市公路管理站 镇江 212003）

摘 要 本文从建成区的概念入手，针对公路横断面状况发生变化后普遍存在的政出多门、交叉管理的现象，分析了建成区公路现状，同时结合日常工作实际，就建成区公路的路政管理工作，提出想法与建议。

关键词 建成区公路 路政管理

公路是国民经济发展的基础支撑，在社会经济发展中发挥了交通主动脉和纽带作用，为人们的出行带来了极大的方便。随着公路路网的不断改造与延伸，公路横断面状况同时发生变化，派生出了非机动车道、辅道、人行道等设施，最具特征的公路边沟、坡脚线等不复存在。同时，根据政府相关规定，建设慢车道、人行道板、绿化等设施，并由城管、绿化等部门管养，各管养部门之间沟通不畅，这就给路政管理工作带来极大挑战。

1 建成区公路的概念

建成区，是指市行政区范围内经过征用的土地和实际建设发展起来的非农业生产建设地段。它包括市区集中连片的部分，以及分散在近郊区与城市有着密切联系，具有基本完善的市政公用设施的城市建设用地。建成区范围，一般是指建成区外轮廓所包括的地区，也就是整个城市实际建设用地所达到的范围。在建成区范围内按照国家技术标准修建的、由公路主管部门验收认可的道路即为建成区公路。

2 建成区公路的现状

随着四通八达公路网的延伸，各级政府围绕公路做起发展经济的文章，大力发展路边经济，鼓励集体和个人在公路开办各种实体经济，导致有些路段通行不畅，存在极大的安全隐患。另外，路面污水横流、垃圾堵塞排水沟和涵洞，为公路的养护和管理带来新的问题，制约了公路社会经济效益的发挥。

2.1 公路两侧街道化严重

日益完善的公路网给地方经济的发展提供了利用土地、空间的巨大灵活性，但随之而来的是公路两侧商业化的形成，带动了部分产业的出现，如餐饮、汽车修理、停车场、加油站等服务性行业应运而生，一些菜农、果农、小商小贩便以公路为市场，随意占道，设摊经营。同时，由于受地方政府支持，一些企业打着重点招商引资的招牌，乱搭乱建、随意堆放，造成了公路的脏、乱、差。

这些依托公路发展并已初步形成规模的沿路经济，是公路交通带来的崭新变化，也是建成区公路发展的最大特征。但是，由于规划不科学、管理不得力，影响了公路行车安全与运输畅通，降低了公路使用功能的发挥，也大大加重了国家对公路扩建、改建的投资成本。

2.2 公路权属不清

我国的公路是国家公益性设施（除少数由民间资本直接建设经营的之外），其所有权无疑是国家的。可事实是公路建设时，征地涉及巨额资金，而承担征地任务的是地方政府，其通过变通处理，对公路附属的绿化用地等未正式办理相关土地征用手续，采用留置、租用等方式，这就造成了路产、路权“虚置”。当占用公路经营、道口搭接、违建施工、边坡种植等违法情况发生时，公路部门连最基本的土地使用证都拿不出来，无法根治违法行为。

2.3 前期征地拆迁不到位

随着经济的快速发展，城市不断扩大、外移，建成区域越来越大，大量公路被定义在其中。在公路高等级、快速化拓宽改造中，征地拆迁成本急剧增加，建设方和作为拆迁主体的地方政府，搁置拆迁难度大、矛盾突出地段，放任其存在。大量未列入计划或部分拆除的建筑物、构筑物，就位于公路用地范围内，且基本以居住生活为主，其对公路发展的影响可想而知。

2.4 交叉管理、政出多门现象严重

根据相关规定，建成区公路的非机动车道（辅道）、人行道、绿化、路灯等附属设施由相关管理部门管养，管养主体发生质的变化。但该类设施又在公路的用地范围抑或建筑控制区内，在挖掘、埋设、增设平交道口等事项中，当事人不知如何办理手续，抑或手续办理后遭到另一方的查处。同时，在地方保护主义和部门利益驱动下，对公路两侧建筑物的建设审批，依然是政出多门、多头管理，表现为工商、城管、规划、国土等多个部门都参与管理，且在城市规划时也不考虑《公路法》《公路安全保护条例》中对建筑控制区和公路两侧规划的特殊要求，以及《公路工程技术标准》对特殊路段的特殊技术要求，势必与《公路法》《公路安全保护条例》等有关规定相矛盾，从而增加了查处违法行为的难度。

2.5 行政干预多

建成区公路在城市经济发展中的作用不容置疑，大量涉路事项不是为重大企、事业单位服务项目，就是政府重点引资项目的基础设施。一些地方政府不能正确处理经济发展与路政管理之间的关系，只图经济发展的短期效益，忽视公路作为经济发展重要基础的长远利益。相关政府部门越权许可、审批，当其与路政管理产生矛盾时，他们就会抵制执法或者直接行政干预。而此类行政干预代表政府的意志，公路管理机构往往难以承受这种压力，从而很难做到依法行政。

2.6 置换、移交公路问题多

地方政府为适应经济的高速发展，拓宽改造了原有公路，或规划重建了某些快速通道，与更适合作为园区道路的公路进行了置换。此类改造或移交公路，在公路部门正式接管前，已经存在了大量广告牌、非标、地面构筑物、搭接道口等违法设施，给公路路政管理带来极大的困难。

2.7 新建公路遗留问题多

建成区公路因其地域位置的特殊性，沿线厂矿、企事业单位多，人口密集，相应公路建设时的配置设施多，如埋设于地下的综合管线（供电、自来水、通信、路灯、绿化照明、公安

用线、雨污水等)错综复杂,公交站台林立,大型桥梁桥孔空置等现象同样严重。随着时间的推移,综合管线检查井的破损、下陷现象日益增多,公交站台上下人流随意横穿快速通道,桥孔被随意占用,存在大量平面交叉道口,未硬化道口处的抛洒滴漏,尤其雨雪天,脏、乱、差现象极其严重。此类状况的出现,严重影响了公路的安全、畅通。

3 如何管好建成区公路

建成区公路因其地域的特殊性及横断面形式的逐步改变,已不是严格意义上的以边沟、边坡等作为主要特征的公路。面对公路此种发展态势,如何更好地履行公路路政管理职责,维护公路合法权益,保障公路的完好、安全和畅通,最大限度地发挥公路网络的社会服务效能,促进公路事业快速健康发展,是镇江市区公路管理站一直努力的方向。为有效解决建成区公路暴露出的管理问题,使路政管理工作提档升级,镇江市区公路管理站采取了以下几项措施。

3.1 关于公路街道化

3.1.1 加强公路建筑控制区的管理

为防止公路沿线的建筑向公路靠近和延伸,避免出现公路街道化现象,必须加强对公路两侧建筑控制区的控制和预防,并把此作为最基本的管理要素,严格履行职责。

3.1.2 加强源头管理力度,控制街道化

树立超前意识,做好预防工作,及时发现违建及临时性构筑物,果断将其消除在萌芽状态,避免当事人损失,节约管理精力。对于新(改)建公路,依法提前介入,加强沿线监管,防止违法行为在建设中悄悄形成。同时,力促拆迁到位,不留后遗症,减少后期街道化形成的条件。

3.1.3 加强宣传,使人们加深对街道化危害的认识

多层次、全方位,扩大宣传普及面,尤其对可能形成街道化的路段,深入宣传到群众、社区、政府相关部门,使他们加深对危害的认识,减少甚至消除街道化。

3.1.4 采取多种方式彻底治理已有的街道化

如对 S238 左湖立交桥段的草莓摊点,S338 农产品批发市场段、S243 金山物流门口段的摆摊设点、乱堆乱放,采取依法查处,联动交警、城管查处,联合政府取缔等方式,抓好典型,根治顽症。

3.2 关于公路权属不清

由于历史或节约建设资金等原因,公路路产路权“虚置”现象严重,极大地影响了公路路政部门依法治路的权威性,再加上地方政府拓宽改造或根据规划移交公路部门管养道路本身用地的权属问题,给基层执法人员查处违法行为带来极大的地域困惑。如镇江市区公路管理站管理的 S238 金港大道,公路部门建设段绿化用地为留置、租用,新区段是典型的市政建设后移交管理,S241 又是新区拓宽改造段,其公路权属、用地范围、建筑控制区域一直困惑着路政管理人员。因此,镇江市区公路管理站积极同地方政府相关部门沟通,力求政府高度重视公路用地工作,依照国家法律法规,结合本地实际,出台相关文件,划定公路用地范围,明确权政界限。

3.3 关于征地拆迁不到位

该状况在 S238 金港大道穿越村镇的辅道边尤其严重,大量居民就生活在公路用地内,房屋或围墙就在人行道边,其生活设施随意摆放,加之拆迁时半拆不拆状况多,存在严

重的安全隐患,公路两侧的脏、乱、差现象可想而知。对此类路段,我们将其列入巡查管理重点,以更多的说教、帮助为手段,以免激化矛盾。所有生活设施、非标等不超过围墙,管好自己门前区域,避免脏、乱、差现象。同时,加强与地方乡镇、居委会的沟通,尽可能减少拆迁遗留的问题。

对于新改建路段,超前介入,协助征地拆迁部门,力求政府拆迁一次到位,对于确实无法拆除路段,报请建设部门考虑将可能形成的街道化、安全隐患等采取其他方式在建设过程中消除。

3.4 关于交叉管理、政出多门现象。

3.4.1 前置审批关

积极争取地方政府的支持,将规划与公路建筑控制区管理有机结合,妥善解决其矛盾。在涉及新区公路许可审批时,已逐步形成由新区行政服务中心牵头,建立公路与规划、城建、城管、交警等部门的联合审批制度,并将公路行政审批事项前置,克服了以往各自为政、各行其是的弊病。

3.4.2 理顺各部门之间关系

密切联系土管、城建、城管、交警等部门,根据各自职能协同工作。一是在相关部门配合上采取"三个为主"原则,乱堆乱放以公路管理部门为主,摆摊设点以城管部门为主,打谷晒场以公安交警部门为主;二是土管、城建、规划部门许可时,严格遵照《公路法》《公路安全保护条例》《江苏省公路条例》要求,对涉路事项,必须经公路部门审批同意方可办理;三是交警部门对公路上车辆事故处理时,协助公路部门收回路产损失费用;四是加强同城管、交警部门联动,共同整治公路上的顽疾、难题。

3.4.3 学习、领会政府相关文件精神

对政府下发的"镇江市人民政府办公室关于镇江市建成区市政基础设施移交管养的实施意见"等文件,在学习、讨论中认真领会,在不违反上位法的同时,尽最大可能遵照执行。如在S238金港大道、S241通港路等路段的具体管理中,应将主要精力放在治理快车道上,同时兼顾治理公路建筑控制区。在诸如埋设管线等涉路事项上,如有城管等部门的合法审批手续,则在强调安全管理的同时进行备案,避免交叉、多重管理给当事人留下不良印象,将优化执法环境落实在具体行动中。

3.5 关于行政干预

在基层公路管理机构日常管理中,经常遇到当地行政部门干预,而路政部门如果强行抵制、依法办案,可能严重挫伤与当地政府之间的关系,从而对后期的执法工作造成负面影响,尤其是涉路事项中相关费用,地方政府不理解,个别领导甚至对公路的收费"深恶痛绝"。因此,镇江市区公路管理部门主动与地方政府进行沟通,并与新区行政服务中心就无法避免的涉路事项规费的收取问题多次沟通、交流,力争当地政府理解,并就收费事宜达成一定意向,减少当地政府在这方面的干预。同时,镇江市处领导需理解基层面临的压力,主动了解地方对路政管理的需求,争取理解与支持,弱化政府巨大的行政干预压力,使得路政案件能得到及时、公正的处理。

3.6 关于置换、移交公路存在问题

如原S238大港至扬中大桥段被S238金港大道新区建设段置换,在交由公路部门管理前,其搭接道口多,非标、广告牌随意设置,路域环境较差。面对此境况,镇江市区公路

管理站主动与相关许可部门沟通，与其深入分享公路路政管理需求，取得理解与支持。在同当事人友好协商的基础上，拆除了部分非标、广告牌，优化了部分搭接道口安全设置，对难以拆除、整治的遗留违法事项，拟结合镇江市国省干线路域环境整治与绿化工作的实施，借助政府力量彻底解决。

3.7 关于新建公路遗留问题

(1) 积极查处大型桥梁桥孔被占用、违建等现象。例如，S243 戴家门桥下违建已申请人民法院强制执行；S238 丁家河桥下违建已基本完成拆除工作，拟对用地范围封闭；S238 金港运河大桥已投入大量资金，全部封闭隔离。同时在新(改)建工程上，将桥下空间的封闭作为工作重点来督促落实。

(2) 对重要的搭接未硬化道口，如最为典型的 S338 松林山路口处，除联合交警、养护等部门多次整治其抛洒滴漏，严重污染公路之行为外，拟结合新区山体环境综合整治工程，将该道口改造平移至合理位置，初步解决该处脏、乱、差现象。同时，对大量的中分带开口合理归并整治，保证快速公路的安全、顺畅。

(3) 善于发现路面随时出现的井盖破损、下陷隐患，及时同养护部门联合处置。同时，在新(改)建工程监管中，提请指挥部狠抓此类综合管线埋设施工质量，将检查井尽可能移至绿化带内，并加大井盖质量检测，从源头上遏止此隐患的出现。

(4) 优化快速路辅道上的公交站台的安全设置，辅以醒目的安全提醒。同时，对横向穿越所形成的便道及时封闭，采用安全手段提请行人按规定路线通过。

面对建成区具有一定特殊性的公路，在转变管理理念，优化行政服务的主导中，如何更好地履行路政管理职责，是我们永久探讨的课题。

4 提请上级部门解决事项

4.1 建成区公路用地范围的确定

公路用地范围及建筑控制区是路政管理最基本的要素，针对建成区公路的特殊性，请上级部门牵头，联合政府相关部门，将公路用地实实在在地标注在现场，同时明确建筑控制区，让基层执法单位有距可依。

4.2 规划时公路部门前置审批

涉路规划必须符合公路相关法律法规要求，必须征得公路路政部门同意，将联合审批中路政部门前置落在实处，克服有关部门各自为政、互不协调、各行其是的弊端，同时建立规划、审批追究制度，真正杜绝由利益驱动产生的管理难题。

4.3 同城管部门深度沟通

由上级组织主导，同交叉、多头管理中最基本、最突出的城管部门深度沟通，必要时请城建、规划、公安部门参加，就建成区多种类型的公路管理进行细化确权，明确责权，避免"有利就争，有弊就推"的现象，在互相配合中严格执行。

4.4 新、改(扩)建公路超前管理的规范化

将具有一定公路工程专业技术知识的路政管理人员充实到建设指挥部，或路政人员真正地提前介入管理，除履行正常的路政管理职责，更需对征地拆迁、平面交叉道口、搭接、桥孔、站台、综合管线等设施的后遗事项管理，在工程建设中超前考虑并解决。

镇江市干线公路网管理的探索与思考

王 静　吕培金
（镇江市公路管理处 镇江 212028）

摘　要　本文系统分析了镇江市干线公路网管理现状及存在的问题，从公路网实际运行的角度提出了下一步发展建议，旨在探讨公路网管理的发展方向。

关键词　镇江　路网管理　思考

镇江市干线公路网密度位居全省第三，交通纵横交错，区位优势明显。面对如此发达的路网，如何提高路网服务、满足公众出行需求是当前公路发展最主要的问题之一。近年来，镇江市积极研究探索干线公路网管理与服务的课题，并成立专门机构负责公路网管理。下面重点介绍镇江市普通国省干线公路网管理的现状、存在的问题及发展方向。

1　镇江市公路网管理发展现状

目前镇江市公路网服务主要是通过镇江公路网管理与应急指挥中心（以下简称路网中心）完成的。该路网中心负责全市 2 条国道、8 条省道（目前）、1 条高速公路 S86，共计里程 482 km 干线的公路路网管理、服务、应急处置指挥等工作。根据在普通国省干线上设置的 23 处固定视频监控点，20 处交通流量调查点，17 辆配备无线视频监控车，6 块情报板，1 条数字化公路 S238（金港大道），实时信息采集，掌握道路车流情况，及时发布道路突发情况信息。

镇江市路网中心作为普通国省干线公路路况信息汇总中心，及时收集、汇总、上报全市公路管理服务信息，利用电视台、广播电台、互联网、路面情报板、微博、微信、应急指挥系统短信平台等方式，及时向社会发布公路路网信息、公路行政服务信息，服务社会公众。同时，利用视频会议和公路管理与应急指挥系统实现省、市、县三级路网监控和应急指挥的联动控制，为领导的判断与决策提供依据，大大提高了镇江公路各级部门的办事效率和紧急突发事件的处理能力。

近年来，镇江市公路网服务中心不断创新公路网服务手段，利用新兴电子媒介建立路网咨询与服务平台，与出行者实时互动交流。同时，与周边邻市签订《路网信息共享应急联动协议》，实现区域路网联动，及时提供周边城市路况信息。

2　镇江市公路网管理存在的主要问题及原因分析

公路网服务是公路行业管理领域一项创新性业务，镇江市 2009 年开始组建公路网管理与应急指挥中心，从 5 年来的工作运转来看，虽然在体制机制、相关制度、工作流程、业务方面有了很大发展，但是相比其他成熟的公路网而言，还存在一些不健全、不完善的地方，主要表现在：

(1) 公路实时采集数据相对匮乏。公路网要实现路网智能化管理,需要大量硬件监控、监测设备,以及高效的数据处理系统和信息发布系统组成的平台支撑,只有监控、监测点布局达到一定的规模和密度,才能体现智能化管理的优势。镇江公路交通数据采集目前主要来自于已建成的 1 条数字公路、23 处重要节点视频监控、20 个交调站,以及移动视频监控系统。实时交通流状况数据采集还未覆盖全市干线公路网,不足以支撑对全局路网交通流的分析、建模和处理。而采集到的部分交通数据与真实数据误差大,不能真实反映道路交通状态等现象,道路、桥梁等结构参数的监测难以满足路网智能管理的需求。

(2) 公路数据缺乏智能化分析。目前,镇江公路突发事件,只能通过人工观看沿线固定监控视频和移动车载视频,路政、养护巡查人员上报的方式来掌握,尚未实现系统自动分析、自动预判预警、自动诱导等功能。同时,对交通流数据缺乏深度分析、处理,未能实现对行业综合运行分析和决策的支持。

(3) 出行信息服务覆盖范围有限。目前路网中心通过微博、微信、电台、短信等多种方式提供出行服务,并与邻市建立共享平台,提供周边实时路况。但是,服务覆盖范围有限,与车辆、出行人信息交互功能欠缺,路线自动诱导和路网优化信息功能尚不完善,与日益增长的公众出行服务需求不相适应。

(4) 后期维护经费不足。中心每年正常运转费用包括外场设备的运营费、路网工作人员工资,以及监控监测设施的硬件投入、正常维护保养等费用。如果在主管部门没有专项资金预算的情况下,将是一笔很大的负担,直接影响到这项工作的可持续发展。

3 镇江公路网管理发展的思考与建议

在公路网服务不断研究与探索中,我们不断思考今后的发展方向及主要目标。为更好地促进镇江公路网的管理与发展,现主要采取以下几项措施:

(1) 开展路网运行科学研究。建立路网运行状态评价指标体系,涵盖国省干线重要公路、桥梁、隧道、服务区、治超站等,通过各类设施运行状态分析,综合评价整个路网状态,为科学决策做支撑。

(2) 推动公路网自动化采集系统建设。增加公路数据采集点布设密度,合理规划布设位置,统筹做好整个辖区内路网的数据采集点布设方案。2013 年全国公路交通流量监测设施平均布设密度为 25～30 km/套,视频监测设施平均布设密度 8～10 km/套,气象监测设施平均布设密度 80～100 km/套。镇江市路网监测设施与全国相较,还有一定差距。目前交通采集设施有检测线圈、超声波、微波、红外线、摄像机、基于手机信令的浮动车信息采集系统、基于卫星的浮动车信息采集系统等,品种繁多、功能不一、价格不等,我们需根据国省干线需求的交通数据选择最实用、性价比最高的设施,优化布设方案,充分满足路网需求。

(3) 充分挖掘交通数据的价值,为公路提供有用的服务信息。实现公路智能预警预判,对领导决策起到辅助支持作用。建议后台在强大的数据库基础上建立交通智能分析系统,对采集到的数据进行充分挖掘、分析与加工,实现交通阻断、路网事件自动预警,处置预案与需要进行的业务自动关联,对应急处置的辅助决策作用实现统计分析与预测功能,对交通诱导信息自动生成、智能发布等。实现公路网管理与应急指挥工作的智能化操作。

(4) 推动跨部门路网应急联动机制。公路突发事件应急联动处置需要得到地方政府、公安交管、环保、消防、医疗救护等相关部门支持，加强相关部门应急组织机构、应急预案、预警信息、联动措施、应急队伍、应急资源的对接，协同处置突发事件，确保安全畅通。

(5) 建立路网信息员队伍，提升公路出行信息服务质量。由于获取信息源有限，路网信息服务不能全面、实时提供。这就要求建立庞大的路网信息员队伍，无论是公路人还是出行者，发现路况及时上报，提供实时的路网服务。

(6) 建立综合路网服务平台。将人们出行的公路路况信息、客运站点信息、铁路运输信息、航班信息等出行方式整合在互联网平台，通过与电子地图的融合直观显示出行公路状态，方便人们选择最佳出行方式。同时，播报周边城市路况信息，全面展示路网出行信息。

(7) 主管部门增加路网服务资金预算。路网服务发展的智能、便捷需要上级部门的支持，只有资金保障才会使路网运行没有后顾之忧，全力投入路网智能化监控建设、路网运行状态智能分析、对外智能发布预测预警与实时路况信息，实现全路网高效运转。

公路网服务是一项公益事业，也是公路部门转型发展的必然选择，面对这项新兴业务，我们一定要紧跟改革步伐，以社会主义核心价值观为指导，以公众满意度为目标，不断优化工作方式方法，开创公路网服务新局面。

如何在公路巡查中提升管理效能的实践与思考

史小东
（丹阳市公路管理处 丹阳 212300）

摘 要 为进一步优化公路巡查机制，降低公路巡查成本，提高公路管养效率，提升处置公路突发事件，保障公路良好通行条件的能力，丹阳市公路管理机构整合了有限的公路管理资源，积极开展路政、养护联合巡查工作，全面优化公路行政管理效能。

关键词 路政 养护 联合巡查 管理效能

公路管理坚持以提高路域环境，以方便市民安全出行为目的，以公路相关法律、法规为依据，以规范巡查管理行为、保障巡查质量、提高巡查效率为方向，推进公路管理的科学发展，保障公路“畅、安、舒、美”。为了进一步强化普通公路巡查工作，推进公路规范化管理进程，整合有限的公路管理资源，减少路政、养护的重复、多头、无序巡查，节约公路管理资源，合并路政养护巡查职责，丹阳市公路管理处依据《江苏省普通干线公路路政巡查规定》相关文件的要求，整合路政、养护的巡查力量，实施联合巡查。

1 公路管理现状及存在的问题

2003 年，公路管理机构为响应上级号召，实行了公路体制改革。公路管理机构把原来的管理、工程、养护、三产等部门实行事、企分开。公路管理属于事业性质，公路养护属于企业性质，公路处与公路养护公司完全脱离了隶属关系，不再是同一个单位，缺少了沟通，中断了协同。公路管理是一个动态的过程，包括路政管理、养护保洁等，路政巡查的密度满足不了公路动态发展变化的需要。公路养护在操作过程中又有许多问题需要路政部门协作配合，原有的公路管理模式在体制上、机制上难以满足现代公路管理的要求，存在以下几方面的问题，需要路政、养护部门的共同协作、协同配合。

(1) 公路路政人员在公路巡查中，巡查密度不够。在公路上堆放物品、抛洒滴漏、污染公路等违法事宜都是短暂的迅即行为，难以即时发现，需要养护人员来弥补巡查的不足。

(2) 因交通事故造成公路路产损失的情况随时可能发生。当驾驶人员发生交通事故以后，没有执法人员及时处理，很可能会出现驾驶人员逃离现场，造成公路路产损失得不到补偿的局面。在这种情况下，就需要养护人员的协作，及时发现、及时制止。

(3) 公路路政案件的发生、发展都有一定的先兆，在路政人员现有巡查密度难以发现时，就需要养护人员来弥补，提供信息，将一些路政案件遏制在萌芽状态，或尽早发现、及时制止公路路政案件。除此之外，路政人员应在第一时间把《中华人民共和国公路法》宣传到位，减少当事人的损失，体现了以人为本的执法理念。

(4) 当公路路网遇到自然灾害或突发事件时就需要两部门的共同协作,保障公路安全畅通。当公路桥梁、涵洞出现坍塌,需要中断交通时,就需要路政部门在合适的位置设置交通标志,提示过往车辆注意绕行,并报请上级部门,合理地实施路网调度,分流车辆,减少局部地区的交通压力。另外,养护部门也具有十分重要的作用,及时与路政部门信息互通,遇有情况及时反馈,在需要中断交通时,在公路上要设置路障、修筑便道方便小型车辆、行人的通行,共同解决出现的突发事件。

(5) 公路养护工作同样也需要路政部门的积极协作、配合。当在公路上运行的车辆有抛洒滴漏等违法行为时,养护人员不具备交通行政执法资格,就需要路政部门运用法律的手段来处理、制止,减少车辆违法行为对公路的侵害,减轻养护人员的保洁工作压力,保持公路"畅、安、舒、美"的行车环境。违法超限运输车辆行驶公路,会加剧公路损坏,增加养护维修成本;公路上出现随意搭接公路、堵塞公路边沟时,就会因公路边沟不畅造成公路路基浸水而出现病害,损害公路等。这些情况就都需要路政人员来制止,减少公路的损坏,保障公路完好、畅通。

2 解决公路管理存在问题的措施

如何打破体制上的界限、突破机制上的壁垒,把有限的公路管理、养护资源有效地整合在一起,最大限度地发挥合力作用,已经成为公路管理和养护部门必须严肃认真探讨的一个重要课题。如何使两个部门乃至多个部门整合起来,统一到保障公路安全畅通的行动上来,解决以往工作中的一些弊端,现结合丹阳市公路管理处的工作实践谈几点看法:

(1) 统一思想。统一路政养护联合巡查的思想,形成共识,共同维护公路安全畅通。事企脱钩不分家、管养互动保畅通。事企脱钩改革完成后,公路管理与公路养护在体制上分了家,但维护公路安全畅通的共同使命没有变。无论是路政部门的工作人员,还是养护部门的人员,在思想上要形成"一家人"的观念,做到分工不分家,打破原先各自为政的观念,围绕公路安全畅通,你帮助我、我协助你共同维护好公路安全畅通。

(2) 统一制度。统一路政养护联合巡查的制度,规范行为,共同维护公路安全畅通。路政部门和养护部门要统一修订管理制度,从保障公路安全畅通的角度出发,用统一的规章、制度来规范两个部门的行为。在养护作业规范的内容中体现出路政的管理要求,当路政人员不在场的情况下,养护人员就有责任向当事人讲解、宣传公路法律法规。在公路违法行为发生的第一时间制止它的发生和发展,在制止无效的情况下及时报告路政部门,共同查处公路违法行为。在路政执法的制度中又要体现养护作业的内容,当在公路巡查中,发现有抛洒滴漏、污染公路、超限运输、堵塞公路边沟等违法行为时,路政人员有责任予以查处,制止违法行为的发生和发展,减少养护人员工作压力,减轻公路的受损程度。

(3) 统一资源。统一路政养护联合巡查的资源,共享利用,共同维护公路安全畅通。采取两部门互动的方式,将路政部门的信息向养护部门反馈、养护部门的信息向路政部门反馈,弥补公路巡查密度不够和养护部门发现而难以处置的事宜,避免改制后公路管理与公路养护的脱节。比如,在丹阳市公路管理处内部,路政巡查与养护巡查实行同一车辆巡查,共同发现并处理管养中的问题。公路路政大队与公路养护公司互动,聘请养护保洁工为路政管理信息员,形成路政群管网络,签订责任状,指定具体的百分考核细则,由每个承包路段的养护保洁人员及时通报路网信息,路政大队和养护公司每月按照责任状进行考核兑现,有效地调动养护职工的积极性。同时,路政大队及时派员查处路政案件,协助养护公司维护养护作业现场秩序，实现新的条件下的管养一体化。路政部门还可以利用自身的优势，与公路沿线的镇、村签订“爱路护路公约”、与干线公路集镇段的工商户签订“门前‘五包’合同”，把维护路容路貌、改善公路交通环境变成公路沿线群众的自觉行为，减少公路路政和养护部门的工作压力，共同维护好公路的安全畅通。

3 路政养护联合巡查主要做法和具体措施

(1) 建立组织，统一实施。按照路政养护巡查的相关工作要求，丹阳市公路管理处成立联合巡查领导小组，由单位主要领导任组长，各位分管领导任副组长，各个职能科室、中队和养护公司负责人任组员。领导小组下设办公室，办公室设在路政管理科，路政养护联合巡查由各个路政养护管理中队具体组织实施，把路政、养护管理中巡查的职责进行合并，由中队在一次巡查中全面实施。

(2) 建立制度，完善细节。路政养护联合巡查依据《公路法》《公路安全保护条例》《江苏省公路条例》交通运输部《路政管理规定》和《公路养护技术规范》等法律、法规，建立了《路政养护联合巡查制度》《路政养护联合巡查查处分离制度》《路政养护联合巡查考核制度》《路政养护联合巡查情况通报会制度》等一系列管理制度。定时召开“路政养护联合巡查通报会”，及时反馈交流巡查工作情况。

(3) 明确职责，责任分解。联合巡查工作是公路管理的基础性工作，工作责任具体分解到各中队、科室和养护公司，实行个人包线、中队包片、大队包面做法，要求路政养护联合巡查人员对自己巡查线路实施全方位的管理，切实履行好公路巡查的职责，保障公路完好、安全和畅通。

(4) 联合巡查，管养一体。多年以来，丹阳市公路管理处一直以两个路政管理中队为基础，形成东西两大板块工作网络，由中队组织实施路政养护联合巡查工作，实施养护基价考核，养护基价的拨付必须由路政管理中队长签字确认。同时，养护保洁人员又反聘为路政信息员，随时反馈路网上的一些动态情况。在原有巡查模式的基础上，继续总结经验，扬长避短，实施“5+2 领导带班巡查”，将路政养护联合巡查工作做细做实，形成公路管理的新模式、新特色。

(5) 外业先行，内业显现。丹阳市公路管理处联合巡查中，路政人员发现有违法行为会及时处置，尽可能把事件控制在萌芽状态。发现特情及时以书面的形式(联合巡查特情处置表)上报给养护公司予以处置。养护道工在日常工作中发现的路政问题也将及时地反映给路政部门，及时填写路政信息员信息反馈表，使一些动态的情况能得到及时的处理。外业所做的一些工作靠内业显现出来，巡查过程记录全面，事件或问题描述准确，处理清晰，文书呼应关系成立，及时、全面、准确地反映巡查工作的真实面貌。

4 路政养护联合巡查工作取得的成效

路政、养护的联合巡查是在“路政群管网络”的基础上发展延伸而来的公路管理模式，解决了人员、车辆、资金等诸多管理问题，为公路管理机构“创业创新创优、争强做强当强”打下坚实的基础。

(1) 处理问题更加专业。实施了路政养护联合巡查机制后，路政、养护人员在相互交流的工作过程中达到共同进步的效果，从以前的各自为政转变为协调同步，涉路问题不分你我，处理时间不分先后，维护畅通不分主次，围绕公路安全畅通实现路政、养护两部门人员有机结合，巡查中发现共性问题协同处理，发现专业问题分别处理，实现密度互补、技术互助、信息共享,推动丹阳市公路管理路政、养护的全面管理向纵深迈进。

(2) 解决问题更加迅速。全面整合管理资源,运行联勤联动、互动互补机制,全面提升巡查效率和质量。在联合巡查机制下,巡查人员能在第一时间掌握公路安全通行情况、桥梁状况、公路绿化、沿线设施、标志设置情况及违法涉路案件等信息,日常的路政管理、养护工作能在巡查过程中一并完成,既提高了路政管理效能,确保及时制止、查处各种损害路产路权违法行为,又能将对公路的损坏控制在最小范围内。

(3) 巡查成本更加节省。联合巡查改变了过去路政、养护分别巡查、重复巡查的做法,将两者合并同车巡查,一经发现问题,由巡查人员共同处理。此举既减少了重复支出,有效地降低了巡查成本,又节约了人员成本,提高了人员的工作效率。

(4) 巡查成绩更加突出。实施路政与养护联合巡查工作以来,进一步提高了公路的路域环境,较好地保持了公路的安全畅通。丹阳市公路管理处路政养护联合巡查处置板涵断裂、路面塌方突发事件 2 起,处置政府平台交办事件 36 起,及时消除路边种植 150 余处,联合清理公路障碍物约 1 125 m^2,疏通边沟约 3 000 m、涵洞 12 处、加固涵道 6 处,及时处理损坏路产路权的案件 8 起,处置违法搭接道口 3 起。路政人员主动上门宣传服务 16 起,举行广场宣传咨询活动 1 起。由于日常巡查监管到位,各种问题发现及时,处置得当,化解了社会矛盾,消除了安全隐患,保持了辖区道路的安全和畅通,得到了社会群众的一致好评,树立了良好的公路形象,为营造和谐路政和依法治路新局面打下了坚实的基础。

5　目前联合巡查工作有待加强的方面

(1) 各路政养护管理中队对路政管理系统特别是巡查子系统的使用还需加强,要确保路政巡查信息录入适时、数据准确、事项可信,杜绝补录、补登现象的发生。

(2) 加强宣传,树立巡查典型的工作还有待加强。要结合路政养护联合巡查工作,将涌现出来的先进人物和典型事例树立起来,予以表彰和奖励,要把这项工作作为精细管理、创新发展、做大做强的重点工作来看待,为今后公路管理走上法制化、规范化轨道奠定坚实基础。

通过路政养护联合巡查工作的扎实推进,有效地制止了路政违法事件的发生和蔓延,维护了路产路权,改善了公路环境,确保了公路的安全畅通,公路路容路貌、行车环境有了明显的提升,得到了社会各界的广泛认可,很好地践行了公路人"服务人民,奉献社会"的宗旨,同时也突显了新形势、新环境下公路行政管理效能的提升。

综合业务

Integrated Services

浅析施工企业的成本控制

张雷　严锋

（江苏省镇江市路桥工程总公司 镇江 212017）

摘　要　成本控制贯穿在施工企业工程项目的全过程，但由于现实的种种原因，企业的成本控制与管理并不尽人意。本文主要对施工企业的项目成本控制问题进行研究，然后对建筑工程项目成本控制存在问题进行分析，提出较为科学的成本控制措施。

关键词　施工企业　成本控制　问题　控制措施

随着建筑业市场的竞争加剧，如何做好成本控制获得经济效益最大化已经成为施工企业提高自身竞争力的重要途径。但是，很多施工企业还没有意识到成本控制的重要性，没有将成本控制工作落到实处，或者是成本控制的体系不够完善，致使工程项目施工过程中出现了很多浪费，增加了工程项目的成本，导致施工企业利润的减少，施工企业竞争力的降低，从而阻碍了企业的长远发展。

1　施工企业施工阶段成本控制概述

按成本的经济性质，工程成本可以分为直接成本和间接成本。直接成本是指施工过程中耗费构成的工程实体，包括人工费用、材料费用、机械使用费用及其他直接费用；间接成本是指企业内部为组织和管理工程施工所发生的全部支出，包括管理人员的职工福利费、固定资产折旧费、固定资产修理费，以及水电费、保险费等。

工程项目成本控制是在保证满足工程质量、工期等合同要求的前提下，对工程项目实施过程中所产生的费用进行有效的计划、组织、控制和协调等，实现预定的成本目标，并尽可能地降低成本费用、实现目标利润、创造良好经济效益的一种科学管理活动。加强工程项目成本控制是施工企业增强企业竞争力的有效途径，但目前我国施工企业在施工阶段的成本控制中还存在许多问题。

2　施工阶段成本控制中存在的问题

(1) 对成本控制认识上存在误区。工程成本控制是对施工全过程进行控制，需要所有的施工人员参与，绝非像有的人所认为的那样，成本控制是财务人员的事情，和其他人员无关。如果成本控制仅仅是财务人员的事情，就会导致工程技术人员只注重工程的技术问题，采购人员只关心设备、材料的采购问题。虽然这看起来分工明确，但如果他们都不关心工程的成本，为做好自己的工作而通过增加工程成本的途径来提高工作质量。从决策上来说，每个职能部门工作达到最优，对于企业来说未必是最优的。企业是要在保证工程质量的前提下，使企业利润最大化。

(2) 施工阶段成本控制体系不够完善。现在工程项目一般都是项目经理负责制。施工企业一般在工程项目施工之前，成立项目小组，由项目小组定期向企业汇报工程的实施情况，权力下放了，但没有明确相应的责任。有的项目经理根本就没有将成本控制提上日程，因为成本控制所带来的效益是企业的，而工程项目因成本控制而带来的质量问题是属于自己的。而有的项目经理把成本控制作为可有可无的部分，直接将其作为任务交给财务人员，并没有形成一套完善的成本控制体系，从项目全局进行成本的控制。

(3) 忽视了工程项目的质量成本控制。“质量成本”是指保证和提高工程质量而发生的一切必要费用，以及因未达到质量标准而蒙受的经济损失。“质量成本”分为内部故障成本、外部故障成本、质量预防费用和质量检验费用等。保证质量往往会增加成本，但不能因此把质量与成本对立起来。有些项目经理为了免于承担质量责任，往往就片面地强调质量，而不进行成本的控制，这就降低了施工企业的经济效益；有的项目经理片面强调工程的成本控制，导致质量上不去，可能会增加因未达到质量标准而付出的额外成本，还给企业带来了名誉上的损失。

(4) 对施工过程缺少有效管理，导致资源浪费现象严重。在施工过程中，由于施工企业对施工过程缺少有效管理，导致材料的浪费，大大增加了工程项目的成本。

(5) 缺少索赔意识，造成施工企业大量利益损失。由于工程项目涉及的合同项目很多，就很容易产生违约行为。施工企业如果缺乏索赔的意识，就不能有效地进行索赔和反索赔的工作。

4 施工成本控制措施

4.1 施工前的工程项目成本控制措施

4.1.1 建立以项目经理为核心的项目控制体系

项目经理负责制，是项目管理的特征之一。项目经理必须对工程项目的进度、质量、成本、安全和现场管理标准化等全面负责，尤其要把成本控制放在首位。项目经理需要的是复合型人才，所谓“复合型”人才，是指能够熟练地按施工图纸、工程合同、地区预算单价和上级有关规定，规范地编制工程预算、结算。同时，又能按照上述资料与规定，结合工程施工条件、技术难易、工期长短、市场劳务与主要材料价格预测及本企业的技术、设备特色和具体工程任务情况等诸多规定的可变因素，提出工程保本价位和符合当时建筑市场行情的利润期望值，供企业决策层确定标价的参数。

4.1.2 劳务分包负责制

项目经理部与施工队之间可以签订劳务合同或内部劳务协议。在工程实施过程中，项目经理部有权对施工队的进度、质量、安全和现场管理进行检查与评价，并按劳动合同或内部协议的规定支付劳务费用。施工队成本的超支或节约，项目经理部无权过问。项目经理部落实施工队的成本责任，是以实物工程量、劳动定额和消耗标准为依据的。当工程因业主要求发生变更时，原来的成本责任将有出入，需要按实调整承包金额。当施工现场出现零星任务，需要施工队完成时，应作点工计算，但这会相应增加劳务费用支出，所以应对点工数量和费用加以控制。

4.1.3 加强合同预算管理

投标的前期工作首先要认真做好资格预审工作，确保通过资格审查，其次在通过资格审查后，组织相关部门依据招标文件针对工程规模、特点、中标概率、是否盈利等方面进行招标评审，确定是否参加投标。在人员构成上要专业配套，选配一些精通预、结算业务、掌握招投标知识、反应敏捷、应变能力强的骨干人员，并负责为决策层提供信息进行筛选和判断。通过对市场的综合分析和对本企业的经营实力及经营目标的权衡，最终完成投标文件。

因此，在签订合同时，应根据业主要求和赶工情况，将赶工费列入施工预算。如果事先并未明确，而由业主在施工中临时提出的赶工要求，则应请业主签证，费用按实结算。项目成本控制能否取得预期目标的关键还在于项目施工成本管理体制和项目部在成本控制意识与措施上的正确性和合理性。

4.1.4 制定合理的施工组织设计

施工组织设计引领着整个施工过程，是工程进展的核心和灵魂。施工组织设计不仅是全面安排施工的技术经济文件，也是指导施工的重要依据。在人力和物力、空间和时间、组织和技术上对拟建的项目做出一个全面而合理的安排，把设计与施工、全局与局部及施工中各级关系更好地协调起来，以保证如期保质地完成施工任务，使工程取得相对最优的经济效果。

4.2 施工期间的工程项目成本控制措施

4.2.1 加强施工任务单和限额领料的管理

材料费的控制，按“量价分离”的方法计算工程造价，以投标价格来控制材料的采购成本，以“限额领料单”控制材料消耗。施工任务单应与工作报表结合起来，特别要做好每一个分部分项工程完成后的验收(包括实际工程量的验收和工作内容、工程质量、文明施工的验收)，以及实耗人工、实耗材料的数量核对，以保证施工任务单和限额领料单的结算资料绝对正确，为成本控制提供真实可靠的数据。同时，将施工任务单和限额领料单的结算资料与施工预算进行核对，计算分部分项工程的成本差异，分析差异产生的原因，并采取有效的纠偏措施。

4.2.2 直接费与间接费的控制

(1) 人工费控制管理

主要是改善劳动组织，减少窝工浪费；实行合理的奖惩制度；加强技术教育和培训工作；加强劳动纪律，压缩非生产用工和辅助用工，严格控制非生产人员比例。

(2) 材料费控制管理

主要是改进材料的采购、运输、收发、保管等方面的工作，减少各个环节的损耗，节约采购费用；合理堆置现场材料，避免和减少二次搬运；严格材料进场验收和限额领料制度；制订并贯彻节约材料的技术措施，合理使用材料，综合利用一切资源。

(3) 机械费控制管理

主要是正确选配和合理利用机械设备，做好机械设备的保养修理，提高机械的完好率、利用率和使用效率，从而加快施工进度、增加产量、降低机械使用费。

(4) 动态控制预算成本与实际成本

做好月度成本原始资料的收集和整理，正确计算月度成本，分析月度预算成本与实际成本的差异。对于一般的成本差异要在充分注意不利差异的基础上，认真分析利润差异产生的原因，以防对后续作业成本产生不利影响或因质量低劣而造成返工损失。对于盈亏比例异常的现象，则要特别重视，并在查明原因的基础上，采取果断措施，尽快加以纠正。

4.3 竣工验收阶段的成本控制措施

4.3.1 确保工程顺利交付

重视竣工验收工作，及时办理工程结算，干净利落地完成工程竣工扫尾工作，使工程项目顺利交付使用。从现实情况看，很多工程进行到扫尾阶段，就把主要施工力量抽调到其他在建工程上，以致扫尾工作拖拖拉拉，战线拉很长，机械、设备无法转移，成本费用照常发生，使在建阶段取得的经济效益逐步流失。因此，一定要精心安排，采取“快刀斩乱麻”的方法，在保证质量的前提下把竣工扫尾时间缩短到最低限度。

4.3.2 建立签证索赔制度

在目前的市场竞争中，施工企业往往处于弱势、劣势地位，业主却好像高人一等，常常提出一些有悖技术规范和常理的要求，拖欠工程款的现象更是屡见不鲜。针对这样的业主，施工企业更应做好施工记录，向业主提出索赔要求。施工企业要善于收集、整理与施工索赔有关的依据和资料，如施工合同、图纸、招标文件、图纸会审、设计变更、隐蔽记录、双方来往函件等。施工索赔应以书面形式通知业主，只有内容实事求是，数据准确无误，语言婉转恰当，文字简明扼要、条理清楚、重点突出，才能使对方深刻理解索赔事件的缘由。一般为：

(1) 索赔事件发生的时间、地点、原因和具体情况的简单描述。

(2) 索赔事件在双方签订的施工合同中依据条款。

(3) 简要说明对索赔事件的及时记录，发展动态及对工程成本、工期、工程质量带来的不利因素和后果。

4.3.3 完善工程资料

及时办理工程结算，在验收之前，要求相关人员准备好验收所需要的各种资料(包括竣工图)，送甲方备查；对验收中甲方提出的意见，应根据设计要求和合同内容认真处理，如果涉及费用，应请甲方签证，列入工程结算。一般来说，工程结算造价按原施工图预算的基础上增或减。但在施工过程中，有些按实结算的经济业务，是由财务部门直接支付的，项目预算员不掌握资料，往往在工程结算时遗漏。因此，在办理工程结算以前，要求项目预算员和成本员进行一次认真全面的核对。

施工项目成本控制是一项复杂的系统工程。施工项目成本控制，在适用方面需要灵活运用。实际操作应因地制宜，不同的工程规模，不同的建筑企业，不同的管理体制都有差别，但都希望使成本控制进一步规范化、科学化发展，跟国际接轨，更好地发挥投资效益，减少浪费，实现可持续发展，从而提高企业的竞争力，为施工企业降低成本寻找到一条新的出路。

265省道第三方试验检测模式探索与思考

张宏志　彭彪

（江苏省镇江公路桥梁检测中心 镇江 212000）

摘　要　公路工程的试验检测是质量控制的重要组成部分，而第三方试验检测模式是市场经济条件下一种较好的试验检测工作管理模式。它可以使工程质量的管理更加科学化、标准化和专业化，从总体上节省工程的管理费用，有效地提高工程质量。本文通过265省道（镇荣公路）一期工程实践，对第三方试验检测在公路工程中的实践进行了探索，以期提高监理单位责任意识，促进施工单位加大自检，提高工程质量。

关键词　第三方试验　检测模式　探索与思考

265省道（镇荣公路）一期工程（以下简称镇荣公路）是规划省干线网的重要组成部分（也称丹徒第一公路），本次改造里程10.5 km，采用BT建设模式。该项目由丹徒区政府成立的以丹徒区交通运输局为主的现场建设指挥部（以下简称指挥部）进行管理，同时镇江市干线公路建设指挥部在本项目指挥部设项目办，采用了现场驻地项目办（以下简称项目办）的方式进行干线公路行业管理和工程质量管理。根据《公路水运工程建设第三方试验检测制度实施方案》和镇荣公路项目建设特点，指挥部在镇江市干线公路指挥部镇荣公路项目办建议下，将监理试验检测任务（≥20%频率）和业主复检（5%频率）合二为一，通过招投标方式，委托给镇江市公路（桥梁）检测中心实施第三方试验检测，同时完成监理和业主的检测任务。

1　第三方试验检测的发展和现状

第三方试验检测制度是指在公路水运工程建设过程中，为保证或评价工程建设质量，由质监机构或建设单位委托试验检测机构，依据有关法律、标准和合同，开展独立的试验检测活动。第三方试验检测机构接受质监机构或建设单位委托，独立公正地开展工作，并行使相应职能，任何单位和个人不得干预其独立、客观地开展试验检测活动。第三方试验检测机构因处于监理、施工利益之外，可为建设单位质量管理和动态控制工程质量提供服务，也可作为质监部门评定工程质量的依据。

目前，工程试验检测模式有市政和公路两种。一般来说，市政建设试验检测模式中施工单位和监理单位不进行试验检测工作，由施工单位或检测单位具有取样资格的人员进行取样，由监理单位或者建设单位具有见证资格的人员对样品见证，然后由第三方试验检测机构独立完成检测任务出具检测报告。公路工程试验检测模式以施工单位成立现场工地试验室进行自检，监理单位也成立现场工地试验室在施工单位自检合格基础上进行一定频率（≥20%频率）抽检工作，建设单位在监理合格基础上委托第三方检测机构进行5%抽检。

市政建设试验检测模式主要缺点：

(1) 施工单位没有自己工地试验室进行自检，无法了解自己施工的情况，对自己进场的材料、半成品、成品等都需要第三方检测，不能及时指导施工，甚至不少施工单位通过非法方式获得合格数据；

(2) 在原材料、半成品的检测采用送样检测，检测工作由三家不同单位进行完成，环节过多，检测单位仅对样品负责，责任不清；

(3) 第三方检测的试验室远离施工现场，一个试验室为很多项目服务，且每个项目检测频率为 100%，任务过多过重，影响检测的质量。在 S238 大港新区段采用这种检测模式，该段出现早期沥青路面破坏，导致目前仍没有交付，所以在公路工程建设中采用这种模式是不可行，远远满足不了工程建设需要。

第三方检测模式有以下优点：

(1) 在第三方工程检测模式下，检测工作由独立第三方——中心试验室完成，中心试验室人员配备较多，可以同时开展多个施工单位的试验检测工作，管理范围广，实行分工合作，易于精细化管理，对试验检测工作更有利；

(2) 第三方工程检测是通过招投标设置的独立机构。试验室和仪器都是按照招投标要求配置的，有充足的财力支持，试验频率高，仪器设备的利用率高，对工程试验数据和工程质量的管理更加有效。

(3) 进行资源整合，节约工程造价，明确分工，减少监理人员，提高人员素质，将更多精力用于工程质量事前和事中控制。

2 镇荣公路第三方试验检测运行情况

2.1 必备条件

第三方试验检测(中心试验室)作为一个独立的社会个体，其正常运转需要一定的必备条件。主要体现在以下几个方面：

(1) 法人资格及行业资质。具有交通部综合乙级及以上资质，通过计量认证，且能够承担社会责任的独立法人单位。

(2) 较为固定的人员配备。对于一个试验检测企业来说，较固定的人员对企业的发展和试验工作的顺利开展是极其有利的。试验室人员组成应有一定的建制，包括管理人员、试验检测技术人员、试验工人等。主要技术人员的配备应满足行业资质及工程所需人员数量的要求。

(3) 工地实验室。建立工地试验室的主要目的是控制施工现场的工程质量。试验室要为现场监理提供科学的试验数据，为监理工程师提供监理依据，同时也为业主提供工程质量的动态情况。

(4) 较大规模的仪器设备及试验环境建设的投入。试验室的建立应根据在建的工程规模和所需的试验检测项目来设置，试验仪器应是当前规范规程所要求的较先进的仪器，试验室的规模也应与工程规模相适应。

(5) 较好的赢利回报。在现有的市场经济管理模式中，试验室的生存和正常运转需要以得到较好的赢利回报为前提。

2.2 中心试验室地位

中心试验室从取样开始到报告完成，全过程独立完成，并对自己检测数据真实性和准确性负责，且对本工程项目试验检测工作和施工单位工地试验室指导和管理。中心试验室检测数据和对施工单位工地试验室的管理均通过总监办来完成，不直接与施工单位发生关系。监理单位受业主委托对中心试验室检测过程进行监督，同时将中心试验室检测产品合格率和一次性抽检合格率与监理工作质量挂钩，使质量监理工作前延。总之，总监办、中心试验室都在建设单位管理下，相互帮衬、相互监督共同把工程质量抓好。

2.3 检测中心工作内容

(1) 根据工程特点和招投标文件制定《试验室检测实施细则》并由业主批准，按实施细则开展日常试验检测工作；

(2) 定时定期向业主汇报试验检测工作情况，对不合格的要在第一时间报告给业主和总监；

(3) 按照不小于20%的频率，对工程重要原材料、混合料的关键指标及工程实体的关键部位进行抽检和100%频率标准试验验证，按照质量评定标准且独立完成分项工程，交工、验收评定工作；

(4) 确定本工程的试验检测的管理制度，统一检测工作要求，定期对施工单位的工地试验室管理进行检查和指导；

(5) 负责新材料、新技术、新工艺等科学研究项目的试验及检测工作。

2.4 检测工作程序

中心试验室根据施工进展和项目业主要求，对施工单位自检合格的分部和分项工程按照规定的频率、方法及其要求进行检测。中心试验室检测以总监办和指挥部通知为依据，根据检测频率要求安排检测人员进行检测。施工单位应将本试验室一个月来的试验项目进行统计、汇总并上报总监办，再由总监办报中心试验室。中心试验室将本月检查项目进行汇总并上报业主和总监办。在抽检过程中，发现质量问题时及时填写《工程质量问题整改通知单》并报项目业主、总监办，总监办下发并督促整改，整改结束后，监理工程师根据整改情况组织中心试验室人员进行复查，直至合格为止。具体流程见图1。

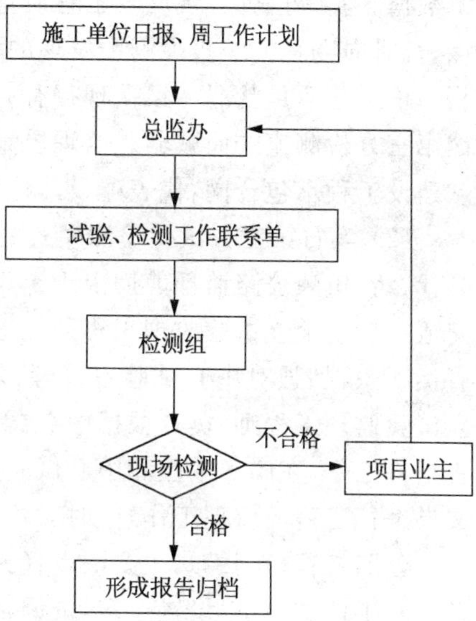

图1 检测工作流程

3 第三方检测思考与探讨

镇荣公路实行第三方试验检测模式，首先在工程质量上取得很好的效果。由于实行第三方检测，保证数据准确性，在工程伊始，压实度和石灰原材料技术指标经常不合格，尤其路基96区一次报检合格率30%不到，对第三方检测带来很大的压力。后经分析，指挥部将原材料合格率和一次报检合格率与监理工作挂钩，在以后检测过程中原材料合格率和一次报检合格率有了很大提高，最终镇荣公路压实度一次报检合格率91.5%，石灰原材料合格率96.5%，其他合格率更高。镇荣公路在两年建设期间接受省公路局检查6次，每次考核结果都在90分以上，在镇江市质量排名均名列前茅；省交通厅质监局检查2次，镇江市质监站检查有15次、行业管理和品牌检查4次，每次检查实体质量合格率90%

以上,在交工、验收时得到质监站好评。

其次在工程造价上取得了良好的效果。在传统检测模式下:工程监理费用为工程建安费的 1.5%和业主抽检的费用为工程建安费的 0.4%,镇荣公路建安费 3.8 亿,两项费用之和为 722 万元。在第三方试验检测模式下:镇荣公路监理费为 364.8 万元,第三方检测费为 215.7 万元;采用第三方检测可节约费用 141.5 万元,项目越大,工程造价节约更多。

最后在工程进度方面,实行第三方试验检测确实会给工程进度带来一定影响,规范化检测需要时间。在工程前期推行第三方检测一次报检合格率偏低,进场原材料不合格现象较多,以此督促总监办和施工单位加强管理,提高报检合格率,反而会促进工程进度。

目前,第三方试验检测模式还处于培育与扶持阶段,在工程建设全过程需要检测,用数据说话,评价工程质量。经采用第三方试验检测模式,镇荣公路工程质量处于受控中,得到有关方认可。

第三方试验检测模式在镇荣公路运行过程中有几个方面值得我们探讨:

(1) 采用第三方检测模式工程质量谁来负责?这是争论最多的问题。第三方试验检测质量责任在《公路水运工程建设第三方试验检测制度实施方案》中明确称:保证试验检测数据真实、可靠,客观反映工程质量;建立完善的不合格品(项)及风险防控措施上报制度,及时向委托方上报检测中发现的不合格品(项)及异常情况;根据试验检测结果科学分析评价工程质量状况。根据现行有效国家和部分规范,明确规定了监理质量责任,并不能因第三方检测模式而减弱。监理质量责任应当依照法律、法规及有关技术标准、设计文件和建设工程承包合同,代表建设单位对施工质量实施监理,并对施工质量承担监理责任。

(2) 实行第三方试验检测模式驻地监理需不需要设置试验工程师?试验工程师作用是什么?镇荣公路监理前期由于未设置试验工程师,导致施工单位直接与中心试验室打交道。后期设立试验监理工程师能够使报检工作更加顺利,避免施工单位和中心试验室直接联系,加强对中心试验室管理,效果较好。实行第三方试验检测模式,总监办需要设立试验监理工程师,负责根据中心试验室的检测结果签署中间单;对中心试验室管理;负责报检工作,在施工单位和中心试验室搭建桥梁;直接承认和应用试验检测中心的数据和成果进行工程的监理工作,同时对检测报告拥有建议权。

公路工程检测模式主要缺点:① 一个公路项目建设单位、监理单位、施工单位都设置自己的工地试验室,设置过多,资源浪费;② 在目前这种建设管理模式里,现有的驻地试验室是监理附属机构,试验室的建设、实验设备、人员投入、管理都不能与第三方试验机构相比,不能起到质量控制作用;③ 由于业主检测往往是监理单位和施工单位抱成一团,监理经反复检测合格才进行报检,业主检测成为“鸡肋”;④ 一般来说监理工地试验室的建设规模往往不于施工单位工地试验室,监理对施工单位工地试验室管理的说服力不强。

第三方试验检测管理模式比现有的模式增加了独立的试验检测单位,看起来复杂了,但运行起来更规范、更专业、更严谨,资源配备更加合理。驻地监理主要对工程进行管理监理,中心试验室主要对工程进行试验监理,这种分工与合作是对工程的强强联合,充分发挥了各自的效能,在很大程度上提高工程监理的质量。由于各驻地不再设置试验室,对于总体的监理费用相应减少,节省了工程管理的费用,从而提高了工程质量。

道路客运企业安全风险管理浅析

陈洪杰
（江苏省镇江江天汽运集团有限责任公司 镇江 212004）

摘　要　道路客运企业做好安全生产风险管理，首先应对道路客运存在的安全风险，即危险源或隐患进行辨识，然后根据存在的风险研究制定安全防范和安全保障措施。

关键词　安全生产风险　安全风险管理

为更好发挥交通行业在社会经济发展中的先导作用，交通运输部提出了建设“四个交通”宏伟目标，即综合交通、智慧交通、绿色交通、平安交通。为使“平安交通”建设能扎实、有效地开展，交通运输部印发了《关于全面推进安全生产风险管理的意见(征求意见稿)》，明确提出了安全生产风险管理的重大意义、基本原则、工作目标、工作内容和保障措施。道路客运企业如何做好安全生产风险管理，首先应对道路客运存在的安全风险，即危险源或隐患进行辨识，然后就存在的风险进行研究，制定安全防范和安全保障措施。

1　道路客运存在的安全生产风险（危险源）分析

在生产经营活动过程中，影响安全生产的危险有害因素有很多，从宏观方面看，人、机、料、法各个环节都有可能存在危险源或安全隐患。道路运输由于其生产过程的空间位移和生产环境的开放性特征，影响安全生产的危险有害因素要比工厂生产更多、更复杂。笔者认为，影响道路运输安全的风险因素主要有以下几方面。

1.1　安全管理方面的风险

(1) 企业经营者安全思想不扎根。少数企业经营者对安全生产的重要性缺乏深层次的认识，总认为事故不会出在自己的企业，存在侥幸心理和重生产轻安全、重效益轻管理的错误倾向，这是导致经营者违章指挥、管理者违规操作、生产者违反操作规程的根源，也是出现其他安全风险的根源。

(2) 企业管理组织机构不健全。没有专门的安全管理机构及专职安全管理人员，安全管理处在被动应付的状态。企业安全主体责任不明确，一旦发生安全事故进行责任追究，安全管理工作则往往经不起检查、经不起跟踪。这是小规模运输企业普遍存在的问题。

(3) 企业安全管理制度不完善。小规模运输企业普遍存在安全管理制度不完善的情况，有的甚至连基本的车辆、驾驶员安全管理制度都没有；或者虽有制度，但没有完整的制度执行记录，存在有制度不执行的现象。

(4) 安全管理工作开展不正常。企业安全会议、从业人员安全教育、车辆等生产设备安全检查和维护、安全生产检查和隐患排查治理、运输车辆运营动态监控等日常安全管理工作开展不正常,或没有开展活动的资料记录。

1.2 从业人员方面的风险

(1) 综合素质不高。道路运输简单、重复再生产的特性使得从业人员综合素质并不高,从而影响到安全生产意识、安全生产技能和安全生产责任心难以提高到与行业安全生产要求相适应的高度,导致从业人员在生产作业过程中安全意识淡薄,违反国家安全法律、违反行业安全管理规范、违反企业安全制度、违反岗位安全操作规程的情况时有出现。不安全行为的重复出现是道路运输安全最大的风险因素,也是诱发安全生产事故的重要因素。

(2) 客运驾驶人招聘难。目前执行的客车驾驶员培训制度,使得客运驾驶人招聘难成为道路客运企业普遍面临的难题。由于客车驾驶员招聘难,进一步加大了客运企业对驾驶员队伍管理的难度,致使一些管理制度不能严格执行到位,影响企业安全制度的严肃性和安全管理的权威性。

1.3 运输车辆方面风险

(1) 车辆技术管理人员和维护修理人员能力不足。面对大量新技术,特别是机电一体化技术在客运车辆上的广泛应用,车辆技术管理和维修人员的技术素养跟不上新技术的发展和应用,出现了管理和维修能力不足的问题,继而出现了车辆技术管理和维修方面的安全隐患。

(2) 车辆技术维护和安全检查不到位。按规定,客运车辆有严格的技术维护和安全检查要求,但不同程度存在执行不到位的问题。一方面是技术维护本身执行不到位,存在维护计划不执行或超技术定额维护的问题;另一方面是维护工艺规范或维护技术标准执行不到位,维护质量达不到规定要求。同时,车辆日常安全检查作形式、走过场的情况,车辆带"病"运行的情况时有发生。

(3) 车辆配件鱼龙混杂。目前,行业管理部门对汽车配件市场的管理还未形成统一的规范和标准。尤其是销售环节,准入门槛低,致使汽车配件市场鱼龙混杂,质量难以保证。少数车辆单位或车辆维修企业,片面追求价格优惠,购买非正规厂家的配件,尤其是车辆的安全部件给车辆运行安全埋下隐患。

1.4 环境方面的风险

道路运输环境安全风险包括道路环境、气候环境和人文环境三方面。

(1) 道路环境安全风险。由于主客观方面的原因,导致在道路规划设计建设中存在安全隐患,如山区道路。另外,因道路维护管理不善,出现道路损坏和岔路口绿化修剪不及时导致视野盲区,给车辆行驶安全埋下隐患。

(2) 气候环境安全风险。我国地域辽阔,大部分地区四季分明,区域气候变化大,经常出现雨、雾、冰、雪等恶劣天气,严重威胁道路运输安全。

(3) 人文环境安全风险。道路运输特征之一是空间位移,一次运输任务往往途经很多地方,不同地区、不同路段的交通参与者参与交通的安全意识、安全行为对过往车辆的运行安全均会产生影响。

2 加强安全风险管理的措施

实行安全风险管理是在既有的安全管理基础上,引入风险管理理念,优化安全管理,切实强化安全生产过程控制和超前防范,最大限度地降低安全风险,使道路旅客运输安全更具超前性、针对性和主动性，促进道路旅客运输安全管理的规范化、系统化、科学化和标准化。

(1) 加强企业经营班子安全生产意识教育和责任追究，强化安全生产红线意识和底线思维。企业经营班子成员尤其主要领导是企业生产经营管理活动的决策者，也是日常生产经营管理活动的实施者和推动者。经营班子成员尤其是主要领导的安全生产意识对企业安全生产起着非常关键的作用。实现企业安全生产首先要加强经营班子安全生产思想教育，强化安全生产红线意识和底线思维，确立“安全发展”的理念和安全生产“一岗双责”的责任制，使“安全第一，预防为主，综合治理”的安全生产方针在企业实际生产经营活动中得到真正有效的落实。政府行业管理部门则要推动道路运输企业经营者、管理者和相关岗位从业人员的职业资格教育培训和考试，开展安全生产法律法规、行业安全管理规范和岗位安全生产知识技能的教育培训，加强从业资格管理，夯实行业安全生产的基础。同时，把企业安全生产条件、安全生产业绩列入企业经营许可的审核指标，并具有否决权，提高行业准入安全门槛。对发生安全生产责任事故的企业，管理部门要严格按规定追究企业经营者的管理责任，进一步强化企业经营者的安全生产意识，推动企业建立健全安全管理机构、完善安全管理制度、落实安全生产主体责任。

(2) 加强道路运输从业人员素质教育和安全生产技能培训，增强保障安全生产的职业本领。人是保障安全生产的关键要素，提升行业安全生产保障能力，首先要提升行业从业人员的安全生产技能和职业素养。一方面，严格按道路运输从业人员继续教育管理规定要求，对已在岗从业人员要加强再教育、再培训。既要抓安全生产意识教育，增强安全生产的责任感，变“要我安全”为“我要安全”。同时，做好安全生产知识和技能的培训，增强做好安全生产的技术本领，实现由“我要安全”向“我会安全”“我能安全”的提升。行业管理部门需加大对客运从业人员从业期间安全信誉考核，严格执行淘汰机制，保持客运从业队伍的安全素质。另一方面，提高行业从业人员准入条件，从根本上、源头上改善行业从业人员的综合素养。尤其是要改革目前客车驾驶员的培训考核制度。目前客车驾驶员由C照(小型车)到B照(中型车)再到A照(大型客车)的逐级增驾的形成机制，从表面看，从C照升级到A照有一定的年限要求(需8年)，驾驶员有了技术经历，积累了一定的驾驶技能。但这8年的驾驶经历基本处于无人管理的状态，或许这部分驾驶员在增驾大客车驾驶证前，染上了很多不好的驾驶习惯，进入客运企业后很难适应客运企业对驾驶员的安全管理及服务质量等方面的管理要求，对客运企业安全制度执行带来了负面影响，客运企业对其进行再教育、再培训的“纠错”难度和成本加大，有的甚至付出惨痛的事故教训。建议公安、交通等管理部门改革目前大客车驾驶员的培训考核办法，将其列入职业技能教育，从源头上保证客运驾驶人的职业技能和素养。

(3) 加强运输车辆日常安全技术检查和维护保障，打牢运输安全生产的物质基础。运输车辆是运输生产的主要工具，道路运输企业的安全生产事故，也主要是运输车辆在运输生产过程中发生的。造成运输安全事故的原因，除了驾驶员的不安全行为外，车辆的不安全状态也是原因之一。因此，加强车辆安全技术检查和维护保障，是防范道路运输安全生产风险的一项重要工作。一方面，管理部门要制定政策，鼓励和引导客车制造厂家研发和使用客车主被动安全技术，提高道路客运车辆市场准入和经营许可门槛，促进运输企业选用安全技术保障性能更好、更优、更可靠的客车，提高运输车辆的本质安全水平。另一方面，运输企业加强在用运输车辆的安全技术检查和维护保障，建立健全车辆机务技术管理机构，配备专(兼)职车辆技术管理人员，按照“强制维护、视情修理、定期检测、适时更新”的车辆技术管理原则，做好车辆日常安全检查和技术维护保障工作。在运输车辆技术保障工作中，重视发挥车辆驾驶员的作用，加强驾驶员“一日三查”工作的质量检查和考核，及时发现并消除车辆技术安全隐患。重视车辆技术管理人员、车辆驾驶员和维修人员的技术培训，尤其是车辆新技术培训，提升车辆保管使用维护的技术水平和能力。

(4) 加强道路运输安全环境综合整治，共同创造良好的安全生产环境。恶劣的气候条件是客观存在，不可改变的，但可以通过相关措施的制定和落实，预防恶劣气候条件下运输安全事故的发生。道路运输企业通过媒体等渠道了解和掌握客运班线沿途区域气候情况，也可以与气象部门建立气象信息预报机制，针对气候条件做好对班车驾驶员出车前的专项安全警示教育和交代，提前做好思想和安全防范措施上的准备。道路设计和建设部门要在道路规划设计和施工建设过程中充分考察道路运输的安全条件，做到道路与道路安全配套设施同步规划、同步设计、同步施工建设、同步验收、同步投入使用，从根本上消除道路安全隐患和风险。同时，加强道路的日常维护，保证安全的通行条件。加大车辆运营动态监控的力度和广度，推广应用车辆 GPS 或 3G 视频监控，延伸拓展安全管控的触角，利用科技手段收集并掌握车辆运行途中的道路和气候情况，进行判断分析，为进一步强化和完善安全措施提供依据。推动道路交通安全法律、常识、技能进社区、进学校、进企业、进乡镇、进农村，动员社会力量参与道路交通安全的宣传和普及，全方位提升国民道路交通安全意识和技能，最大限度地减少道路交通事故的人为诱发因素。进一步加强道路交通安全法制建设，健全道路交通安全法制体系，对违反道路交通安全法律法规的行为在强化教育的同时，按法律规定给予必要的处罚，以增强全社会的道路交通安全法制意识和责任意识，共同创造安全的道路交通安全环境。

(5) 加强道路运输安全风险评价标准和体系建设，为推动交通运输风险管理提供指导规范。安全风险管理思想充分体现了“安全第一，预防为主，综合治理”安全生产方针的基本要求，是“平安交通”建设的新课题。其核心是强化安全生产过程控制，通过加强安全生产过程控制，强力落实安全规章制度、安全操作规程、作业现场和设备管理标准，保障道路运输安全、有序、可控。因此，围绕道路运输安全的性质和特征，组织开展道路运输安全风险评价标准和体系的研究，形成针对性强、指导性强、操作性强的风险评价标准和体系，推动道路运输安全风险评价工作的开展。同时，组织开展风险防范和控制措施的研究，使安全生产风险管理在保障道路运输安全方面发挥更积极、更有效的作用，促进道路运输在安全发展的道路是越走越远、越走越稳。

浅谈我国汽车租赁业发展现状及对策

陈伊洋

（江苏省镇江市运输管理处 镇江 212007）

摘　要　本文阐述了我国汽车租赁业的发展现状，指出了我国汽车租赁业发展中存在的突出问题，并据此提出相应的对策、建议。

关键词　汽车租赁　发展问题　对策

汽车租赁，是指在约定时间内租赁经营人将租赁汽车交付承租人使用，以取得租赁费用的经营方式。该行业被称为“朝阳产业”。良好的汽车租赁业能带动汽车行业中车辆的开发，提高生产车辆的品质，拉动汽车超前消费需求，丰富二手汽车市场，完善汽车产业链。然而，随着汽车市场的不断膨胀，并未能引发与其高度相关的汽车租赁业的相应快速发展，我国的汽车租赁业相较于发达国家仍存在较大差距。

1　汽车租赁业发展现状

1.1　国际汽车租赁业发展现状

汽车租赁业起源于20世纪的美国，经过近一个世纪的发展，该行业与旅游、酒店、汽车维修、保险、金融等相关行业密切配合，得到了互动性的发展壮大，形成了许多规模庞大、体系结构复杂并开展跨国业务的企业。以美国通用汽车公司旗下的安飞士汽车租赁公司为例，业务遍及世界175个国家和地区，拥10 000多个经营网点。目前已覆盖我国北京、上海、广州等38个城市的上百个服务网点，拥有2 700多名员工和近6000辆租赁运营车。

美国、欧洲和日本等国的汽车租赁业最为发达。在美国，以租赁形式销售的新汽车占该国汽车总销售量的三分之一左右；日本每年的汽车租赁销售规模为200多万辆，约占全国新汽车销售量的15%，该比例有不断提高趋势；德国汽车租赁业的运营车辆总数为250万辆左右；法国以租赁方式使用汽车的人数超过了400多万，占法国总人口的7%。

1.2　我国汽车租赁业发展现状

1989年，为筹备亚运会，北京当时较具规模的出租车公司，以租赁分公司的形式，组建了我国第一家汽车租赁公司——福斯特汽车租赁公司，随后中国汽车租赁公司如雨后春笋般在北京出现。在1996—1998年形成第二轮汽车租赁发展高峰。进入2001年后，中国又掀起了第三轮汽车租赁企业发展高峰，此轮高峰后的十多年，国内汽车租赁已经从原有仅限在北京、上海、广州等大型城市，发展到了中小城市，乃至县镇。到2010年底，全国共有汽车租赁车辆10多万辆、产值140余亿元，汽车租赁业呈现从中东部向西部地区、从大城市向中小城市扩展的趋势。从2010年下半年开始，资本的密集进入，让汽车租赁成为行业关注的焦点。而北京的限购、限行也让更多企业看到了蕴藏的商机，汽车租赁企业也开始持续发力，以求抢夺市场的先机。2011 年 4 月交通部发布的促进汽车租赁业健康发展通知称，今后 5～10 年，是我国汽车租赁业发展的重要时期，交通部将加强行业管理促进其规范发展。无论是从中国宏观经济的走向趋势还是微观的社会基础来看，中国汽车租赁行业都有着光明的发展前途。

2 我国汽车租赁业发展前景分析

2.1 经济发展水平稳步提高，为汽车租赁发展提供拓展空间

汽车租赁业素有“朝阳行业”之称，被人们普遍看好，潜力巨大。我国目前仍然是低收入国家，人均 GDP 相当于 700 多美元，与轿车普及起始点的人均 800 美元仍有一定差距。目前，租车的主要是些企事业单位的商务和公务用车及一些收入较高的高薪阶层和私企老板。但我国国民经济的稳步增长、居民储蓄水平和消费能力的提高将为汽车租赁业发展提供拓展的空间。

2.2 交通基础设施不断完善，为汽车租赁业发展提供有力保障

在我国城市道路、高速公路，省际、省内公路飞速发展的今天，汽车的方便快捷比航空和铁路具有无法比拟的优越性，特别是中短途、城市内交通更是不可替代的重要交通工具。汽车自身的优势和交通基础设施的建设，促进汽车租赁业的飞速发展。

2.3 节假日旅游出行促进租车需求

随着节假日的增加，出门探亲访友，举家出游的人越来越多。每逢节假日，大多数汽车租赁公司车辆供不应求，形成了节假日租车难的火爆局面。同时，现在全国各大城市都特别重视旅游业的发展，把旅游当成一项重大的支柱产业来抓，加大了投入与开发。旅游业的持续升温间接地带动了汽车租赁业的发展，每年 5～8 月，有 30％以上的车辆是租去外出旅游的。

2.4 汽车租赁的独有优势特点

经济合算的用车理念，会吸引更多的消费群体。一是消费者不需要一次性付出的巨额资金就可以随心所欲地使用自己喜欢的车辆，且车型可随时更换；二是将车辆维修、年度检验的烦恼都转移给了租赁公司，消费者免去了交纳各种杂费的麻烦；三是可将租车节约下来的资金用于其他流通增值过程，充分提高了资金利用率；四是车辆发生故障，维修费用一律由汽车租赁公司承担，即使发生交通事故，租赁公司也能全力协助处理，同时还可以享受免费救援的优质服务。这些优势特点将会吸引越来越多的理性消费者。

2.5 汽车租赁业实行联网经营模式，提供异地便捷服务

汽车租赁业已初步实现了国内联网经营，通过实行跨城市、跨地区、远距离的服务功能，使汽车租赁业具有了社会化特征，同时也为异地企业联网合作经营开辟了市场。联网经营可以为消费者提供异地租车、异地抢修、异地事故处理等服务，为外出经商、出差、旅游的消费者提供了极大的便利。我国汽车租赁联网经营始于 1995 年，最初由上海、南京、杭州、苏州四家汽车租赁公司联网，之后网员不断增加，网络覆盖面不断扩大。到 1997 年底，已有 15 个城市的 19 家汽车租赁公司参加了联网。

3 我国汽车租赁业发展中存在的问题

近年来，我国汽车租赁业发展迅速，但是我们要清醒地认识到我国汽车租赁业在发展过程中仍然存在着一些问题。

3.1 行业政策、法律法规不完善

2007 年交通部《汽车租赁业管理暂行规定》(交通部令 1998 年第 4 号)被废止,造成对汽车租赁业的管理无据可依。虽然一些地区根据自身情况出台了地方性法规,但由于缺乏统一的行业管理,相关政策法规不配套依然是制约国内汽车租赁业发展的主要问题。政策、法规的不健全,导致车辆异地运营、汽车租赁联网运营等模式难以实际操作。对于因交通、车辆报损或承租人肇事逃逸造成的损失补偿处理等无明确规定,加上国家和各地方政府对汽车购买时和道路运输经营管理上采取的种种限制性措施,使汽车租赁企业即使在市场需求看好的条件下也无法真正实现规模化经营的目标。

3.2 缺少有效的市场信用体系

由于租赁业本身是信用消费特征比较明显的行业,为汽车租赁公司的利润收益、安全性得到保障,需要汽车租赁行业建立健全网络化、安全、可靠、方便的信用识别与查询体系。但我国在这方面仍处于起步阶段,存在相关法律法规保障缺乏,个人信息信用尺度不明晰,个人失信惩罚机制缺失等问题,导致经营者不敢放心地将汽车出租出去,从而增加了繁多的租车手续。部分公司为了确保租赁安全,专门投入人力、物力从事反"骗"工作,即使如此,仍不能有效化解风险,骗租已经成为汽车租赁公司最为头痛的问题之一。另外,消费者租车时,对于租赁价格的合理性、售后服务的保障度等也是心存疑虑。有些租赁公司把存在安全隐患的车辆或是存在维修可能的车辆租给用户,车辆若是在租赁期间损坏,就被送到和租赁公司伙同的维修车间,进行"宰客"。

3.3 企业经营规模小,管理水平低

我国汽车租赁企业总体处于规模小、分散化的经营状态,市场增长平缓,与经济总体发展态势不协调。2010 年以前,国内汽车租赁企业超过 4 000 家,其中 80%的企业运营车辆不足 100 辆,产业集中度低,无法形成规模效益,租车价格较高。加之,汽车租赁企业普遍不重视企业自身品牌建设、服务理念落后、业务相对单一、同质化竞争严重,造成服务质量难有大的突破,影响了服务质量的提升,制约了汽车租赁业健康发展。目前我国汽车租赁企业尚处在战略发展的起步期,普遍存在车辆经营规模小、品牌和资金实力弱、抵御市场风险能力差等问题。

3.4 汽车租赁市场成熟度低

企业的成熟和市场的成熟紧密关联,租赁市场的不成熟严重制约了该行业的发展。一是在我国只有在周末及长假期间汽车才可能出现被抢租一空的现象,而在平常则有大量的汽车闲置。冷热不均的阶段性消费使汽车租赁公司不敢大量购置汽车,无形中限制了租赁企业发展的规模和速度。二是由于租赁业规模较小,难以与汽车制造厂商建立紧密的合作关系,汽车价格的逐年下降和价格折让的混乱,加大了汽车租赁企业的经营风险。三是汽车厂商、汽车租赁公司、二手车市场三者之间联系松散,公司的旧车只能亏本卖到二手车市场,而买车完全靠自有资金,这必然导致成本增加、利润降低,加大了企业扩大规模的难度。

4 促进汽车租赁市场发展的对策

4.1 建立健全法律、法规体系

我国应根据汽车租赁行业的发展趋势和经营特点,加快建立以行政法规为龙头、以地方性法规为基础、以部门规章为补充的汽车租赁行业法规体系,解决当前汽车租赁行业法

制建设滞后的突出问题。完善租赁价格体系，将对汽车租赁行业的证照、税费、保险、抵押、转让等进行严格规范，使管理部门对汽车租赁市场的监督管理有法可依、有章可循。完善汽车租赁业的政府管理机构，规范行业中的相关标准，支持行业的发展，鼓励企业加大科技和管理方面的创新，并提供一定的资金支持。

4.2 建立有效的信用体系

我国要发展良好的信用管理体制，应从我国实际出发，统一已有的信用担保、信用调查、信用征集、信用评估等信用服务中介机构的实践经验，整合银行、税务、工商、政法、海关及行业管理等各个部门的信用体制、信息资料。同时，发展我国市场化的信用服务中介机构，强化企业、个人信用的重要性，建立公平公开的信息披露制度。加强与公安等有关部门协调，严厉打击诈骗租赁汽车等犯罪行为，积极帮助汽车租赁企业解决丢车法律责任、承租人交通违法责任认定等实际问题，降低企业经营风险，形成具有中国特色的信息共享、社会开放、全国统一的社会化信用体系，增强汽车租赁企业发展能力。同时，应积极推广使用更加科学的汽车租赁合同示范文本，明确界定租赁公司和承租人的责任、权利和义务。

4.3 提高行业的规模化程度，树立行业品牌

政府应引导和鼓励企业通过联合、并购、托管、改制与转制等形式的资产重组，实现规模化、集约化经营，促使社会公共资源向服务优、管理好、有品牌竞争力的优质企业集中，为优质企业做大做强提供机遇和平台。从市场发展趋势和企业自身规模发展的角度看，短租、节能和中低端细分市场，市场发展趋势明显，规模化发展潜力最大。实行企业的规模化、网络化运营，才能使汽车租赁业更好地提升服务质量，从而增加客户数量、降低成本、形成规模效益，才能促进租赁汽车与其他交通方式，如飞机、火车等的衔接，发展运输服务。对于汽车租赁公司这种资金密集型的企业来说，规模化对品牌的形成也具有重要作用。企业的发展不能一味追求汽车数量的增多，而是应在保证数量的前提下形成企业自身特点，提供配套的特色服务，如汽车维修、汽车美容或进行创新营销等，既可以为企业本身树立良好形象，也有利于扩大整个汽车租赁业的影响力。

4.4 与相关行业合作，共赢发展汽车租赁业

一是加强与汽车制造商的合作。鼓励汽车生产企业对租赁车辆实行回购，构建汽车租赁闭环供应与管理链条。借鉴国外汽车租赁业的成功经验，汽车生产企业可以将汽车租赁企业纳入到其新车的研发与营销环节，给予租赁公司较大的销售折扣，将新车型投放租赁市场征询客户体验的意见，以使正式量产新车投放更贴近客户的需求。二是加强与保险行业的合作。保险行业与汽车租赁行业有很强的互补性，携手共同开拓客户，可以提高租赁企业的抗风险能力。三是加强与酒店、旅行社及国内二手车市场等相关行业的合作。未来汽车租赁企业应不断捕捉商旅和假日商机，与航空公司、旅行社、酒店及机场、火车站、码头等交通枢纽合作开展汽车租赁业务，以具竞争力的便捷优势吸引商旅和自由行客户，为其提供所需的车辆，此类市场需求巨大。

4.5 消费者更新观念，促进习惯转变

一方面，国家应该积极倡导健康理性的汽车消费观念，引导消费者从实际出发摒弃面子消费的不良心理，理性选择租车与购车。另一方面，租车习惯的养成也取决于汽车消费软、硬件环境。软件环境方面，不理性的消费习惯很多时候是由于信息不对称造成的，因

此需要国家相关部门建立假日自驾游出行的信息服务网络，倡导使用节能环保车型出行，通过加强信息服务建设来引导消费者自己做出理性的选择。硬件环境方面，用车环境的改善也会间接促进租车的发展，政府要加大整治公路乱收费问题，加强旅游景点停车场规划与建设。另外，依托汽车租赁企业与各种交通枢纽的合作优势，解决消费者换乘和停车的困难，提高消费者租车的忠诚度，进而形成租车习惯。

遏制过度维修　推进绿色汽修

王晓平
（江苏省镇江市运输管理处 镇江 212007）

摘　要　随着汽车维修市场的日渐繁荣，汽车维修业在发展过程中出现了诸多问题，尤其在当前我国大力倡导节能减排的情况下，汽车维修业也面临着转型升级、低碳发展的重要课题。本文主要研究当前我国汽车维修行业存在的过度维修的问题，通过对过度维修存在形式的探讨，深入分析过度维修存在的原因，并针对产生过度维修的各种原因，提出遏制过度维修的对策。

关键词　过度维修　汽车　绿色汽修

随着我国汽车数量的猛增，汽车维修行业成为最庞大的维修行业，无论是占用资源的数量还是种类都相当庞大。因此，在汽车维修行业开展绿色汽修，推进节能减排工作显得格外重要。

当前，汽车维修行业内存在着多种形式的过度维修，不仅浪费了大量资源，而且给行业带来了很多负面影响。过度的汽车维修已显然不符合我国当前转变发展方式，调优经济结构，发展低碳、高效、环保经济的形势。过度维修的存在也阻碍着环境友好型、资源节约型社会的构建。

1　绿色汽修和过度维修的含义

绿色汽修，主要是指在对汽车进行维修时，综合考虑环境影响和资源利用效率，除达到保持和恢复汽车规定性能外，还应满足可持续发展的要求。即在维修过程及汽车维修后直至报废处理这一段时期内，最大限度地使汽车保持或恢复原来规定的性能，又要使维修废弃物和有害排放物达到最小；既减少环境的污染，又要提高资源利用率。

过度维修，主要是在汽车维护和修理过程中，开展不必要的维修项目或提前更换未达到使用寿命的零配件或汽车运行材料（润滑油、轮胎等），以及采取修理、修复或更换的方式，更换零配件、总成乃至更换故障以外的配件。通俗地说，提前做保养，只换不修，换大不换小，换不该换的部件，修不该修的部件。

2　过度维修的主要表现

2.1　提前保养，深化保养

汽车在使用过程中应定期保养，更换发动机油、变速箱油、冷却液、制动液、制动蹄片等，保养项目不同，周期不同，保养项目及周期在汽车使用手册上都已标明。然而，很多企业在未到期的情况下，提醒客户尽早保养，增加保养频率。

由于汽车燃油中含有杂质等，汽车使用一段时间后会产生积碳，增加油耗，降低动力，可采取多种不解体清洗的方法去除积碳，如清洁气缸、三元催化等。维修企业将此类项目作为保养项目定期给车辆使用，而不检测车辆是否确实需要除碳。

2.2 只换不修，换大不换小，不该换也换

由于汽车上很多部件都是高度集成体，大部分汽车维修企业无法修复，只能予以更换，而且在更换时只能更换有的零配件，有时因一颗螺丝而要换整个总成，原因是没有单个螺丝配件。这一现象在4S店尤为突出。比如，自动调节座椅不能自动复位，经技师检查是一颗塑料的齿轮损坏，但市场上无法买到这种齿轮(该齿轮的损坏率极低)，只能更换座椅，需要三千多元。后在同款车的事故报废座椅上拆得该齿轮，恢复了座椅的功能，而一颗塑料齿轮的成本仅需几元钱。

汽车在长期使用过程中，经常会因部件老化等出现故障，然而由于汽车是机电一体化的产品，反映出的故障现象会有多种原因造成，不仅车主无法判断，而且很多水平较高的修理工都很难判断，部分修理工就用换件的方式维修，换了一件又一件，直至损坏其他部件，给车主带来很大损失，同时造成很多有用配件的浪费。

3 过度维修原因分析

3.1 直接原因

3.1.1 企业追逐利润

过度维修可实现利润扩大，这是维修企业过度维修的主要原因。正常维修与过度维修最直接的区别就是进厂单车维修费用上升，提升了企业维修产值。

3.1.2 缺乏界定标准

汽车维修企业根据不同车主的需求采取不同的维修方案，实施不同的维修项目，这本身是市场活跃的表现。然而，在当前车主对维修项目和方法知之甚少的情况下，部分企业利用这一信息优势，引导车主过度维修，给汽车维修业带来了不良影响。

在汽车维修时，很多维护项目是否需要做，没有衡量的指标。车辆出现故障后，是什么原因，需要修什么，怎么修，换哪些零部件，也没有标准。在车主对汽车技术知之甚少的情况下，缺乏界定的标准，从而导致车主被过度维修。

3.1.3 技术少，服务多

汽车维修市场是较为成熟的市场，到哪修取决于车主，车主的选择也较多，而修理厂为了争客户，更重视对客户的服务。只有车主满意才会把车交给你修，再高的技术，没有服务好车主也没有车修。因此，维修企业更多重视服务车主，而忽视了对维修技术的投入，导致了在出现维修难题时“过度维修”。

3.2 内在原因

3.2.1 信息不对称

信息不对称是导致过度维修的首要内在原因。维修企业是专门从事汽车维修的公司，掌握了汽车维修相关的政策、技术等信息，相对于车主，有明显的信息优势。个别企业利用政策“漏洞”或“打擦边球”，让车主多做维修项目，即使车主意识到“多修”了，也已签了委托书，做了维修项目，就需支付维修费用。

3.2.2 企业不诚信

企业不诚信是导致过度维修的决定性的内在原因。在当前汽车维修市场“火爆”的背景下，部分维修企业为了取得利润最大化，采取不诚信的营销方式，实施过度维修。尽管

一些企业经营者明知会增加客户流失率，影响企业信誉，导致企业不可持续发展，但是在丰厚的利润面前部分企业仍旧进行不诚信的过度维修。

3.2.3 制度不健全

制度不健全是“孕育”过度维修的“土壤”，重点表现在维修业的逐利机制。一方面部分汽车生产厂家对4S店的制度约束，如每年完成一定的配件销售量，4S店就想方设法消化掉“配件份额”，导致过度维修；另一方面一些企业对接待员的考核以销售额为主，一些利润高的保养项目对接待员实行返点，从而导致接待员过度推销维修项目，甚至夸大维修故障，实现企业和接待员的多收益。

4 杜绝过度维修的对策

4.1 发布信息，打破信息不对称

4.1.1 发布汽车维修成本信息

通过发布各汽车品牌、车型的维修成本信息，某车型一年平均维修费用总额(不含事故维修)，向社会发布此类信息供公众在购买汽车时进行参考，从而约束汽车生产厂家，并通过生产厂家约束4S店，按需维修，实现绿色维修。

4.1.2 发布企业诚信经营信息

通过发布汽车维修企业的诚信经营信息，引导汽车消费者选择信誉等级高的维修企业，充分发挥市场在资源配置中的基础性作用，实现信誉好的企业吸收更多客户、信誉差的企业失去客户并退出市场，形成信誉就是企业生命的良好市场氛围。

4.1.3 发布汽车维修技术信息

通过发布汽车维修技术信息，消除靠技术垄断和技术壁垒取得客户的顽疾。通过发布汽车维修技术信息，实现汽车技术信息共享，提升维修效率和故障诊断的正确率，减少资源浪费。

4.2 完善机制，减少机制不健全

4.2.1 建立维修中介机构

针对当前维修市场的状况，建立汽车维修中介机构，如江苏省的“车大夫”，通过建立汽车维修技术咨询的公益性平台逐步消除车主与维修单位之间的信息不对称。同时，通过公益性平台普及汽车维修知识，调解汽车维修质量纠纷，实现遏制经营者过度维修的企图和打击过度维修经营行为。

4.2.2 制订维修界定标准

通过制订界定标准将维修项目进行分类，哪些是汽车维修必须要做的，哪些是可以不用做的，给车主正确的导向，让车主根据自身实际需求进行选择。通过制订标准规定哪些该换哪些该修，使维修方法达到最优，实现资源节约。

4.2.3 完善诚信评价机制

逐步完善和优化汽车维修企业的诚信评价机制，在评价体系中加大对过度维修的考核，使诚信评价指标能客观地反映企业的诚信状况，正确指导汽车维修消费。让过度维修的企业承担应有的不诚信后果，压缩他们的生存空间，让诚信真正成为企业生存发展的根本要求。

4.3 提升技术，优化维修方案

4.3.1 提高汽车设计水平，优化车辆维修方案

在汽车设计过程中，充分考虑汽车可维修性的设计要求，尽可能地维修或更换最小范围的零部件，并根据各部件的损坏概率，合理生产和库存零配件数量，杜绝小零件损坏更换大总成的情况。

4.3.2 提升汽车维修技术，减少误诊过度维修

当前，由于汽车维修技术的滞后和封锁，导致判断汽车故障不准确，最终导致维修过度的情况时有发生。因此，逐步提升和开放汽车维修技术，降低因误诊而过度维修的概率，是唯一的解决途径。

“酒香尚怕巷子深”
——公路品牌资产管理与价值提升的几点思考

朱云燕
(312 国道镇江段公路管理站 镇江 212001)

摘 要 近年来，公路行业为了提高社会满意度，狠抓服务质量，阳光般的微笑、规范化的流程、不断人性化的服务项目等都赢得了社会大众的认可。本文从公路品牌资产概述、公路品牌资产现状及其原因、公路品牌资产价值提升的途径三个方面思考了如何进行品牌资产管理与价值提升，旨在破解公路品牌发展过程中的瓶颈和难题。

关键词 公路品牌 资产管理 价值提升

近年来，公路行业为了提高社会满意度，狠抓服务质量，规范化的流程及不断人性化的服务项目等都赢得了社会大众的认可，各类公路服务品牌也如雨后春笋般蓬勃而出。然而，如何激发和保持职工的工作积极性，提升巩固特色服务品牌，增强社会的认同感，突破瓶颈、赢得空间，为公路发展赢得更多的机遇，是摆在我们面前一道不小的难题。

“酒香不怕巷子深”的年代已经走远，取而代之的是“酒香尚怕巷子深”。我们越来越重视品牌的管理和推广。不论是诸多新兴品牌，还是如“阳光 312”“七彩党建”等创建年代达六七之久的资深品牌，都需要摘下娇羞的面纱，展示自己、积聚人气。而公路品牌作为一种无形资产，是公路管理单位实现跨越、获取发展优势的重要力量，品牌资产也逐步成为公路行业核心价值的主体之一。所以，公路品牌资产管理和价值提升就显得越来越重要了。

1 公路品牌资产概述

品牌资产是品牌管理中的重要概念，它是一种无形资产，是品牌知名度、品质认知度、品牌联想度，以及品牌忠诚度等各种要素的集合体。公路品牌资产可分为浅层公路品牌资产和深层公路品牌资产。品牌资产中最基础的是知名度，然后是品质认可度。品牌知名度和品质认可度是公路品牌的初级浅层资产，因为拥有这两种品牌资产仅仅是公路品牌成功的基础，并不能构成竞争者难以复制的优势。而深层的公路品牌资产包括品牌识别度、品牌美誉度和品牌忠诚度，优质公路品牌都是品牌个性鲜明、忠诚度和美誉度高的强势品牌。

2 公路品牌资产现状及其原因

目前，绝大多数公路品牌都处于浅层品牌资产状态，因此公路品牌成为优质品牌的关键是打造深层公路品牌资产。

2.1 遍地开花

随着公路形势的发展，越来越多的单位意识到了品牌创建的重要性。这原本无可厚非，但同时公路品牌创建也作为一项考核的“硬指标”出现在各类检查评比中，一时间，出现了遍地开花、万山红遍的宏伟气象。

2.2 大相径庭

在公路众多品牌中，从品牌名称到品牌释义，再到品牌内涵，乃至品牌标识，在某种程度上，都有一眼望去“似曾相识”的感觉，信奉“拿来主义”，缺乏“自我革新”，公路品牌之战陷入胶着状态、难以突围。

2.3 浅尝辄止

由于少数单位品牌为创建而创建，跟风弄潮抓创建，满足于想一个名称、提一句口号、做两篇宣传，便无力为继、浅尝辄止，将公路品牌创建的“灯笼”高高挂起，不再理会。

2.4 虎头蛇尾

公路品牌创建达到了某种高度，斩获了一定荣誉，足以让人沾沾自喜了，便出现了躺在“功劳簿”上不愿翻身的“吃老本”现象，公路品牌资产随着时间的流逝化作一江春水向东流。

综上所述，公路品牌资产是需要管理的，它不是抽象的概念。作为公路人，我们首先要知道在做什么，清楚做这件事的意义，知道如何拆分目标形成细化的任务，建立规范的长效管理机制，并且要不断通过反馈进而总结提高。

3 提升公路品牌资产价值的途径

公路品牌资产是公路行业的重要资产，是赢得发展先机的有效手段，是提升单位规范管理和文明程度的重要法宝。那么，如何提升品牌的资产价值呢？具体来说，可以从四方面入手：

3.1 通过差异化提高公路品牌资产价值

公路品牌资产的价值观体现在差异化的优势上。这种优势可表现在品牌的名称、标识、释义、内涵、目标等带来的工作可靠性、服务便捷性等；也可表现在因服务带来的品牌附加价值，如服务的快速响应、服务标准的规范性、服务内容的全面性、服务人员的亲和力；也可表现在塑造品牌的联想和识别度，品牌联想能够影响公众对公路品牌的感知价值。所以，品牌能够提升顾客的感知价值，反过来，也可促进品牌价值的提升。

3.2 通过扩展化提升公路品牌资产价值

纵观公路行业，那些具有良好声誉、在行业拥有良好表现的公路品牌，必然是一个品牌要素齐全、给人留下美好印象的品牌。品牌推广是以存在主义的纽带形式把公众和品牌联系起来，对于深化公众对公路品牌的理解与认知起着至关重要的作用。品牌推广完美地呈现了公路品牌的核心价值理念。它通过形象化、通俗化的语言和形式，通过平面媒体、网络媒体，以及QQ、微信等新媒体平台，将之传递给公众，消除公众对品牌的陌生感和隔阂感，达到增进与密切目标受众的情感交流，进而实现品牌与公众的心灵共鸣。公路品牌推广的另一个明显作用就是通过传播渠道传递公路品牌的相关信息。品牌推广更多的是以一种经过精心包装的形象化形式，将要传递的公路品牌背景、品牌价值理念等品牌信息诉诸公众的视觉感官，使其在潜移默化中接受公路品牌提供的信息，增进公众对公路品牌的识别和认可。

3.3 通过全员化提升公路品牌资产价值

从根本上来讲，提升品牌资产价值首先要从单位内部深挖潜力，从全体公路职工入手来提升品牌资产价值，打造集民智、民心、民愿为一体的公路品牌。凯恩斯说，观念可以改变历史的轨迹。公路职工要切实转变观念，真正树立品牌意识，真正认识到建立品牌资产的长远意义。建立和提升品牌资产价值还要有长远的眼光和打算，需要长期不断地投入人力、物力和财力。因为现期的投入是获得未来品牌收益的基础，无形资产尤其品牌资产逐步将成为企业价值的主体。同时，通过个性化的定位来提升公路品牌资产，公路品牌的建立一定要有明确的定位，结合自身的优势打造品牌的个性。在同质化严重的全行业品牌时代，一个鲜明个性品牌就显得特别重要了。

3.4 通过集群化提升公路品牌资产价值

长期以来，我们对很多品牌（或品牌组合）的管理停留在纵向管理层次，明确品牌组合的角色定位后，为具体的某个特色品牌设计特定的品牌识别，通过系列精心筹划的计划和活动创造并积累品牌资产。而横向品牌管理是拥有品牌组合的公路部门对其下属的子站品牌运作在目标、政策上协调统一，识别这些品牌组合关联，以及获取关联所带来的价值效益是公路部门品牌战略管理的独特意义所在，从而实现“整体大于局部之和”的品牌组合价值。合纵还是连横？从目前公路的发展形势来看，无疑选择连横。横向品牌管理是通过识别和管理品牌组合内部的横向关系来获取协同效应，使得组合下属品牌因为整体效应而增加品牌优势，反过来品牌优势又使得整体的品牌组合进一步加强。仔细辨别可以发现，品牌组合的内部常常在品牌创建和管理体系上存在或明或暗、或强或弱的相关关系。通过共享这些横向相关关系就能够对品牌优势产生重大影响，而这种影响是孤立品牌无论如何努力也不可能具备的，只有通过品牌横向关联进行管理才可能被赋予。

总之，“酒香尚怕巷子深”，公路品牌资产及其价值提升是一项任重而道远的工作，需要公路部门持续有效地长期管理，需要公路职工倾注无限的热情和心血，公路服务品牌才能犹如一颗金种子，经历发芽、小苗，并茁壮成长开出芬芳的花朵，最终赢得社会各界的认可。

计算机技术在道路测量及养护中的应用

陈之悦

（江苏省镇江市路桥工程总公司 镇江 212017）

摘 要 严格勘察测量道路施工，是确保公路质量的重要前提。在道路测量过程中，积极引入计算机技术，能够有效避免重复操作。在显著减少测量人员劳动量的同时，保障道路测量的精确性，提高道路测量工作的质量与效率，促进公路建设高质、高效、高速的发展。

关键词 计算机技术 道路测量 应用

作为我国经济发展的重要命脉，公路的建设直接影响着经济的发展速度。在道路施工过程中严格勘察测量，是确保公路质量的重要前提。运用传统的勘察技术勘测地形较为复杂的区域时，难度较大且准确度不高，常常需要进行反复、多次的勘探测量，以求降低误差，提高勘察设计的质量。这样一来，不仅大大增加了勘察工作人员的劳动量，而且严重影响道路施工进度，导致工期拖延，造成一定的经济损失。为了显著提高道路勘察设计的工作效率，必须积极引进新的勘察测量技术，确保道路施工的质量与效率。将计算机技术积极运用于道路勘察设计中，能够有力保障勘察设计工作的精准度，提高道路勘察设计工作的质量与效率，更快、更好地完成道路施工，促进公路建设高质、高效、高速的发展。因此，研究计算机技术在道路勘察设计中的应用具有十分重要的现实意义。

1 GPS 测量技术的应用

在道路勘察过程中，许多要勘测的区域地理条件很差，勘测难度较大，如若采取传统的勘测技术，工作人员往往需要通过多次、反复校验来提高勘察测量的准确度，确保结果精准。采用 GPS 测量技术，则很好地弥补了传统勘测技术的不足，确保勘测精确度的同时，大大提高勘测工作的效率。GPS 测量技术是由 24 颗卫星、地面接收装置与用户接收仪器所组成的 GPS 系统全天候、无间断的提供高精度的三维速度、三维坐标、时间信息等技术参数的一种先进技术。在道路勘察测量过程中，利用 GPS 特有的动态与静态功能，能够通过所接收的卫星信息对地面某点的三维坐标进行快速、准确定位；能够将已知的三维坐标点位，实地放样于地面上。因此，将 GPS 测量技术积极运用于道路测量工作中，能够实现对道路工程实时、有效、精准的测量，促进道路工程的顺利实施，推动道路建设高质、高效发展。

江苏省镇江市路桥工程总公司所承接的经十五路（南纬五路—南纬七路南）北起南纬五路，交规划中的南纬六路、南纬七路，南至镇江新区与丹徒区的行政区域线，地物地貌较为复杂，部分区域和方向有遮挡，该测区内原有控制点 2 个，其中 a_1（$X=3\ 559\ 604.504$，$Y=501\ 461.842$），b_1（$X=3\ 558\ 384.504$，$Y=501\ 461.842$），根据工程需要设置加密控制点，以便于测设。在测量过程中一次测量能够完成中桩的平面位置及高程测量，且将数据记录至 GPS 仪器中去，以上操作只需一个人就能完成。测量精度基本能够满足路线测量精度的要求。

通过实际应用，GPS 具有定位精度高、观测时间短、操作简便、不受恶劣环境气候影响等优势，未来的几年内，GPS 将会在公路测量中获得更广泛的应用。

2 GPS 在公路养护上的应用

GPS 不仅仅是在测量上的应用，还在公路养护作业上也起到很大的作用。2013 年江苏省镇江市路桥工程总公司承接了镇江市普通干线公路小修保养项目 ZJYH13－SQYH－1 合同段，包括 S338 K224＋482—K235＋895，S243 K17＋887—K27＋705，S228 K0＋000—K21＋800 及镇南立交的路基、路面、桥梁构造物等的日常养护及维修。

传统公路养护管理，先由养护工人巡路或者路人电话举报发现，路政养护中心派人到现场拍照，再交由业主单位决定是否进行处理。费时费力，而且野外病害采集不规范，采集结果因人而异，人工定位困难，病害复杂工作开展难度大。

现在采用 GPS 定位系统，由手持机配合 GPS 测量系统进行测量定位。GPS 测量系统作为测量基准站，对手持机发送的数据进行接收、处理，将处理后的数据发送至手持机，提高定位测量数据的精度。在养护人员进行路况巡查时，对公路上出现的各种病害采用手持机进行定位，确定该点在公路上的准确桩号，并能对病害的长度、宽度、面积、高差等进行辅助测量。养护维修作业人员在进行公路病害维修时，在手持机的辅助下，可快速找到病害的具体位置，并对病害进行辅助测量、放线及高程控制，方便开展公路病害的维修工作，提高养护工作效率。

3 影像提取技术的应用

在道路勘察过程中，工作人员借助计算机技术能够高效解决许多公路勘测疑难问题，使得道路工程勘察设计工作的难度大大降低。作为最具代表性的道路勘测技术，影像提取技术是通过数字近景摄影测量软件从二维影像中提取三维信息，通过对这些信息的重建与处理，获得准确的道路勘察信息的先进技术。在实际勘察过程中，工作人员往往只需勘察测量较少的像控点，在这些像控点附近拍摄一些影像数据，将其放入数字近景摄影测量软件系统中进行量测和重建处理。通过运用影像提取技术，在道路勘察过程中只需勘测较少的控制点就能获得丰富、准确的道路信息。一般使用全站仪进行勘测，也可对非专业测量数码相机进行校准标定，以此代替量测相机。通过匹配、定向及空三处理拍摄工程的现场影像，将相片参数解算出来，生成实际所需的等高线、DEM、正射影像等数据信息。因此，在道路勘察过程中，积极运用影像提取技术，能够化“点”为“面”，简化测量内容和流程，显著降低道路勘察测量的强度，工作效率随之大幅提高。

总之，将计算机技术积极运用于道路测量中，能够有力保障测量工作的精准度，提高道路测量工作的质量与效率，更快、更好地完成道路施工，促进公路建设高质、高效、高速地发展。因此，计算机技术在道路勘察设计工作中具有广阔、光明的应用前景。广大道路工作者们应深入研究，积极实践，将计算机技术熟练、准确、有效地运用于道路勘察设计工作中，推动道路建设的健康、全面发展。

建立公路执法人员培训长效机制研究

张娈婷
（312 国道镇江段公路管理站 镇江 212001）

摘　要　本文对建立公路执法人员培训长效机制做了简单分析，剖析了建立长效机制的重要意义和存在的问题，并提出了几点建议，进一步阐述了建立公路执法人员培训长效机制是一项长期而艰巨的任务，需不断在实践中加以完善。通过创新培训模式，用新思想、新内容、新方法，使公路执法人员能够适应新变化，努力培养一支政治过硬、纪律严明、执法公正、群众满意的高素质执法队伍，确保公路路政管理事业的快速发展。

关键词　执法　培训　机制　长效

路政管理工作主要职责是保障路产路权，路政执法人员的主要职能是维护公路权益。如何更好地维护公路路产路权，将更加依赖公路执法管理水平，而公众认识路政工作往往是通过路政人员这个具体“窗口”途径。因此，提升从事路政管理人员的执法水平和能力是树立公路交通部门威信、保障路政管理工作有效有序进行的前提。建立可持续执法培训长效机制，是摆在公路部门面前紧要而长期的课题。

2011 年全国公路养护管理工作会议提出了“十二五”公路管理工作要实现“路政管理法治化”，形成“高品质服务、高科技支撑、高素质队伍”的公路管理格局。作为公路路政执法管理部门，要实现“追赶跨越、加快发展”，走新型公路养护管理道路，其核心是深入贯彻落实科学发展观，建立和完善执法培训长效机制，有效地提高执法人员的综合素质，提升执法人员依法治路的水平。当前，进一步探究路政执法培训长效机制建设的重要意义、存在的问题、发展措施具有非常重要的现实价值。

1　建立和完善路政执法培训长效机制的重要意义

(1) 建立和完善路政执法培训长效机制是依法治路的根本保障。路政管理工作主要职责是保障路产路权，路政执法人员主要职能是以维护公路权益而开展工作。随着《中华人民共和国公路法》《公路安全保护条例》《路政管理规定》等法律法规和相关政策的相继出台，公路养护管理法治体系不断完善，依法治路的需求更加强烈。只有建立和完善路政执法培训长效机制，不断增强路政执法人员的法制意识，提高准确掌握和运用党和国家有关方针政策与法律法规的能力，才能承担执法重任、依法治路，才能更好地保护公路路产路权，保障道路安全畅通。

(2) 建立和完善路政执法培训长效机制是提高服务水平的根本要求。随着市场经济的发展和经济的腾飞，公路里程的增加和技术等级的提高，主管部门对公路网络服务质量的要求更加严格，公众对公路交通服务的质量要求更加强烈。“以人为本，以车为本”是对路政管理工作提出的新要求。只有建立和完善路政执法培训长效机制，通过多种方式提高路政执法人员文明执法、规范执法水平和依法行政能力，提升路政执法人员的综合素质，才能应对执法工作中出现的新问题、新情况，才能让社会、让群众真正满意，逐步达到人、车、路的和谐统一。

(3) 建立和完善路政执法培训长效机制是树立良好的公路执法形象的根本途径。路政执法作为公路行业精神文明建设的重要窗口，体现着公路行业在社会上的地位和形象，关系到公路交通在社会中的声誉。只有建立和完善路政执法培训长效机制，全面提高执法人员职业道德、执法水平，才能塑造“服务人民、奉献社会”的行业风貌，才能建设“素质高、业务强、纪律严、作风硬、反应快”的路政执法队伍，才能树立更好的公路执法形象。

2 建立公路执法人员培训长效机制存在的问题

目前，从事公路执法的人员主要有路政、运政、交警、治理超限运输等执法人员，各类执法人员良莠不齐，各自为营，执法水平不一，执法主体及相适应的法律法规也不一，造成了现在的公路执法水平整体上达不到公众要求，也相应地降低了公路执法人员的社会形象，缺乏在新形势下与公路建设同步健康发展，缺乏探索精神。各级公路管理部门在管理各自的执法队伍中，管理方式方法不一、培训机制不一、培训内容不一、培训形式不一，客观上也造成了现在公路执法人员的参差不齐，间接地损害了人民群众的利益。

3 建立公路执法人员培训长效机制的措施

(1) 增强以职业道德为主要内容的教育培训。作为公路执法人员，思想意识最重要，且时刻要用道德的标准来衡量自己。近年来，为什么“公路三乱”现象屡禁不止？为什么监管部门每次都监管不到位？原因就是没有用道德来约束自己的行为，致使个别执法人员越权执法，把权力凌驾于法律之上，给本行业、本部门执法形象造成了不可挽回的损失。所以，在日常的教育培训当中，要增强以职业道德为主要内容的学习教育，进一步把职业道德学习教育成果转化提升为道德修养，使公路执法人员能够成为爱岗敬业、秉公执法和公正廉洁的楷模。

(2) 培养公路执法人员的服务意识。首先，公路执法人员要转变观念，改变思维，把“执法”看作是一项服务内容，而不是公路的管理者，要体现“人性化”执法。其次，改变原来的执法模式，由被动执法转变为主动执法，由被动服务转变为主动服务，紧密联系群众，用实际行动赢得群众的拥护和支持。再次就是要进行换位思考。近些年来，国家实行重大节假日高速公路免费通行政策，公路通行压力较大，特别是每年的“十一”长假和春运，车流量更大，个别地方可能还会遭遇雨雪天气，导致高速公路个别路段封闭，这时就是考验公路执法人员应急处置能力和服务水平的时候。作为公路执法者，就要放下身段，沉下身子，为群众解决一些实际困难，如对车流采取引导分流、提供免费食品和热水，切实解决群众的后顾之忧，只有这样才能真正体现出公路执法的“执法为民”理念和服务意识。

(3) 创新教育培训的方式方法。一是依据知识需求，确定教育培训的形式和层次，在教育培训中，注重实际效应，把培训与具体的执法工作密切联系起来，激发大家学习知识、沟通交流的兴趣，革除“一刀切”式的培训弊端。二是按岗位职责的不同，进行分岗培训，开展岗位之间的经验交流，组织相关岗位人员进行实地观摩，充分发挥讲解通俗、贴近实际、易于接受、优势互补的特点。三是增强对业务骨干的培训，发挥其带动效应。将中层骨干的培训作为分类培训的重点，加强中层骨干的培训力度，充分发挥其“带动效应”。

(4) 加强以文明执法为目的的军事训练。建设一支素质优良、行为规范、纪律严明、作风过硬的公路执法队伍,就需要积极地开展军事训练。一是可以不断提升执法人员素质,规范行政执法行为,严明执法纪律,提高执法水平,能够更好地为广大群众服务。二是可以牢固树立以人为本、依法行政、执法为民的思想,不断提高规范执法和文明服务的能力与水平,增进服务意识,塑造文明形象。三是锻炼执法人员忠于法律、忠于职守,有强烈的工作责任心,并准确理解和执行法律、法规、规章,以及公路管理机构做出的决定、命令,维护法令、政令的畅通和公路行政执法的公信力。

(5) 培养良好的工作作风。一是必须立足本职岗位和本职工作,对每件事,做到不偷懒、不懈怠。二是摒弃"凭经验执法",在瞬息万变的今天,不注意观察事态变化,自认为"经验丰富"的执法者,势必要时刻树立"执法为民"的思想观念,杜绝粗暴执法。三是率先垂范,坚持从最能体现良好作风的具体事情做起,对工作要见远思追、迎难而上,杜绝"不作为、慢作为、乱作为"和"门难进、脸难看、事难办"等现象。

(6) 建立健全培训长效机制。一是确立长远的培训目标。教育培训的目的就是要提高公路执法人员的政治业务素质和道德修养,使执法人员能够在执法工作中引用法律条款准确、处罚适当,并能够适应不同工作岗位的需要,提高工作效率,提高执法执纪水平。按照执法工作的特殊性,制定出 3～5 年的培训规划,根据培训规划来确定每年每月的培训内容,只有这样才能在日常的培训中有的放矢,避免培训的盲目性和功利性,从根本上提高公路执法人员的业务素质。二是确定培训重点,坚持按需培训,在抓执法业务培训的基础上,结合当前执法工作的重点、难点等问题,加大培训力度,从多层次、多方位、有针对性地实施分类培训。三是开展灵活多样的培训形式,提高培训质量。全面改变过去全员集中的培训模式,充分考虑执法人员的文化、理论基础和实际工作需要,采取"缺什么、补什么"的模式,实施因材施教。四是充分利用网络资源,使学习随时随地化。这样可以弥补培训时记录不全、理解不到位的弊端,利用计算机网络资源,做好贴近时代、贴近工作的教育培训,致力于提高在执法工作中解决实际问题的能力,从而使培训过的知识更加巩固,增强培训的长效性。五是用考试考核的形式来检验培训效果,考试成绩与考核绩效挂钩,同时把考试考核结果作为评先选优和日常执法工作参考的重要依据。

总而言之,执法人员培训工作是一项长期而艰巨的系统工程,关键在机制,核心在质量。各级公路主管部门,要始终把队伍建设问题作为首要工作来对待,把培训提高执法人员的素质作为首要途径,从而建立起更加完善的公路执法培训长效机制。通过培训学习,充分利用法律法规赋予的权力理直气壮地执法,合理、规范地处理各类路政案件,维护路产路权。同时,也要狠抓工作督办和落实,要科学、合法运用执法手段,管好每一条公路,以依法治路的实际成果,推动公路全面、协调、又好又快地发展。

两次仪器高法遥测目标点的高程

侯占标

（江苏省镇江市路桥工程总公司 镇江 212017）

摘　要　随着建筑物的不断增高、增大，其稳定性和可靠性成为人们关注的焦点，针对全站仪悬高测量的两种具体情况，许多学者进行了探讨，并提出了一些改进方法，本文将针对常规悬高测量的局限，提出一种间接的、快速的测量方法，并对其进行公式推导和精度分析，最后通过实例证明了此方法的可行性及优越性。

关键词　遥测　两次仪器高　精度分析

近年来，随着科学技术的迅猛发展和我国现代化进程的不断加快，像水塔、烟囱，电视塔储罐等高大圆形建筑物雨后春笋般地拔地而起，常规的悬高测量方法已经存在许多的局限性，因为常用悬高测量的原理是通过立于目标在地面的垂直投影点的棱镜，测定测站至目标的水平距离 s，再瞄准目标并测定高度角 β，进行计算目标高程。他的前提是仪器能同时看尽目标及在地面的投影点的棱镜，但有些建筑物或是构筑物顶部在地面的垂直投影不易直接获得或是不能在垂直的投影点上立棱镜，或是通视条件差，将会导致无法进行悬高测量或者说是测量的误差会很大。这里根据本人的实践经验介绍一种建筑物或构筑物顶部或其任何部位的高程测量方法，它克服了常规悬高测量在特殊条件下的种种局限。

1　测量方案

在一个测站点 A 上，沿铅垂重线改变仪器的高度和目标的垂直角，从而使得 B、E 和架空的目标 C 在同一竖直的平面内构成交会三角形。根据仪器高度改变的铅垂距离和观测的垂直角，可求得目标点与测站之间的斜距，直接计算测站与目标之间的高差，再加上测站的仪器高与高程，便可轻松得到目标点的高程。

2　方案实施

如图 1 所示，在架空目标点 C 的一侧确定测站点 A（只要 A、C 两点通视即可），安置全站仪（或经纬仪），量取仪器高 h_1，照准目标点 C，测得垂直角 ∂_1，然后保持仪器对中点 A 不变，将仪器高度由点 B 升高至点 E，量取仪器高 h_2，照准目标点 C，第二次测得垂直角 ∂_2。显然可以知道：$\angle EBC=90°-\partial_1$，$\angle BEC=90°+\partial_2$，则 $\angle BCE=\partial_1-\partial_2$，仪器升高的高度值为：$L=h_2-h_1$。

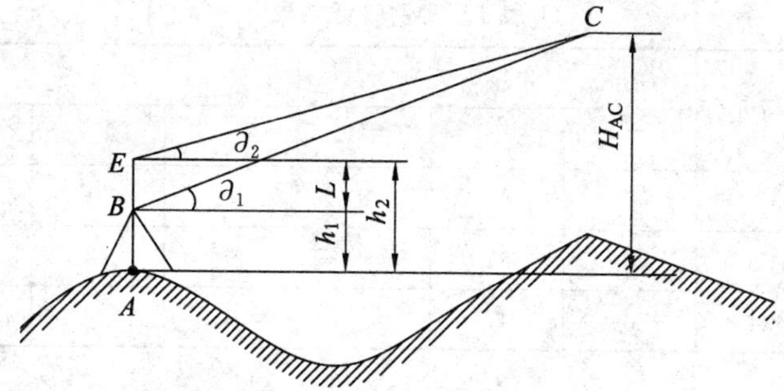

由正弦定律有

$$\frac{L}{\sin(\partial_1-\partial_2)}=\frac{\overline{BC}}{\sin(90^\circ+\partial_2)}$$

$$\overline{BC}=\frac{L\sin(90^\circ+\partial_2)}{\sin(\partial_1-\partial_2)} \tag{1}$$

点 A 与点 C 之间的高度差为

$$H_{AC}=\overline{BC}\sin\partial_1+h_1 \tag{2}$$

将式(1)代入式(2)可得

$$H_{AC}=\frac{(h_2-h_1)\sin(90+\partial_2)\sin\partial_1}{\sin(\partial_1-\partial_2)}+h_1 \tag{3}$$

3 数据处理及精度评定

根据误差传播定律对式(3)进行全微分,则可以得到:

$$\begin{aligned}\mathrm{d}H_{AC}=&\left(\frac{-\cos\partial_2\sin\partial_1}{\sin(\partial_1-\partial_2)}\right)\mathrm{d}h_1+\left(\frac{\cos\partial_2\sin\partial_1}{\sin(\partial_1-\partial_2)}\right)\mathrm{d}h_2+\\&(h_2-h_1)\left(\frac{\cos\partial_2\cos\partial_1\sin(\partial_1-\partial_2)-\cos\partial_2\sin\partial_1\cos(\partial_1-\partial_2)}{\sin^2(\partial_1-\partial_2)}\right)\mathrm{d}\partial_1+\\&(h_2-h_1)\left(\frac{-\sin\partial_2\sin\partial_1\sin(\partial_1-\partial_2)+\cos\partial_2\sin\partial_1\cos(\partial_1-\partial_2)}{\sin^2(\partial_1-\partial_2)}\right)\mathrm{d}\partial_2\end{aligned} \tag{4}$$

假设 $a=\dfrac{-\cos\partial_2\sin\partial_1}{\sin(\partial_1-\partial_2)}+1, b=\dfrac{\cos\partial_2\sin\partial_1}{\sin(\partial_1-\partial_2)}$

$$c=(h_2-h_1)\left(\frac{\cos\partial_2\cos\partial_1\sin(\partial_1-\partial_2)-\cos\partial_2\sin\partial_1\cos(\partial_1-\partial_2)}{\sin^2(\partial_1-\partial_2)}\right)$$

$$d=(h_2-h_1)\left(\frac{-\sin\partial_2\sin\partial_1\sin(\partial_1-\partial_2)+\cos\partial_2\sin\partial_1\cos(\partial_1-\partial_2)}{\sin^2(\partial_1-\partial_2)}\right)$$

$$\boldsymbol{A}=[a,b,c,d],\boldsymbol{B}=[d\mathrm{h}_1,d\mathrm{h}_2,d\partial_1,d\partial_2]^{\mathrm{T}}$$

则有$\partial\mathrm{H}_{AC}=\boldsymbol{A}\cdot\boldsymbol{B}$,又已知协方善阵为 P,由协方差传播律可以得到 H_{AC} 的测量精度为

$$m_{H_{AC}}^2=\boldsymbol{A}\cdot\boldsymbol{P}\cdot\boldsymbol{A}^{\mathrm{T}} \tag{5}$$

已知仪器高 h_1 和 h_2,以及垂直角∂_1 和∂_2,可计算得到高差。以下给出 3 组实例验证,其计算结果见表 1。

表 1　实例验证结果

仪器高 h_1	仪器高 h_2	角度∂_1			角度∂_2			高差
		°	′	″	°	′	″	
1.546	1.39	0	47	9	1	11	16	－0.305
1.546	1.708	0	47	9	0	22	6	－0.305
1.546	1.894	0	47	9	0	－6	－49	－0.304

$$m_{H_{AC}}^2 = 6.2727 \times 10^3$$

由以上实例可验证该方法的可行性。对于遥测标点的高程，运用该方法又快又实用。

本文介绍的方法，只需要使用一台全站仪（或者经纬仪）即可测得无法设反光棱镜的架空目标的悬高，方法简单、速度快；观测过程中，只需要选择一处与目标通视的测站点，因此受地形条件限制的可能性很小；只在一个测站点上观测，也不需要棱镜，因此无须测定测站与目标之间的平距，悬高计算公式简单。

浅述对工程项目成本管理与控制的认识

周家驹
（江苏省镇江市公路管理处 镇江 212028）

摘　要　成本是项目施工过程中各种耗费的总和。成本管理贯穿于项目管理活动的全过程，从项目中标签约开始到施工准备、现场施工直至竣工验收，每个环节都离不开成本管理工作。成本控制涉及项目组织中的所有部门、班组和员工的工作，并与每一个员工的切身利益有关。通过成本管理，可以有效地降低成本，提高项目的经营管理水平，增加项目的利润空间。

关键词　成本　项目成本管理　成本控制

1　工程项目成本管理与控制中存在的问题

施工企业在工程项目成本管理与控制方面，普遍存在着制度不完善、效益低下、管理水平不高等问题。具体表现为：

（1）技术部门无成本意识，在制订施工方案时不考虑成本，造成工程成本加大。

（2）成本管理责任不明确，成本控制流于形式。

（3）材料消耗随意性强，无计划控制，导致材料浪费严重。

（4）材料部门不能及时对材料进行量与价的统计、分析。

（5）施工过程中的成本分析不实，只有到竣工结算后才清楚工程实际盈亏状况。

（6）施工项目部虽然制定了成本管理制度，但无人监督执行，成本控制体系不完善。

（7）工程数据和工程资料无专人对数据进行归纳、整理和分析，起不到经验数据的作用。

2　工程项目成本控制的意义

抓住施工项目成本控制这项关键，可以及时发现施工项目生产和管理中存在的问题，以便采取措施，充分利用人力和物力，降低施工项目成本。

工程成本控制是为实现工程项目的成本目标，在工程项目成本形成的过程中，对所消耗的人力资源、物质资源和费用开支进行指导、监督、调节和限制，及时控制与纠正即将发生或已经发生的偏差，把各项费用控制在规定的范围内，使项目获得最佳的经济效益。

工程项目成本管理是工程项目管理的重要组成部分，两者相辅相成。只有加强工程项目管理，才能控制工程项目成本；而只有达到工程项目成本控制的目的，加强工程项目管理才有意义。工程项目成本管理体现了工程项目管理的本质特征，并代表着工程项目管理的核心内容。

3　工程项目成本控制的内容和措施

3.1　工程项目成本控制的内容

工程项目成本控制的全过程包括施工项目成本预测与决策、成本计划的编制和实施、成本核算和分析等主要环节，其中成本计划的实施最为关键。因此，进行施工项目成本控制，必须具体研究每个环节的有效工作方式和关键控制措施，从而取得施工项目整体的成本控制效果。

(1) 成本预测：施工项目成本预测是成本控制的首要环节，也是成本控制的关键。本预测的目的是预见成本的发展趋势，为成本管理决策和编制成本计划提供依据。

(2) 成本决策：施工项目成本决策是根据成本预测情况，经过认真分析做出决定，确定成本管理目标。成本决策是先提出几个成本目标方案，然后再从中选择理想的成本目标做出决定。

(3) 成本计划编制：成本计划是实现成本目标的具体安排，是成本管理工作的行动纲领，是根据成本预测、决策的结果，并考虑企业经营需要和经营水平编制的，成本控制必须以成本计划作标准。

(4) 成本计划实施：成本计划实施是根据成本计划所做的具体安排，对实施项目的各项费用实施有效控制，不断收集实施信息，并与计划比较，发现偏差，分析原因，采取措施纠正偏差，从而实现成本目标。

(5) 成本核算：施工项目成本核算是对施工中各种费用支出和成本的形成进行核算。项目经理部应作为企业的成本中心，大力加强施工项目成本核算，为成本控制各环节提供必要的资料。成本核算应贯穿于成本控制的全过程。

(6) 成本分析与考核：施工项目成本分析分为中间成本分析和竣工成本分析，是为了对成本计划的执行情况和成本状况进行的分析，也是总结经验教训的重要方法和积累信息的关键步骤。成本考核的目的在于通过考察责任成本的完成情况，调动责任者成本控制的积极性。

3.2　工程项目成本控制的措施

有效控制工程项目成本、力争工程项目成本最低化的控制措施，应该是增收有节支。只开源不节流，或者只节流不开源，都不可能取得理想的降低成本的效果。控制工程项目主要可以从组织措施、技术措施、经济措施及合同措施四方面入手。

3.2.1　组织措施

组织措施主要指建立成本控制组织保证体系，有明确的项目组织机构，使成本控制有专门机构和人员管理，任务职责明确，工作流程规范化。工程项目的项目经理应是工程项目成本管理的第一责任人，全面负责成本管理工作，及时掌握和分析盈亏状况，并迅速采取有效措施。工程项目工程部是整个工程项目施工技术和进度的负责部门，应在保证质量、按期完成任务的前提下尽可能采取先进技术，以降低工程成本。合同部主管合同实施和合同管理工作，负责工程项目进度货款的申报和催款工作，处理施工赔偿问题；应注重加强合同预算管理，增创工程预算收入。财务部主管工程项目的财务工作，应随时分析项目的财务收支情况，合理调度资金。项目部经理的各部门应精心组织、密切配合，为增收节支尽责尽职。组织措施是其他各类措施的前提和保障。

3.2.2 技术措施

技术措施不仅对解决施工成本管理过程中的技术问题是不可缺少的，而且对纠正施工成本管理目标偏差也相当重要。运用技术纠偏措施的关键主要是指，一是提出多个不同的技术方案；二是对不同的技术方案进行技术经济分析。在实践中，避免仅从技术角度选定方案而忽视对其经济效果的分析论证。

(1) 制定先进、经济合理的工程项目施工方案，以达到缩短工期、提高质量、降低成本的目的。正确选择施工方案是降低工程项目成本的关键所在。

(2) 在施工过程中努力寻求各种降低消耗的技术措施，不断提高工效的新工艺、新技术、新材料等，以期降低成本。

(3) 严把质量关，杜绝返工现象，缩短验收时间，节省费用开支。

3.2.3 经济措施

经济措施是最易为人接受和采用的措施。管理人员应编制资金使用计划，确定并分解施工成本管理目标。推行经济承包责任制，将计划目标进行层层分解并落实，对工程项目成本的计划值与实际支出值进行动态的比较分析，严控各项费用的审批和支付程序，对节约成本的行为采取奖励措施；对施工成本管理目标进行风险分析，并制订防范性对策。通过偏差原因分析和未完工程施工成本预测，发现潜在的或将引起未完工程施工成本增加的问题，对这些问题应以主动控制为出发点，及时采取预防措施。

(1) 人工成本控制管理主要是改善劳动组织，减少窝工浪费；实行合理的奖惩制度；加强技术教育和培训工作；加强劳动纪律，压缩非生产用工和辅助用工，严格控制非生产人员的比例。

(2) 材料成本控制管理主要是改进材料的采购、运输、收发、保管等方面的工作，减少各个环节的损耗，节约采购费用；合理堆置现场材料，避免和减少二次搬运；严格材料进场验收和领料制度；制定并实行节约材料的技术措施，合理使用材料，综合利用一切资源。

(3) 机械成本控制管理主要是正确选配和合理利用机械设备，做好机械设备的保养修理，提高机械的完好率、利用率和使用效率，从而加快施工进度、增加产量、降低机械使用费。

(4) 间接费及其他成本控制主要是精简管理机构，合理确定管理幅度与管理层次，节约施工管理费等。

3.2.4 合同措施

合同措施成本管理要以合同为依据，因此合同管理就显得尤为重要。对于合同措施，从广义上理解，除了参加合同谈判、修订合同条款、处理合同执行过程中的索赔问题、防止和处理与业主和分包商之间的索赔之外，还应分析不同合同之间的相互联系和影响，对每一个合同进行总体和具体分析。

加强合同管理，通过合同条款的制定、明确和约束，在设计施工阶段严格控制工程项目成本，也成为现今工程项目成本控制措施的发展趋势。

4 工程项目成本控制的原则

4.1 节约原则

节约就是项目施工用人力、物力和财力的节省。它表示用较少的人力、物力和财力的投入可以得到较多的产出。节约是提高项目经济效益的核心，是成本控制的一项基本原则。

4.2 全面性原则

影响成本的因素是多方面的，这就要求成本控制要贯穿于成本形成的各个阶段和影响成本的各个环节，需要企业职工自上而下的共同参与。这就体现了成本控制的全面性原则。施工项目成本的全面性，首先体现在对建筑产品成本形成的全过程进行控制上。成本控制的全面性还表现在成本控制的全方位上。成本控制还是一项要求企业全体职工都积极参与的管理活动。

4.3 动态控制原则

施工项目是一次性的，成本控制应强调项目的中间控制，即动态控制。因为施工准备阶段的成本控制只是根据施工组织设计的具体内容确定成本目标、编制成本计划、制订成本控制的方案，为今后的成本控制做好准备。而竣工阶段的成本控制，由于成本盈亏已基本定局，即使发生了偏差，也已来不及纠正。因此，应加强工程项目成本的动态控制。

4.4 责、权、利相结合原则

成本管理人员肩负着成本控制的责任，同时对应于这种责任也应当赋予其相应的权力，当其发现施工过程中出现不合理的成本开支和费用时，有权进行纠正，否则成本控制就很难取得效果。成本管理与控制还需要有相应的利益机制来调动成本管理人员的工作积极性，将成本控制的结果与他们的收入挂钩。

4.5 分级归口管理原则

成本问题牵涉到企业生产经营的每一个单位和个人。建立成本管理责任制，实行成本指标的分级归口管理，使企业所有部门、单位和个人都有明确、具体、可计量考核的成本责任。

成本目标指标下达采用纵向对口、横向结合、逐级下达、层层分解的办法。

分级归口管理的内容包括：目标的设定和分解，目标的责任到位和执行，检查目标的执行结果，评价目标和修正目标，形成目标管理的 P（计划）D（实施）C（检查）A（处理）循环。

4.6 例外管理原则

在工程项目建设过程的诸多活动中，由于项目所处环境的复杂性和多变性，有许多活动是例外的，是项目计划不能预见到的，其中还有关键性的问题，需要“例外处理”，并且他们对项目成本目标的顺利实现影响较大，应予以高度重视。

项目的成本控制不仅在项目控制中发挥着重要作用，而且在整个项目管理以至于整个企业管理中都有着重要的地位，人们追求企业和项目的经济效益，企业成就通常通过项目成就来实现，而项目的经济效益通常是通过赢利的最大化和成本的最小化实现的。在实际工程中成本控制经常被忽视，或由于控制技术问题，成本处于失控状态，许多项目管理者只有在项目结束时才知道实际开支和盈亏，而这时其损失常常已无法弥补。

浅谈海外施工项目投标应注意的问题

惠登峰　陈厚琴

（江苏省镇江市路桥工程总公司 镇江 212017）

摘　要　针对海外项目施工中可能遇到的风险和问题，分析海外施工项目在前期投标决策阶段的注意事项，为海外工程投标提供借鉴。

关键词　海外工程　施工项目　投标　报价

世界各国地理人文环境、经济及政治形势的纷繁复杂，国际公路工程承包市场竞争日益加剧，使得我们在“走出去”运营、发展的同时，不断面临巨大的风险和挑战。如果我们不能及时分析、评估、防范这些风险和挑战，就必然会给我们企业的经营带来不堪设想的后果。

投标阶段承包商的技术与报价方案建立在对项目所在国和项目本身环境比较熟悉的客观基础之上是非常必要的。海外工程所在各国的政治法律制度、经济发展水平、文化传统条件与国内差别很大，加之语言障碍、技术标准差异使得海外工程有着更多的不确定性和较大风险。因此，国内各公司从自身发展的战略远景出发，在准备涉足海外施工承包市场时，就应开始注重通过各种渠道收集海外工程承包市场信息，在经过初步可行性研究确定要对海外某个拟建项目进行投标时，一定要加强投标力量如成立投标团队，制定投标计划，认真做好投标前考察和前期策划。同时，仔细分析招标文件条款，根据当地与工程有关的各种实际情况确定合理的施工组织和技术方案，提出合理的报价方案。

1　认真研读招标文件，进行充分的现场调查工作

招标文件是由业主或招标人发布的，既是投标单位编制投标文件的依据，也是招标人与将来中标人签订工程承包合同的基础。招标文件提出的各项要求，对承包双方都有约束力。对于存在巨大风险和不确定性的海外工程更应当重视学习领会招标文件，认真研究招标文件中涉及的内容，如招标须知、招标范围、技术要求和规范等。在实际情况下，编制招标文件时，由于业主受时间、专业和前期勘测费用等的限制，相当一部分招标文件的设计深度满足不了招标人在编制报价时的需求，招标人能够从中得到的技术资料相当有限。在一些经济不发达的国家，基础设施建设较为落后或起步较晚，市场建设不完善，有些工程项目的建设完全是政府行为，没有经过必要的前期准备和严格的可行性论证，尤其是技术层面的可行性论证。在有些自然条件恶劣的地方，很多必要的关于工程地形、地质和水文状况的资料欠缺，但是根据招标文件的要求，投标人又必须完成编标报价和技术方案。任何微小的疏忽和遗漏都会给工程承包带来困难和经济损失。为此，我们要详细审阅施工图纸，复核工程量，尤其对关键部分工程量的审核，国际工程中通常的做法与国内

不一样的部分要特别注意，需要对图纸中在以前施工经验未涉及的部分进行充分的论证。尽可能避免因漏项、缺陷或国际上新出现的新的方法及要求造成误差和损失。

按照国际惯例，招标人一般都会在发放招标文件后组织投标人对现场进行勘察，而投标人提出的报价单和技术方案一般被认为是在审核招标文件和现场勘察的基础上编制的。一旦报价单提出之后，承包人就无权因现场勘察不周到、情况了解不详细或考虑不周全而提出修改投标、调整报价或补偿等要求。因此，现场实地考察是整个投标报价中的一项重要活动，对于制订施工方案和合理计算报价具有重要意义，同时在一定程度上也能减轻项目中标后前期准备阶段的工作压力。投标人应通过现场考察，取得一切有关工程的风险、意外事故及其他可能会影响到投标报价的各种因素的必要资料，为制订正确的报价提供依据，而这种依据往往是招标文件中没有表达或表达不完全的。海外工程在投标阶段会受到语言、交通、环境等多种因素的限制，而在规定的时间前又必须提出报价和方案，因此现场考察时应有针对性。现场考察主要应考察以下方面：

(1) 工程项目的自然地理情况，包括地形地貌、水文气候、地质条件和自然灾害等。同时，最好对项目的地质报告进行充分研究。这些是考虑施工组织中工期安排和人员、设备配置及采用的施工工艺和方法的依据，直接关系到投标报价。对在一些恶劣自然条件下施工的难度更要有充分的估计，恶劣的施工条件、突发性事故和自然灾害给工程造成的损害，以及给承包商带来的巨大经济损失有时是致命的。

(2) 劳动力资源情况及当地通行的个人工资标准、当地的民俗风情和生活习惯。不少国家采取市场保护主义，尤其是一些人口众多的发展中国家，为改善国内就业环境，采取较为严格的限制外籍劳务进入的措施，规定外国公司必须雇佣一定比例的本国工人，外籍劳务只能从事一些技术指导和管理工作。这些情况在投标前都要仔细了解，以免中标后在项目执行中陷入被动，并对成本控制造成直接影响。另外，有些国家看似劳动力成本低，但工人技术水平低甚至不具备任何相关技术，工作效率低下。这些都会给施工组织管理带来诸多不便，甚至直接影响到施工质量和进度。

(3) 与工程相关的大宗原材料的产地、价格、质量情况，以及成品、半成品的供应情况。大宗原材料在当地或附近区域是否能够容易采集到，当地材料、构件的质量和性能是否能够满足招标文件中的技术要求，材料、产品的生产供应能力是否能够满足施工进度的需求等。在一些加工制造业相对落后的国家，常用的建筑材料如钢材、水泥、沙石料的价格都比国内高出很多，加工制造费用也非常昂贵，有时候供应周期也很长，有些地区材料价格变动较大，几乎是一周一个价。这些因素对工程报价影响很大，如果不对材料价格进行充分的考虑，会大大增加中标以后的施工成本。

(4) 工程所在国施工设备、机具的生产、购置、租赁情况及价格，进口机具与设备的供应，有关设备机具的配置和维修情况、零部件的供应情况等。根据现场的施工条件和将要采用的施工技术方案，在当地市场上比较普通的或价格比较合理的设备机具，尽可能考虑在当地购置或租用，实施本土化策略，以节约开支，降低成本。而对于一些特种设备尤其是在当地市场上可能比较稀少或价格比较昂贵，可以在综合考虑国际运费、清关费用、配件补给渠道、维修等的基础上从国内带入。工程机械设备的选型、供应及工程物资的采购运输是海外工程项目成功的关键，在一定条件下也是造成巨大亏损的重大原因，因此这也是在海外工程投标时应重点研究的关键。

(5) 工程所在地的交通运输条件，如陆路、水路等主要运输工具的费用和租赁价格，都直接关系到各种材料设备，尤其是大型机械设备的组织进场情况和费用，影响工程的施工进展情况和成本控制。

(6) 通货膨胀、汇率等。海外工程的施工期一般较长，几乎都必须面对汇率和通货膨胀的风险。只有在工程前期对该风险进行充分的了解和评估，并在工程报价中考虑一定的价格浮动，才能尽可能减少这些因素的影响。

(7) 项目业主的资信情况及与工程实施相关的一些法律。业主自身的实力和信誉；项目所需建设资金的来源及落实情况；项目审批手续的完善程度；业主的建设经验，对承包商的态度，付款情况等。充分了解当地的合同法、劳工法、所得税法、运输法及进出口的相关规定。另外，重视与招标人的信息沟通和联系。对于在研读招标文件和现场勘察过程中存在的疑问或发现的一些问题，应在规定的时间前以书面的形式提出并送达招标人，提请招标人予以澄清或解答。现场考察组应由报价人员、准备在中标后实施工程的项目经理、在工程所在国工作过的商务人员和公司决策人员组成，根据对招标文件的研究和投标报价的需要，制订考察提纲。考察后应提供实事求是和包含比较准确可靠数据的考察报告，以供投标报价使用。

2 认真做好投标报价和技术方案的编制工作

通过现场调查，取得了不少重要的数据，对编制报价及进行投标决策起到了关键作用。国际工程估价编制，不能简单地套用国内专业定额，也不能在套用国内专业定额的基础上增减多少百分比来确定报价，或在其他项目报价的基础上增减多少百分比。而应参照国际工程估价编制方法根据工程所在国的工、料、机价格和各种取费标准进行测算，这样才能符合工程的实际情况，才能保证报价具有竞争力。组织技术人员认真研究招标技术规范中对标准的规定，标准问题与技术可行性和合同价格直接相关。在很多国家，都要求采用较高的国际标准(如欧美标准)，每一个工作环节的要求都极为严格、程序严谨，而且必须按标准和程序进行，有时会对原材料的规格做一些特殊的规定，这对于习惯了国内规范、标准和程序的国内承包商构成很大的风险，如在材料要求和设计标准上，采用不同的标准可能使成本差之千里，导致项目亏损。很多企业在投标报价时，往往为争取合同，采用低价策略，并不是积极响应标书要求，而是采用中国国标，以国产设备和材料报价，但一旦中标进入合同谈判，业主往往接受低价但坚持采用国际标准或满足当地标准，但这样可能造成成本的相应增加；或者只好以业主的条件来换取用我国标准，并为将来业主在工程竣工验收时寻找理由或索赔留下借口。因此在投标报价时都应考虑到这个风险，对报价采用的标准做相应的说明，以避免节外生枝，在合同谈判时，争取让业主接受我国标准或同等标准。规避水文、地质条件的不良影响，收集详细的工程所在地的水文、地质资料进行分析是必要的，但在很多情况下招标人提供的水文、地质资料欠缺或十分有限，而在投标阶段的很短的时间内也不可能收集到比较完备的、对投标报价和方案编制有指导作用的资料。因此，借鉴当地已有的水文地质条件相近或相似的工程的经验是十分重要的。

在有些项目招标时，不仅缺少上述必要的资料，而且又没有初步的设计文件，导致工程范围不明确，给将来的工程施工带来很多不可预见的因素和潜在的风险。这时要在报价和方案编制中留有余地，根据招标文件中提供的水文、地质资料或在现场考察过程中发现的问题提出几套施工方案，并根据每套方案进行有针对性的报价，认真确定项目总工期和各单项工程的工期。在工期确定时除应考虑工程的实际工程量外，还要考虑自身的技术装备能力、当地可以调动的各种资源状况，尤其是大型特种设备的调遣时间、特种材料及构件的供货周期、当地气候因素，特别是全年不能或不宜施工的天数，以及工程本身的技术难度。

对于海外工程项目，承包商出现亏损往往是在投标报价阶段埋下的祸根，投标报价的失误造成了项目实施先天不足。因此，组织一个专业水平高、熟悉国际承包工程技术和管理、经验丰富、精力充沛的投标团队是投标获得成功的基本保证。投标报价是一项十分细致而又紧张辛苦的工作，它要求投标人员有高度的责任感、宽广的知识面、丰富的施工经验和投标经验。投标团队中应包括企业决策人员、估价人员、工程计量人员、施工计划人员、材料设备采购人员、工地管理人员等。一般来说，团队成员可以分为 3 个层次，即报价决策人员、报价分析人员、基础数据采集和配备人员。各类专业人员之间应分工明确，通力合作配合、协调，发挥各自的主动性、积极性和专长，完成既定投标工作。在可能情况下，选派在国外实施过类似工程的人员参与投标，投标成员中要有将来中标后的项目施工成员，以保证工作的连续性。

3 重视合同谈判工作，为项目实施争取主动

业主通过初步评标并确认投标者的中标资格后，接下来便是艰苦的合同谈判阶段。合同谈判，是弥补投标时由于时间有限、所掌握的资料有限而可能出现差错的最佳时机，是承包商通过合同取得理想经济效益的关键一环。谈判的目的是建设各方的权利、义务、承诺进一步规范和细化，合同谈判的主要内容是各方对投标书内容进行再确认，在不违背标书原则内容的情况下，各方为自己抢占先机、争取利益所进行的协商。如在技术标准、供货和工作范围、工程准备期和进度、项目使用外币及当地币比例、付款方式及违约罚款，以及在保证工程质量和进度的前提下，承包商使用机械设备和工程材料等问题，各方经过各抒已见及争论最终达成一致意见并形成纪要，作为合同的一部分。可以说，一个好的合同谈判结果，可以为一个项目的顺利实施奠定良好的基础。由于受买方市场的作用，为了保护自身的利益，业主可以将一些在工程实施过程中可能出现的风险以写入合同的方式转嫁给承包商，强迫承包商接受。因此，尽管合同条款相对严密，基本考虑了各方的权利和义务，但其条款的内容往往对承包商不利，这样承包商在实施过程中可能会遇到较大的潜在风险。每每遇到这种情况，承包商必须利用合同条款中的权利，同时针对招标文件中的失误漏项，通过与业主谈判来签订一些附加合同条款。无论是业主还是承包商，均无法在短期内充分考虑到工程在未来各个实施阶段所要出现的各种情况，如在实际实施过程中可能遇到水文地质条件复杂、现场条件与招标文件描述差异太大等。承包商合同谈判人员最好是由有较高水平的权威人士、项目经理、有一定的法律知识并熟悉合同条款的商务人员、经验丰富的技术人员、熟悉当地情况的翻译人员、投标人员等组成。从谈判的内容准备来说，主要应注意以下几个方面：

(1) 招标文件中的投标人须知部分。在投标人须知中，业主会对合同范围、资金来源、对承包商的要求、标书文件的组成、评标办法等进行规定。很多人认为，这些内容只是对投标的指示，由于很少涉及合同具体内容而不被重视。但实际上，有时投标人须知中会隐藏对合同实施很重要的条款。

(2) 合同条件部分。对于使用世界银行、非洲发展银行、亚洲开发银行等国际金融组织资金的合同项目。通常使用 FIDIC 合同条款或其他国际通用合同条款。这些条款对所

有投标人的要求是一样的，是承包商不能改变的。因此，对此类合同谈判的重点是业主为此编制的合同专用条款，如付款方式、付款期间、质保金扣除比例与返还时间、业主风险等。对于业主自己编制的合同条款，则应仔细审查每一个条款。

(3) 技术规范部分。对于合同实施的国家规范，不能改动，但可尽量争取同等条件下使用我们熟悉的中国标准和规范。技术规范部分主要是看业主针对本项目编制的特殊规范，看其有无特殊要求，及对我们有利与不利的规定。

海外工程承包历来被认为是一项风险事业，在施工过程中要涉及项目所在国的政治、经济形势，法律法规规定，而且会遇到与国内工程明显不同的业主、不同的技术规范、不同的地理和气候条件，因此施工的可变因素很多。决策上的成功才是最大的成功，作为海外工程承包中的重要环节，一定要高度重视前期投标决策，认真地研究招标文件和技术规范，深入细致地进行现场调查工作。根据项目所在国和项目本身的客观环境、条件，结合企业自身的施工能力，认真做好投标报价和技术方案的编制工作，同时也要重视合同谈判工作，为将来的项目实施争取尽可能多的有利条件，最大限度地避免或减少在合同实施过程中遇到的各种风险。

浅谈试验室的取样及样品管理

史娜萍
(江苏润通交通工程监理咨询有限公司 镇江 212005)

摘 要 根据检测单位试验室实际工作,总结了部分原材料样品的取样规则、方法,以及对样品管理的要点。简单阐述了试验室样品管理员应具有的基本素质。样品取样对试验检测结果数据的真实、可靠性具有很大的影响。

关键词 试验室 取样 样品 管理

1 取样及样品管理的重要性

评定工程质量的好坏,主要依据多方位的检测结果,一切凭数据说话,而数据是否真实、可靠主要是样品取用的代表性和可靠性,所以样品是公路工程试验室质量管理的主要部分之一,是必须引起高度重视的一个重要环节。

随着对工程质量的要求越来越高,面对工程施工取样缺乏必要的监督管理机制,或因为试验检测员缺乏取样专业知识,或由于责任心不强,或在试验室检测过程中由于没有完善的管理体制,致使发生弄虚作假现象或发生样品混淆、损失等事故,导致样品不能代表母体质量状况,从而使检测单位签发的检测报告不能正确反映工程实物质量,使工程上的不合格材料得不到及时发现,给工程结构留下了不少安全隐患。所以,公路试验室应将规范取样和送检制度、规范检验样品的管理程序作为重要工作来对待。

2 取样的要求

2.1 水泥取样规则及数量

(1) 袋装水泥取样时,采用专用取样管取样(JTGE30—2008 中有专门介绍),随即选择 20 个以上不同的部位,将取样管插入水泥适当深度,用大拇指按住气孔,小心抽出取样管。散装水泥取样时,也需要采用专用的取样管,通过转动取样器内管控制开关,在适当位置插入水泥一定深度,关闭后小心抽出即可。

(2) 水泥按同品种、同强度等级编号取样。规范规定:袋装水泥每 1/10 编号从一袋中取至少 6 kg;散装水泥每 1/10 编号在 5 min 内至少 6 kg。因工程上规定水泥应封存,所以应加倍取样,至少 12 kg。

(3) 将每一编号所取水泥混合样通过 0.9 mm 方孔筛,可采用二分器将水泥样品一分为二,分为试验样和封存样。

(4) 水泥样品取得后应存放于密封的金属容器中。试验样加标示后送去进行检测;封存样加封条后交入样品室保管。若试验结果无争议,3 个月后进行处理。

2.2 集料取样规则及数量

(1) 集料取样地点一般有两类：一是从皮带上取样，可在皮带运输机骤停的状态下取其中一截材料，或在皮带运输机的端部连续接一定时间的料得到，将间隔3次以上所取的试样组成一组试样，作为代表性试样；二是从在材料场同批来料的料堆上取样时，应先铲除堆脚等处无代表性的部分，再在料堆的顶部冲部和底部的几个不同部位，取得大致相等的若干份组成一组试样，务必使所取试样能代表本批来料的情况和品质。

(2) 对每一单项试验，每组试样的取样数量宜不少于表1所规定的最少取样量。需做几项试验时，如果能保证试样经一项试验后不至于影响另一项试验的结果时，可用同一组试样进行几项不同的试验。表1中未列出的部分试验检测项目所需数量，在其试验检测方法中有专门规定的具体数量。

表1 集料试验检测项目所需数量

试验项目	相对于下列公称最大粒径(mm)的最小取样量(kg)										
	4.75	9.5	13.2	16	19	26.5	31.5	37.5	53	63	75
筛分	8	10	12.5	15	20	20	30	40	50	60	80
表观密度	6	8	8	8	8	8	12	16	20	24	24
含水率	2	2	2	2	2	2	3	3	4	4	6
吸水率	2	2	2	2	4	4	4	6	6	6	8
堆积密度	40	40	40	40	40	40	80	80	100	120	120
含泥量	8	8	8	8	24	24	40	40	60	80	80
泥块含量	8	8	8	8	24	24	40	40	60	80	80
针片状含量	0.6	1.2	2.5	4	8	8	20	40	—	—	—
硫化物、硫酸盐						1.0					

(3) 集料取回后，必须严格按照四分法进行缩分，直至最后的材料量略多于进行试验所必需的量。

2.3 取样人员的职业道德及技能要求

(1) 取样人员要深入实际，坚持原则，客观准确地进行取样。取样时要积极配合施工单位取样人员的工作，对与被检测方共同取样的项目，应符合规定要求，及时办理相关的手续，不得无理刁难单位取样人员的正常工作。

(2) 施工、监理、检测单位应对取样人员进行专业培训。取样人员需熟悉相关知识和技能，掌握建筑原材料、半成品等常规检测的项目、标准及取样方法和数量多少，不断学习专业知识，以促进自身工作水平的不断提高。

3 样品的管理

监理、施工人员对所取样品进行标示并应建立相关台账对其逐一编号。台账内容包括项目名称、进场数量、取样时间、代表批量、所用部位等。检测单位样品管理员对所接受的样品管理有着更严格的管理，主要有以下几个方面：

(1) 样品的接受：检测单位样品管理员在接收客户送检或本试验室试验员取回的样品时，应根据客户的检测要求及标准规范的要求，查看样品状况（包装、外观、数量、型号、规格等)，并清点样品，认真检查样品及其配件、资料的完整性，检查样品的性质和状态是否适宜于进行要求的检测，同时做好样品标识。

(2) 样品的标示和流转：样品管理员负责填写样品标识卡，对样品进行标识，并确保标识的唯一性，标识卡上应注明编号、试验检测项目、样品所处的检测状态。根据样品的检测状态，标识卡在流转过程中应注明“待检”“在检”或“已检”等状态。样品在不同的检测状态，或样品的接收、制备、流转、贮存、处置等阶段，应根据样品的不同特点和不同要求，如样品的物理状态(固态、液态)，样品的备样要求(如分样或混样)、复样要求，样品形状的大小，样品的制备、加工和分解要求，样品的包装状态(如裸状样品、袋装样品)和其他特殊要求。根据检测的具体情况，做好标识的转移工作，以保持清晰的样品识别号，保证各检测组内样品编号的唯一性，必要时可追溯。

(3) 样品的贮存：一般样品(如无特殊要求的)均贮存在样品室，样品应分类存放，标识清楚，并摆放得合理、有序，对要求在特定环境下贮存的样品应严格控制环境条件。

(4) 检验完毕后，应对水泥、沥青、石灰、集料等按标准规定必须留样的样品进行留样，试毕样品留样期不得少于报告申诉期，特殊样品根据要求另行商定，留样期按检测标准或国家相关规定执行。在留样期满后，样品管理员应通知客户及时领回(未交检测费的暂不退还样品)，由样品管理员办理退样手续。客户或供样单位需提前(留样期内)领回样品时，应签注“对本检测报告无异议”之后，方可由样品管理员办理退样手续。留样期满，若委托方无特殊要求，由样品管理员填写样品处理申请表，注明处理方式，由技术负责人批准后进行处理。

检测样品的代表性、有效性和完整性将直接影响检测结果的准确度，作为检测单位的样品管理员必须对样品的取样、接收、流转、贮存、处置及样品的识别等各个环节实施有效的质量控制，将工程质量隐患控制在萌芽中。

融资租赁在工程机械管理中的发展

周晨

（江苏省镇江市路桥工程总公司 镇江 212017）

摘　要　由于工业化进程不断加快，中国95％以上的机械产品都处于供大于求的状态，企业销售难的问题越来越突出。传统的销售模式的路越走越窄，并一直困惑着中国的设备制造企业。融资租赁业务作为一种边缘产业，将融资与贸易有效地结合起来，形成一种独特的交易方式。它不专属某一特定行业的边缘性，可以组合成若干种灵活的结构，降低对信用的过度依赖，提高控制风险的能力，从而可以解决工程机械企业销售困境的难题。

关键词　工程机械　融资租赁　发展

1　绪　论

1.1　我国工程机械的现状

我国工程机械租赁有很大的利润空间，国外一些大企业对此觊觎已久，并已开始逐步进入这一市场，因而我们必须有危机意识，尽快发展和壮大我国的工程机械租赁能力。铁路、公路建设、水利水电建设及电力建设、工程机械进入农村服务领域等一大批国家级重大建设工程及我国稳步推进的城镇化建设和可持续发展战略的实施，为工程机械行业提供了广阔的市场。

而另一方面，许多中小企业有项目对工程机械有需求，但却因为资金困难而难以使用大部分的工程机械。这在一定程度上给工程机械的销售造成了困难。随着我国经济体制改革的不断深入，中小企业在整个国民经济中的地位越来越重要，已成为我国经济发展的一支生力军。与此同时，中小企业存在资金不足、贷款难等问题，困扰和制约其进一步发展壮大。为此，从中央到地方各级政府纷纷出台各种相关政策和法律法规，加大对中小企业的支持力度。如人民银行通过货币政策引导各家金融机构加大对中小企业的信贷支持力度。但是，金融机构在解决中小企业融资难的问题上，仍然得不到完美的答案。在诸多解决中小企业问题的方案中，融资租赁可谓是当前可操作性较强的缓解中小企业融资难的有效途径。首先，融资租赁能够为中小企业提供一定的资金支持。其次，利用融资租赁有利于中小企业的产业结构、产品结构调整和升级。最后，利用融资租赁有利于中小企业改善经营管理的状况。融资租赁不像银行贷款那样侧重考察企业过去的经营状况和财务状况，而是更多地考虑企业未来的现金流量和设备回购，主要着眼于企业未来的发展，因此融资租赁业务实际体现了实物管理同价值管理的结合，相较于银行信用，具有更强的制约力。

国外经验表明，融资租赁是仅次于银行的第二大融资方式。在发达国家，融资租赁是仅次于银行信贷的金融工具。虽然融资租赁的利率水平比银行高，却由于通过融资租赁取得的固定资产比其他方式获得的收益要大，融资租赁得到了飞速发展。据央行非银行金融机构监管司司长夏斌介绍，美国租赁业对 GDP 的贡献已超过 30%，而我国仅为万分之三。从中外比较来看，中国租赁业的发展水平与经济发展总量不适应。美国租赁业的经济渗透率为 33%，日本为 20%以上，而中国只有 1%。虽然我国所占比例低，但也说明市场空间大。市场经济有一定的共性，对比发达国家，我们有理由相信，工程机械租赁业发展前景广阔。另外，中国加入世界贸易组织后，企业面临的市场环境发生变化，竞争更加激烈，市场占有率、销售额等成为竞争的一个更为重要的方面。而融资租赁是可以利用的一个有效的营销手段——“一个不用付工资的营销队伍”。

随着工程建筑市场竞争的日益加剧和工程机械设备更新速度的加快，施工企业为避免因设备陈旧带来的资产损失，对资产流动性和设备的先进性更加关注。从全球来看，租赁公司已成为国际上设备流通的新兴载体，现代租赁已成为现代营销体系中不可缺少的重要形式。

从市场发展来看，区域和项目需求的多样性、梯度性，为工程机械设备租赁和二手市场提供很大的发展空间。制造商为扩大市场份额、维护自己品牌的市场秩序，认识到租赁销售和发展租赁经营，对于控制设备流通、开辟新的利润增长点非常重要。

目前，现代租赁在我国发展很不成熟，设备生产厂家对如何利用租赁来开展融资业务还处于茫然状态。他山之石，可以攻玉，借鉴国外企业的成功经验，是建立适应市场经济的新的工程机械营销体系的重要组成部分。当然，还必须综合考虑我国的现实国情，尽快研究出切实的融资租赁方法。

1.2 工程机械租赁的必要性

随着新技术、新材料与新工艺的不断应用，工程机械的发展呈现出机电液一体化、大型化、全系列、智能型、经济附加值高等趋势，其技术经济构成具有技术含量高、资金密度大的特征。工程机械的占有可通过购买或租赁方式实现，一般而言，大多数企业在添置设备时，工程机械经济技术构成的大型化、高科技、资金量大的特征与企业对于自身成本效益平衡、财务结构合理的要求会相互冲突。若采用购买方式，将会造成大量资金占用，增加生产成本，给企业带来较大的经济压力与潜在设备闲置风险，从而使其失去竞争优势。但工程机械的租赁方式，尤其是技术含量高、资金占用大的设备的融资租赁，与购买方式相比具有极强的低成本优势。为此，大量的施工企业愈来愈倾向于使用融资租赁这种能充分、有效、合理满足施工设备需求的资源配置方式来获取工程机械的使用权，既经济又高效地获得企业必要的生产经营能力。

2 融资租赁

2.1 融资租赁的概念

融资租赁，又称设备租赁或现代租赁，也有人将其形容为“借鸡生蛋”，是集借贷、租赁、买卖于一体，将融资与融物结合在一起的交易方式。工程机械融资租赁转移了与设备所有权相关的全部或绝大部分风险和报酬，最终设备的所有权可以转移。调查发现，目前我国工程机械用户使用融资租赁方式购买设备的所占比例较高。

2.2 融资租赁的特征

由于租赁物件的所有权只是出租人为了控制承租人偿还租金的风险而采取的一种形

式所有权，在合同结束时最终有可能转移给承租人，因此租赁物件的购买由承租人选择，维修保养也由承租人负责，出租人只提供金融服务。租金计算原则是：出租人以租赁物件的购买价格为基础，按承租人占用出租人资金的时间为计算依据，根据双方商定的利率计算租金。它实质是依附于传统租赁上的金融交易，是一种特殊的金融工具。

2.3 融资租赁的风险

融资租赁的风险来源于许多不确定因素，在业务活动中充分了解各种风险的特点，才能全面、科学地对风险进行分析，制订相应的对策。融资租赁的风险种类主要有产品市场风险、金融风险、贸易风险、技术风险。

3 融资租赁在工程机械管理中的优势

3.1 运用融资租赁方式可进行技术改造

工程机械厂商可以通过专业租赁公司，采取融资租赁（以购买设备为目的的租赁方式，类似分期付款）筹措进行企业技术改造的资金；也可以以使用为目的，采用经销租赁方式取得所需设备，避免设备陈旧风险，保持资产的流动性和生产设备的先进性。

3.2 运用融资租赁方式可进行产品销售

运用融资租赁方式进行产品销售建立自己的租赁分销体系或与专业流通企业建立战略合作是一种必然的趋势。开展租赁业务是从市场需求出发，建立全过程、全方位的设备分销和流通服务体制的重要组成部分，是介入流通寻求新的利润增长点的重要措施。具体的业务形式有融资租赁（通过租赁方式租售）、中长期经营租赁、短期出租服务（出租频率和稳定），客户群是关键，制造厂商为租赁公司提供设备回购担保、支付佣金是建立战略合作的有效措施。

3.3 运用融资租赁方式可进行资产资金运作

工程机械厂商可以自行或通过专业租赁公司采取灵活的租赁方式盘活企业闲置资产、进行资源配置和经营管理，也可以采取各种形式搭建产品销售——融资租赁——经营租赁——出租服务的流通大平台，扩大配件销售、维修服务、培训等延伸业务。

工程机械厂商可以将自己的优质资产通过出售回租的方式变现，筹集流动资金、并购资金、投资股本金、滚动发展的技改资金，或满足财务管理需要，改变现金流，提前兑现分红，平衡利润和税赋。

3.4 运用融资租赁方式可进行投资活动

工程机械厂商可以用设备作价投资租赁公司，拓展租赁业务，也可以将设备租赁与投资相结合实现跨行业投资和多元化经营。

4 融资租赁在工程机械中的应用

美国卡特彼勒公司是世界著名的工程机械厂商，他们把租赁作为重要的营销。潜在客户多，风险、资产、成本、利润等多种因素都可能成为客户选择租赁的原因，租赁业务将会在全球得到迅速发展。

对卡特彼勒公司来说，开展租赁业务可以增加在用机器数量，从而增加服务和部件业务，有利于扩大市场潜力，满足市场的不同需求。在经营租赁业务中，可以获取二手设备租赁和转售的较高利润，还有利于控制二手设备价值，创造二手设备市场，维护产品的市场秩序，建立服务功能更加全面的经销商网络。

卡特彼勒公司租赁业务的目标是成为全球工程机械租赁业务的领导者。他们已在北美、欧洲开了上百家租赁商店，利用电子商务开展在线租赁，建立设备再制造中心和全球二手设备流通中心。加强生产设施和经销商体系的建设，开拓租赁业务同样是卡特彼勒公司在中国的战略目标。

我们可以从卡特彼勒公司的现代营销体系组织架构和功能中清楚地看到：国外跨国公司有庞大的营销和售后服务体系（具有独立法人资格）来支持自己的市场销售，其资产规模、员工数量甚至大于制造业自身，制造商实际主导着设备流通的全过程（销售、租赁、配件、技术服务，以及服务于租赁和二手市场的再制造中心）。租赁不仅是其营销体系的重要组成部分，而且是最大限度发挥其品牌效应、维护产品市场流通秩序、多环节寻求利润的有效措施。

5 融资租赁在我国工程机械中的发展

5.1 卡特彼勒在京成立融资租赁公司

卡特彼勒公司在北京成立融资租赁机构，第一次将工程机械融资租赁业务带入中国市场，然而在通过接近两年的摸索与学习后，中国工程机械企业才第一次迈入融资租赁的门槛，2006 年 4 月 20 日，中联重科获工程机械行业第一张融资租赁“牌照”。随着中联融资租赁业务的展开，行业内企业看到了市场发展前景，纷纷加入到融资租赁的大潮中，自此融资租赁业务在中国迅速展开，为促进工程机械产品销售发挥了巨大作用。作为一种市场前景广阔的销售模式，我们有必要重温融资租赁在中国工程机械领域的发展历程，从中获得一些启发和警示。

2004 年 5 月的最后一周，卡特彼勒公司宣布在北京成立融资租赁机构，并将于当年四季度正式为客户提供融资租赁服务。其成为继通用电气（中国）融资租赁公司后第二家经中国商务部批准成立的外商独资融资租赁企业。

来华访问的卡特彼勒新任董事长兼首席执行官欧文斯说，新的融资租赁公司的成立，标志着公司在中国拓展其全球商业模式的一个里程碑，这一商业模式已经在全球 35 个国家推行。欧文斯认为，中国是世界上工程机械增长最快的市场，卡特彼勒 2002 年在中国的销售额是 5 亿美元，预计 2004 年达到 10 亿美元，2010 年将达到 20 亿美元。2004 年 11 月 16 日，作为世界上最大的土方工程机械和建筑机械的生产商之一——卡特彼勒（Caterpillar）派出了自 30 年前进入中国市场以来最大的参展设备参加在上海举行的 2004 中国国际工程机械、建材机械、工程车辆及设备博览会。

同时，卡特彼勒（中国）融资租赁有限公司宣布，将在此次展会上与其首批客户签订融资租赁合同。卡特彼勒（中国）融资租赁有限公司是由两个卡特彼勒企业所拥有的独资公司卡特彼勒金融服务公司和卡特彼勒（中国）投资有限公司组成。

5.2 中联重科获工程机械行业第一张融资租赁“牌照”

2006 年 4 月 20 日，国家商务部、税务总局共同下发通知，确认北京中联新兴建设机械租赁有限公司等企业为第二批融资租赁试点企业。以中联重科投资控股的北京中联新兴建设机械租赁有限公司，是国内工程机械行业第一个获得该资质的企业，也是我国目前所有已获批准的有该资质的唯一一家有厂商背景的企业。该资质的获准，使得中联新兴公司在销售、租赁、信用销售、二手销售等资源方面的组合成为可能。与此同时，通过现有的贸易方式和新的服务架构，利用信息流、物资流、资金流、信用流将各环节有机串联，中联新兴公司在构建完善的现代营销体系方面又前进了一大步。

中联重科融资租赁(澳大利亚)有限公司日前在澳大利亚布里斯班签订了第一笔融资租赁合同,这也是来自中国本土的融资租赁公司在海外签订的第一笔融资租赁合同,标志着中联融资租赁全球服务体系正式启动。

中联重科总裁助理、融资租赁公司总经理万钧介绍,在全球金融危机的大背景下,中国可以借助自身的流动性优势,利用中国的资金去帮助中国产品走向世界、占领国际市场。中联重科融资租赁公司正在积极推进的融资租赁全球服务体系建设,就是利用中联重科在中国银行体系的良好信用,借助中国金融机构较强的流动性优势,筹集资金,通过在目标市场上提供融资租赁等金融服务,实现对设备销售的巨大促进作用。

2009 年 5 月 29 日,中联重科澳大利亚一新西兰有限公司、中联重科融资租赁(澳大利亚)有限公司在澳大利亚昆士兰州黄金海岸市正式开业。中国驻布里斯班总领事任共平,中联重科董事长兼 CEO 詹纯新,高级总裁张建国、王春阳,副总裁熊焰明,总裁助理陈培亮、万钧,布里斯班部分政府官员,以及来自中联澳大利亚各州的客户和凤凰卫视等国际媒体记者出席了开业仪式。此次开业,标志着中联重科融资租赁(澳大利亚)有限公司成为首家在海外注册的中国融资租赁公司。

6 融资租赁在工程机械中的未来发展

6.1 与现有融资租赁机构合作

工程机械厂商与金融租赁公司、财务公司合作的有利方面是金融租赁公司有资金、信用信息优势及灵活可靠的结算方式,不利方面是金融租赁公司有比较严格的监管,对单一承租人业务规模受到一定限制。如果厂商没有良好的租赁资产余值的风险防范措施,租赁公司对该设备的经营租赁业务就比较难开展。

工程机械厂商与合资租赁公司合作,有利方面是对单一承租人业务规模限制宽松,可以利用外资,业务创新能力和租金支付的灵活性较强;不利方面是本币资金来源不稳定,筹资成本略高。

工程机械厂商与有融资租赁经营权的资产管理公司合作,有利方面是债转股企业有可能成为资产管理公司的搞活企业,开拓新的业务增长点;不利方面是资金来源不稳定,租赁业务不熟悉。

不论采取哪种合作途径,与合作方设计出避免信用风险和租赁资产余值风险的保证措施是关键,如承租人抵押担保、第三者信用担保、非全额担保和回购担保等。

6.2 对内开放促销为目的的融资租赁业

国家经贸委应尽快制定以促销为目的的内资融资租赁公司的市场准入和待则办法,鼓励流通企业和各类投资机构组建租赁公司。依托工程机械设备制造厂家,成立厂家独资或控股的专业租赁公司,允许工程机械设备制造厂家成立有独立法人资格的销售公司,现有各种不同类型的专业销售公司和租赁公司可以兼营融资租赁业务;同时,不经央行批准,不得从事融资租赁以外的任何金融业务。

6.3 积极整合和重组现有租赁公司

以区域或经营著名品牌的设备出租公司的大企业为龙头,通过并购重组、股权置换等方式,把企业规模做大。完善法人治理机制,降低租赁物件购置成本,实现连锁、配送、统一管理。

以区域或品牌组建设备出租服务交易市场，租赁在线和有形市场结合，搭建综合服务平台，重点解决支付信用瓶颈。探讨市场与银行合作，联合发租赁信用卡，办理票据抵押，抵押品评估、担保、拍卖等防范风险的措施。

6.4 解决营业税的税率和税基问题

重点解决统一租赁公司中长期经营租赁和内资非金融机构融资租赁的营业税税率和税基，统一本外币租赁业务的税基。

6.5 加强租赁人才的培训

现代租赁业是知识密集型产业，需要大量懂金融、租赁、贸易、财税、法律和工程等方面知识的复合型人才，人才短缺会制约租赁业的健康发展。

高速公路客车轮胎选用的探讨

吴建华

（镇江市公共交通总公司 镇江 212000）

摘 要 高速公路的开通对客车及其底盘提出了新的要求，而轮胎是客车中最重要的安全部件之一，轮胎消耗费用在客车运行成本中所占的比重也较大。本文主要介绍国家法规对汽车轮胎的要求，针对车辆高速行驶对轮胎的影响及高速公路客车轮胎选用进行了有益的探讨。

关键词 高速公路 客车 轮胎 选用

随着我国社会主义市场经济的快速发展，特别是高速公路和高等级公路大规模开通和人民生活水平的提高，对客车及其底盘提出了新的要求，而高速公路客车轮胎的选用已成为国内客车行业面临的迫切需要解决的问题。

1 国家法规对汽车轮胎的要求

汽车轮胎应具有承受汽车的全部负荷、吸震和缓冲、抗侧滑，以及良好的操纵稳定性等方面的基本性能。从汽车使用中出现的交通事故看，部分事故与轮胎有关，如爆胎、侧滑、急转弯脱胎等导致翻车、碰撞，造成人员伤亡和财产损失。同时，在提高汽车的高速性和舒适性方面，轮胎是一个非常重要的部件。在我国汽车主动安全性法规中，涉及两项关于汽车轮胎的强制性标准，分别是《轿车轮胎安全性能要求》和《载重汽车轮胎安全性能要求》，主要是根据轮胎的规格、充气压力、最大负荷条件，重点检查轮胎外缘尺寸、强度要求、耐久性及高速性能等涉及汽车安全的性能要求。其中对轮胎高速性能试验做出明确规定，以检查轮胎在高速连续行驶时其抗磨损和发热性能。已经实施的汽车强检项目把汽车轮胎作为必检项目且列入其中，并作为否决项。这就要求整车及轮胎生产厂家必须一起高度重视，特别是在汽车性能日益改善、行驶速度不断提高的情况下，具有极为重要的现实意义。

机动车运行安全技术条件 GB7258—2012 中 9.1.4 规定，专用校车和卧铺客车应装用无内胎子午线轮胎，危险货物运输车及车长大于 9m 的其他客车应装用子午线轮胎。

营运客车类型划分及等级评定（JT/T325—2013）中规定特大型客车、大型客车和中小型高一高二级客车必须使用无内胎子午线轮胎。

2 车辆高速行驶对轮胎的影响

车辆在高速行驶时，轮胎滚动速度提高，与地面摩擦及内外胎之间的摩擦加剧，使轮胎温度升高。随着车速的提高，轮胎的变形频率也加快，变形能量增加，变形能量最终转化成热能，使轮胎温度进一步升高。同时，轮胎气压升高及振动的加剧，对轮胎的安全性能提出了更高的要求。因此，合理选用轮胎对行车安全提供了保证。

3 高速公路客车轮胎的选择

车辆高速行驶时,轮胎不仅支持整车质量,传递驱动力矩,而且还要保持与路面有良好的附着力,减弱由路面不平带来的冲击和振动。所以,轮胎性能直接影响汽车的牵引力、制动力、行驶平顺性、安全性及燃油经济性。

3.1 子午线轮胎

子午线轮胎与斜交轮胎相比,强度高、滚动阻力小,其胎冠具有较厚的缓冲层,滚动变形小,产生热量小。由于子午线轮胎在帘布层外面箍有强力的钢带,即使在高速回转时,也不容易发生"驻波"现象,所以子午线轮胎可以高速行驶。子午线轮胎的胎冠部分因为有钢带层,因此不容易被铁钉等坚硬物刺破。也就是说,钢丝子午线轮胎和斜交轮胎比较,两者打入同样的钉子,对于打入胎面的力量,钢丝子午线轮胎是斜交轮胎的 5 倍。子午线轮胎胎冠部的钢带钢性很强,轮胎的胎冠部分可以使用比较硬的橡胶,从而提高轮胎的耐磨性,延长轮胎的使用寿命。另外,同一型号、同一尺寸的子午线轮胎与普通斜交轮胎相比,前者具有较大的侧偏刚度和较小的外倾刚度,大大提高了操纵稳定性。在制动时,由于子午线轮胎的胎体弹性好、接触面积大、轮胎滑移小,因而与地面的附着力强,制动性能好,特别是在高速状态下,其安全性和经济性远高于斜交轮胎。据统计资料表明,子午线轮胎使用寿命比普通轮胎高 50%以上,油耗降低 3%~8%。

3.2 无内胆轮胎

无内胆轮胎的内侧表面附有一层高密封性的密封胶膜(一般多用氧化丁基胶),紧紧贴在轮胎的内部,当钉子等物刺入时,空气在洞口外泄,胎内膜立即随着空气的外流而收缩堵在洞口,胶膜与轮胎一体,其间没有漏气的空隙。另外,进气口只有一个,轮胎口与钢圈的咬合严密,不会漏气。因此,当轮胎被铁钉等物刺入以后,空气不会突然流失,只是从被刺的地方慢慢地漏出(因为内膜收缩堵在洞口,所以空气流失很慢),可以给驾驶员充裕的时间进行处理,这样既不会因为空气的突然流失而发生车祸(车速快时,前轮突然漏气,往往造成车辆侧翻等恶性事故),也不会因为突然漏气而碾坏外胎。

因此,从安全角度讲,无内胆轮胎是高速行车最为理想的轮胎。另外,无内胆轮胎发热低、质量轻、节省燃料,修补快捷方便。

3.3 轮胎花纹的选择

车辆高速行驶时,为保证行车安全,要求轮胎与路面之间有良好的附着性能,才能够保持车辆有良好的制动效果。建议选用纵向小花纹轮胎,因为纵向花纹轮胎滚动阻力小,行驶产生的热量相对较小,同时纵向花纹的排气性、散热性好,高速行驶时轮胎噪声也较小,适用于高速行驶。

3.4 注意轮胎速度符号

根据每一车型相对应的最高行驶速度,选择与其相对应的轮胎类型,同时考虑其结构参数、负载情况、层级及充气压力等。在选择客车轮胎时,宜参照《载重汽车子午线轮胎》所提供的类型选取。

4 高速公路客车轮胎的使用

4.1 正确驾驶

不应急转弯、急制动、猛起步及盲目高速行驶等,尤其在急转弯和高速超越障碍物时,轮胎变形大，还可能碰坏轮辋边缘，不但降低轮胎的使用寿命，还会影响轮辋和轮胎的气密性。

4.2 合理拆装

无内胆轮胎的气密性是依靠轮胎的胎圈和轮辋的突缘密封来保证的。拆装时，应使用轮胎拆装机，不要用撬棍或其他尖锐工具，否则容易损坏胎圈和轮辋边缘。为了便于拆装，可在轮辋边缘涂少许润滑剂。充气后可在轮辋边缘处放些水，检查是否漏气。

4.3 保持正常胎压

经常保持正常的轮胎气压是合理使用轮胎的关键。轮胎的胎肩担负着内胎的作用，它对气压要求很严格，若气压不足，轮胎侧部变形过大，容易造成胎侧和胎圈早期损坏，也影响汽车行驶的稳定性。但轮胎气压不能过高，过高时轮胎易被扎破，也容易造成轮胎的不正常磨损。

4.4 轮胎定期换位

必须按规定的换位方法进行轮胎换位，以保证轮胎的均匀磨耗。

4.5 采用标准轮辋

无内胆轮胎必须装用规定的标准轮辋，保证轮胎在正常状态下使用，以改善轮胎的耐磨性和转向稳定性，提高轮胎的使用寿命。

4.6 避免轮胎混装

不能混装结构、规格、扁平率、层级、厂牌不同的轮胎。

纵观我国的道路发展，在“十一五”“十二五”期间有了较大的改善，高等级公路通车里程成倍增长，这对改善轮胎行驶性能创造了条件。在这样的情况下，加强汽车轮胎的正确选择与使用，对延长轮胎的使用寿命、降低运行成本、提高运输效率、降低高速公路交通事故等具有十分重要的作用。

小议营运车辆技术管理存在的问题

张俊俊
（江苏省镇江市运输管理处 镇江 212007）

摘 要 本文主要从技术法律法规不完善，二级维护、监管矛盾，综合性能检测等三大方面分析了我国营运车辆管理存在的问题。

关键词 营动车辆 二级维护 问题

近年来，随着我国国民经济的快速增长和人民生活水平的不断提高，用户对道路运输的需求发生了很大变化。在客运方面，旅客需求层次不断提高，广大旅客不仅仅满足于“走得了”这样简单的需求，逐渐向追求高档次的车辆、服务设施及高质量的服务方向发展。在货运方面，广大货主在方便、优质、高效上提出了更为强烈的要求。而车辆作为运输业主向用户提供服务的工具，自然在安全性、舒适性、高效性等方面应该得到提高，运输业户同样通过企业自身的车辆技术管理来实现对车辆管理。而现在行业管理要求与运输企业车辆技术管理方面还存在较大差别。

1 技术法律法规不完善

交通运输部在 1990 年出台了《汽车运输业车辆技术管理规定》(以下简称 13 号令)提出了车辆技术管理应坚持预防为主和技术与经济相结合的原则：对运输车辆实行择优选配、正确使用、定期检测、科学维护、视情修理、合理改造、适时更新和报废的全过程综合性管理。具体内容包括车辆管理、车辆使用、车辆检测诊断与维修，以及车辆改装、改造、更新与报废等。到目前为止该部令还未修改，各交通管理机构已沿用了二十多年，很多内容已经不适应现代社会对车辆，以及一些制度体制发展的要求。例如，13 号令中要求业企业的技术、经济定额和指标实现的情况报送当地交通管理部门这条，经济定额标准及执行情况完全是企业内部管理，按照现在国家对企业的鼓励发展政策，是没有必要向管理部门报备的标准的市场行为，政府无须干预。仅车辆的检测诊断一项同样也存在矛盾，首先 13 号令没有明确检测站的具体管理部门，只是提到“汽车综合性能检测站经认定后，交通运输管理部门应组织运输和维修车辆进行检测”，没有说明谁去认定，导致现在全国各省出现对检测站不一样的管理模式，有些是以许可的方式，有些以业务委托的方式，带来许多管理部门缺失主体责任的问题。另外，13 号令在执行保证方面也没有明确，只是简单的列出奖励与处罚，没有法律法规保证，缺少可执行力。13 号令在车辆维修及其他方面仍存在许多不适应性。

虽然 2004 年国务院颁布了《中华人民共和国道路运输条例》，从更高法律层面对从事道路运输的企业的车辆技术提出了相应的要求，其中第三十一条规定：“客运经营者、货运经营者应当加强对车辆的维护和检测，确保车辆符合国家规定的技术标准；不得使用报废的、擅自改装的和其他不符合国家规定的车辆从事道路运输经营。”但这只是运输企业车辆技术管理中很小的一部分。交通运输部同时颁布了配套的《道路旅客运输及客运站管理规定》《道路货物运输及站场管理规定》《道路运输危险货物运输管理规定》，在对车辆技术管理的规定中，强调了车辆要按期维护、定期检测和与车辆相适应的车辆等级以外，对车辆年审中增加了车辆技术档案的审查。遗憾的是未将车辆技术管理制度列入许可与年审，使得行业管理部门在落实企业车辆技术主体责任时缺少一定的法律手段。

2 二级维护、监管矛盾

根据国务院《中华人民共和国道路运输条例》第三十一条规定及部 13 号令的强制二级维护的原则，从以下三方面简单分析目前我国二级维护管理制度存在的问题。

2.1 二级维护周期

现行的《中华人民共和国道路运输条例》《道路旅客运输条例及客运站管理规定》《道路货物运输及站场管理规定》等法规规章对二级维护周期没有定量的标准，所以全国各省市都按照各省情况规定不同的维护周期。比如，江苏省是按所有营运车辆 4 个月进行一次二级维护。辽宁省则对不同的车辆进行了不同的执行规定：一是对登记时间在 8 年以下的、交通运输部鼓励发展的车型，对其实行二级维护周期一年一次。二是对高耗能老旧车辆加大维护次数，对 8 年以上的营运车辆，二级维护周期确定为 3 个月；对 8 年以上应报废，但由于车辆状况较好而延续使用的营运车辆，二级维护周期为 2 个月。而浙江省则另有做法：货车分为轻型货车、轻型以上货车和危险货物运输车辆。其中使用年限少于二年的轻型货车和轻型以上货车二级维护周期为 5 个月，危险货物运输车辆二级维护周期为 4 个月；使用年限超过两年的轻型货车和轻型以上货车二级维护周期为 4 个月，危险货物运输车辆二级维护周期为 3 个月。

根据《汽车维护、检测、诊断技术规范》(GB/T18344)的规定，车辆的二级维护周期确定的相关因素和确定方法为：主要依据车辆使用说明书的有关规定，结合汽车使用条件和汽车使用强度等因素来确定。目前我国道路运输业中，豪华进口货车越来越多，国产汽车的技术水平也比以往有了很大的提高，汽车的使用性能和可靠性都有了大幅度的提高。同样，随着高等级公路的普及，车辆的行驶条件越来越好，这也使得车辆技术状况与以往有所改善，所以过于频繁的法定强制检测和车型无差别化检测周期已不适应目前形势。

2.2 二级维护内容

根据《汽车维护、检测、诊断技术规范》GB/T18344 的规定，完整的作业内容包括维护前、维护中、维护后的检测工序，维护作业工序及附加作业工序。其中二级维护检测项目，按照检测目的和范围可分为发动机性能检测、尾气净化性能检测、电控燃油喷射系统检测、柴油机工作性能检测、安全性能检测、操纵性能和行驶系统检测、底盘传动系统技术状况检测等 7 个方面。汽车“强制维护”的原则要求汽车二级维护基本作业项目无论车辆技术状况如何都必须完成，这些基本项目则有 35 项。在这里需要指出的是这样的维护标准是否要在实际维护中每项都做到，管理部门的要求是否每项落实，按照《汽车维护、检测、诊断技术规范》标准的 35 项维护项目在现在车辆本身科技成分提高的前提下，车辆的解体维护是否合理。这是一个现实的问题，往往一个项目的不做，惯性的思维会带动其他作业的不落实，那么这样一个烦琐的作业过程能否用简单而又重要的作业要求代替，给我们的管理部门提出了新问题。

2.3 二级维护费用

目前车主在进行二级维护时实际往往是支付了两笔费用，一是给维修企业的维护费用，二是车辆二级维护竣工检测费用。造成的原因是目前一类维修企业的竣工检测绝大多数不能满足管理部门要求的技术评审要求，只好委托综合性能检测站进行竣工检测，完成一整套的二级维护作业，这样的一个过程既加重了车主的经济负担，同时也给维修企业带来很多不便。

3 综合性能检测存在的问题

营运车辆的综合性能检测在目前来说分为两种，一种是维修竣工检测，另外一种是等级评定检测，分别对应车辆二级维护以后的竣工质量和车辆技术状况，是我们交通管理部门掌握营运车辆技术状况的抓手。但是随着国家对检测行业越来越重视，我们有必要回过头看看我们管理的综合性能检测存在的问题。

汽车综合性能检测站事实上是检测车辆的实验室，受交通部门许可或委托提供车辆技术状况数据。目前我国行业管理部门进行车辆技术管理时基本采取的是天平式管理，一边是运输业户，另一边是维修厂家，中间的支点就是汽车综合性能检测站。通过检测站，行业管理部门可以获得车辆技术状况的动态变动情况，可以将车辆技术管理的有关信息提供给运政管理系统，以加强对汽车维修企业、道路运输企业、营运车辆的管理，使得车辆技术管理与道路运政管理相结合，提高道路运输车辆技术状况，促进车辆结构合理调整，全面推动行业技术进步。

汽车综合检测也是运管部门监督维修厂家的维修质量的有力抓手。通过对检测站长期检测数据的理性化分析，可以得出维修厂家维修质量的量化指标及各种经营数据指标，为进一步掌握维修企业质量、开展信誉考核等提供了依据。目前运管部门普遍实施驻站管理，将检测站作为源头来对维修市场进行监督管理，对维修厂家经营业户的不当行为进行规范。

因此，可想而知，如果一旦检测站出现任何问题对管理的影响是如何的巨大，目前现行的许多车辆技术管理工作都将落到空处，这对整个运输市场的繁荣与稳定都将产生诸多影响。

以江苏省为例，大多数情况是一地一家综合性能检测站，这使得检测站变相地成了当地行业垄断企业。对这种垄断企业而言，管理部门不会实施吊销证件和停业整顿等行政处罚措施，因为一旦采取了这两种，管理部门将失去对车辆管理的手段。汽车检测站有了这张底牌，就很难中规中矩地经营，诸如多收费少检测、只收费不检测、出具虚假检测报告等违章行为会不同程度地发生。更何况很多的运输业户为了应付管理部门的管理，只看重检测结果，对于其他的车辆技术管理执行根本不重视，从而使综合性能检测站变成了“收费站”，使综合性能检测失去了该有的意义。

镇江市公路行业人力资源管理现状和对策

郑 勤

(江苏省镇江市公路管理处 镇江 201028)

摘 要 本文从人力资源管理理论入手,结合镇江市公路管理行业实际,分析了当前人力资源管理的现状、存在的问题及深层次原因,立足"加快公路发展,提升服务能力"的新要求,探索了当前公路行业人力资源管理的对策。

关键词 镇江市 公路行业 人力资源管理 对策

江苏省镇江市公路管理处是具有行政执法职能的事业单位,主要承担全市普通国省干线公路和农村公路建设、维护及管理工作,负责全市公路路政管理、超限运输治理、路网运行调度管理,以及公路管理与服务、应急指挥与处置工作。在业务上和行政上分别隶属于江苏省交通厅公路局(省路政总队)、镇江市交通运输局的双重领导。下辖丹阳、句容、扬中、丹徒 4 个辖市(区)公路处和镇江市区公路管理站、312 国道镇江段公路管理站、镇江市公路超限治理检测站、镇江市公路养护应急处置中心、镇江市公路(桥梁)检测中心 5 个直属单位。全系统现有职工总数为 403 人。

1 镇江市公路行业人力资源管理现状

1.1 职工年龄结构不合理

根据对现有人员数据的统计,35 岁以下的人员偏少,35~50 岁的人偏多,人才梯队残缺,表现为公路人才严重"断档"。公路体制改革后,由于缺乏有效的配套政策,公路部门需要的人员难进来,进来后留不住;不需要的人员退不出去,造成人员老化。由于论资排辈思想的影响,以及用人机制的问题,一些单位主要业务管理工作的骨干,文化程度相对较低,他们虽有丰富的工作经验,但随着大量新技术、新工艺、新材料的推广应用,显得力不从心,管理效率低下。

1.2 人员知识结构不尽合理

一是表现在人才总量相对不足,2003 年公路管理体制改革后,人才大多集中于机关管理岗位,一线的专业技术人才严重缺乏。二是表现在层次结构上,以初、中级层次人才居多,高层次人才较少。公路系统大专学历以上的人员占总人数的 80%,研究生仅占总人数的 3%,高级职称人数占总人数的 6%,高层次人才严重不足。三是人才分布不够合理,在 22 名高级技术人员中,处级 16 人,在 10 名研究生学历人员中,处级 8 人,其中研究生学历有 3 个县(市、区)公路处空白,高级技术人员有 2 个县(市、区)公路处空白。这样的人才比例既不能满足管理工作面临的新要求,也不能适应公路建设快速发展的新形势。尤其是能够在重大行业管理及其他方面有新思路、创造性、先导性的人才较少,学术带头人、技术带头人尤其缺乏。

1.3 复合型人才相对缺乏

随着事业单位改革步伐的不断加大,对科技与管理人才的素质要求不断提升,人才的交流调动更趋频繁。由于许多职工长期从事单一岗位,且学习方向单一,形成目前单技能人才多,复合型人才缺乏的状况。公路行业人事制度改革工作实施以来,人才的交流、调动和使用带来很大限制,也制约了公路事业的顺利发展。

1.4 人力资源管理方式过于陈旧

公路行业大多数单位的人力资源管理方式还停留在传统的人事管理模式上,仍把人员作为是单位的生产工具,只重拥有,不重培训开发。在用人上,只限于内部的小圈子,论资排辈,重关系、轻业绩现象依然存在。

2 原因分析

2.1 缺乏人力资本理念

一方面仍然坚持以物为中心的理念,以人为本的管理理念落实不到位,主要精力侧重于抓管理,认为人力资源的管理是次要的、从属的;另一方面忽略了职工的五种需求中的高级需要,尤其是精神方面的需要,不尊重人的个性、特长,职工的主动性、积极性和创造力受到一定影响,造成行业缺乏应有的活力。

2.2 缺乏科学的选拔机制

现行的选拔制度仍沿用机关事业单位人事管理,仍有计划经济色彩,极不适应现代部门发展所要求的择优录用制度。人员选用权力集中,受论资排辈影响较大,缺乏公开民主机制,缺乏法制化规范和科学操作程序。

2.3 缺乏有效的绩效考核激励机制

目前对职工缺乏一套行之有效的绩效考核机制和反馈办法。考评标准不规范,制定的考核标准各不相同,致使实际考评难以操作,考评结果准确度不高,考评客观上流于形式,考评方法单一。在人员考评的具体实施过程中,没有将考评方法综合运用,不能有效地激发职工创造性和主观能动性,导致职工积极性不高。

2.4 缺乏有效的培训机制

相对于目前公路行业突飞猛进的发展变化而言,公路系统对人力资源开发的投入是十分有限的。虽然引进了高层次的人才,但是对人才只管使用,较少考虑技能培训的再学习,使人才的潜能难以调动和持续发挥,人力资源价值得不到充分体现。现有的培训形式单一,重理论不重实践,重形式不重时效,忽视现有人员的年龄、心理特征、工作需求、发展需要,造成培训低效。没有为公路人才创造再学习的"充电机会",时间久了,知识不能更新,也很难形成浓郁的科研氛围。

3 解决问题的对策

3.1 转变观念,把人力资源管理提上日程

公路行业作为服务型行业,应严格履行公路行业公共管理服务的职责,必须以建立一支高素质的干部职工队伍为保证。为此,公路行业应切实把人力资源管理列入重要议事日程,加大人才管理和培养力度,创造公路行业人才成长的融洽氛围。从遵循人才成长规律入手,在创造公路行业良好成长环境和健全优化培育机制上下功夫,切实把培养人才作

为人才管理中的重要工作来抓，努力做到“培养一人，得益一方”。同时，突出重点，改善各专业不同年龄层次结构，着力把培养公路工程专业技术人员，具有现代科技知识和公路管理专业技术的人才作为培养的重点。交通部近年来提出“三个服务”的要求，号召全行业创建“创新型”“服务型”行业新形象，各级公路部门越来越充分认识到人力资源管理的重要性，在人力、物力、财力上加大投入，在运行机制上不断深化，公路人力资源管理得到了明显加强。

3.2 立足长远，合理制订人力资源规划

根据省交通厅公路局“强基工程”的要求，市级以上公路机关管理人员全部达到本科以上、县级公路机关管理人员全部达到大专以上。同时，围绕“加快建设，服务发展”的思路，切实做好镇江市公路行业人力资源规划，制订必要的公路系统人力资源获取、利用、保持和开发策略，确保公路行业对人力资源在数量上和质量上的需求，协调好全市国省干线公路的建设、养护、管理，路政执法等条口工作人员的比例。

3.3 严把入口，把好人力资源引进关

根据镇江公路行业发展的具体情况，引进学历层次相当的人才，使人力资源得到恰到好处地合理使用。早在 20 世纪 90 年代末，镇江公路处在引进人才时就做出必须达到本科学历的规定。近年来，又根据新时期公路发展形势需要，重点引进博士、硕士研究生。除了引进部分高学历、高职称的人才以外，对一般性管理服务岗位，通过“人事代理”、合同聘用等形式，招聘一些对口的大中专年轻人才，形成学历、年龄合理的学术梯队、技术团队。在引进人才时，合理配置新招聘人才的专业比例。既要有学习公路、土木、交通工程相关专业的人才，又要引进一些经济、法律、人力资源、管理工程等相关专业的人才。

3.4 不拘一格，建立合理的人才竞争机制

建立选人用人新机制。大力推行公开选拔、竞争上岗等方式，引入科学的定性定量的人才测评手段，把优秀人才选聘到合适的岗位。按岗设人，促进结构合理。从根本上打破人才终身制，实行能进能出、能上能下，消除冗员。

打破事业单位人事制度框框束缚。对于工作业绩突出，成绩显著的专业技术人才，在评聘专业技术职称中，可不受年龄、学历、资历等条件限制，给予破格晋升相应的专业技术职务，并在聘任指标上优先予以考虑。

做到内外选拔并举。当公路行业内部的中层以上的人才不能够满足目前发展和变化的要求时，组织外部引进人才将成为镇江公路行业面临的挑战之一，经过严格考察而引进的中层以上的管理人才，在各方面都具有良好素质，为公路行业注入新的管理思想，弥补行业内人力资源供给不足。此外，也给公路行业内的从业人员带去竞争压力，促进其努力工作。

3.5 效率优先，完善激励考核制度

一是实行自主灵活的内部分配办法，推行岗位管理，打破职工的身份界限，建立“按岗位定酬、按任务定酬、按业绩定酬”的分配体系，淡化资历等因素。严格执行随岗定薪，岗动薪动。二是在建立分配激励机制基础上，建立健全绩效考核机制并与之相配套，才能使二者相得益彰。首先要制定明确合理的绩效标准，科学引导、考量职工的行为；其次搭配合理的考核方法，对于不同类型的工作岗位实行差异化绩效考核；最后要保持考核公开透明，并进行绩效沟通和绩效反馈，提高职工的幸福感。

3.6 强化培训，满足人才价值需求

一是探索富有实效的培训途径。组织各种脱产培训、在职培训、学历教育、专业技能培训、短期适应性培训等。此类培训不局限于形式，在学习方法上应符合公路行业实践的具体特征。二是全面加强行业文化建设，培育行业精神。镇江公路处近年来以公路文化为载体，积极开展公路精神大讨论，用共同的价值观凝聚干部职工思想共识，汇聚发展核心动力，形成了以“创业创新创优，争当发展先锋”为核心的镇江公路精神。公路文化建设成为一种新的潜移默化、导向明确、富有成效的培训教育途径和方式。

镇江物流业现状及发展策略分析

徐成

（江苏省镇江市运输管理处 镇江 212007）

摘 要 “十二五”以来，镇江物流业随着社会经济发展取得了快速发展，《镇江市物流产业发展规划（2014—2020）》也给镇江物流业发展提供了指导性方针和策略。本文通过对当前镇江物流业发展现状及存在问题分析，提出了推动镇江物流业发展的若干建议。

关键词 镇江 物流业 现状 策略

近年来，随着长三角经济一体化步伐加快，镇江市社会经济稳步发展。镇江市作为苏南现代化示范区重要组成城市，物流业日益旺盛。加快发展物流业发展，推动物流业转型升级已成为镇江市经济发展新的增长点。与此同时，镇江市由于长期缺乏规划，交通地理位置的枢纽地位逐渐丧失，物流发展理念落后，管理缺位，导致镇江物流企业的竞争力远低于苏南其他地市。大多数企业服务内容只停留在仓储、运输及货代上，能提供综合性的物流服务很少。因此，加快推进镇江物流业发展，促进产业转型升级迫在眉睫。

1 镇江市物流业发展现状

1.1 规划引领全局发展

近年来，镇江交通、经信委等部门相继出台了《镇江市现代物流业发展“十二五”规划》《镇江市交通运输发展“十二五”规划》《镇江市口岸和港口发展“十二五”规划》《镇江市物流产业发展规划（2014—2020）》等一批规划，初步形成了以规划为引领、政策为指导的现代物流发展格局，有效支撑了物流业发展。

1.2 运输服务能力逐步提高

公路运输方面，2013年，镇江完成公路货运量1.5亿吨、周转量84.5亿吨公里，同比分别增长15.2%、15.6%。水路货运量1 034万吨、周转量31亿吨公里，同比分别增长12.1%、15%。完成港口货物吞吐量1.6亿吨，比上年增长5.0%，其中长江港口吞吐量1.4亿吨，增长4.7%，港口集装箱运量38万标箱，比上年增长1.3%。目前，全市有物流企业505家，其中营收亿元以上物流企业11家，省重点物流基地（企业）12家，市重点物流基地（企业）18家，省物流技术中心2家，A级物流企业7家，上市物流企业1家。全市基本形成了以煤炭、钢铁、矿石等大宗货物和集装箱水路运输为主的港口物流，以大宗商品运输为主、具备铁水多式联运条件的铁路物流，以装备机械、危化品、农产品等领域为特色的公路物流，具备依托周边三大机场，开展航空快件、电子产品、精密仪器等贵重物品运输的条件。传统物流服务加速向综合第三方物流和服务转变，危化品物流、冷链物流、电商物流等专业特色物流初步形成。

1.3 物流业产值稳定增长

全年实现物流业营业收入 520 亿元，同比增长 22%，社会物流总营业费用 463 亿元，占 GDP 的比重为 15.8%。随着镇江市物流业逐渐发展，物流成本进一步下降，有效推动了全市社会经济发展，但与国内大中城市相比，镇江的物流成本还是偏高。

1.4 物流企业数量较多，规模偏小，赢利能力低

2013 年全市物流业增加值 190 亿元，占全市 GDP 比重为 6.5%，低于同期全国平均 6.8%的水平，也低于苏南其他城市。随着镇江社会经济快速发展，目前全市冠以“物流”的企业有近 600 家。截止到 2013 年底，全市 30 家重点物流企业实现营收 44 亿元，占全市物流营收比重为 8.5%，全市共有亿元以上物流企业 11 家，比重不足 2%。大多数物流企业车辆、从业人员数量较少，管理落后，且仅在运输环节赚取利润。总体来说，镇江物流企业竞争力较弱，同苏南其他城市，以及上海、杭州等地市物流企业相比，在物流信息化手段应用、供应链管理、物流金融等方面服务较少。从全市重点物流企业上报的生产经营情况的数据来看，物流企业运营成本随着燃油、人力成本的上升，大多数企业只是在保本经营。

2 存在的问题

2.1 缺乏统一协调的管理机构

在区域经济一体化发展的大背景下，各种生产要素、半成品及产成品在区域内快速地自由流动，现代物流产业逐渐发展成为一个跨部门、跨行业、跨区域的新型服务系统，涉及交通、工商、税收、信息、发改委、经信委等不同部门的管理，需要无缝链接和快速贯通。目前，镇江物流业的发展缺乏由政府职能部门和行业管理部门统一协调的管理机构，存在着部门和区域分割等体制问题，这一现实局面阻碍着镇江市现代物流业的发展。另外，现代物流业缺少明确的发展目标，缺少对瓶颈制约要素的实证分析，缺少统一的规划和执行，这也造成了目前物流基础设施规划的各行其政，未能达到目标效果。

2.2 物流运营成本较高

近年来，随着燃油价格上涨，人力成本上升，物流企业运营成本逐年增长，再加上营改增后，大部门物流企业税负不减反增。据江苏省交通物流协会相关统计，如果按全省平均水平来看，2013 年第四季度镇江普货车辆运输成本构成中，燃油费用占 40.23%，过路过桥费占 22.44%，人力成本占 12.48%，这三项成本占总运营成本的 75.15%。物流运营成本过高直接影响物流企业的经济收益，进而导致物流企业没有足够的资本扩大生产经营规模。另外，由于镇江大多数物流企业规模较小，没有独立的成本核算机制，物流成本管理理念不强，导致物流企业一直处于高成本运营状态。

2.3 物流体系还未形成

物流体系是一个地区物流行业发展的系统保障。从企业内部来看，它是物品从供应地向接受地的实体流动过程中，将运输、储存、装卸、搬运、包装、流通加工、配送、信息处理等基本功能实现有机结合组合而成的一个整体；从外部大环境来看，它是一个地区推动物流发展的政策、基础设施、信息平台等系统构成。目前，镇江物流业呈现“小、弱、散”的发展态势，大部分物流企业内部没有完整的物流服务体系，大型物流企业行业领导力不强。就整个镇江市而言，从基础设施建设、政策引导等物流发展环境弱于苏南其他城市，目前还没有形成一个统一的部门引导物流业发展，整个物流体系还不能有效地支撑物流业发展。

2.4 第三方物流服务质量较低

目前,镇江市大多数物流企业的技术和装备较落后,服务网络和信息系统建设不健全,影响了物流服务的准确性与及时性。同时,第三方物流企业主要提供运输、仓储等传统物流服务,范围多数局限于省内及一些周边地区,导致物流增值性服务不健全,可以提供供应链管理、物流咨询、报税、物流金融等综合性、全方面物流服务的企业仍为少数。另外,第三方物流企业发展规模较小,集聚优势不明显,这也影响了镇江市第三方物流企业发展,难以满足镇江市社会经济发展对第三方物流的需求。

3 发展政策

随着镇江产业结构调整,经济增速放缓,未来物流需求增速也将放缓,逐步倾向于调整物流产业结构。未来几年,主要从物流发展规划、有效引导、政策扶持等方面推动镇江市物流业积极转型升级。

3.1 改善物流业发展环境

从政策层面,打破物流管理上的行业分割,成立统一的物流发展部门协调全市物流业发展。从财政、土地、税收、融资等方面,强化对现代物流业的政策支持,充分调动企业的积极性。在行业管理上,规范企业的经营行为,构建符合现代物流业发展的市场环境。从经济环境层面,对全市重点物流企业、园区给予土地和资金支持。建议市财政每年划拨一部分资金作为物流业发展基金,给予现代物流业发展和建设以资金上的支持。

3.2 推动物流业集约高效化发展

目前,我市现代物流业逐步取代传统物流业,集约化、高效化物流业将是行业发展的重要方向。面对“散、小、弱”的经营主体,实行物流业集约高效化发展是降低物流成本、提高运输资源配置效率的有效途径。目前,镇江物流市场主要是中小型物流企业服务商,由于其规模限制,不能提供高效的物流服务,从而造成资源浪费。整合中小物流企业,推动物流企业集约化发展是推动物流业健康高效发展的重要手段。鼓励中小企业通过联盟、联合、兼并等方式实现资源整合,促进物流企业规模化、网络化经营,扭转物流市场主体过散、过弱局面,提升物流企业服务水平。同时,积极发展龙头骨干物流企业,发挥其带头示范作用,有效推进物流业结构调整和转型升级。

3.3 提升物流企业管理水平和服务质量

物流企业的管理水平是体现其市场竞争力的重要标志,小作坊式经营难以获得市场的认可。企业应根据市场的需求及自身业务发展情况,转变企业经营理念,调整企业发展策略,通过业务流程再造,调整组织结构,促使企业获得竞争优势和持续发展动力。充分利用现代信息技术,改变传统物流服务模式,深入供应链的各个环节,提供个性化的优质服务,满足市场多样化需求。

3.4 充分发挥行业协会的作用

物流行业的发展亟须一个政府和企业开放交流的平台,通过行业协会,不仅可以反映行业发展的突出问题,帮助政府制定政策开展前期调研,而且可以促进行业内企业之间的交流合作,营造公平、公开、公正的行业发展环境。另外,行业协会可以更好地履行行业自律、行业服务职能,在开展人才培训、推广行业标准、规范企业行为、反映企业诉求、提供咨询服务等多方面发挥更大作用,有效地引导物流业发展。

镇江作为苏南现代化示范区核心城市,拥有优越的地理位置,积极发展物流业是促进社会经济发展和产业结构调整的重要手段。本文着重分析了镇江物流业发展的现状及存在的问题，认为当前应该从改善物流业发展环境、推动集约化发展、提升企业管理水平和服务质量和发挥行业协会作用等方面积极推动镇江物流业发展，努力促使物流业成为镇江社会经济发展的重要产业体系。

镇江城市配送系统布局及运营模式优化分析

舒雪绒

（江苏省镇江市运输管理处 镇江 212007）

摘　要　本文在对镇江市现有的城市配送系统存在的问题进行分析的基础上，结合镇江市交通现状、产业布局、配送量分布情况，对镇江市区配送系统进行了优化。

关键词　城市配送系统　运营模式

随着德邦优化、顺丰、天地华宇、三通一达等民营物流企业在镇江布局，镇江城市物流已取得明显发展，配送业户呈现多样化，包括物流服务提供商、搬家公司、货运公司、邮政和快递企业等。在配送模式方面，有60%以上的配送为自营配送，通过自营配送模式整合虚拟物流系统和实物配送系统的资源，实现"线上"和"线下"的统一。

1　城市配送布局问题及影响

目前，政府还未对城市配送实施统一规划，现有配送网点多为配送经营者依据业务需要自行布设，出于土地资源紧张和对成本控制的要求，配送企业一般将配送点设在城市中外围，导致市中心区域、人口密集区、专业市场的配送点分布过少，城市配送呈现散、乱的特征，存在如下弊端：

1.1　最后一公里配送难度加剧

配送企业在城市中外围自行布局方案，无形中拉长了最后一公里配送距离；且各配送车辆在市中心区域作业，导致车辆无规则停靠，对交通亦产生严重影响。

1.2　未能实现城市配送资源整合效果

由于目前没有系统性的配送布局及公用的配送设施，各配送经营者分别独自投入设施设备完成整个配送作业，在城市配送多品种、少批量、多批次、短周期的作业模式下，从整个区域来看，各配送企业经营者的设备利用率低，仓库闲置严重，难以投入自动化设备，从而导致整个社会配送资源不能有效整合。

1.3　未实现物流大系统功能衔接和互补

从区域物流系统来讲，现有城市配送系统未能与区域物流系统良好衔接和互补，譬如，横向，本区域的物流园区、火车站、货运枢纽站、配送中心之间没有顺畅对接；纵向，相应的配送网点、物流节点未能和超市、商场实现对接。

2　镇江市城市配送优化分析

通过上文分析可知，现有的城市配送缺乏系统性的布局，存在散、乱的特点，未能与区域物流系统进行全方位衔接。那么，如何改善城市配送系统的现状？笔者认为首先应将城市配送系统规划纳入城市发展规划中，将物流产业作为城市内其他产业的配套设施，保证制造、生活所需物资供求。因此，城市配送系统的构建应与城市发展规划、产业布局、交通规划紧密相关，统一部署，才能形成各环节流畅衔接。运用系统化的思想和物流规划的方法，对镇江市城市配送系统做如下优化分析：

2.1 镇江市配送布局相关因素分析

2.1.1 镇江市交通现状

对外交通：镇江市对外交通优势明显，全境汇集多条国家高速路网、省主干高速路网。其中，沪宁高速公路(G42)穿过句容、镇江、丹徒和丹阳，东西可通达上海市和南京市，以沪宁高速镇江支线(S86)联络市区；沿江高等级公路(S338)省道，按一级公路结合城市主干道标准建设，双向六车道，全程 220 km，连通常州、江阴、张家港、常熟、太仓等沿江城市；以扬溧高速公路(G4011)与沪宁高速贯穿市域全境，形成十字交通大枢纽，北经润扬长江大桥连接京沪高速公路(G2)直达北京，南与宁杭高速公路(G25)无缝对接，并沟通金坛、溧阳等县域交通；G312 贯穿镇江市，直接连通镇江与河南、湖北、陕西、甘肃等中西部及东部 8 个省市自治区，极大便利了东西交流。

对内交通：镇江市区道路分布呈现由北向南、由中心向东西两侧稀疏的特征。连通东西区域之间的道路为学府路、丁卯桥路、金港大道、南徐大道、官塘桥路，茅以升大道等。主城区纵横主干路已基本成网，中心城区已形成“三横五纵”的骨架路网，东西向主干道主要有中山路、长江路和南徐大道，南北向主干路有黄山路、梦溪路、解放路。

经上分析，镇江市对外、对内道路路网结构，保证了镇江市与发达城市及西部城市无缝衔接，方便了物资输入与输出，为区域间物流、市区内配送有序运作奠定了良好的基础。但是，市区内尚缺乏快速货运通道，中山路、学府路、丁卯桥路等路段车流量大，易发生拥堵现象，导致车辆行驶速度低，影响了城市配送的效率；两翼城区的街道路况较差，加剧了镇江市最后一公里配送难度。

2.1.2 镇江市配送量分布概况

镇江市为典型的带状城市，整体发展呈现“一体两翼”，其中一体为主城区，由主城区、南徐新区、丁卯开发区及南部组团谷阳新区组成，两翼分别是大港新区和高资，“一体两翼”是居民生活区和主要的产业分布区，相应的整个城市的物流量主要分布在这些地区。镇江市路网如图 1 所示。图 2、图 3 分别为镇江市地理结构和产业结构图。

金山公园
西津渡
北固山公园
城隍庙戏台
润州区
镇江高铁站
京口区
镇江市
江苏大学
宝塔山公园
学府路
南徐大道
团山路
丁卯桥路
左家湖立交北桥
上党路立交桥
乔家门立交桥
镇江南站
九华山路
智慧大道
三茅宫
丹徒区
镇江支线
扬溧高速
长香路
石马乡
韦岗镇
沿江公路
胜利五组
高峰九组

图 1 镇江市路网图

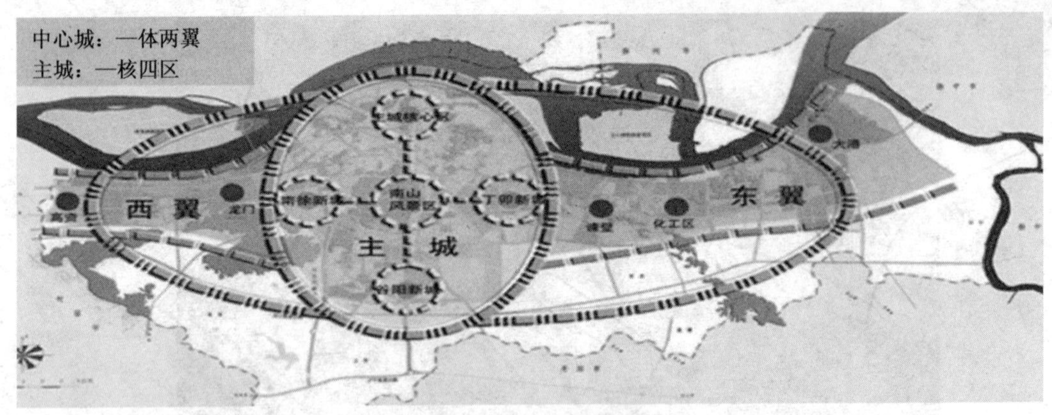

图 2　镇江市地理结构图

图 3　镇江市产业结构图

主城区是镇江城市的核心，市民主要的生活娱乐区域，集金融、娱乐、餐饮、酒店、医院、学校、大型商业卖场等行业的聚集中心。配送货种主要集中于生活用品、酒店用品、旅游用品、药品、服装、家具、食品、商务性文件、办公用品。日配送量巨大。

丁卯经济技术开发区则以高新技术产业用地为主，即规划成为城市东部中心。主要配送需求为生活用品、食品、办公用品、家具等行业。日配送量较大。

南部组团谷阳新区存在商业、居住和工业用地混合，综合性用地布局雏形初现。对普通货物配送需求主要集中于生活用品、酒店用品、旅游用品、药品、服装、家具、食品及商务办公用品。

南徐新区作为城市副中心尚未形成，目前主要以居住生活为主，伴有少量商业。对城市配送的需求货种存在于生活用品、食品。日配送量相对老城区一般。

两翼高资和大港组团，主要为居住区和工业区，主要配送商品为办公用品、商务文件、生活用品及相关的工业品。存在较大的日配送量。

镇江市冠名“超市”的零售网点与冠名“家具”的卖场分布如图 4、图 5 所示。

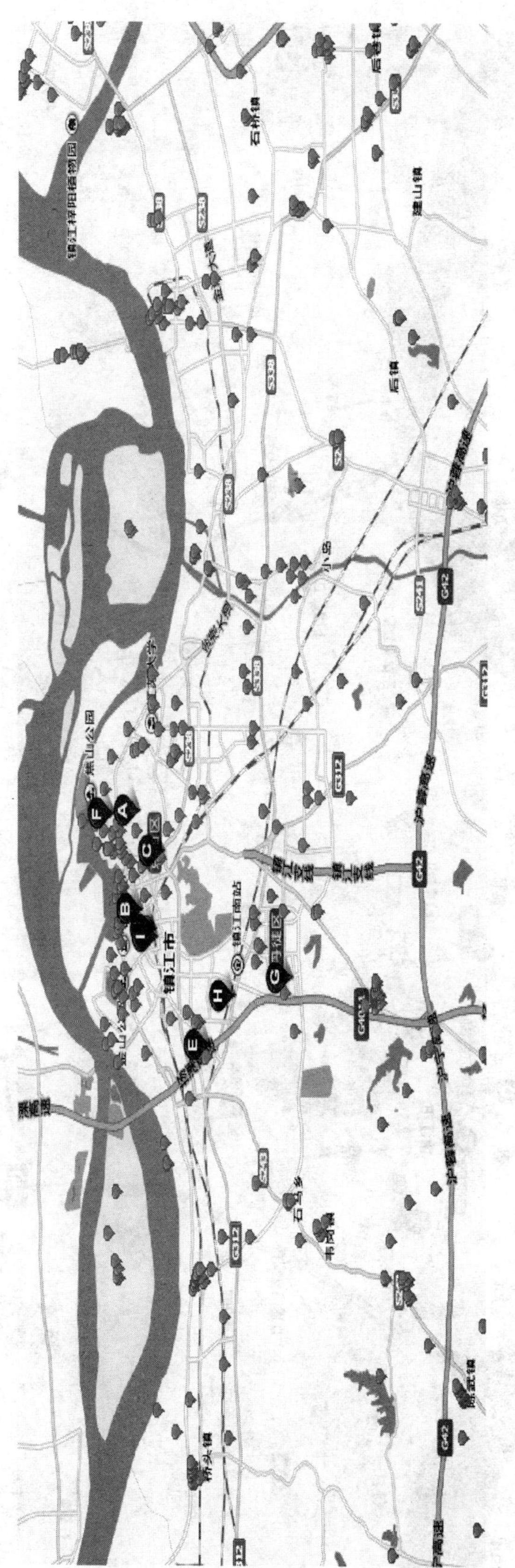

图 4 镇江市冠名"超市"的零售网点分布图

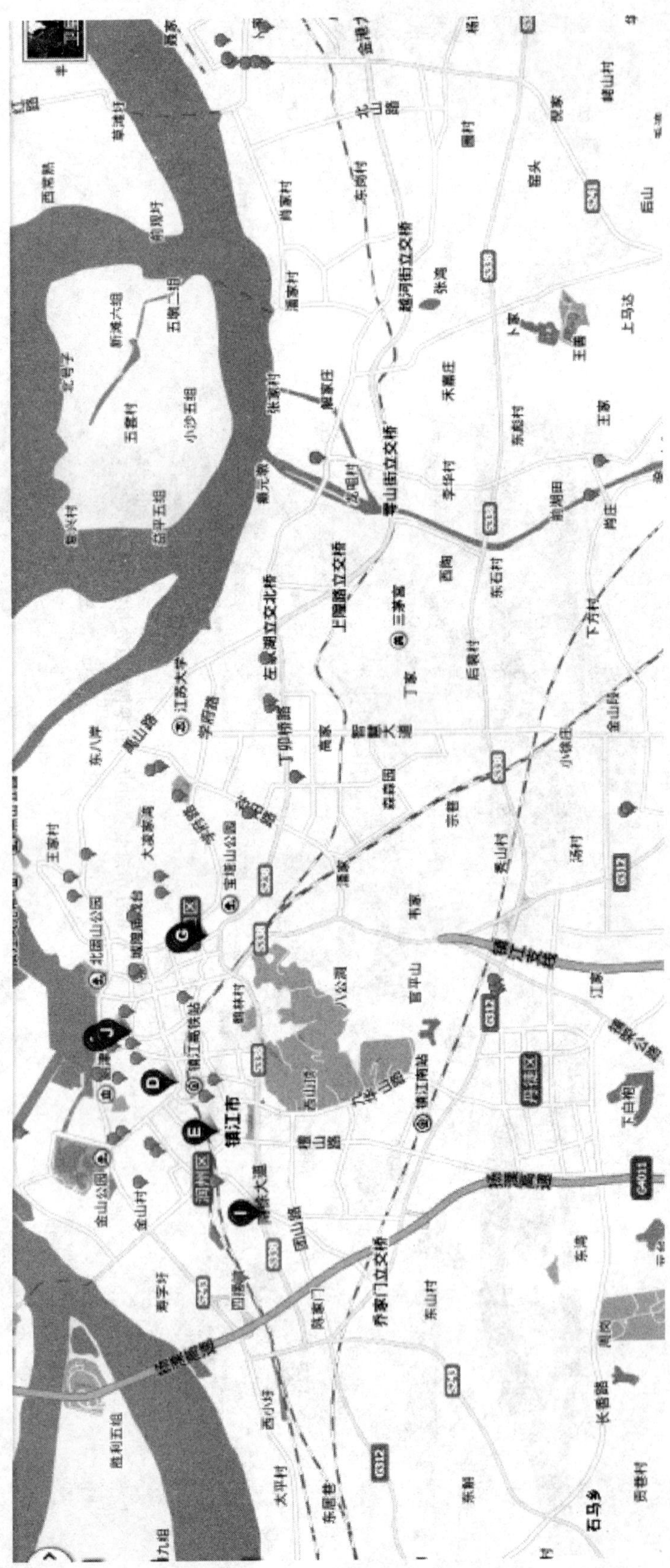

图 5 镇江市冠名“家具”的卖场分布图

（注：图 4，图 5 来自于百度地图）

2.2 镇江市城市配送系统优化

2.2.1 城市配送系统布局优化

通过对镇江地理特征、日常配送量分布概况、交通现状及产业分布的分析，结合镇江市组团间地理位置、组团间距、路网现状、日配送量、配送规模的不同，以现有金山物流中心为一级物流园区基础上，针对城市配送少批量、多批次、短周期的特点，以及镇江市产业区和生活区分布现状，镇江市提出“一园区、五中心”的配送构架模式。“一园区”是指现有的金山物流园区，其功能定位为综合服务型，经营范围可优化为家居、医药、服饰、食品等，主要业务功能是存储、加工、分拣、包装、信息处理、中转配送，即辐射次级配送中心，也涵盖直接终端配送。“五中心”是指承接物流园区辐射的主城、丁卯—大港、谷阳、南徐、高资配送中心。其中大市口、丁卯区、大港新区、高资设立二级配送中心，主要是BTOB和BTOC模式配送，配送中心设置靠近卖场、超市、专业市场、商务中心等区域，配送量较大、集中性强；南徐、谷阳新区设立三级配送站，主要是BTOC模式配送，设置社区配送点、市区配送代办处，为终端客户提供餐饮、快递、药品、鲜花、牛奶等生活用品的配送服务。在此构架思路下，将形成如下配送系统：

(1) 主城配送系统

依托南徐大道、主城配送系统向上直接对接金山物流中心；在本级层面上，主城配送中心主要负责本城区的货物短距离配送，经过理货，按照计划向超市、菜场、商场、连锁店、医药门店等进行配送，配送频率为一天一次，甚至一天多次。

(2) 丁卯—大港配送系统

考虑到配送方向的一致性，并借助丁卯桥路和金港大道，丁卯和大港可连为一体，发挥同方向货物配送在配装、配送、节约成本方面的优势。主要承担各自区域的生活和办公所需货物的配送，向上与金山物流中心对接，向下实现区域各门店、工厂、超市的进行最后一公里配送活动。由于货运量较大，配送频率为一天一次或者一天多次。

(3) 金山物流—南徐—高资配送系统

根据金山物流园区、南徐、高资三者地理位置、距离关系及茅以升大道、长香路等周围交通现状，可设计由金山物流中心辐射南徐、高资的配送系统。在配送线路上，可形成金山—南徐—高资闭环配送路径，以降低配送成本。南徐、高资接受金山物流的供给，主要功能是完成本区域配送最后一公里业务。

(4) 金山物流—谷阳配送系统

依据镇荣公路及谷阳组团的位置，考虑到运距、配送成本及配送效率，可设置金山物流园区直接辐射谷阳配送中心，谷阳配送中心负责本区域的配送，以BTOC模式为主，由于配送量较少，配送频率可控制在几天一次。

2.2.2 城市配送运营模式优化

在上文对城市配送布局优化和功能定位之后，针对不同配送中心的功能，对配送中心运营模式优化如下：

(1) 金山物流配送中心向子配送中心运营模式

金山物流中心业务量大，要完成本中心向各子中心集中配送业务，配送任务在短时间内难以完成。鉴于货种性质差异化较大，可采用多配送中心运营模式（见图6）。即车辆往返于金山物流中心与主城配送中心、丁卯、大港配送中心，南徐配送中心、高资配送中心之间,向各配送中心集中配送各区域的货物。

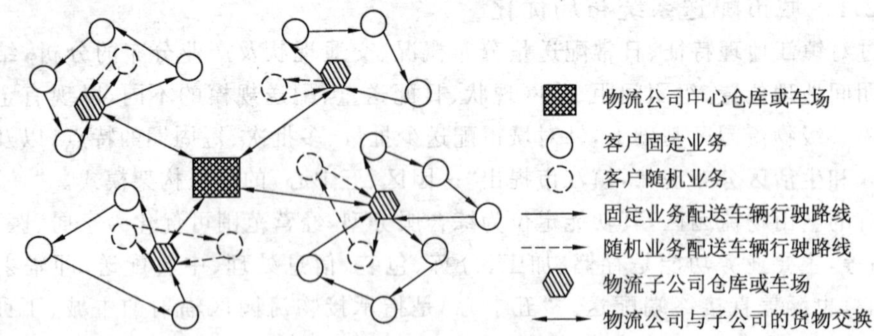

图 6　多配送中心运营模式图

(2) 各子配送中心配送模式优化

主城配送系统、丁卯—大港、南徐—高资配送系统,采用单配送中心运营模式(见图7)。单配送中心即所有配送车辆的起点和终点都是各配送中心。单配送中心运营模式优点是车辆调度安排简单,对于固定业务,可以根据货物的数量、性质及时间要求进行配送,每辆车辆完成任务后回到配送中心。对于计划之外的随机紧急业务,可以直接从配送中心派车完成客户需求。因为整个配送范围比较小,从配送中心派车产生的运营成本一般在可承受成本范围内。根据客户要求及目前的配送效率,详细确定即时配送、定时配送、定时定线定量配送等形式的配送任务。

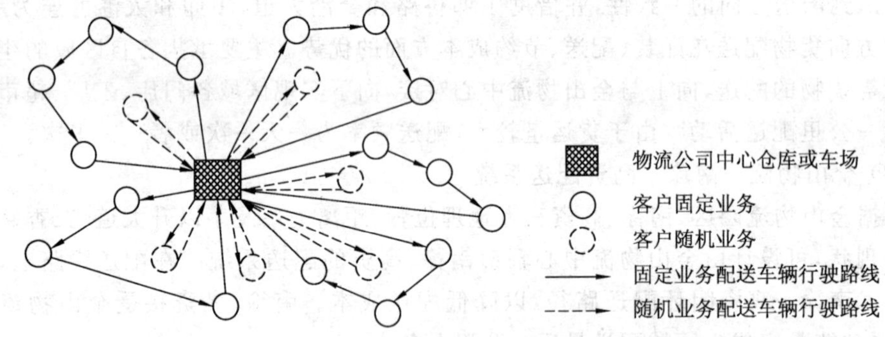

图 7　单配送中心运营模式图

(注:图 6,图 7 来自于程世东,关宏志,刘小明:《城市物流配送模式研究》)

本文在对镇江市现有的城市配送系统存在的不足进行分析后,结合镇江市交通现状、产业布局、配送量分布情况对镇江市区配送系统进行了优化。在现有的金山物流园区的为一级物流园区的基础上,将镇江的城市配送系统划分为四个子系统主城区配送系统,丁卯—大港配送系统、金山物流—南徐—高资配送系统、金山物流—谷阳配送系统,针对各配送中心的功能,采用多配送中心运营和单配送中心运营模式理念对各配送中心运营方式进行优化。

图书在版编目(CIP)数据

镇江公路交通科技论文选萃.2014/镇江市公路学会编.—镇江：江苏大学出版社，2015.3
ISBN 978-7-81130-933-1

Ⅰ.①镇… Ⅱ.①江… Ⅲ.①公路运输—科学技术—文集 Ⅳ.①U4-53

中国版本图书馆CIP数据核字(2015)第056843号

镇江公路交通科技论文选萃 2014

编　　者/镇江市公路学会
责任编辑/吴昌兴　张　瑞　吴蒙蒙
出版发行/江苏大学出版社
地　　址/江苏省镇江市梦溪园巷30号(邮编：212003)
电　　话/0511-84446464(传真)
网　　址/http://press.ujs.edu.cn
排　　版/镇江文苑制版印刷有限责任公司
印　　刷/句容市排印厂
经　　销/江苏省新华书店
开　　本/787 mm×1 092 mm　1/16
印　　张/26　插页8面
字　　数/660千字
版　　次/2015年3月第1版　2015年3月第1次印刷
书　　号/ISBN 978-7-81130-933-1
定　　价/58.00元